福州大学 哲学社会科学文库

"一带一路"
非洲国家投资法律研究

中国企业投资非洲国家的法律风险与对策

张荣芳　著

厦门大学出版社
XIAMEN UNIVERSITY PRESS

国家一级出版社
全国百佳图书出版单位

图书在版编目（CIP）数据

"一带一路"非洲国家投资法律研究：中国企业投资非洲国家的法律风险与对策 / 张荣芳著. -- 厦门：厦门大学出版社，2023.12

ISBN 978-7-5615-9203-8

Ⅰ. ①一… Ⅱ. ①张… Ⅲ. ①对外投资-直接投资-国际经济法-研究-中国②外商投资-直接投资-国际经济法-研究-非洲 Ⅳ. ①D996

中国版本图书馆CIP数据核字(2023)第221877号

责任编辑	甘世恒
美术编辑	蒋卓群
技术编辑	许克华

出版发行　厦门大学出版社

社　　址	厦门市软件园二期望海路 39 号
邮政编码	361008
总　　机	0592-2181111　0592-2181406(传真)
营销中心	0592-2184458　0592-2181365
网　　址	http://www.xmupress.com
邮　　箱	xmup@xmupress.com
印　　刷	厦门集大印刷有限公司

开本	720 mm×1 020 mm　1/16
印张	28.5
插页	1
字数	515 千字
版次	2023 年 12 月第 1 版
印次	2023 年 12 月第 1 次印刷
定价	89.00 元

本书如有印装质量问题请直接寄承印厂调换

厦门大学出版社
微信二维码

厦门大学出版社
微博二维码

前　言

　　2023 年 2 月中办国办印发了《关于加强新时代法学教育和法学理论研究的意见》，提出：到 2025 年，法学基础理论研究和应用对策研究更加繁荣；加快培养具有国际视野，精通国际法、国别法的涉外法治紧缺人才。本著作正是从应用对策和国别法的角度研究非洲四国的外资立法，希望中国赴非洲的投资者对非洲的投资立法有足够的认识和了解，以便能够应对投资中可能出现的法律风险并予以规避，减少投资中的不确定因素，增强投资的可预见性。

　　当今世界经济格局正发生着重大变化，新自由时期形成的国际投资政策面临严峻挑战。在新一代投资政策逐渐形成的过程中，国际投资条约领域出现了新的重大纷争议题，许多国家纷纷审查其外资政策与已缔结的投资条约，并根据本国实际情况分别选择退出国际投资条约体系、终止既有投资条约、修改并出台新的投资条约范本、缔结新投资条约等不同做法，其目的是为了修正以往国际投资条约对外国投资利益的过度保护，以实现对外国投资利益的保护与国家公共利益之间的平衡。无论是发达国家还是发展中国家，在经历了投资仲裁实践成为被申请人之后，纷纷开始对以往的投资政策进行审查，[①]并加强国内立法，旨在通过国内立法强化东道国的规制权。另一方面，由于投资者在东道国投资，使得投资者和东道国之间因投资而产生的关系必然与当地法律发生密切联系，东道国的国内法对于寻求进入该国投资并获得发展的外国投资者而言至关重要。

　　综上，对东道国外资相关立法的研究主要基于：

　　第一，"东道国规制权"成为学界当今研究的热点问题。近年来，依靠国家"离开"构建的多边条约体系在维护主权国家的公共利益上收获甚微，国际社会开始探索如何通过强化国内规制权来实现国家"回归"。学界目前对"东道

　　[①] 美国自"勒文案"第一次成为被申请人后，立即中止了缔结新的投资条约，转而开始对以前的投资政策进行审查。参见张庆麟：《论晚近南北国家在国际投资法重大议题上的不通进路》，载《现代法学》2020 年第 3 期，第 127 页。采取同一做法的国家还有南非、埃及等。

国规制权"的研究集中在东道国基于公共利益而行使的"规制权",但实际上,"东道国规制权"的提出起于对公共利益的关注但却远超公共利益范畴。具体表现在东道国国内立法中,一些国家为避免承担国际仲裁机构裁决的大额索赔,试图通过国内立法增设投资争端解决机构化解纠纷,为投资者提供多种国内救济渠道,减少被诉至国际投资仲裁机构的风险。① 东道国外资相关立法在国际投资法体系中占有重要地位,东道国法律作为国际投资法重要组成部分,其国内法的现状及发展动向尤其值得关注。

第二,"投资者合理期待"必须基于东道国法律。"投资者合理期待原则"与公平与公正待遇标准紧密联系在一起,这意味着如果东道国未能适当保护外国投资者的合理期待,有可能被认定为违反给予外国投资者公平与公正待遇的条约义务,并须因此承担国家责任。② 由此可见,"投资者合理期待"问题事关外国投资者和东道国的切实利益。"投资者合理期待"要求东道国政府在与投资者交往时,基于法律、命令或行政行为给予投资者的信赖具有确定性和可预见性。法律所保护的"合理期待"不是源于私人投资者主观希望,而是必须建立在东道国法律基础之上。因此,"投资者合理期待"必须基于东道国有效的法律,这是"投资者合理期待"合理性的法律基础。如果投资者投资违背东道国法律规定、契约被东道国规章或规定明确撤销、没有遵照规定程序取得东道国法律文件等等,都使得投资者的有关期待不具有合理性。可见,私人投资者在东道国投资必须遵循东道国法律。因此,对东道国国内法的研究,其意义和重要性显而易见。

本书选取南非、埃及、肯尼亚、尼日利亚为样本,对非洲国家的投资法律制度进行研究,该成果一方面有助于我国投资者了解东道国相关立法规定,另一方面也有利于投资者对投资风险的识别及防控。

---

① 如:埃及 2017 年第 72 号《投资法》,"处理投资纠纷机构"一章规定了"友好方式与仲裁中心"外,还有三节分别为新设争端解决机构:申诉委员会、处理投资纠纷部际委员会、处理投资合同纠纷部际委员会。意在国内增加投资争端解决的途径,减少被诉至国际仲裁机构的机会。

② 参见杨慧芳:《投资者合理期待原则研究》,http://ielaw.uibe.edu.cn/flsw/gjjjf/14212.htm,2021 年 3 月 21 日查阅。

目　　录

第一章　南非外资法律制度研究

一、南非外资法体系概述

南非实行立法、行政、司法三权分立,政府、议会和最高上诉法院分别位于比勒陀利亚、开普敦、布隆方丹三个城市。南非议会是国家最高立法机关,由国民议会(National Assembly)和省务院(National Council of Provinces)组成。国民议会主要职权包括修宪、通过议案(不包括宪法附则中赋予省和地方立法范围的议案)、授权省和地方进行立法等。省务院代表各省利益参与修宪,在宪法规定的范围内立法,审议国民议会通过并提交省务院的议案等。

南非司法体系主要由法院、刑事司法和检察机关三大系统组成。宪法法院、最高上诉法院、高等法院、地方法院等构成南非的法院系统。其中,宪法法院是南非的最高法院,只处理宪法问题;最高上诉法院只审理来自高等法院的上诉案件;高等法院审理对于地方法院来说较难的案件或上诉案件;地方法院是基层法院,审理一般刑事及民事案件,分为民事法庭和刑事法庭。此外,南非还有一些特别的法庭,如相当于高等法院地位的劳动法庭、土地申诉法庭、税务法庭等,以及相当于地方法院地位的地方法庭、家庭法庭、地区法庭、扶养法庭、少年法庭等。刑事司法系统包括警察部、政府司法及宪法发展部、狱政部。而南非检察机关则分为检察总局、省检察局、地方检察局,代表国家提起刑事诉讼,并履行为提起刑事诉讼的任何必要职能。①

南非针对本国国情和经济发展的需要,制定了若干与外国直接投资相关的法律,包括《1996 年所得税法》《1993 年商标法》《1998 年竞争法》《2008 年公司法》《2012 年金融市场法》《2017 年国际仲裁法》等。② 在管理外资领域,南

---

① 《境外法规——南非》,http://policy.mofcom.gov.cn/page/nation/South_Africa.html,2023 年 4 月 12 日访问。

② 景戈、徐阳:《南非 BEE 法律制度初探》,载《冶金管理》2012 年第 3 期。

非的法律主要由国内法律和区域、国际法组成,其中国内法律又包括制定法、普通法(包括法学经典著作及判例法中的司法先例)和习惯法(或称"土著法")。

(一)南非宪法

现行的《南非共和国宪法》于 1996 年通过,为南非平等和民主体制的确立奠定了法律基础。1996 年《宪法》明确规定,宪法是国家的根本大法,具有至高无上的法律地位,任何法律或行为若与宪法相冲突都将被宣布无效。

(二)南非投资法典

南非的投资法典为 2018 年 7 月施行的《投资保护法》,其草案《投资促进与保护法案》于 2013 年公布。《投资保护法》的颁布,在一定程度上体现了南非政府对外资保护态度的转变。后文将重点介绍和评述。

(三)南非 BEE 法律制度

BEE(Black Economic Empowerment,后文统称 BEE)政策及相关法律,包括 2004 年生效的《广义黑人经济振兴法》(No.53 of 2003:Broad-Based Black Economic Empowerment Act)、2013 年的《广义黑人经济振兴法修正案》(The Broad-Based Black Economic Empowerment Amendment Act of 2013)等。它是南非投资法律体系中最具特色和基础性的法律,是南非政府缩小其国内白人与黑人的贫富差距,实现社会平等的重要战略性文件,也是之后各个经济领域的法律法规及相关规定的基础。[1] 后文将重点介绍和评述。

(四)南非矿业投资法律制度

南非是世界五大矿产国之一。[2] 2007 年中国与南非签订了《中华人民共和国政府和南非共和国政府关于在矿产和能源领域开展合作的协议》,近年来,两国在相关领域的合作关系愈发密切,前景广阔。

1.南非的矿业管理机关

南非矿产资源部(现为矿产资源和能源部,Department of Mineral Resources

---

① 景戈、徐阳:《南非 BEE 法律制度初探》,载《冶金管理》2012 年第 3 期。
② 景戈、徐阳:《南非 BEE 法律制度初探》,载《冶金管理》2012 年第 3 期。

and Energy,DMRE)①是其国内管理矿业的主要部门,其职能主要涉及:践行矿产资源国家所有权的管理、对矿产资源实施登记、对勘探权和采矿权实施管理、对与矿产管理有关的环境保护及弱势群体保护实施管理、规定废弃物处理与闭坑要求等,下设有矿产开发局、矿山健康与安全监察局、服务管理局、能源局这4个分支部门。此外,矿产资源部另设置了9个省的地区主任(局长),②而矿业权发证实行省级审批,官员签字生效,发生争议时先由当事人双方协商,协商不成由矿产资源部裁定,当事人对裁定不服才能上诉。③此外《矿产和石油资源开发法》还明确了环境事务与旅游部是南非矿业环境问题的管理部门。除了政府机构之外,南非的矿业行业协会组织在矿业领域也扮演着举足轻重的角色,并且更侧重于保护其协会成员即矿产企业的利益。南非的矿业行业协会组织主要有南非矿业商会和南非矿业发展协会。前者积极倡导环境保护政策,后者则为矿业企业的融资、科技创新以及提高技能、实现可持续发展等提供支持。④

2.矿业权

(1)矿业权申请

《矿产与石油资源开发法》第5条规定,南非所有的矿业权必须依据该法授予,并根据《矿业权登记法》规定进行登记。⑤在南非,矿业权主要由探矿权和采矿权组成,而政府要求企业提交矿业权申请时除了提供所有权比例、用工计划、财政支持计划等,还需要提供采矿活动将不会对生态环境问题造成实质

---

① 2009年,南非时任总统祖马宣布将南非矿产与能源部拆分为矿产资源部和能源部,其中矿产资源部负责有关矿法的实施和监督以及矿产和石油资源的开发和管理。(系列丛书编委会:《一带一路沿线国家法律风险防范指引》,经济科学出版社2017年版,第157页。)而2020年南非矿产资源部和能源部又再次合并。(National Government of South Africa, https://nationalgovernment.co.za/units/management/429/departm-ent-of-mineral-resources-and-energy-dmre,2020年7月8日访问。)

② 王华春、郑伟:《南非矿业投资法律制度概述》,载《中国国土资源经济》2013年第7期。

③ 朱小姣、张小虎:《南非矿业的环境法律规制与风险分析》,载《非洲研究》2018年第2期。

④ 王华春、郑伟:《南非矿业投资法律制度概述》,载《中国国土资源经济》2013年第7期。

⑤ 丁晓红:《南非新、旧矿业法之间的根本性差别》,载《国土资源情报》2005年第4期。

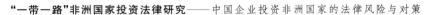

性影响的证据。[①] 就探矿权而言,没有勘查许可证和环保授权,企业或自然人将不得在南非进行勘探活动,并且勘查许可证的持有人必须在许可证生效120天内开始勘探。而采矿权持有者要在采矿权生效的1年内启动采矿计划,并且需申请水利用的许可证。无论是勘探活动还是采矿活动,权利人都必须严格按照经批准的计划进行,并于每年度提交勘探报告(采矿活动每月要提交生产和销售报告)。[②] 需要注意的是,南非政府和社会高度关注环境与资源保护,与矿业投资有关的环境保护行政审批时间较长,获得环保授权的要求极高,因此增加了投资项目的环境合规风险。[③]

此外,矿权持有者不会自动拥有矿井所在土地的所有权,但是土地所有者一般会允许权利人因采矿活动进入目标土地。在勘探活动中,权利人要至少提前21天给土地所有者或土地占用者发出书面通知,并且对其造成的损失应予以赔偿。[④]

(2)矿业权流转

出于正当交易目的,南非政府允许矿业权附条件地转让、出租、抵押和销售,《矿产与石油资源开发法》还对非上市公司或不公开公司控股权的销售作出了规定。上述所指条件即事前获得部长的书面同意,部长在作出批准与否的决定时,通常会根据《矿产与石油资源开发法》第7条和第23条的标准予以审核——与申请矿业权时政府所要求提交的证明无异。但是南非政府近年来通过修正案逐步扩大对于矿产权的管制范围,而且该法案对于部长的审核权给予了较大的自由裁量空间,这些都加大了对南非矿业投资的不确定因素。[⑤]

3.矿业法律制度

(1)矿业管理基本法

南非政府于2004年5月颁布了新的《矿产和石油资源开发法》(MPRDA),

---

① 何金祥:《世界主要矿业国矿业管理基本特点比较》,载《国土资源情报》2018年第7期。

② 何金祥:《世界主要矿业国矿业管理基本特点比较》,载《国土资源情报》2018年第7期。

③ 系列丛书编委会:《一带一路沿线国家法律风险防范指引》,经济科学出版社2017年版,第189~192页。

④ 何金祥:《世界主要矿业国矿业管理基本特点比较》,载《国土资源情报》2018年第7期。

⑤ 朱小姣、张小虎:《南非矿业的环境法律规制与风险分析》,载《非洲研究》2018年第2期。

该法案与其修正案(2008年和2010年版本)是南非国内矿业管理的基本法律制度。① 此后,南非政府也出台了相配套的《矿业与石油资源开发条例》,以对该法进行补充。②《矿产和石油资源开发法》最具争议的条款之一是它承认该国的矿产和石油资源属于国家,并且国家是矿产行业的监管者。南非矿产法一直以罗马和罗马—荷兰法为基础,即土地所有者也是埋藏在他所拥有的土地的土壤中和土壤下的矿物的所有者。但是,《矿产和石油资源开发法》第28条承认该国的矿产资源自此属于国家,并且国家也扮演保管人的角色。作为保管人,国家负有授予、发布、控制和管理所有矿产权利的最终责任。由于这种广泛的管理权限,土地所有者对于土壤中埋藏的矿物的权利已经完全丧失。③

根据《矿产和石油资源开发法》的规定,矿业公司将有权在支付专利费后勘探或开采矿产资源。与此同时探矿权和采矿权的申请依据“先到先得”的原则,但必须反映对黑人经济赋权的重视。④ 此外,该法案对原有的矿产资源所有权采取了“使用或放弃”(Use It or Lose It)原则——原有的矿产资源所有权持有者可在为期一年的权利转化期间内满足一定要求(即《矿业宪章》),以将“旧权利”转化为“新权利”,否则“旧权利”将在期满后失效——过渡期规定已于2006年5月1日结束。⑤ 除此之外,该法案还为对原先颁发的勘查和开采许可证规定了一段时间的过渡期,也增加了关于征收矿业权利金的规定。⑥

而就石油资源开发活动,南非政府虽一直计划制定单独的立法来管理石

① 王华春、郑伟:《南非矿业投资法律制度概述》,载《中国国土资源经济》2013年第7期。

② 系列丛书编委会:《一带一路沿线国家法律风险防范指引》,经济科学出版社2017年版,第159页。

③ Elmarie van der Schyff,South African Mineral Law:A Historical Overview of the State's Regulatory Power Regarding the Exploitation of Minerals,*New Contree*,Vol.64,2012,pp.131-153.

④ Elmarie van der Schyff,South African Mineral Law:A Historical Overview of the State's Regulatory Power Regarding the Exploitation of Minerals,*New Contree*,Vol.64,2012,pp.131-153.

⑤ Matthew Coleman,Kevin Williams,South Africa's Bilateral Investment Treaties,Black Economic Empowerment and Mining:A Fragmented Meeting? *Business Law International*,Vol.9,2008,pp.57-94.

⑥ 丁晓红:《南非新、旧矿业法之间的根本性差别》,载《国土资源情报》2005年第4期。

油行业,但是石油资源开发法案的公众咨询程序于 2019 年才得以正式启动,①故目前石油资源开发活动仍旧适用矿法的相关条款,包括但不限于石油勘探和开发的管理工作由各地区矿产管理部门承担,政府可以享有石油企业一定比例的利润等。②

（2）关闭矿井的法律制度

南非矿业早期的立法侧重于经济效益的提高。因此,在环境管理和恢复方面,矿业公司遵守了绝对最低限度的要求,也最终对环境造成了恶劣的影响。《矿产和石油资源开发法》及修正案、《国家环境管理法》的颁布无疑是矿业发展转型的里程碑（南非围绕矿井关闭规划和复原的法律及文件很复杂,而且存在重复性、冲突性的规定,是该领域亟待改革的地方）,其充分考虑了实现矿产资源可持续发展的经济、社会和环境成本,为探矿和采矿提供了"从摇篮到坟墓"的完整规定。③

具体规定包括:①矿山关闭规划:矿山关闭规划应当在开发规划阶段的早期就开始筹划,并且持续于整个矿山生命周期和封闭阶段。此外矿山关闭规划的报告和更新,包括性能监测,应持续到采矿后阶段,直到正式关闭得到确认且土地被归还政府或社区。④ ②持有人责任:按照"污染者付费原则",矿井持有人将对关闭矿井的规划和随后发生的大多数管理行动负有最大的责任,持有人有义务使环境恢复至自然状态,或预定状态,或符合公认的可持续发展原则的土地使用状态。简言之,矿井持有人的责任性质属于追溯责任和永久责任,前者是指持有人将对矿井边界内外的任何环境损害、污染或生态退化负责,直至闭坑证书颁布,后者则指持有人将仍然对任何潜在的或残留的环境责

---

① South Africa: Oil Law Now Seen in 2021, https://archive.crossborderinformation.com/,2020 年 7 月 27 日访问。

② 系列丛书编委会:《一带一路沿线国家法律风险防范指引》,经济科学出版社 2017 年版,第 166 页。

③ E. Swart, The South African Legislative Framework for Mine Closure, *The Journal of The South African Institute of Mining and Metallurgy*, Vol.2003, pp.489-492.

④ R. Albertsa, et al., Complexities with Extractive Industries Regulation on the African Continent: What has 'Best Practice' Legislation Delivered in South Africa? *The Extractive Industries and Society*, Vol.4, 2017, pp.267-277.

任、污染、生态退化和/或抽取和处理外来水的状况负责。[1] ③环境影响评估：矿业公司仍须进行环境影响评估，并提交环境管理计划（EMP）供矿产资源部批准。计划必须包括关闭矿井的环境目标、环境风险、财务筹划以及受探矿或采矿作业影响的环境和社会经济情况等。[2] ④财务筹划：申请采矿批准或有关活动的申请人必须遵守规定的财务条款，这笔经费必须每年进行评估和独立审计，以说明财务供应是否充足，直至闭坑证书颁布。此外闭坑后部长仍然有权保留适当的经费，以便后续管理。[3] ⑤关闭许可：矿业主管机关必须确认企业遵守环境许可证规定后才能颁发闭坑证书，这些主管机关包括水利部、农林渔业部、环境事务部等所有相关政府部门。[4]

（3）对特定弱势群体的保护是矿业基本法律制度的宗旨

基于种族隔离制度，到20世纪90年代，白人几乎拥有南非所有矿场的所有权和采矿权。在民主政府上台后，南非一直试图通过实施土地和矿产许可证制度来纠正历史上的不平等现象，以保护弱势群体。[5] 1998年2月，南非矿业和能源部发表了关于南非矿业和采矿政策的绿皮书（"1998矿产绿皮书"），为《矿产和石油资源开发法》弱势群体保护的态度和立场奠定了基调。与此相关的目标载于该法案第2节："（d）扩大历史上处于不利地位的人进入矿产、石油行业的机会，并使他们从国家矿产、石油资源开发中受益……（f）促进就业

① R. Albertsa，J. A. Wesselsb，A. Morrison-Saundersc，M. P. McHenryd，A. Rita Sequeirac，H. Mteghae，D. Doepe，Complexities with Extractive Industries Regulation on the African Continent：What has 'Best Practice' Legislation Delivered in South Africa？，*The Extractive Industries and Society*，Vol. 4，2017，pp. 267-277.

② R. Albertsa，J. A. Wesselsb，A. Morrison-Saundersc，M. P. McHenryd，A. Rita Sequeirac，H. Mteghae，D. Doepe，Complexities with Extractive Industries Regulation on the African Continent：What has 'Best Practice' Legislation Delivered in South Africa？，*The Extractive Industries and Society*，Vol. 4，2017，pp. 267-277.

③ R. Albertsa，J. A. Wesselsb，A. Morrison-Saundersc，M. P. McHenryd，A. Rita Sequeirac，H. Mteghae，D. Doepe，Complexities with Extractive Industries Regulation on the African Continent：What has 'Best Practice' Legislation Delivered in South Africa？ *The Extractive Industries and Society*，Vol. 4，2017，pp. 267-277.

④ 朱小姣、张小虎：《南非矿业的环境法律规制与风险分析》，载《非洲研究》2018年第2期。

⑤ Sasha Fannie Belinkie，South Africa's Land Restitution Challenge：Mining Alternatives from Evolving Mineral Taxation Policies，*Cornell International Law Journal*，Vol. 48，2015，pp. 220-245.

和改善所有南非人的社会和经济福利。"①实际上,南非矿业关于特定弱势群体保护的基础性法律制度及政策主要体现在两份文件中,其一为《提高弱势群体在南非矿业领域社会经济地位基本章程》,其二为《南非矿业广义社会经济振兴宪章》。

《提高弱势群体在南非矿业领域社会经济地位基本章程》是政府为实施《矿产和石油资源开发法》同期颁布的具体行动纲领,其中涉及对弱势群体的技能培训计划、采购倾斜计划及"矿区所在地或主要矿业就业人口所在地的综合开发方案"。此外该章程还为矿产企业的所有权设定了两项硬性指标:①矿业企业将根据《平等就业法》的规定,力争在5年内使弱势群体在企业管理层的比例达到40%,其中妇女的比例达到10%;②提高弱势群体获得的矿业资产的比重,使"因历史原因而处于弱势的南非人"在新矿业法颁布实施后10年内(截至2014年)获得矿业资产的26%。②

《矿产和石油资源开发法》第100(2)条规定:"为了确保实现宪法规定的纠正历史、社会和经济不平等的目标,部长必须在该法生效之日起六个月内制定一个基础广泛的社会经济赋权宪章,该宪章将包含以下内容——实现HDSAs(historically disadvantaged South Africans)进入矿业的目标,并实现HDSAs从开采矿产资源中受益。"③该条款所指的宪章即指前文提到的《南非矿业广义社会经济振兴宪章》(下文简称《矿业宪章》),涉及矿业就业平等、矿业社区发展、矿工住房和生活条件提高、矿业企业所有权承诺等。④《矿业宪章》在2010年修订,并为未来5年矿业企业设定了具体化目标:①所有权指标:黑人所有权及经济效益达到26%(2014年底);②购买和企业发展指标:从BEE企业(即黑人直接持有25%+1投票权的企业)购买资本商品、服务、可

① Matthew Coleman, Kevin Williams, South Africa's Bilateral Investment Treaties, Black Economic Empowerment and Mining: A Fragmented Meeting? *Business Law International*, Vol.9, 2008, pp.57-94.

② 丁晓红:《南非新、旧矿业法之间的根本性差别》,载《国土资源情报》2005年第4期。

③ Matthew Coleman, Kevin Williams, South Africa's Bilateral Investment Treaties, Black Economic Empowerment and Mining: A Fragmented Meeting? *Business Law International*, Vol.9, 2008, pp.57-94.

④ Matthew Coleman, Kevin Williams, South Africa's Bilateral Investment Treaties, Black Economic Empowerment and Mining: A Fragmented Meeting? *Business Law International*, Vol.9, 2008, pp.57-94.

消费商品的比例分别达到 40％、70％ 和 50％（2014 年底）；③就业平等指标：
黑人在董事会、管理层和核心技术人员中所占比例分别达到 40％（2014 年
底）；④人力资源开发指标：至 2014 年底每年工资总额的 5％ 用于人力资源开
发。此外，《矿业宪章》为评估指标完成度，特意设计了一份矿业领域的平衡计
分卡并以此为企业打分，①各指标和分值分别是"购买和企业发展"指标（15
分）、"就业平等"指标（16 分）、"人力资源开发"指标（25 分）、"矿场社区发展"
指标（15 分）、"可持续发展与增长"指标（29 分）。"所有权"指标等指标只需根
据实际履行情况填写"是"或"否"。② 据《矿产和石油资源开发法》第 47 条规
定，对于不遵守《矿业宪章》和《南非矿业良好行为准则》（2009 年颁布）的矿业
企业，南非矿产资源部可以撤销或终止企业的矿产许可证。2016 年和 2017
年度的《矿业宪章》修订版本因对企业设置较高的标准，引发了矿产企业（矿业
协会）与矿产资源部之间的诸多争议，甚至对簿公堂。为此，在借鉴矿业利益
相关者建议的基础上，南非于 2018 年出台了《矿业宪章》的新修版本，其中黑
人持股比例的要求设置为 30％（5 年内落实该标准）。③ 对于矿企所有权中黑
人赋权的相关规定，外国投资者（Foresti v. Republic of South Africa，Foresti
诉南非共和国）认为其违背了南非与其他国家的双边投资协定中的"公平公正
待遇"及"充分和有效的补偿"的规定，而南非政府则主张矿业领域的国家行为
本质属于管制性质。因此《矿业宪章》一直颇受争议。④

　　除了上述所提及的法律文件之外，南非还颁布有《南非矿业政策白皮书》
《矿山健康与安全法》、《国际环境管理法》、《矿山闭坑财政拨款评估准则》、《矿
区土地复垦准则》、《钻石法》及修正案、《贵金属法》及《南非矿业选矿战略指
南》等一系列与矿业相关的法律法规。⑤

---

　　① 评定分数为 4 个层次：0～25 分（严重不遵守）、25～50 分（不遵守）、50～75 分（执
行可接受）、75～100 分（执行优秀）。（朱伟东：《多样化的南非本土化立法》，载《中国投资》
2018 年第 20 期。）

　　② 朱伟东：《多样化的南非本土化立法》，载《中国投资》2018 年第 20 期。

　　③ 《对外投资合作国别指南》，http://fec.mofcom.gov.cn/article/gbdqzn/，2020 年 4
月 14 日访问。

　　④ Matthew Coleman, Kevin Williams, South Africa's Bilateral Investment Treaties,
Black Economic Empowerment and Mining: A Fragmented Meeting? *Business Law Inter-
national*, Vol.9, 2008, pp.57-94.

　　⑤ 系列丛书编委会：《一带一路沿线国家法律风险防范指引》，经济科学出版社 2017
年版，第 167～168 页。

（五）南非市场竞争法律制度

南非《投资保护法案》(2015年)的颁布是南非政府的一次公开表态,其将逐步放弃传统的双边投资协定模式,主导新一代双边协定的诞生。与此同时,南非政府对国内公共利益的保护更为重视。

南非一直是世界上收入分配最不平等的国家之一,其收入分配中存在着严重的种族断层。因此,南非的黑人经济振兴政策一直非常重要。此外,南非政府还格外关注更均衡的所有权分配和中小企业的创新发展。而南非竞争法体系基本囊括了以上南非政府所关注的公共利益问题。[①] 南非的竞争政策源于1955年的《垄断条件规制法》,此后因该法案未能有效阻止寡头垄断企业的急剧增加,南非政府于1979年颁布了《维护和促进竞争法》。而1997年11月,贸易与工业部(Department of Trade and Industry,DTI,现已更名[②])又颁布了题为"竞争、竞争力和发展框架"的竞争政策拟议指南,并与国家经济发展和劳工理事会(National Economic Development and Labor Council,NEDLAC)就竞争政策的内容展开谈判,且最终于1998年9月通过了《1998年竞争法》。故南非目前的竞争法体系主要指的是《1998年竞争法》及其修正案,而其竞争法和竞争政策的目的就是维护和促进南非市场的公平竞争,降低经济集中度,促进就业,推动小企业发展以及黑人经济赋权等。[③]

1.竞争监管的体系构架

南非于1979年颁布了《维护和促进竞争法》,该部法律的弱点可以部分归因于这样一个事实,即管理机构没有自己的强制执行权,而只能向有关部长提出建议,使法律的执行受到政府控制,这个问题在《1998年竞争法》中得到解决。

---

① Trudi Hartzenberg, Competition Policy and Practice in South Africa：Promoting Competition for Development，*Northwestern Journal of International Law & Business*，Vol.26，2006，pp.667-685.

② 南非通过将经济发展部并入贸易和工业部(DTI),于2019年6月成立了贸易、工业和竞争部(Department of Trade, Industry and Competition ,简称"DTIC")。因有些法律的相应内容没有变更、某些机构的介绍没有直接更改、某些事项属于以往DTI的行为,故下文有些地方沿用了DTI的叫法。Department of Trade, Industry and Competition, https://nationalgovernment.co.za/，2020年7月30日访问。

③ Trudi Hartzenberg, Competition Policy and Practice in South Africa：Promoting Competition for Development，*Northwestern Journal of International Law & Business*，Vol.26，2006，pp.667-685.

法案将"滥用支配地位"的概念引入法律并设立新的机构——竞争委员会、竞争裁判庭和竞争上诉法院,这些机构在实施法律时具有一定程度的独立性。[①]

（1）竞争委员会（Competition Commission）

竞争委员会的性质是调查机构,通过调查反竞争行为来监督竞争和市场透明度。它被授权调查、控制和评估限制性效果、支配地位的滥用以及合并和收购的影响。此外,竞争委员会也是一个自治机构,其独立于贸易与工业部。[②] 竞争委员会的具体职责如下:批准或驳回根据《竞争法》第二章(即限制性行为和滥用支配地位行为)提出的豁免申请;有条件或无条件地批准、驳回或提交根据《竞争法》第三章(即企业结合行为)提出的申请;将争议事项提交给竞争裁判庭,并依据《竞争法》要求出席法庭等。[③]

（2）竞争裁判庭（Competition Tribunal）

竞争裁判庭是一审的裁判者,其主要职能有:根据《竞争法》批准豁免、批准或驳回大型合并申请、受理对委员会所作出决定的诉讼。具体而言,竞争裁判庭能够审理由竞争委员会提交的案件,或者原告对竞争委员会作出的不起诉的决定不服而直接提交到裁判庭的案件,即裁决大型合并、限制性行为和滥用市场支配地位是否属于违禁行为,此外其还能够对委员会关于小型合并和豁免的决定的诉讼进行裁定。[④]

（3）竞争上诉法院（Competition Appeal Court）

竞争上诉法院是竞争案件的终审法院,地位相当于南非高等法院。其职能是对竞争裁判庭所作的判决和裁定的上诉进行终审,法院可以根据情况确认、修改或撤销任何决定或命令。但是竞争上诉法院不能对一些例外事项拥有终审权:依法属于竞争委员会和裁判庭各自权限范围内的事项;案件中涉及的任何宪法性事项;确认某一事项是否属于它和裁判庭的管辖权范围内的案件。竞争上诉法院对此类事项的判决和裁定可以上诉至南非最高上诉法院或

---

① Heinz Klug, Access to Medicines and the Transformation of the South Africa State: Exploring the Interactions of Legal and Policy Changes in Health, Intellectual Property, Trade, and Competition Law in the Context of South Africa's HIV/AIDS Pandemic, *Law and Social Inquiry*, Vol.37, 2012, pp.298-325.

② Trudi Hartzenberg, Competition Policy and Practice in South Africa: Promoting Competition for Development, *Northwestern Journal of International Law & Business*, Vol.26, 2006, pp.667-685.

③ Competition Act, https://www.gov.za/, 2020 年 7 月 27 日访问。

④ 刘进:《南非竞争法执法体系与实践述评》,载《西亚非洲》2008 年第 6 期。

者宪法法院。①

(4)与共同管辖权有关的执法挑战与协调

1998 年《竞争法》第一章第 3(4)条的规定排除了"其他立法规定或授权行为",造成了某些传统的竞争法意义上的交易将不受竞争执法机构管辖,对此2000 年南非政府修改了法案,规定了竞争执法机构和行业监管机构之间的共同管辖权。2009 年《竞争法》再次被修订,为了促进行业监管机构和竞争执法机构之间的互动与合作,修正案要求竞争委员会与其他行业监管机构达成协议,并为同时行使管辖权作出规定。此项规定虽为解决管辖权冲突起到良好的示范作用,但是目前只有少数部门监管机构与竞争委员会缔结了谅解备忘录以联合执法,例如南非独立通信管理局(ICASA)、国家电力监管机构(NER)和邮政监管机构(PR),故在南非培育竞争文化仍需要不同部门和机构的时间投入和成本投入。②

2.竞争监管的内容

根据南非《竞争法》的规定,竞争执法机构有两方面的任务:一是对该法第二章所规定的两种限制竞争行为进行查处,包括限制竞争协议行为和滥用市场支配地位行为;二是对该法第三章所规定的企业结合进行审批。③

(1)禁止限制竞争行为

南非将限制竞争行为大体分为限制竞争协议和滥用市场支配地位两类行为。就限制竞争协议的行为,又进一步细化为横向限制竞争协议行为和垂直限制竞争协议行为,前者指的是具有竞争关系的多个市场主体联合实施的横向的限制竞争行为,后者则指企业与它的上游供应商、下游客户之间的纵向的限制竞争行为。④

根据《2018 年竞争法修正案》第 4 条第 1 款,南非竞争法将横向限制竞争

---

① 刘进:《南非竞争法执法体系与实践述评》,载《西亚非洲》2008 年第 6 期。

② Trudi Hartzenberg, Competition Policy and Practice in South Africa: Promoting Competition for Development, *Northwestern Journal of International Law & Business*, Vol.26, 2006, pp.667-685.

③ 刘进:《南非竞争法执法体系与实践述评》,载《西亚非洲》2008 年第 6 期。

④ 刘进:《南非竞争法执法体系与实践述评》,载《西亚非洲》2008 年第 6 期。

协议行为细分为可以根据合理性原则①进行申辩的企业行为,包括协议、协调和企业协会的决议等和根据本身违法原则②不可以申辩的企业行为,包括固定价格、划分市场和串通招投标等行为。在南非的执法实践中,对本身违法性原则的适用非常严格——此种类型的行为在南非市场是完全禁止的。此外,垂直限制竞争协议行为也适用于合理性原则进行申辩。对于以上两类竞争协议行为,《2018 年竞争法修正案》也要求竞争委员会另行发布相关的适用准则,以解决适用中的不确定性。③

滥用市场支配地位是指企业利用其在市场上的优势地位实施的反竞争行为。南非 1998 年《竞争法》第 7 条规定,一个企业在下列情况下是具有优势的:(a)它拥有至少 45％的市场份额;(b)它拥有至少 35％,但少于 45％的份额,除非它能证明它没有市场势力;(c)它拥有少于 35％的份额,但拥有市场势力。虽然南非竞争执法机构在判断企业是否具有市场份额时一般还考虑市场进入的障碍、企业的技术优势以及其他因素等,但是其第 7 条规定市场份额超过 45％的企业可直接认定为拥有市场支配地位(此款仍然在其国内遭受诸多争议)。但是需要注意的是,竞争法体系本身并不排斥占据市场支配地位的企业,只是禁止滥用市场优势的行为。④

值得一提的是,随着《2018 年竞争法修正案》买方势力新条款于 2020 年 2 月生效,竞争委员会发布了针对买方势力条款的执行指南。指南试图澄清竞争委员会根据新的滥用支配权条款执行申诉的方法。《2018 年竞争法修正案》和相关法规禁止占优势地位的公司对中小企业(small and medium-sized businesses,以下简称 SMEs)、历史上处于弱势地位的人(historically disadvantaged persons,以下简称 HDPs)拥有和控制的企业提出不公平的价格或交易条件。上述受保护的企业涉及的行业有农产品加工、食品批发和零售、电子商务和在线服务等。对于依据买方势力条款提起的申诉,竞争委员会将从

---

① 此处合理性原则指的是某些横向限制竞争行为虽具有实质上阻止或者减少市场竞争的效果,但是执法机构不直接予以禁止,而是需要考虑由此产生的技术效果、效率或其他方面的收益是否超出了限制竞争的影响。Competition Act,https://www.gov.za/,2020 年 7 月 27 日访问。

② 本身违反原则或译为自身违法规则、当然违法原则,它是指对市场上某些限制竞争行为,不必考虑它们的具体情况和后果,即可直接认定这些竞争行为严重损害了竞争,构成违法而应予以禁止。MBA 智库,http://wiki.mbalib.com,2020 年 7 月 29 日访问。

③ Competition Amendment Act,https://www.gov.za/,2020 年 7 月 27 日访问。

④ 刘进:《南非竞争法执法体系与实践述评》,载《西亚非洲》2008 年第 6 期。

以下几方面考虑是否予以支持：

①买方是否占据市场优势；

②卖方是 SME 企业或 HDP 企业；

③买方强行提出交易价格或交易条件并且该价格或交易条件是不公平的。

竞争委员会发布的买方势力条款执行指南对上述"不公平价格"和"不公平交易条件"提供了列举式的解释。[①]

对于禁止限制竞争行为,目前竞争裁判庭已针对两项与新冠疫情相关的过度定价诉讼作出了罚款的裁定——竞争裁判庭主张在新冠疫情期间,某些实体借机哄抬口罩价格的行为能够表明其具有市场支配能力,且该具有市场支配地位的企业并没有因营业收入的上涨而额外确认营业成本,故竞争裁判庭认定 Babelegi Workwear 和 Industrial Supplies CC and Dis-Chem Pharmacies(涉案实体)存在"定价过高"的行为,并分别处以 7.6 万兰特[②]和 120 万兰特的罚款,以儆效尤。[③]

此外,根据 1998 年《竞争法》第 8 条规定,法律所禁止的滥用行为一般包括三大类:其一为行为属于本身违法原则所适用的三种行为,则完全禁止;其二为行为属于特定种类的排他行为,在此类情形下如果企业可以证明技术、效率或其他先竞争收益比该行为的限制竞争效果更大,则可不认定为滥用行为;其三为其他排他性行为。在判断企业的行为是否属于滥用市场支配地位的行为时,南非竞争执法机构拥有较大的自由裁量权。此外需要注意的是,本着维护中小企业和由历史上处于不利地位的人拥有和控制的公司(受保护公司),尤其是受保护公司有效和可持续地参与市场的能力的目的,《2018 年竞争法修正案》对《1998 年竞争法》第 8 条进行了重大修订,主要变化包括但不限于以下内容:①第(4)款明确了禁止占有市场支配地位的公司对受保护公司施加"不公平的价格或其他交易条件"。且为了规避不公平的定价禁令,也不允许这些公司避免或拒绝向受保护公司购买商品或服务。此外具体适用方案仍有待竞争委员会另行发布准则。②"压榨利润行为"(margin squeeze)已被明确

---

① https://www. mondaq. com/southafrica/antitrust-eu-competition-/941948/guidelines-on-the-buyer-power-provisions-to-address-abuse-of-dominance-published? type＝relatedwith,2020 年 8 月 20 日访问。

② 南非兰特(R)是由南非储备银行发行的货币。

③ Worldwide：African Competition Law Roundup—August 2020，https://www. mondaq. com/southafrica/antitrust-eu-competition-/975412/african-competition-law-roundup--august-2020，2020 年 8 月 24 日访问。

列为特定种类的排他行为。③禁止"在经济上可行时,拒绝向竞争对手或客户提供稀缺货物或服务",即滥用市场支配地位的行为已扩张至拒绝提供稀缺服务(此前只包括货物)。④明确"低于边际或平均可变成本,或以掠夺性价格销售货物或服务"的行为属于滥用市场支配地位中特定种类的排他行为。① ⑤

---

①　Competition Amendment Act "Abuse of dominance prohibited"

8.（1）It is prohibited for a dominant firm to—

（a）charge an ［excessive price］ excessive price to the detriment of consumers or customers；

（b）refuse to give a competitor access to an essential facility when it is economically feasible to do so；

（c）engage in an exclusionary act，other than an act listed in paragraph（d），if the anti-competitive effect of that act outweighs its technological，efficiency or other pro-competitive gain；or

（d）engage in any of the following exclusionary acts，unless the firm concerned can show technological，efficiency or other pro-competi tive［，］gains which outweigh the anti-competitive effect of its act—

（ⅰ）requiring or inducing a supplier or customer to not deal with a competitor；

（ⅱ）refusing to supply scarce ［goods］ goods or services to a competitor or customer when supplying those ［goods］ goods or services is economically feasible；

（ⅲ）selling goods or services on condition that the buyer purchases separate goods or services unrelated to the object of a contract，or forcing a buyer to accept a condition unrelated to the object of a contract；

（ⅳ）selling goods or services ［below their marginal or average variable cost；or］ at predatory prices；

（ⅴ）buying-up a scarce supply of intermediate goods or resources required by a competitor；

（ⅵ）engaging in a margin squeeze；or

（ⅶ）requiring a supplier which is not a dominant firm，particularly a small and medium business or a firm controlled or owned by a historically disadvantaged person，to sell its products to the dominant firm at a price which impedes the ability of the supplier to participate effectively.

（2）If there is a prima facie case of abuse of dominance because the dominant firm charged an excessive price or required a supplier to sell at a price which impedes the ability of the supplier to participate effectively，the dominant firm must show that the price was reasonable...

（4）The Competition Commission must publish guidelines in terms of section 79 setting out the relevant factors and benchmarks for determining whether the practice set out in subsection（1）(d)(vii) impedes the ability of a firm which is not a dominant firm，particularly a small and medium business or a firm owned or controlled by a historically disadvantaged person，to participate effectively.

引入了"举证责任倒置"条款,即在某些具体情况下,需要由占据市场支配地位的公司证明其没有滥用支配地位,以减轻竞争委员会的举证责任。"举证责任倒置"规定适用于定价过高(包括各种交易条件在内的诸多考虑因素)、价格歧视(针对中小企业和顾客)以及供应商滥用行为——"供应商滥用行为"指的是具有市场支配地位的企业迫使不具有市场支配地位的供应商(特别是中小型企业或由历史上处于不利地位的人控制或拥有的企业)以不合理的价格出售商品,从而损害了供应商有效参与市场竞争的能力的行为。[①]

(2)审查企业结合行为[②]

根据《竞争法》第三章第 12 条第 1 款,企业结合包括一个或多个企业直接或间接取得另一企业的全部或部分,或者直接或间接确立对另一企业的全部或部分的控制。此外该法将企业结合分为大型结合、中型结合与小型结合,其划分标准是根据结合企业的资产额和交易量确定的,这一标准由竞争委员会公布,有效期不少于 5 年。[③] 此外,1998 年《竞争法》的突出性成果在于确立了企业结合的强制申报制度,由此体现对于经济高度集中问题的重点关注。根据《竞争法》,小型结合将实行事后申报,即只要求此类结合在结合执行后 6 个月内向委员会申报,而中型与大型结合则要求严格落实事前申报制度,即企业结合须得到批准方可进行。[④]

关于企业结合行为的审查素来烦琐,而根据《2018 年竞争法修正案》,审查过程可能变得更为复杂,因除了《竞争法》中规定的因素之外,委员会以及竞争裁判庭(在诉讼情况下)还需要考虑如下的因素:拟议的企业结合行为是否会排除市场中其他的有效竞争者;拟议的企业结合行为对相关企业的影响(包括间接影响);拟议的企业结合行为是否促进了历史上处于不利地位的人和雇员对公司所有权的参与等。[⑤] 此外,《2018 年竞争法修正案》还授权总统设立一个委员会,以审议由外资收购的公司(a foreign acquiring firm)参与的企业合并行为是否会对南非的国家安全利益产生不利影响。如果合并涉及南非的

---

① The Competition Amendment Act—Changing the South African Competition Law landscape,http://kpmg.co.za,2020 年 7 月 27 日访问。

② 此类行为在我国也被称为"经营者集中"行为,《中华人民共和国反垄断法》,http://www.gov.cn/flfg/2007-08/30/content_732591.htm,2020 年 4 月 10 日访问。

③ 刘进:《南非竞争法执法体系与实践述评》,载《西亚非洲》2008 年第 6 期。

④ 刘进:《南非竞争法执法体系与实践述评》,载《西亚非洲》2008 年第 6 期。

⑤ The Competition Amendment Act,https://www.wylie.co.za/,2020 年 7 月 27 日访问。

国家安全利益,则必须首先由该委员会以国家安全利益为由进行审议,且只有在其批准时,竞争委员会才能作出决定,或竞争法庭才能发布命令(在大型合并的情况下)。①

(3)豁免程序

豁免程序指的是排除适用《竞争法》的情形,该法将豁免制度规定在第二章中,置于限制性水平、垂直行为和市场优势地位滥用的条文之后,并将豁免行为定义为两种类型:一种是基于社会、经济发展理由的豁免,一种是基于知识产权有关理由的豁免。

前者规定在《2018 年竞争法修正案》第 10 条第 3 款 b 项中:"有关的协议、行为或协议或行为的类别有助于实现以下任何目标的可予以豁免:(ⅰ)维持或促进出口;(ⅱ)增强中小企业或历来处于不利地位的人控制或拥有的公司有效进入、参与和扩大市场的能力,使其具有竞争力;(ⅲ)为制止行业衰退,需要改变生产能力的;(ⅳ)工业与贸易部部长经与主管该行业的部长协商后,部长指明的任何行业的经济发展、增长、转型或稳定的需求;(ⅴ)提高竞争力和效率,促进就业或工业扩张"。② 需要注意的是,该条款中所提到"协议或行为的类别"指向的是集体豁免行为,即相同情形的同类受禁止行为可以得到普遍豁免。

---

① The Competition Amendment Act— Changing the South African Competition Law Landscape,http://kpmg.co.za,2020 年 7 月 27 日访问。

② Competition Act Section & Competition Amendment Act Section 10:

(3) The Competition Commission may grant an exemption in terms of subsection,(2)(a) only if—(a) any restriction imposed on the firms concerned by the agreement, or practice, or category of either agreements, or practices, concerned, is required to attain an objective mentioned in paragraph (b); and

(b) the agreement, or practice, or category of either agreements, or practices, concerned, contributes to any of the following objectives:

(ⅰ) maintenance or promotion of exports:

(ⅱ) promotion of the ability of effective entry into, participation in and expansion within a market by small [business, and medium businesses, or firms controlled or owned by historically disadvantaged persons, to become competitive];

(ⅲ) change in productive capacity necessary to stop decline in an industry;

(ⅳ) the economic development, growth, transformation or stability of any industry designated by the Minister, after consulting the Minister responsible for that industry; or:

(ⅴ) competitiveness and efficiency gains that promote employment or industrial expansion.

而与知识产权有关的豁免则规定在第 4 款中:"竞争委员会可豁免与根据1967 年《表演者保护法》、1976 年《植物培育者权利法》、1978 年《专利法》、1978 年《版权法》、1993 年《商标法》和 1993 年《设计法》取得或受保护的权利的行使有关的协议、行为或协议、行为的种类"。①

3.南非竞争法对公共利益的关注

竞争法通常是一种维护市场竞争的工具,目的是提高企业的经济效率和反应,并服务于消费者的利益。② 发展中国家则倾向于将竞争法作为刺激经济增长和社会发展的一揽子政策中的一部分,因而它们认为竞争法应该考虑到它们国家独特的历史、文化、社会和市场条件,以实现竞争法和产业政策目标的统一;其中产业政策目标即实现公共利益,通常包括一些经济和社会政策目标,例如分配公平或就业问题。③

南非是第一批将与公共利益相关的产业政策目标列入其竞争法的国家,也是发展中国家中的典范。在南非 1998 年《竞争法》中,"公共利益"主要体现在如下方面:(1)立法目标:《竞争法》第 2 节规定,"本法的目的是促进和维持共和国的竞争",包括:……c.促进就业和改善南非人的社会和经济福利;d.扩大南非参与世界市场的机会,并承认外国竞争在共和国中的作用;e.确保中小型企业有公平的机会参与经济;和 f.促进更广泛的所有权,特别是增加历史上处于不利地位的人的所有权……。(2)豁免程序:该法案第 10 节规定,"有关的协议、行为或协议或行为的类别有助于实现以下任何目标的可予以豁免:(ⅰ)维持或促进出口;(ⅱ)增强中小企业或历来处于不利地位的人控制或拥

---

① Competition Act Section 10

(4) In addition to the provisions of subsections (2) and (3), the Competition Commission may exempt an agreement, or practice, or category of either agreements, or practices, that relates to the exercise of a right acquired or protected in terms of the Performers' Protection Act, 1967 (Act No.11 of 1967), the Plant Breeder's Rights Act, 1976 (Act No.15 of 1976), the Patents Act, 1978 (Act No. 57 of 1978), the Copyright Act, 1978 (Act No. 98 of 1978), the Trade Marks Act, 1993 (Act No. 194 of 1993) and the Designs Act, 1993 (Act No.195 of 1993).

② Eleanor M. Fox, Equality, Discrimination, and Competition Law: Lessons from and for South Africa and Indonesia, *Harvard International Law Journal*, Vol.41, 2000, pp.581-593.

③ Diane R. Hazel, Competition in Context: The Limitations of Using Competition Law as a Vehicle for Social Policy in the Developing World, *Houston Journal of International Law*, Vol.37, 2015, pp.276-350.

有的公司有效进入、参与和扩大市场的能力,使其具有竞争力……"。(3)DTI部长的程序参与:该法允许部长参加任何应呈报的合并程序,并且部长可在合并程序的任何阶段——在竞争委员会、竞争裁判庭或竞争上诉法院——提出一些公共利益陈述。以南非为代表的发展中国家将公共利益目标纳入竞争法体系的做法,在全球反垄断法和竞争法共同体中产生了众多非议,学者所持观点也大相径庭,例如许多西方竞争法学者认为只有确保有效的竞争环境、改善消费者福利等才属于竞争法的适当范畴,而其他部分学者则主张竞争法不应照搬某种模式,而应根据特定国家的历史和当代背景以及需要解决的特定问题来制定。① 故南非1998年《竞争法》及其修正案②的颁布虽然标志着南非在发展有效的市场治理方式方面迈出了重要的一步,然而为实现其中所包含的公共利益目标,南非政府仍有许多工作要做。

(六)南非公司及税收法律制度

影响南非公司治理的法律制度有三类:第一,公司立法,如现行的《2008

---

① Diane R. Hazel，Competition in Context：The Limitations of Using Competition Law as a Vehicle for Social Policy in the Developing World, *Houston Journal of International Law*，Vol.37，2015，pp.276-350.

② 除了上述部分内容,《2018年竞争法修正案》中其他较为显著的修订内容包括但不限于:(1)行政处罚:《修正案》加强了对违规行为(包括串通、维持最低转售价、订立其他反竞争协议和滥用支配地位)的惩罚力度。所有违规行为都将立即受到最高为10％公司营业额的行政处罚,且屡犯者的处罚是公司年营业额的25％。此外,《修正案》将公司违反竞争法的责任扩大到知道或理应知道控股股东的有关违规行为,以此来实现对违反南非竞争法的公司实施更严厉的处罚的目的。(2)市场调查:《修正案》对竞争法市场调查的监管范围作出了重大修改,其在市场调查方面基本上赋予竞争委员会与竞争法庭相同的权力,即发出传票的权力、听证的权力、制定程序规则和传唤证人的权力。且竞争委员会有权在完成市场调查时提出具有约束力的建议。不过,《修正案》并无规定委员会须确保主持市场调查的小组中包括特定的专业人士,或是确保该小组是独立的。(The Competition Amendment Act—Changing the South African Competition Law Landscape, http://kpmg.co.za, 2020年7月27日访问；The Competition Amendment Act，https://www.wylie.co.za/, 2020年7月27日访问；Competition Amendment Act 18 of 2018, https://www.gov.za/,2020年7月27日访问。)

年公司法》和《2011 年公司法修正案》①；第二，公司章程；第三，由普通法构成的传统公司治理原则。② 公司法将企业分为非营利性公司和营利性公司，营利性公司又分为股份公开公司（或称上市公司）、私人公司、个人责任公司、国有企业③、合伙企业和商业信托公司等④，其中后两类企业一般无注册要求。外国投资者在南非国内较为常见的几类公司注册形式为股份公开公司（或称上市公司）、私人公司和个人责任公司。外国投资者注册企业需联系南非 DTI 下设的企业和知识产权委员会，注册手续完成之后，南非税务局将把新成立的公司自动登记为纳税人，此后每年所有企业都得向南非税务局提交年度所得税报表，以申报企业所得税。⑤

　　此外，任何外国公司都可以在南非国内设立业务点，即分支机构，该分支机构本质属于"外国公司"，在法律上所享受的待遇与上述企业略有不同。外国公司成立分支机构的费用普遍高于上述公司类型，一般而言，其母公司资本越大，其在南非国内的注册费用将越高，⑥并且分支机构一般无须接受审计，除非母公司有特别要求。⑦

---

　　① 2011 年修订案意在实施某些法律技术和语法修订，以确保《2008 年公司法》生效后的恰当适用和管理；纠正导致主要结果不一致的某些模棱两可的条款；为某些必要的规章建立适当的基础；继续按照 1973 年《公司法》第 335 条建立的机制，允许将外国公司的注册转移到共和国管辖范围内；进一步就在无力偿债情况下经营的公司订定条文；扩大丧失董事资格的理由；就公司审裁处成员的任期订定条文等。（Companies Amendment Act of 2011, https://www.gov.za/，2020 年 7 月 30 日访问。）

　　② Philip C. Aka, Corporate Governance in South Africa：Analyzing the Dynamics of Corporate Governance Reforms in the "Rainbow Nation"，*North Carolina Journal of International Law and Commercial Regulation*，Vol.26，2017，pp.2-60.

　　③ 《对外投资合作国别指南》，http://fec.mofcom.gov.cn/article/gbdqzn/，2019 年 5 月 14 日访问。

　　④ Philip C. Aka, Corporate Governance in South Africa：Analyzing the Dynamics of Corporate Governance Reforms in the "Rainbow Nation"，*North Carolina Journal of International Law and Commercial Regulation*，Vol.26，2017，pp.2-60.

　　⑤ 《对外投资合作国别指南》，http://fec.mofcom.gov.cn/article/gbdqzn/，2019 年 5 月 14 日访问。

　　⑥ 《对外投资合作国别指南》，http://fec.mofcom.gov.cn/article/gbdqzn/，2019 年 5 月 14 日访问。

　　⑦ Joni Geuther, Gilles De Vignemon, Infrastructure Investing：Global Trends and Tax Considerations（PART 4），*Journal of International Taxation*，Thomson Reuters，Vol.26，2015，p.29.

1.《2008 年公司法》①

南非《2008 年公司法》的法律要旨在于：(1)促进企业和企业家的成长,从而创造就业机会,此外简化公司组建程序,并降低与组建手续有关的成本;(2)通过在公司的设计和组织中提供灵活性,以及可预见和有效的监管环境,促进南非公司和市场的创新和投资;(3)提高公司及其管理的效率;(4)鼓励公司治理的透明度和高标准等。② 与此同时该法案还注重寻求两类权利的平衡,其一为公司内部股东和董事的权利,③其二为以股东权利为中心的"单一底线"与将社会和环境权利纳入公司决策的"双重底线"。④

总体来说,南非政府给予国内公司的自由度很高,南非法院不会过多干涉公司的日常管理。南非《公司法》最重要的原则之一是,当董事出于正当目的和公司的最大利益而善意行事时,公司的事项以多数决定原则和公司章程为准。⑤ 此外,《2008 年公司法》与之前的公司法律相比,其特点包括但不限于：

(1)公司及公司董事的风险

跨国公司在南非投资的一个自然考虑因素是,该公司或董事是否可能因

---

① 除了公司治理方面的法律,南非的公司一般也遵循《国王报告》的治理守则。《国王报告》(The King Report)是南非公司治理的开创性做法,阐明了众多南非公司治理的最佳实践和原则。最初《国王报告》旨在作为一项良好行为守则,强调公司董事在公司治理方面的责任。虽然《国王报告》不是法律,但其中的许多原则现已被囊括在 2008 年《南非公司法》中,故南非的诸多公司也自愿采纳该治理守则。而在 1994 年、2002 年和 2009 年的前三个版本的基础上,第四个修订版(King Ⅳ)已于 2016 年发布。相较于前一版本,《国王报告 Ⅳ》更为提倡加强问责制和公司透明度。(South Africa Publishes Draft King Report Ⅳ on Corporate Governance, https://nexia.com/insights/global-insight/, 2020 年 7 月 27 日访问。)

② Philip C. Aka, Corporate Governance in South Africa：Analyzing the Dynamics of Corporate Governance Reforms in the "Rainbow Nation", *North Carolina Journal of International Law and Commercial Regulation*, Vol.26, 2017, pp.2-60.

③ Peter N. Levenberg SC, Directors' Liability and Shareholder Remedies in South African Companies—Evaluating Foreign Investor Risk, *Tulane Journal of International and Comparative Law*, Vol.26, 2017, pp.2-60.

④ Philip C. Aka, Corporate Governance in South Africa：Analyzing the Dynamics of Corporate Governance Reforms in the "Rainbow Nation", *North Carolina Journal of International Law and Commercial Regulation*, Vol.26, 2017, pp.2-60.

⑤ Peter N. Levenberg SC, Directors' Liability and Shareholder Remedies in South African Companies—Evaluating Foreign Investor Risk, *Tulane Journal of International and Comparative Law*, Vol.26, 2017, pp.2-60.

违反义务而在南非面临过多的损害赔偿要求。除了在某些法定例外情况下，南非普通法要求损害赔偿应反映受害一方的实际经济损失，违法行为的损害赔偿是"完全赔偿"，但不允许超过实际经济损失。其次，降低外国公司和董事风险的另一个重要因素是，南非法律不允许惩罚性赔偿。[①]

（2）对董事的谨慎勤勉和技能义务作出规定

南非《公司法》对董事谨慎勤勉和技能义务的规定，一般而言，即董事出于善意和正当目的，在具备一定技能并且践行基本的谨慎勤勉义务时，通常不承担商业判断失败的责任。因为根据南非法律，董事的过失行为将不会受到任何惩罚，除非这种过失行为本身就是非法的，例如南非法律规定董事在作为或不作为时应对特定弱势群体负有法律注意义务。但是董事因鲁莽或欺诈交易而对股东和债权人造成损害的，应向股东和债权人承担责任，这种责任是有限度的，一般仅限于实际损失。

根据《公司法》第76（3）条规定："除第（4）及（5）款另有规定外，公司董事以董事身份行事时，必须在下列条件下行使董事的权利并履行董事的义务：（a）出于善意和适当的目的；（b）符合公司的最佳利益；和（c）具有该职位的一般知识、技能和经验……"，这一条款明确规定如果董事没有足够的技能和知识以合理履行义务，那么此项任命是不合理的。此前英美法系在教育和专业知识方面未对董事任职条件作明确规定，南非公司法的相关规定可视为英美法系的一次重大进步。[②]

（3）就董事对公司及股东的责任作出规定

根据《公司法》第76（2）条，"董事：（a）不得使用因董事的职位或以董事身份行事而获得的任何资料，以（ⅰ）为董事或公司以外的任何人或公司的全资附属公司取得利益；或（ⅱ）故意对公司或公司的子公司造成损害；（b）必须在切实可行的情况下，尽早将董事注意到的任何信息通知董事会，除非董事（ⅰ）合理地认为信息是（aa）对公司无关紧要的；或（bb）一般为公众或其他董事知悉的；或（ⅱ）因法律或道德上的保密义务而有义务不披露该信息"——简言之，董事对公司负有"受托责任"。此外董事可以根据普通法与公司进行交易，

① Peter N. Levenberg SC, Directors' Liability and Shareholder Remedies in South African Companies—Evaluating Foreign Investor Risk, *Tulane Journal of International and Comparative Law*, Vol.26, 2017, pp.2-60.

② Peter N. Levenberg SC, Directors' Liability and Shareholder Remedies in South African Companies—Evaluating Foreign Investor Risk, *Tulane Journal of International and Comparative Law*, Vol.26, 2017, pp.2-60.

但前提是该董事为该特定交易的目的而完全断绝与公司的关系,公开且诚实地行事,并与公司保持一定距离。这个规则被称为"公平交易规则"。① 在南非,对于商业贿赂有较为严密的社会监控体系,任何人都有义务报告他人犯下的腐败、盗窃、诈骗、敲诈勒索、伪造等涉及 10 万兰特以上金额的行为,知情不报同样构成犯罪。处罚包括罚款或者 10 年以内的监禁。②

　　但是董事受托责任的对象只为公司本身,而不包括:(1)股东个人;(2)公司债权人;(3)子公司。当少数的股东(或董事)的权益受到侵害时,可以选择衡平法上的救济。2008 年《公司法》第 163 条赋予了法院广泛的公平裁量权,以纠正压迫性或不公平的偏见行为——其一为派生诉讼,即多数并控制公司的董事或股东的欺诈或越权行为对公司利益造成损害时,少数受害股东将有补救权利;其二为根据《公司法》第 163 条规定向法院申请救济:"在下列情况下,股东或董事可向法院申请救济:(a)公司或相关人士的任何作为或不作为,已导致对申请人的压迫或不公平损害,或不公平地无视申请人的利益;(b)公司或相关人士的业务正在或已经以压制或不公平地损害或不公平地无视申请人的利益的方式进行;或(c)本公司董事或高级人员或与本公司有关的人的权力,正在或已经以压制或不公平地损害或不公平地无视申请人的利益的方式行使";其三为根据《公司法》第 81 条规定申请解散公司:"法院可命令公司在下列情况下,因一名或多名董事或一名或多名股东的申请而被清盘:(一)董事在公司管理上陷入僵局,股东无法打破僵局,且(aa)因僵局而对公司造成或可能造成无法弥补的损害;或(bb)由于僵局,公司的业务一般不能以有利于股东的方式进行;(cc)股东在投票权上陷入僵局,且有一段时间(包括至少连续两次年度股东大会)未能选出任期已届满的董事的继任者;或在其他方面,公司的破产是公正和公平的……"。这一条款明确规定,法院可以以僵局为由解散一家有偿付能力的公司,这是 2008 年《公司法》的一项创新。③

---

　　① Peter N. Levenberg SC, Directors' Liability and Shareholder Remedies in South African Companies——Evaluating Foreign Investor Risk, *Tulane Journal of International and Comparative Law*, Vol.26, 2017, pp.2-60.

　　② 《对外投资合作国别指南》, http://fec.mofcom.gov.cn/article/gbdqzn/, 2019 年 5 月 14 日访问。

　　③ Peter N. Levenberg SC, Directors' Liability and Shareholder Remedies in South African Companies——Evaluating Foreign Investor Risk, *Tulane Journal of International and Comparative Law*, Vol.26, 2017, pp.2-60.

（4）对公司的破产情形作出规定

南非法律承认两种形式的破产：实际资不抵债（公司负债超过资产）和商业资不抵债（公司处于流动性不足的状态，即使资产可能超过负债，但仍无法偿还债务）。[①]

（5）增强"灵活性"表现

2008年《公司法》中最重要的创新之一是，虽然根据现行法律，所有的公司都需要在财务年度结束后六个月内准备年度财务报表，但是经营活动不超过一定范围的公司不需要提供经过审计的报表。此外《公司法》简化了章程的规定：根据旧《公司法》，公司的章程应分为两份单独的文件，一份是《公司备忘录》，另一份是《公司章程》。现行《公司法》只要求公司准备一份公司章程，但要求与《公司法》保持一致。在这一附带条件的限制下，公司章程所包含的内容具有相当大的灵活性，它可以包括公司法未规定的任何事项，或改变任何可变条款的影响，或对原本适用于该公司的可变条款的行为实施更高的标准、更严格的限制、更长时间或任何类似的条件。但是公司章程在南非属于应公开文件，公司章程及其任何一版的修订必须提交公司和知识产权委员会（CIPC）——该委员会是最终负责管理南非公司的实体。[②]

2.南非外资准入条件

南非DTIC是负责管理外国投资的主要政府部门，南非政府对于外国投资者在当地开展投资合作的形式和外资准入条件一般没有特别的规定和要求，外国投资者可以新设分支机构或者注册当地公司，也可以通过并购方式，但是需要受到黑人经济振兴政策的黑人占股比例的约束。[③]

南非政府尤为鼓励外国投资者投资制造业、基础设施项目和汽车行业等，为此政府设定了诸多优惠政策，包括"外国投资补贴"、"制造业投资计划"、"关

---

① Peter N. Levenberg SC，Directors' Liability and Shareholder Remedies in South African Companies—Evaluating Foreign Investor Risk，*Tulane Journal of International and Comparative Law*，Vol.26，2017，pp.2-60.

② Peter N. Levenberg SC，Directors' Liability and Shareholder Remedies in South African Companies—Evaluating Foreign Investor Risk，*Tulane Journal of International and Comparative Law*，Vol.26，2017，pp.2-60.

③ 《对外投资合作国别指南》，http://fec.mofcom.gov.cn/article/gbdqzn/，2019年5月14日访问。

键基础设施项目补贴"和"汽车投资计划"等。[①]

在金融行业,2000 年实施的《银行法》改变了外资较难进入南非金融市场的局面,南非对银行业外资准入的限制较少,只在经营范围上做了一些限制,其中 2003 年通过的《金融服务宪章》禁止外资银行的分支机构进入银行零售市场。外资银行的资金必须来源于南非境外,除此之外,外资银行可在南非持有银行所有股权,但持股 15% 以上须经政府相关部门批准,持股达到 75% 以上,该银行的对外借贷比例将受限制。[②]

3.南非企业税收体系

南非实行中央、省和地方三级课税,南非税务总署负责大部分税种的征收和管理,地方税务局则负责对营业税和薪酬税[③]等的征收。相关法律包括1996 年《所得税法》、2016 年《税法修订案》、2016 年《税收征管法修订案》等。2000 年 4 月 25 日,中国与南非签署《关于对所得避免双重征税和防止偷漏税的协定》。[④]

2000 年,南非从以税收来源地为基础的征税向来源地、居住地双重征税进行了重大转变,并在 2001 年引入了新的资本利得税。南非前财政部长曼纽尔解释说,政府对基于来源的制度和基于住所的制度之间的区别的定义如下:"对跨越国际边界的流动收入征税有两种备选办法。在基于收入来源征税的制度中,对国内来源的收入征税,而不论是居民还是非居民。在以居住地为基础的制度中,无论收入来自哪里,都只对一国的居民征税。"[⑤]目前南非采用"属人原则"和"属地原则"对所得征税。[⑥] 此外,新制度还规定在国外赚取的、

————————————

①　Peter N. Levenberg SC, Directors' Liability and Shareholder Remedies in South African Companies—Evaluating Foreign Investor Risk, *Tulane Journal of International and Comparative Law*, Vol.26, 2017, pp.2-60.

②　《对外投资合作国别指南》,http://fec.mofcom.gov.cn/article/gbdqzn/,2019 年 5月 14 日访问。

③　南非向所有雇主征收 1% 的薪酬税(技能发展税),但是对于年工资收入低于500000 兰特的公司免征薪酬税。(德勤有限公司:《南非经商须知》,https://max.book118.com/html/2018/0315/157393151.shtm,2020 年 4 月 14 日访问。)

④　《对外投资合作国别指南》,http://fec.mofcom.gov.cn/article/gbdqzn/,2019 年 5月 14 日访问。

⑤　Samuel C. Thompson, Jr., South African Perspectives: Its Prospects and Its Income Tax System, *Chicago Journal of International Law*, Vol.1, 2000, pp.443-458.

⑥　《对外投资合作国别指南》,http://fec.mofcom.gov.cn/article/gbdqzn/,2020 年 4月 14 日访问。

在外国司法管辖下按与南非所得税率相当的税率征税的收入免征南非税(即税收抵免)。然而,在避税港辖区获得的海外收入在南非则要纳税。①

此外,如果企业每一纳税年度的收入总额,减除不征税收入、免税收入、各项扣除及允许弥补的以前的年度亏损后,应纳税所得额为负数,则可被视为当期亏损。该亏损可以结转到下一个纳税年度,但须遵守当地的税损补偿规则,该规则要求纳税人参加相关的商业测试,如南非税务局通过商业测试的结果确信纳税人没有停止交易的意愿,税务局才会允许企业将当期的亏损结转至下一个纳税年度。②

(1)公司所得税

应税公司(非矿业)及其分支机构的所得税的基本税率为28%,并且获得股息、红利的股东需就股息、红利所得等再次缴纳10%的公司所得税。③此外公司所得税综合税率约为33%;非居民企业在南非所设分支或者代表机构按33%税率缴纳;外国公司在南非的分公司按照36.5%缴纳所得税,并免缴第二次公司所得税;矿业公司、保险公司等的所得税率另有规定。④

(2)预提税

南非储备银行依据《外汇管制规则》管制居民企业与非居民企业之间的交易,其中涉及多个预提税的规定。股息预提税:南非国内公司向另一家国内公司支付的股息免除预提所得税。⑤但是南非公司支付给个人、信托和外国企业的股息须缴纳15%的股息预提税(税收协定适用更低税率的,按协定处理)。⑥利息预提税:自2015年3月起征收,使用情形如下:企业支付给非居民纳税人利息时,应由接收方负责支付税款,但是支付方必须预扣该笔税款。

① Samuel C. Thompson, Jr., South African Perspectives: Its Prospects and Its Income Tax System, *Chicago Journal of International Law*, Vol.1, 2000, pp.443-458.

② Oscar Teunissen, Geoffrey Hippert, Ronald Kalung, Tax and Regulatory Issues Affecting Alternative Fund Investments in Africa, *Journal of International Taxation*, Vol.21, 2010, p.40.

③ Secondary Tax on Companies(STC), http://saica.co.za, 2020年7月30日访问。

④ 《对外投资合作国别指南》, http://fec.mofcom.gov.cn/article/gbdqzn/, 2020年4月14日访问。

⑤ Joni Geuther, Gilles De Vignemon, Infrastructure Investing: Global Trends and Tax Considerations(PART 4), *Journal of International Taxation*, Thomson Reuters, Vol.26, 2015, p.29.

⑥ 《你需要知道的—南非税收二三事》, https://www.sohu.com/a/216878092_245032, 2020年4月14日访问。

利息预提税按 15％ 的最终预提税税率征收,可以依据双重征税协议下调。[①]
特许权使用费预提税:向非居民纳税人支付特许权使用费征收 15％ 的预提
税,可依双重征税协议下调。[②] 此外还有处置不动产的预提税、支付技术服务
费的预提税等规定。

(3)经济特区税收优惠政策

为了鼓励经济特区的基础设施发展和贸易,南非政府出台了一项激励措
施,鼓励在经济特区开展业务的公司。南非政府于 2016 年 2 月 9 日颁布《特
别经济区法案》,现已正式生效。根据新法案,在南非杜贝贸易港、理查兹贝
湾、萨尔达尼亚湾、亚特兰蒂斯、阿平顿、哈里史密斯、勒斯滕堡等 13 个特别经
济区内企业均可享受 15％ 的企业税率、投资返还、投资补贴、增值税和关税减
免等优惠政策。[③]

以上内容为南非企业税收政策的重要内容,此外南非的企业税收体系还
包括财产转让税、社会保障税等规定,并且南非有严格的反避税规则,包括转
让定价规定、资本弱化规定以及完善的监管制度。需要注意的是,自 2019 年
6 月,南非碳税法案开始实施,适用范围包括化石燃料排放、工业排放等领域,
从事相关领域投资的企业应对此有所关注。[④]

4.南非中小企业优惠政策

由于南非的许多行业高度集中并形成行业内的企业集团,因此南非中小
型企业发展面临着重大挑战。[⑤] 1996 年的《国家小企业法》旨在规定"设立全
国小企业理事会(National Small Business Council)[⑥]和恩斯卡企业促进机构

---

① 《你需要知道的—南非税收二三事》,https://www.sohu.com/a/216878092_
245032,2020 年 4 月 14 日访问。

② 《你需要知道的—南非税收二三事》,https://www.sohu.com/a/216878092_
245032,2020 年 4 月 14 日访问。

③ 《对外投资合作国别指南》,http://fec.mofcom.gov.cn/article/gbdqzn/,2019 年 5
月 14 日访问。

④ 蔡淳:《南非正式开征碳税》,http://www.tanjiaoyi.com/article-27259-1.html,
2020 年 4 月 14 日访问。

⑤ Trudi Hartzenberg, Competition Policy and Practice in South Africa: Promoting
Competition for Development, *Northwestern Journal of International Law & Business*,
Vol.26, 2006, pp.667-685.

⑥ 2003 年《国家小企业法修正案》废除了与全国小企业理事会有关的所有规定,并
授权部长推动建立一个代表小企业利益的咨询机构(advisory body)。National Small Bus-
iness Amendment Act of 2003,http://www.gov.za,2020 年 7 月 30 日访问。

(Ntsika Enterprise Promotion Agency)①,为国家机关在共和国内促进小型企业发展提供指南……"。此外,该法案将小企业定义为具有一定特征的中小企业、小企业、非常小企业和微型企业,且通过五个标准进一步界定企业类型,五个标准即:行业类别(sector or subsector in accordance with the Standard Industrial Classification)、规模大小、受薪雇员数量、营业额、资产值(不包含固定资产)。而《国家小企业法修正案》(2003 年第 26 号)的目的是更新并完善1996 年《国家小企业法》确定的企业界定标准,如:提高了小企业的营业额门槛。②

南非政府于 2014 年设立了一个专门促进小企业发展的部门,即小企业发展部(Department of Small Business Development,DSBD),从而提高了小企业的地位。其中根据《国家小企业法修正案》(2004 年)设立的小企业发展局(Small Enterprise Development Agency,SEDA)将开展一些具体工作并向小企业发展部报告,其使命是为在南非各地的中小企业的生存及发展提供融资。③

(1)中小企业税收优惠政策

年营业额在 1000 万兰特以内的微型企业,其公司所得税可以选择简易方法缴纳流转税,以替代所得税和增值税等,流转税采用累进税率,并根据应税收入划分为 5 个档次;年营业额在 1400 万兰特以内的小企业,其公司所得税率按累进税率征收,并根据应税收入划分为 4 档。④

(2)工业技术和人力资源项目(Technology and Human Resources for Industry Programme,以下简称 THRIP)

工业技术和人力资源项目是 DTI 和 NRF(National Research Foundation,国家研究基金会)之间的一个项目,旨在促进南非科学、工程和技术领域的研究

---

① 《国家小企业法》在 2003 年和 2004 年分别进行过修正,2004 年修正案废除了与恩斯卡企业促进机构相关的所有条款,规定建立小企业发展局(Small Enterprise Development Agency,以下简称 SEDA),并将恩斯卡企业促进机构并入拟设立的机构。National Small Business Amendment Act of 2004,http://www.gov.za,2020 年 7 月 30 日访问。

② National Small Business Amendment Act of 2003,https://www.gov.za/documents/national-small-business-act,2020 年 8 月 24 日访问。

③ Madelein Kleyn,SMEs—A South African Perspective,https://papers.ssrn.com/sol3/papers.cfm? abstract_id=3009379,2017 年 9 月 10 访问。

④ 《对外投资合作国别指南》,http://fec.mofcom.gov.cn/article/gbdqzn/,2020 年 4 月 14 日访问。

合作,并鼓励研究人员和在校学生在该项目不同参与机构之间流动。① 此外,该项目融资所得,即 THRIP 基金,将用于资助中小企业,以提高其竞争优势。②

（3）技术创新署（Technology Innovation Agency,以下简称 TIA）

TIA 是与 DTI 相关的国家公共实体部门。根据《技术创新法案》（2008年第 26 号法案）,TIA 的目的是支持国家通过发展和促进技术创新,促进经济增长和提高所有南非人的生活质量。TIA 为帮助中小企业保护他们的知识产权,设立了专利支持基金,旨在为中小企业提供专利研究开发至商业应用阶段的支持机制,并在专利申请、专利诉讼或专利保护等任一方面帮助企业家和中小企业。

（七）南非劳动法律制度

南非劳工方面的法律包括《劳资关系法》（Labor Relations Act）、《就业基本条件法》（Basic Conditions of Employment Act）、《平等雇佣法》（Employment Equity Act）、《技能提高法》（Skills Development Act）和《技能提高费用法》（Skills Development Levies Act）。③ 其中《平等雇佣法》涉及反对歧视和提倡各种就业平等战略。《技能提高法》最初是为了提高种族隔离受害人——南非黑人的技能水平而颁布的,实施后该法主要致力于为雇员和失业人员创造学习和培训的机会。④ 此外,2018 年,南非通过了 4 部旨在保护劳工权益的法案,分别是:（1）《国家最低工资法案》（National Minimum Wage Act）:该法案旨在设立国家最低工资委员会、规定全国最低工资制度等。（2）《就业基本条件法修正案》（Basic Conditions of Employment Amendment Act）:该修正案旨在修订 1997 年《就业基本条件法》;解散就业条件委员会;扩大调停、调解和仲裁委员会的管辖权;扩大劳动监察部门的监督和执行规定,以实施 2018 年《国家最低工资法案》、2001 年《失业保险法》（Unemployment Insurance Act）

---

①　Technology and Human Resources for Industry Programme（THRIP）,https://www.gov.za/node/727654,2020 年 8 月 23 日访问。

②　Madelein Kleyn, SMEs—A South African Perspective, https://papers.ssrn.com/sol3/papers.cfm? abstract_id=3009379,2017 年 9 月 10 访问。

③　《对外投资合作国别指南》,http://fec.mofcom.gov.cn/article/gbdqzn/,2019 年 5月 14 日访问。

④　Sarah Christie, Labor Law Reform—Southern Africa, *Case Western Reserve Journal of International Law*, Vol.33, 2001, pp.345-359.

和 2002 年《失业保险金缴款法》(Unemployment Insurance Contributions Act)等。(3)《劳资关系修正案》(Labor Relations Amendment Act)：该修正案旨在修订 1996 年《劳资关系法》；就工资协议的续期及延展拟定条文；就集体协议等内容作出规定.(4)《劳动法修正案》(Labor Laws Amendment Act)：该修正案旨在修订 1997 年《就业基本条件法》，落实有关育儿假、收养假和委托育儿假的规定；修订 2001 年《失业保险法》，规定领取父母津贴和委托父母津贴(parental and commissioning parental benefit)，以及育儿津贴和委托育儿津贴的权利等。① 总之南非政府给予国内工人的保护较为全面，原则上能在当地找到合适人选的就业机会是不能向外国人提供的，政府对引进外籍劳工有严格的限制。鉴于南非劳动法对劳动者的工作时间、最低工资标准和休假制度等都有明确规定，政府也赋予南非工会组织很大的权力，外国投资者应谨慎处理劳资关系，否则易引发罢工。②

南非于 1996 年通过了《劳资关系法》，并据此设立了劳动纠纷的调停、调解和仲裁委员会(Commission for Conciliation，Mediation and Arbitration，以下简称 CCMA)。CCMA 是一个专门负责调解劳工关系的机构，③它由来自国家、劳工和管理部门三方的理事机构共同运作，其管辖对象非常广泛，包括私营和公共部门，但武装部队等除外。它的核心任务是调解已发生的劳动纠纷，并对调解不成的争端进行仲裁。在南非，任何劳动者权益受到侵犯或者受到不平等对待，只要填写一份请求就可以向 CCMA 求助——CCMA 不会根据当事人是否有合法身份来决定结果，而是根据是否属于劳工关系纠纷来作出决定。反之，CCMA 唯一不能管辖的就是非雇佣关系的纠纷，对非雇佣关系的纠纷，当事人可以向南非独立调解服务协会(Independent Mediation Service of South Africa，IMSSA)提起仲裁。④ 此外，劳动法院也可审判劳工

① Labour Laws Amendment Bill；National Minimum Wage Bill，Basic Conditions of Employment Amendment Bill；Labour Relations Amendment Bill：briefing with Minister，https://pmg.org.za/bill/615/，2020 年 8 月 23 日访问。

② 《对外投资合作国别指南》，http://fec.mofcom.gov.cn/article/gbdqzn/，2019 年 5 月 14 日访问。

③ CCMA 官网，http://ccma.org.za，2020 年 5 月 14 日访问。

④ ADR in South Africa：A Brief Overview—Independent Mediation Service of South Africa，http://imimediation.org，2020 年 5 月 14 日访问。

关系纠纷——劳动法院是一个相当于高等法院的专门法院,有自己的上诉法院。① 需要注意的是,《就业基本条件法修正案》对 CCMA 的职权范围作出了重要修订。在此之前,CCMA 无权强制要求雇主执行仲裁裁决,因此劳动者往往还需要另行向劳动法院申请执行令,这不仅延误了劳动者获得补偿的时限,并且劳动者还需要承担额外的执行费用(包括就扣押财产所支出的费用等)。而《就业基本条件法修正案》明确了如果雇主拒绝支付款项,劳动者可直接依据 CCMA 仲裁裁决请求治安官(sheriff)强制执行。②

二、南非《投资保护法案》改革

南非是"一带一路"沿线国家之一,南非政府于 2009 年 7 月公布了旨在对南非加入的国际投资协定进行"综合风险评估"的《双边投资协定政策框架审查文件》(The Bilateral Investment Treaty Policy Framework Review,以下简称《审查文件》)。其中反映了若干对当前国际投资体系的关切:其一,国际投资法应被"极其谨慎"地对待,因为这一法律领域主要是由发达国家本着保护其本国公民对外投资的初衷所创造的;其二,吸引外国投资的需求促使一些发展中国家签署了双边投资协定,而该类协定在许多关键领域更为关注投资者的权利,却没有必要的保障措施以维持其可行性。对此,《审查文件》表明审查初衷是"纠正其加入的国际投资协定的不一致"。这通过之后的《投资保护法案》中"实现投资者权利与义务新平衡"的立法举措体现出来。

在国际投资领域,国内公共利益丧失是受到一个普遍关注的问题,为此南非政府在《审查文件》中援引了"卡沃尔主义"③,主张"政府对外国人的责任不得大于对其本国公民的责任",并于 2015 年通过了《投资保护法案》,但直至 2018 年 6 月 13 日方由总统签发执行令予以实施。法案试图用国内立法的方式抛弃双边投资协定中的国际保护手段和补救措施,使国际投资者和国内投

①　Sarah Christie,Labor Law Reform—Southern Africa, *Case Western Reserve Journal of International Law*,Vol.33,2001,pp.345-359.

②　South Africa:Enforcing CCMA Awards Without Further Referrals Explained,https://www.mondaq.com/southafrica/,2020 年 8 月 24 日访问。

③　"卡沃尔主义"是南美著名国际法学家卡沃尔于 19 世纪 60 年代提出的理论,其中包括了以下主要原则:(1)本国人与外国人应该享有平等的待遇;(2)外国人对于投资或者其他商事争端,只能在当地法院寻求救济。

资者处于同样的竞争环境。在面对外资法道路的选择时,南非政府更希望以国内法替代国际法或减损国际法的适用。虽然于传统的双边投资体制而言,南非政府的改革更为保守,然而这并不是闭门造车的做法,在一定程度上也代表了一些新兴国家对外资保护方式的转变。

中国正处于“一带一路”的建设进程中,政府鼓励本国投资者远赴外国投资。对于南非外资法的改革,中国投资者应深入分析,对投资行为可能遭遇的法律后果应有预判,以规避法律风险。

(一)南非《投资保护法案》改革缘由

1.外资保护与国内公共利益的摩擦

根据《解决国家与他国国民间投资争端公约》(ICSID 公约,也称《华盛顿公约》)的数据库显示,南非是双边投资协定数量不断增加的国家之一。这些双边投资协定大多是南非与欧洲国家签订,其次是同美国和亚洲国家签订的。南非至今对外签署的双边投资协定主要遵循的是北半球(即发达国家)模式,这些双边投资协定的共同特点包括:“鼓励和创造有利的投资条件”“给予公平公正的投资待遇”“对被征用的投资予以完全市场价值补偿”,以及“投资者—国家争端的强制性国际仲裁”,[①]使外国投资者能够确信他们的投资将会受到公正的待遇和充分的保护。但是南非政府似乎逐渐意识到,北半球双边投资协定的模式与他们所希望给本国国内经济带来的变化是不相融合的。自1994 年种族隔离结束以来,南非政府一直试图通过立法政策扭转种族隔离时期对其本国公民和国内经济的影响,其一是扩大外国直接投资,其二则是赋予黑人经济权力。[②] 然而实践表明,南非与外国签署的双边投资协定虽为外国投资者提供了保护,但同时也限制了南非政府在国内推行公共政策倡议的能力。[③]

2007 年 1 月,投资于南非矿业的意大利与卢森堡投资者向国际投资争端

---

① Jennifer Reed，South Africa Revolutionizing Foreign Investment Protection System，*Yearbook on Arbitration and Mediation*，Vol.6，2014，p.296.

② Matthew Coleman，Kevin Williams，South Africa's Bilateral Investment Treaties，Black Economic Empowerment and Mining：A Fragmented Meeting？ *Business Law International*，Vol.9，2008，p.59.

③ Jennifer Reed，South Africa Revolutionizing Foreign Investment Protection System，*Yearbook on Arbitration and Mediation*，Vol.6，2014，p.296.

解决中心(ICSID)起诉了南非政府(Foresti v. Republic of South Africa)①,他们称南非政府的作为违反了双边投资协定所规定的义务。在该案中,意大利投资者对南非政府旨在通过没收他们所持的矿产,以弥补在种族隔离时期被边缘化的南非人的立法提出了质疑,如南非的国家采矿立法《矿业宪章》②《矿产和石油资源开发法》(MPRDA)③。④

这起案件最终在 ICSID 庭外得以解决。但在纷争之后,南非政府越来越担心双边投资协定对本国政策主权空间的影响以及与双边投资协定有关的一般公共利益问题。因此,在 2008—2010 年期间,南非政府在贸易和工业部(Department of Trade and Industry,简称 DTI,现已更名)领导下开始对本国投资制度进行审查。⑤ 贸易和工业部(DTI)对双边投资协定(bilateral iavesturlent treaty,以下简称 BIT)审查得出的结论是,双边投资协定正在侵害本国的公共利益,影响了社会和经济优先事项的执行,因为它们倾向于保护投资者,而不是根据南非宪法对每个个体给予保护。⑥

2.寻求投资者权利与义务的新平衡

2012 年 9 月在日内瓦举行的联合国贸易与发展会议关于可持续发展投资政策框架的发布会上,南非原贸易和工业部长明确表示,"除非有令人信服的经济和政治情况",南非政府将不再采用基于双边投资协定的投资促进和保

---

① 投资解决争端中心(ICSID)官网——案件编号 ARB(AF)/07/1"Piero Foresti, Laura de Carli and others v. Republic of South Africa",https://icsid.worldbank.org/,2019 年 11 月 13 日访问。

② 该法案要求历史上处于劣势的南非人在 2014 年底之前至少拥有所有采矿公司的 26%。

③ 该法案旨在让南非政府履行宪法规定的义务,即代表南非人民保护本国矿产财富。MPRDA 还支持南非基础广泛的黑人经济赋权政策(BEE 政策)。

④ Erika George, Elizabeth Thomas, Bringing Human Rights into Bilateral Investment Treaties: South Africa and a Different Approach to International Investment Disputes, *Transnational Law & Contemporary Problems*, Vol.27, 2018, p.404.

⑤ Omphemetse S Sibanda, The Promotion and Protection of Foreign Investment Law Bill: Denunciation of BITs, and the De-internationalisation of Investor-state Arbitration in South Africa, *The Business & Management Review*, Vol.4, No.4, 2017, p.160.

⑥ Erika George, Elizabeth Thomas, Bringing Human Rights into Bilateral Investment Treaties: South Africa and a Different Approach to International Investment Disputes, *Transnational Law & Contemporary Problems*, Vol.27, 2018, p.405.

护制度。① 与此同时,南非开始大规模地终止实行宪法之前与欧洲国家所签署的双边投资协定,即南非在 1994 年民主过渡后不久签署的所有"第一代"双边投资协定。②

南非贸易和工业部(DTI)于 2013 年 11 月 1 日发布了《促进和保护投资法案》(Promotion and Protection of Investment Bill)草案,征求公众意见,并于 2015 年正式通过了《投资保护法案》(Protection of Investment Act)。③ 2018 年南非贸易和工业部发布 395 号令——根据该法案第 16 条,④南非总统签发执行令,该法案自 2018 年 6 月 13 日开始生效,⑤该法案的目标是平衡公共利益和投资者权利。南非新投资法的颁布,在一定程度上体现了南非政府对外资保护态度的转变。整体上来说《投资保护法案》对外国投资者提供的保护较少,因为它只包含模糊的"投资"定义、缺少公平与公正待遇条款,并且它不提倡投资者诉诸国际仲裁来解决投资纠纷。⑥

然而,《投资保护法案》的核心并不是撤资政策,而且也构不成对国内稳定投资的威胁。事实上该法案包含了旨在保证投资者享有某些最低保护标准的条款,例如提供公平行政待遇(第 6 条)、国民待遇(第 8 条)、投资实体安全(第 9 条)、可能的投资遣返(第 11 条)和投资争端的解决(第 13 条)。下文将具体阐述《投资保护法案》的关键条款及其影响。

---

① Omphemetse S Sibanda, The Promotion and Protection of Foreign Investment Law Bill: Denunciation of BITs, and the De-internationalisation of Investor-state Arbitration in South Africa, *The Business & Management Review*, Vol.4, No.4, 2017, p.160.

② Jennifer Reed, South Africa Revolutionizing Foreign Investment Protection System, *Yearbook on Arbitration and Mediation*, Vol.6, 2014, p.298.

③ Augustine Arimoro, An Appraisal of the Framework for Public Private Partnership in South Africa, *European Procurement & Public Private Partnership Law Review* 2018, Vol.13, 2018, p.223.

④ Protection of Investment Act of 2015 Section 16. Short title and commencement. This Act is called the Protection of Investment Act, 2015, and comes into operation on a date determined by the President by proclamation in the Gazette.

⑤ South African Government, Protection of Investment Act: Commencement (English / TshiVenda), https://www.gov.za/documents/protection-investment-act-commencement-13-jul-2018-0000,2019 年 11 月 12 日访问。

⑥ Jennifer Reed, South Africa Revolutionizing Foreign Investment Protection System, *Yearbook on Arbitration and Mediation*, Vol.6, 2014, p.299.

（二）南非《投资保护法案》改革的关键条款

与南非过往对外签署的双边投资协定的有关规定相比，《投资保护法案》在对投资的定义、投资待遇、征收和补偿、投资争议解决等几个方面有较大的变化，并且对外资保护产生实质性的影响。[①]

1.重新定义投资的性质

在20世纪80年代和90年代，外国直接投资可能被理解为一家实体企业进入东道国注资并注册。但目前外国投资的现实情况则大不相同。根据《中国—南非双边投资协定》第1条的规定，"'投资'一词是指缔约一方投资者依照缔约另一方的法律、法规在缔约另一方领域内投入的各种财产，主要包括，但不限于，下列各项：（一）动产、不动产及其他财产权利，如抵押权和质权；（二）公司的股份、股票和其他任何形式的参股；（三）金钱请求权和具有经济价值的其他行为请求权；（四）知识产权……"。[②] 传统双边投资协定对于"投资"定义的不加限制也纵容了投资性质的质变，例如壳牌公司为逃避税收管辖，依托其在不同国家投资建立的子公司，将利润转移至不同国家，以利用对其最有利的监管框架减少税负并且逃避法律责任。在南非的新兴政策战略中，政府逐渐意识到传统的双边协定条款已经囊括了这些日益扩大和越来越模糊的投资和投资者概念，这个定义远远超出最初谈判的设想。南非政府只想吸引和保护某些类型的投资，尤其是对当地经济发展有贡献的投资——这意味着一些短期的、不稳定的，或者纯粹是一个避税实体的投资将被排除在外。[③]

南非政府的上述意愿在投资保护法案中得到体现，《投资保护法案》第2条第1）款对"投资"作出如下规定："a.投资方根据共和国法律设立、收购或扩大的任何合法企业，并在合理时间内投入以期获利的具有经济价值的资源；b.持有或取得上述企业的股份、债权或其他所有权凭证；c.与共和国境外另一

---

① 朱伟东：南非《投资促进与保护法案》评析，载《西亚非洲》2014年第2期。

② 中国商务部条约法律司：《中华人民共和国政府和南非共和国政府关于相互鼓励和保护投资协定》，http://tfs.mofcom.gov.cn/，2019年11月13日访问。

③ Sonia E. Rolland, David M. Trubek, Legal Innovation in Investment Law: Rhetoric and Practice in Emerging Countries, *University of Pennsylvania Journal of International Law*, Vol.39, 2017, p.383.

企业存在控股、收购或合并关系,但仅限于它对共和国境内投资有影响的情况。"①该法案对于投资设定了"具有经济价值"这一限定,在一定程度上缩小了投资的范围。但何谓"具有经济价值的资源",法案却没有对此作出更详尽的说明,这在该法的适用过程中给予了南非政府更多的自由裁量权。例如,对投资者在投资项目正式投产前进行的环境影响评估或对投资者期望获得许可证的初步可行性调查,这是投资项目投产前必需的经济活动且需要投入必要的费用,这两项活动是否可构成投资"具有经济价值的资源"? 根据原先的双边投资协定可以认定为"投资"并获得法律保护,但现在情况变得不确定,因为《投资保护法案》含糊不清的措辞极有可能将第一步的裁量权交由南非政府——即这些正式投产前的环评活动是否可以被认定为具有经济价值的活动从而构成投资,由政府享有自由裁量权,②而自由裁量权行使的依据也不甚明确。

可见,继南非政府颁布《投资保护法案》进入新外资法时代后,南非政府可能倾向于以本国公共利益的立场进行自由裁量,这对外国投资者将是不利的。

2.界定和制约投资者保护

南非政府通常希望使外国投资者确信他们的投资将会在本国受到公正的待遇和充分的保护,以吸引外国投资的流入,所以根据南非以往对外签署的双边投资协定,外国投资者在南非一般享有公平公正待遇(fair and equitable treatment,FET)、国民待遇 (national treatment,NT)、最惠国待遇(most-favored-nation treatment)和充分的安全与保护(full protection and security)等。然而基于《投资保护法案》的目标——平衡公共利益和投资者权利,法案

---

① Protection of Investment Act of 2015 Section 2. Investment

1)For the purpose of this Act,an investment is:

a. any lawful enterprise established,acquired or expanded by an investor in accordance with the laws of the Republic,committing resources of economic value over a reasonable period of time,in anticipation of profit;

b. the holding or acquisition of shares,debentures or other ownership instruments of such an enterprise;or

c. the holding,acquisition,or merger with another enterprise outside the Republic,only in so far as suchholding,acquisition or merger with another enterprise outside the Republic has an effect on an investment in the Republic.

② Sonia E. Rolland,David M. Trubek,Legal Innovation in Investment Law:Rhetoric and Practice in Emerging Countries,*University of Pennsylvania Journal of International Law*,Vol.39,2017,p.359.

仅规定了国民待遇,而没有规定其他几类保护标准。具体而言包括几项变化:(1)删除公平公正待遇条款和最惠国待遇条款;(2)限制国民待遇条款;(3)增设公平行政待遇和投资实体安全条款。

根据《投资保护法案》第 8 条,"南非共和国给予外国投资者的待遇不低于它在相同条件下给予本国投资者的待遇"。为了减少此条适用的歧义或者扩大性解释,法案就"相同条件"的情况明示如下:"就本条款而言,'相同条件'是指要求全面审查案件的是非曲直,同时考虑到外国投资的所有条件,包括 a.外国投资对共和国的影响,包括所有投资的累积效应;b.外国投资所在的部门;c.任何与外国投资有关的措施的目的;d.与相关措施所涉及的外国投资者或外国投资有关的其他因素;e.对第三人和当地社区的影响;f.对就业的影响;g.对环境的直接和间接影响。"①这一补充规定其实与 Foresti v. Republic of South Africa 这一案关系匪浅,实质也彰显了南非主张对外国投资者的保护逐步让位于国内公共利益的态度。未来如果针对该法案提出国民待遇的争论,则投资者首先需要面对的问题是:是否涉及对特定投资的损害,而不仅仅是对抽象的竞争机会的损害? 特定投资者遭受的损害与国内公共利益孰轻孰重? 这一转变固然不符合投资者的期待,也确实为投资者在未来主张权利设

---

① Protection of Investment Act of 2015 Section 8. National treatment

1) Foreign investors and their investments must not be treated less favourably than South African investors in like circumstances.

2) For the purposes of this section, "like circumstances" means the requirement for an overall examination of the merits of the case by taking into account all the terms of a foreign investment, including the:

a. effect of the foreign investment on the Republic, and the cumulative effects of all investments;

b. sector that the foreign investments are in;

c. aim of any measure relating to foreign investments;

d. factors relating to the foreign investor or the foreign investment in relation to the measure concerned;

e. effect on third persons and the local community;

f. effect on employment; and

g. direct and indirect effect on the environment.

定了不小的障碍。①

对于新增设的"公平行政待遇"和"投资实体安全"条款,笔者认为只是为投资者提供了最低限度的"合理"保护;与"公平公正待遇"和"最惠国待遇"等传统双边投资协定中常见的政府承诺相比,新增设的条款更类似常见于国内法的基本法律保护。此外,笔者认为,增设的公平行政待遇条款在一定意义上取代了原先的公平公正待遇条款,前者在适用的范围上比后者有所缩小,这从该法案第6条所规定的"公平行政待遇"条款的内容可以得到佐证:"1)政府必须确保行政、立法和司法程序的运作方式不是任意的,也没有剥夺《宪法》和相关立法规定的投资者在投资方面的行政和程序正义;2)投资者的投资争议通过行政程序解决的,必须根据《宪法》第33条和相关立法规定作出决定,投资者有权获得决定的书面理由和对决定进行行政复议的权利;3)为尊重投资者的投资,投资者有权就其投资根据《宪法》第32条和相关立法规定,及时获得政府垄断的信息;4)受第13条第4款的约束,投资者有权在庭前公正的听证程序中或者在适当情况下,在符合《宪法》第34条相关立法以及公正的仲裁庭或法庭中,就其投资争议提出任何可适用的法律以解决争议。"②

---

① Omphemetse S Sibanda, The Promotion and Protection of Foreign Investment Law Bill: Denunciation of BITs, and the De-internationalisation of Investor-state Arbitration in South Africa, *The Business & Management Review*, Vol.4, No.4, 2017, p.165.

② Protection of Investment Act of 2015 Section 6. Fair administrative treatment1) The government must ensure administrative, legislative and judicial processes do not operate in a manner that is arbitrary or that denies administrative and procedural justice to investors in respect of their investments as provided for in the Constitution and applicable legislation.

2) Administrative decision-making processes must include the right to be given written reasons and administrative review of the decision consistent with section 33 of the Constitution and applicable legislation.

3) Investors must, in respect of their investments, have access to government-held information in a timely fashion and consistent with section 32 of the Constitution and applicable legislation.

4) Subject to section 13(4), investors must, in respect of their investments, have the right to have any dispute that can be resolved by the application of law decided in a fair public hearing before a court or, where appropriate, another independent and impartial tribunal or forum consistent with section 34 of the Constitution and applicable legislation.

公平行政待遇条款的内容实际上是南非政府将投资者的争议纳入国内行政程序解决而对投资者提供的公平、公正和赋予投资者应有权利的一项政府保证,这是南非政府试图排除"投资者—国家"争端国际仲裁解决方式后在国内法上作出的努力,这一点与法案中删除"最惠国待遇"条款的举动互相得到验证,法案中删除最惠国待遇条款的目的就是规避投资者依据最惠国待遇条款主张适用南非仍然生效的 BIT 中的用于投资争端解决的国际仲裁条款。从条款的设计看,法案的内容逻辑性较好。

然而,就《投资保护法案》删除公平公正待遇条款和最惠国待遇条款的做法,可能于南非而言并不能完全免除其这方面的义务。该法案第 9 条规定了"投资实体安全"条款,即"共和国必须根据国际习惯法的最低标准,并在现有资源和能力范围内,向外国投资者及其投资提供一般可向国内投资者提供的一定程度的安全保护"。[①] 因此南非政府仍必须遵从"东道国给予投资者的最低限度保护标准"的国际习惯法规则,而且目前可以肯定的是以往国际仲裁中对于公平公正待遇等条款的解释可能被视为习惯法的一部分,因此这一标准仍然对南非具有约束力。[②]

3.明确东道国的监管权

就征收和补偿,《投资保护法案》第 10 条规定"根据宪法第 25 条,投资者有财产权"。[③]应该指出的是,1996 年《宪法》是南非的最高法律,其 25 条允许在严格条件下进行征收,投资者可以自由地援引以促进和保护他们的投资。这些条件包括以下要求:财产只能在为公共目的或公共利益的情况下根据普遍性适用的法律进行征收,并且需要给予补偿,其补偿数额和时间以及支付方式需要经过受影响的人同意或由法院决定或批准;这种补偿和其支付的时间和方式在考虑到所有相关情况的基础上必须符合公平公正标准,并且要实现

① Protection of Investment Act of 2015 Section 9. Physical security of investment The Republic must accord foreign investors and their investments a level of physical security as may be generally provided to domestic investors in accordance with minimum standards of customary international law and subject to available resources and capacity.

② Sonia E. Rolland, David M. Trubek, Legal Innovation in Investment Law: Rhetoric and Practice in Emerging Countries, *University of Pennsylvania Journal of International Law*, Vol.39, 2017, p.409.

③ Protection of Investment Act of 2015 Section 10. Legal protection of investment Investors have the right to property in terms of Section 25 of the Constitution.

公共利益和受影响者利益之间的平衡。①

公共利益标准是征收的典型标准,但是从 2013 年南非《投资促进与保护法案草案》中可以窥见南非政府隐隐有将"间接征收"排除在因公共利益进行征收的范围之外的态度。该草案第 8 条第 2 款规定,下列措施(不限于)不应被认定为征收行为:南非共和国政府采取的对外资的经济价值产生偶然或间接不利影响的一项或一系列措施;旨在促进和保护诸如公共卫生或安全、环境保护或国家安全等合法公共福利目的的措施;因与知识产权有关或与此类权利的撤销、限制或产生有关的强制许可证的签发,当此类措施符合所适用的有关知识产权的国际条约;以及会导致外国投资者的财产被剥夺,但南非共和国政府并没有获得此类财产的所有权的任何其他措施,只要此类措施没有对投资的经济价值造成永久的损害或投资者有效管理、使用或控制其投资的能力没有被不当限制。②

虽然 2015 年《投资保护法案》最终没有吸纳该条款,但其 12 条关于"监管权"的规定涉及了对间接征收的排除,意味着政府的下述行为不构成(间接)征收,因而也不适用南非《宪法》第 25 条的公平公正、补偿和支付时间、支付方式等规定,即"除非本法有任何相反的规定,政府或任何国家机关可根据《宪法》和适用的立法采取措施,其中可包括:a.纠正历史、社会和经济不平等和不公正现象;b.维护《宪法》第 195 条所倡导的价值观和原则;c.维护《宪法》保障的权利;d.促进和保护文化遗产和习俗、土著知识以及与之相关的生物资源或国家遗产;e.促进经济发展、工业化和选矿;f.逐步实现社会经济权利;或 g.保护

---

① Omphemetse S Sibanda, The Promotion and Protection of Foreign Investment Law Bill: Denunciation of BITs, and the De-internationalisation of Investor-state Arbitration in South Africa, *The Business & Management Review*, Vol. 4, No. 4, 2017, p.165.

② 朱伟东:《南非〈投资促进与保护法案〉评析》,载《西亚非洲》2014 年第 2 期。

环境以及自然资源的养护和可持续利用"。①

上述一系列的规定大致是以南非《宪法》为蓝本设定的,也可称之为东道国监管的例外。根据这样的规定,南非政府的很多行为可能会被认为属于管制的范畴,而不属于征收的范围,例如根据《投资保护法案》第 12 条,《黑人经济振兴法》中要求外国公司将一定比例的股权转移给黑人以及吸收一定比例的黑人进入管理层的规定,在很大程度上可能会被确认为政府管制行为——政府的行为合法,外国投资者也不能因此获得相应的补偿,这也是该法案饱受非议和攻击的主要原因。南非政府通过该条款充分彰显了其监管主权意识的回归。②

围绕征收与补偿条款引起较大争议的另一个内容就是征收的补偿标准及计算方式。南非与其他国家签订的双边投资保护协定中一般都采用了"充分、及时、有效"的补偿标准,③在《中国—南非双边投资协定》中,双方承诺了"市场价值、及时、有效"的补偿标准,这是传统双边投资协定中比较普遍的补偿标准之一。但是 2015 年南非《投资保护法案》采纳了《宪法》中的"公平公正"标准,并且要求补偿结果在考虑相关因素后仍能够实现公共利益和受影响者利益之间的平衡。依据该条款的规定,为追求公共利益和投资者利益之间的平衡,南非政府可能会为了保全公共利益而牺牲投资者的部分利益。

---

① Protection of Investment Act of 2015 Section 12. Right to regulate

1)Notwithstanding anything to the contrary in this Act, the government or any organ of state may, in accordance with the Constitution and applicable legislation, take measures, which may include:

a. redressing historical, social and economic inequalities and injustices;

b. upholding the values and principles espoused in section 195 of the Constitution;

c. upholding the rights guaranteed in the Constitution;

d. promoting and preserving cultural heritage and practices, indigenous knowledge and biological resources related thereto, or national heritage;

e. fostering economic development, industrialisation and beneficiation;

f. achieving the progressive realisation of socio-economic rights; or

g. protecting the environment and the conservation and sustainable use of natural resources.

② Sonia E. Rolland, David M. Trubek, Legal Innovation in Investment Law: Rhetoric and Practice in Emerging Countries, *University of Pennsylvania Journal of International Law*, Vol.39, 2017, p.403.

③ 朱伟东:南非《投资促进与保护法案》评析,载《西亚非洲》2014 年第 2 期。

但是南非政府的希望可能会落空,因为南非《宪法》第 25 条规定了补偿的公平公正标准;此外在补偿标准方面,南非实际上可能受到比其宪法所规定的更严格的国际义务的约束,因为有关征用和补偿标准的国际习惯法律标准或条约义务(经立法机关转化为国内法)在南非是可以直接适用的,除非国际习惯法律标准与其国内宪法或议会法令不一致。例如,根据《中国—南非双边投资协定》第 4 条的规定,"……这种补偿至少应等于征收或即将发生的征收为公众所知悉前一刻,以其先发生者为准,被征收投资财产的市场价值,并应包括直到支付之日以正常商业利率计算的利息。补偿不得迟延并应能有效实现"。未来中国投资者若因征收补偿标准与南非政府发生争议,南非政府除受《投资保护法案》的约束之外,《中国—南非双边投资协定》仍对其具有约束力,并且优先适用。

4.维护国内司法主权,限制投资者与国家间国际仲裁

传统双边投资协定投资争议解决的一个特点是"岔路口条款",即允许投资者选择在东道国使用国内法律救济办法或国际投资争端解决办法。实际上,投资者通常更喜欢 ICSID。[1] 例如根据《中国—南非双边投资协定》第 9 条,"一、缔约一方的投资者与缔约另一方之间就在缔约另一方领域内的投资产生的争议,应当尽可能由双方友好协商解决。二、在六个月内不能协商解决争议时,争议任何一方均可将争议提交国际仲裁庭仲裁,条件是涉及争议的缔约方可以要求投资者按照其法律、法规提起行政复议程序,并且投资者未将该争议提交该缔约方国内法院解决",此类规定将在东道国国内产生一个现实问题,即东道国的本土投资者与外国投资者将处于不平等的地位,因为外国投资者根据双边协定可通过国际仲裁程序绕开东道国的国内诉讼程序,而本土投资者则只有单一选择。[2] 据此,南非在《投资保护法案》中对投资争议解决方式作出了较大的改动,该法案第 13 条规定:"1)对政府所采取的行动有争议的投资者,如其行为影响到该外国投资者的投资,可在获悉争端后六个月内要求该部(南非贸易和工业部)指派一名调解员,以协助解决这类争端……4)在适用立法的限制下,投资者在了解到第(1)款所述的争议后,不排除向共和国境内任何主管法院、独立仲裁庭或法定机构寻求解决与投资有关的争议;5)在用

---

[1] Sonia E. Rolland, David M. Trubek, Legal Innovation in Investment Law: Rhetoric and Practice in Emerging Countries, *University of Pennsylvania Journal of International Law*, Vol.39, 2017, p.376.

[2] 朱伟东:南非《投资促进与保护法案》评析,载《西亚非洲》2014 年第 2 期。

尽国内补救办法的前提下,政府可同意就本法所涵盖的投资进行国际仲裁。对国际仲裁请求的审议将遵循第 6 条规定的行政程序。此类仲裁将在共和国与适用的投资者的母国之间进行。"①

根据该法案的规定,投资者可以通过南非贸易和工业部(DTI)协助调解,也可以向国内仲裁机构、法院系统等寻求解决方案。② 即使按照规定可以将争议提交国际仲裁,南非政府规定该争议只能由"东道国—母国"之间的投资争端仲裁解决,实际上已经表明其彻底拒绝了"投资者—东道国"之间的国际仲裁,也借由该条款真正实现了平等保护外国投资者与本土投资者的目标。③此类改革举措与以往的国际仲裁大相径庭,率先作出此类改革的新兴国家体——诸如南非、巴西④等,通过大刀阔斧的改革表明了其维护国内监管自主

---

① Protection of Investment Act of 2015 Section 13. Dispute resolution

(1)An investor that has a dispute in respect of action taken by the government, which action affected an investment of such foreign investor, may within six months of becoming aware of the dispute request the Department to facilitate the resolution of such dispute by appointing a mediator.

(4)Subject to applicable legislation, an investor, upon becoming aware of a dispute as referred to in subsection (1), is not precluded from approaching any competent court, independent tribunal or statutory body within the Republic for the resolution of a dispute relating to an investment.

(5)The government may consent to international arbitration in respect of investments covered by this Act, subject to the exhaustion of domestic remedies. The consideration of a request for international arbitration will be subject to the administrative processes set out in (section 6. Such arbitration will be conducted between the Republic and the home state of the applicable investor.

② Jennifer Reed, South Africa Revolutionizing Foreign Investment Protection System, *Yearbook on Arbitration and Mediation*, Vol.6, 2014, p.300.

③ Omphemetse S Sibanda, The Promotion and Protection of Foreign Investment Law Bill: Denunciation of BITs, and the De-internationalisation of Investor-state Arbitration in South Africa, *The Business & Management Review*, Vol.4, No.4, 2017, p.164.

④ 巴西不是《华盛顿公约》的缔约国,其对外签署《合作和便利化投资协议》(CFIA)。与传统的双边投资协定不同,CFIA 不提供投资者—国家争端解决机制。如果外国投资者与国家之间发生争议,CFIA 规定了两个阶段的制度,其一为预防机制——其国内设立的政府监察员和联合委员会,其二为争议解决机制,该阶段仅支持"东道国—母国"投资争端仲裁,如果谈判失败或投资者不同意联合委员会的建议,则可以通过国与国之间的仲裁解决争议。

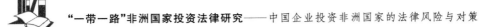

权的决心。① 然而该条款在南非国内施行时,也备受挑战和指责,因为它与南非现行有效的 BIT 中的投资争议解决条款有冲突。如果中国投资者援引《中国—南非双边投资协定》第 9 条的争议解决条款,南非政府将被迫继续参与"投资者—国家"之间的国际仲裁。此外,南非以往对外签署的 BIT 中多包含"生存期"条款②,如南非与中国的 BIT 有一个 10 年的生存期条款,与荷兰签订了期限为 15 年的生存期条款,与奥地利则签订了期限为 20 年的生存期条款。③ 这意味着南非政府将在数十年中仍受过往 BIT 条款的约束,其彻底收回国内监管自主权的希望也面临着重重障碍。

(三)南非《投资保护法案》改革的反应与影响

南非《投资保护法案》的出台是发展中国家在国际投资领域政策作出重大改变的代表性事件之一,此前一些最不发达国家的立法,如《2003 年吉尔吉斯共和国投资法》特别设定了冷静期制度以限制国际仲裁;《1994 年加纳促进投资中心法案》规定了只有在调解失败后才允许国际仲裁;《1994 年亚美尼亚共和国外国投资法》特别限制了投资者和国家间的争端只能由国家法院解决。以这些国家为代表的实践至少表明了国际投资领域的一些变化,如投资者权利与义务的重新平衡、东道国监管自主权意识的回归。④

而南非《投资保护法案》关键性条款的改变,也表明了南非政府正在考虑逐步修改和重新签订 BIT,以与《投资保护法案》的改革相呼应。尽管外国投资者批评南非政府外资法的改革举措,认为这种发展模式是与国际投资法体系不符的激进反应,但笔者认为该法案至少应被视为南非为外国投资的有效

---

① Brazil and the Cooperation and Facilitation Investment Agreement（CFIA）：A Step Backwards for Arbitration?，https://www.international-arbitration-attorney.com/，2019 年 8 月 15 日访问。

② "生存期"条款:在条约终止后,生存期条款将能够在约定的期限内继续保护现有的投资。

③ Sonia E. Rolland，David M. Trubek，Legal Innovation in Investment Law：Rhetoric and Practice in Emerging Countries，*University of Pennsylvania Journal of International Law*，Vol.39，2017，p.379.

④ Erika George，Elizabeth Thomas，Bringing Human Rights into Bilateral Investment Treaties：South Africa and a Different Approach to International Investment Disputes，*Transnational Law & Contemporary Problems*，Vol.27，2018，p.168.

监管寻找适当路径所作出的积极尝试与贡献。[①]

1.反映了新兴经济体监管自主权意识的回归

双边投资协定（BIT）本质并无好坏之分,联合国（UN）的两项研究发现,BIT 保护与外国直接投资之间没有直接联系,而世界银行的一项研究得出的结论是 BIT 保护似乎不会增加外国直接投资的流动。[②] 外国投资对于东道国所产生的影响主要取决于东道国是否具有在 BIT 框架下继续保持其对于投资的管理能力。因此,反对者声称南非政府在新投资法中所体现的有别于传统 BIT 投资者保护制度的举措将阻碍其获得新投资的说辞,实际上并没有依据。对此,巴西就是一个很典型的反例,巴西在历史上从未与任何国家签署双边投资协定,然而它一直是发展中国家中最大的外国直接投资接受国之一。[③]

事实上,全球绝大多数 BIT,包括中国—南非 BIT,一般都是针对投资者保护,而不是针对投资者义务的。促进投资流入发展中国家原本就是国际投资争端解决中心最初的使命之一。虽然没有直接证据表明仲裁员全体因国籍因素存在偏见,至少可以肯定的是,仲裁员全体对投资者存在整体性的青睐,当然双边投资协定倾向投资者利益保护的规定是导致这种局面的主要原因之一。[④] 此外,一些国际投资法体系的批评者认为,整个国际投资法体系是由资本输出国的利益演变而来的,并以牺牲资本输入国的利益为代价来维护资本输出国的利益。资本输入国与资本输出国存在资源上的巨大差异,这种系统

①　Omphemetse S Sibanda，The Promotion and Protection of Foreign Investment Law Bill：Denunciation of BITs，and the De-internationalisation of Investor-state Arbitration in South Africa，*The Business & Management Review*，Vol.4，No.4，2017，p.162.

②　Annalisa M. Leibold，The Friction between Investor Protection and Human Rights：Lessons from Foresti v. South Africa，*Houston Journal of International Law*，Vol.38，2016，p.230.

③　Sonia E. Rolland，David M. Trubek，Legal Innovation in Investment Law：Rhetoric and Practice in Emerging Countries，*University of Pennsylvania Journal of International Law*，Vol.39，2017，p.432.

④　Annalisa M. Leibold，The Friction between Investor Protection and Human Rights：Lessons from Foresti v. South Africa，*Houston Journal of International Law*，Vol.38，2016，p.231.

性的差异使发展中国家总是处于不利地位。①

　　基于上述两点原因,发展中国家作为资本输入国正面临着自身监管主权部分丧失的挑战。因此,一些新兴的经济体正考虑退出现有的投资协定或相关制度,如国际投资争端解决中心(ICSID)。另一些国家呼吁改变传统的双边投资协定,还有些国家则正在实践国内补救方案取代双边投资协定,例如南非在 2015 年颁布的《投资保护法案》。尽管外国投资者批评此类新兴经济体的法律选择,并警告称它将"阻碍外国投资",但实际上这些国家的作为使得他国纷纷效仿。② 巴西采纳了崭新的双边投资条约形式——《合作和便利化投资协议》(CFIA),该协议对投资的定义比传统的双边投资协定更狭隘,这在一定程度上限制了保护范围。例如在与莫桑比克的 CFIA(最早签署)中,投资仅要求于缔约国国内正式注册。而在此后的与墨西哥的 CFIA 和与马拉维的CFIA 中则采取了更为严格的办法,前者不仅要求投资在缔约国领土内正式设立,还更为细致地规定了"在该缔约国领土上设立其总部和经济活动中心";后者增加了第三项要求,即"所有权或有效控制权直接或间接属于缔约国国民或永久居民"。

　　新兴国家的投资治理没有单一的战略,但毋庸置疑,东道国都希望保留或争取其管理外国投资的能力,即监管自主权,以便在其国内发展优先事项。然而这项目标是与传统的双边投资体制背离的,尤其类似南非政府限制投资者—国家间国际仲裁的做法,实质上直接冲击和挑战了传统双边投资体制。因为该项举措与过去一个世纪里,外国投资司法化的趋势以及随之而来的私营实体(包括自然人或法人)在国际投资领域的作用日益加强的现象是不一致的。所以这些国家的国内立法以及对于 ICSID 的抵制,是否会导致 BIT 制度的重大变化或者将在多大程度上影响 BIT 体制,这仍然是一个悬而未决的事情,也有赖于先驱者,诸如南非、巴西等新兴国家的实践与越来越多新兴国家的认同。

　　2.勾勒了新一代南非双边投资协定模式的发展路径

　　目前南非虽已与许多曾经在非洲殖民的欧洲国家终止了所有第一代投资

　　① Annalisa M. Leibold, The Friction between Investor Protection and Human Rights: Lessons from Foresti v. South Africa, *Houston Journal of International Law*, Vol.38, 2016, p.227.

　　② Erika George, Elizabeth Thomas, Bringing Human Rights into Bilateral Investment Treaties: South Africa and a Different Approach to International Investment Disputes, *Transnational Law & Contemporary Problems*, Vol.27, 2018, p.407.

协定,但根据南非政府的说法,南非未来并不打算放弃双边投资协定形式。而双边投资协定目前虽因干涉发展中国家的监管自主权以及在发达经济体和发展中国家之间造成不平等的权利和义务而饱受批评,但不可否认,相比炮舰外交,现在的国际投资法律体系整体而言是一个较好的制度;虽然这个体系存在不平等,然而这并不意味着它没有改进的余地,尤其是随着新兴经济体成为资本输出国,发达国家当前也面临着来自跨国公司的压力。① 此外,双边投资协定是 ICSID 系统的中坚力量。② 如果没有双边协定,ICSID 体制将不复存在,投资者或东道国也无法得到保护。因此,除了一些已经可以较好地适应新投资框架和模式的国家,如巴西,以类似外交的模式(即只允许投资者母国向东道国提出赔偿请求)完全隔离了双边投资体制,③其他的新兴国家,如南非,也可以选择通过审查双边投资协定条款以积极捍卫监管自主权,而不是仓促地选择退出。

南非的实践表明,当前的国际投资体系对于其监管自主权的干涉,主要表现在当国际投资保护与国内公共利益保护发生冲突时,后者往往是被忽视的。这是因为,如果在投资合同中没有对其本国的公共利益进行特别的保护,BIT作为一种特殊的"法律",很可能凌驾于公共利益之上。换言之,在现行国际投资体系中,南非在国际投资制度下的义务可能与其对国内公共利益的保护是相掣肘的。④ 国际法院前法官和人权学者 Bruno Simma 认为"国际投资保护和公共利益保护不是相互独立的,因为这两个领域的国际法理论基础是一样的:在个人与国家的对抗中,给予并保护个人力量"。然而 Simma 进一步指出"目前的国际投资协定往往只注意保护投资者不受歧视和不受征用的权利,这意味着,在接受外国投资的东道国国家内,其公共利益是次要的考虑因素,它

① Annalisa M. Leibold, The Friction between Investor Protection and Human Rights: Lessons from Foresti v. South Africa, *Houston Journal of International Law*, Vol.38, 2016, p.230.

② Erika George, Elizabeth Thomas, Bringing Human Rights into Bilateral Investment Treaties: South Africa and a Different Approach to International Investment Disputes, *Transnational Law & Contemporary Problems*, Vol.27, 2018, p.417.

③ Erika George, Elizabeth Thomas, Bringing Human Rights into Bilateral Investment Treaties: South Africa and a Different Approach to International Investment Disputes, *Transnational Law & Contemporary Problems*, Vol.27, 2018, p.375.

④ Annalisa M. Leibold, The Friction between Investor Protection and Human Rights: Lessons from Foresti v. South Africa, *Houston Journal of International Law*, Vol.38, 2016, p.222.

们甚至不被考虑在内"。① 这正是南非政府意图通过《投资保护法案》进行变革的缘由,南非将更多地关注国内政策对某些领域公共利益的特殊考量。

当一个国家因根据国际投资法过多地承担对投资者的保护义务,而不被鼓励保护国内公共利益时,就会产生"监管寒流"效应,并一步步丧失对外国投资的监管自主权。② 基于此,如何权衡或者平衡现行国际投资法框架下对于投资者的保护义务与对国内公共利益的管制能力,将是南非为永久保持监管自主权而不可回避的问题。

当前南非政府已经构建了"平衡投资者权利和公共利益"的理想蓝图,《投资保护法案》只是第一步。实际上政府目前正计划开发新一代双边投资协定以填补蓝图缺口,此类型的协定将把环境、劳工政策和人权等因素囊括其中。③ 因南非《投资保护法案》与其国内尚未终止的一些 BIT 仍存在冲突,南非政府后续将如何构建双边投资协定体系也令人瞩目。

结　语

《投资保护法案》围绕南非政府的立法意图,阐明了以下目标:(1)实现外国投资者和本国投资者的平等待遇;(2)维持投资者的权利与本国公共利益监管权力的平衡;(3)以国内仲裁取代投资者与国家间的国际仲裁。④ 对于南非政府的改革,各界表现出了褒贬不一的态度,支持者认为此项改革实现了投资者应有的法律保护与推动社会发展的宪法任务所需的政策空间的平衡,而反对者则认为较低的投资者保护水平将不利于吸引投资,从而将损害经济的发

---

① Erika George, Elizabeth Thomas, Bringing Human Rights into Bilateral Investment Treaties: South Africa and a Different Approach to International Investment Disputes, *Transnational Law & Contemporary Problems*, Vol.27, 2018, p.428.

② Annalisa M. Leibold, The Friction between Investor Protection and Human Rights: Lessons from Foresti v. South Africa, *Houston Journal of International Law*, Vol.38, 2016, p.233.

③ Erika George, Elizabeth Thomas, Bringing Human Rights into Bilateral Investment Treaties: South Africa and a Different Approach to International Investment Disputes, *Transnational Law & Contemporary Problems*, Vol.27, 2018, p.422.

④ Vidal-León C, A New Approach to the Law of Foreign Investments: The South African Case, *Yearbook on International Investment Law & Policy*(2014-2015), 2016, p.304.

展水平。① 然而笔者的目的并非从法律政策角度评判改革的功过,毕竟各国根据自己国情对外资保护法律取向可以作出选择,不应对此妄断好坏。根据南非贸易和工业部的说法:在国际法庭上维护国家的主权意味着高昂的诉讼费用,这笔费用于南非这样一个在国际投资诉讼方面经验欠缺的国家而言,已经到了内外交困的地步。② 治世不一道,便国不法古。于南非而言,立足国情,适时改革,无可非议,至于其外资法道路的选择效果如何,还有待时间的检验。

根据南非政府的改革蓝图,南非建立新的投资保护制度将面临的挑战是:如何维持实现稳定、可预测的投资环境与实现投资保护改革的若干目标之间的平衡。③ 在"一带一路"倡议下远赴南非的中国投资者应知晓南非外资法的改革措施将给其投资带来的影响,了解《投资保护法案》的立法目标——平衡公共利益和投资者权利的改革影响,并对相关法律风险有所预判,以规避投资风险。

三、浅析南非黑人经济振兴政策

众所周知,南非曾是一个种族不平等(种族隔离)的国家,在这里生活的大多数人(黑人、印度人等其他有色人种)都遭受了长达十多年的苛待,这种不平等的待遇除了包括对人格尊严的侮辱、冒犯之外,还包括大多数南非人经济及就业机会的剥夺。④ 1994 年非洲人国民大会(下文简称非国大,是南非民族团

① Vidal-León C，A New Approach to the Law of Foreign Investments：The South African Case，*Yearbook on International Investment Law & Policy*（2014-2015），2016，p.315.

② Vidal-León C，A New Approach to the Law of Foreign Investments：The South African Case，*Yearbook on International Investment Law & Policy*（2014-2015），2016，p.316.

③ Vidal-León C，A New Approach to the Law of Foreign Investments：The South African Case，*Yearbook on International Investment Law & Policy*（2014-2015），2016，p.316.

④ Matthew Coleman，Kevin Williams，South Africa's Bilateral Investment Treaties，Black Economic Empowerment and Mining：A Fragmented Meeting? *Business Law International*，Vol.9，2008，pp.57-94.

结政府中主要执政党,也是南非最大、最早的黑人民族主义政党①)执政后,正式结束了长达 38 年的殖民统治和长达 46 年的种族隔离历史。为了振兴萎靡的黑人经济,非国大中出现了实施"黑人经济振兴"政策的呼声,因而产生了最初的 BEE 政策(Black Economic Empowerment,以下简称 BEE)。1998 年,南非政府成立了 BEE 指导委员会,其隶属于南非贸工部,致力于将 BEE 政策具体化。BEE 指导委员会后于 2001 年向时任南非总统提交了 BEE 国家发展战略,以加大在经济政策上对黑人的扶持力度,旨在一劳永逸地解决南非贫富差距问题。该发展战略相较于最初的 BEE 政策,突破性进展在于其设置了若干硬性指标,②并且明确了 10 年的全面规划。以此为蓝本,2003 年南非议会通过了《广义黑人经济振兴法》(Broad-Based Black Economic Empowerment Act,下文简称 B-BBEE 法案),该法于 2004 年正式生效。③

BEE 政策是南非非国大遵循其"泛非主义"政策(非洲是非洲人的非洲)④所制定并最终法律化的纲领性政策,而由此确立的《广义黑人经济振兴法》是南非最为基础、最具特色的法案,故有意向赴南非投资的投资者,也应对此析毫剖厘,知晓其实施方案,并对由此产生的投资风险有所预判。

(一)从 BEE 政策到 B-BBEE 法案

1.BEE 政策出台的社会背景

南非的种族隔离制度开始于 19 世纪末期,并持续到 20 世纪。种族隔离制度对于南非黑人的苛待始于土地剥削,为了限制南非黑人购买土地的权利,政府于 1913 年颁布了《土地法》,该法实质上是排除了南非黑人购买某些地块

---

① 《对外投资合作国别指南》,http://fec.mofcom.gov.cn/article/gbdqzn/,2020 年 4 月 14 日访问。

② BEE 国家发展战略中的硬性指标包括:(1)凡在约翰内斯堡证交所上市的公司,黑人至少拥有 25% 的股份;(2)约翰内斯堡证交所上市公司中 40% 以上的董事须是黑人;(3) 30% 以上的生产性土地归黑人所有;(4)50% 以上的政府和国企采购须由黑人企业承担,同时合同中 30% 的份额须由黑人中小企业所有;(5)政府针对私人企业的资助中 40% 的份额须由黑人企业所有;(6)国家金融财务公司 50% 以上的借款人须是黑人;(7)30% 以上的政府—私营 BOT 项目须与黑人企业合作。(《南非黑人经济振兴政策》,http://sea-rch.mofcom.gov.cn/swb/searchList.jsp#,2020 年 4 月 14 日访问。)

③ 《南非是如何把华人变"黑"的,排外事件引发对 BEE 的思考》,https://mp.weixin.qq.com/s? __biz=MzA4MDgyNTYyOQ==&mid=,2020 年 4 月 14 日访问。

④ 《南非是如何把华人变"黑"的,排外事件引发对 BEE 的思考》,https://mp.weixin.qq.com/s? __biz=MzA4MDgyNTYyOQ==&mid=,2020 年 4 月 14 日访问。

土地的权利,使大多数黑人只能生活在最贫穷的地区——这些地区不仅生活条件差、基础设施落后,而且缺乏就业机会和商业市场。此后南非政府又颁布了《群体地区法》(Group Areas Act),其中规定了南非的白人、黑人等有色人种居住、营业彼此隔离,各个种族之间不得来往。这项规定实际上通过将不同群体分开,进一步将黑人局限在占南非国土很小比例的地方。在种族隔离制度结束之后南非政府也承认"《群体地区法》不仅造成了数百万人背井离乡,而且几乎摧毁了黑人小企业"。[1]

为了进一步保持对金融资本的绝对控制,白人精英还试图通过经济剥削等手段限制黑人接受教育的机会。根据南非《班图教育法》,黑人被禁止从事某些学徒工作,也被禁止在某些熟练工人岗位保留职位。通常,黑人只能接受培训成为工匠或商人,从而阻断了他们作为半熟练工人后备成员的就业机会,这也严重限制了他们作为劳动者的经济增长潜力和积累财富的能力。基于种族隔离时期的上述立法,占主导地位的白人群体实现了剥夺黑人权利的目标,并且在南非社会中建立了明确的种族派别,导致一个由多数人——非洲人和有色人种等组成的"次等公民阶级"在民主政府上台之前长期处于贫穷和困苦的生活境地中。[2]

除了在国内造成的极大不平等,南非将种族歧视制度化的作为也违反了《联合国宪章》和《世界人权宣言》的原则。针对南非的歧视性政治,国际社会公开表示反对,并颁布了《禁止并惩治种族隔离罪行的国际公约》,其中宣布,

---

① Elizabeth A. Hoffman, A Wolf in Sheep's Clothing: Discrimination Against the Majority Undermines Equality, While Continuing To Benefit Few Under The Guise of Black Economic Empowerment, *Syracuse Journal of International Law and Commerce*, Vol.36, 2008, pp.89-115.

② Elizabeth A. Hoffman, A Wolf in Sheep's Clothing: Discrimination Against the Majority Undermines Equality, While Continuing to Benefit Few Under The Guise of Black Economic Empowerment, *Syracuse Journal of International Law and Commerce*, Vol.36, 2008, pp.89-115.

"种族隔离罪是危害人类罪"。① 在反对种族隔离的国际运动愈演愈烈时,南非于 1994 年举行了第一次民主选举,新当选的政府意识到南非国内存在的异于常态的不平等局面,同时迫于国内外的政治压力,在起草新宪法时也考虑执行一些必要的政策以援助以前处于不利地位的群体。

南非《宪法》于 1996 年正式公布,其中载有人权保护条款。该条款明确表示南非政府应确保所有公民的平等地位,此外"国家不得基于一个或者多个理由,包括种族、性别,对任何人进行不公平的直接或间接歧视"。基于《宪法》赋予南非政府制定相关法律以帮助过去遭受歧视影响的群体的权利(义务),南非政府自此开始实施"世界上最大的平权行动方案"。南非《宪法》的颁布是南非在摆脱种族隔离方面迈出的一大步。自 1994 年以来,南非经济开始回暖,但是种族和性别不平等以及黑人群体获得资本、教育和就业机会的障碍依然存在,少数白人仍然控制着私营和公共部门的商业控制权。政府认识到需要采取更多的措施以实现所有公民的平等,BEE 政策应运而生。②

2.从 BEE 政策到 B-BBEE 法案(及修正案)的转变原因

BEE 政策即黑人经济振兴政策,它是南非政府在国内宪法颁布之后采取

① Apartheid Convention

a. Denial to a member or members of a racial group or groups of the right to life and liberty of person；

b. Deliberate imposition on a racial group or groups of living conditions calculated to cause its or their physical destruction in whole or in part；

c. Any legislative measures and other measures calculated to prevent a racial group or groups from participation in the political，social，economic and cultural life of the country and the deliberate creation of conditions preventing the full development of such a group or groups，including the right to work，the right to form recognized trade unions，the right to education，the right to leave and to return to their country，the right to a nationality，the right of freedom of movement and residence，the right to freedom of opinion and expression，and the right to freedom of peaceful assembly and association；

d. Any measures，including legislative measures，designed to divide the population along racial lines by the creation of separate reserves and ghettos for the members of a racial group；

e. Exploitation of the labor of the members of a racial group or groups.

② Elizabeth A. Hoffman，A Wolf in Sheep's Clothing：Discrimination Against The Majority Undermines Equality，While Continuing To Benefit Few Under The Guise Of Black Economic Empowerment，*Syracuse Journal of International Law and Commerce*，Vol.36，2008，pp.89-115.

的主要举措之一,旨在缩小黑人群体在就业机会、教育普及度和行业控制权方面与白人群体的差距。根据南非贸工部的解释,该政策意图通过将南非金融与经济资源所有权、管理权以及控制权转予南非大多数公民来修正历史上形成的不平衡;并且保证所有黑人广泛有效地参与经济,确保南非整体发展与提高黑人经济地位相结合,从而解决南非贫富差距扩大、黑人失业人口持续增加、社会发展不平衡等问题。①

毋庸置疑,BEE政策为一小部分富有的黑人领袖带来好处——他们中的许多人通过主导非洲人国民大会(ANC)的活动在政府内部拥有支配地位——但BEE政策所带来的福利通常也仅限于这个与政治有关联的群体,这种有限的影响未能显著缓解南非1994年以前严重的收入差距、教育赤字和就业差距等问题。② BEE政策失败的原因其实不难理解,尽管BEE寻求黑人人口更广泛地参与经济,但它并没有明确设想这一个占据大多数人口的群体在BEE政策下必然拥有大部分财富的实质所有和控制权,而只是设立了企业内黑人管理和所有权配额的指标。③ 这导致了一个现实问题:即使那些被政府认定为"真正遵守规定"的公司,也只是将任用黑人管理人员作为遵守BEE政策的"安全举措",而没有真正认可黑人经济振兴政策的最终目标,实践中有些白人控制的企业甚至并不允许黑人管理人员真正参与商业经营。④

上述问题是黑人经济振兴政策的一个基本缺陷,但不可忽视的是,这项政策自始就是"跛脚政策"。在整个种族隔离时代,"黑人群体"的受教育机会遭到极端压制,由于教育赤字和缺乏系统、正规的培训,大多数黑人其实难以在与白人的竞争中获得优势。⑤

---

① 程云凤、严庆:《浅析南非的黑人经济振兴政策》,载《民族论坛》2015年第5期。

② Adam Kassner, Digging Deep into Gold Fields: South Africa's Unrealized Black Economic Empowerment in the Shadows of Executive Discretion, *Cornell International Law Journal*, Vol.48, 2015, pp.668-696.

③ Matthew Coleman, Kevin Williams, South Africa's Bilateral Investment Treaties, Black Economic Empowerment and Mining: A Fragmented Meeting? *Business Law International*, Vol.9, 2008, pp.57-94.

④ Adam Kassner, Digging Deep into Gold Fields: South Africa's Unrealized Black Economic Empowerment in the Shadows of Executive Discretion, *Cornell International Law Journal*, Vol.48, 2015, pp.668-696.

⑤ Adam Kassner, Digging Deep into Gold Fields: South Africa's Unrealized Black Economic Empowerment in the Shadows of Executive Discretion, *Cornell International Law Journal*, Vol.48, 2015, pp.668-696.

3.B-BBEE 法案的战略目标

作为对 BEE 政策失败的补救,南非国会于 2003 年审议通过了《广义黑人经济振兴法》(No.53 of 2003：Broad—Based Black Economic Empowerment Act),即 B-BBEE 法案,该法案于 2004 年 1 月正式执行,并成为南非政府"黑人经济振兴政策"的法律框架。①

何为"广义黑人"?《广义黑人经济振兴法》给予优先照顾的"黑人",指的是在种族隔离时代受到过不公平对待的人群,这个范围较原本 BEE 政策更广泛,由原先单一非洲裔扩展至非洲黑人、有色人(混血人及其后裔)、印度人等。此外包括妇女、工人、青年、残疾人士以及生活在农村地区的人等弱势群体都被该法案划为"黑人群体",从而在经济上享有特殊待遇。其中就南非籍华人的待遇问题,南非华人总工会也历经了一番波折。南非华人总工会自 2000 年起就明确华人的法律地位向南非法院提起申诉。直至 2008 年南非最高法院才作出决定,裁定南非籍华人(仅限于 1994 年前取得南非国籍的华裔或此后在南非出生的华裔)属于"黑人",可以享有各项经济补偿权益。②

《广义黑人经济振兴法》的另一个特征在于它决定设立"黑人经济授权咨询委员会",该委员会由南非总统、贸易和工业部长、内阁部长以及由总统任命的 10 至 15 名成员组成。该委员会的职责在于(1)就 BEE 政策向政府提供咨询意见;(2)审查 BEE 政策的进展;(3)就 BEE 政策的相关草案和战略发展提供建议;(4)采取措施促进国际机构和私营部门之间的伙伴关系。③ 简言之,南非政府希望通过设立"黑人经济授权咨询委员会",确保 BEE 政策的平稳落地,以实现《广义黑人经济振兴法》的战略目标,即该法案第 2 条明确指出的,"a)促进经济转型,以使黑人能够有效参与经济的运行;b)在企业所有权和管理结构层面,使现存企业和新增企业的种族构成比例以及技术职位发生实质变化;c)提高社区、工人、合作社和其他集体性企业拥有和管理现存企业和新增企业的程度,增加他们参与经济活动、基础设施建设和技能培训的机会;d)提高黑人妇女拥有和管理现存企业和新增企业的程度,增加她们参与经济活动、基础设施建设和技能培训的机会;e)促进能够引导黑人广泛有效参与经济

---

① 程云凤、严庆:《浅析南非的黑人经济振兴政策》,载《民族论坛》2015 年第 5 期。
② 程云凤、严庆:《浅析南非的黑人经济振兴政策》,载《民族论坛》2015 年第 5 期。
③ Adam Kassner, Digging Deep into Gold Fields：South Africa's Unrealized Black Economic Empowerment in the Shadows of Executive Discretion，*Cornell International Law Journal*，Vol.48，2015，pp.668-696.

建设的投资项目,以实现经济可持续发展与全面繁荣;f)增加农村地区与基层社区参与经济活动、土地交易、基础设施建设以及所有权控制和技能培训的机会;g)增加黑人融资渠道"。①

除了以上两项创新举措,《广义黑人经济振兴法》还谨慎地调整了 BEE 政策的战略目标,政府将在关注企业内黑人管理和所有权配额的基础上,实施更加多样的社会经济战略,以期实现社会财富的再分配。② 例如对于 PPP 项目(Public Private Partnership)中的私人企业而言,③《广义黑人经济振兴法》为其设立的宏观目标包括:第一,法案所设立的黑人、黑人妇女和黑人企业的指标,企业必须确保黑人群体拥有实质性的所有权;第二,受雇的黑人必须参与企业管理;第三,必须将大部分工程分包给黑人、黑人妇女和黑人企业;第四,为了积极促进经济落后地区人民的生活,企业必须惠及目标地区内的中小企业、残疾人、青年和非政府组织。④

尽管南非政府试图通过《广义黑人经济振兴法》弥补 BEE 政策的失败,并且法案中的一系列变动也展示了其壮志雄心,但是南非的社会背景最终阻碍了其初衷的实现。腐败和独裁统治一直是南非政府关系的标签,⑤在黑人经济授权咨询委员会的结构设置下,总统对于委员会成员的选择拥有广泛的自由裁量权,对此的唯一限制就是"遵循适当的协商程序",这为腐败提供了肥沃的土壤。同时《广义黑人经济法》也赋予了贸易和工业部长广泛的权力,他可以将其对 BEE 政策的解释强加于政府计划,并且在没有任何限制的情况下为不同行业设置 BEE 标准。自 2004 年颁布之初,《广义黑人经济振兴法》逐渐扩大其在企业活动中的影响力,至 2008 年时它已经成为"南非并购领域的主

①　Elizabeth A. Hoffman，A Wolf in Sheep's Clothing：Discrimination Against the Majority Undermines Equality，While Continuing to Benefit Few Under the Guise of Black Economic Empowerment，*Syracuse Journal of International Law and Commerce*，Vol.36，2008，pp.89-115.

②　程云凤、严庆:《浅析南非的黑人经济振兴政策》,载《民族论坛》2015 年第 5 期。

③　在南非,黑人经济振兴(BEE)是一项国家政策目标,PPP 被认为是促进和发展这一目标的一种手段。

④　Augustine Arimoro，An Appraisal of the Framework for Public Private Partnership in South Africa，*European Procurement & Public Private Partnership Law Review*2018，Vol.13，2018，pp.216-228.

⑤　Adam Kassner，Digging Deep into Gold Fields：South Africa's Unrealized Black Economic Empowerment in the Shadows of Executive Discretion，*Cornell International Law Journal*，Vol.48，2015，pp.668-696.

要影响法案"。然而非国大的领导利用其广泛的自由裁量权来实现自己的目的,致使《广义黑人经济振兴法》没有能够显著减轻收入差距的严重程度,也没有实现提高非白人人口经济参与度。Moeletsi Mbeki——南非政治经济学家、前总统 Thabo Mbeki 的弟弟,谴责《广义黑人经济振兴法》是"合法化的腐败",诸如此类的批评络绎不绝。这些批评给政府施加了压力,迫使其于 2013年通过了《广义黑人经济振兴法修正案》(Broad-Based Black Economic Empowerment Amendment Act of 2013)。①

该修正案旨在限制政府和企业的自由裁量权,于前者而言,《B-BBEE 修正案》新设立了一个委员会,其职责包括调查有关 B-BBEE 交易的投诉。于后者,根据《B-BBEE 修正案》,政府不仅可以禁止公司因违反 B-BBEE 政策而从事未来的政府合同,而且有法定权利取消伪造其 B-BBEE 信息的公司的任何合同或授权。除此之外,B-BBEE 修正案还对旨在规避 B-BBEE 要求的非法行为规定了各种刑事犯罪。然而尽管修正案就《广义黑人经济振兴法》的漏洞作出了一系列有意义的立法努力,但是该修正案并没有彻底阻断重蹈覆辙的可能性,例如委员会成员仍由贸易和工业部长任命,也可被其撤职,从而使其仍存在行政滥用的可能性。为了防止 BEE 政策因政治滥用而再次失败,政府在将来应尽可能确保委员会的独立性。②

(二)黑人经济振兴政策下的法律规范框架

1.BEE 法案及修正案

《南非共和国宪法》第 9 条第(2)款——"为了促进实现平等,可以采取立法和其他措施,以保护或者提升因不公平歧视而处于不利地位的人"③是 BEE 政策的立法基础和指导思想。据此《广义黑人经济振兴法》确立了其宏观战略目标和整体性框架,如其第 1 条,"通过各种但综合的社会经济战略,增强所有

---

① Adam Kassner, Digging Deep into Gold Fields: South Africa's Unrealized Black Economic Empowerment in the Shadows of Executive Discretion, *Cornell International Law Journal*, Vol.48, 2015, pp.668-696.

② Adam Kassner, Digging Deep into Gold Fields: South Africa's Unrealized Black Economic Empowerment in the Shadows of Executive Discretion, *Cornell International Law Journal*, Vol.48, 2015, pp.668-696.

③ Constitution section 9(2)'To promote the achievement of equality, legislative and other measures designed to protect or advance persons, or categories of persons, disadvantaged by unfair discrimination may be taken.'

黑人(非洲人、有色人种和印第安人)的经济权能,这些战略包括但不限于(a)增加管理、拥有和控制企业和生产性资产的黑人人数;(b)促进社区、工人、合作社和其他集体企业对企业和生产性资产的所有权和管理……(e)优惠采购"①,但是其本身并没有就 BEE 政策的具体实施设定任何更为细致的目标,它将此项权利授权给了贸易和工业部长。该法案第 9 条规定,贸易和工业部长应据此颁布"良好行为准则",准则内容应至少涵盖:"(1)界定与 BEE 有关的关键术语和概念,如黑人的定义;(2)阐明衡量某一商业实体中与 BEE 有关的主要原则;(3)设定记分卡,根据该记分卡评估企业的 BEE 贡献程度并据此为企业打分;(4)准则应包括对以上内容的独立审查权限;(5)为利益攸关方起草转换章程提供指导方针。"②

该法第 10 条明确了"良好行为准则"的法律效力:"每一国家机关和公共机构必须考虑并尽可能合理地适用根据本法颁布的任何相关良好行为守则:(a)确定根据任何法律颁发许可证、特许权或授权的资格标准;(b)制定和实施优惠采购政策;(c)确定出售国有企业的资格标准;以及(d)制定与私营部门

---

① Broad-Based Black Economic Empowerment Act No 53 of 2003 (the 'BEE Act') section 1

'[T]he economic empowerment of all black people [Africans, Coloureds and Indians]... through diverse but integrated socio-economic strategies that include, but are not limited to—

(a) increasing the number of black people that manage, own and control enterprises and productive assets;

(b) facilitating ownership and management of the enterprises and productive assets by communities, workers, cooperatives and other collective enterprises;

……

(e) preferential procurement...'

② Broad-Based Black Economic Empowerment Act No.53 of 2003 (the 'BEE Act') section 9 • define key terms and concepts relating to BEE (such as the definition of 'black people'); • spell out the key principles for measuring BEE in a particular business entity; • specify a scorecard against which enterprises' BEE contributions or scores will be assessed; • provide for the independent verification of those scores; and • provide guidelines for stakeholders to draw up transformation charters.

建立伙伴关系的标准。"①此外,虽然《广义黑人经济振兴法》只给政府设定了强制性义务,而没有为任何私人企业设立任何法律义务或者惩罚措施,但是不遵守《广义黑人经济振兴法》及其修正案将严重限制企业参与经济活动的能力,甚至影响其合作伙伴的竞争力(在某些领域公司供应商的排名会影响公司自身的排名)。②

2.良好行为准则

经过长期的起草,贸易和工业前任部长于 2007 年 2 月 9 日公布了《良好行为准则》(同年 BEE"平衡记分卡"计分规则公布),该准则非常详细地提供了涵盖企业经营各个方面的 BEE 目标和确定企业 BEE 等级的评判标准,但它并没有涉及对私人企业的制裁或奖励措施,其对企业的影响程度取决于国家机关和公共机构适用该准则的方式。基于此,《良好行为准则》要求各国家机关和公共机构至少在如下几个领域细化准则的规定,包括制定颁发许可证、特许权、优惠采购政策、出售国有企业以及与私营部门建立伙伴关系等方面的标准,通过在这些领域贯彻落实《良好行为准则》的规定,以逐步扩大 BEE 政策在其国内经济领域的影响力。③

有一点值得关注的是,南非政府并不打算将准则适用于矿业,而是公开表示矿业将适用《矿业宪章》的相关规定。④

2013 年 10 月 11 日,南非贸易与工业部长发布了《良好行为准则修订

---

① Broad-Based Black Economic Empowerment Act No.53 of 2003 (the 'BEE Act') section 10 'Every organ of state and public entity must take into account and, as far as reasonably possible, apply any relevant code of good practice issued in terms of this Act in: (a) determining qualification criteria for the issuing of licences, concessions or authorisations in terms of any law; (b) developing and implementing a preferential procurement policy; (c) determining qualification criteria for the sale of state-owned; (d) developing criteria for entering into partnerships with the private sector.' (Emphasis added.)

② Matthew Coleman, Kevin Williams, South Africa's Bilateral Investment Treaties, Black Economic Empowerment and Mining: A Fragmented Meeting? *Business Law International*, Vol.9, 2008, pp.57-94.

③ Adam Kassner, Digging Deep into Gold Fields: South Africa's Unrealized Black Economic Empowerment in the Shadows of Executive Discretion, *Cornell International Law Journal*, Vol.48, 2015, pp.668-696.

④ Matthew Coleman, Kevin Williams, South Africa's Bilateral Investment Treaties, Black Economic Empowerment and Mining: A Fragmented Meeting? *Business Law International*, Vol.9, 2008, pp.57-94.

版》,该准则自 2015 年 4 月 30 日开始实施。总体来说,修订后的准则囊括了一些有意义的妥协和让步,特别是对小企业的妥协和让步——南非社会将给予小企业更多的宽容,避免对他们的监管过度,以给予他们足够的时间来孵化他们的企业。此外,用于 BEE 评级的企业年度绩效和黑人持股水平无须再通过有资格的专家进行评估,只需要企业家予以宣誓确认即可,以此来减轻企业的合规成本。然而与此同时,修订后的准则对大企业实现 BEE 目标寄予了更高的期望,2015 年实施的准则修改了计分卡规则,将评判要素由最初的 7 个元素合并为 5 个元素,其部长表示,"由于优先权要素和 BEE 合规水平所附权重的增加,企业通常更难实现和保持其当前的(并且可能是有利的)B-BBEE 贡献等级",这也是 2015 年《良好行为准则修订版》在南非社会饱受争议的主要原因之一。[1]

此外,2019 年 5 月 31 日,南非政府又通过第 42496 号政府公报公布了《良好行为准则》的最新修正案,公报分为四份声明——《修订准则附表 1:释义及定义》(Codes of Good Practice as Amended Schedule 1 Interpretation and Definitions)、《修订准则系列 000:一般原则和通用记分卡》(Amended Code Series 000:General Principles and the Generic Scorecard)、《修订准则系列 300:衡量技能发展的一般原则》(Amended Code Series 300:The General Principles for Measuring Skills Development)、《修订准则系列 400:衡量企业和供应商发展的一般原则》(Amended Code Series 400:The General Principles for Measuring Enterprise and Supplier Development)。具体而言,2019 年《良好行为准则》的最新修正案的要点包括但不限于:《修订准则附表 1》的若干变化,如引入"指定集团供应商"(Designated Group Supplier)[2]的概念、减少"授权供应商"(Empowering Supplier)的若干资格认定标准等直接影响记分卡的评定基准;《修订准则系列 000》就黑人所有的合格小型企业(QSEs)/免税微型企业(EMEs)的 BEE 合规水平、多种类型的合营企业的 BEE 合规水平的评定标准,以及初创企业适用计分卡的类型等适用中常见的问题作出了明确规定。《修订准则系列 300》更为关注如何真正地发

---

① Adam Kassner, Digging Deep into Gold Fields: South Africa's Unrealized Black Economic Empowerment in the Shadows of Executive Discretion, *Cornell International Law Journal*, Vol.48, 2015, pp.668-696.

② 指的是由失业的黑人/黑人青年/残疾黑人所有的;由居住在农村和欠发达地区的黑人和(或)黑人退伍军人所有的,且满足由黑人持有 51% 股权的供应商。

展黑人和自身企业的技能,如(1)增加黑人学生高等教育助学金的新评判元素;(2)将黑人学习计划占技能开发支出的目标由 6％降低到 3.5％,权重从 8分降低到 6 分;(3)关怀残疾人仍是南非政府的重点,且黑人残疾人的技能开发支出保持不变;(4)技能开发支出的受益人不再仅包括失业者,企业也可将预算用于提高员工的技能,以促进本企业的生产力。《修订准则系列 400》则明确了企业需要就"企业和供应商发展"这一要素达成的最低合规标准,即在扣除奖励分数后,企业仍要求在采购方面至少达到 10 分、在供应商发展方面至少达到 4 分、在企业发展方面至少达到 2 分("企业和供应商发展"要素由以上 3 个基准组成,下文将详述)。除此之外,《准则》还规定企业向特定公司(即由黑人持有 51％股权的公司)采购的目标从采购总支出的 40％增加至 50％。总体来说,相较于 2015 年《良好行为准则修正案》,2019 年的修正案因针对实际中若干易引发争议的问题作出了较为清晰的解答,故其适用性更强,但因为时间尚短,其实际效果还有待考察。①

3.行业宪章(行业良好行为准则)

根据与国家机关和公共机构合作关系的性质与程度,不同的行业将需要满足不同的"行业宪章",该宪章由每个行业的主要利益攸关方参照国家机关和公共机构所明确的标准拟定。② 其实早在 BEE 政策初期,类似的 BEE 行业章程就在不同的行业量化推广了,例如 2000 年 11 月《南非石油和液体燃料业提高社会弱势群体经济地位章程》出台,主要规定 10 年内弱势群体在石油经济中的比重要达到 25％;2002 年 10 月《南非矿业提高社会弱势群体经济地位章程》出台,规定 10 年内弱势群体在矿业和石油经济中的比重要达到 26％,5年内弱势群体在管理层的比例达到 40％,妇女在管理层的比例达到 10％,以及加强弱势群体接受技能培训等;2003 年 10 月,财政部公布了金融服务业BEE 章程,规定 2010 年前黑人至少要拥有金融业资产的 25％,其中至少有10％是直接控制,并对黑人和黑人妇女在各级管理层的应有比例等作了详尽规定。此外截至目前,房产业、特许会计行业、综合运输业、林业、旅游业、建筑

---

① Government-Gazette-42496, https://fincor. co. za/wp-content/uploads/2019/07/Government-Gazette-42496-31-May-2019-Amended-Code-of-Good-Practice,2020 年 7 月 30日访问。

② Government-Gazette-42496, https://fincor. co. za/wp-content/uploads/2019/07/Government-Gazette-42496-31-May-2019-Amended-Code-of-Good-Practice,2020 年 7 月 30日访问。

业等行业也都公布实施了本行业的良好行为准则。[①] 值得注意的是,《行业宪章》所设定的 BEE 标准比之《良好行为准则》,往往有过之而无不及,例如自 2017 年生效的南非房地产部门标准修订案明确了有关黑人所有权占 27% 的新规定;[②]2018 年生效的国防行业准则,规定黑人股权至少达到 30%(此前为 25%),本地采购至少达到 60% 等。[③]

虽然至今南非政府都没有明确表示 BEE 政策已经实现了"在其国内显著增加黑人经济参与"的目标,但是瑕不掩瑜,《良好行为准则》和《行业宪章》是南非政府在推行 BEE 政策的过程中作出的值得称赞的尝试,其有助于改善 BEE 政策的透明度,可以在有限的程度上遏制政治腐败。[④]

(三)"平衡计分卡"的设计指南

1.总体设想

在 BEE 政策实施初期,为了细化政府对 BEE 政策的期望,BEE 指导委员会对国家"黑人企业"进行了分类:(1)黑人拥有公司 51.1% 以上的股份和控制权,为黑人企业;(2)黑人拥有公司 25.1% 以上的股份和控制权,为黑人授权企业;(3)黑人拥有公司 5%~25% 的股权,为黑人影响力的企业;(4)以上黑人股份中黑人妇女若占有 30% 以上的股份,则为性别平等的企业。据此细则,政府为企业打分,并以此等级作为政府和公共企业在采购、执照发放、优惠政策倾斜、公私合作、国有资产出售等过程中的重要参数,将直接影响企业的竞争能力。[⑤]

在《广义黑人经济振兴法》实施以来,为了弥补初期 BEE 政策只衡量企业的黑人股权所有权和黑人管理层代表性的基本缺陷,2007 年政府又公布了 BEE"平衡计分卡"评分规则,以帮助政府跟踪各个企业的遵守情况及随时掌

① 《对外投资合作国别指南》,http://fec.mofcom.gov.cn/article/gbdqzn/,2020 年 4 月 14 日访问。

② 《对外投资合作国别指南》,http://fec.mofcom.gov.cn/article/gbdqzn/,2020 年 4 月 14 日访问。

③ 《南非贸工部宣布国防产业新版 BEE 准则》,http://za.mofcom.gov.cn/article/jmxw/201811/20181102806192.shtml,2020 年 4 月 14 日访问。

④ Adam Kassner,Digging Deep into Gold Fields:South Africa's Unrealized Black Economic Empowerment in the Shadows of Executive Discretion,Cornell International Law Journal,Vol.48,2015,pp.668-696.

⑤ 程云凤、严庆:《浅析南非的黑人经济振兴政策》,载《民族论坛》2015 年第 5 期。

握 BEE 政策的实施进展,同时也为经济实体设定了清晰的行业准入标准。① 该规则包括以下几个评判因素以及在 6～10 年内应达到的比例:② 所有权(20%)、管理控制(10%)、就业公平(15%)、技能发展(15%)、优惠采购(20%)、企业发展(15%)和社会经济发展(5%)。政府将根据以上的评判因素为各个企业评判等级(满分为 100 分),具体而言分为 8 个等级,30～39 分为第 8 级别,对应 BEE 所占比重为 10%;40～44 分为第 7 级别,对应 BEE 所占比重为 50%;45～54 分为第 6 级别,对应 BEE 所占比重为 60%;55～64 分为第 5 级别,对应 BEE 所占比重为 80%;65～74 分为第 4 级别,对应 BEE 所占比重为 100%;75～84 分为第 3 级别,对应 BEE 所占比重为 110%;85～99 分为第 2 级别,对应 BEE 所占比重为 125%;大于等于 100 分为第 1 级别,对应 BEE 所占比重为 135%。此外,评分为 30 分以下的企业,将被认定为"无贡献者"(即不合规企业)。③ 企业如果想要获得政府的特许经营权、与南非国有企业进行交易或通过其他审批,则必须严格遵守"平衡计分卡"的规定,④分数越高的企业代表其 BEE 合规程度越高,将享受优先地位,政府也将据此等级为企业颁发奖金和给予一定的奖励。⑤

2.实施方法及优惠政策

2015 年《良好行为准则修正案》将"平衡计分卡"的 7 个评判因素整合为 5 个:a.所有权(25 分);b.管理控制(整合原就业公平要素)(19 分);c.技能发展(25 分);d.企业与供应商开发(整合原优惠采购和企业发展要素)(44 分);e.社会经济发展(5 分)——2019 年的修正案中"通用计分卡"仍由此五项组

① 《南非黑人经济振兴政策》,http://search.mofcom.gov.cn/swb/searchList.jsp#,2020 年 4 月 14 日访问。

② 朱伟东:《多样化的南非本土化立法》,载《中国投资》2018 年第 20 期。

③ 《南非黑人经济振兴政策》,http://search.mofcom.gov.cn/swb/searchList.jsp#,2020 年 4 月 14 日访问。

④ 系列丛书编委会:《一带一路沿线国家法律风险防范指引》,经济科学出版社 2017 年版,第 210～213 页。

⑤ Elizabeth A. Hoffman, A Wolf in Sheep's Clothing: Discrimination Against the Majority Undermines Equ-ality, While Continuing to Benefit Few Under the Guise of Black Economic Empowerment, *Syracuse Jou-rnal of International Law and Commerce*, Vol. 36, 2008, pp.89-115.

成,[1]其中将优先考虑所有权、技能发展和企业与供应商开发这三项要素。[2]

南非 BEE"平衡计分卡"的实施,与其国内关于企业的分类有着密切关系。按照营业额不同,南非境内的企业可被划分为大企业(LEs)、合格小型企业(QSEs)、免税微型企业(EMEs)。根据修订后的准则(2013/2019),合格小型企业(QSEs)的营业额门槛从 500 万至 3500 万兰特提高到 1000 万至 5000 万兰特。免税微型企业(EMEs)现在由总收入低于1000 万兰特的企业组成,它们(以及当年新开办企业)将自动获得"四级贡献者"的地位,其 BEE 的合规水平为百分之百,从而使此类企业家能够在初创阶段专注于提供就业机会,而无须考虑在初期因遵守规章而带来的潜在低效率和低效益的风险。[3]

大企业(LEs)和合格小型企业(QSEs)则没有以上待遇,如果政府给予企业的综合等级低于 40 分的最低要求,将自动降低大企业(LEs)和合格小型企业(QSEs)BEE 合规水平的一个等级。其中合格小型企业(QSEs)被要求遵守强制性的"所有权"要素,以及其他两个优先要素之一——"技能发展"或"企业与供应商开发"——以避免被降一级的惩罚,但上述规定不适用于由黑人所有

① Government-Gazette-42496,https://fincor.co.za/wp-content/uploads/2019/07/Government-Gazette-42496-31-May-2019-Amended-Code-of-Good-Practice,2020 年 7 月30 日访问。

② Government-Gazette-42496,https://fincor.co.za/wp-content/uploads/2019/07/Government-Gazette-42496-31-May-2019-Amended-Code-of-Good-Practice,2020 年 7 月30 日访问。

③ Adam Kassner, Digging Deep into Gold Fields: South Africa's Unrealized Black Economic Empowermen-t in the Shadows of Executive Discretion, *Cornell International Law Journal*,Vol.48,2015,pp.668-696.

的合格小型企业(Black owned QSEs)。① 而大企业(LEs)则必须同时遵守这三个优先要素,表明了政府对高收入的老牌公司所寄予的更高期望。②

此外,2019 年《良好行为准则修正案》对于黑人所有的免税微型企业/合格小型企业的 BEE 水平作出了进一步的修订,如由黑人拥有 100％股权的 EME 有资格认证为具有 135％B-BBEE 水平的"一级贡献者";由黑人拥有至少 51％股权的 EME 有资格认证为具有 125％B-BBEE 水平的"二级贡献者";EME 也可以选择直接依据"QSE 记分卡"来衡量等。③

(四)黑人经济振兴政策的评析

联合国前秘书长 Kofi Annan 曾强调:"良好的管理可能是消除贫困和促进发展的唯一最重要的因素。""黑人经济振兴政策"就是南非为促进良好的政府管理所采取的重要举措,其完全遵循南非《宪法》的指导思想,旨在纠正南非历史上的种族歧视,以实现南非社会的全体平等。以南非 2015 年颁布的《投资保护法案》和国内《宪法》的态度来看,"黑人经济振兴政策"在整个 20 世纪甚至 21 世纪一直(将)是南非社会(包括非洲人国民大会)不断演变的战略文

---

① Amended Code Series 000:General Principles and the Generic Scorecard

3.3.2.2 A Qualifying Small Enterprise is required to comply with Ownership as a compulsory element,and either Skills Development or Enterprise and Supplier Development,with the exclusion of blackowned QSEs in terms of paragraph 5.3 below.

……

5.3 Enhanced B-BBEE recognition level for QSE:

5.3.1 Despite paragraph 5.2 above,a Qualifying Small Enterprise which is 100％ Black Owned,measured using the flow-through principle,qualifies for elevation to a "B-BBEE Level One Contributor" having a B-BBEE recognition level of 135％.

5.3.2 Despite paragraph 5.2 above,a Qualifying Small Enterprise which is at least 51％ Black Owned,me-asured using the flow-through principle,qualifies for elevation to a "B-BBEE Level Two Contributor" ha-ving a BBBEE recognition level of 125％.

……

5.4 Despite paragraph 5.3 a black-owned QSE may be measured in terms of the QSE scorecard should it so choose.

② Adam Kassner,Digging Deep into Gold Fields:South Africa's Unrealized Black Economic Empowermen-t in the Shadows of Executive Discretion,*Cornell International Law Journal*,Vol.48,2015,pp.668-696.

③ Amended Code Series 000:General Principles and the Generic Scorecard,https://fincor.co.za/,2020 年 7 月 30 日访问。

件,也是其他运动(例如非洲人国民大会青年团和南非学生团体组织的活动)共同的主题。"黑人经济振兴政策"的初衷是促进黑人就业,推动黑人经济的发展,至今它的影响力已经渗透到南非经济的各个行业和领域,也几乎影响了在此后的大多数立法活动。①

然而"黑人经济振兴政策"只是惠及了一小部分的黑人,即现在的黑人精英阶层,而大多数南非黑人仍然被排斥在主流经济之外。对此,黑人精英阶层中72%的人承认"黑人经济政策"没有使大多数被剥夺权利的南非人受益,②南非黑人群体甚至仍然亟待解决"高失业率"的问题。此外,"黑人经济振兴政策"还造成了贫富差距扩大等问题。③ 但是,南非政府对于完善黑人经济振兴政策所付出的努力是有目共睹的,从《广义黑人经济振兴法》到其修正案,从《良好行为准则》到2019年《良好行为准则修正案》,南非政府对于企业黑人所有权和管理层代表性、政府腐败、黑人群体缺乏教育和技能培训等问题都给予了一定程度的关注,可是受限于南非的社会背景,即严重的腐败现象和民主政府上台之前黑人普遍受教育程度低的事实,其成效还有待时间的检验。值得一提的是,针对行政权力滥用、黑人精英阶层权力寻租等问题,委员会于2017年作出决定,要求所有价值达到2500万兰特及以上的B-BBEE交易都必须登记上报,以进一步增加其透明度。④ 至于该项举措落实的效果,官方还尚未有任何反馈,但是此后的成效值得关注。

此外,国内外对"黑人经济振兴政策"还提出一些质疑,即黑人经济振兴政策是否真的解决了种族歧视的历史问题,以及是否违反国际投资领域的公平和公正待遇。就其国内影响而言,虽然"黑人经济振兴政策"针对的是那些因受不公平对待和受歧视而处于不利地位的人或阶层,但它似乎无法保护这一特定的人群,也无法实现"促进平等"的目的,更有甚者它加重了南非黑人的压

---

① Amended Code Series 000: General Principles and the Generic Scorecard, https://fincor.co.za/,2020年7月30日访问。

② Elizabeth A. Hoffman, A Wolf in Sheep's Clothing: Discrimination Against the Majority Undermines Equality, While Continuing to Benefit Few under the Guise of Black Economic Empowerment, *Syracuse Journal of International Law and Commerce*, Vol.36,2008,pp.89-115.

③ 程云凤、严庆:《浅析南非的黑人经济振兴政策》,载《民族论坛》2015年第5期。

④ 《对外投资合作国别指南》,http://fec.mofcom.gov.cn/article/gbdqzn/,2020年4月14日访问。

力,种族隔离制度下产生的种族差异仍在延续。①

《广义黑人经济振兴法》从性质上来说属于软法,它看似没有为企业设置强制性要求,政府也只是鼓励不同行业自愿遵守关于 BEE 政策的精神。但是在南非,不管是与政府机构、国有企业还是私人企业进行合作,都会受到或显性或隐性的 BEE 政策要求的约束,企业为了维持其商业竞争力,不得不重视BEE 政策的相关要求。② 单就其立法技术而言,BEE 政策及其相关法案的确是令人称赞的,但是该法案的精神并不能被南非国内大部分人,尤其是白人企业主所认可和接受。南非著名的学者和政治观察家莫列奇·姆贝基,在其《贫穷的设计师》一书中指出南非的黑人政客们"从不把自己当成生产者,而是视己为获取现成利益的利益均沾者"。③ 在南非企业内部,也存在只是将黑人,尤其是黑人精英阶层当作吉祥物,而不允许/不要求他们实际参与生产经营的现象。这不仅背离政策初衷,似乎也"合法"地给一部分黑人提供了套吃空饷的机会,正因如此,在 BEE 政策的影响下——国家操纵经济以造福特定社会团体,南非白人对于黑人的芥蒂愈发深刻。④

此外,鉴于种族隔离原因导致的教育、技能培训等的偏颇,事实上在许多领域,有技能、有经验的技术员工或者胜任管理者的员工中白人居多,然而黑人经济振兴政策无疑确立了以肤色进行经济再分配的准则,该准则造成的最终后果可能是按照政策所建立的"黑人企业",其实质上存在管理技能不足的缺陷。此外,烦琐的黑人经济振兴政策也会减损市场对外资的吸引力,从而使其国内经济遭重创。如果本着纠正种族歧视的目的,南非政府大可对此多投入一些耐心,循序渐进,而非采取揠苗助长的方式。⑤ 在未来南非政府就 BEE 政策制定战略计划时,可以考虑采取其他措施以缓解 BEE 政策所造成的社会

① Elizabeth A. Hoffman, A Wolf in Sheep's Clothing:Discrimination Against the Majority Undermines Equality, While Continuing to Benefit Few under the Guise of Black Economic Empowerment, *Syracuse Journal of International Law and Commerce*, Vol.36,2008,pp.89-115.

② 景戈、徐阳:《南非 BEE 法律制度初探》,载《冶金管理》2012 年第 3 期。

③ 程云凤、严庆:《浅析南非的黑人经济振兴政策》,载《民族论坛》2015 年第 5 期。

④ Elizabeth A. Hoffman, A Wolf In Sheep's Clothing:Discrimination Against the Majority Undermines Equality, While Continuing to Benefit Few under the Guise of Black Economic Empowerment, *Syracuse Journal of International Law and Commerce*, Vol.36,2008,pp.89-115.

⑤《南非是如何把华人变"黑"的,排外事件引发对 BEE 的思考》,https://mp. weixin.qq.com/s? __biz＝MzA4MDgyNTYyOQ==&.mid＝,2020 年 4 月 14 日访问。

矛盾,例如政府可以通过将政策的中心重点从种族上移开,着力制定旨在改善教育的方案,这将提高所有公民的教育水平,其中那些在种族隔离制度下被剥夺受教育机会的人将会是最大的受益者。黑人教育水平的提高自然将扩大其参与经济的机会,如此,该举措最终将有助于实现黑人经济振兴的目标。[①] 事实上《2019 年良好行为准则修正案》就有涉及此类的修订的内容,但为时尚短,具体效果还有待考察。当然,黑人经济振兴政策在短时间内促进社会稳定、并在一定程度上减少社会贫困率的优异表现是不能被忽视的。此外,自黑人经济振兴政策确立至今,其国内黑人知识技能、管理技能的缺陷或多或少已(或在此后将)得以修正。基于政策稳定性的考虑,笔者并不完全否认黑人经济政策的积极意义,但是对于投资者而言,投资者也应注意黑人经济振兴政策所导致的社会矛盾问题。

而就国际投资而言,黑人经济振兴政策事实上增加了国际跨国公司赴南非投资的顾虑。[②] 2015 年《投资保护法》的相关条款表明南非政府有把 BEE政策对企业的相关要求纳入“政府监管权”的倾向,故南非政府不认为 BEE 政策的实施会侵犯投资者的权利。但是考虑到南非对外国直接投资的吸引力,南非贸易与工业部长于 2007 年特意对转让股权的规定作出了修改:在南非经商的跨国公司(无论是其办事处还是子公司)都要求符合 BEE 法案的要求,但同时对于跨国公司,政府也承认“同等所有权”的效力。意思是说,如果跨国公司受限于其集团政策等无法转让其股权,可以通过参与“股本等价项目”,[③]来提高其 BEE 评分等级。[④]

诚如投资者所顾虑的,笔者建议有意向赴南非投资的企业家应知晓 BEE

---

① Elizabeth A. Hoffman, A Wolf In Sheep's Clothing: Discrimination Against the Majority Undermines Equality, While Continuing to Benefit Few under the Guise of Black Economic Empowerment, *Syracuse Journal of International Law and Commerce*, Vol.36, 2008, pp.89-115.

② 《对外投资合作国别指南》,http://fec.mofcom.gov.cn/article/gbdqzn/,2020 年 4月 14 日访问。

③ “股本等价项目”即通过衡量外国实体在南非的总收入或价值,而非直接依据持股比例对企业结构进行判断,但实践中该项目很少被使用。(系列丛书编委会:《一带一路沿线国家法律风险防范指引》,经济科学出版社 2017 年版,第 211～212 页。)具体来说,跨国企业可以通过参加推动南非社会经济发展的项目,如“南非加速和共享经济成长计划”,来弥补其股权不能按照规定转让的缺失。(景戈、徐阳:《南非 BEE 法律制度初探》,载《冶金管理》2012 年第 3 期。)

④ 景戈、徐阳:《南非 BEE 法律制度初探》,载《冶金管理》2012 年第 3 期。

政策将对其投资产生的影响,并对相关风险有所预判。笔者建议投资者应多方开展对 BEE 政策所引发的投资风险防范的研究。首先,针对不公平待遇,投资者可按照南非《投资保护法》寻求多途径的争端解决方式。在南非国内涉及平等性的一个案例中,南非法院声明:"……任何与平等有关的学说的发展都必须考虑到我们的具体情况和我国同其他国家共有的问题"。① 其次,南非政府意识到 BEE 政策实施中的问题后,拟不断调整和完善后续发展战略,② 投资者可积极表达诉求。除此之外,"黑人经济振兴政策"于外国投资者而言,也可能意味着一次机遇,投资者可以通过加强与黑人公司的合作获取南非政府的资源倾斜以弥补自身在资质、资本等方面的缺陷,加强企业竞争力。③

四、南非"可再生能源独立发电商项目"法律风险研究

(一)"可再生能源独立发电商采购(REIPPPP)项目"概述

1.REIPPPP 项目的框架指引:REIPPPP 计划

(1)政策背景

南非的国家能源政策最早发表于 1998 年的《能源政策白皮书》。2004 年,南非政府发布了《可再生能源政策白皮书》,提出了南非发展可再生能源的愿景和战略目标。大体上说,一个国家可以选择三种主要的市场政策来促进可再生能源的投资:第一,上网电价补贴(Feed-in Tariff,以下简称 FIT),即要求强制性购买可再生能源并给予适当补贴,这是为获取可再生能源的最广泛

---

① Elizabeth A. Hoffman, A Wolf in Sheep's Clothing: Discrimination Against the Majority Undermines Equality, While Continuing to Benefit Few under the Guise of Black Economic Empowerment, *Syracuse Journal of International Law and Commerce*, Vol.36, 2008, pp.89-115.

② 《对外投资合作国别指南》,http://fec.mofcom.gov.cn/article/gbdqzn/,2020 年 4 月 14 日访问。

③ 《对外投资合作国别指南》,http://fec.mofcom.gov.cn/article/gbdqzn/,2020 年 4 月 14 日访问。

使用的政策工具；①第二，可再生能源配额制（Renewable Portfolio Standard，以下简称 RPS）；②第三，政府预先采购招投标机制，即政府预先采购固定数量的可再生能源，但允许通过竞争性投标确定每千瓦时的价格，该机制是 FIT 和 RPS 之间的折中方案。③

南非最初于 2009 年 3 月启动了《可再生能源上网电价补贴计划》（Renewable Energy Feed in Tariff，以下简称 REFIT）。不幸的是，基于南非宪法的规定——公共采购项目必须"公平、公正、透明、有竞争力……"，REFIT 在南非公共采购框架内的合法性一直存在重大的不确定性。④ 2011 年《可再生能源独立发电商采购计划》（REIPPPP 计划）应运而生，该计划以滚动的投标窗口为基础的运行机制，不仅以透明、实时的竞标程序持续维护了市场利益，而且增加了投标者之间参与并降低价格的竞争压力，最终如南非政府的预期，该计划成功地应对了能源三角⑤的挑战。

此外，南非国家计划委员会（National Planning Commission）于 2012 年制定的《2030 年国家发展计划》（National Development Plan 2030，简称 NDP）也是该领域的重要指导性文件，并一举促成了南非可再生能源投资市场的投资热潮。2014 年该国还补充颁布了《2014 至 2019 年中期战略框架》，进一步阐明了政府对实施国家发展计划的承诺。基础设施投资是国家发展计划的关键优先事项之一。在电力基础设施规划方面，《2030 年国家发展计划》明确的

---

① IPP Office，Independent Power Producers Procurement Programme（REIPPPP）：An Overview，（2020.9），https://www.ipp-projects.co.za/Publications，2021 年 4 月 6 日访问。

② 可再生能源配额制是指政府为培育可再生能源市场、使可再生能源发电量达到一个有保障的最低水平而采用的强制性政策手段，是维持可再生能源总量目标控制的机制。（MBA 智库.百科，https://wiki.mbali-b.com/wiki/，2020 年 6 月 4 日访问。）

③ Lucas Satterlee，Cautious Optimism：Renewable Energy in South Africa as a Sustainable Model for the Region，*Journal of Environmental Law & Litigation*，Vol. 32，2017，p.230.

④ Lucas Satterlee，Cautious Optimism：Renewable Energy in South Africa as a Sustainable Model for the Region，*Journal of Environmental Law & Litigation*，Vol. 32，2017，p.232.

⑤ 健全、全面的能源战略越来越多地由三角形构成，三个方面分别表示：促进经济发展，提供能源安全和获取能源，以及实现环境可持续性。（IPP Office，Independent Power Producers Procurement Programm-e（REIPPPP）：An Overview，（2020.9），https://www.ipp-projects.co.za/Publications，2021 年 4 月 6 日访问。）

发展目标是将电力备用余量从 2014 年的 1％提高到 2019 年的 19％,以确保该国持续、不间断的电力供应。具体而言直至 2019 年,南非需要在 2010 年 44000 兆瓦的基础上,再开发 10000 兆瓦的发电能力。对此《2030 年国家发展计划》进一步规定,在这一目标中,5000 兆瓦应来自可再生能源,且需再采购 2000 兆瓦可再生能源(将在下一年投入使用)。①

当前南非的能源结构主要围绕《2030 年国家发展计划》中规定的两大计划展开,即综合能源计划(Integrated Energy Plan,以下简称 IEP)和综合资源计划(Integrated Resource Plan,以下简称 IRP)。IEP 是“为南非提供未来能源前景的路线图”,即用以指导未来的能源基础设施投资和政策制定。IRP 的重点则是电力供应的长期计划,这将使该国以最低的成本和其他考虑因素(例如环境可持续性)满足其预测的电力需求。② 目前南非已经对 2011 年 3 月颁布的《2010 年综合资源计划》进行了更新,并以 2019 年 10 月颁布的《2019 年综合资源计划》取代了《2010 年综合资源计划》,使得《2019 年综合资源计划》成为该国现行的官方电力基础设施计划。与《2010 年综合资源计划》一样,《2019 年综合资源计划》提出了一个多样化的能源组合,以满足该国至 2030 年的电力需求。具体而言,《2019 年综合资源计划》确定了 2019 年至 2030 年间南非将向国家电网增加 39696 兆瓦的电力,这包括 2019 年至 2030 年间所有承诺的和新增的 37696 兆瓦的发电量,以及其需要在 2019 年至 2022 年间填补的至少 2000 兆瓦的短期发电量缺口。③《2019 年综合资源计划》还预计在 2023 年至 2030 年期间,自用分布式和/或嵌入式发电技术将产生 4000 兆瓦的发电能力——这些分配将有效地实现新增总电力容量至 2030 年的 43696 兆瓦的目标,从而使总电力装机容量从约 52104 兆瓦(2018 年)增至 84783 兆瓦。此外,根据《国家发展计划》的愿景和向可持续低碳经济过渡的承诺,《2019 年综合资源计划》预测,煤炭在总发电装机容量中的贡献将逐

---

① Werksmans Attorneys, Electricity Regulation in South Africa, https://www.lex-ology.com/library/detail.a-spxg, 2020 年 6 月 7 日访问。

② Werksmans Attorneys, Electricity Regulation in South Africa, https://www.lex-ology.com/library/detail.a-spxg, 2020 年 6 月 7 日访问。

③ 在《2019 年 IRP》的 39696 兆瓦中,8208MW(20.7％)反映了已根据《2010 年 IRP》承诺在 2019 至 2022 年间并网的容量,而 31488 兆瓦(79.3％)则是必须在 2019 至 2030 年间增加的新的额外容量。(I-PP Office, Independent Power Producers Procurement Programme(REIPPPP):An Overview,(2020.9), https://www.ipp-projects.co.za/Publica-tions,2021 年 4 月 6 日访问。)

步下降——燃煤发电的份额将从 2018 年的 72％下降至低于 43％（至 2030 年），而可再生能源和补充技术的份额将继续增长。[①]（见表 1-1）

表 1-1　2019 年至 2030 年间新增产能的技术结构

类型	发电量占比
风力	14400 MW（45.7％）
太阳能光伏（PV）	6000 MW（19.1％）
天然气和/或柴油	3000 MW（9.5％）
水电	2500 MW（7.9％）
储能	2088 MW（6.6％）
煤	1500 MW（4.8％）
填补短期容量缺口的能源技术范围	2000 MW（6.4％）

来源：IPP Office, Independent Power Producers Procurement Programme（REIPPPP）：An Overview，（2020.9）

根据南非 2006 年第 4 号《电力管理法》第 34 条的规定，一旦矿产资源和能源部（Department of Mineral Resources and Energy，简称 DMRE）[②]部长关于新发电能力的决定公布并得到南非国家能源监管机构（National Energy Regulator of South Africa，简称 NERSA）的同意，就标志着采购程序的开始，并为投资者提供了法律的确定性。然而，目前对在《2019 年综合资源计划》颁布之前，尚未签订合同的《2010 年综合资源计划》范围内的电力容量所作出的所有部长级决定都已失效，因此南非需要在 NERSA 的同意下作出新的部长决定，以落实《2019 年综合资源计划》中规定的发电能力的分配。对此矿产资源和能源部部长于 2020 年 2 月向 NERSA（南非国家能源监管机构）发布决

[①]　IPP Office, Independent Power Producers Procurement Programme（REIPPPP）：An Overview，（2020.9），https：//www.ipp-projects.co.za/Publications，2021 年 4 月 5 日访问。

[②]　2019 年，原本独立的能源部（Department of Energy）和矿产资源部（Department of Mineral Resources）合并为矿产资源和能源部（Department of Mineral Resources and Energy，"DMRE"）。（National G-overnment of South Africa，https：//nationalgovernment.co.za/units/management/429/departm-ent-of-mineral-re-sources-and-energy-dmre，2020 年 7 月 8 日访问。）

定:根据《2019 年综合资源计划》中的发电能力分配计划,其将从独立发电商处采购 13813 兆瓦的新发电容量,而在 2020 年 9 月 25 日,NERSA 业已同意此项部长决定。[①]

（2）评估方案

为了使《可再生能源独立发电商采购计划》最大程度地促进经济和社会发展,南非财政部为其设定了《优惠采购政策框架法》(Preferential Procurement Policy Framework Act,2000)和 2011 年出台的相关条例的豁免权限,以便为可再生能源独立发电商采购项目设定最低的目标义务,并在提供更高目标承诺方面产生竞争力。与此同时,作为豁免权限的对价,矿产资源和能源部(DMRE)应最大程度地实现一些经济发展的目标,包括:为南非公民创造就业机会;提高本地成分价值占项目总值的百分比;提高黑人和当地社区的持股份额以及企业管理层中黑人的席位;发展当地的新兴企业以及解决当地社区的社会经济需求等——这些目标被凝练为七项经济发展要素,同时也被囊括在 REIPPPP 的评估方案中。[②]（见表 1-2）需要注意的是,正如表 1-3 中所列示的,不同经济发展要素所要求的本地化比例均有所差异,遑论每轮中同一要素的本地化比例也在不断更新,如本地成分,因此烦琐的经济发展义务标准确实给 REIPPPP 项目的竞标增加了难度。

表 1-2 REIPPPP 计划经济发展标准

经济发展要素	描述
创造就业机会	为南非公民、南非黑人公民、有技能的黑人公民、本地社区的南非公民创造就业机会
本地成分	本地成分价值(包括采购本地商品等)占项目总值的百分比
所有权	黑人在项目公司中的持股情况、当地社区在项目公司的持股情况、黑人在建筑承包商中的持股情况、黑人在业务承包商中的持股情况

---

① IPP Office, Independent Power Producers Procurement Programme (REIPPPP): An Overview,(2020.9), https://www.ipp-projects.co.za/Publications, 2021 年 4 月 6 日访问。

② IPP Office, Independent Power Producers Procurement Programme (REIPPPP): An Overview,(2020.9), htt-ps://www.ipp-projects.co.za/Publications, 2021 年 4 月 6 日访问。

续表

经济发展要素	描述
管理控制	黑人高层管理人员的比例
优先采购	BBBEE[①] 采购支出情况、中小企业和 QME（QSE 和 EME）[②] 采购支出情况、由妇女拥有的供应商的采购支出情况
企业发展	对企业发展的贡献支出占项目收入的比例
社会经济发展	对社会经济发展的贡献支出占项目收入的比例

来源：Centre for Competition，Regulation and Economic Development，2014[③]

表 1-3 各轮社会经济发展标准的阈值和目标

创造就业机会	BW1		BW2		BW3，3.5&4		BW1S2&2S2	
	底线	目标	底线	目标	底线	目标	底线	目标
南非公民	50%	80%	50%	80%	50%	80%	—	90%
黑人南非公民	30%	50%	30%	50%	30%	50%	—	60%
黑人技能人才	18%	30%	18%	30%	18%	30%	—	50%
本地社区的南非公民	12%	20%	12%	20%	12%	20%	—	30%

---

① BBBEE 指的是《广义黑人经济振兴法修正案》（The Broad-Based Black Economic Empowerment Amendment Act）。

② QSE 和 EME 指的是合格小型企业和免税微型企业。合格小型企业（QSEs）是年营业额超过 1000 万南非兰特但低于 5000 万南非兰特的实体；免税微型企业（EMEs）为年营业额低于 1000 万南非兰特的实体，和成立或注册第一年的初创企业（Start-up Enterprises）。（Baker McKenzie，Doing Business in South Africa 2020，https://www.lexology.com/library/detail.aspxg，2020 年 5 月 28 日访问。）

③ Gaylor Montmasson，Clair Katlego Moilwa，Georgina Ryan，Regulatory Entities Capacity Building Project Review of Regulators Orientation and Performance：Review of Regulation in Renewable Energy，Centre for Competition，*Regulation and Economic Development*，2014，p.65.

本地内容	BW1		BW2		BW3,3.5&4		BW1S2&2S2	
（占项目）	底线	目标	底线	目标	底线	目标	底线	目标
陆上风；小水电；带储存的聚光太阳能；填埋气、生物质、沼气	25%	45%	25%	60%	40%	65%	50%	70%
太阳能光伏和聚光太阳能	35%	50%	35%	60%	45%	65%		

所有权	BW1		BW2		BW3,3.5&4		BW1S2&2S2	
	底线	目标	底线	目标	底线	目标	底线	目标
黑人（&/）黑人企业的持股	12%	30%	12%	30%	12%	30%	—	40%
当地社区在项目公司的持股	2.5%	5%	2.5%	5%	2.5%	5%	—	10%
黑人（&/）黑人企业在建筑承包商中的持股	8%	20%	8%	20%	8%	20%	—	30%
黑人（&/）黑人企业在业务承包商中的持股	8%	20%	8%	20%	8%	20%	—	30%

管理控制	BW1		BW2		BW3,3.5&4		BW1S2&2S2	
	底线	目标	底线	目标	底线	目标	底线	目标
黑人高层管理员	—	40%	—	40%	—	40%	—	40%

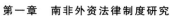

优先采购	BW1		BW2		BW3,3.5&4		BW1S2&2S2	
	底线	目标	底线	目标	底线	目标	底线	目标
BBBEE 采购支出	—	60%	—	60%	—	60%	—	70%
中小企业和QME（QSE和EME）采购	—	10%	—	10%	—	10%		20%
供应商（女性所有）处的采购		5%		5%		5%		10%

企业发展	BW1		BW2		BW3,3.5&4		BW1S2&2S2	
（占收入）	底线	目标	底线	目标	底线	目标	底线	目标
企业发展贡献	—	0.6%	—	0.6%	—	0.6%	—	1%
经调整的企业发展捐款		0.6%		0.6%		0.6%		1%

社会经济发展	BW1		BW2		BW3,3.5&4		BW1S2&2S2	
（占收入）	底线	目标	底线	目标	底线	目标	底线	目标
社会经济发展贡献	1%	1.5%	1%	1.5%	1%	1.5%		3%
经调整的社会经济发展贡献	1%	1.5%	1%	1.5%	1%	1.5%		3%

来源：IPP Office, Independent Power Producers Procurement Programme（REIPPPP）：An Overview,（2020.9）

REIPPPP 采购计划的评估过程由专业的独立审查小组,在封闭的环境中进行。该过程包括两个明确的阶段,在资格预审的第一个阶段,投标人必须满足六组最低标准(图 1-1):环境标准;土地标准;商业和法律标准;经济发展标准;财务标准和技术标准。为获得资格,投标人应能够证明他们有:相应的环

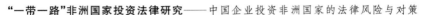

境合规证明、合法的土地权利、合适的项目所有权结构、满足最低限度的经济发展要求、可接受的电力价格和可靠的技术资格。[①] 在竞标评分的第二阶段,独立审查小组将根据加权标准对投标进行审核,即价格占竞标评分的比重为70%,[②]而对经济发展的额外贡献占比为30%。在授予经济发展的30分(每100分中)中,其对不同组成部分的权重比例规定如下:"创造就业机会"占比达25%,[③]"本地成分"占比达25%,[④]"所有权"占比达15%,"管理控制"占比达5%,"优先采购"占比达10%,"企业发展"占比达5%和"社会经济发展"占比达15%。[⑤] 经过独立审查小组的两轮评估,综合价格和促进经济发展得分最高的投标人,将作为中标者(即优先竞标者)承接竞标的发电项目。[⑥]

2.REIPPPP 项目的类型和实施现状(见图 1-1)

(1)项目类型

①风电场项目。电场项目通常包括一系列风力涡轮机、变电站、电缆(将风力涡轮机和变电站连接到电网)、风力监测设备及临时和永久性的接入轨道。此外风电场项目必须位于全年风力强劲且稳定、道路畅通和靠近电网的地点。

②太阳能项目。太阳能项目可分为两大类:太阳能光伏("PV")和聚光太

---

① Outlining the Renewable Energy Independent Power Producer Procurement Programme (REIPPPP), h-ttp://file:///C:/Users/user/Desktop/Outlining-the-REIPPPP. pdf,2020 年 6 月 10 日访问。

② 上网电价报价不得高于规定上限,并折现到同一基准时间后统一评分,投标电价最低的投标人得分为 70 分,其他投标人得分(P_s)按照报价(P_i)与最低电价(P_{min})的差距按比例折算,具体公式为 $P_s = 70 * [1-(P_i-P_{min})/P_{min}]$.(周立志:《南非电力市场及可再生能源发展研究》,载《中外能源》2021 年第 2 期。)

③ 此处各经济发展贡献指标占比权重的含义是,如"创造就业机会"指标占比达25%,即该项指标的最高得分为(30 分 * 25%=)7.5 分,项目创造的就业机会越多,则意味着其将在此阈值内获得更高的分数。

④ 项目的"本地成分"包括采购南非本地产品和雇佣南非人所支出的费用,不包括财务费用、土地费用、运营商的动员费以及任何进口商品和服务费用。(系列丛书编委会:《一带一路沿线国家法律风险防范指引》,经济科学出版社 2017 年版,第 225 页。)

⑤ Gaylor Montmasson-Clair, Georgina Ryan, Lessons from South Africa's Renewable Energy Regulatory and Procurement Experience, *Journal of Economic and Financial Sciences*, Vol.7(s), 2014, p.516.

⑥ IPP Office, Independent Power Producers Procurement Programme (REIPPPP): An Overview(2020.9), https://www. ipp-projects. co. za/Publications,2021 年 4 月 6 日访问。

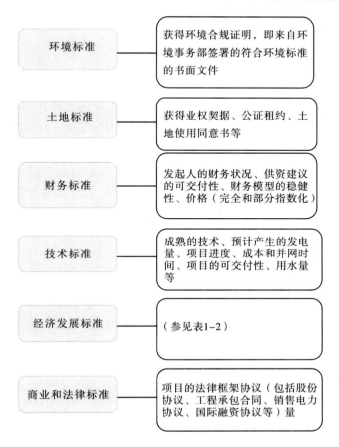

环境标准	获得环境合规证明，即来自环境事务部签署的符合环境标准的书面文件
土地标准	获得业权契据、公证租约、土地使用同意书等
财务标准	发起人的财务状况、供资建议的可交付性、财务模型的稳健性、价格（完全和部分指数化）
技术标准	成熟的技术、预计产生的发电量、项目进度、成本和并网时间、项目的可交付性、用水量等
经济发展标准	（参见表1-2）
商业和法律标准	项目的法律框架协议（包括股份协议、工程承包合同、销售电力协议、国际融资协议等）量

图 1-1 REIPPPP 计划资格预审准则

来源：Centre for Competition，Regulation and Economic Development，2014[①]

阳能（"CSP"）。在太阳能光伏项目中，光伏电池利用光电效应将太阳光转换成电流，而聚光太阳能项目则使用透镜或反射镜和跟踪系统将一大片太阳光聚焦成一束小光束。光束提供的集中热量用于加热一种工作流体（通常是熔融盐），然后用于发电或储能。太阳能项目的发电量取决于日照的可用性和强度。南非大部分地区每年平均日照时间超过 2250 小时，平均太阳辐射水平在每天 4.5 至 6.5 千瓦时/平方米之间。南非全年 24 小时全球太阳辐射平均值

---

① Gaylor Montmasson，Clair Katlego Moilwa，Georgina Ryan，Regulatory Entities Capacity Building Project Review of Regulators Orientation and Performance：Review of Regulation in Renewable Energy，Centre for Competition，Regulation and Economic Development，2014，p.65.

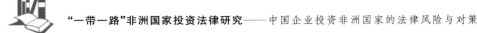

约为 220 瓦/平方米,而美国部分地区约为 150 瓦/平方米,欧洲和联合王国约为 100 瓦/平方米。这使得南非的太阳能资源在世界上名列前茅。

③生物质、沼气和填埋气项目。生物质的能源是通过转换技术生产的,转换技术直接释放能量(如热或电),或将其转换成另一种形式,如液态生物燃料或沼气。堆填区气体的项目是将堆填区气体(由都市固体废物降解产生)加工成电力、热能或其他燃料的过程。且垃圾填埋气体可用于内燃机、燃气轮机、微型涡轮机或燃料电池发电。

④小水电项目。水力设施是利用水的运动产生电力的项目。在水力发电厂,水从蓄水池通过通道或管道进入涡轮机,涡轮机轴将随着水压的增加而旋转。轴的运动通过发电机转换成电能。如果发电能力相对较低(通常为10MW 或更低),则将设施视为"小水电"。①

(2)实施现状

迄今为止,REIPPPP 计划共历经七个投标阶段,②即大型 REIPPPP 项目的投标阶段 1、2、3、3.5、4③ 和小型 REIPPPP 项目④的投标阶段 1S2 和 2S2。

---

① Kieran Whyte,Damian McNair,EPC Contracts in the Renewable Energy Sector-South African REIPP Programme—Lessons Learned from phases 1 and 2,https://www.mondaq.com/australia/construction-planning/,2020 年 3 月 25 日访问。

② 矿产资源和能源部(DMRE)不久将启动第五个投标窗口,且预计将于 2021 年 4 月 12 日前公布征求建议书(RFP),该采购招标窗口是根据 2020 年 9 月 25 日颁布的部级决定首次发布的。(IPP Office,https://www.ipp-renewables.co.za/. 2021 年 4 月 12 日访问。)

③ 第 1 轮囊括了 3625 MW 的容量,其中风能和太阳能光伏获得了大部分的容量分配,至 2011 年 12 月官方宣布了总计 1416 兆瓦的中标者;第 2 轮的特点是,所有技术的产能减少到 1275 MW(CSP 为 50 MW),并且为了增加竞争以降低价格,本地含量要求更加严格。至 2012 年 5 月,官方宣布了总计 1040 兆瓦的中标者;第 3 轮囊括了 1473 兆瓦的总容量,至 2013 年 8 月,官方宣布了总计 1456 兆瓦的中标者;在仅包含聚光太阳能项目的第 3.5 轮中,又分配了另外两个 100MW 的项目;第 4 轮的中标者已于 2015 年 4 月公布,能源部(已更名)随后又宣布了将在第 4.5 轮快速采购中购买 1800 兆瓦电力,以帮助缓解该国的电力短缺。(Javier Relancio,Alberto Cuellar,Gregg Walker,Chris Ettmayr,South African CSP Projects under the REIPPP Programme-Requirements,Challenges and Opportunities,AIP Publishing,2016,p.2.)

④ 小型 REIPPPP 项目指的是发电能力不小于 1 兆瓦且不超过 5 兆瓦的项目。2011 年,南非确定了最初 3725 兆瓦的可再生能源发电量,并将 100 兆瓦分配给小型项目的采购程序,这些项目后来扩大到 400 兆瓦,最大合同发电量为 5 兆瓦。(IPP Office,About the Small Projects Renewable Energy Procurement Programme,https://www.ipp-small-projects.co.za/,2020 年 6 月 10 日访问。)

REIPPPP 项下所有技术的平均投资组合成本在每个投标期内都持续下降,以BW4 计,平均投资组合成本为 1 兰特/千瓦时。有迹象表明,价格将在未来几轮中继续下降。①

截至 2020 年 9 月,南非已通过七个招标阶段,总计从 112 家可再生能源独立发电商处采购了 6422 兆瓦的电力(即来自 92 个大型 REIPPPP 项目的6323 MW 和来自 20 个小型 REIPPPP 项目的 99MW 电力)。在大型REIPPPP 项目中,92 个项目中的 91 个已完成财务结算,此外尚有一个 BW3项目没有达到财务结算阶段(该项目已停止财务结算)、一个 BW3.5 项目尚未开始施工(该项目已于 2019 年 7 月底完成财务结算)。近期开工建设的 BW4项目预计将于 2021 年 10 月 29 日前进入商业运营阶段(本季度已有三个 BW4项目开始运营)。② 另外,在 NERSA(南非国家能源监管机构)同意相关部长级决定之前,小型 REIPPPP 项目计划和未来的投标窗口目前处于暂停状态。③

值得一提的是,REIPPPP 项目已对当地的经济、社会环境产生了重要的影响,据《REIPPPP 季度报告(2020.9)》显示,该项目已吸引了价值 2097 亿兰特的投资(股权和债务),其中 419.4 亿兰特(20%)为外国投资;已为南非公民创造了 55217 个工作年④;社会经济发展捐款为 13 亿兰特,企业发展捐款为4.025 亿兰特;已实现减少二氧化碳排放量 53.3 百万吨(其中在本报告季度减少了 3.1 百万吨);已实现节水 6300 万千升(其中 360 万千升在本报告季度期内)。⑤

(二)REIPPPP 项目主要法律风险阐释

笔者通过对 REIPPPP 项目全过程法律风险的识别及主要法律风险的提

---

① IPP Office, Independent Power Producers Procurement Programme (REIPPPP): An Overview, (2020.9), https://www.ipp-projects.co.za/Publications, 2021 年 4 月 6 日访问。

② 2016 年 Eskom 公司以成本过高和发电能力过剩为由拒绝达成新的交易,导致通过投标阶段 3.5、4 和 4.5 选定的 27 个项目被搁置,这些项目最终于 2018 年 4 月签署合同,比最初预期晚了两年。(Energy, South Africa officially inks delayed renewable IPP deals, https://t.co/vvdKwdbWT3, 2020 年 3 月 25 日访问。)

③ IPP Office, Independent Power Producers Procurement Programme (REIPPPP): An Overview, (2020.9), https://www.ipp-projects.co.za/Publications, 2021 年 4 月 6 日访问。

④ 相当于一个人一年的全职工作机会。

⑤ IPP Office, Independent Power Producers Procurement Programme (REIPPPP): An Overview, (2020.9), https://www.ipp-projects.co.za/Publications, 2021 年 4 月 6 日访问。

炼,意在界定本文的写作范围。

1.REIPPPP 项目全过程法律风险识别

REIPPPP 项目采购过程包括六个不同的阶段(如图 1-2):阶段 1——提案征集(Request for Proposals);阶段 2——提交投标(Bid Submission);阶段 3——宣布中标者(Preferred Bidders Announced);阶段 4——签署项目协议(Financial Close);阶段 5——施工阶段(Construction);阶段 6——商业运营阶段(Commercial Operation Date,以下简称 COD)。[①]鉴于阶段 1～3 均隶属从项目立项到招标活动完成之间的工作,笔者在此将其合并归纳为项目的竞标阶段。

图 1-2　REIPPPP 竞争性招标采购流程

来源:IPP Office, Independent Power Producers Procurement Programme (REIPPPP): An Overview,(2020.9)

(1)竞标阶段是项目的起始阶段,具有关键性作用。笔者在此将竞标阶段细分为资格预审阶段和竞标评分阶段,因预审阶段的评估标准多属于项目公司尽职调查可控的范围,此外多数标准也在此后的阶段中有所涉及,如环境标准、商业和法律标准、经济发展标准和财务标准,而土地标准和技术标准,前者与一般投资项目无异;[②]后者则因政府设置了与技术资格相关的硬性指标,故考虑到文章篇幅,此阶段的法律风险都将不再在主体部分展开分析。此外,竞

①　IPP Office, Independent Power Producers Procurement Programme (REIPPPP): An Overview(2020.9),https://www.ipp-projects.co.za/Publications,2021 年 4 月 6 日访问。

②　即无论土地使用安排(所有权、租赁等)如何,投标人都必须提供整个项目场地的权利契据。所有相关文件都必须以项目公司的名义签署,否则持有人应书面同意转让。(Gaylor Montmasson, Clair Katlego Moilwa, Georgina Ryan, Regulatory Entities Capacity Building Project Review of Regulators Orientation a-nd Performance: Review of Regulation in Renewable Energy, Centre for Competition, Regulation and E-conomic Development,2014, p.66.)但是南非的土地制度(有私人土地、国有土地、半国有土地等多种类型)与中国有差异,近几年其国内开展的土地改革也遭遇了颇多波折,有意赴南非投资的企业应对此有所关注。此外,南非农村发展与土地改革部于 2017 年公布了《农业土地监管法案》(草案),该法案一旦实施将意味着外资企业将不得在南非购买农业土地,只能进行长期租赁。(《对外投资合作国别(地区)指南—南非(2019 年版)》,"走出去"公共服务平台,http://fec.mofcom.gov.cn/article/gbdqzn/index.shtml♯,2020 年 3 月 15 日访问。)

标评分阶段主要涉及两项指标,其一为价格指标,其二为与经济发展义务相关的指标。投标报价的风险是境外项目的核心风险之一,涉及法律、金融、税务、利率、汇率等一系列因素。企业不能因"为中标而报价",应在充分的尽职调查、市场调查的前提下,且在企业的风险承受能力范围内,确立合理报价。[①]笔者认为投标报价的风险更适宜个案分析,故将不再在主体部分展开分析。

竞标评分阶段与经济发展义务相关的指标也是 REIPPPP 项目为人称道的原因之一,并且贯穿自竞标至项目收尾的各环节,实为企业面临的重大挑战之一。经济发展的目标集中于确保南非人参与、拥有和受益于 REIPPPP 项目。尽管在当前的评估方案中,竞标价格和经济发展结果的权重占比为7:3,但是企业只有满足所有要求,才能顺利通过相关审查并可缩短审查过程的时间。[②]然而因篇幅所限,笔者无法逐一剖析七项经济发展要素,因社区经济发展义务是 REIPPPP 项目的独特要求,[③]故基于可研性的考量因素,笔者将在主体部分单独将"社区经济发展义务"作为竞标阶段的法律风险展开分析。此外,笔者也有意于在主体部分的 EPC 合同(工程总承包合同)和项目融资部分展开"所有权"等内容的分析。除此之外,笔者将不再单独展开竞标阶段的其他经济发展义务的内容。

(2)对在竞标阶段中标的项目,开发商将进入项目协议签署阶段,此阶段仅需要项目公司拟定并签署相关协议,以及申请许可证——中标者必须在 14 天内向 NERSA(南非国家能源监管机构)提交许可证申请,并附上所有必要的证明文件,如中标者确认书;水供应确认书;废物管理许可证;环境授权证明;土地所有权证明或租赁协议;传输协议;购电协议等。[④] 在签署项目协议

---

① 陈青松、徐智涌、赵朴花、潘敬锋:《"一带一路"PPP 项目运作实务》,经济管理出版社 2019 年版,第 69 页。

② Gaylor Montmasson-Clair, Georgina Ryan, Lessons from South Africa's Renewable Energy Regulatory and Procurement Experience, *Journal of Economic and Financial Sciences*, Vol.7(s), 2014, pp.521-522.

③ Lucy Baker, Holle Linnea Wlokas, South Africa's Renewable Energy Procurement: A New Frontier, *Tyndall Working Paper*, 2014, p.23.

④ Outlining the Renewable Energy Independent Power Producer Procurement Programme (REIPPPP), http://file:///C:/Users/user/Desktop/Outlining-the-REIPPPP. pdf, 2020 年 6 月 10 日访问。

的阶段,[①]中标者需要与 Eskom 公司签订一项长达 20 年的电力购买协议(Power Purchase Agreement,以下简称"PPA 协议");与能源部签订实施协议(Implementation Agreement);与电网所有者签订传输协议(Connection Agreement)——传输协议是项目公司与电网所有者之间关于连接发电设备与相关配电网络的协议,在 REIPPPP 项目中电网所有者可以是输电公司、配电公司、电力公司或小型电网所有者/运营商,[②]因笔者所阅览的文献及关注的南非网站信息中几乎未提及与此相关的争议,基于可研性的原则,笔者将不再赘述。(见图 1-3)

PPA 协议(电力购买协议)是南非政府在广泛审查全球最佳能源合同的基础上,与众多公共和私营部门参与者进行磋商后制定的不可变更的强制性合同。据前几轮的反馈,尽管少数竞标者对其条款的灵活性持保留态度,但大多数竞标者对其全面性表示满意;[④]实施协议是由项目公司与矿产资源和能源部签署的、内容固定不可谈判的合同。[⑤] 传统上,此类项目公司与政府间签订的协议又被称为特许权协议(Concession Agreement),以授予项目公司在固定期限内(通常在 15 年至 25 年之间)建造和运营设施的特许权。但

---

① 中标者将接收企业的采购压缩包,压缩包囊括 4 份材料:其一是征求意见,涉及一般要求和规则、预审阶段的资格标准和评分阶段的评比标准;其二为 IPP(独立发电商)与 Eskom 之间的购电合同(Power Purch-ase Agreement);其三为 IPP 与矿产资源部与能源之间的实施协议(Implementation Agreement);其四为矿产资源部和能源部和贷款人之间的直接协议(Direct Agreement)。(Anton Eberhard, Tomas K b-erger, Renewable Energy Auctions in South Africa Outshine Feed-in Tariffs, Energy Science and Engineering, Vol. 4,No.3,2016,p.192.)因直接协议为矿产资源部与能源部和贷款人共同签署的合同文件,内容不可变更,项目公司不属于合同的直接当事人,且该协议的主要目的在于,政府承诺在 Eskom 公司拖欠付款的情况下承担项目公司对贷款人的付款义务,属于保障性协议,故不在正文分析其法律风险。

② Kieran Whyte, Damian McNair, EPC Contracts in the Renewable Energy Sector-South African RE-IPP Programme—Lessons Learned from phases 1 and 2, https://www.mondaq.com/australia/construction-pl-anning/,2020 年 3 月 25 日访问。

③ Kieran Whyte, Damian McNair, EPC Contracts in the Renewable Energy Sector—South African REIPP Programme—Lessons Learned from phases 1 and 2, https://www.mondaq.com/australia/construction-pl-anning/,2020 年 3 月 25 日访问。

④ Anton Eberhard, Tomas K berger, Renewable Energy Auctions in South Africa Outshine Feed-in Tariffs, *Energy Science and Engineering*, Vol.4,No.3,2016,p.192.

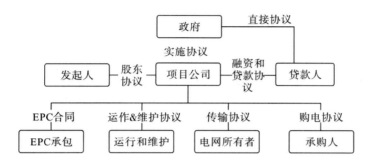

图 1-3　REIPPPP 项目的基本合同结构

来源:EPC Contracts in the Renewable Energy Sector—South African REIPP Programme
—Lessons Learned from phases 1 and 2[①]

REIPPPP 项目是借由 PPA 协议将电力销售至电力市场的电力项目,此类项目通常不要求项目公司与政府实体之间达成协议。相反,他们只需取得所需的环境和建筑方面的批准和许可证等即可。[②] 而此处的实施协议旨在实现以下两个目的:其一,当 Eskom 公司违约时,该部门必须承担 PPA 协议(电力购买协议)中所约定的理应由 Eskom 公司支付的款项;[③]其二,项目公司每季度需要向指定的经营实体报告与经济发展义务相关的承诺。总之,因 PPA 协议(电力购买协议)与实施协议皆是内容不可变更的合同,笔者将不再剖析两者的法律风险。[④]

但是需要注意的是,半国营能源企业(energy parastatal)Eskom 是南非最大的国有全资控股企业,[⑤]也是非洲最大的电力生产商。它实际上垄断了

[①]　Anton Eberhard,Tomas K berger,Renewable Energy Auctions in South Africa Outshine Feed-in Tariffs,*Energy Science and Engineering*,Vol.4,No.3,2016,p.192.

[②]　Kieran Whyte, Damian McNair, EPC Contracts in the Renewable Energy Sector—South African REIPP Programme—Lessons Learned from phases 1 and 2,https://www.mondaq.com/australia/construction-planning/,2020 年 3 月 25 日访问。

[③]　Anton Eberhard,Tomas K berger,Renewable Energy Auctions in South Africa Outshine Feed in Tariffs,*Energy Science and Engineering*,Vol.4,No.3,2016,p.192.

[④]　A. Lawrence, Energy Decentralization in South Africa:Why Past Failure Points to Future Success,*Renewable and Sustainable Energy Reviews*,2020,p.6.

[⑤]　周立志:《南非电力市场及可再生能源发展研究》,载《中外能源》2021 年第 2 期。

南非的电力供应市场,其燃煤发电站平均有 37 年的历史。① 故尽管 Eskom 公司作为电力购买方之一,②是确保 REIPPPP 项目被公平纳入南非能源市场的关键角色,但基于 IPP(Independent Power Producer,独立发电商,以下简称"IPP")力图在当前由 Eskom 公司主导的以传统能源为主的电力市场上占据一定份额,两者之间实际上也存在着紧迫的竞争关系,因此与 Eskom 公司相关的风险是项目公司不可忽视的隐患。③④ 然而项目公司也无须过于忌惮此类风险,其一:PPA 协议(电力购买协议)以固定的合同内容与商定的合同价格,事实上已为将 IPP(独立发电商)公平纳入电力市场提供了一定程度的保障;其二,如再次重现 Eskom 公司违约的情况,项目公司与矿产资源和能源部所签署的实施协议(内容不可变更)、矿产资源和能源部与贷款方之间的直接协议(内容不可变更,承诺在 Eskom 公司拖欠付款的情况下承担项目公司的付款义务)⑤,将最大程度地转移项目公司的风险;其三,南非可再生能源理事会(South African Renewable Energy Council ,简称"S-AREC")已就 Eskom 公司此前拒绝签署 PPA(电力购买协议)的僵局征求法律意见,结果表明 Eskom 公司有法律义务与符合条件的中标者签署 PPA(电力购买协议),

① A. Lawrence,Energy Decentralization in South Africa:Why Past Failure Points to Future Success,*Renewable and Sustainable Energy Reviews*,2020,p.1.

② 2020 年 10 月,南非公布了《新发电能力条例》的修正案,其中明确了各市镇当局根据综合资源计划(IRP)采购发电量的能力,南非的电力系统不再是 Eskom 的单一买方模式,这一变化将有利于独立发电市场规模的扩大。(GLI,Energy2021-South Africa,https://www. globallegalinsights. com/practice-areas/energy-laws-and-regulations/south-africa,2021 年 4 月 4 日访问。)

③ 早在 2016 年,Eskom 时任 CEO 就因价格问题公开表示拒绝签署后几轮形成的 27 项 PPA,此次延迟持续了 2 年,直至 2018 年 4 月,时任 CEO 被撤换,27 项 PPA 才得以重新签署。(A. Lawrence,Energy Decentralization in South Africa:Why Past Failure Points to Future Success,*Renewable and Sustainable Energy Reviews*,2020,p.5.)

④ Lucas Satterlee,Cautious Optimism:Renewable Energy in South Africa as a Sustainable Model for the Region,*Journal of Environmental Law & Litigation*,Vol. 32,2017,p.226.

⑤ Gaylor Montmasson-Clair,Georgina Ryan,Lessons from South Africa's Renewable Energy Regulatory and Procurement Experience,*Journal of Economic and Financial Sciences*,Vol.7(s),2014,p.518.

且如有必要,该项协议可由法院强制执行。① 除此之外,项目公司也应密切关注近些年来与 Eskom 公司相关的改革举措——(1)Eskom 公司的分拆:2019年由于运营绩效不佳,Eskom 公司由总统宣布分拆为三个独立的国有实体,分别负责发电、分销和输电。这些实体将由 Eskom 控股公司拥有和控制,并使每个实体能够相互借贷、抵押债务和筹集投资,这将有助于在国家公用事业部门内分配成本和责任,但是 Eskom 公司的分拆对独立发电商(IPP)进入和参与电力市场的影响还有待观察。(2)《独立市场运营商法案》(Independent Electricity Management Operator Bill,简称 IEMO Bill)②:Eskom 的重组引发了对该项法案的热议,其规定建立一个独立市场运营商(IEMO),负责国家电网的运营、电力购买和销售。目前南非官方尚未对此形成定论,如获通过,将对 REIPPPP 项目产生积极影响。③

(3)施工阶段存在的主要法律风险,包括与承包商、运营商、贷款人/投资者签订的施工协议、设备运行和维护协议、融资协议相关的风险。①EPC 合同(工程总承包合同)是 REIPPPP 采购计划下施工合同的主要形式。因 EPC合同(工程总承包合同)占项目总成本的 60% 至 75%,实为预算中成本最大的项目,④其委实可列为重大风险之一,笔者将于下文展开论述。②设备运行和维护协议(Operating and Maintenance Agreement)通常是与运营商就设施的运行和维护签订的长期协议。⑤ 在某些融资结构中,贷款人可能要求项目公司本身参与运营。在这种情况下,运维协议将被一项技术服务协议所取

---

① Lucas Satterlee, Cautious Optimism: Renewable Energy in South Africa as a Sustainable Model for the Region, *Journal of Environmental Law & Litigation*, Vol. 32, 2017, p.243.

② 以前称为《独立系统和市场运营商法案》(Independent Systems and Market Operator Bill, ISMO 法案),于 2011 年首次提出,该法案与 1998 年《能源政策白皮书》有基本相似的改革目标,当时并未获得通过。(A. Lawrence, Energy Decentralization in South Africa: Why Past Failure Points to Future Success, *Renewable and Sustainable Energy Reviews*, 2020, p.4.)

③ GLI, Laws and Regulations(2020)——South Africa, https://www.globallegalinsights.com/.../energy-l-aws-and-regulations/south-africaEnergy, 2020 年 3 月 20 日访问。

④ Lucy Baker, Holle Linnea Wlokas, South Africa's Renewable Energy Procurement: A New Frontier, *Tyndall Working Paper*, 2014, p.8.

⑤ Kieran Whyte, Damian McNair, EPC Contracts in the Renewable Energy Sector-South African REIPP Programme—Lessons Learned from phases 1 and 2, https://www.mondaq.com/australia/construction-pl-anning/, 2020 年 3 月 25 日访问。

代——项目公司据此将获得其自身雇员运营设施所需的技术知识。[1] 在具体项目中,运营商与承包商是同一主体的情况并不鲜见。而且 REIPPPP 项目的承包商、运营商和技术供应商一般都由具有项目开发专长(utility-scale projects)的类似规模的国际公司主导,[2]故 EPC 合同(工程总承包合同)和运维协议的风险分析与防范,存在较大的相似性,不再单独展开论述。[3]融资协议可能是与贷款人签署的融资贷款协议,或者是与投资者签署的股权协议,中国在南非的工程承包项目中主要采取的是“低价中标”策略,[3]如何在确保项目可行的前提下,设计合理又合规(须符合本地化比例的竞标要求等)的融资协议,需要反复斟酌。

此外该阶段的风险也包括工程建设期间的风险,《一带一路沿线国家法律风险防范指引(南非)》一书中将工程建设中的法律风险描述为“①施工需符合环境保护法律的要求,②劳工数量应符合 BEE 的规定,③警惕劳资纠纷”。[4] 基于以下几点原因,笔者不再单独探讨项目工程建设阶段的法律风险:其一,施工阶段需要面对的与环保相关的法律风险分析将在 EPC 合同(工程总承包合同)的篇章中有所涉及;其二,劳工方面适用法律繁杂,并且风险表现情形复杂,[5]笔者认为专门以此为主题的文章对于中企的借鉴作

---

① Lucy Baker, Holle Linnea Wlokas, South Africa's Renewable Energy Procurement: A New Frontier, *Tyndall Working Paper*, 2014, p.8.

② Lucy Baker, Holle Linnea Wlokas, South Africa's Renewable Energy Procurement: A New Frontier, *Tyndall Working Paper*, 2014, p.9.

③ 系列丛书编委会:《一带一路沿线国家法律风险防范指引》,经济科学出版社 2017 年版,第 226～234 页。

④ 系列丛书编委会:《一带一路沿线国家法律风险防范指引》,经济科学出版社 2017 年版,第 234～235 页。

⑤ 陈青松、徐智涌、赵朴花、潘敬锋:《“一带一路”PPP 项目运作实务》,经济管理出版社 2019 年版,第 70 页。

用更强;①其三,此外的风险类型大多属于承包项目的常规风险,考虑到文章篇幅,笔者秉着先重点后一般的原则,未将其列为本文的重点内容。赴南非投资 REIPPPP 项目的中企,应通过仔细研读相关法律和规则、聘请专攻于此道的律师拟定合同等方式,规避与此有关的法律风险。

4)项目进入商业运营阶段标志着项目已经成功完成并网整合。目前在 92 个大型 REIPPPP 项目中,大多数项目都已进入了商业运营阶段,②然而该阶段的法律风险,尤其是该阶段特有的法律风险还有待项目的持续运营以待具体考察,故将不再在主体部分另行展开。

2. REIPPPP 项目主要法律风险的确定

笔者在上文基于实践的可应用性、论述的完整性等原则,尽可能详述了赴南非投资可再生能源项目的项目公司,自竞标至商业运营各阶段所需要酌情考虑的法律风险。而综上所述,因可研性、重要性、针对性等原因,笔者将仅选取上述所涉法律风险中的社区经济发展义务(社区经济发展义务是 REIPPPP 项目的独特要求)、EPC 合同签订/谈判(EPC 合同为 REIPPPP 项目预算中成本最大的部分)、融资协议签订/谈判("因南非与 Eskom 公司目前面临财务困境,南非大多电力项目都需要通过融资方式解决资金问题")③三大主要法律风险于下文展开分析。故囿于文章篇幅,笔者将不再对 REIPPPP 项目的竞标、签署项目协议、施工以及开发商业运营四个阶段中,除社区经济发展义务、EPC 合同签订/谈判、融资协议签订/谈判之外的法律风险进行拓展分析。

---

① 劳工风险在南非表现得较为突出,由于南非工会组织势力强大,劳资纠纷屡见不鲜。南非现行与劳工关系有关的法律主要包括:(1)1995 年《劳动关系法》(Labour Relations Act);(2)1997 年《基本就业条件法》(Basic Conditions of Employment Act,规定了最低就业条件);(3)1998 年《就业平等法》(Employment Equity Act);(4)2018 年《国家最低工资法》(National Minimum Wage Act);(5)2020 年生效的《劳动法修正案》(Labour Laws Amendment Act)。中企需要对此有所了解,密切关注劳资纠纷,尽快适应南非的管理文化。另外,在复杂的大型项目中,中企如需雇佣本国的熟练技术工人以控制成本和提高效率,也应对南非与外国雇员的签证规定相关的规则有所知晓。(Baker McKenzie, Doing Business in South Africa 2020, https://www.lexology.com/library/detail.aspxg, 2020 年 5 月 28 日访问; 系列丛书编委会:《一带一路沿线国家法律风险防范指引》, 经济科学出版社 2017 年版,第 234~235 页。)

② IPP Office, Independent Power Producers Procurement Programme (REIPPPP):An Overview, (2020.9), https://www.ipp-projects.co.za/Publications, 2021 年 4 月 6 日访问。

③ 周立志:《南非电力市场及可再生能源发展研究》,载《中外能源》2021 年第 2 期。

(三)REIPPPP 项目主要法律风险分析

1.与社区经济发展义务相关的法律风险分析

在研究社区经济发展义务时,首先需要对 REIPPPP 项目中的"社区"进行界定。REIPPPP 项目中所指向的"社区"与中国社会和法制环境中所定义的"社区"是有所差异的,根据《民政部关于在全国推进城市社区建设的意见》,"'社区'是指聚居在一定地域范围内的人们所组成的社会生活共同体。目前城区社区的范围,一般是指经过社区体制改革后作了规模调整的居民委员会辖区",而 REIPPPP 项目中所指的"社区"虽有地理上的地域范围的联系(即项目所在地半径 50 千米以内),但不一定归属于统一行政辖区管辖,故项目公司就定义"社区方案"中的受益社区,具有较大的灵活性。

实务界一般认为,诸如新的发电项目之类的地方发展项目将为当地带来可观的切实利益,然而实际上此类项目所能够激发的区域经济发展的成果是非常有限的——这一直是许多国家可再生能源政策推行中的关键障碍——因此,REIPPPP 项目着重"社区方案"的落实,可能是对经济发展"区域效应"的重新定义。[①]

在提交投标书时,项目公司有义务评估项目场地半径 50 千米范围内的社会经济需求,并拟定一份《社会经济发展规划》(Socio-economic Development Plan),以说明其承诺在项目有效期内将为企业发展、创造就业以及其他社会经济发展任务提供帮助。为了简述,笔者将其称为"社区方案",在与经济发展贡献相关的七项标准中,其中有四项标准与社区方案相关,即企业发展标准,社会经济发展标准,创造就业标准和地方社区所有权标准。虽然与之相关的繁杂的各项指标,着实引发了一些项目公司的怨言,但大多数指标(包括企业发展、社会经济发展、创造就业)其实是南非商业环境和投资活动中遵循企业社会责任的一般性要求。[②] 然而,《REIPPPP 计划》要求项目公司构建一个由

① Louise Tait,Holle Linnea Wlokas,Ben Garside,Making Communities Count——Maximizing Local Benefit Potential in South Africa's Renewable Energy Independent Power Producer Procurement Programme(REIPPPP),*International Institute for Environment and Development*(UK),2013,p.20.

② Lucy Baker,Holle Linnea Wlokas,South Africa's Renewable Energy Procurement:A New Frontier,*Tyndall Working Paper*,2014,pp.19-22.

地方社区持有股份的"社区方案",①从而为地方发展创造一个额外的、可能由社区参与管理的资金池,确是 REIPPPP 项目的别具一格之处。实践证明,这种"新颖性"已经给非精于此道的项目公司带来了与社区持续互动相关的重大挑战。总之,笔者认为在 REIPPPP 项目中与社区经济发展义务相关的法律风险可以主要概括为拟定及推行"社区方案"过程中的法律风险,对此笔者将在下文加以详述。

(1)政策指示模糊导致"社区方案"难以拟定和推行

①"社区"选择自主性强,受益人难以明确

在 REIPPPP 项目的"社区方案"中,"社区"被草率定义为半径 50 千米以内的任何社区,如果没有,则为最近的社区。基于地理层面上的社区定义可能过于简单,并且不一定反映了现实中当地复杂的社会空间,所以项目公司通常可自行划定受惠社区,简言之并非所有在 50 千米半径范围内的社区都会成为受益对象。②

但是这种"灵活性"往往会给项目公司带来诸多困扰——由于人口密度,社会经济发展和种族水平因地而异,项目商通常无法依据统一标准来选定受益对象,如同时又要兼顾项目成本收益,则自行定义受益人的过程将会使拟定"社区方案"变得更为复杂。此外,即使项目公司排除众议拟定了"社区方案",该"社区方案"也可能因违背"公平原则"而在施行的过程中引发社会矛盾:其一,项目公司自行筛选受益社区,将无可避免地导致 REIPPPP 项目不成比例地惠及少数社区,例如实践中,因在较大的城镇和大都市地区确定受益人有较大难度,许多项目公司忽略了这样的"社区",而倾向于选择规模更小,更容易定义的社区,则长此以往,某一类型的社区将成为所有项目无人问津的对象,由此引发的社区之间的争议将不利于社区方案的有效推行。③ 其二,距离项目 50 千米半径范围内的社区通常不止一个,在现有实践中有的开发商选择了该范围内的所有社区,而有的则选择了射程内的部分社区,有的甚至因 50 千

①　竞标阶段七项经济发展要素之一的"所有权"指标,要求地方地区在项目公司持有一定比例的股权,故项目公司需要建立一个由社区持有股份的"社区方案",而社区一般借由贷款出资,也有项目公司免费将股份赠与社区的,下文将进一步详述。

②　Holle Linnea Wlokas, Anya Boyd, Marco Andolfi, Challenges for Local Community Development in Private Sector-led Renewable Energy Projects in South Africa: An E-volving Approach, *Journal of Energy in Southern Africa*, Vol.23, 2012, pp.47-48.

③　Lucy Baker, Holle Linnea Wlokas, South Africa's Renewable Energy Procurement: A New Frontier, *Tyndall Working Paper*, 2014, p.22.

米半径内人口非常少,而将 50 千米外的社区纳入方案。① 由此造成的问题诸如,A 项目拟定所有社区为受益方,则其理应为所有社区提供法律援助,而当 B 项目将部分社区排除在项目定义的受益人范围之外时,如该部分社区的居民寻求法律援助,项目公司也无法依据自行划定的受益范围而直接拒绝此类请求,原因在于政策的宽泛性定义事实上为项目公司设定了一个潜在的法律义务,而项目 50 千米半径范围内的所有社区居民都有权享受法律援助的服务。② 但是基于社区管理成本的考量,若项目公司仅为避免落实中的纠纷,而无偏差地将所有社区纳入受益方案,同样也是不合理的。其三,50 千米半径的区域有时可延伸至一个或者多个市政区域,甚至跨越省界,因地方政策的不一致,后期社区方案的调整将变得更为困难。③

②不同利益相关者需求多样,利益分配难以确定

长期来看,管理社区关系是项目公司必须面对的重大挑战之一,尤其是当不同利益相关者的需求存在冲突时,处理不当可能会产生紧张的局势。实践中易出现类似问题:为社区创造就业机会所提供的收入是否可以认定为对社区经济发展指标的贡献? 此外社区持有的股权所获收益能否计算为投资者对社区经济发展指标的贡献?④ 简言之,当不同指标项下的收益出现重叠时,甚至重叠收益归属于不同利益相关者时,项目公司尚不清楚如何进行利益分配的权衡。

一旦将经济资源引入当地社区,不同的利益相关者都会对应在何处以及如何使用资源有自己的期望,故管理这些关系确非易事。如何攻克类似难题,

---

① Holle Wlokas, *A Review of the Local Community Development Requirements in South Africa's Renewable Energy Procurement Programm*, World Wide Fund for Nature South Africa (WWF-SA), 2015, p.30.

② Louise Tait, Holle Linnea Wlokas, Ben Garside, Making Communities Count—Maximizing Local Benefit Potential in South Africa's Renewable Energy Independent Power Producer Procurement Programme (REIPPPP), *International Institute for Environment and Development* (UK), 2013, p.15.

③ Holle Wlokas, *A Review of the Local Community Development Requirements in South Africa's Renewable Energy Procurement Programm*, World Wide Fund for Nature South Africa (WWF-SA), 2015, p.30.

④ Louise Tait, Holle Linnea Wlokas, Ben Garside, Making Communities Count—Maximizing Local Benefit Potential in South Africa's Renewable Energy Independent Power Producer Procurement Programme (REIPPPP), *International Institute for Environment and Development* (UK), 2013, pp.17-18.

南非政府也没有给予任何官方的解释或是指导。项目公司应谨慎处理,因为如果利益相关者认为自己被不公平地排斥在外,则可能造成不满和混乱——此类负面情绪也可能诱发纠纷,且不排除导致项目意外停摆的可能性。

③地方市政当局角色不明,社区方案难以开展

"社区方案"推进过程中的主要利益相关者是地方市政当局(Local Municipalities),当受益地区覆盖一个以上市政区域并且必须协调多个利益相关者时,市政当局的协作往往可以产生协同作用。然而目前政策并未明晰地方市政当局在推进"社区方案"中的角色,①现行政策与此相关的另一个问题是,《REIPPPP计划》并不要求"社区方案"与国家(地方)发展目标及优先事项保持一致。② 因此实践中许多项目虽已与地方市政当局的技术和法律人员建立工作关系,但很少有项目公司会与其地方经济发展署(Local Economic Development ,"LED")协作③——尽管大多数项目公司确实在拟定社区方案的过程中参考借鉴了地方市政当局的发展计划(如综合发展计划 Integrated Development Plans 和地方经济发展战略 Local Economic Development Strategies),但是基于成本控制或者可行性等因素的考量,最终方案有可能与地方发展目标和优先发展事项有所偏差——这同样也是部分"社区方案"难以得到地方市政局配合的原因之一。

一言概之,地方市政局的协作配合度并不高,甚至偏远/贫困地区的市政局也经常遭受关键技能短缺和人员缺乏的困扰,④由此可能造成启动"社区方案"至全面执行该方案之间历经相当长的时间延迟。

④评价期间缺乏规定,社区需求评估和发展计划难以落实

如上文所述,项目公司在竞标期间提交的"社区方案"需要囊括社会经济

① A. Lawrence, Energy Decentralization in South Africa: Why Past Failure Points to Future Success, *Renewable and Sustainable Energy Reviews*, 2020, p.6.

② Louise Tait, Holle Linnea Wlokas, Ben Garside, Making Communities Count—Maximizing Local Benefit Potential in South Africa's Renewable Energy Independent Power Producer Procurement Programme (REIPPPP), *International Institute for Environment and Development* (UK), 2013, p.21.

③ Holle Wlokas, *A Review of the Local Community Development Requirements in South Africa's Renewable Energy Procurement Programm*, World Wide Fund for Nature South Africa (WWF-SA), 2015, p.36.

④ Holle Wlokas, *A Review of the Local Community Development Requirements in South Africa's Renewable Energy Procurement Programm*, World Wide Fund for Nature South Africa (WWF-SA), 2015, p.36.

发展、企业发展、创造就业机会和所有权四项标准。而就指标的评价期间,笔者仅找到与此相关的零星信息——如项目公司不遵守所承诺的经济发展义务,则其需要向矿产资源和能源部支付一定的金额或者累计终止点(Termination Points)——连续 12 个月内积累 9 个以上终止点的,项目公司将面临被终止实施协议和电力购买协议的风险。[①] 此外,项目公司在与矿产资源和能源部所签订的实施协议中承诺了每季度需向指定的经营实体报告相关经济发展义务的履行情况。除了上述的内容,笔者并未找到与(评估四项标准履行情况的)评价期间相关的其他描述,由此可能引发项目公司困惑的是,其在"社区方案"中所承诺的各项指标,需要在哪一个阶段满足,或者是否需要时时刻刻警惕达标情况而没有任何的期限约定。

如果从"社区方案"四个维度的定义本身出发——社区经济发展指标和企业发展指标都是以项目总收入为基准的,[②]前者要求项目公司提供占项目总收入 1% 至 1.5% 的数额;后者则要求项目公司贡献 0.6% 的总收入份额——笔者可据此推断出"社区经济发展"指标和"企业发展"指标的成绩是累计计算的,而另两个维度的指标是时刻需要满足的时点指标,还是时期指标,则无从知晓。政策的模糊性所带来的影响是显而易见的,项目公司不仅难以确保"社区方案"能时刻有效落实,同时也将因努力维持这两项指标的承诺而支付额外的费用。就"创造就业机会"指标的影响而言(对"所有权"的影响将在下文相关部分阐述),虽然 REIPPPP 计划总体上确实有益于促进受益社区,尤其是长期处于社会边缘化的受益社区的就业情况,[③]但诸多项目(特别是风能和太阳能光伏项目)的实践证明,其创造长期就业机会的潜力是有限的。而且,创造就业的最佳时期是施工期间——往往持续两年。[④] 此外,雇员的流动情况

---

① Kieran Whyte, Damian McNair, EPC Contracts in the Renewable Energy Sector-South African REIPP Programme—Lessons Learned from phases 1 and 2, https://www.mondaq.com/australia/construction-pl-a-nning/, 2020 年 3 月 25 日访问。

② Louise Tait, Holle Linnea Wlokas, Ben Garside, Making Communities Count—Maximizing Local Benefit Potential in South Africa's Renewable Energy Independent Power Producer Procurement Program-me (REIPPPP), *International Institute for Environment and Development* (UK), 2013, p.12.

③ 这是在假设中标的 REIPPPP 项目经过努力都可实现在当地社区创造特定数量就业机会的指标承诺的情况下作出的相应分析。

④ Lucy Baker, Holle Linnea Wlokas, South Africa's Renewable Energy Procurement: A New Frontier, *Tyndall Working Paper*, 2014, p.24.

是难以预估的。故如该项指标是（时刻需要满足的）"时点指标"，项目公司或许只能选择"创造"并提供与项目没有直接关系的工作，那"社区方案"的实施将与成本控制的原则背道而驰。

另外，整个项目的"本地内容"指标，也因政策的模糊性而隐有后患。由于该项指标是以兰特（南非货币单位）计价的，[①]一旦项目运作期间汇率大幅波动，进口产品的价格也将随之变动，则最初以竞标时的汇率预估的指标承诺，也可能无法如期实现。

（2）项目采购竞标模式削弱项目协作可能性增加履约成本

①增加项目公司与政府沟通成本

单纯从地理位置分析，到目前为止已批准的 REIPPPP 项目中已出现了多个受益社区"群落"——项目倾向于往最佳资源（例如风能、太阳能、水力或生物质能）以及任何可用土地处聚集。随着 REIPPPP 继续进行进一步的招标，此类项目涉及到的社区重叠可能会增加。为缓解这种现象，项目公司之间需要就受益社区发展计划等的设计和实施有所沟通和协作，但是竞标模式遏制了合作的可能性，尤其是在公布中标者之前。

无可厚非，竞争性招标能够有效打破寻租腐败以及徇私舞弊的"潜规则"，故基于南非的腐败现象日益恶化的现状，[②]竞争性的招标模式也是 REIPPPP 项目交口称誉的原因之一。[③] 但是从项目公司的立场出发，竞争性招标模式使得不同项目公司完全处于"敌对"状态，因此在提交投标计划时，项目公司之间共享信息几乎是不可行的。然而，因不同项目公司在重叠区域内的协调与协作可以减少不必要的行政程序的重复——如与政府沟通同一社区的评估、监控的流程设计方案，故不同项目的协同发展也有可能成为控制管理成本的

---

① Adam Kassner，Digging Deep into Gold Fields：South Africa's Unrealized Black Economic Empowerment in the Shadows of Executive Discretion，*Cornell International Law Journal*，Vol.48，2015，p.23.

② 南非凤凰传媒，《最新全球"腐败指数"公布：南非腐败现象趋恶化》，https://www.sohu.com/a/292289772_778452，2020 年 7 月 2 日访问。

③ Steven Tadelis，Patrick Bajari，Incentives and Award Procedures：Competitive Tendering vs. Negotiations in Procurement，*Handbook of Procurement*，2006，p.15.

有效方案之一,①也正因此,即使在当前的政策框架内,共同商定计划以优化经济发展成果尚存在许多阻碍,项目公司也应当积极地探索合作的可能性。

②受益目标重合,社区方案中项目公司承诺落空

受益社区的重合除了增加行政沟通成本,也降低了社区方案中相关经济发展指标承诺的可行性。REIPPPP 的前几轮招标是在不同时期内连续开展的,这意味着同一地区的不同项目可能处于不同的开发阶段,由此将造成两方面的影响:其一,因项目公司之间缺乏沟通与协作,重叠的受益社区将被动接受多个社区方案,由此其可能需要遵循不同的项目时间表和不同的落实方法,②如沟通不畅易引发受益社区居民的不满情绪;其二,因项目公司需社区的配合以完成经济发展指标的承诺,然而社区若被囊括在多个不同的"社区方案"中,可能造成"供过于求"的局面,如创造就业的指标,多个社区方案所提供的就业岗位可能会超过本地社区的需求缺口,以致项目公司的承诺落空,从而影响项目公司的指标考核。③

(3)社区信托治理方案诱发受益社区与项目公司的纠纷

①信托受托人资格存疑,易引发纠纷

社区信托是用于管理 REIPPPP 项目资金的主要方式,同样也是南非社区发展中常见的法律工具。由于政府没有提供通用的示范文本,信托契约一般由项目公司(及其团队)自行拟定。此外,信托由"受托人委员会"管理,该委员会通常根据信托契约挑选受托人,受托人可以包括来自项目公司的人员、金融机构的人士,法律专业人士和受益社区的代表等。④ 然而尽管"社区信托"在社区方案中的普及度很高,但其自身的运营管理可能会给项

---

① Louise Tait, Holle Linnea Wlokas, Ben Garside, Making Communities Count—Maximizing Local Benefit Potential in South Africa's Renewable Energy Independent Power Producer Procurement Programme (REIPPPP), *International Institute for Environment and Development* (UK), 2013, p.17.

② A. Lawrence, Energy Decentralization in South Africa: Why Past Failure Points to Future Success, *Renewable and Sustainable Energy Reviews*, 2020, p.6.

③ Louise Tait, Holle Linnea Wlokas, Ben Garside, Making Communities Count—Maximizing Local Benefit Potential in South Africa's Renewable Energy Independent Power Producer Procurement Programme (REIPPPP), *International Institute for Environment and Development* (UK), 2013, p.14.

④ Louise Tait、苏晓:《南非促进社区发展的政策体系与商业模式》,载《风能》2012年第 11 期。

目公司带来许多挑战,例如信托受托人的人选问题。[①]《REIPPPP 计划》并没有涉及信托受托人的挑选方案或是一般原则,目前实践中认可度较高的方式是让受益人直接/间接选举受托人,可是基于受益社区人数和选举成本的考虑,该选举方案有时是不可行的。此时,通常由项目公司代为任命受托人,并且在此前的大多数项目中,区议员是项目公司无法回避的选择,由此会产生地方政权对社区治理机构的干涉问题,因此受益社区居民常常认为被选定的受托人不具有足够代表社区利益的资格,也难以确保其与受益社区居民的有效沟通。此外,即使被选定的受托人有良好的初衷,在实际运营中也有很多无法忽视的障碍,因社区信托的业务,诸如项目管理、财务监督,以及向利益相关方提供咨询等需要熟练的专业技术人员,而被选任的受托人可能难担此任。[②]

然而,尽管社区信托在实际运营中充斥着来自各方的担忧,但利益相关者在现阶段仍无法确定更好的治理方式。因此,如何缓解受益社区对于支出监控及资金管理不善的忧虑,对于项目公司而言同样也是一个棘手的问题。

②信托初始资金多依赖外部机构,社区收益等待期漫长

依据 REIPPPP 项目现行的要求,项目公司将面临无法使社区收益周期与整体采购周期以及工程项目周期保持一致的重大挑战。因项目公司必须在提交投标文件时附上"社区方案",在实践中为了该方案后期的可行性,项目公司往往会在整体采购流程开始前,与相关社区进行发展项目和财务收益的沟通。但是有的项目在工程建设阶段,甚至直至商业运营阶段,才开始真正产生收入。[③] 简言之,社区极有可能在距初次与项目公司达成共识的若干年之后才开始获取如期的收益——实践中也有除去一些前期不稳定的微小红利,社

---

①　Lucy Baker, Holle Linnea Wlokas, South Africa's Renewable Energy Procurement: A New Frontier, *Tyndall Working Paper*, 2014, p.23.

②　Louise Tait, Holle Linnea Wlokas, Ben Garside, Making Communities Count—Maximizing Local Benefit Potential in South Africa's Renewable Energy Independent Power Producer Procurement Programme (REIPPPP), *International Institute for Environment and Development* (UK), 2013, pp.18-19.

③　Louise Tait, Holle Linnea Wlokas, Ben Garside, Making Communities Count—Maximizing Local Benefit Potential in South Africa's Renewable Energy Independent Power Producer Procurement Programme (REIPPPP), *International Institute for Environment and Development* (UK), 2013, p.15.

区在 15 年之后才开始获得重大经济收益的例子。[①] 漫长的收益等待期会诱发社区居民的不良情绪,处理不当则有可能损害未来的合作关系。

此外,社区的收益等待期还取决于社区信托资金的筹资方案。总体来说,社区有三种收入来源:所有权收入、社会经济发展收入和企业发展收入,其中所有权收入通常将构成最大份额的资金流入。且一般而言,在"社区方案"中,社区本身是没有足够的资金来投资这些项目的,尤其是贫困社区,[②]因此实践中社区往往可以通过两种主要方式获得股权。其一是项目公司将股权免费赠予社区;其二是社区的投资资金可以由诸如南非工业发展公司(South African Industrial Development Corporation,简称"IDC")或南部非洲开发银行(Development Bank of Southern Africa,简称"DBSA")之类的金融机构通过"软贷款"提供。[③] 但是如社区所持股权是由南非工业发展公司/南部非洲开发银行通过贷款提供资金的,则在社区收益期的前几年,其所获(部分)收益还需要先行偿还贷款。[④] 故即使项目成功进入商业运营阶段并且建立了稳定的现金流,此时距社区真正受益于所有权带来的项目红利可能仍存在相当长的时期,而此类滞后性极易引发冲突及纠纷。

2.与 EPC 合同谈判/签订相关的法律风险分析

EPC 合同(工程总承包合同)是大型和复杂基础设施项目中最常见的建筑施工合同。根据 EPC 合同(工程总承包合同),承包商有义务向项目公司交付完整的设备,而项目公司仅需要"打开钥匙"即可开始操作设备,因此,EPC 合同(工程总承包合同)有时也被称为交钥匙工程合同(Turnkey Construction Contracts)。而鉴于 EPC 合同(工程总承包合同)的主要条款,如固定的合同

---

① Lucy Baker, Holle Linnea Wlokas, South Africa's Renewable Energy Procurement: A New Frontier, *Tyndall Working Paper*, 2014, p.23.

② A. Lawrence, Energy Decentralization in South Africa: Why Past Failure Points to Future Success, *Renewable and Sustainable Energy Reviews*, 2020, p.6.

③ Louise Tait, Holle Linnea Wlokas, Ben Garside, Making Communities Count—Maximizing Local Benefit Potential in South Africa's Renewable Energy Independent Power Producer Procurement Programme(REIPPPP), *International Institute for Environment and Development*(UK), 2013, pp.15-23.

④ Louise Tait、苏晓:《南非促进社区发展的政策体系与商业模式》,载《风能》2012 年第 11 期。

价格、固定的完成日期、①单一责任、②合同解除权③等,其往往更能满足REIPPPP项目中贷款人对于风险偏好的要求。④ 故EPC合同(工程总承包合同)同样也是REIPPPP项目中普遍采纳的施工合同类型。

然而尽管上述条款大多是对于项目公司权利的保障,但是项目公司仍然需要承担各种风险,如EPC合同(工程总承包合同)限制了项目公司干预或影响工程的能力,且EPC合同(工程总承包合同)规定不明确、管理不善是国际建筑项目纠纷频发的主要原因之一。⑤ 此外,贷方在评估项目的可融资性时,

---

① 如非因项目公司的缘故导致项目延迟,承包商需支付延迟违约金(Delay Liquidated Damages,简称"DLDs")。(Kieran Whyte,Damian McNair,EPC Contracts in the Renewable Energy Sector-South African REIPP Programme—Lessons Learned from phases 1 and 2,https://www.mondaq.com/austr-alia/construction-planning/,2020年3月25日访问。)

② 承包商需负责所有的设计、工程、采购、施工、(通常还有)调试和测试活动。因此,如果出现任何与工程质量、时间、成本相关的问题,项目公司都可寻求承包商解决问题并要求其提供赔偿。(Muhammed Durmus Ozkan,Liquidated Damages in EPC Contracts,*GSI Articletter*,Vol.11,2014,p.67.)

③ 项目公司一般拥有广泛的合同解除权(包括因涉嫌腐败致使PPA被终止时的EPC合同的解除权)——虽然EPC合同(工程总承包合同)包括了违约金和担保的条款,但是如承包商缺乏按时履行合同的能力或意愿,终止合同通常可能是最有效的补救措施。然而相对于项目公司的解除权,承包商的合同解除权往往非常有限——仅限于因不付款或长期中止、长期不可抗力而请求合同终止的权利,并将受到项目公司、贷款人和承包商之间的三方协议的进一步限制。(Kieran Whyte,Damian McNair,EPC Contracts in the Renewable Energy Sector-South African REI-PP Programme—Lessons Learned from phases 1 and 2,https://www.mondaq.com/australia/construction-pla-nning/,2020年3月25日访问。)

④ 项目公司一般拥有广泛的合同解除权(包括因涉嫌腐败致使PPA被终止时的EPC合同的解除权)——虽然EPC合同(工程总承包合同)包括了违约金和担保的条款,但是如承包商缺乏按时履行合同的能力或意愿,终止合同通常可能是最有效的补救措施。然而相对于项目公司的解除权,承包商的合同解除权往往非常有限——仅限于因不付款或长期中止、长期不可抗力而请求合同终止的权利,并将受到项目公司、贷款人和承包商之间的三方协议的进一步限制。(Kieran Whyte,Damian McNair,EPC Contracts in the Renewable Energy Sector-South African REI-PP Programme—Lessons Learned from phases 1 and 2,https://www.mondaq.com/australia/construction-pla-nning/,2020年3月25日访问。)

⑤ Angus N. McFadden,Gregory K. Smith,Issues and Solutions in International Construction Contracting,*Construction Lawyer*,Vol.36,2016,pp.7-15.

通常也会关注 EPC(工程总承包合同)公司的资质及能力,因而项目公司在谈判/签订 EPC 合同(工程总承包合同)的过程中同样面临着严峻的挑战,下文将对此展开详述。

(1)EPC 合同对项目公司权益的侵蚀

①为符合 REIPPPP 指标要求,EPC 公司报价过高而有损项目公司权益

对合规 EPC 公司考察的因素通常包括公司的声誉、经验(如聚光太阳能项目前几轮招标要求 EPC 公司至少有 2 个类似项目的经验,其中至少有 1 个类似规模、1 个同类型)[①]、专业技术,以及公司财务情况等。[②] 此外,鉴于 REIPPPP 项目的竞标要求,被选定的 EPC 公司同时也必须至少拥有 8%(目标是 20%)的黑人持股比例。

为满足这些要求,实践中有两种方案:一是选择符合要求的本地公司——此方案不仅有益于控制项目支出,且增加与本地组装公司或制造公司的相关成本有助于满足本地化比例的指标要求。然而鉴于南非没有一个成熟的可再生能源设备制造行业——尽管南非正在加快建设满足本地化比例的制造和/或装配公司,但是仍然数量有限。[③]

二是选择符合除"本地化"规则之外所有符合要求的国际承包商,让其按本地化规则调整公司结构,并在南非成立子公司,或者与一个/多个南非实体形成合资或联营公司。

欧洲公司拥有更为出色的风电技术,而中国作为全球领先的太阳能光伏制造商,在太阳能光伏组件供应方面发挥着主导作用(技术供应商的选定与EPC 公司密切相关),[④]故在 REIPPPP 项目中,上述选项二在实践中得到更多的运用。然而国际承包商往往不甚理解 REIPPPP 项目的本地化规则,也可能不明白这些规则对于项目的风险所在,且其通常会在合同中要求项目公司支付其为应对这些规则而进行额外工作的相应对价,即更高的报酬。此外,如

① Javier Relancio, Alberto Cuellar, Gregg Walker, Chris Ettmayr, South African CSP projects under the REIPPP Programme-Requirements, *Challenges and Opportunities*, AIP Publishing, 2016, p.3.

② Lucy Baker, Holle Linnea Wlokas, South Africa's Renewable Energy Procurement: A New Frontier, *Tyndall Working Paper*, 2014, p9.

③ Lucy Baker, Holle Linnea Wlokas, South Africa's Renewable Energy Procurement: A New Frontier, *Tyndall Working Paper*, 2014, p.25.

④ 成健、付方超、赵岩:《我国对南非光伏发电项目投资的风险分析》,载《对外经贸实务》2017 年第 8 期。

项目公司选择国际 EPC 公司,有时也需要考虑此举对践行"优先采购"指标承诺的消极影响——国际承包商往往缺乏在南非国内采购原材料、硬件等的相关经验,故其不得不进口这些产品和服务。与此同时,大型国际公司有时也会受到其内部规章的约束,为此其必须从国外吸收自己的技术人员和相应材料。①

一系列的因素造成了 EPC 合同(工程总承包合同)高额的合同价格,除了上述因竞标要求所导致的额外成本之外,风险分配也是重要的原因之一。因 EPC 合同(工程总承包合同)要求承包商在固定的期间内以(前期签合同时约定的)固定的合同价格完成工程,且贷款人倾向于由承包商等承担更多的风险(此部分将在后文详细说明),这促使承包商将处理意外事件的风险成本计入合同价格——该笔支出可占合同标的的 15% 或者更多,且无论意外事件最终发生与否,项目公司都不得撤回该笔资金。② 除此之外,风险分配本身同样也会导致市场的供需失衡,即能够并愿意订立 EPC 合同(工程总承包合同)的合规公司相对较少,由此也会造成合同价格相对较高。③

②项目公司对工程项目日常控制权的减损

EPC 合同(工程总承包合同)的特性所带来的另一个主要挑战将在施工出现障碍时变得更为明显。作为获得固定价格和固定完工日期的对价,项目公司将不得不放弃工程的部分日常控制权。故项目公司在施工过程出现问题时介入的能力有限,因项目公司干预得越多,承包商要求额外时间和费用的可能性就越大。④ 且即使在起草 EPC 合同(工程总承包合同)时明确给予项目公司干预的能力,实践中也会出现同样的问题。⑤ 因此在大多数情况下,项目公司将被动承担日常控制权减损的后果。但是,如项目公司确定参与施工过

---

① Lucy Baker, Holle Linnea Wlokas, South Africa's Renewable Energy Procurement: A New Frontier, *Tyndall Working Paper*, 2014, p.11.

② Patricia D. Galloway, The Art of Allocating Risk in an EPC Contract to Minimize Disputes, *Construction Lawyer*, Vol.38, 2018, p.29.

③ Kieran Whyte, Damian McNair, EPC Contracts in the Renewable Energy Sector-South African REIPP Programme—Lessons Learned from phases 1 and 2, https://www.mondaq.com/australia/construction-pl-anning/, 2020 年 3 月 25 日访问。

④ Patricia D. Galloway, The Art of Allocating Risk in an EPC Contract to Minimize Disp-utes, *Construction Lawyer*, Vol.38, 2018, p.28.

⑤ Kieran Whyte, Damian McNair, EPC Contracts in the Renewable Energy Sector-South African REIPP Programme—Lessons Learned from phases 1 and 2, https://www.mondaq.com/australia/construction-pl-a-nning/, 2020 年 3 月 25 日访问。

程,那么,工程承包商一旦发生违约或面临工程质量瑕疵的索赔时,其极易借口因项目公司参与而造成此等违约或质量瑕疵并由此要求免责。

（2）EPC 合同条款易使项目公司与承包商风险分配失衡

①EPC 合同中关键的通用型条款的法律风险

A.排他性救济和故障安全条款的让步将致项目公司丧失主动权

在拟定 EPC 合同(工程总承包合同)条款时,"排他性救济条款"（Exclusive Remedies ）与"故障安全条款"（Fail Safe Clauses)[①]往往极易引发项目公司与承包商之间相互博弈。前者指的是项目公司同意以 EPC 合同中明确列明的条款为其唯一的救济途径,由此承包商可以通过合同条款的文义解释大致明确其自身潜在负债的数额,从而遏制项目公司在索赔时对合同条款进行扩大性解释,或者以合同中未明确列明的途径寻求救济——例如合同中只约定了"排他性救济条款"与"延迟违约金条款",则一旦违约金条款失效,受限于"排他性救济条款",项目公司也将无权以合同中未约定的途径如"性能不佳"寻求救济。而"故障安全条款"旨在维护项目公司基本的索赔权,即在项目公司无权要求延迟违约金(基于任何原因使得延迟违约金条款无效时),尤其是在 EPC 合同(工程总承包合同)有"排他性救济"条款时,允许项目公司依法追回基本赔偿金。在上述只约定了"排他性救济条款"与"延迟违约金条款"的合同中,如项目公司与承包商约定了"故障安全条款",则即使"违约金"条款失效,项目公司仍可以依据"故障安全条款"获得基本的赔偿。

总之,"排他性救济条款"和"故障安全条款"于项目公司和承包商而言明显有各自的利益倾向,项目公司应尽可能在拟定相关条款时掌握主动权,以避免发生纠纷时因违约金等救济条款无效而丧失追偿权。

B.不可抗力条款的模糊规定将减轻承包商的责任

"不可抗力"条款几乎是所有 EPC 合同(工程总承包合同)都会具备的条款,但是当事双方往往因"不可抗力条款是法律上的必要规定,不影响我们在合同下的风险分配"等类似思路,[②]对于该条款没有予以充分的重视。通常只有当满足以下三个要素时,项目公司才可以援引"不可抗力"条款——不是由于合同当事人的过失或疏忽;当事各方无法合理预见;超出当事方的控制,且

---

① 类似我国法律体系中对于承包商违约责任的兜底性的损害赔偿条款。

② Kieran Whyte，Damian McNair，EPC Contracts in the Renewable Energy Sector-South African REIPP Programme—Lessons Learned from phases 1 and 2，https://www.mondaq.com/australia/construction-planning/，2020 年 3 月 25 日访问。

当事方尽其所能仍无法避免其后果。辨别某个事项是否属于"不可抗力"是"风险识别"的过程,此后项目公司应当考虑如何分配风险,即如何在合同中拟定该条款。① 常见的做法是将该条款分为定义及影响(即权利和义务)两部分。就"不可抗力"定义的列明,项目公司可以采纳概括式或列举式,定义的模糊性可能最终引发诉讼纠纷,从而丧失风险分配的主动权。但是需要注意的是,不可抗力的定义并非包罗万象才最合理,因 PPA 协议(电力购买协议)项下的"不可抗力"定义是一个排他性和相对限制性的定义,②此时项目公司应尽可能将 EPC 合同(工程总承包合同)中"不可抗力"事件的定义与 PPA 协议(电力购买协议)中的相应内容有效对接(因 PPA 协议项下不可抗力范围相对狭窄,实践中可能难以保持完全一致),以免出现赔偿责任的空白。总之,从项目公司的立场出发,尽量以列举的方式明晰"不可抗力"的内涵与外延是最安全的做法,但是实践中承包商从自身利益出发可能认为项目公司的上述做法过于谨慎,限制了其合理解释合同条款的权利——此"合理权利"指的是当工程施工期间发生合同中"不可抗力"条款未列明的事件,但其符合上述笔者所阐述的"不可抗力"的 3 个基本要素,承包商可以依据"不可抗力"的基本定义,主张该事件为"不可抗力"的权利。

故如项目公司因承包商的反对无法以"无穷"列举的方式明确"不可抗力事件"的类型,项目公司至少应当确保 EPC 合同(工程总承包合同)中"不可抗力"的外延不超过 PPA 协议(电力购买协议)中包含的"不可抗力事件"的范围。当项目公司无法根据 PPA(电力购买协议)中的"不可抗力条款"获得救济时,如 EPC 合同(工程总承包合同)与 PPA 协议(电力购买协议)就"不可抗力"约定的类型没有有效对接,则项目公司将一方面依据 EPC 合同(工程总承包合同)中"不可抗力"条款承担工程延期的风险,另一方面依据 PPA 协议(电力购买协议)中的"期限"条款承担违约风险。

此外,不可抗力条款应当包括,当不可抗力事件的发生对项目产生实质性影响时,当事双方各自的权利义务。一般而言,"不可抗力"条款需要明确事件

① Patricia D. Galloway,The Art of Allocating Risk in an EPC Contract to Minimize Disputes,*Construction Lawyer*,Vol.38,2018,pp.26-33.

② Kieran Whyte,Damian McNair,EPC Contracts in the Renewable Energy Sector-South African REIPP Programme—Lessons Learned from phases 1 and 2,https://www.mondaq.com/australia/construction-pl-anning/,2020 年 3 月 25 日访问。

发生时双方及时履行通知的义务和努力减轻不可抗力事件对工程的影响的义务。① 且项目公司也应在合同中申明不可抗力事件发生时,双方的合同解除权和请求付款的权利——鉴于 PPA(电力购买协议)没有规定不可抗力发生时合同的解除权,贷款人一般会要求 EPC 合同(工程总承包合同)中也不规定解除权(长期不可抗力除外),而大多数 EPC 合同(工程总承包合同)仅仅会在此类情形下赋予承包商延长合理期间的权利。② 笔者认为"不可抗力事件"虽不可归因于当事双方,但是不可抗力事件的风险分摊一直是实践中易于引发纠纷的难点。项目公司在拟定该条款时慎重检查其适用性是有必要的,尤其是处于当前多事多变的全球环境中。

C.简易的合同争议解决条款将为项目公司埋下隐患

中国的海外能源投资实际上存在如下四种争端类型:中国与东道国之间的能源争议、中国投资者与东道国之间的能源争议、③中国投资者与他国投资者之间的能源争议,以及东道国居民与中国投资者之间的能源争议。EPC 合同(工程总承包合同)所涉及的合同争议解决条款主要针对的是中国投资者与他国投资者之间的能源争议,此类争议一般被归类为国际商事争端。④ 合同双方当事人往往可以在 EPC 合同(工程总承包合同)中拟定争议解决条款以明确国际商事争端发生时的解决途径,无疑项目公司在合同争议解决条款中同时明确合同准据法和争议解决方式是最周全的做法,但是事实上因南非民

---

① FIDIC-Conditions of Contract for EPC-Turnkey Projects(《FIDIC 银皮书 1999》),http://www.khabexport.com/upload/Files/fidic-silver-book.pdf,2020 年 7 月 23 日访问。

② Kieran Whyte,Damian McNair,EPC Contracts in the Renewable Energy Sector-South African REIPP Programme—Lessons Learned from phases 1 and 2,https://www.mondaq.com/australia/construction-planning/,2020 年 3 月 25 日访问。

③ 东道国对中国投资者在其国内投资时设立的准入条件进行变更或者对中国投资实行征收或者国有化时,常常会发生中国投资者与东道国之间的能源争议。此时投资者可借助东道国国内的救济途径;利用双边协定——如《中华人民共和国政府和南非共和国政府关于相互鼓励和保护投资协定》《中国与南非关于对所得避免双重征税和防止偷漏税的协定》;通过 ICSID、MIGA 等国际机构(须关注南非的《投资保护法案》对投资者诉诸国际机构的约束);运用中国出口信用保险等途径解决能源争议。(李英、罗维昱:《中国对外能源投资争议解决研究》,知识产权出版社 2016 年版,第 34~193 页;梁咏:《中国海外能源投资法律保障与风险防范》,法律出版社 2017 年版,第 66~116 页。)

④ 李英、罗维昱:《中国对外能源投资争议解决研究》,知识产权出版社 2016 年版,第 28~29 页。

事诉讼及民商事仲裁的制度和系统较为复杂,[1]且合同当事人在选择准据法与争议解决方式时有较大的灵活性,故实践中存在因项目公司与承包商不了解南非的争议解决法规及相关制度、不了解对方主体所属国家的争议解决法规及相关制度(如承包商为国际主体时),而不得不选择简化合同争议条款,或者使用所有工程项目通用的合同争议条款的现象,由此将可能扩大项目公司的风险敞口——以司法体制为例,事实上无论在南非或中国,都存在着法院承办人员办案水平参差不齐、地方保护主义、异地解决争议成本高等客观阻碍因素,项目公司在 EPC 合同中尽量明确争议解决方式、管辖机构、准据法等可以部分消弭上述阻碍因素的负面影响。追根究底,项目公司只有在合同中细化合同争议解决条款,才有可能在实际发生争议时掌握主动权,而不至于因不熟悉法律、地方保护主义等因素处于被动的地位。当然,笔者在此确有放大司法体制内的负面因素之嫌,但是本文的立意在于"风险预警",因此笔者也应尽其所能剖析所有可能发生的法律风险。

除了选择司法救济途径之外,项目公司也可以选择诉讼外纠纷解决机制。事实上常见的合同争议解决方式包括诉讼和仲裁,而以仲裁作为投资争议解决办法已经是国际投资领域的主流。[2] 总而言之,笔者认为项目公司可以通过选择更优化的争议解决方式、重视并完善争议解决条款等事前手段,尽可能避免陷入无穷无尽的纠纷中,对此笔者将在第四章风险防范章节加以详述。

②EPC 合同中可再生能源项目相关条款对项目公司的法律风险

A.承包商和运营商是同一/关联实体时,存在潜在操纵风险

如承包商与运维协议下的运营商是同一实体或最终由同一母公司控制的关联实体,即使承包商和运营商辩称两份合同完全由不同的人员执行,项目公

---

① 就南非的争议解决法律制度而言,其诉讼法律体系和争议解决法律制度属于典型的英美法系的法律制度,而且其民事诉讼和民商事仲裁制度与我国相关制度存在较大差异,如南非的法院包括普通法院和专门法院两套系统。前者由最高上诉法院、高等法院、地区法院和区域法院以及小额诉讼法院(只有初审管辖权)组成;后者则包括相当于高等法院地位的劳动法院、土地索偿法院、特别收入税务法院等,以及相当于地方法院地位的少年法庭、酋长法院等。(系列丛书编委会:《一带一路沿线国家法律风险防范指引》,经济科学出版社 2017 年版,第 415 页。)

② 李英、罗维昱:《中国对外能源投资争议解决研究》,知识产权出版社 2016 年版,第176 页。

司也不能忽略同一公司集团潜在操纵的风险。① 例如承包商在商业运营方面出现延迟时,承包商与运营商的母公司将延迟责任"变更"为运营商未能及时培训员工的责任,则基于运营协议较低的合同价值,承包商将大幅化解陷入高额延迟违约金的困境,对项目公司极为不利。

B.EPC 合同中不周全的性能保证条款将无益于控制风险

因 REIPPPP 项目的技术要求很高,EPC 合同(工程总承包合同)也需要涉及多种类型的性能保证条款。如:特殊部件缺陷责任的保修义务——EPC承包商需要求相关制造商在部件保修期内向项目公司提供抵押担保,并承担保期内特殊部件的缺陷责任;如:成批零件缺陷义务的责任承担——EPC 承包商根据合同要求,有时需要提供大量的同一设备(如光伏模块),此时项目公司不能忽略"连续性缺陷"的可能性,即在成批零件中发现一系列通常由相同原因造成的重复性故障;再如:关键设备独立认证义务的责任承担——关键设备的独立认证指的是通过提供项目设计证书或独立认证机构的合格声明,以确保承包商设计的关键设备符合行业标准,并将满足所需的设计参数。如风力涡轮机的认证需要独立第三方认证机构进行特定的类型认证,并展开如下完整的评估过程:从设计评估到设备调试、现场评估和定期监控。②

除此之外,就分批完成的组件的缺陷责任期限问题,如不在合同订立阶段明确双方权利义务,对责任期限没有承诺和保证,也易引发旷日持久的纠纷。某些类型的可再生能源设备,例如风电场的风力涡轮发电机以及 PV 太阳能(太阳能光伏项目)发电厂的太阳能电池阵列,可由项目公司在完成所需测试后接管每个单独组件,但需要注意的是只有在相关工厂通过了整个工厂商业运营所需的所有测试后,而非单个组件的测试,才应确认承包商履行了性能保证义务。而分批接管组件将触发缺陷责任期限的争议,因如接管的第一个组件与最后一个组件之间间隔太长时间,由此可能导致第一个组件的缺陷责任期比最后一个结束得更早。实践中项目公司与承包商仍未就该类问题的责任

① Lucy Baker, Holle Linnea Wlokas, South Africa's Renewable Energy Procure-ment: A New Frontier, *Tyndall Working Paper*, 2014, p.7.

② Kieran Whyte, Damian McNair, EPC Contracts in the Renewable Energy Sector-South African REIPP Programme—Lessons Learned from phases 1 and 2, https://www.mondaq.com/australia/construction-planning/,2020 年 3 月 25 日访问。

形成统一的定论。①

C.EPC 合同与 PPA 协议条款不一致易引发争议

为了限制责任方面的差距,并确保将 PPA(电力购买协议)中的风险尽可能转移给承包商,项目公司需确保用于 REIPPPP 项目的 EPC 合同(工程总承包合同)与其他相关协议保持一致性。

为此项目公司必须考虑的问题包括但不限于:第一,EPC 合同(工程总承包合同)规定的工程移交日期是否与 PPA 协议(电力购买协议)规定的商业运营期间保持一致——时间的正确对接有益于避免延误和中断,以免影响设备的商业运作。第二,承包商依据 EPC 合同(工程总承包合同)必须完成的所有测试是否均需要以某一特定版本的国际标准或指南为准则——与此问题相关的隐患是,EPC 合同(工程总承包合同)往往反映了合同签订时的现有标准,而项目实际施工日期可能发生在若干年之后,因此如涉及的技术准则有所更改,则可能出现不匹配的情况。故项目公司必须考虑适当的机制,以处理施工时的法律与承包商先前商定的义务之间潜在的不匹配性,并确保相关规定在 EPC 合同(工程总承包合同)和 PPA 协议(电力购买协议)中保持统一。第三,EPC 合同(工程总承包合同)中规定的除外责任是否与 PPA 协议(电力购买协议)相关内容保持一致——PPA 协议(电力购买协议)规定,双方均不对因另一方的作为或不作为而遭受的任何损失②向另一方承担责任。在某些情况下,承包人可能会寻求比 PPA 协议(电力购买协议)中更广泛的排除特殊或间接损失的办法。为最大限度地减少责任缺口的风险,项目公司应确保提供的任何除外责任与 PPA 协议(电力购买协议)下提供的除外责任相一致。此外,如上文关于赔偿责任上限所述,《REIPPPP 计划》规定的广泛排除间接损失的典型例外包括:由于承包商违反 EPC 合同(工程总承包合同)而直接造成项目公司(在其他项目协议中)违约从而产生的赔偿责任;故意的不当行为;迟延违约金;履约违约金;收回保险收益;违反 EPC 合同(工程总承包合同)的

① Kieran Whyte,Damian McNair,EPC Contracts in the Renewable Energy Sector-South African REIPP Programme—Lessons Learned from phases 1 and 2,https://www.mondaq.com/australia/construction-planning/,2020 年 3 月 25 日访问。

② 此处"损失"泛指不构成直接损失的任何损失或损害,包括非直接损失(indirect losses)、间接损失(conesquential losses)或特别损失(special losses),以及因此增加的间接费用。(Kieran Whyte,Damian McNair,EPC Contracts in the Renewable Energy Sector-South African REIPP Programme—Lessons Learned from phases 1 and 2,https://www.mondaq.com/australia/construction-planning/,2020 年 3 月 25 日访问。)

保密规定；违反就知识产权提供的任何保证等。[1] 第四，承包商是否直接承继项目公司的经济发展义务与场地风险——为避免责任方面出现任何分歧，项目公司应设法确保在 EPC 合同（工程总承包合同）规定的范围内将其承诺的经济发展义务、土地租赁条件等转移承包商。除此之外，例如承包商针对不可抗力、不可预见行为、系统事件、赔偿事件等[2]的救济条件和额度是否与项目公司依据 PPA 协议（电力购买协议）所享有的权利相一致，同样也需要项目公司字斟句酌地去核对。

D.EPC 合同未履行南非环境发展义务而产生的风险

在 EPC 合同（工程总承包合同）中必须明确规定有关工厂建设和运营的环境问题的责任，因可再生能源项目对环境也有一系列影响，例如水利设施建设可能造成当地生态系统的变化——这些变化会导致鱼类、野生动植物和河岸植被的栖息地受到干扰；而垃圾填埋气可能对人类健康构成危险，因此项目公司及承包商必须对工厂设施进行适当的选址和设计，以最大程度地减少此类风险。此外，单就项目公司而言，其对南非环境发展的义务受制于在竞标阶段所承诺的环境标准——项目公司需要在竞标阶段获得南非环境事务部（Department of Environmental Affairs）签署的符合环境标准的书面文件，同时也需获得水务部（Department of Water Affairs）的用水授权，且以上两个部门将通过环境影响评估确保可再生能源的各个过程都遵守环境保护法规。[3]

在南非，环境权早在 1996 年就已正式入宪——南非于宪法中规定了每个

---

① Kieran Whyte，Damian McNair，EPC Contracts in the Renewable Energy Sector-South African REIPP Programme—Lessons Learned from phases 1 and 2，https://www.mondaq.com/australia/construction-plannin-g/，2020 年 3 月 25 日访问。

② PPA 协议第 17 条中的"不可预见的行为"一词在广义上等同于法律风险的变化，但实践运用范围通常比预期定义窄，例如，对项目无歧视的法律或税收变化不属于"不可预见的行为"；PPA 协议第 15 条将"赔偿事件"定义为包括买方重大违反义务的行为；PPA 协议第 14 条规定，卖方将有权针对"系统事件"获得救济，"系统事件"定义为设施连接到电网的延迟和电网的不可用，但因任何自然力量或事件造成的除外。（Kieran Whyte，Damian McNair，EPC Contracts in the Renewable Energy Sector-South African REIPP-Programme—Lessons Learned from phases 1 and 2，https://www.mondaq.com/australia/construction-planning/，2020 年 3 月 25 日访问。）

③ Gaylor Montmasson，Clair Katlego Moilwa，Georgina Ryan，Regulatory Entities Capacity Building Project Review of Regulators Orientation and Performance：Review of Regulation in Renewable Energy，Centre for Competition，Regulation and Economic Development，2014，pp.31-34.

公民均享有无害于其健康或者幸福的环境权,也为公民环境权构建了直接可诉的救济机制,与此同时国家也有相应的环境保护责任。故相对于我国,南非的环境法体系更为完善。[①] 对此中企如赴南非投资,应对其中的差异有所了解,而不应对环境发展的义务产生侥幸心理。概括而言,对于《REIPPPP 计划》的项目公司而言,与环境发展义务直接相关的风险在于竞标阶段时所承诺的环境义务,换言之,项目公司如能协同承办商切实履行上述义务,则可有效规避此类风险。

③可再生能源 EPC 合同中的关键履约条款的法律风险

A.起草违约金条款的陷阱

最常见的违约金是延迟违约金(DLDs)和履约违约金(PLDs),[②]鉴于工程的按时竣工对于项目成功的重大影响,几乎任一建筑合同都会规定相应的延迟违约金条款,而在 EPC 合同(工程总承包合同)中也无例外,但大多数类型的工程合同并不强行要求履约违约金,故如对于工程质量较为关注,项目公司应在拟定 EPC 合同(工程总承包合同)时明确区分以上两类违约金条款(后文将分析具体原因)。且需要注意的是,当 EPC 合同(工程总承包合同)囊括排他性救济条款时,如违约金条款失效,那项目公司将失去依据合同向承包商索赔的权利。故于项目公司而言,在起草违约金条款时需要警惕多种可能导致违约金失效的情形,以确保承包商无法以此为由避免支付违约金。对此笔者将在风险防范章节拓展分析南非法律中常见的易使违约金条款失效的情形。

B.履约保证条款内容的权衡

在 EPC 合同(工程总承包合同)中,项目公司可要求承包商提供多种担保以确保其免受承包商不遵守合同的风险,履约保证(Performance Guarantee)是其中最常见的形式。[③] 传统上,银行等金融机构需要提供相当于合同金额10%的担保额,而近年来也有项目公司直接采纳 JBCC(Joint Building Contracts Connittee)标准合同中的固定(Fixed Guarantee)/可变(Variable Guar-

---

① M Barnard,The Role of International Sustainable Development Law Principles in Enabling Effective Renewable Energy Policy- A South African Perspective,*Potchefstroom Electronic Law Journal*,Vol.15,2012,pp.207-243.

② Muhammed Durmus Ozkan,Liquidated Damages in EPC Contracts,GSI Articletter,Vol.11,2014,p.68.

③ GM Financial Services,Construction Guarantees,https://www.gmfs.co.za/,2020 年 7 月 21 日访问。

antee)担保①格式的。②

　　项目公司期冀依靠履约保证条款与履约违约金条款所实现的目的在事实上有一定的重合性,即工程的性能保证。而承包商的性能保证与其所能提供的性能测试分不开。故项目公司在拟定履约保证条款时,也需要同时明确性能测试的内容。REIPPPP 项目的性能测试一般包括以下常见的三种类型:功能测试(Functional tests)——测试设施关键部分的功能,不达标将无法进入下一阶段的工程;保证测试(Guarantee tests)——测试设施是否满足合同规定的性能标准,设施的性能测试内容往往因项目而异,未达标时承包商需支付履约保证金。如合同规定了最低性能保证,在设施未能满足时,项目公司有权终止合同,并且有时其可要求承包商偿还已付款项,并将场地恢复至原始状态。此外,EPC 合同(工程总承包合同)中也可以囊括与绩效保证有关的测试,如因承包商未达到相关要求而使设施产生的电力无法销售,则其需要支付履约保证金(合同中未包含"履约违约金"条款时项目公司可以单独索赔"履约保证金";如在合同中同时明确了"履约违约金"条款,项目公司也可分别索偿违约金与保证金,当然两者的数额需以实际损失为限)。此时项目公司需要仔细斟酌履约保证金的数额,因项目公司将在电力无法销售时依靠履约保证金来偿还债务。技术问题(Technical issues)——通常无法在主体设计完成之前完全确定测试程序的范围,故 EPC 合同(工程总承包合同)中最好附带一份明确测试方案的测试指南。③

　　除此之外,项目公司还需要权衡一些与性能保证相关的事项,包括但不限于:如性能测试的时间——如项目公司选择在设施移交之后进行性能测试,则意味着承包商将不再在性能测试期间受延迟违约金(DLDs)条款的约束;再

---

　　① JBCC 的担保有可变(以担保的天数为自变量)和固定担保两种形式,主要是担保数额的差异。(Guarantee for Constrution, http://www. jbcc. co. za/docs/6-2% 20Construction%20Guarantee.pdf,2020 年 7 月 21 日访问。)

　　② 南非工程的承包合同有四种标准化的格式:FIDIC 1999、General Conditions of Contract for ConstructionWorks (GCC 2004)、The Joint Building Contracts Committee (JBCC series 2000)、New Engineering Cont-ract (NEC now referred to as the "Engineering and Construction Contract",ECC)。以上四种合同类型均有不同的适用范围,内容条款也有较大的差异,项目开发商需斟酌适用。(JBCC, JBCC Support Do-cume-ntation, https://jbcc.co.za/documents/jbcc-support/,2020 年 7 月 21 日访问。)

　　③ Kieran Whyte, Damian McNair, EPC Contracts in the Renewable Energy Sector-South African REIPP Programme—Lessons Learned from phases 1 and 2,https://www. mondaq.com/australia/construction-planning/,2020 年 3 月 25 日访问。

如,重新测试的机会——项目公司需要决定在承包商首次未达到性能标准时是否赋予其弥补的机会,而非直接支付履约保证金。相比后者,大多数承包商更愿意花费时间来修改设施,故如项目公司拒绝授予此类机会,承包商将可能因支付履约保证金的可能性增加而大幅提升合同的金额。

对此,笔者建议项目公司同意重新测试,因如项目公司在此前选择了在设施移交前测试,那此时项目公司将受到违约金条款和履约保证条款的双重保护。除此之外,虽由承包商承担重新测试的费用是合理的,但明确的责任条款可减少纠纷发生的可能性;长期性能保证的条款——如项目公司希望承包商提供较长时间的性能保证,即由承包商承担自移交至缺陷责任期限届满的性能保证义务,则项目公司需要在履约保证条款中明确承包商长期性能保证的义务,但作为对价,承包商通常会要求额外的费用,对此项目公司应予以权衡。①

C.共同延误条款规则的审视

"共同延误"问题其实是从延期条款(Extension of Time Clause)衍生出来的,即如果不止一个事件造成延误,且这些事件中至少有一个是承包商无权根据延期条款(Extension of Time Clause)获得延期的延误原因,则承包商是否可以合理推延由项目公司造成延迟的工期。② 例如,项目公司通常有义务在承包商准备调试设施前,为其提供一条可与设施连接的输电线路。然而因输电线路的建造价格颇为昂贵,项目公司往往更希望在临近调试日期再支付该笔费用。此时如因承包商的原因造成调试日期延迟,项目公司自然也会推迟支付时间,由此将造成项目公司和承包商延迟原因的重叠,③如果在 EPC 合同(工程总承包合同)中未明确"共同延误"条款,承包商将以

---

① Kieran Whyte, Damian McNair, EPC Contracts in the Renewable Energy Sector-South African REIPP Programme—Lessons Learned from phases 1 and 2, https://www.mondaq.com/australia/construction-planning/, 2020 年 3 月 25 日访问。

② 狭义的共同延误指的是项目开发商与承包商造成的延误事件同时发生和结束并产生同等延误效应,实践中较为罕见,因此业界往往采用广义的定义,即二者造成的延误事件不必严格要求同时发生或结束,也不需要具有同等延误效应,但所造成的延误需要在某个时段内重合。(何维:《国际工程索赔中共同延误的处理方法和实践》,载《华北水利水电学院学报(社科版)》2013 年第 6 期。)

③ Kieran Whyte, Damian McNair, EPC Contracts in the Renewable Energy Sector-South African REIPP Programme—Lessons Learned from phases 1 and 2, https://www.mondaq.com/australia/construction-planning/, 2020 年 3 月 25 日访问。

项目公司的不作为顺水推舟地延迟调试期。实践中一般少有 EPC 合同(工程总承包合同)会特别申明此类问题的解决思路,因此在纠纷发生时,项目公司与承包商往往各执己见。笔者将在后文对"共同延误"问题的解决思路展开剖析。

3.与融资协议谈判/签订相关的法律风险分析

在 REIPPPP 项目中,一般由多个实体共同开发一个项目,而共同的项目发起人会创建一个在法律上独立的特殊目的公司(SPV,即"项目公司",SPV 中有代表性的公司称为项目所有人/项目开发商),其需要以合法方式筹集公司资本,但最终的法律结构往往因项目而异。[①] 可再生能源项目公司的资本中债务融资来源[②]与权益融资来源[③]比例一般为 70:30,而在南非,项目公司的资本结构可能高达 80:20(图 1-4)——因贷款人以固定的贷款条件提供融资,其所承担的风险较股权投资者更小,故对于项目融资而言,债务融资的融资成本一般而言低于权益融资的融资成本,[④]但是在 REIPPPP 项目中,负债的平均成本较高(这取决于项目的特性,将在下文详述),且基于银行监管规则(如《巴塞尔协议》Ⅲ)的规定,银行将在贷款业务中承担更大的风险,为转嫁风险,银行贷款的融资成本也将有所提高,这意味着即使在项目公司的资本结构中债务融资的资本所占权重较高,可能也无益于大幅降低项目的整体融资成本。此外,项目公司将不仅仅基于融资成本和风险的考量来构建融资方案,也要应对本地化比例的特殊要求,故项目公司在构建融资方案时的潜在风险可能是无法预估的,笔者将于下文对此进行阐述。

---

① Holle Wlokas, *A Review of the Local Community Development Requirements in South Africa's Renewable Energy Procurement Programm*, World Wide Fund for Nature South Africa (WWF-SA), 2015, p.35.

② 债务融资是指通过银行或非银行金融机构贷款或发行债券等方式融入资金。包括长短期银行借款、发行金融债券、综合授信管理工作、信用证等其他中间金融业务、保函等方式。(MBA 智库.百科,https://wiki.mbalib.com/wiki/％E5％80％BA％E5％8A％A1％E8％9E％8D％E8％B5％84,2021 年 2 月 28 日访问。)

③ 权益融资是指向其他投资者出售公司所有权,即用所有者的权益来交换资金。(MBA 智库.百科,https://wiki.mbalib.com/wiki/％E6％9D％83％E7％9B％8A％E8％9E％8D％E8％B5％84,2021 年 2 月 28 日访问。)

④ Lucy Baker, Holle Linnea Wlokas, South Africa's Renewable Energy Procurement: A New Frontier, *Tyndall Working Paper*, 2014, p.12.

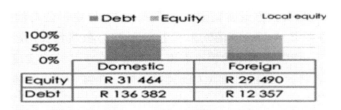

图 1-4 REIPPPP 项目总成本中债务资本/权益资本比例

来源:IPP Office,Independent Power Producers Procurement Programme(REIPPPP):
An Overview,(2020.9)

除此之外,在能源领域,项目公司往往采纳项目融资模式[①]建设中标项目,且由贷款方(金融机构或财团)为中标的能源项目提供长期、密集的融资服务[②]——在项目融资模式中,因项目公司与贷款方约定后者只对项目所产生的现金流量享有追偿请求权,故贷款方通常对项目公司的股东(即发起人)不享有追索权[③]或仅有有限的追索权[④],这也是发起人愿意采纳项目融资贷款的原因之一。反之,对于贷款方而言,相对于传统贷款,在国际项目融资贷款中,其更为关注项目公司自身的还款能力,因项目公司的未来现金流[⑤]将是主要

---

① "项目融资(Project Financing)"是指贷款人向特定的工程项目提供贷款协议融资,对于该项目所产生的现金流量享有偿债请求权,并以该项目资产作为附属担保的融资类型。(MBA 智库.百科,https://wiki.mbali-b.com/wiki/,2020 年 8 月 19 日访问。)

② Lucy Baker,Holle Linnea Wlokas,South Africa's Renewable Energy Procurement:A New Frontier,*Tyndall Working Paper*,2014,p.12.

③ 完全无追索权的项目指的是贷款方对项目公司的股东、发起人没有追索权,即发起人就项目贷款对贷款方不提供任何形式的担保,贷款方只能找项目公司还款。(唐应茂:《国际金融法:跨境融资和法律规制》,北京大学出版社 2015 年版,第 117 页。)

④ 在国际项目融资贷款中,股东、发起人偿还贷款的情况也存在,一种常见的情况是项目建设完成之前,项目公司还没有开始运营、无法获得现金流,银行要求股东、发起人提供完工担保……此外,在项目建成运营后,项目公司经营产生的现金流不足,少于贷款时预期的金额,无法偿还部分或全部银行贷款,那么贷款银行在签署贷款协议时,可能会要求股东、发起人签署还款协议,要求他们在这种情况出现时代替项目公司还款。(唐应茂:《国际金融法:跨境融资和法律规制》,北京大学出版社 2015 年版,第 117~118 页。)

⑤ 在 REIPPPP 项目中,产品是电力,项目公司的收入主要依赖销售电力,而中标者将与 Eskom(南非的能源半国营企业)签订一项长达 20 年的电力购买协议(Power Purchase Agreement,以下简称 PPA),以向 Eskom 的电网出售电力。故在正常情况下,REIPPPP 项目的未来现金流是较为稳定的。

的还款来源。① 故贷款方通常需要考虑多种因素,如项目公司的产品是否有长期和稳定的买家、项目公司的未来现金流是否稳定、项目公司运营成本能否得以控制等——贷款方对此的慎重态度追根究底在于其希望实现自身风险的最小化,故笔者将此归纳为"贷款人的风险偏好",并将于下文细述其对于项目公司的影响。②

(1)股权协议及贷款合同与构建融资方案相关的法律风险

国际项目所需资金量一般较大,发起人在投入自有资金之后,再从商业贷款、多边贷款机构、进出口机构等多个渠道获得贷款或者也可通过发行股票或者债券筹集项目所需资本。项目发起人如何构建融资方案,具体而言指的是其如何决策债务融资和权益融资的融资比例,如何确定具体的融资方式、贷款对象,以及如何设置合适的股权结构以使项目满足本地化比例的要求等。这主要取决于发起人对外部资金来源的偏好,以及贷款银行或贷款机构的资金利率成本、政治性或非商业性条件的约束程度等多种因素。③ 因 REIPPPP 项目的平均资本结构已反映在图 6 中,此数据具备一定的代表性,且笔者认为各项目的情况存在诸多差异,故难以分析出普适性的资本结构,故下文将不再探讨如何决策债务融资和权益融资的融资比例问题。

①《巴塞尔协议》Ⅲ 触发股权协议中银行贷款融资困境

南非于 2009 年成为巴塞尔委员会的成员,其国内的银行法规均符合《巴塞尔协议》Ⅱ、《巴塞尔协议》2.5 和《巴塞尔协议》Ⅲ 的标准。④ 最新的《巴塞尔协议》Ⅲ 是为应对全球金融危机显现出的银行和金融监管方面的缺陷而颁布的以增强银行潜在风险管理能力的文件,其对基础设施项目的融资产生了较

---

① 唐应茂:《国际金融法:跨境融资和法律规制》,北京大学出版社 2015 年版,第117 页。

② Patrick Mabuza, Zaakirah Ismail, Kaveshin Pillay, Siyavuya Xolo, Financing Infrastructure Development within a Regulated Environment: Challenges for Regulators, https://www.researchgate.net/publication/333911763_Infrastructure_development_within_a_regulated_environment_Concerns_for_regulators,2021 年 4 月 4 日访问。

③ 唐应茂:《国际金融法:跨境融资和法律规制》,北京大学出版社 2015 年版,第130~131 页。

④ Lionel Shawe and Anthony Colegrave, Allen & Overy (South Africa) LLP, Banking regulation in South Africa: Overview, https://uk.practicallaw.thomsonreuters.com/w-007-6934? contextData=(sc.Default)&transitionType=Default&firstPage=true,2021 年 4 月 5 日访问。

大的影响,于 REIPPPP 项目也无例外。[1] 传统上,基础设施项目的融资较为依赖本国的银行,但由于《巴塞尔协议》Ⅲ 的规定对银行的长期融资业务增加了难度,如银行资本要求、最高杠杆比率[2]、流动性比率等——这些变化将要求银行提高所持资本的质量和数量,特别是普通股资本,增加其流动资产的持有量,并延长其对较长期资产基础的融资要求,[3]因而 REIPPPP 项目公司相较以前更难得到金融机构的长期贷款,或者不得不以较高的贷款利率获得金融机构的长期贷款,故项目公司将不得不考虑其他的融资方式。[4]

具体而言,《巴塞尔协议》Ⅲ 设置了银行资本的新要求——一家银行的最低资本在任何时候都需要维持在 8%(2019 年版),[5]此外其还设置了 2.5% 的资本留存缓冲要求(Capital Conservation Buffer),和在信贷过度增长时附加的 0%~2.5% 的逆周期资本缓冲(Countercyclical Buffer)。由此意味着银行的最低资本要求在理论上可能高达 13%(包括 8% 的基本资本要求,2.5% 的资本留存缓冲和 2.5% 的逆周期缓冲),[6]而最低资本要求的提高可能使得银

①　Deloittesa,The Implications of Basel Ⅲ for Infrastructure Funding,http://www.deloitteblog.co.za/the-implications-of-basel-iii-for-infrastructure-funding,2020 年 3 月 21 日访问。

②　最高杠杆比率是指借入的债务与所有者权益的比率,《巴塞尔协议》Ⅲ 规定了一家银行的一级资本必须至少等于其未加权资产总额(包括资产负债表内外的所有项目资产减去无形资产的总和)的 3%。(Ba-sel Framework,https://www.b-is.org/basel_framework/chapter/RBC/,2021 年 4 月 5 日访问。)

③　Deloittesa,Basel Ⅲ and Its Impact on BEE Transactions Typical funding Options for BEE Transactions,https://www2.deloitte.com/content/dam/Deloitte/za/Documents/audit/ZA_Basel Ⅲ AndItsImpactOnBEETransactions_17042014.pdf,2021 年 4 月 6 日访问。

④　Deloittesa,The Implications of Basel Ⅲ for Infrastructure Funding,http://www.deloitteblog.co.za/theimplications-of-basel-iii-for-infrastructure-funding,2020 年 3 月 21 日访问。

⑤　其中至少 75% 由 1 级资本组成(普通股及盈余、留存收益、其他综合收益等构成 1 级资本中的 75%,其他的持续经营资本构成剩余的 25%)、25% 由 2 级资本(类似债务性质的资产)组成。相比较之前的版本,《巴塞尔协议》Ⅲ 中的总体监管资本要求保持 8% 不变,但最低一级资本比例从 4% 提高到 6%,且一级资本中的普通股、盈余和留存收益比例要求从 4% 提高到 4.5%。(Basel Framework,https://www.bis.org/basel_framework/chapter/RBC/,2020 年 7 月 14 日访问。)

⑥　Sarah Padgett,The Negative Impact of Basel Ⅲ on Small Business Financing,*Ohio State Entrepreneurial Business Law Journal*,Vol.8,No.1,2013,pp.185-186.

行在为基础项目提供融资贷款时承担更高的成本,且最终也将转嫁至项目的融资成本中。①

此外,《巴塞尔协议》Ⅲ 也更新了银行资本流动性的最低标准——其中流动性覆盖率(Liquidity Coverage Ratio,以下简称 LCR)要求银行保留等于或大于未来 30 天内净现金流出总额的高质量流动资产,旨在提高对短期流动性中断的潜在恢复能力;净稳定资金比率(Net Stable Funding Ratio,以下简称 NSFR)是《巴塞尔协议》Ⅲ 的另一个机制,旨在确保银行有足够(一年)的长期流动资金,其要求可用的稳定资金必须至少等于所需资金的 100%。为满足上述标准,银行将不得不管理其风险敞口,由此其很难以有竞争力的市场利率为长期项目提供资金,②直接影响之一是银行逐渐不愿意为基础设施项目提供长期贷款,因此项目的贷款方案可能受此影响有所改变,如银行只为项目建设期间提供短期贷款,待项目进入调试/运营阶段后,则由项目公司进行再融资。③ 事实上,基于银行贷款融资条件严苛,即使 REIPPPP 项目(因竞争激烈)后几轮的利润明显低于前几轮,在后几轮中仍然有越来越多的公司融资模式④取代了原本主要的项目贷款融资模式。⑤

但是值得一提的是,目前南非受《巴塞尔协议》Ⅲ 的冲击并不大,其一是因南非国内的金融市场较其他非洲国家更为完善,其国内银行的资本要求已经超过协议所要求的水平,而且南非银行的杠杆率更为保守,⑥故虽 2020 年 8

---

① Tianze Ma, Basel Ⅲ and the Future of Project Finance Funding, *Michigan Business &Entrepreneurial Law Review*, Vol.6,2016, pp.118-119.

② Jitendra Sharma, José A. Baráybar, South Africa: Basel Ⅲ: Issues and Implications, https://www. mondaq. com/southafrica/Finance-and-Banking/265478/Basel-Ⅲ-Issues-And-Implications,2020 年 3 月 30 日访问。

③ Tianze Ma, Basel Ⅲ and the Future of Project Finance Funding, *Michigan Business &Entrepreneurial Law Review*, Vol.6,2016, pp.118-119.

④ 公司融资是指由现有企业筹集资金并完成项目的投资建设,企业作为借款人,可将企业的现金流量和资产均用于偿还债务、提供担保,是与"项目融资"(以项目公司作为还款对象)相对应的概念。(MBA 智库.百科,https://wiki.mbalib.com/wiki/%E5%85%AC%E5%8F%B8%E8%9E%8D%E8%B5%84,2021 年 1 月 10 日访问。)

⑤ A. Lawrence, Energy Decentralization in South Africa: Why Past Failure Points to Future Success, *Renewable and Sustainable Energy Reviews*, 2020, p.6.

⑥ Lionel Shawe and Anthony Colegrave, Allen & Overy (South Africa) LLP, Banking Regulation in South Africa: Overview, https://uk.practicallaw.thomsonreuters.com/w, 2020 年 7 月 14 日访问。

月公布的政府指令《D4／2020：基于巴塞尔协议Ⅲ框架的南非资本框架》①表明南非政府正在逐步推进落实《巴塞尔协议》Ⅲ的规定，但改革力度较为温和。然而需要注意的是，根据拟议的《银行业条例修正案》第38(9)(a)条的规定，"考虑到国内系统重要银行(Domestic Systemically Important Bank (D-SIB) Capital Requirement)的高损耗吸收率(the higher loss absorbency requirement)要求、资本留存缓冲和逆周期缓冲要求，南非银行的最低资本充足率应为10%，其中一级资本②的比例为8%，一级资本中普通股等核心一级资本③的比例为6.5%"，未来南非政府仍致力于维持其国内高于《巴塞尔协议》Ⅲ的资本要求。其二因《巴塞尔协议》Ⅲ是分阶段推行的计划，且因突发的新冠疫情加剧了对银行业的冲击，原本拟定的《巴塞尔协议》Ⅲ（2017年12月）的实施日期被巴塞尔委员会监督机构推迟至2023年1月1日。④ 故总体而言，目前南非银行业并未发生颠覆性的监管变革，其国内银行可能仍是 REIPPPP 项目贷款融

---

① "D4/2020：Capital Framework for South Africa Based on the Basel Ⅲ Framework"，https：//www. resbank. co. za/en/home/publications/publication-detail-pages/prudential-authority/pa-deposit-takers/banks-directives/2020/10202，2021年4月6日访问。

② 受监管的资本包括普通股一级资本、附加一级资本和二级资本。"附加一级资本由以下要素组成：(1)本行发行的符合纳入附加一级资本标准的金融工具(不纳入普通股一级资本)；(2)因发行计入附加一级资本的工具而产生的股票盈余(股份溢价)；(3)本行合并子公司发行的、第三方持有的符合计入附加一级资本标准且不计入普通股一级资本的工具。相关标准见 CAP10.20 至 CAP10.26；而且(4)在计算附加一级资本时应用的监管调整"；"二级资本由以下要素之和组成：(1)本行发行的符合计入二级资本标准(且未计入一级资本)的金融工具；(2)因发行计入二级资本的金融工具而产生的股票盈余(股份溢价)；(3)本行合并子公司发行的、第三方持有的符合计入二级资本标准且未计入一级资本的金融工具。相关标准见 CAP10.20 至 CAP10.26；(4)第 10.18 章和第 10.19 章规定的某些贷款损失准备金；以及(5)二级资本计算中应用的监管调整"。("CAP10—Definition of eligible capital"，https：//www.bis.org/basel_framework/chapter/CAP/10.htm? inforce＝20191215&published＝20200605，2021年4月6日访问。)

③ 普通股一级资本由以下要素之和组成：(1)本行发行的符合为监管目的划分为普通股标准的普通股(或非股份公司的等值资产)；(2)发行包括普通股一级的工具所产生的股票盈余(股本溢价)；(3)留存收益；(4)计其他综合收益和其他已披露的准备；(5)本行合并子公司发行并由第三方(即少数权益)持有的符合纳入普通股一级资本标准的普通股。相关标准见 CAP10.20 至 CAP10.26；以及(6)在计算普通股第 1 级时适用的监管调整。("CAP10—Definition of eligible capital"，https：//www.bis.org/basel_framework/chapter/CAP/10.htm? inforce＝20191215&published＝20200605，2021年4月6日访问。)

④ 每日经济新闻：《全球疫情持续蔓延,巴塞尔委员会监督机构推迟〈巴塞尔协议Ⅲ〉的实施时间》,http://baijiahao.baidu.com/,2020年7月14日访问。

资的主力军。然而当前南非的银行准则所设定的流动性标准与《巴塞尔协议》Ⅲ明确的流动性标准(即流动性覆盖率)和计算方式有较大的差异,[①]因此其国内金融体系的结构性变革也在所难免。[②]

而《巴塞尔协议》Ⅲ的一系列新要求将可能挫伤银行放贷的意愿,使其降低对项目公司的融资额度和透支额度,且只愿意接受较高利润率(即较高的贷款利率)的贷款交易,[③]故项目公司应对此投以关注,且可考虑通过采纳银行贷款融资的若干替代方案,如项目债券、公司融资等融资方式,以分散未来不确定的风险,对此笔者将在第四章防范措施部分细述其他的融资方式以规避银行贷款融资风险。

②REIPPPP项目特性诱发的高贷款成本易造成项目公司违约

因如何拟定贷款条款一般由合同当事双方谈判决定,南非本土法律(及政策文件)与中国的法律均未对REIPPPP项目的融资贷款设置更为细致的约束性要求,故项目公司在拟定融资贷款合同时具有较大的灵活性。此时如何拟定融资方案,并将融资思路纳入合同中,通常是项目公司在拟定贷款合同时需要思虑周全的。

REIPPPP项目融资的贷款来源很多,南非的银行如Standard、Nedbank、ABSA Capital、Rand Merchant是REIPPPP项目的主要贷款来源,[④]此外,南非工业发展公司(IDC)和南非开发银行(DBSA)也兼顾了项目贷款人和股权投资者(如向社区提供"软贷款",以支持社区购买股权份额)的角色——龙源电力南非德阿风电场采纳的就是南非"Nedbank+IDC"提供的无追索权的项目融资模式。而因美元对南非币兰特的汇率波动较大,国际金融机构对于REIPPPP项目的投资往往更为慎重,故世界银行的国际金融公司、国际复兴

---

① 银行应持有不低于其各类负债总和(不高于)20%的高质量流动资产。(Act No. 22 of 2013: Bank-s Management Act, 2013, https://www.gov.za/, 2021年4月6日访问。)

② Lionel Shawe and Anthony Colegrave, Allen & Overy (South Africa) LLP, https://uk. practicallaw. th-omsonreuters. com/w-007-6934? contextData=(sc. Default)&transitionType=Default&firstPage=true, 2021年4月5日访问。

③ Deloittesa, Basel Ⅲ and Its Impact on BEE Transactions Typical Funding Options for BEE Transactions, https://www2.deloitte.com/content/dam/Deloitte/za/Documents/audit/ZA_Basel Ⅲ AndItsImpactOnBEETrans-actions_17042014.pdf, 2021年4月6日访问。

④ Lucy Baker, Governing Electricity in South Africa: Wind, Coal and Power Struggles, *The Governance of Clean Development Working Paper Series*, 2011, p.16.

银行及欧洲投资银行等仅是其中一小部分项目的贷款人。[①] 需要注意的是，尽管 REIPPPP 项目的贷款人类型多样（除上述机构，诸如国际银行和资产管理公司"Investec"、电力债务基金"Future Growth Asset Management's Power Debt Fund"等也是过往项目的贷款人），但是其平均融资成本较高，[②] 究其本质，REIPPPP 项目的自身特性——其一是"可再生能源"项目，其二是"非洲"项目，决定了其具有融资贷款平均成本较高的特征。可再生能源和传统化石能源本质上都属于能源产品，且虽可再生能源的成本已经大幅降低，但其相较于传统化石能源，仍被描述为"昂贵的商品"，[③]溯其原因是投资者/贷款人通常认定可再生能源项目具有高风险，因此，此类项目也难以轻易获得低融资成本的贷款。[④] 投资者/贷款人一般认为可再生能源项目的投资壁垒在于政治、经济、社会和技术四个方面：a.一国的法律和政策可以引导其国内的经济活动，而缺乏政府支持恰是可再生能源项目的风险承受度低于传统化石能源项目的主要障碍之一——目前南非的能源政策还不足以改变其能源领域仍以煤炭为主的局面。[⑤] b.可再生能源项目的投资概况与化石能源最大的不同在于，其需要高额的初始成本（此后的运营成本较低），故如项目早期失败，投资者将遭受重大损失。[⑥] 然而，《中国可再生能源国际合作报告（2019）》显示，56％的新增大规模可再生能源发电成本都已低于最便宜的化石燃料发电成本，且如附加计算传统化石能源的环境治理成本，可再生能源的价格会更有竞争力。所以，如果项目可实现平稳运行，且以价格为单一考虑因素，可再生

---

① Lucy Baker，Holle Linnea Wlokas，South Africa's Renewable Energy Procurement: A New Frontier，*Tyndall Working Paper*，2014，p.14.

② Lucy Baker，Holle Linnea Wlokas，South Africa's Renewable Energy Procurement: A New Frontier，*Tyndall Working Paper*，2014，p.14.

③ 此处的昂贵指的是可再生能源项目的整体投资成本较高（考虑到政治、经济、社会、技术等多个方面）。

④ Nadia S. Ouedraogo，Opportunities，Barriers and Issues with Renewable Energy Development in Afr-ica: A Comprehensible Review，*Regional Renewable Energy - Africa*，2019，p.54.

⑤ Derick de Jongh，Dhirendra Ghoorah，Anesu Makina，South African Renewable Energy Investment Barriers: An Investor Perspective，*Journal of Energy in Southern Africa*，Vol.25，2014，pp.2413-3051.

⑥ Gregor Schwerhoffa，Mouhamadou Syb，Financing Renewable Energy in Africa - Key Challenge of the Sustainable Development Goals，*Renewable and Sustainable Energy Reviews*，Vol.75，2017，pp.393-401.

能源项目具备一定的投资吸引力。c.可再生能源项目的社会认可度和接受度与可再生能源产品的销售利润息息相关,而在南非大多数人口无法负担基本的能源消费,故更倾向于廉价[①]的化石能源。[②] d.相较于技术成熟度较高的传统化石能源项目,可再生能源项目的投资风险更为显著。[③]

其次,因非洲的政治环境不稳定、货币市场波动较为频繁等负面因素,非洲项目的违约风险相对较高,因此贷款人(包括国内贷款和国外贷款)往往不会对非洲项目予以较低利率的贷款。此外,考虑到南非的本地银行是过往REIPPPP 项目贷款的主要来源,故南非国内贷款的平均利率水平同样也是衡量 REIPPPP 项目贷款融资成本的重要因素。一般来说,南非在内的发展中国家的国内平均贷款成本较高(或贷款利率高),这是因为发展中国家通货膨胀压力、不稳定的货币汇率、不成熟的金融市场等原因诱发了高"风险溢价",而如上所述,REIPPPP 项目通常由其国内的金融/非金融机构资助,故其资本结构中昂贵的债务资本居多也在所难免。而就该事实,实践中也有项目公司提出了如下的融资思路:项目公司采纳以美元或欧元等计价的发达国家贷款为主的融资方案。承上所述,因发达国家和发展中国家国内的平均利率水平有一定的差距,即发展中国家的借贷成本高于发达国家,故此类举措确实有益于适当降低项目成本,但是只有在东道国,尤其是汇率波动较为频繁的国家允许项目本身以外币计价的前提下,该类方案才能发挥最大效用。因在贷款期限内将美元、日元、欧元或英镑等外币转换为当地货币所需的对冲成本将消弭大部分(或全部)引进低成本外币贷款的优势。[④] 如龙源电力项目曾考虑采用中资银行的美元贷款,但基于美元对兰特(南非货币)的汇率波动较大,对冲成本很高等原因,其最终放弃了该方案。[⑤]

[①] 指传统化石能源的售价低于可再生能源电力。因可再生能源项目的整体投资成本较高,故为确保项目盈利或者收支平衡,其电力产品的售价一般较高。

[②] Derick De Jongh, Dhirendra Ghoorah, Anesu Makina, South African Renewable Energy Investment Barriers: An Investor Perspective, *Journal of Energy in Southern Africa*, Vol.25, 2014, pp.2413-3051.

[③] Nadia S. Ouedraogo, Opportunities, Barriers and Issues with Renewable Energy Development in Africa: A Comprehensible Review, *Regional Renewable Energy - Africa*, 2019, pp.54-55.

[④] David Nelson, Gireesh Shrimali, Finance Mechanisms for Lowering the Cost of Renewable Energy in Rapidly Developing Countries, *Climate Policy Initiative*, 2014, pp.1-5.

[⑤] 徐占祥:《南非风电中标背后》,载《中国投资》2018 年第 6 期。

总之,REIPPPP 项目因其自身特性难以获得较低利率的贷款融资,而于项目公司而言,在融资贷款合同中构建合适的贷款方案以应对高额的融资成本是有必要的。虽因 PPA、实施协议等项目协议,在正常情况下,REIPPPP 项目的未来现金流较为稳定,但是处于当前多事多变的全球环境中,如:此前的疫情冲击,项目公司仍需警惕流转资金不足,以致贷款违约的风险,故在贷款合同中拓展一些多维的旨在降低贷款成本的思路,在一定程度上也将有益于项目公司应对此类风险。

③股权融资协议中黑人经济/社区高持股比例的承诺难以兑现

国际项目的项目发起人(投资者)通常不止一个,项目公司可就项目需求选择不同的权益融资方案,如本地投资者可能与本地的政府、本地原材料供应商保持良好关系,国外投资者则通常有较为雄厚的资金实力,也有建设、运营和管理类似中标项目的经验。[①] 而以往的 REIPPPP 项目中,股权投资者的类型较为多样,包括 IDC、DBSA 、基金会、投资管理公司以及国际可再生能源开发商等。此外黑人经济/社区持股是其特殊要求——REIPPPP 要求每个项目至少 40% 应由南非实体拥有,且项目公司的黑人所有权至少达到 12%,地方社区则必须至少拥有 2.5% 的股份。[②] 然而因标书中所承诺的各项经济发展指标与项目得分有直接关系,所以在激烈的竞争中,甚至有项目承诺社区在项目公司持股的比例将高达 40%。[③] 此类做法的影响有多面性,因项目公司在股权结构中赋予南非实体/社区高比例可能会给予项目公司便利——如果社区持有 25% 的股权,而社区受益人中至少有 85% 的黑人公民,则该方案可顺理成章地实现项目公司中黑人所有权的承诺,[④]反之此类做法也可能会造成后期持股比例的承诺难以兑现的风险,正如上文"社区经济发展义务"部分所提及的,一般而言社区自身是难以支付原始投资额的,此时由项目公司免费赠与股份,或者由社区通过金融机构的"软贷款"筹集出资,而如项目公司在股权融资协议中予以社区远超基准的股权比例,则意味着项目公司有时需要额外

① 唐应茂:《国际金融法:跨境融资和法律规制》,北京大学出版社 2015 年版,第 121 页。

② Lucy Baker, Holle Linnea Wlokas, South Africa's Renewable Energy Procurement: A New Frontier,*Tyndall Working Paper*,2014,pp.15-16.

③ Lucy Baker, Holle Linnea Wlokas, South Africa's Renewable Energy Procurement: A New Frontier,*Tyndall Working Paper*,2014,p.21.

④ Lucy Baker, Holle Linnea Wlokas, South Africa's Renewable Energy Procurement: A New Frontier, *Tyndall Working Paper*, 2014, pp.15-16.

以自有资金承担社区的出资义务（免费给予股份时），这种承诺在项目融资阶段融资不足或项目公司流动资金不足时，常常无法实现。此外，当社区因持股份额承担较大的出资义务时，即使由社区通过金融机构的"软贷款"筹集出资，社区也可能因收益期漫长、无力偿还贷款等原因，与项目公司产生纠纷。

其次，持股份额在一程度上意味着话语权，项目公司在股权融资协议中承诺予以黑人经济/社区较高的持股比例时，需要考虑实际运营时控制权旁落的风险。总之，项目公司在竞标阶段需要提交股权融资协议，如在该阶段承诺了较高的黑人经济/社区持股比例，后期实施时将因沉重的额外出资义务、实际控制权难以兑现等造成风险，故项目公司在标书中设置此类目标时既应充分发挥能动性，同时也应斟酌行事。

④项目后期股权转让行为导致股权协议中承诺的所有权结构难以维持

待 REIPPPP 项目进入商业运营阶段，贷款可经政府批准后，由贷款人立即出售，而股权则不仅需要指定经营实体和贷款人的批准，还需在商业运营阶段满三年之后再行出售。[①] 贷款出售行为将引发"再融资"过程，此时项目公司可期望于二级市场中，如债券市场，获得额外的贷款。而股权的变更则更反映了项目融资的性质——股权持有人（因承受高风险）获得高额利润后，将股份出售给养老基金等机构，继而再行投资于其他项目。[②] 简言之，此类股权持有人的目的往往是为获得与高风险相匹配的高利润，而非参与项目的经营，如2020 年非洲基础设施投资管理公司（African Infrastructure Investment Managers，"AIIM"）的子公司在获得高于原定目标的回报后，将其持有的一风电项目 14％的股权和一太阳能项目 34％的股权出售给了由 AIIM（非洲基础设施投资管理公司）设立的基金（IDEAS Managed Fund）——该基金是南非可再生能源领域最大的投资者之一。[③]

以上贷款出售和股权的转让行为均是符合 REIPPPP 规则的，但是仍然可能给项目带来风险。REIPPPP 计划就项目公司的所有权结构设置了包括黑人经济、社区持股在内的多项要求，且项目公司每季度需向政府汇报相关经济发展义务的执行情况，因此诸如黑人经济 12％的股权目标以及社区 2.5％

---

① A. Lawrence，Energy Decentralization in South Africa：Why Past Failure Points to Future Success，*Renewable and Sustainable Energy Reviews*，2020，p.6.

② Lucy Baker，Holle Linnea Wlokas，South Africa's Renewable Energy Procurement：A New Frontier，*Tyndall Working Paper*，2014，pp.18-19.

③ AIIM Divests Itself of Two Renewable Energy Projects in South Africa，https：//constructionreviewonli-ne.com/，2020 年 7 月 15 日访问。

的股权目标属于《REIPPPP 计划》的强制性要求,如项目后期的股权交易导致项目失去相应指标的配额则意味着项目公司的所有权结构不再合规。故项目公司将不得不挽留最初助其满足相应指标的各位"合伙人",为此其需要付出额外的代价(即满足合伙人的额外要求),或者项目公司还需要另行寻找具有相同 BEE 评分的股权合伙人。此外,笔者于上文部分提及,项目公司有时会为增加标书的优势而强调项目的社会经济和社区利益,即赋予黑人经济/社区远超基准的股权份额,此时如股权结构发生大变动,如何继续履行相关承诺也颇考验项目公司。

需要注意的是,此后如南非政府在 REIPPPP 计划中明确类似"一旦赋权,始终赋权"(once empowered always empowered)的规则——2018 年南非豪登高等法院在南非矿业协会诉矿产资源部(现已更名)一案中,认可了股权比例的"延续效益",即哪怕项目因套现而不再合规,矿产资源部也需认可采矿权持有人此前已符合的股比要求,[①]则可适当缓解项目公司的忧虑。但是目前项目公司并不能避免该类风险,因《矿业宪章》属于行业规范,可再生能源项目并不适用《矿业宪章》,且无法确定 REIPPPP 项目是否可以援用上述裁决。可以明确的是,《广义黑人经济振兴法》发布的《良好行为准则》(通用性准则)本质上要求项目公司在其黑人合伙人撤资时采取措施以重新维持所需的股比要求。此外,在上述案例中,矿产资源部主张 2002 年和 2010 年《采矿宪章》中的所有权要素应满足"持续合规",由此可窥见南非政府的初衷是与"一旦赋权,始终赋权"的规则相背离的,[②]故此类风险并非笔者缪想,项目公司应对此有所关注,与此同时也应积极开展风险防范活动。

(2)项目融资磋商阶段与满足贷款人风险偏好相关的法律风险

贷款人的风险偏好,简言之就是自身风险最小化的追求。贷款人更为关注项目公司的还贷能力,而投资人也注重项目的增值价值,殊途同归的是二者都需要以项目公司的可持续经营能力来弱化己方风险,因此项目公司需要向投资人和贷款人,尤其是贷款人(因贷款人对项目公司无追索权或仅有有限追索权)证明项目公司未来有稳定的现金流。在 REIPPPP 项目中,因政府承诺

---

① Chamber of Mines of South Africa v Minister of Mineral Resources and Others, 2018(4)SA 581(GP),http://www.saflii.org/za/cases/ZAGPPHC/2018/8.html,2020 年 7 月 31 日访问。

② Court ruling｜'Once Empowered always Empowered' Impacts BEE,https://www.bbrief.co.za/2018/04/07/court-ruling-once-empowered-always-empowered-impacts-bee/,2020 年 7 月 31 日访问。

为 PPA 协议(电力购买协议)承保,①相关的关切可得以适当缓解。但是项目公司未来拥有稳定的现金流还意味着项目未来能够如期完工并顺利运营、所需原材料有长期稳定的来源等,因此贷款方愿意对项目公司发放贷款的前提是,其可根据项目建设、原材料或其他投入以及产品销售等一系列的合同判断项目公司未来的现金流足以偿还银行贷款。② 而在 REIPPPP 项目的协议签署阶段中,项目公司需与多个利益攸关方,如 Eskom 公司、EPC 合同(工程总承包合同)承包商等谈判/拟定合同,由此将涉及较多的利益分配和权利义务划分,故贷款方往往需要参考以上全部(或部分)合同,如考虑项目公司的财务能力和信用评级、承包商/运营商的经验和资金实力、项目的技术保证、社会和劳工风险等,以评估项目是否具有可融资性。

此外,在 REIPPPP 项目中贷款人通常会要求项目公司将自身风险③通过合同转移至承包商、担保人等,EPC 合同(工程总承包合同)就是满足其风险偏好的一个典型例子。合同规定由承包人承担工程的全部责任,且限制了承包商要求延长时间和额外费用的能力。且在 EPC 合同(工程总承包合同)中,由违约金条款、技术保证条款、担保条款等明确了在意外发生时承包商的赔偿责任,由此可最大程度地规避项目公司的风险,这也是 EPC 合同(工程总承包合同)普遍适用于 REIPPPP 项目的重要原因。总之,贷款人的风险偏好为项目公司提出了确保项目公司在未来拥有稳定的现金流和风险分摊的特别要求,故如何权衡各方利益还需项目公司慎重斟酌。

---

① 实施协议(Implementation Agreement)是由项目公司与矿产资源和能源部签署的,内容固定且不可谈判的合同。实施协议旨在实现以下两个目的:其一,当 Eskom 公司违约时,该部门必须承担 PPA 协议中所约定的理应由 Eskom 支付的款项;其二,项目公司每季度需要向指定的经营实体报告与经济发展义务相关的承诺。(A. Lawrence, Energy Decentralization in South Africa: Why Past Failure Points to Future Suc-cess, *Renewable and Sustainable Energy Reviews*, 2020, p.6.)

② 唐应茂:《国际金融法:跨境融资和法律规制》,北京大学出版社 2015 年版,第 123~124 页。

③ 此处贷款人的自身风险指的是因项目公司违约而给贷款人带来的风险,所以贷款人要求转移自身风险,实质上是希望项目开发商将原本应由项目公司所承担的项目失败的风险转移至承包商、担保人等。

(四)赴南非投资 REIPPPP 项目主要法律风险防范

1.与社区经济发展义务相关的法律风险防范

(1)开展持续对话,消弭政策执行中的不确定性

①加强与各利益攸关方的沟通,带头制定"行业良好实践准则"

尽管当前的社区受益模型不一定能够解决"社区方案"推进过程中面对的基本问题,例如权力关系和经济包容性。但是政策推行至今,项目公司如期冀从根本上改变该模型可能颇具难度。因此,对于项目公司而言,研究在现有框架内如何优化结果可能更具战略意义。①

就受益社区难以确定和各利益攸关方的利益分配难以明确的困境,项目公司可加强与相关政府部门,如环境部、贸易和工业部、矿产资源和能源部,以及地方政府的沟通。此外面对社区成员的期望日益提高的趋势,项目公司不应以此为项目可行性的威胁而拒绝沟通,因为除了颇具难度的项目技术问题,对于项目公司而言最大的不确定因素就是社区互动,②而与不同利益攸关方的沟通可使其与各利益攸关方对各自的角色和责任形成共同的理解。除此之外,项目公司可联合其他项目公司推动制定"行业良好实践准则"——为落实《广义黑人经济振兴法》(Broad-Based Black Economic Empowerment Act)及其修正案,南非的部分行业出台了"行业良好行为准则",③以量化南非各行各业的 BEE(《广义黑人经济振兴法修正案》,Broad-Based Black Economic Em-

---

① Louise Tait，Holle Linnea Wlokas，Ben Garside，Making Communities Count—Maximizing Local Benefit Potential in South Africa's Renewable Energy Independent Power Producer Procurement Programme（REIPPPP），*International Institute for Environment and Development*（UK），2013，p.22.

② Lucy Baker，Holle Linnea Wlokas，South Africa's Renewable Energy Procurement：A New Frontier,*Tyndall Working Paper*，2014，p.22.

③ 早在 BEE 政策初期,类似的 BEE 行业准则就在不同的行业量化推广了,例如 2000 年 11 月出台的《南非石油和液体燃料业提高社会弱势群体经济地位章程》、2002 年 10 月出台的《南非矿业提高社会弱势群体经济地位章程》。截至目前,房产业、特许会计行业、综合运输业、林业、旅游业、建筑业、金融服务业等行业也都公布实施了本行业的良好行为准则。(《对外投资合作国别指南》,http://fec.mofcom.gov.cn/article/gbdqzn/,2021 年 4 月 4 日访问。)

powerment Amendment Act,简称"BEE")规定,①此类"行业良好实践准则"将有益于针对当前政策的模糊性,就受益社区的确定方案、各利益攸关方的利益分配决策等推动形成行业惯例,并减少纠纷的发生概率。

②保持与政府的联络,建立"社区联络处"实现有效沟通

当前政策的模糊性致使地方市政当局对于项目的支持力度有限,项目公司如能加强与政府,尤其是与地方经济发展署之间的持续联系,则可更好地获得政府关于社会经济发展的反馈信息。而项目公司在充分理解地方的优先发展事项时,也能够使"社区方案"与地方优先发展计划更为贴合,此举有利于促进项目公司与地方政府的协同作用。此外地方经济发展署的配合在一定程度上还可以缓解项目公司与其他各利益攸关方的沟通压力,如其可在项目公司招聘工人(施工期间)时,促进两方之间的沟通与协商。②

而针对"社区方案"因不明确的评价时点而无法兑现承诺的问题,如创造就业机会指标,实践中,项目公司会在环境影响的公开听证会上公布就业机会的相关信息,此后项目公司与社区就此类信息可能会存在沟通不畅和不及时的问题。③ 因此,项目公司可通过建立社区联络处以应对。"社区联络处"可以建立类似可用人员和相关技能的数据库,一旦职位空缺便可随时通知符合条件的社区成员。且此类社区联络机构将有益于保证项目信息的透明度。总之,因项目的成败与有无紧密的社区联系息息相关,④且珠玉在前——南非风能协会于 2014 年成立了"社区为风"工作组,以支持 IPP(独立发电商)与社区维持密切关系;光伏协会随后于 2015 年初启动了一个关于可持续经济对话和

① Adam Kassner,Digging Deep into Gold Fields:South Africa's Unrealized Black Economic Empowerment in the Shadows of Executive Discretion,*Cornell International Law Journal*,Vol.48,2015,pp.668-696.

② Holle Wlokas,*A Review of the Local Community Development Requirements in South Africa's Renewable Energy Procurement Programm*,World Wide Fund for Nature South Africa(*WWF-SA*),2015,p.36.

③ Holle Wlokas,*A Review of the Local Community Development Requirements in South Africa's Renewable Energy Procurement Programm*,World Wide Fund for Nature South Africa(WWF-SA),2015,p.19.

④ Lucas Satterlee,Cautious Optimism:Renewable Energy in South Africa as a Sustainable Model for the Region,*Journal of Environmental Law & Litigation*,Vol.32,2017,p.22.

可持续发展问题的委员会,故项目公司也可效仿建立"社区联络处"。①

（2）建立项目互动平台,深化项目公司利益融合

REIPPPP 采购计划的竞标模式,使得项目公司之间将招标过程中的竞争关系延展到了项目的社区利益中,从而造成了多个项目的受益社区重叠。但是因投标人所提交的"社区方案"不被政府公之于众,如项目公司之间缺乏沟通,各社区方案落实的过程中极有可能出现治理方式不一的问题。② 对此,项目公司可以在宣布中标后与同一区域内的其他项目公司就社区利益问题进行合作。但是率先打破市场固有的生存模式并不是一件易事,理想情况是项目公司可推动/支持建立一个具有代表性的行业平台。因此,如果 REIPPPP 项目公司要建立一个主要面向独立发电商的社区级别的信息公开窗口,类似 Khai Ma 发展协调论坛（Development Coordination Forum）③,则意味着其需要开发更多的不是由政府部门主导的纵向信息共享机制,如与当地社区、政府、金融机构等的沟通平台,以完善社区信息公开窗口的建设,而相比项目公司个体,行业代表机构更有可能促成此事。

目前可再生能源各行业已通过其行业协会设立了代表机构,此时如可通过代表机构联合建立一个行业平台,则可为同一区域内项目之间的协作提供有利的环境,同时该行业平台也可作为与政府的主要联络途径,供项目公司之间实现信息共享。除此之外,该平台也可探索在竞标阶段协助拟在饱和区域划定受益社区的项目公司重新调整其安排。④

①　Lucy Baker, Holle Linnea Wlokas, South Africa's Renewable Energy Procurement: A New Frontier, *Tyndall Working Paper*, 2014, p.24.

②　Holle Wlokas, *A Review of the Local Community Development Requirements in South Africa's Renewable Energy Procurement Programm*, World Wide Fund for Nature South Africa（WWF-SA）, 2015, p.4.

③　Khai Ma 位于南非北开普省,IDC 为该市多个项目（存在社区重叠）提供所有权股权资金,其通过内部的机构发展和支持部（Agency Development and Support Department, "ADS"）启动了 Khai Ma 发展协调论坛,以促进公共部门、私营部门和民间社会之间的信息共享与协作。Holle Wlokas, *A Review of the Local Community Development Requirements in South Africa's Renewable Energy Procurement Prog-ramm*, World Wide Fund for Nature South Africa（WWF-SA）, 2015, pp.39-41.

④　Louise Tait, Holle Linnea Wlokas, Ben Garside, Making Communities Count— Maximizing Local Benefit Potential in South Africa's Renewable Energy Independent Power Producer Procurement Program-me（REIPPPP）, *International Institute for Environment and Development*（UK）, 2013, p.23.

（3）针对社区信托治理方案所引发的法律风险的防范措施

①寻求独立第三方/区域监督机构的监管

就社区信托的受托人信任度不足的问题，项目公司可以在项目的早期阶段，寻求独立第三方的监督，以全程参与"社区方案"的推进过程，强化社区财务管控。此外，考虑到成本控制的层面，如行业内已建立上述的行业平台，则项目公司也可以直接选择信赖类似的具有行业公信力的区域监督机构，如此，可适当改善社区的信任和问责制。需要注意的是，项目公司也不可忽略对受托人的指导和培训，因其始终是运营社区信托的关键角色。此外，项目公司可尝试通过改善社区福利以缓解社区不信任的情绪，如进一步增强项目对当地就业情况的积极影响，对此项目公司需要制定长期的就业策略，比如使得社区居民不仅可以在项目施工期间拥有工作机会，此后也能被安排在社区信托基金会中。且为确保社区居民的工作技能水平，项目公司也可将部分援助社会经济发展（SED）/企业发展（ED）的资金，分配至当地职工的就业培训中。①

②确定最适合发展基金的治理方案，研究不同的融资机制

《REIPPPP计划》并未强制要求项目公司建立"社区信托"，故理论上项目公司也可以选择其他的治理方案以满足计划的要求。实践中已出现的备选方案包括：将社会经济发展（SED）、企业发展（ED）以及因持股份额孳生的项目红利直接或通过信托导入第三方组织（现有组织或专门为项目设立的实体）；由独立第三方机构对社会经济发展（SED）、企业发展（ED）和信托资金进行监督（如上节所述）；由项目公司直接对SED、ED以及信托资金开展财务管控；与非政府组织/地方政府合作成立基金会。然而尽管项目公司在招标方案中已囊括了上述不同的治理方案，但已中标的项目中更常见的是"社区信托"，故在目前尚且没有可靠的替代性方案时，项目公司仍需接受社区信托的治理方案。然而不可否认，无论是对社会发展目标，抑或是项目本身的所有权治理目标，"社区信托"的作用都相当有限。因此在建立社区信托，如制定信托契约、选择受托人时，项目公司更需要倍加谨慎。② 与此同时，项目公司也可明确社区信托的主要运营困难，并针对性地研究其他的治理方案。此外，项目公司也

---

① Holle Wlokas，*A Review of the Local Community Development Requirements in South Africa's Renewable Energy Procurement Programm*，World Wide Fund for Nature South Africa（WWF-SA），2015，pp.5-20.

② Holle Wlokas，*A Review of the Local Community Development Requirements in South Africa's Renewable Energy Procurement Programm*，World Wide Fund for Nature South Africa（WWF-SA），2015，pp.26-34.

可通过研究不同的社区所有权的融资机制,以确保向社区提供更稳定和可预测的资金流。

就融资机制的改善,实务界也出现了诸如针对现有融资安排,由项目公司研究组合方案的可行性的呼声。而笔者认为如由政策明确此类试行方案,不仅有助于解决社区收益的严重滞后问题,也可避免过分损害特定项目,因此项目公司可以先行尝试与政府沟通创新融资安排的可能性。[①] 除此之外,从政策环境的层面而言,项目公司可就社区方案的社会经济发展义务指标的修订向政府建言献策,例如允许项目公司在项目后期再纳入社区因素,而在投标阶段,只要求其提交初步的、仅经研究的书面社区方案。[②]

2.与 EPC 合同谈判/签订相关的法律风险防范

(1)协同制定明确项目公司关键权益的风险管理方案

虽 EPC 合同(工程总承包合同)的价格相对其他类型的施工合同偏高,但是基于个别项目运营成本控制的考虑,项目公司可在合同谈判及拟定阶段,主动为承包商抵销部分风险溢价,如对于项目中存在高度不确定性的领域,项目公司可针对风险类别设置意外开支准备金(Contingency Allowances),以减少承包商在投标价格中可能包括的应急费用。且此时项目公司需要同时在合同中明确费用分摊机制——如意外开支准备金有剩余则可由项目公司和承包商按比例享有,反之超支则由项目公司继续支付;项目公司也可建立基金账户,以此来支付承包商为限制风险敞口所支出的保险费用等;[③]此外项目公司还可以推行员工本地化以控制劳动力成本——龙源电力在项目开发和建设初期的公司用人原则就是中方派遣与本土化相结合,即"一般的设备安装服务、技术法律咨询服务、施工人员等都尽可能地任用南非本地的劳工"。[④] 而对于工程项目日常控制权减损的法律风险,笔者在上文已提及即使在起草 EPC 合同(工程总承包合同)时明确给予项目公司干预的能力,实践中也无法确保项目公司拥有完整的日常控制权,这是因为承包商已承诺了以固定的工程对价和

---

① Holle Linnea Wlokas, Anya Boyd, Marco Andolfi, Challenges for Local Community Development in Private Sector-led Renewable Energy Projects in South Africa: An Evolving Approach, *Journal of Energy in Southern Africa*, Vol.23,2012, pp.47-50.

② Lucy Baker, Holle Linnea Wlokas, South Africa's Renewable Energy Procurement: A New Frontier, *Tyndall Working Paper*, 2014, p.22.

③ Patricia D. Galloway, The Art of Allocating Risk in an EPC Contract to Minimize Disputes, *Construction Lawyer*, Vol.38, 2018, pp.26-33.

④ 徐占详:《南非风电中标背后》,载《中国投资》2018 年第 6 期。

完工日期完成并移交工程,而作为两类"固定条款"风险的对价,一般来说EPC合同(工程总承包合同)中的承包商有较大的工程安排的自主权,以确保实现两个"固定"。且如赋予项目公司过多的日常干涉权,将有损合同风险分配的公平原则。但是笔者认为日常控制权与日常干涉权仍有较大的差异,项目公司为了工程的如期完工可以让渡部分工程的日常安排的权利,但是需要在合同中明确如承包商承认已无法如期完工,或者有明确的迹象表明承包商已发生根本违约行为,项目公司有充分的介入与控制权,以遏制风险的进一步扩张。

在REIPPPP现行规则的约束下,对于高额合同价格和日常控制权减损的瑕疵,项目公司的风险防范活动更倾向于风险决策管理的过程。而风险分配不应该是一个一成不变的过程。相反,项目公司应当慎之又慎,权衡利弊,以产生最有效的结果。例如,如果一个项目是在地质情况不明的地区进行的,而且没有足够时间进行适当的土地勘察,此时项目公司可选择自行承担现场条件的风险——这意味着承包商不必为无法量化的意外事件定价,故而可以降低项目公司为此支付的风险溢价。反之,如项目公司不愿意接受此类风险敞口,则其必须支付额外的成本费用。简言之,项目公司应根据具体的项目权衡该笔费用是否值得支付。此外,笔者认为,选择具有足够专业技术的承包商以确保项目圆满完成通常比维持合同价格水平和保护合同结构的完整性更为重要。并且考虑到EPC合同(工程总承包合同)的重大货币价值及其隐性后果,最低价格/部分的日常干涉权不应成为拟定EPC合同(工程总承包合同)时的唯一考虑因素。

(2)知晓拟定EPC合同各条款的实务要点

①EPC合同中关键的通用型条款的法律风险防范

A.警惕救济措施让步的风险,合理设置保障条款

在REIPPPP项目中,承包商有时会要求在EPC合同(工程总承包合同)中囊括"排他性救济"条款,但是于项目公司而言,"排他性救济"条款通常限制了其合理索赔的权利,且如项目公司愿意接受该条款,则为避免项目公司索赔的权利落空,其必须为承包商的每项义务起草救济措施或者例外情况,由此无疑为项目公司增加了难以忽视的工作量。因此"排他性救济"条款常被项目公司认为是不合逻辑的条款。与此同时,项目公司往往会积极争取将"故障安全条款"纳入EPC合同(工程总承包合同)中,以明确项目公司追回基本赔偿金的权利。至于其数额,基于可行性的考虑,项目公司可将其拟定为与预期的延

迟和性能不佳造成的损失总和相当的赔偿。[①]

　　总之，就 EPC 合同（工程总承包合同）而言，项目公司需要警惕的最大风险之一在于"排他性救济条款"，因该条款可能使项目公司丧失追偿基本赔偿的权利，故就该条款的拟定，项目公司应思虑周全。而"故障安全条款"可能是上述情况发生时唯一明确的救济途径，因此笔者建议针对前者，项目公司应当维持基本的底线思维，警惕丧失主动权的风险，同时也应积极谈判，争取落实"故障安全条款"。此外，如 EPC 合同（工程总承包合同）排除了间接损失的求偿权，为免"故障安全条款"失效，合同也应特别申明该条款属于除外责任中的例外情形。但是值得注意的是，如承包商借由"排他性救济条款"逃脱其基本的合同义务，且双方之间就赔偿问题协商失败，此时即使合同中没有"故障安全条款"，项目公司也是可以以公平原则、诚信原则等基本法律原则诉诸法律途径，争取减少己方损失。总而言之，"排他性救济条款"和"故障安全条款"都不是 EPC 合同（工程总承包合同）强制要求的内容，而因 EPC 合同（工程总承包合同）是纠纷时各自权利义务的重要依据，在项目早期如当事双方慎重明确彼此责任的内涵和外延，将可避免许多纠纷。[②]

　　B.明晰不可抗力事件的外延，明确承包商的"修复"责任

　　正如上文所说，项目公司可以以"定义＋影响"的形式拟定"不可抗力条款"，而就定义的列明，理想情况是除了抽象的定义，项目公司还要以列举的方式定义本合同执行过程中可能遇见的不可抗力事件，恰如一 EPC 合同（工程总承包合同）所包含的多样化的定义——"a. 暴乱、战争、入侵、外敌行为、恐怖主义敌对行为（不论是否宣战）、内战、叛乱、革命、军事叛乱或篡权、任何政府或主管当局的征用或强制取得；b.电离辐射或污染、任何核燃料或核燃料燃烧产生的放射性、放射性有毒爆炸物或任何爆炸组件或具备其他危险特性的核废料；c.以音速或超音速飞行的飞机或其他空中装置引起的压力波；d.地

---

　　①　Kieran Whyte, Damian McNair, EPC Contracts in the Renewable Energy Sector-South African REIPP Programme—Lessons Learned from phases 1 and 2, https://www.mondaq.com/australia/construction-pl-anning/，2021 年 4 月 4 日查阅。

　　②　Kieran Whyte, Damian McNair, EPC Contracts in the Renewable Energy Sector-South African REIPP Programme—Lessons Learned from phases 1 and 2, https://www.mondaq.com/australia/construction-pl-anning/，2021 年 4 月 4 日查阅。

震、洪水、火灾或其他自然灾害,但不包括天气条件(无论其严重程度);[①]e.全国性罢工或全国性劳资纠纷,或影响到工程重要部分的,但并非由受影响方、其分包商或供应商主导的劳工罢工或劳资纠纷。其中不包括与工程或本合同的履行有关的任何劳资纠纷。[②]"[③]企业在赴海外投资时不可轻视"不可抗力条款"的拟定,因条款内容的模糊性可能引发风险分配不合理的隐患。与此同时,条款的相应内容也应与 PPA 协议(电力购买协议)有效衔接。

　　而就承包商的权利义务内容而言,因不可抗力引起的后果及造成的损失主要由合同当事人按照约定各自承担,故条款还需要包括双方对于不可抗力后果和损失的责任分担约定,项目公司和承包商可经由商议选择拟定相应的内容,如"在不可抗力发生期间,项目公司无须对承包商因不可抗力事件而支出的任何延误费用产生赔偿责任"[④],或者"因不可抗力影响承包人履行合同约定的义务,已经引起或将引起工期延误的,应当顺延工期,由此导致承包人停工的费用损失由项目公司和承包商合理分担"。[⑤] 当然,项目公司如能在合同中明确承包商的"修复责任"——明确授予项目公司指示承包商修复因不可

　　① "天气"状况虽不属于"不可抗力",但其与"不可抗力"一样需要进行风险分配,项目开发商可以在合同中明确"严重"或"极端"天气事件的定义。此外其风险分配原则可以参见不可抗力。(Patricia D. Galloway,The Art of Allocating Risk in an EPC Contract to Minimize Disputes,*Construction Lawyer*,Vol.38,2018,pp.26-33.)

　　② 全国性罢工和全国性劳资纠纷属于"不可抗力",但是普通的劳动纠纷不算是"不可抗力",与此类似的还有法律规定的变更等。项目开发商应在合同中对其定义予以明确,其风险分配原则可以参见不可抗力。(Patricia D. Galloway,The Art of Allocating Risk in an EPC Contract to Minimize Disputes,*Construction Lawyer*,Vol. 38,2018,pp.26-33.)

　　③ 该定义应是以 FIDIC1999 年版本的"不可抗力"定义为基准拟定的。(Kieran Whyte,Damian McNair,EPC Contracts in the Renewable Energy Sector-South African REI-PP Programme—Lessons Learned from phases 1 and 2,https://www.mondaq.com/australia/construction-pla-nning/,2021 年 4 月 4 日访问。)

　　④ Kieran Whyte,Damian McNair,EPC Contracts in the Renewable Energy Sector-South African REIPP Programme—Lessons Learned from phases 1 and 2,https://www.mondaq.com/australia/construction-planning/,2021 年 4 月 4 日访问。

　　⑤ 《建设工程施工合同(示范文本)2017》,http://www.mohurd.gov.cn/wjfb/201710/t20171030_233757.html,2021 年 4 月 4 日访问。

抗力事件造成的工程损毁的权利等,此时可尽量避免事后纠纷。①

总之,虽众所周知"不可抗力事件"不可归因于当事双方,但是不可抗力事件的风险分摊一直是实践中易于引发纠纷的难点,故项目公司尽可能在合同中细化该条款,将有益于规避风险。但是需要注意的是不可抗力风险分配的要义不在于将所有的相关风险均转移至承包商,因风险是项目本身所固有的,即使合同中列明由承包商承担风险,对于项目公司而言该风险事实上造成的后果可能也不会消失。因而"不可抗力"的风险分配应当遵循"由最有能力管理风险的一方承担"的原则,以在整体层面平衡项目公司和承包商的权利义务。具体而言,项目公司可以适用以下的准则进行判断:哪一方更有可能预见风险;哪一方可以更好地控制风险和/或其相关后果;哪一方承担风险更合适;和当风险最终发生时,哪一方最终受益最大或将遭受最大损失——当纠纷诉诸法律途径时,法官或者仲裁员也将依据上述的若干准则分配合同中未予以明确的风险。② 除此之外,项目公司也可通过限制风险敞口的措施,如在合同中明确承包商对项目的投保义务、禁止索偿间接损失等条款,以减少不可抗力发生时项目公司需承担的相应风险。而基于契约自由的原则,项目公司还可与承包商商议适用 FIDIC 银皮书标准③——由国际咨询工程师联合会(International Federation of Consulting Engineers)专门编写的、于全世界范围内通

---

① 笔者基于项目开发商利益最大化的考量,建议项目开发商在 EPC 合同中明确承包商在不可抗力事件中的修复责任,但是最终需经由项目开发商和承包商商议后决定由哪一方承担修复责任,即项目开发商也有可能承担修复责任,如我国《建筑工程施工合同(示范文本)2017》第 17 条第 3 款第 6 项,"承包人在停工期间按照发包人要求照管、清理和修复工程的费用由发包人承担"。

② Patricia D. Galloway, The Art of Allocating Risk in an EPC Contract to Minimize Disputes, *Construction Lawyer*, Vol.38, 2018, pp.26-33.

③ 相较于承揽合同,将新能源项目的 EPC 总承包合同定性为建设工程合同更符合其合同特性。因此笔者认为 REIPPPP 项目的 EPC 合同也可适用 FIDIC 标准。(金杜律师事务所:《新能源项目 EPC 总承包合同的性质以及招投标对 EPC 总承包合同效力的影响》,https://www.kwm.com/zh/cn/knowledge/insights/,2021 年 4 月 4 日访问。)

行的土木工程施工（EPC 合同适用银皮书版本）①的标准合同,此时"不可抗力"的风险分配将可直接遵循该标准,而无须另行拟定条款。但是需要注意的是该标准合同的"不可抗力"条款并不全然有利于项目公司,且实务界对其"风险分配"原则尚存较多争议。②

C.细化合同争议解决条款,探索多元化纠纷解决机制

争议解决条款的细化"宜早不宜迟",在拟订合同的阶段明确准据法及争端解决方式,可尽量避免因条款过于简化导致的事后纠纷。中国企业在与承包商谈判时,应尽可能选其较为熟悉的法律作为准据法。此外,项目公司应谨慎选择以南非本地的法律为准据法——因南非原本是英国的殖民地,其现行法律制度中既有大陆法系成文法的内容,也有英美法系程序法的传统,与我国法律存在诸多差异,③故除非双方当事人已对此进行了深入的研究,否则笔者更建议项目公司选择彼此都了解的法律,以免争议拖延。此外,笔者建议项目公司可以将其对承包商的期望以书面形式纳入合同条款中,如承包商承诺在争议解决之前继续实施工程;承包商同意在开始诉讼（或仲裁）之前先行磋商和调解等。④

与此同时,就争议解决方式,如赴南非投资的中企对南非的法律法规和法律体系等内容不甚了解,其可选择仲裁方式作为合同纠纷的解决方式。在 REIPPPP 项目中,EPC 合同（工程总承包合同）当事人也倾向于使用仲裁作

---

① 《FIDIC 银皮书（FIDIC Sliver Book）》是专门适用于 EPC 合同的标准合同。近年来在撒哈拉以南非洲和其他新兴市场的项目中,多以其为 EPC 合同模板。而 1999 年版本规定由项目开发商（业主）承担不可抗力的后果,在 2017 版 FIDIC 合同中"不可抗力"被重新命名为"例外事件",但其所有内容的程序、原则、细节等方面与 1999 年版本并无原则性变动。(The FIDIC Silver Book - Impact for Project Financed EPC Contracts—A Detailed Analysis,https://www.trinityllp.com/updates-t-o-fidic-suite-of-contracts-a-detailed-analysis/,2021 年 4 月 4 日访问。)

② The FIDIC 1999 Conditions of Contract for Construction,https://cnccounsel.com/insights/the-fidicc-1999-conditions-of-contract-for-construction,2021 年 4 月 4 日访问。

③ 系列丛书编委会：《一带一路沿线国家法律风险防范指引》,经济科学出版社 2017 年版,第 223~226 页。

④ Kieran Whyte,Damian McNair,EPC Contracts in the Renewable Energy Sector-South African REIPP Programme—Lessons Learned from phases 1 and 2,https://www.mondaq.com/australia/construction-planning/202610/epc-contracts-in-the-renewable-energy-sector--south-african-re-ipp-programme--lessons-learned-fr-om-phases-1-and-2-october-2012-part-1,2021 年 4 月 4 日访问。

为首选的争议解决机制。^① 南非国内的仲裁法案主要包括 1965 年颁布的《南非仲裁法》和 2017 年颁布的《南非国际仲裁法》,适用于南非国内的仲裁与国际仲裁。^② 与此同时,其国内目前设有南非仲裁员协会(The Association of Arbitrators)、南非国际商会(International Chamber of Commerce South Africa,"ICCSA")、南非仲裁基金会(Arbitration Foundation of South Africa,"AFSA")及其下属的南非多元化纠纷解决协会(The Alternative Dispute Resolution Association Of South Africa)等多个知名的仲裁机构。^③ 此外,EPC 合同(工程总承包合同)双方当事人也可以选择将争议提交给中非联合仲裁中心(China-Africa Joint International Arbitration Centre,"CAJAC")——AFSA 与上海国际仲裁中心(Shanghai International Arbitration Centre ,"SHIAC")共同建立的中非联合仲裁中心(CAJAC):^④目前包括由南非仲裁基金会主持的约翰内斯堡 CAJAC(2015 年成立)、由内罗毕国际仲裁中心(Nairobi Centre for International Arbitration ,"NCIA")主持的内罗毕 CAJAC、由北京国际仲裁中心(Beijing International Arbitration Centre ,"BIAC")主持的北京 CAJAC、由上海国际仲裁中心(Shanghai International Arbitration Centre ,"SHIAC")主持的上海 CAJAC 和由深圳国际仲裁院(Shenzhen International Court of Arbitration,"SCIA")主持的深圳CAJAC。^⑤

　　除此之外,伴随着仲裁的发展,项目公司也可探索其他解决商事争议的新途径,其一是"仲裁+调解":目前南非已有多家专门的机构致力于以调解的方

———————————

①　Kieran Whyte, Damian McNair, EPC Contracts in the Renewable Energy Sector-South African REIPP Programme—Lessons Learned from phases 1 and 2, https://www.mondaq.com/australia/construction-planning/202610/epc-contracts-in-the-renewable-energy-sector--south-african-re-ipp-programme--lessons-learned-fr-om-phases-1-and-2-october-2012-part-1,2021 年 4 月 4 日访问。

②　张建:《南非商事仲裁法律体系:制度现状与发展趋势》,载《北京仲裁》2019 年第 3 期。

③　系列丛书编委会:《一带一路沿线国家法律风险防范指引》,经济科学出版社 2017 年版,第 415 页。

④　Dentons, The China Africa Joint Arbitration Centre, https://www.lexology.com/library/detail.aspx? g=c11a69b3-93b3-4569-a155-e0400d8910ad,2021 年 4 月 4 日访问。

⑤　Chinese Africa Joint Arbitration Centre:A Solution to Trade Disputes between Africa and China,https://thearbitrationbrief.com/2019/02/11/chinese-africa-joint-arbitration-center-a-solution-to-trade-disputes-betw-een-africa-and-china%ef%bb%bf/,2021 年 4 月 4 访问。

式维护社会秩序,如南非调解与仲裁委员会(Commission for Conciliation, Mediation & Arbitration)——于雇佣争议方面有颇多建树;①非洲建筑争议解决中心(African Centre for the Constructive Resolution of Disputes);②暴力与和解研究中心(Centre for the Study of Violence and Reconciliation)等;③其二是"仲裁+第三方资助":第三方资助仲裁(Third Party Funding)是近几年来才出现的一种新模式,其在南非也算是"朝阳产业"。1997年《风险代理收费法》(Contingency Fees Act)认可了执业律师和诉讼当事人之间的风险代理协议(Contingency Fee Agreements)的合法性——仅在所代理的案件胜诉时,才允许律师按比例收取费用(不应超过正常收费的2倍)。④ 此后南非最高上诉法院于裁判⑤中明确了其他第三方(非律师)与诉讼当事人之间的诉讼资助协议(Third Party Litigation Funding Agreements)不违背南非的公共利益;南非高等法院于裁定⑥中允许资助人作为共同诉讼人参与诉讼,由此South African Litigation Funding Company(2013年最初成立)、Astrea、Christopher Consulting 等具有诉讼资助性质的公司逐步拓展其业务领域,且已囊括仲裁案件的资助。需要注意的是,其他第三方资助的业务目前在南非

---

① Dispute Resolution Procedure in the National Bargaining Council for the Wood and Paper Sector("The Council"), https://www.sawpa.co.za/documents/Dispute Resolution Procedur.pdf,2021年4月4日访问。

② African Centre for the Constructive Resolution of Disputes,https://data.landportal.info/organization/afr-ican-centre-constructive-resolution-disputes,2021年4月4日访问。

③ 张建:《南非商事仲裁法律体系:制度现状与发展趋势》,载《北京仲裁》2019年第3期。

④ 张建:《南非商事仲裁法律体系:制度现状与发展趋势》,载《北京仲裁》2019年第3期。

⑤ Price Waterhouse Coopers Inc v National Potato Co-Operative Ltd,2004(6),SA 66(SCA)(MJ Khoza, Formal Regulation of Third Party Litigation Funding Agreements? A South African Perspective, *Potchefstroom Electronic Law Journal*, Vol.21,2018,pp. 1727-3781.)

⑥ Price Waterhouse Coopers Inc v IMF(Australia)Ltd and Others,2013(6),SA 216(GNP)(Van der Merwe and Others v Nel(63770/2011)[2015]ZAGPPHC 336, http://www.saflii.org/za/cases/ZAGPPHC/2015/336.html,2021年4月4日访问。)

是处于无监管状态,因此中企需要防范资助者高额收费给企业带来的意外损害。①

②EPC合同中可再生能源项目相关条款的法律风险防范

A.EPC合同中添加"抗辩"条款,要求提供O&M手册

为了避免EPC合同(工程总承包合同)和O&M(运维服务协议)项下潜在操纵和风险转移的可能性,项目公司应在EPC合同(及运维协议)或承包商与运营商的协调和对接协议中明确抗辩机制,以防止二者之间因彼此的延迟履约或履约不足等获得救济,以及以对方的延迟履行或履约不足作为己方失责的抗辩。除此之外,项目公司应要求承包商提供一份详细的《操作和维护手册》,②并于其中明确承包商培训人员的义务,以及运维人员协助调试和/或测试设备的时间安排。

B.EPC合同中明确承包商的工程瑕疵责任和性能认证/保证的义务

正如上文所述,EPC合同(工程总承包合同)可囊括的性能保证的条款类型较多,且有的于行业内已然形成惯例,如特殊零件的保修义务,此类保修期可能长达10年或者更长的时间,③但保修义务的稳定性往往也与提供附带保证的制造商的财务稳健性密切相关,故对此风险规避的重点在于项目公司需核实制造商在保修期内长久地提供保修义务的能力,其应依赖专业的技术顾问所出具的对有关零件保修期限和提供附带担保的制造商的财务能力的分析意见,审时度势。此外,对于实践中仍颇具争议的分批零件的缺陷责任期限等问题,对于项目公司而言,理想的情况是承包商对缺陷的责任期从接管每个组件时开始,但只有在全部组件都通过了商业运营所需的所有测试,其缺陷责任期才可能终止。然而承包商往往会拒绝此类提议,此时项目公司需要与承包

---

① MJ Khoza, Formal Regulation of Third Party Litigation Funding Agreements? A South African Perspective, *Potchefstroom Electronic Law Journal*, Vol. 21, 2018, pp.1727-3781.

② Lucy Baker, Holle Linnea Wlokas, South Africa's Renewable Energy Procurement: A New Frontier,*Tyndall Working Paper*, 2014, p.7.

③ Kieran Whyte, Damian McNair, EPC Contracts in the Renewable Energy Sector-South African REIPP Programme—Lessons Learned from phases 1 and 2, https://www.mondaq.com/australia/construction-plannin-g/202610/epc-contracts-in-the-renewable-energy-sector--south-african-re-ipp-programme--lessons-learned-from-phases-1-and-2-october-2012-part-1, 2021年4月4日访问。

商商讨折中方案,如以每个电路的组件为期限责任期的计量单位。① 总之项目公司可与律师慎重推演多种方案的法律风险,权衡利弊,与承包商商议过后落实于 EPC 合同(工程总承包合同)中。

而针对实践中模棱两可,但争议较少的性能保证责任,如连续缺陷责任和关键设备的技术认证责任,笔者建议项目公司在 EPC 合同(工程总承包合同)中逐句明确此类情形下承包商的义务,如 EPC 合同(工程总承包合同)可规定项目公司在连续缺陷情形发生时有权指示承包商更换特定组件。此外,如项目公司对关键设备的独立认证有特殊的要求,也应及时反馈给承包商。尽管在项目开始时谈判和起草各类性能保证要求和条款可能是较为耗时的,但实际上事前预防所耗用的时间和金钱总是比事后弥补更有价值。②

C.EPC 合同必须与其他协议正确对接

在 EPC 合同(工程总承包合同)中,承包商的首要目的是按时或提早完成工程建设,以获得可观的对价,而就项目公司而言,EPC 合同(工程总承包合同)同时也是其与其他参与方(如贷方、土地租赁方)维持长期良性互动关系的关键因素之一,故项目公司及聘请的律师应在合同谈判/订立的阶段警惕 EPC 合同(工程总承包合同)中的不确定性,确保在时间阈值、救济条款、技术标准等方面与其他协议,尤其是 PPA(电力购买协议)项下的运营条件保持一致。如 EPC 合同(工程总承包合同)可囊括"承包商已审查了购电协议、实施协议、传输协议和直接协议等项目文件的条款,并且不得阻止/干扰项目公司履行其在上述项目文件下的义务。如因承包商的原因致使项目公司无法践行其承诺,承包商需担负相应的赔偿义务"③等诸如此类的条款,以将项目公司的风险转移给承包商。此外,因直接协议(矿产资源和能源部与贷款人之间具

---

① Kieran Whyte, Damian McNair, EPC Contracts in the Renewable Energy Sector-South African REIPP Programme—Lessons Learned from phases 1 and 2, https://www.mondaq.com/australia/construction-plannin-g/202610/epc-contracts-in-the-renewable-energy-sector--south-african-re-ipp-programme--lessons-learned-from-p-hases-1-and-2-october-2012-part-1, 2021 年 4 月 4 日访问。

② Angus N. McFadden, Gregory K. Smith, Issues and Solutions in International Construction Contracting, *Construction Lawyer*, Vol.36, 2016, pp.7-15.

③ Kieran Whyte, Damian McNair, EPC Contracts in the Renewable Energy Sector-South African RE-IPP Programme—Lessons Learned from phases 1 and 2, https://www.mondaq.com/australia/construction-planning/202610/epc-contracts-in-the-renewable-energy-sector--south-african-re-ipp-programme--lessons-learned-f-rom-phases-1-and-2-october-2012-part-1, 2021 年 4 月 4 日访问。

有担保性质的协议)的存在,笔者认为相比融资和贷款协议等,EPC 合同(工程总承包合同)所引发的索赔可能对于项目公司而言更具有危害性。基于 PPA 协议(电力购买协议)是项目公司主要的收入来源,[①]只有确保 EPC 合同与 PPA 协议有效对接,才能尽可能避免项目公司陷入无休止的索赔纠纷中。

D.EPC 合同中的环境发展义务条款应当与项目的相关义务一脉相承

正如上文所说,对于 REIPPPP 计划的项目公司而言,与环境发展义务直接相关的风险在于竞标阶段时所承诺的环境义务,故 EPC 合同(工程总承包合同)中也应当明确相应的义务,以将项目公司遵守环境许可和环境影响评估的风险转移至承包商。与此同时,承包商还必须制定环境管理计划,以在工厂建设期间识别、缓解和监控风险。

除此之外,项目公司也应对南非环境法制层面的宏观风险有所了解。一般而言,一国的环境和自然资源类别的法律将为可再生能源引入其国内能源结构提供机会,但南非的环境法体系(包括《宪法》、1998 年《国家环境管理法》(National Environmental Management Act,简称"NEMA")、规范土地和水资源的法律、规范空气/土地和水污染的法律,以及规范废物和土地使用规划的法律等)明显对可再生能源发展的驱动力不足。此外,南非可再生能源发展的一大障碍是其国内与能源、环境相关的法律[②]与政策计划之间缺乏协调[③]——南非的环境立法和能源立法分别由各自的主管机构牵头制定,部门法律之间缺乏共同的目标(即环境保护和自然资源利用),此类现象虽在能源利用活动需要环境授权之后有所改善,但其国内能源法体系和环境法体系分裂的局面仍未扭转,由此可能给项目公司带来的影响是:尽管存在综合资源规划等能源

[①]　Gaylor Montmasson-Clair, Georgina Ryan, Lessons from South Africa's Renewable Energy Regulatory and Procurement Experience, *Journal of Economic and Financial Sciences*, Vol.7(s), 2014, p.518.

[②]　南非能源及电力行业的法律规范主要包括《2006 年电力管理法》《2008 年国家能源法》《2011 年新发电量法规》。(Tumal Murombo, Law, Regulation, and the Promotion of Renewable Energy in South Afr-ica, Doctor of Philosophy in the School of Law at the University of the Witwatersrand, 2015, pp.175-195.)

[③]　Tumal Murombo, Law, Regulation, and the Promotion of Renewable Energy in South Africa, Doctor of Philosophy in the School of Law at the University of the Witwatersrand, 2015, pp.198-233.

政策,但面对传统的化石燃料为主导的能源体系,如市场①大力支持燃煤电力,甚至核电的发展,IPP 将无所适从。谨需注意的是,南非在 2019 年出台了两项政策性的变革措施——其一是分拆 Eskom 公司(参见上文分析),其二是将原本独立的能源部(Department of Energy)和矿产资源部(Department of Mineral Resources)合并为矿产资源和能源部(Department of Mineral Resources and Energy,"DMRE")。② 早在 2009 年,矿产资源和能源部被分拆为了独立的两个部门,但是对于当时的分拆,学界呈褒贬不一的态度。③ 而此次再行合并的举措,因历时尚短,也难以评估将对可再生能源的发展产生的影响。

总之,尽管法制环境层面的宏观风险不算是直接风险,也并非紧要风险,但对于 REIPPPP 这类长期项目而言,项目公司应对此有所知晓,也要拟定适当的风险预警方案。如早前就存在因 Eskom 公司的拒绝,致使若干份 PPA 协议(电力购买协议)被搁置的情况,虽政府针对此类情形承担了一定的担保责任,EPC 合同中如能明确项目公司在此类情形中的免责抗辩权,也可在一定程度上缓解项目公司的压力。且如有必要,项目公司应考虑在 EPC 合同(工程总承包合同)中拟定相应的连带责任条款,使 EPC 承包商受同样的环境保护义务的约束。

③可再生能源 EPC 合同中的关键履约条款的法律风险防范

A.就"违约金条款"的起草而言,笔者总结了两种可能造成违约金失效的典型情形:其一是违约金超出了真实损失的估计。根据南非的法律,超出真实损失部分的违约金有时是可以得到认可的,此时其被认定具备"惩罚性质",但是如法院认为项目公司依据违约金获得的赔偿与其所遭受的损失不相称时,

---

① 在 2019 年之前,国家能源部(原能源部门"DOE")、国家能源监管局(NERSA)和 Eskom(非政府部门,但过去是主要负责南非发电、输电和配电的国有电力公司)是负责电力部门政策设计和执行的三个主要国家机构,并且公共能源部门机构之间存在着高度的依赖、支配和控制关系,这潜在地限制了 IPP(独立发电商)的发展空间。(Tumai Murombo, Legal and Policy Barriers to Renewable and Sustainable En-ergy Sources in South Africa, *World Energy Law Bus*, Vol.9, 2016, p.142.)

② National Government of South Africa, https://nationalgovernment.co.za/units/management/429/departm-ent-of-mineral-resources-and-energy-dmre, 2021 年 4 月 4 日访问。

③ Tumai Murombo, Regulating Energy in South Africa: Enabling Sustainable Energy by Integrating Energy and Environmental Regulation, *Journal of Energy & Natural Resources Law*, Vol.33, 2015, p.323.

法院可酌情减少赔偿款,此时超出部分的违约金将失效。对此合同当事各方应谨慎考虑适用于 EPC 合同(工程总承包合同)的法律,因为某些司法管辖区可能倾向于减少商定的违约金数额。^①尽管实践中几乎没有项目公司最终获得低于真实损失的赔偿数额,但是因与财务预期的差异,此类结果往往会使项目公司措手不及。^②

此外,实践中将履约违约金条款和延迟违约金条款合并索赔的行为(指的是在合同中未分别明确两类条款,索赔时将两种情形混杂的情况)是常见的导致违约金超出预估真实损失的原因。如项目公司在索赔时,将致使履约违约金(PLDs)条款的性能不佳的事项与致使延迟违约金(DLDs)条款的延迟履约的事项混为一谈,则很可能出现以下情况——如项目公司以延迟违约的理由索赔,承包商将辩称依据设施性能不佳的事实所计算的损失不应包括在延迟履约的对价中,则设备性能不佳所对应的索赔将付之东流。反之亦然。但是如项目公司更倾向于将延迟违约金(DLDs)和履约违约金(PLDs)条款合并处理,笔者建议合同条款的描述应更贴合延迟违约金(DLDs)条款的情形,因实践表明长期性能不佳的可能性远低于延迟履行。无独有偶,如 EPC 合同中同时囊括多种类型的性能保证要求,项目公司最好应明确各类的履约违约金所对应的性能保证义务。^③

第二种可能导致违约金失效的情形是承包商延迟履行的行为触发了预防原则——在某些特殊情形下,承包商有权延长竣工日期,此时如项目公司不予同意,并强行索赔违约金,将导致违约金条款失效。^④具体而言,预防原则

①　Muhammed Durmus Ozkan, Liquidated Damages in EPC Contracts, *GSI Articletter*, Vol.11, 2014, p.70.

②　Kieran Whyte, Damian McNair, EPC Contracts in the Renewable Energy Sector-South African REIPP Programme—Lessons Learned from phases 1 and 2, https://www.mondaq.com/australia/construction-pl-anning/202610/epc-contracts-in-the-renewable-energy-sector--south-african-re-ipp-programme--lessons-learned-f-rom-phases-1-and-2-october-2012-part-1, 2021 年 4 月 4 日访问。

③　Kieran Whyte, Damian McNair, EPC Contracts in the Renewable Energy Sector-South African RE-IPP Programme—Lessons Learned from phases 1 and 2, https://www.mondaq.com/australia/construction-pl-anning/202610/epc-contracts-in-the-renewable-energy-sector--south-african-re-ipp-programme--lessons-learned-f-rom-phases-1-and-2-october-2012-part-1, 2021 年 4 月 4 日访问。

④　Muhammed Durmus Ozkan, Liquidated Damages in EPC Contracts, *GSI Articletter*, Vol.11, 2014, p.70.

(Prevention Principle)是法院为防止项目公司恶意拖延以索赔违约金而明确的具有公平性质的原则。南非的法律没有明确该项原则,但是法院倾向于在合适的场景中适用它,故项目公司应对此有所了解。与此同时,当需要在EPC合同(工程总承包合同)中起草符合该项原则的条款时,"EOT"条款(Extension of Time Clause)是常见的选择——实践中一般将项目公司的作为/不作为/违约情形、因项目公司的缘故导致工程暂停、造成关键工程延误且承包商已在合理期限发出通知的不可抗力等情形列为上述特殊情况。① 但是项目公司应谨慎拟定该类条款,因一旦并入合同,法院可能会认定在合理的情况下,项目公司即具有准予延长期限的强制性义务。②

总之,项目公司在草拟违约金条款时,应警惕笔者在上文所总结的两种易使违约金条款失效的情形,并斟酌与此相关的所有条款,如此方可避免陷入纠纷,比如在EPC合同中的EOT条款中,如果项目公司另行声明其对于准予延迟的特殊情形具有完全的决定权,法院也将慎重考虑承包方所主张的理由于项目公司的合理性。③ 且EPC合同中的违约金条款应可明确/可推断出违约金的支付期限,以使相关条款行之有效。④

B.就"履约保证条款"的内容而言,其实笔者在上文也提到履约保证条款与履约违约金条款所实现的目的事实上有一定的重合性,即工程的性能保证,但是正因施工建设中工程质量的重要性,笔者才更建议项目公司在"履约违约金条款"之外,进一步落实"履约保证条款"。且项目公司应细化"履约保证条款"的内容,因在纠纷发生时,过于简化和宏观的约定都可能成为双方的争议焦点,当然承包商一般无法同意过于严苛和面面俱到的"履约保证条款",项目公司需在明晰笔者在上文所列举的性能测试类型、测试时间等风险要点后,酌

---

① 系列丛书编委会:《一带一路沿线国家法律风险防范指引》,经济科学出版社2017年版,第232～233页。

② Kieran Whyte, Damian McNair, EPC Contracts in the Renewable Energy Sector-South African REIPP Programme—Lessons Learned from phases 1 and 2,https://www.mondaq.com/australia/construction-pl-anning/202610/epc-contracts-in-the-renewable-energy-sector--south-african-re-ipp-programme--lessons-learned-f-rom-phases-1-and-2-october-2012-part-1,2021年4月4日访问。

③ M Barnard, The Role of International Sustainable Development Law Principles in Enabling EffectiveRenewable Energy Policy- A South African Perspective, *Potchefstroom Electronic Law Journal*, Vol.15, 2012, pp.207-243.

④ Muhammed Durmus Ozkan, Liquidated Damages in EPC Contracts, *GSI Article-tter*, Vol.11, 2014, p.70.

情明确己方立场。

　　C.就"共同延误规则"的解决思路而言,理论上有三种方案:其一,承包商无权延迟该部分的工期。其二,承包商有权延迟该部分的工期,即不论承包商是否具有过失,只要项目公司的延误事件属于合同中列明的应予以延期的事项,则承包商一律可以延期。此外,实践中常见的"主要延误原因法"也是此思路的变形方案,即如承包商可以证明项目公司造成的事件是延误后果的主要原因,其可以赢得工期索赔。① 一般而言,只有当后发生的事件事实上更进一步地延长了此前所延误的工期,则后发生的事件才可以认定为"主要原因"②——该辨别方式其实与实践中另一解决方案"事项先后顺序法"有异曲同工之处,即在辨别不同延误事件的影响程度时,应首先评估最先发生事项的延误作用,当其作用完全消失时,才可将延误归因于剩下的延误事件,该方案因总是偏袒于后发生的事件,实践运用中存在较大缺陷。另外,需要注意的是,当项目公司造成的延迟期间与承包商造成的延迟期间完全重叠或前者完全被包括在后者中时,此时如项目公司造成的延迟无碍于承包商本身的延迟,承包商无权依据"预防原则"要求延期(见图1-5)。③ 其三,承包商有权延迟部分工期,具体而言,延迟的原因由独立第三方(理想情况)在当事各方之间分摊(分摊法),承包商将得到与分摊比例相等的延长时间。除此之外,实践中还存在一些较为偏激的解决方案,如反向测试法——只考虑由项目公司造成的延误事件的影响,如承包商可证明没有此类事件,其可如期完成工程,则承包商可如愿延期;常识辨别法——默认所有的延误事件具有同等的延误效应,此时由当事人根据常识辨别哪一事件是关键延误事件。④

　　综合以上若干种解决方案,笔者认为"分摊法"和"主要延误原因法"更具有公平性和灵活性,但是实践中囊括其余方案的EPC合同(指的是有共同延

　　①　何维:《国际工程索赔中共同延误的处理方法和实践》,载《华北水利水电学院学报(社科版)》2013年第6期。

　　②　Richard Silver, Concurrent Delay Under Construction Contracts, https://www.silverllp.com/articles-leg-a-l-updates/concurrent-delay-construction/,2021年4月4日访问。

　　③　何维:《国际工程索赔中共同延误的处理方法和实践》,载《华北水利水电学院学报(社科版)》2013年第6期。

　　④　Richard Silver, Concurrent Delay under Construction Contracts, https://www.silverllp.com/articles-leg-a-l-updates/concurrent-delay-construction/,2021年4月4日访问。

图 1-5　共同延误图例

误条款的 EPC 合同)也不鲜见,因在大多数情况下当事人/独立第三方无法量化各方的责任和影响程度,进而无法认定承包商可分摊的比例或辨别主要的延误事件。换言之,评判双方各自的过错本就是主观性极强的事情,除非由具有公信力的机构或个人,如法院作出类似判定,否则难以服众。"共同延误"各解决方案之间的冲突由来已久,且至今实践中也难形成统一定论。项目公司和承包商可在合同中明确一种解决方案,但需要注意的是,即使在 EPC 合同中明晰了某一种解决方案,因实际操作中的各种困难,该条款可能也无益于完全避免二者之间可就共同延迟的解决思路达成初步的共识。

　　总而言之,合同虽可体现当事人的意思自治,但最终落实到合同文本中的条款却是经过双方商业谈判、利益权衡之后的结果,尤其各类关键履约条款更是项目公司与承包商之间风险分配的矛盾冲突点,故虽笔者于文中分析了理想情况下,项目公司应囊括的各履约条款的内容,但项目公司也应当结合个案分析其风险,理论研究终究不是面面俱到,即使有时项目公司无法选择最优方案,"以退为进"的做法也可能从整体上为项目公司带来更为可观的"收益"。因此笔者建议项目公司通过研读上述的理论分析,知晓草拟违约金、履约保证、共同延误等条款过程中的法律风险,以规避风险为其 EPC 合同谈判/拟定的思路,同时可聘请精于此道的法律顾问、技术顾问等,以积极争取己方利益。

　　3.与融资协议谈判/签订相关的法律风险防范

　　(1)股权协议与贷款合同中相关法律风险的防范措施

　　①密切关注银行融资规则,积极探索融资路径的迭代更新

　　单从融资角度而言,项目公司受《巴塞尔协议》Ⅲ 的影响有限,但是《巴塞尔协议》Ⅲ 本身反映了银行业监管的全球趋势,其中的多项标准将使得银行融资的条件愈发严苛,融资成本愈发昂贵,故中企应对此大趋势有所了解,并拟定风险预警方案,如积极寻求如下融资的新途径:

　　A.选择项目债券:项目债券并不是一项新的金融工具,但它在金融危机

后才显示出了超越银行融资的不可比拟的优势。《巴塞尔协议》Ⅲ 提高了银行的合规成本,此成本将最终转移至项目公司,且降低项目的内部收益率。而符合信用等级的项目债券可允许机构投资者,如养老保险金等通过上市交易参与基础设施项目,由此减少项目对银行贷款的依赖性,因此其具备降低项目融资成本的潜力。[1] 且项目债券的融资方式相较于银行融资而言是一种长线的资金来源,其在一定程度上可避免项目再融资的风险。[2] 此外,对于(项目债券的)潜在投资者而言,高评级项目的债券流动性事实上高于传统的项目融资贷款,因此项目债券于投资者也是具有吸引力的,故项目公司如选择项目债券方式,一般也可筹集足够的资本以开发中标项目。但是风险偏好较低的投资者对此关注较少,尤其建筑业的投资者风险偏好一向较低,故这也是项目债券的一大劣势。[3] 但需要注意的是,目前欧洲和美国已多次利用项目债券为基础设施项目融资,而南非虽已有经验,但相应的市场还有待完善。

B.选择新思路:此处所言"新思路"多指银行与机构投资者相结合的融资方案,即项目前期,尤其是施工阶段由银行提供贷款,而进入商业运营阶段后由银行将现金流转售给养老基金或人寿公司等机构投资者。基于银行长期贷款的成本过高,实践中项目公司多寻求银行的短期贷款,因此此类分阶段的融资方案其实已经不再具有新颖性,换言之市场已经证明了其可行性。金融危机后保险公司、主权财富基金、商业发展公司、资产管理公司等机构大量涌现,由于这些机构游离于银行监管体系之外,其可以在一定程度上消弭银行融资的不利影响。[4] 事实上在以往的 REIPPPP 项目中,商业发展公司、资产管理公司、保险基金等已经为项目提供了直接的项目融资贷款服务。而这些机构通常追求在较长的时间内以低风险的项目产生可预测的现金收益,所以这些

---

[1]　Deloittesa,Project Bonds:An Alternative to Financing Infrastructure Projects,http://www. deloitt-eblo-g. co. za/project-bonds-an-alternative-to-financing-infrastructure-projects.html,2021 年 4 月 4 日访问。

[2]　Tianze Ma,Basel Ⅲ and the Future of Project Finance Funding,*Michigan Business ＆Entrepreneurial Law Review*,Vol.6,2016,pp.120-123.

[3]　Deloittesa,Project Bonds:An Alternative to Financing Infrastructure Projects,http://www. deloitt-eblog. co. za/project-bonds-an-alternative-to-financing-infrastructure-projects.html,2021 年 4 月 4 日访问。

[4]　Sarah Padgett,The Negative Impact of Basel Ⅲ on Small Business Financing,*Ohio State Entrepreneurial Business Law Journal*,Vol.8,No.1,2013,pp.202-203.

机构的贷款期限往往比银行贷款更长,也更符合基础设施项目融资的特性。[①]

C.选择公司融资模式:"公司融资"是与"项目融资"相对的融资方式,其将依据公司自身的信用来筹资,因此企业的融资将不受银行严苛要求的限制,且企业也无须支付因借款而催生的利息。[②] 在 REIPPPP 计划的第三轮招标中,由意大利国家电力公司 ENEL——一家大型国际公用事业公司,赢得的六个项目采纳的就是公司融资模式。[③] 但是 ENEL 本身是一个占据一定市场份额的企业,其自身过硬的实力允许其承受较高的风险,也可接受较低的项目收益,这也是此六个项目可以采纳公司模式的重要原因。因公司融资模式极为考验企业在其自身资产负债表内支付项目费用的能力,故公司融资模式更为适合规模小、资本密集度相对较低的项目,因此类项目将不会过度增加企业的压力,对于大多数企业而言都是合适的。除此之外,项目公司需要警惕公司融资模式中可能引发的"期限错配"的问题。以 REIPPPP 项目为例,项目公司需与 Eskom 公司签署长达 20 年的 PPA 协议(电力购买协议),而公司融资的债务期限通常较短,为确保债务到期后,项目公司的资本仍可用于支付项目的费用,项目公司可能不得不提高"消费品"的定价,即以较高的售价尽可能确保公司高额的营业利润,如此项目公司有足够的能力可支付若干年的项目费用,但是较高的售价也意味着项目公司最终把自身的成本压力转移给了消费者[④]——此事(南非人无力支付由 REIPPPP 项目产生的电力)恰是此前 Eskom 拒签后几轮 PPA 所持的若干理由之一。

D.关注国际项目,拓宽融资渠道:非洲的能源安全是举世瞩目的问题,且对于非洲国家而言,经济的可持续发展和能源的可持续供应同样是棘手的问题,因此世界银行和非洲开发银行等金融机构都有针对非洲能源(可再生能

---

① 参加 Tianze Ma, Basel Ⅲ and the Future of Project Finance Funding, *Michigan Business & Entrepreneurial Law Review*, Vol.6, 2016, pp.123-126.

② Patrick Mabuza, Zaakirah Ismail, Kaveshin Pillay, Siyavuya Xolo, Financing Infrastructure Development within a Regulated Environment: Challenges for Regulators, https://www.researchgate.net/publication/333911763_Infrastructure_development_within_a_regulated_environment_Concerns_for_regulators, 2021 年 4 月 4 日访问。

③ Lucy Baker, Holle Linnea Wlokas, South Africa's Renewable Energy Procurement: A New Frontier, *Tyndall Working Paper*, 2014, p.18.

④ Patrick Mabuza, Zaakirah Ismail, Kaveshin Pillay, Siyavuya Xolo, Financing Infrastructure Develop-ment within a Regulated Environment: Challenges for Regulators, https://www.researchgate.net/publication/333911763_Infrastructure_development_within_a_regulated_environment_Concerns_for_regulators, 2021 年 4 月 4 日访问。

源)项目的官方援助计划,此类援助计划将以赠款、优惠贷款、股权投资、担保等形式为非洲能源项目提供支持。其中较为典型的基金类别,如 a.气候投资基金(Climate Investment Funds,"CIF")——所得捐款由世界银行以信托形式持有,并通过多边开发银行援助与发展中国家及中等收入国家相关的减缓和适应气候变化的活动。CIF(气候投资基金)另由两个气候基金组成,即清洁技术基金(Clean Technology Fund ,"CTF")和战略气候基金(Strategic Climate Fund,"SCF")。① 目前南非的能源项目已多次获得非洲开发银行、国际金融公司、国际复兴开发银行等多边开发银行通过 CTF(清洁技术基金)提供的融资资助。② b.全球环境基金(Global Environment Fund,"GEF")——世界银行是全球环境基金受托人,管理全球环境基金的信托基金(Global Environment Facility Trust Fund,"GEFTF"),该笔资金(由捐助方捐款)可用于发展中国家和经济转型国家为实现国际环境公约和协定的目标而开展的活动。③ c.绿色气候基金(Green Climate Fund,"GCF")——该基金旨在限制或减少发展中国家的温室气体排放,并帮助脆弱的国家适应气候变化,因此其也是为可再生能源项目提供资金支持的最主要的基金。④ 绿色气候基金(GCF)将与南部非洲开发银行(DBSA)签署协议,旨在通过增加私营部门在风能和太阳能方面的投资来帮助降低南非的可再生能源价格。⑤ d.非洲可持续能源基金(Sustainable Energy Fund for Africa,"SEFA")——由非洲开发银行能源、环境和气候变化部(ONEC)管理的多方捐助者信托基金,将用以支持中小

---

① Gregor Schwerhoffa, Mouhamadou Syb, Financing Renewable Energy in Africa - Key Challenge of the Sustainable Development Goals, *Renewable and Sustainable Energy Reviews*, Vol.75, 2017, pp.393-401.

② 气候投资基金官网,https://www.climateinvestmentfunds.org/country/south-africa,2021 年 4 月 4 日访问。

③ 与其相关的信托基金还包括气候变化特别基金(Special Climate Change Fund,"SCCF")、最不发达国家基金(Least Developed Countries Fund,"LDCF")、适应基金(Adaptation Fund,"AF")等。(全球环境基金官网, https://www.thegef.org/about/funding,2021 年 4 月 4 日访问。)

④ Gregor Schwerhoffa, Mouhamadou Syb, Financing Renewable Energy in Africa - Key Challenge of the Sustainable Development Goals, *Renewable and Sustainable Energy Reviews*, Vol.75, 2017, pp.393-401.

⑤ 绿色气候基金官网, https://www.greenclimate.fund/news/,2021 年 4 月 4 日访问。

型企业在非洲的大规模可再生能源项目。① 除了上述所列举的世界银行、非洲开发银行所托管的基金之外,可再生能源项目的开发商还可关注"基金中基金"的投资状态,如全球能源效率和可再生能源基金(Global Energy Efficiency and Renewable Energy Fund,"GEEREF")——最初因获得了欧盟、德国和挪威的捐助得以建立,目前主要投资于以新兴市场(符合官方发展援助受援国资格)可再生能源和能源效率项目为目标的基金。截至 2018 年底,GEEREF(全球能源效率和可再生能源基金)在撒哈拉以南非洲、南亚、东南亚、拉丁美洲和加勒比海、中东和中亚的新兴市场中拥有 13 只基金,这些基金又开发了 139 个可再生能源和能源效率项目。②

综上所述,银行融资已有多种替代性方案,但是笔者结合中国"一带一路"可再生能源项目的融资结构,③不建议项目公司草率地全面放弃银行融资模式,而是应以上述诸多思路作为补充融资方案。融资方式的更迭自然需要予以关注,但银行融资方式长盛不衰也有其道理。且银行虽因《巴塞尔协议》需面对较为严苛的资本要求,但政府有时会通过发行绿色债券资助银行,以此来间接援助可再生能源项目,如 2020 年非洲开发银行集团已完成对 Nedbank South Africa(南非银行)发行的与可持续发展目标相关的债券(绿色债券)的 20 亿兰特的投资,该笔投资可用以加强 Nedbank 的内部资本基础,以产生 120 亿兰特的新贷款。④ 总而言之,笔者认为融资方案的设计将需要项目公司综合考虑项目各个维度、各个阶段的风险,而不能仅以初期成本控制作为唯一的要件,融资方式的选择也应如此。

②构建混合融资方案,拓展低成本贷款

相较于股权投资者,贷款人往往最为关注项目公司的还贷能力,因此贷款

---

① 非洲开发银行官网,https://www.afdb.org/,2021 年 4 月 4 日访问。

② 在发展援助委员会《国家 2018—2020 年资金流动》(DAC List of ODA Recipients-Effective for Reporting on 2018,2019 and 2020 Flows)的完整名单中,南非属于中高收入国家。(全球能源效率和可再生能源基金,https://geeref.com/about/investment-strategy.html,2021 年 4 月 4 日访问。)

③ 中国一带一路网:《报告 | "一带一路"国家可再生能源项目投融资模式、问题和建议》,https://baijiahao.baidu.com/s? id=1655523671275806151,2021 年 4 月 4 日访问。

④ African Development Bank Concludes R2 Billion Investment in Nedbank SDG-linked bonds,https://www.afdb.org/en/news-and-events/press-releases/african-development-bank-concludes-r2-billion-investment-nedbank-sdg-linked-bonds-36712,2020 年 4 月 4 日访问。

的成本总是与项目公司的还贷能力/项目风险负相关,故项目公司可在融资贷款合同中通过如下降低项目风险、分散贷款人风险的混合融资措施,尽可能地拓展低成本的融资:

A.大型项目可选择委托两三家南非银行共同融资,即"银团贷款",此时需在贷款合同中清晰拟定各家银行的权利义务,或者分别与各家银行签订融资贷款合同。[①]

B.高风险项目可选择国际金融机构的融资项目:在 REIPPPP 项目的最初几轮中,世界银行的国际金融公司、国际复兴开发银行以及欧洲投资银行等国际金融机构就是少数聚光太阳能(CSP)项目(聚光太阳能项目当时技术还不甚成熟)的贷款人之一。[②] 但与此同时项目公司获得低成本贷款的期望可能落空,因相比中企,国际金融机构往往更容易对具有"先发优势"的国际竞争者青眼相加。[③] 故中企可考虑转由金砖国家新开发银行、亚洲基础设施的投资银行、丝路基金等投融资机构提供融资,因其均由中国牵头建立,且南非的 REIPPPP 项目都在其射程内,投资者可更好地得其荫庇。

C.可选择更多依赖中国进出口银行、中国开发银行的融资服务:中国企业更愿意以银行融资的方式提供资金,且由于中国本土的政策性银行的优惠贷款支持,中企的风险承受度往往更高。[④] 中国进出口银行和中国开发银行都属于中国对外的投融资银行,如中国进出口银行的两优贷款、融资基金,中国开发银行的专项贷款都有专门用于扶持非洲项目的融资产品。[⑤] 如中企依赖中国进出口银行和中国开发银行的融资,将不仅可获得(由商务部补贴的)低融资成本的贷款,同时也有利于企业凭借较高的风险承受能力赢得东道国本地的银行贷款,如龙源南非电力项目就是由中国进出口银行设立的中非基金

---

① Lucy Baker, Holle Linnea Wlokas, South Africa's Renewable Energy Procurement: A New Frontier, *Tyndall Working Paper*, 2014, p.14.

② Lucy Baker, Holle Linnea Wlokas, South Africa's Renewable Energy Procurement: A New Frontier, *Tyndall Working Paper*, 2014, p.14.

③ 杨诗伟:《中国发电企业境外投资面临的机遇与挑战》,载《现代商业》2019 年第 5 期。

④ Giles Mohan PPEDG, May Tan-Mullin, The Geopolitics of South-South Infrastructure Development: Chinese-financed Energy Projects in the Global South, *Urban Studies Journal*, 2018, p.6.

⑤ 江苏省进出口商会:《"一带一路"融资机制知多少(三)——国内政策性金融机构》,http://www.jccief.org.cn/v-1-8362.aspx,2021 年 4 月 4 日访问。

和南非本地银行共同参与的。

D.重视海外能源投资项目的保险:目前中国唯一有资格承办信用保险业务的金融机构是中国出口信用保险公司——"中信保"为海外投资者承保商业风险和政治风险,且是中企极为青睐的融资方式,[1]而依据《多边担保投资机构公约》设立的多边投资担保机构(Multilateral Investment Guarantee,"MIGA")则是世界银行集团内为赴发展中国家的投资者承保政治风险的多边担保机构[2]——MIGA有意于为经营非洲项目且经验丰富的投资者提供担保,如2020年MIGA与南非的四个可再生能源电厂项目签署了15年期限的担保协议。[3] 海外投资保险无损于项目公司的项目所有权,是帮助项目公司分散投资风险的有效方式。

E.双方政府考虑拟定双边能源协议的可行性:严格来说,双边能源协议的内容应属于双边投资协定[4]的范畴,且少有国家专门签署双边能源协议,[5]但是南非政府于2010年终止了与多个国家的双边投资协定,且其内阁决定除非有必要,南非将不再签订新的双边协定,由此在一定程度上减损了双边投资协定的重要性。此外,中国与南非均不属于促进能源领域投资保护的典型多边机制《能源宪章条约》(Energy Charter Treaty)的成员国。[6] 因此,能源领域的中国投资者极有可能同时失去双边和多边机制的投资保护。而双边能源协议将与双边投资协定一样,主要在不公平的投资待遇、国家法规政策的变动、国家监管干预,如:间接征收等问题上给予投资者保护,如东道国违背了协议中

---

[1] 山东省国际承包劳务商会:《一篇搞懂海外项目中长期融资3种方式 及中信保特险项下的短期融资》,https://m.sohu.com/a/325803222_99999896/,2021年4月4日访问。

[2] 李英、罗维昱:《中国对外能源投资争议解决研究》,知识产权出版社2016年版,第87~118页。

[3] Boris Ngounou, South Africa: MIGA Grants $116 Million in Guarantees for 4 Renewable Projects, https://www.afrik21.africa/en/south-africa-miga-grants-116-million-in-guarantees-for-4-renewable-projects/,2021年4月4日访问。

[4] 《中华人民共和国政府和南非共和国政府关于相互鼓励和保护投资协定》现行有效。(中华人民共和国商务部条约法律司,http://tfs.mofcom.gov.cn/,2021年4月16日访问。)

[5] R. Leal-Arcas, V. Nalule, Multilateral and Bilateral Energy Investment Treaties, *International Investment Law and Policy*, 2019, pp.4-5.

[6] Members and Observers to the Energy Charter Conference, https://www.energy-charter.org/,2021年4月4日访问。

的承诺,其将允许投资者以双边协议内约定的方式来保护己方的合法权益(争端解决机制还受到《投资保护法案》①规定的约束)。

伴随着全球能源变革应运而生的海外能源投资活动,如今彰显着长期的发展的趋势,而融资贷款合同中高额投资成本也是能源投资者,尤其是非洲项目的投资者必须面对的重大挑战。笔者上述所列举的降低项目风险以拓展低成本贷款业务的措施,或者直接简述的优惠贷款的途径,可能对于成本控制的效果有限,但不失为贷款方案的借鉴思路。目前中国"一带一路"的可再生能源项目多以一种或两种途径构成项目的融资模式,且多采用无追索贷款。但是中国投资的项目较少采纳多边混合融资模式,②对此有意投资 REIPPPP 项目的中企也可结合具体项目探索混合融资模式的可行性。但是需要注意的是,项目公司将不能仅依据融资成本构建融资方案,还应以融资方案减少项目特定类别的风险,如以引入多边担保投资机构的担保等方式减少东道国政局不稳定所带来的潜在风险。

③审慎考虑股权融资中的黑人经济/社区持股比例

《REIPPPP 计划》旨在通过各方案中的社会经济发展指标,实现促进社会经济发展的目的,但实践中该项目的社会经济效益却经常受人抨击。这其实与黑人经济振兴(BEE)政策受人批评的理由有异曲同工之处,即帮扶历史上处于劣势的南非人的信念最终浮于报告层面——有时企业主会通过操纵所有权结构、高级管理人的构成等,实现提交"合规"报告的目的。此外,不可否认上文第三章提及的承诺赋予社区持股 40% 高比例股份的项目方案确有"一举三得"的考量:其一增强投标方案的吸引力;其二社区股份可兼而满足黑人经济的承诺义务;其三社区"合伙人"追求的利益较为单一,便于管理。但笔者并不推崇类似的做法,实践中由黑人经济/社区持有远超基准份额的招标方案并不常见,因此目前也没有充分的直接证据可以证明超额的承诺将有利于大幅提高标书的得分。此外,正如上文所述,标书中就社会经济发展义务所许承诺将贯穿于项目始终,不合理的承诺无疑会加重后期运营时维持合格指标的困难。而且 REIPPPP 计划推行至今,"社区合伙人"已明晰如何争取己方权益,

---

① 南非于 2015 年通过了《投资保护法案》,但直至 2018 年 6 月 13 日方由总统签发执行令予以实施,法案试图用国内立法的方式抛弃双边投资协定中的国际保护手段和补救措施,使国际投资者和国内投资者处于同样的竞争环境。(张荣芳、叶子:《外资法的选择:南非改革〈投资保护法案〉》,载《北京科技大学学报(社会科学版)》2020 年第 2 期。)

② 中国一带一路网:《报告丨"一带一路"国家可再生能源项目投融资模式、问题和建议》,https://baiji-ahao.baidu.com/s? id=1655523671275806151,2021 年 4 月 4 日访问。

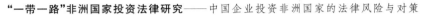

故项目公司期望将社区合伙人隔离于经营之外的想法最终可能会落空。

对于初次赴南非投资的中企,南非的黑人经济振兴(BEE)政策及REIPPPP项目的社会经济发展指标可能着实令人踌躇难决,开发商可积极咨询本地有经验的法律顾问。此外,中企也可慎重考虑以合资企业的形式联合开发REIPPPP项目的可行性,该方案将有益于落实黑人经济的指标,如龙源南非风电项目就是以龙源(51%)、中非基金(16%)、南非穆利洛公司(33%,含黑人公司10%股份)构成的合资企业联合开发的项目。但是如选择联合开发模式,项目公司同时也需审慎选择联合开发的对象,完善合作协议。

④预先拟定项目后期所有权结构不合规的应对方案

项目后期贷款/股权的转让行为,尤其是股份易主的行为,将可能造成股权协议中项目所有权结构不合规等问题。对此,项目公司可以提前采取措施以规避项目所有权结构不合规的风险,如项目公司可与项目初始股权投资方形成协议,在二级市场出售股权时应对受让方的资格有所限制。但是,笔者始终对此类措施的有效性和合规成本持保留意见,因项目公司如想对股权的转让施加限制,从而减损股权的流动性,其势必将付出相应的对价,由此可能造成项目成本的大幅提高。故如寄希望借由此类措施规避项目不合规的风险,项目公司同时也需要制定自行弥补所有权结构的风险预警方案。且考虑到另行寻找符合条件的合伙人所需的成本与时间精力,项目公司应在最初设计股权结构时酌情作出经济发展义务的承诺。此外,如仅就维持项目所有权结构稳定性的角度出发,笔者认为项目公司可考虑如下方案的可行性,即上文提及的与可靠的南非本地实体形成合资企业以联合开发项目。

(2)选择专业人士商讨融资安排中的风险分摊

严格来说,贷款人的风险偏好于项目公司而言不算是较为严峻的风险,因REIPPPP项目的合同结构中,诸多合同包括EPC合同(工程总承包合同)、运维协议等都是以此为出发点谈判风险分担并拟定合同的,故企业如能恰如其分地签署各类合同,一般都能满足贷款人的风险偏好及可融资性审查的要求。以项目超支风险为例,其是工程项目中常见的风险之一——研究表明,无论是私营部门主导的项目、政府主导的项目以及以PPP(Public-Private-Partnership)形式展开的项目都面临项目超支的风险,且材料估价不准确、技术工人缺乏、项目复杂性等都可能成为项目超支的诱发因素。而就整个项目而言,项目超支将使得工程的资本产出比增大,有损于项目的成本控制,且可能与投资者预

期的回报相差甚远。① REIPPPP 项目中常见的 EPC 合同(工程总承包合同)
就是应对此风险最有效的工具之一,其中"固定的工程价格"将使得项目公司
得以将项目超支的风险转移至承包商,由此将有益于项目公司自身的可持续
运营。但是在与股东、贷款人、EPC 承包商等谈判风险分摊和商定融资安排
时,中国的电力企业通常不善于基于可融资性的前提构建融资方案,故中企可
以聘用本地有经验的律师与承包商等商谈风险分担的条件,拟定合同且积极
争取己方利益。②

结　语

　　联合国环境规划署执行主任曾表示,过去 10 年间可再生能源"火箭般"
的发展增速表明,"投资可再生能源就是投资可持续和可盈利的未来"。但
是"能源资源类投资历来是投资风险的重灾区",③因此事前尽职调查就显
得尤为重要,而本文的初衷就是于此尽献绵薄之力。南非虽长期雄踞非洲
经济体前茅,但其能源领域目前仍以煤炭为主——占总产量的 74% 以上,④
这使该国成为全球二氧化碳排放量排名前 20 的国家之一。⑤ REIPPPP 就
是南非旨在摆脱过往的路径依赖、增加可再生能源的供应且适应气候变化
的政策工具之一。

　　REIPPPP 是独立发电商提交投标,且由其在中标后设计、开发和运营南
非各地的可再生能源发电厂的公共采购项目。该项目提出了两个明确的战略
目标,即在启动和刺激可再生能源产业的同时,促进国内社会经济和环境的可
持续增长。社会经济发展因素在项目评审中占据 30% 的权重,由此给投资者
带来了不小的挑战,因推动社会经济发展的各类措施,如"社区方案",并不是

---

① Patrick Mabuza, Zaakirah Ismail, Kaveshin Pillay, Siyavuya Xolo, Financing Infrastructure Develop-ment within a Regulated Environment: Challenges for Regulators, https://www.researchgate.net/publication/333911763_Infrastructure_development_within_a_regulated_environment_Concerns_for_regulators, 2021 年 4 月 4 日访问。

② 杨诗伟:《中国发电企业境外投资面临的机遇与挑战》,载《现代商业》2019 年第 5 期。

③ 梁咏:《中国海外能源投资法律保障与风险防范》,法律出版社 2017 年版,第 25 页。

④ GLI, Energy(2021)-South Africa, https://www.globallegalinsights.com/practice-areas/energy-laws-and-regu-lations/south-africa, 2021 年 4 月 4 日访问。

⑤ Alexander Winning, South African Power Generation Plan Keeps Coal in the Mix, https://financialpost.com/pmn/business-pmn/south-africas-energy-mix-still-to-lean-on-coal-in-next-decade, 2021 年 4 月 4 日访问。

常规可再生能源项目的核心业务。然而 REIPPPP 项目中的"社区方案"究其本质是需要项目公司处理好与包括社区受益群众、地方市政当局、同区域的项目公司在内的众多利益相关者的关系,故"沟通不足"是目前推行方案的障碍,同时也可能是落实方案的突破口。

此外,REIPPPP 项目也属于中国海外能源投资的子项目,虽其中囊括了南非国内的特殊规则,但就法律风险研究或有相通之处,如与 EPC 合同(工程总承包合同)相关的法律风险。EPC 合同(工程总承包合同)是较为常见的工程承包的合同类型,但作为 REIPPPP 项目合同结构中的一部分,其不仅需要满足南非的本地化规则、环境规则等,同时也要承载项目公司、融资方转移风险的期望,故重压之下也滋生了诸多挑战。然而总体而言,项目公司如能始终以项目的成败为关键,且慎重地拟定一份恰当的 EPC 合同(工程总承包合同),将可规避与此相关的大部分风险。除了上述的定义,REIPPPP 项目同时也是一个非洲的能源项目,此区域特性决定了该项目的融资享其好处也受其所累——非洲的可再生能源项目融资不易,但因其能源安全的重要性,该区域的能源项目也享受官方援助等红利。如何设计融资方案并拟定融资协议将是项目公司在此阶段的最大困扰,对此投资者应再三斟酌、多番推演、个案分析。

虽然海外能源投资风险重重,但中国企业仍应努力把握全球新能源变革的趋势,因其同时也是全球过渡至可持续发展的绿色经济的现实需要。总之,笔者希望本文所揭示的法律风险,可使中国投资者鞭辟入里,对投资行为可能遭遇的法律后果有所预判,从而能够有效规避法律风险。

第二章 埃及外资法律制度研究

一、埃及投资法律制度概述

(一)埃及投资环境概况

埃及是"一带一路"主要沿线国,中国与埃及的投资往来愈发密切,两国投资合作项目有了飞跃式的发展。据埃及投资和自由区管理总局(General Authority For Investment and Free Zones,以下简称:GAFI)统计,2017/2018 财年,中国对埃及累计直接投资存量约 8.54 亿美元。至 2018 年底,中国对埃及直接和间接的投资总额超过 70 亿美元,[①]因此埃及投资环境的动态深刻影响着我国赴埃投资者的利益。

1.良好的投资条件

埃及是非洲大陆第三大经济体,位于非洲大陆东北部,与亚非欧国家相通。优越的地理位置为埃及带来了商贸发展的便捷,同时其发达的海陆空交通网促进了各国与非洲之间的沟通合作。埃及善于利用自身的地理优势,创建了大量的经济特区、工业区、投资区与自由区,譬如埃及依靠苏伊士运河开发的"苏伊士运河走廊"、"苏伊士西北经济特区"与"中国—埃及苏伊士运河经贸合作区",其中与中国合作的经贸合作区发挥了十分积极的作用。埃及与中国合作创建了苏伊士一站式服务大楼,园区内的所有项目形成较为统一的发展模式,行业之间相互合作构成了较为完善的产业链。这种在地理区域的基础上创建的双边或多边合作框架,是促进埃及与各国经济合作发展的重要桥梁。这种天然的环境条件使埃及具备了独一无二的投资优势。埃及是一个十

---

① 商务部国际贸易经济合作研究院,中国驻埃及大使馆经济商务处,商务部对外投资和经济合作司:《对外投资合作国别指南——埃及》,http://fec.mofcom.gov.cn/article/gbdqzn/,2019 年 11 月 23 日访问。

分激励外国投资的国家,出台法律与一系列经济措施改善投资环境,保障投资者利益。

2019 年 10 月 24 日世界银行发布了《2020 营商环境报告》(Doing Business2020),在世界 190 个经济体中埃及位列第 114 位,相较于 2019 年上升了 6 位。报告从不同方面分析了在各国经营商贸的具体情况以及埃及存在几个突出的优势:对赴埃投资或贸易的企业,通过"一站式服务"简化了营业许可的要求与准入程序;注重保护中小投资者的权益,如法律规定上市公司发行新股时必须加强对少数投资者的保护;在纳税方面提供了许多便利与优惠,运用在线税收申报系统等技术,并大幅度取消海外投资者的税费。[①]

2.埃及宗教与法律对投资的影响

埃及属于阿拉伯国家,从文化、社会习俗、宗教到法律制度都深受伊斯兰教的影响,在埃及有将近 90% 的人信奉伊斯兰教。埃及最高宪法法院还规定了伊斯兰教法的原则是立法的主要来源,这项规定实质上是对立法和行政权力的限制,通过这种限制,立法者无论制定何种法律或法令,其中所载的任何条款都不得违反伊斯兰法律的规定,一旦违反,无论立法程序是否合法都必须宣布无效。[②] 埃及法律规定了伊斯兰教法对埃及的法律来源,"在没有法律规定时,法官应根据伊斯兰教法的原则在没有习俗的情况下作出决定,如果没有这些原则,自然法和司法原则应适用"。[③] 因此,伊斯兰教法强烈影响着埃及的法律,影响着埃及的贸易、投资以及争端解决。伊斯兰教法倾向于平等发展和依赖相互之间的信任,这也是埃及乃至非洲国家热衷于通过建立区域组织来协调各国合作与交流的很大原因。

3.埃及的多边投资环境

埃及多年来签署了大量的双边投资协定(BIT)、多边投资协定(Multilateral Agreement on Investment,以下简称 MAI),其已被证明是多边投资合作体系的积极参与者。埃及通过双边和多边伙伴关系,向外国广泛开放投资市场。同时,埃及意识到依靠多边环境的重要性,开始通过区域和双边自由贸易协定(Free Trade Agreement)积极地开放贸易市场。自 1991 年以

---

① World Bank,Doing Business2020,2019,https://openknowledge.worldbank.org/bitstream/handle/10986/32436/9781464814402.pdf,2020 年 7 月 15 日访问。

② Hodir helal,Arbitration in Egypt:Arbitration in Egypt:Myth or Reality?,*Research & Analysis*,2016,pp.26-27.

③ 《埃及民法典》第 2 条的规定。

来，埃及实施了若干经济改革，包括多边贸易自由化，银行私有化，公用事业放松管制，同时对海关管理现代化、税收管理和冲突解决机制进行了多项体制改革。埃及向所有世贸组织成员国提供最惠国待遇（Most Favored Nation Treatment）待遇，支持更多的投资与贸易自由化，特别是通过自然人的流动来推动贸易自由化。

受整体优势与文化的影响，"区域主义"在埃及乃至整个阿拉伯地区都是一个主流趋势。20世纪50年代各阿拉伯国家政府提出了"阿拉伯区域经济一体化"（Arab Economic Integration）的发展计划，经济一体化可以大幅度增加收入和就业机会，促进投资结构转型为更具多样化的经济模式。① 该计划侧重于实现经济的自由化，例如打破技术和非关税壁垒以及取消高昂的运输成本，建立一个更加全面的系统，包括商品、服务以及劳动力市场、资本和生产部门。② 在该计划的进程中，埃及积极加入多个区域性的经济组织并取得了一些实效，比如埃及是阿拉伯联盟（League of Arab States）、泛阿拉伯自由贸易区（Greater Arab Free Trade Area，以下简称GAFTA）、东南非共同市场（Common Market for Eastern and Southern Africa）与非洲大陆自由贸易区（African Continental Free Trade Area）等组织的成员国，当然这也意味着在埃及投资应当遵守埃及所参加的这些组织的相关规定。阿拉伯区域经济一体化需要通过六个阶段，分别是：优惠贸易安排（Preferential Trade Arrangement）、自由贸易区（Free Trade Area）、关税同盟（Customs Union）、共同市场（Common Market）、经济联盟（Economic Union）和完全的经济一体化（Complete Economic Integration）。③ 迄今为止阿拉伯区域经济一体化还尚未完成，在联合国成员国制定的《2030年议程》的指导下，各成员国开始重点实行"阿拉伯经济一体化的可持续发展"（Arab Economic Integration for

---

① Mohamed Chemingui, Mehmet Eris, Assessing Arab Economic Integration-Trade in Services as a Driver of Growth and Development，https://www.unescwa.org/sites/www. unescwa. org/files/publications/files/assessing-arab-economic-integration-trade-services-growth-development-english.pdf，2020年7月12日访问。

② UN-ilibrary，Arab Integration，2014，https://doi.org/10.18356/6a8d587b-zh，2020年5月12日访问。

③ 于光远主编：《经济大辞典》，上海辞书出版社1992年版，第1626页。

Sustainable Development,以下简称 AEISD)项目,①AEISD 也成为埃及进行区域经济一体化的重点发展对象。但是阿拉伯区域经济一体化仍然面临许多挑战,比如阿拉伯国家正在融入像马格里布联盟(Union of the Arab Maghreb)和海湾合作委员会(Gulf Cooperation Council)等小规模的多边组织,这种趋势可能会与大范围的区域性组织产生冲突,因为小规模组织的规则可能与阿拉伯一体化存在矛盾,从而破坏阿拉伯经济一体化的整体进程。②

区域一体化可以促进企业间的竞争,提高企业内部的生产力,并且一体化注重支持中小型企业的发展,推进与非洲大型企业集团的合作。这将有助于消除垄断地位,同时在沿海国家和内陆国家之间实现跨境溢出效应。在更深层次上,区域一体化可以改善区域安全,因为国际贸易的扩大往往与减少冲突的发生率有关。因此,海外投资者在考虑赴埃投资时应十分重视埃及一体化市场的规模经济。埃及多边化与区域化参与的增强意味着赴埃投资也需要遵守埃及所参加的这些投资协定与区域性组织的相关规定,这对海外投资者而言是一个不可忽视的问题。

4.一月革命对埃及投资的冲击

埃及经历了一次深刻的政治变化,于 2011 年 1 月 25 日开始,埃及民众进行了一场包括示威游行、占领广场、罢工的抗议活动,被称为 2011 年埃及一月革命(也称为"1·25"革命),这次革命推翻了当时埃及总统穆巴拉克的政权。埃及的一月革命导致了 2011 年 2 月 11 日政权发生更替,穆巴拉克总统 30 年的统治在强烈的民众压力下结束。自从 2011 年"阿拉伯之冬"以来,③埃及和其他一些阿拉伯国家就面临着重大的政治和经济挑战,也带来政治经济的不稳定。这些都对该区域投资产生潜移默化的影响,特别是对埃及的消极影响。

政局动荡使得本来脆弱的国民经济更加不堪重负,埃及经济出现了严重的状况导致市场混乱,减损了投资者对埃及市场的信心,这也要求新政权下的埃及当局必须立即调整相关的投资法律制度,减轻对埃及投资环境不良压力

---

① Alessandra Muto, Anne-Marie Rihane: Arab Economic Integration for growth, peace and stability,2019, https://www.arabstates.undp.org/content/rbas/en/home/ourp-erspective/ourperspectivearticles/2019/arab-economic-integration-for-growth--peace-and-stability-.html,2020 年 6 月 3 日访问。

② 陈万里、杨明星:《海合会一体化中的优势与困境》,载《西亚非洲》2006 年第 2 期。

③ 自突尼斯的"茉莉花革命"后,叙利亚内战不断,埃及、利比亚、也门等国家政权相继变动,整个阿拉伯地区陷入动荡,学者们称之为"阿拉伯之春"转变的"阿拉伯之冬"(Arab Winter)。

与影响。埃及在 2011 年经历了这场重大政治变革后经济迅速下滑,尽管自穆巴拉克政权垮台后埃及内部便开始不断地发生政治斗争,但埃及对外仍旧遵守其革命前签订的国际条约和投资协定。① 例如它仍然是世界贸易组织(World Trade Organization,WTO)和 GAFTA 的成员,对于原先参与的所有投资项目都有义务继续依照协议进行。埃及在 2011 年推翻了穆巴拉克政府,过渡政府夺得政权后终止或冻结任何与旧政权有关的投资项目,造成严重社会和经济不稳定。而埃及是大量投资协定的签署国,这些投资协定允许投资者根据相关条款求助于 ICSID 或其他国际投资争议解决机构,因此越来越多投资者诉诸国际仲裁声称埃及违反合同义务,这直接导致了在 ICSID 中索赔迅速增长。在 1972 年至 2014 年期间,非洲国家参与的"投资者—国家"仲裁索赔案件就多达有 111 个,其中五分之一是以投资协议为基础的。埃及是其中被诉数量最多的国家,涵盖了 20 多个案件。②

但随着大量外国直接投资的进入,埃及继续表现出对投资者国家和投资者的承诺和支持。为了恢复投资者对埃及市场的信心,埃及的经济法,特别是资本市场法和投资法都做了很大程度的修改,旨在激励投资者赴埃投资,重塑埃及市场的吸引力。值得注意的是,在 2011 年革命爆发之后,埃及并未停止对外签订投资协定,而是试图通过签署新的投资条约缓解经济衰退的情况,如:埃及在 2014 年和毛里求斯签订了双边投资协定。③

5.埃及吸引外资促进国内经济发展

与埃及过去的政治不稳定性相比,在埃及投资领域的多元化以及基础设施,特别是海湾投资者即阿拉伯联合酋长国和沙特阿拉伯资助的大规模基础设施建设刺激下,包括欧洲和美国在内的各国都成为埃及投资的积极参与者。自 2014 年来,埃及以资助、贷款和石油产品形式接受海湾国家投资超过 100 亿美元,埃及从沙特阿拉伯和阿联酋获得的资金支持也是持续增强投资者信

① Radwa S. Elsaman,Doing Business in Egypt After the January Revolution:Capital Market and Investment Laws,*Richmond Journal of Global Law & Business*,2011,Vol.11,No.1,pp.3-15.

② U.N. Econ. & Sec. Council:Investment Agreements Landscape in Africa,2015,https://www. uneca. org/sites/default/files/uploaded-documents/RITD/2015/CRCI-Oct2015/report-on-investment-agreements.pdf,2020 年 7 月 15 日访问。

③ Mohamed S. Abdel Wahab,Investment Arbitration:The Chronicles of Egypt—A Perilous Path to Pass,*The Journal of the Chartered Institute of Arbitrators*,Vol.83,No.1,2017,pp.52-70.

心的主要动力。①

埃及良好的投资环境以及对能源、食品、技术、基础设施、金融、房地产和住房、石化行业的持续投资,增强了世界各国对埃及经济参与的乐观态度。例如,根据埃及投资部长 Ashraf Salman 的说法,2013/2014 财年前九个月在埃及的外国直接投资(FDI)便达到了 47 亿美元。他透露,约有 1198 家中国公司在埃及经营,投资额为 4.68 亿美元。②

根据埃及中央银行的统计,埃及吸收外资排名前三位的行业是:石油和天然气、通信和信息技术、工业。外资投资的其他领域包括服务业、金融业、建筑业、房地产地、农业和旅游业。埃及经济的主要产业有旅游业、农业、工业和服务业,服务业占国内生产总值的 50%,其中石油天然气、旅游、侨汇及苏伊士运河是其四大外汇来源。埃及是非洲排名第四的石油大国,石油在埃及的国民经济中扮演着极其重要的角色,是最重要的外汇来源之一,其国内生产总值的 10% 和出口收入的 40% 来都自于石油及其制品。而埃及服务业以旅游和苏伊士运河为主,苏伊士运河沟通地中海和红海,长 190.25 千米,宽 280~345 米,水深 22.5 米,是世界上最重要的运河之一,通过海运的世界贸易量中有 10% 是通过苏伊士运河运输的。但是埃及经济高度依赖石油出口和旅游业以及苏伊士运河的航运,而天然资源的限制和区域的不安全性使得在埃投资仍然具有非常不稳定的因素。③

据统计,2017—2018 年,埃及进口货物价值为 12.9 亿美元,埃及公共和私人投资总额达到 7211 亿埃及镑,而 2016/2017 财年只有 5143 亿埃及镑,同比增长 40.2%。2017/2018 财年埃及吸引外国直接投资 77.2 亿美元,相比 2013/2014 财年增长 84.7%。2017/2018 财年新设立公司 19836 家,高于

---

① 中华人民共和国商务部:《海湾国家在投资大会前向埃及注入 100 亿美元存款》,http://www.mofcom.gov.cn/article/i/jyjl/k/201502/20150200889703.shtml,2020 年 5 月 3 日访问。

② Meriam Al-Rashid, Pinsent Masons, Understanding Egypt's Public Infrastructure Investment Strategy and Dispute Resolution Atmosphere, *International Bar Association* (IBA), 2015, pp.3-6.

③ Federico Bonaglia, Andrea Goldstein: Egypt and the Investment Development Path-Insights from Two Case Studies, *International Journal of Emerging*, 2006.

2016/2017 财年的 15200 家。①

　　2019 年非洲开发银行(AFDB)发布了《埃及经济展望报告》,报告显示埃及 2018 年 GDP 增长率估计为 5.3%,是十年来的最高增长率。这一增长与失业率从 2017 年的 12%降至 10%左右有关。在供应方面,旅游业和天然气生产的复苏持续增长。在需求方面,净出口和投资反弹,而私人家庭消费因通货膨胀而减弱。随着持续对财政整顿的努力,2018 年的财政赤字下降至 9.0%,不包括利息支付(初级余额)的财政收支达到适度盈余。债务与 GDP 的比例从 2017 年的 103%下降至 2018 年的 92.5%,预计 2020 年埃及实际国内生产总值将达到 5.8%。② 改善的商业环境导致外国直接投资大幅度恢复,而良好的国家稳定和安全条件有利于旅游业的发展。

　　埃及在 2017—2018 年进行了令人瞩目的结构改革,具有里程碑意义的政策有助于开展业务,加强法律权利,改善破产法,并增加获得信贷的机会。通过改善治理,能源部门变得更具可持续性和竞争力。大规模的发电公共投资使该国的电力供应从短缺转为盈余,政府正计划将该国建设成为区域能源中心。目前正在扩建的埃及电网吸收新一代电力,并为越来越多的消费者提供服务。大胆的能源关税改革旨在取消 3 至 4 年的补贴。此外,新能源部门法的颁布应该能够提高私人投资和竞争力。但是埃及依旧面临着经济方面的困扰,外币债务增加、资本账户开放、外国对当地货币的投资增加,导致了埃及对国际资本市场波动的敏感性。但是埃及灵活的汇率和不断上升的国际储备净额为高昂的债务提供了缓冲。埃及中央银行 2018 年 12 月 4 日公布的数据显示,截至 2018 年 11 月底,埃及的外汇储备达到了 445.13 亿美元,比 10 月底的 445.01 亿美元略有增长。埃及金融界人士表示,埃及外汇储备的持续增长表明了埃及经济的持续良好表现,也增强了人们对埃及经济的信心。③

　　2019 年"非洲经济发展"的特别主题包括埃及在内的非洲经济繁荣区域一体化,其中不仅包含贸易和经济,还有区域公共产品的合作。采取的以下五

---

　　① 中国—埃及经贸合作网:《2017/2018 财年埃及公共和私人投资总额达到 7211 亿埃及镑,同比增长 40.2%》,http://www.cec.mofcom.gov.cn/article/economictradees/201904/409555.html,2019 年 4 月 13 日访问。

　　② African Development Bank,African Economic Outlook 2019,https://www.afdb.org/en/countries/north-africa/egypt/egypt-economic-outlook/,2019 年 12 月 5 日访问。

　　③ 中国—埃及经贸合作网:《埃及外汇储备持续增长》,http://www.cec.mofcom.gov.cn/article/economictradees/201812/406349.html,2019 年 12 月 5 日访问。

项贸易政策行动可能使非洲的总收益达到 GDP 的 4.5％,即每年 1340 亿美元。[①] 首先是取消当今在非洲实施的所有双边关税。其次是保持原产地规则简单、灵活和透明。再次是在最惠国待遇的基础上消除商品和服务贸易的所有非关税壁垒。复次是实施世界贸易组织的贸易便利化协议,以减少跨境所需的时间和与非关税措施相关的交易成本。最后是与其他发展中国家进行谈判,以实现最优惠关税和非关税壁垒减半。2019 年还着眼于区域公共产品带来的收益,例如与金融治理同步,开放竞争以及开放边界以实现人员、货物和服务的自由流动。

埃及的经济框架与非洲经济发展的主题紧密契合,埃及政府为促进经济发展,制定了长期经济发展规划,确定了未来经济发展政策的三大核心:一是保持国家宏观经济稳定,减少财政赤字;二是改善投资环境,大力吸引外资;三是在各领域实施类似新苏伊士运河项目的大型“国家项目”。[②]

(二)埃及参与的主要区域性合作组织

1.埃及区域经济合作概况

加强阿拉伯国家经济一体化的一些先决条件包括:阿拉伯国家保持透明和开放的经济体系、宏观的经济稳定、贸易自由化。此外,他们必须保持统一的法律、程序和经济稳定体系。许多阿拉伯国家在私有化和经济自由化方面采取了一些措施,在法律方面进行改革,这些是对全球贸易要求的回应,也可以促进阿拉伯国家走向区域一体化。[③]

埃及一向致力于发展阿拉伯国家之间的区域一体化,其是阿拉伯联盟的成员,历史上被称为阿拉伯国家的“领导人”。由于埃及担负着 2 亿多阿拉伯人的重托,因此埃及在该联盟处于十分重要的地位,成为推动阿拉伯区域经济一体化的主要力量。自 1945 年阿拉伯联盟创建以来,为促进阿拉伯区域政治和经济一体化,各成员国陆续签订了一系列重要的多边条约与公约,如:1950 年的《联合防卫和经济合作条约》(Treaty for Joint Defence and Economic Co-operation)、1953 年《促进和管制过境贸易公约》(Convention for Facilitating

---

① African Development Bank,African Economic Outlook 2019,2019,https://www.afdb.org/en/countries/north-africa/egypt/egypt-economic-outlook/,2020 年 1 月 3 日访问。

② 国际投资贸易网:《埃及的发展规划》,http://www.china-ofdi.org/ourService/0/3544,2020 年 7 月 8 日访问。

③ Kathleen Ridolfo, The Arae World:Progress and Struggle in the Global Century,*Globalization and National Security*,2001,p44.

and Regulating Transit Trade)、1957 年《阿拉伯经济统一协定》(Arab Eco-nomic Unity Agreement)。同时部分成员国也开始自发进行一些小范围的合作,通过签订次区域协议(Sub-regional Agreements)建立小型组织,典型的如:1964 年由阿联、科威特、伊拉克、叙利亚和约旦五国创建的阿拉伯共同市场(Arab Common Market)、1989 年由埃及、约旦、伊拉克、阿拉伯也门四国创立的阿拉伯合作委员会、1989 年由摩洛哥、突尼斯、阿尔及利亚、利比亚和毛里塔尼亚等地处北非马格里布地区的国家组成的阿拉伯马格里布联盟(Arab Maghreb Union)。但是到目前为止,很多协议尚未执行,也存在许多组织形同虚设的情况。[①] 在阿拉伯国家区域一体化进程中发挥最关键作用的还是GAFTA,不仅因为其涵盖了阿拉伯地区的所有国家,还因为 GAFTA 有一些政治机构作为依靠,例如 1981 年由阿联酋、阿曼、巴林、卡塔尔、科威特和沙特阿拉伯、也门 7 国成立的海湾合作委员会(Gulf Cooperation Council)。GAFTA 协议的内容也是具有深远的意义,首先它取消了阿拉伯成员国之间的关税与部分非关税壁垒;其次其加强了各国的服务、研究和技术以及知识产权的合作;最后,GAFTA 协议还鼓励支持阿拉伯国家通过双边协议或次区域协议推进区域经济一体化。[②]

埃及一直是 1998 年建立 GAFTA 背后的主要推动力,旨在尝试改善阿拉伯联盟过去在区域一体化方面的不足之处。执行该协议的主要实体是阿拉伯国家联盟经济及社会理事会(Economic and Social Council of the Arab League)。[③]按照阿盟经济社会理事会 1995 年提出的关于阿拉伯国家可先在双边基础上达成自由贸易协议,再逐步扩大到由多个国家参与的自由贸易区,最终实现所有阿拉伯国家参与的泛阿拉伯自由贸易区协议(GAFTA)的总体框架,埃及在阿拉伯联盟宣布 GAFTA 于 1998 年 1 月 1 日正式启动以后,与其他阿拉伯国家,如:利比亚、叙利亚、突尼斯、摩洛哥、黎巴嫩、约旦、伊拉克签

①　Javad Abedini, Nicolas Péridy:The Greater Arab Free Trade Area(GAFTA):an Estimation of Its Trade Effects, *Journal of Economic Integration*,Vol.23,No.4,2008,pp.848-872.

②　Javad Abedini, Nicolas Péridy:The Greater Arab Free Trade Area(GAFTA):an Estimation of Its Trade Effects, *Journal of Economic Integration*,Vol.23,No.4,2008,pp.848-872.

③　world trade organization:World Trade Organization Web site, Trade Policy Review for Egypt 1999,https://www.wto.org/english/tratop_e/tpr_e/tp106_e.htm,2019年 5 月 22 日访问。

订了一系列双边自由贸易协定。①

埃及区域一体化的议程不仅限于 GAFTA,还积极参与地中海区域的经济一体化公司发展。埃及于 2004 年 2 月 25 日与摩洛哥、约旦和突尼斯签署了"阿加迪尔协定"(Agadir Agreement),朝着欧洲—地中海自贸区方向发展迈出了重要一步。② 同年欧盟—埃及协会协定(EU-Egypt Association Agreement)生效,该协定通过取消工业产品的关税并简化农产品贸易,在欧盟和埃及之间建立了自由贸易区。随后双方关于农产品、加工农产品和渔业产品的另一项协定于 2010 年 6 月 1 日生效,并于 2013 年 6 月开始讨论更深度和全面的自由贸易协定。埃及于 2013 年 10 月加入了泛欧—地中海优惠原产地规则的区域公约(Regional Convention on Pan-Euro-Mediterranean Preferential Rules of Origin,以下简称 PEM),该公约于 2011 年成立,其汇集了欧盟、埃及和其他地中海国家,通过整合各成员国原本签订的单个原产地协议的基础上,创建共同的原产地规则体系,由 PEM 直接替代原先的协议,旨在为原产地协议提供更统一的框架。③

2.东南非共同市场

东南非共同市场(Common Market for Eastern and Southern Africa,以下简称 COMESA)始于 1994 年 12 月,其条约将 COMESA 界定为一个自由独立的多边组织。埃及于 1999 年 1 月 6 日正式加入 COMESA,为了筹备关税同盟,在埃及开罗举行的部长理事会第十一次会议中通过了一份计划书,其概述了在启动前必须实施的所有工作和活动。2000 年 10 月东南非共同市场于赞比亚首都卢萨卡举行特别首脑会议,确定施行自由贸易区,包括埃及、肯尼亚、赞比亚等 9 国参与,建立了非洲大陆的第一个自由贸易区。

东南非共同市场拥有 4 亿人口,年出口额达 1100 亿美元,年进口额为 1000 亿美元。COMESA 成员国间货物和原材料贸易零关税,中间产品关税 10%,最终产品 25%。2014 年 COMESA 内部贸易额从 2013 年的 192 亿美

---

① 中华人民共和国驻埃及阿拉伯共和国经济商务处网:《埃及签订多双边贸易协议情况 2—大阿拉伯自由贸易区》,http://eg.mofcom.gov.cn/aarticle/ddgk/zwjingji/201108/20110807714709.html,2020 年 7 月 8 日访问。

② 协定原计划在 2005 年取消各国间的关税,同时取消金融、行政、技术等方面的非关税壁垒,并在 2010 年建成欧洲—地中海自由贸易区。但是目前看来这一进程受到了某些阻碍。

③ European Commission, Countries and regions—Egypt, https://ec.europa.eu/trade/policy/countries-and-regions/countries/egypt/#footnote-1,2020 年 7 月 18 日访问。

元增加到 224 亿美元。埃及从 COMESA 的进口从 1998 年的 1.54 亿美元增加到了 2013 年的 7.3 亿美元。埃及向 COMESA 出口从 1998 年的 6400 万美元增加到 2013 年的 25 亿美元,其中 10 亿美元出口到利比亚和苏丹。2014年第四季度,埃及对 COMESA 出口 34 亿埃镑,占埃及总出口的 9.7%。埃及主要向 COMESA 国家出口化工、建材、医药、食品、蔬菜、水果和大米,进口咖啡、茶叶、铜和牲畜。①

东南非共同市场秘书长 Sindiso Ngwenya 接受媒体采访时称,2016 年埃及对东南非共同市场国家出口达 17.57 亿美元,占东南非共同市场国家内部出口市场份额的 22%,高出 2015 年水平(21%);埃及从东—南非共同市场进口为 6.438 亿美元,高出 2015 年水平(5.936 亿美元)。②

3.非洲大陆自贸区

非洲大陆自由贸易协定(AFCFTA)于 2018 年 3 月 21 日在卢旺达基加利签署,一共有 44 个非洲国家签署了非洲大陆自由贸易区框架协议。截至 2019 年 2 月,55 个非洲联盟国家中有 52 个签署了该协议,埃及就是其中一员。协议生效需要 22 个国家的批准。2018 年继续进行第二阶段谈判,包括竞争政策,投资和知识产权以及 2020 年 1 月应提交给非盟大会的草案。

2019 年 2 月在亚的斯亚贝巴举行的第 32 届联盟大会期间,尼日尔共和国总统兼非洲大陆自由贸易区(AFCFTA)领导人 Issoufou Mahamadou 先生介绍了关于 AFCFTA 谈判的现状和进展的报告,完成了第一阶段工作成果和第二阶段谈判结束的蓝图以及"AFCFTA 服务贸易议定书"下的服务贸易谈判准则草案。非盟大会通过了"服务贸易具体承诺和监管合作框架指南"并最终确定了新 AFCFTA 谈判路线图,计划在 2020 年 6 月的截止日期前通过。非盟大会要求非洲大陆自贸区领导人 Mahamadou 先生于 2019 年 7 月向大会第 12 届特别会议提交关于 AFCFTA 的进度报告。截至 2019 年 4 月 30日,所有批准国都向非洲联盟提交了批准文件。③

---

①　中华人民共和国驻阿拉伯埃及共和国大使馆经济商务处:《东南非共同市场发展潜能巨大》,http://eg.mofcom.gov.cn/article/jmxw/201504/20150400956959.shtml,2019年 4 月 12 日访问。

②　中华人民共和国驻阿拉伯埃及共和国大使馆经济商务处:《2016 年埃及对东—南非共同市场国家出口 17.57 亿美元,进口 6.438 亿美元》,http://eg.mofcom.gov.cn/article/jmxw/201712/20171202681449.shtml,2019 年 4 月 12 日访问。

③　African Continental Free Trade Area(AfCFTA)Legal Texts and Policy Documents,https://www.tralac.org/resources/by-region/cfta.html,2019 年 4 月 12 日访问。

预计到 2022 年,非洲大陆自贸协定的签署能为非洲内部贸易额增加约52%。协定及相关议定书构成非洲大陆自由贸易区(AFCFTA)的法律依据。[①]

(三)埃及设立的多元化投资区域

埃及国内创立了多个投资区、工业区、新城区、自由区和高新技术园区、经济特区等,仅吉萨和沙尔基亚省就已经建立和运营了 5 个投资区,总投资为110 亿埃镑,共有项目 259 个,雇佣工人 5.9 万名。当前在开罗、亚历山大和Damietta 等省有 12 个新投资区正在建设中。新投资区将重点吸引物流、纳米和生物技术和中小型企业等领域的项目,总投资将达到 780 亿埃镑。[②]

上述多种投资区域,由不同的法律进行规范。如:埃及 72 号法《投资法》规定了投资区、自由区、科技园区的相应制度;埃及 2002 年颁布的 83 号法《经济特区法》规定经济特区的事项,这部法律影响力大,其中规定了特区的运作机制、优惠政策与投资者保护等内容。

1.投资区

投资区(Investment Zones)是指在埃及具有特定地点和边界的地理区域,旨在建立特定的或专门的投资活动以及其他辅助活动,主要用于发展物流、农业和工业,其基础设施由特许私营公司进行建设,并允许建立、管理和开发投资区域。[③] 对应的投资担保和激励措施、临时清关和退税有关的规则将适用于投资区内的运营项目。

内阁总理可决定在不同的投资领域设立专门投资区,其中包括物流区、农业区、工业区,现在扩展到了各个领域,如服务业、科教与商贸等。在投资区内享有特殊的优惠政策,比如取消投资额限制。现在埃及的投资区发展成熟,有些行业已经初步形成了产业链。投资区内实行统一管理、流程简化,便于投资区内各个企业的协作。

2019 年 3 月 7 日开罗公布了投资和自由区总局(General Authority for

---

① Nourhan Magdi,Eyes on Africa's Continental Free Trade Area,2019,https://www.egypttoday.com/Article/3/63697/Eyes-on-Africa%E2%80%99s-Continental-Free-Trade-Area,2019 年 12 月 3 日访问。

② Mohamed Abd El Ghany, GAFI to establish 12 new investment zones,2019,http://www.egypttoday.com/Article/3/66765/GAFI-to-establish-12-new-investment-zones-Min,2020 年 5 月 6 日访问。

③ 《埃及投资法》第 28 条规定。

Investment，以下简称 GAFI）目前正在建立十二个新的投资区，其中有四个在开罗。这些投资区包括物流、纳米和生物技术，高等教育，科学研究和其他各行业，提供约 208000 个就业机会，吸引价值 780 亿英镑的投资。GAFI 已在吉萨和沙尔基亚建立了五个投资区，其中 259 个项目的投资额达 110 亿欧元，约有 59000 名工人。部分投资区成立投资者服务中心的分支机构、创业中心以及展览中心，它将提供 3500 个就业机会。此外，投资区中除了投资者中心、创业中心、展览中心外，还设立银行分行。一部分投资区内有服务、贸易和工业项目，为埃及提供了大量的就业机会。①

2.自由区

自由区（Free Zones）是埃及建立特定的投资区，其中每个区域仅限于建立一个或多个相类似的投资项目，其基本目的是向境外出口。自由区由区域董事会负责管理，董事会提出与制定自由区的规章制度，报 GAFI 审核批准。②

投资于自由区的项目受海关监管，实行免关税政策，自由区的项目和利润均不受埃及税法的约束，其投资项目还享有许多特殊的优惠政策：在自由区投资项目的进出口产品无须办理清关手续，也无须缴纳关税；无须缴纳增值税（VAT）和任何其他税费；经营活动所需的设备，包括机械和运输工具免除关税、增值税和任何其他税费，但乘用车辆除外；自由区内的投资项目及其利润不适用埃及现行税法和其他税费的规定。但是在自由区投资的项目须遵从以下的费用规定：对被许可的专属自由区的项目，须缴纳不超过投资成本 2％的保证金；③从自由区进口到国内市场的货物等同于从国外进口，须缴纳海关关税；④在自由区的仓储货物，除了加工、装配货物按 1％缴纳管理费用外，其余仓储货物均按照 2％缴纳管理费；在自由区的所有项目，都应缴纳不超过资本金总额千分之一的年度服务费，最高不超过 10 万埃磅。与此同时，对于以上所有项目投资者都应当向财政部和投资部提交经注册会计师核准的会计报

---

① Mohamed Abd El Ghany，GAFI to establish 12 new investment zones，2019，http://www.egypttoday.com/Article/3/66765/GAFI-to-establish-12-new-investment-zones-Min，2020 年 5 月 6 日访问。

② 《埃及投资法》第 33 条规定。

③ 《埃及投资法》第 36 条规定。

④ 《埃及投资法》第 40 条规定。

表;①在自由区内长期自费从事手工艺劳作的须缴纳不超过 5000 埃磅的年费。②

在自由区对投资项目也有严格限制,如:石油制造、化肥、钢铁工业制造、液化和天然气运输以及能源密集型产业不能在自由区投资,不能享有自由区的免税政策。③ 同时,投资者在自由区的投资也有一些特别的义务:投资者必须为建筑、机器、设备在经营中可能产生的所有事故与风险投全额保险;④自由区还受到其他法律或者职能部门的约束,如这些项目的投资者需要将注册会计师核准的财务报表提交给财政部和投资部。在自由区必须遵守埃及《劳动法》关于劳工关系、安全、职业卫生的规定,所有的劳动制度的条例应交投资总局执行主席核准。《社会保险法》的规定适用于在自由区项目的雇主与雇员。投资者应遵守埃及《环境法》关于禁止从国外进口垃圾废物的规定;同时,在自由区中运营的项目可根据埃及行政法规确定的条件和相关措施不受自由区特别政策管辖而适用自由区外的投资法律及相关规定。

3.科技园区

科技园区(Technological Zones)主要用于发展通信和信息产业,这些领域具体包括加工制造、电子设计与开发、数据中心、科技教育及其他有关的配套经营活动。根据有关的部长和主管通信、信息科技事务部长共同提交的报告,内阁总理可决定增加其他产业经营活动。⑤

根据《投资法实施条例》阐明的条件和程序,科技园区内的项目因经营所须的必要器具、机械、设备,均无须缴纳任何税费。科技园区内设立的项目,依据设立的种类,享受埃及新《投资法》第 11 条规定的激励政策。⑥

4.依照投资法划分的 A/B 区

埃及 2017 年《投资法》将投资分成 A、B 两类区域,并规定了特殊激励政策。A 类区域项目包括:最需要发展的区域以及苏伊士运河特别经济区和萨

① 《埃及投资法》第 41 条规定。

② 《埃及投资法》第 46 条规定。

③ 《埃及投资法》第 34 条规定。

④ 《埃及投资法》第 43 条规定。

⑤ 《埃及投资法》第 32 条规定。

⑥ 《埃及投资法》11 条规定,投资者可从其应税净利润中扣除 A 部分投资成本的 50% 和 B 部门投资成本的 30%。部门 A 包括最迫切需要开发地区,而 B 部门涵盖埃及所有其他地区。B 部门的目标是与埃及发展计划直接相关部门经营的企业,包括劳动密集型部门,出口导向型部门,中小微型企业,可再生能源,大型项目和其他部门所列清单。

法加,基纳和萨尔瓦多之间沿红海的"金三角"地区的指定项目。B 类区域项目包括:按照《投资法实施条例》规定的条件和限制进行的劳动密集型项目;中小企业、依赖或生产新能源或可再生能源的项目;大型项目;被定义为战略的项目;最高投资委员会发布的声明所定义的项目;旅游项目;由最高投资委员会发布的声明定义的用于生产和分配电力的项目;向该地区以外的国家出口不少于其产量 50％的项目;汽车项目和行业、木材、家具、印刷、包装和化学工业;抗生素,肿瘤药物和化妆品的制造项目;食品和饮料行业;农作物生产公司和农业废物回收项目;工程,金属和皮革制造行业;通信和信息技术(ICT)相关的行业。

在《投资法》颁布之日起三年内建立的投资项目,投资成本可从应税的净利润中扣除,但需缴纳所得税:

(1)A 类区域,按投资成本 50％核减。

(2)B 类区域,按投资成本 30％核减,[1]享受的范围是根据投资活动分布的,在埃及 A 区域以外的一些投资项目,如新能源项目等。[2]

根据 2005 年 91 号《所得税法》的规定,如果投资激励核减的部分不超过公司实缴资本的 80％,则激励措施的使用期限最长为 7 年。[3]

5.工业区

埃及的工业区属于国内投资机制的一部分,因此对于海外投资者并未给予特殊的优惠待遇,对于税费以及投资程序都与内资投资一致。工业区也不存在特殊的限制,依照《投资法》与《公司法》注册的企业都可以在工业区投资,任何领域的项目均可直接与工业发展局(Industrial Development Agency,以下简称 IDA)或各个工业区的管委会协商进驻。[4] IDA 是埃及工业生产领域的主要管理部门,2017 年埃及颁布的《工业许可法》规定 IDA 有权管理所有的工业生产活动与全国的 119 个工业区。对工业发展战略规划、审批工业许

---

① 公司获得的投资成本核减额度仅用于核减 7 年内公司"应税净利润"(Taxable Net Profit),而不是"实际可减免税金额",两个数额属于不同概念。

② 《埃及投资法》第 11 条规定。

③ A/B 类地区分别享受 50％或 30％投资成本核减,额度不得超过项目开始经营之日实缴资本金(非注册资本)的 80％。以 A 类地区为例,注册项目享受投资成本核减额度为"投资成本×50％"和"实缴资本金×80％"中,两者取其小。

④ 商务部国际贸易经济合作研究院、中国驻埃及大使馆经济商务处、商务部对外投资和经济合作司:对外投资合作国别指南——埃及,来源:http://fec.mofcom.gov.cn/article/gbdqzn/.2020 年 7 月 20 日访问。

可、工业区管理、协调工业用地、工业项目服务等方面都具有管辖权。同时,埃及于 2018 年 4 月通过法律授予了 IDA 独立的经济实体地位,旨在专门负责组织埃工业生产活动。[1]

6.经济特区

埃及的经济特区(Special Ecomomic Zone,以下简称 SEZ)项目是在重大的结构性改革中出现的,当埃及决定把它的经济融入全球经济的时候,它效仿中国成立了经济特区。在行政管理上,SEZ 具有较独立的地位,除了外交、国防、内务、司法四个领域外,其余都由特区管理总局进行管理,SEZ 还具有制订相应实施措施的权利。[2]

埃及根据 2002 年 83 号法设立了经济特区,且该法仅适用于经济特区。苏伊士运河经济特区(Suez Canal Economic Zone,以下简称 SCEZ)根据埃及2002 年 83 号《特区法》建立,其目标之一是将其打造为埃及的工业、科技中心和世界物流中心。2015 年投资部将苏伊士运河地区投资法草案终稿提交司法部修改并报总统批准,埃及修改 2002 年制定的第 83 号经济特区法律,为该地区的投资项目制定特殊法律法规。苏伊士运河地区投资法规定成立一个包含各个部委、政府和机构职能在内的经济体,提供一站式服务,由政府和私营部门,或者完全由私营部门成立一个项目发展公司,执行本地区的基础设施项目建设。[3]

2003 年埃及又颁布了第 35 号总统法令,创建了苏伊士湾西北经济区(SEZONE),作为埃及经济特区的典型代表,SEZONE 关注工业、农业或服务业等领域,特别关注出口创汇行业。其通过适用最先进的国际标准,吸引外国直接投资,提升埃及的就业率、创造收入、开发新技能、加强出口种类的多样化,增加埃及国际贸易在国内生产总值中的份额,以建立具备较强国际竞争力

---

[1] 《埃及经济状况与投资环境》,http://history.mofcom.gov.cn/? bandr = ajjjzkytzhj,2020 年 7 月 20 日访问。

[2] 商务部国际贸易经济合作研究院,中国驻埃及大使馆经济商务处,商务部对外投资和经济合作司:对外投资合作国别指南——埃及[EB/OL],来源:http://fec.mofcom.gov.cn/article/gbdqzn/,2020 年 7 月 20 日访问。

[3] 商务部网站 http://www.mofcom.gov.cn/article/i/jyjl/k/201506/20150600998220.shtml,2020 年 8 月 3 日访问。

的投资环境。所以 SEZONE 也被称之为"促进苏伊士湾投资的催化剂"。①
SEZONE 的主要作用是简化投资程序,吸引更多的海外投资者,这也是 GAFI
的主要目标,因此 SEZONE 与 GAFI 进行了合作,通过《投资法》中规定的"一
站式服务"来实现该目标。法律规定在开罗和其他地方的 GAFI 办事处将建
立"一站式大楼",以此促进业务流程,包括投资新项目的批准、注册、许可和认
证。GAFI 比其他行政机构拥有更大的权力,换句话说,一站式服务大楼是
"将所有与投资相关的政府机构合并为一个窗口,以促进和加快政府行政审批
程序"。②

在埃及《经济特区法》中有明确的规定,选择在 SEZ 或未来经济特区设立
的公司将会提供相应的激励与优待。它在某些情况下与中国经济特区的优惠
政策相同,包括:

(1)快速清关和减税;

(2)公司税率为净收入的 10%,而 SEZ 以外的税率为 20%;

(3)对销售、间接税以及债券和贷款产生的利润免税;

(4)员工工资产生的所得税为 5%,而区域以外的人均所得税为
10%~20%;

(5)在区内经授权的企业,其机器、原材料、备件和部件可以在不缴纳税款
和关税的情况下进口,企业的进出口也无须获得许可。

与中国的经济特区规定相似,进入埃及经济特区投资时,在该区域内生产
的产品的进口部件材料须缴纳税款和关税。此外,在经济特区,实行较为灵活
的特别劳动法规,终止雇佣劳动合同的条件比较宽松,不必适用埃及《劳动
法》。外国公司也可以通过多种途径来规避雇佣埃及劳工。从理论上讲,外国
公司雇佣外国雇员所付工资不得超过工资总额 10%,但公司可以将工作承包
给分包商,而分包商可以雇佣中国劳工。比如在埃及的建筑工程项目,由中国
分包商承包建筑工程,承包合同报价显示中国劳动力比当地劳动力便宜。这

---

① Emma Scott, China Goes Global in Egypt: A Special Economic Zone in Suez,
2013, http://www0.sun.ac.za/ccs/wp-content/uploads/2013/08/CCS_DP_China_Goes_
Global_Emma_Scott_2013_Final1.pdf, 2020 年 7 月 19 日访问。
② MENA-OECD, Egypt National Investment Reform Agenda Workshop——Establis-
hing a Successful One Stop Shop, 2006, http://www.oecd.org/mena/competitiveness//
36807531.pdf, 2020 年 7 月 15 日访问。

种规避《劳动法》雇佣中国劳工的做法在埃及经济特区中已经出现。[①]

(四)埃及投资法律制度的发展沿革及体系

1.埃及投资法沿革

埃及是第一个在 19 世纪末自愿采用西式法典的阿拉伯中东国家,其法律体系是伊斯兰法律(Shari'a)和拿破仑法典的组合,属于成文法的大陆法系国家。

埃及第一部成文的投资法律是 1974 年颁布的第 43 号法《关于阿拉伯与外国投资和自由区法》。随着埃及国际市场的不断拓展,为了创建更加良好的投资环境,吸引外国直接投资流入,扩大外国直接投资的规模和范围,埃及于 1989 年颁布了新的《投资法》以迎合跨境投资的大好形势。1997 年胡斯尼穆巴拉克(Hosni Mubarak)总统开始扩大外国投资者的市场,对外国直接投资实行无限制开放,大量增加外国投资的行业种类以及投资范围以促进埃及各个领域的经济发展,并配套出台与更新有关的投资法律来应对数量庞大的外国投资。因此,1997 年埃及议会出台了新的投资法律《投资保障与促进法》,并前后进行了多次修改以适应当时的埃及经济政策。该法规定投资应该在国家政策的框架内和社会发展计划的目标范围内进行。根据当时埃及投资法律制度,可进行投资的领域有:开垦和耕种荒地和沙漠、工业、旅游业、住宅和房地产开发,或根据免税区规定的其他事项。[②] 该投资法主要特色是对外国投资者的特殊优惠条件,其引入了多项投资激励措施,包括对投资者人身与财产权益的保护、土地分配、税收豁免以及设立免税区。该法允许外国投资者百分百享有投资项目的所有权,并保障在埃及赚取的收入汇出和汇回资本的权利。尽管国际经济全球化在当今还是一个有争议的命题,正面临挑战,但是因为对投资市场持有的开放态度,埃及成为对外资非常具有吸引力的国家。

随后,埃及通过 2005 年颁布的第 94 号法律修订了 1997 年的《投资保障与促进法》,在注册程序方面进行优化。根据修订后的《投资保障与促进法》,海外投资者注册公司的程序会比一般企业更简单。修订后的法律还根据埃及《公司法》与《商法》给予外国投资公司额外的激励措施,比如:免于国有化和强

① Emma Scott,China Goes Global in Egypt:A Special Economic Zone in Suez,2013,http://www0.sun.ac.za/ccs/wp-content/uploads/2013/08/CCS_DP_China_Goes_Global_Emma_Scott_2013_Final1.pdf,2020 年 7 月 19 日访问。

② 杨亚沙:《埃及投资法规》,载《中国商贸》1995 年第 18 期。

制性定价;取消对海外投资者使用不动产的限制,还赋予其拥有其活动所需房地产的权利;无须在相关管理部门登记,拥有直接进口原材料、机械、配件的权利。

但是,2011年发生的一月革命给埃及的经济带来了致命冲击,这场革命直接导致埃及经济增长率缓慢,外国投资市场崩溃,尤其是对旅游业的投资大幅下降。旅游业是埃及一个非常重要的外汇收入来源,埃及失去了外汇资金的主要来源,经济一度陷入困境。[①] 革命后埃及一直与国际货币基金组织讨论贷款事宜,在国际货币基金组织的贷款协议尚未有定论的情况下,埃及开始施行以经济改革为基础的贷款政策,但是一些大型企业明确表明必须等待货币基金组织的贷款协议正式确定后,才能实施自己的一揽子援助计划,埃及的国内经济救济计划未带来良好的效益。[②] 因此埃及将目光转移至海外投资领域,虽然革命导致的消极后果直接影响了对埃及市场的投资,但近几年来埃及不断改革与经济相关的法律制度,特别是资本市场和投资的法律,这两部法律对恢复外国投资者在埃及市场的信心至关重要。[③] 近年来埃及的投资法律历经改革,并为埃及的经济与投资市场带来了显著的改善。

2015年埃及召开了经济发展大会,会议结束后埃及政府企图将经济朝国际投资市场的方向发展。2015年3月12日,埃及颁布了新投资法修正案,对原本《投资保障与促进法》的投资框架进行了较为广泛的修订。在这次修改中,最重要的是对投资者的优惠条件的扩大,旨在通过对海外投资者提供保护与优惠政策,消除障碍并简化投资程序以吸引更多外资。修正案最大的特色是在特定的投资行业中增加针对性的激励措施,主要是审批程序的简化、削减税费、非征税的优惠、不动产的分配等方面,其中关于税收方面的优惠有:将营业税从最高10%削减至5%,并将生产设备的关税设定为2%。对于偏远地区或某些特殊领域(如能源、农业和交通运输)的劳动密集型项目或投资,还配套了进一步的免税规则。非征税的具体优惠有:能源关税的减免、对工程项目

---

①　Noha Bakr, The Egyptian Revolution, In book: *Change & Opportunities in the Emerging Meditteranean*, Publisher: Mediterranean Academy of Diplomatic Studies, Editors: Stephan Calleya & Monika Wohlfeld, 2016. pp.1-3.

②　U.S. Depart of State, 2013 Investment Climate Statement—Egypt, 2013, https://www.state.gov/e/eb/rls/othr/ics/2013/204635.htm 2018/9/18,2019年12月18日访问。

③　Radwa S. Elsaman, Ahmed A. Alshorbagy: Doing Business Egypt After the January Revolution: Capital Market AND Investment Laws, *Richmond Journal of Global Law and Business*, 2011. pp.1-3.

返还资金、扩展公用事务支出、对海外劳动者给予国家补贴、对单位缴纳的社会保险金给予国家补贴、在部分投资领域中无偿批准土地使用以及设立专属的项目进出口关税区。该修正案还授权 GAFI 建立"一站式服务",投资者可以从中获得投资运营项目所需的所有许可证。此外,埃及还配套了大量的行政法规,以提供有关如何进行管理的详细信息。①

2017 年埃及批准了一项具有里程碑意义的投资法。2017 年 5 月埃及 72 号《投资法》正式公布,该法替代长达 20 年历史的 1997 年的《投资保障和促进法》,成为规制埃及投资的法律。该法旨在扩大经济增长、生产、出口和外国投资,促进就业机会并增加埃及在国际投资市场中的竞争优势。该法确保公民享有平等的就业机会,尤其是对青少年的就业保障,注重保护环境和公共卫生,加强行政监督和透明度。② 同时,除了《投资法》已经给予的优惠外,在部长理事会的批准下,外国投资者在部分投资项目中可以受到特殊的优惠待遇。《投资法》还设置了极具特色的"投资地图",用以确定特殊投资区、所需投资项目和可供投资者使用的政府拥有的土地,投资地图是落实《投资法》有关投资便利化和投资促进的关键措施。2019 年埃及颁布了投资地图的第二版,相比第一版增加了 2000 个投资机会,提供了包括大量中小企业项目和大型项目的融资需求信息。③ 可见埃及政府致力于塑造良好的投资环境,对海外投资者报以友好欢迎的态度。

2.埃及投资法律体系

(1)埃及 2017 年 72 号《投资法》

埃及《投资法》管理在埃的所有投资事项,同时适用于国家和自然人,其不仅规范了投资各个领域,也规定了对投资者的人身安全和权益的保障。《投资法》主要包括以下几个部分:埃及投资管理的原则、投资激励、投资便利化、企业社会责任、投资机制、争议解决。该法目标明确,将"投资"定义为"国家为投资企业的设立、扩展、发展、融资、控股或管理提供资金,以促进投资的全面和

---

① Fatma Salah，Egypt：New Investment Law-ADR for Investor-State Disputes，2015，http://arbitrationblog.kluwerarbitration.com/2015/04/14/egypt-new-investment-law-adr-for-investor-state-disputes/？doing_wp_cron＝1595754044.6568269729614257812500,2020 年 7 月 20 日访问。

② American Chamber of Commerce in Egypt，Egypt's New Investment Law：Opening Egypt for Business，https://www.amcham.org.eg/eginvlaw.asp,2019 年 5 月 6 日访问。

③ 中华人民共和国商务部:《埃及发布第二版跨部门投资地图》,http://www.mofcom.gov.cn/article/i/jyjl/k/201907/20190702882842.shtml,2020 年 7 月 23 日访问。

可持续发展"。①

2017 年的《投资法》精简烦琐的行政程序,增加新的激励措施,创建新的争议解决方式,这一切都为海外企业创造了有利的投资商业环境。投资者首次可以通过互联网处理投资相关的服务,包括提供在线支付服务等便利条件,大大节省了海外投资者的程序成本。② 为投资者办理事务的流程设定时间表,督促政府机构在法定时间范围内作出回应。为了便利投资程序,在成功实施一系列的行政改革后,埃及的"统一投资窗口"概念最终得以实现,GAFI 设立了一个"投资服务中心"的分支机构,接收投资者要求设立项目或投资所需的所有文件。③ 赴埃的海外投资者无须得到多个政府部门的批准,这种"一站式"服务为投资者节省了金钱与时间的成本并简化了在埃及开展业务的程序。

这部法律最大的亮点是通过法律保障与激励在埃及的海外国际投资者,其中主要包含了以下几个具体方面:外国投资者将得到与埃及国民相同的待遇;经部长会议批准,外国投资者可以获得特别优惠待遇;投资不受任意程序或歧视性决定的制约;投资项目不会被国有化;任何行政当局不可以在没有适当警告、没有正当程序和未给予纠正时间的情况下撤销或暂停投资项目许可证;④保证外国投资者在项目期间可以居住在埃及;投资者有权将利润转移到国外;投资者的项目可以雇佣雇员总数 10% 的外国雇员;不得在无事先通过认证邮件向投资者发出警告的情况下,撤回投资者的土地、其他资产或分配给该项目的财产;投资公司的外国雇员有权将其薪酬转移到国外。

给予海外投资者最主要的几个激励措施的具体内容有:外国投资者享有进口商品、设备总值 2% 的海关免税额度;减少了跨境贸易和汇款的税费与手续费;免除"抵押,贷款协议以及与其投资相关的土地合同公证"的印花税和注册费;在投资 A 区范围内的投资者可在缴纳所得税前列支 50% 的投资成本,B 区针对特定项目可在缴纳所得税前列支 30% 的投资成本;埃及政府专门为部分投资者提供了特殊的税收激励措施,这些领域包括:环境保护,医疗保健,社会护理,文化,技术教育和研究与开发。

埃及投资法为埃及投资市场引入的上述措施,保护了投资者免受埃及政

①　埃及《投资法》第 1 条规定。

②　埃及《投资法》第 48 条规定。

③　埃及《投资法》第 21 条规定。

④　Moataz M. Hussein, New Egyptian Investment Law: Eyes on sustainability and facilitation,https://cf.iisd.net/itn/2018/10/17/new-egyptian-investment-law-eyes-on-sus-tainability-and-facilitation-moataz-hussein/#_ftn2,2020 年 7 月 22 日访问。

府当局反复无常决定的不良影响,减免税费,并提供新程序来简化海外企业在埃的建立、启动和运营。

(2)其他关于投资的法律

在埃及,除了《投资法》以外还有很多法律规定了与外国投资有关的内容,主要有:1974 年《关于阿拉伯与外国投资和自由区》的第 43 号法,规范在埃及自由区内的国内外投资;1981 年《公司法》,规定了关于在埃投资公司的设立和管理;第 17/1983 号《律师法》载有关于海外律师权利和义务的规定;1992 年《资本市场法股票交易》,规定了股票交易和资本市场发行;1994 年《环境法》,规定了海外投资者在埃及所受到的环境监管、审批与保护;1994 年《外汇法》专门规范外汇管制;2002 年《知识产权法》,涉及了海外投资者知识产权的申请与保护;2002 年《经济特区法》,专门规定苏伊士经济特区内的投资与贸易;2003 年《劳动法》,规定了外国劳动者在埃的保障与约束;2005 年《进出口法》与《海关法》规范进出口与海关;2010 年 67 号法《公私合营法》,规范与管理埃及的 BOT 与 PPP 项目。

(3)埃及对外签订的 BIT、MIT 和加入的国际投资协议

在过去三十年中埃及已签订多项双边投资协议(Bilateral Investment Treaty,以下简称 BIT)与国际投资协议(International Investment Agreements,以下简称 IIAs),签订的数量在非洲各国中名列前茅。不仅如此,埃及还签订了许多附有投资条款的条约(Treaties with Investment Provisions,以下简称 TIPs),如埃及—南方共同体框架协议(Egypt-Mercosur Framework Agreement),欧盟—埃及协会协议(EC-Egypt Association Agreement),OIC 投资协议(OIC Investment Agreement)等,截止至 2019 年,埃及一共签订 115 个 BIT,13 个 TIPs。[①]

埃及签订的关于投资的国际协议很多,主要有 1980 年《阿拉伯资本向阿拉伯国家投资统一条约》(The Unified Treaty on the Investment of Arab Capital in Arab Countries),埃及、摩洛哥、约旦、突尼斯四国在 2001 年 5 月签署的《阿加迪尔协定》(Agadir Agreement),东南非共同市场(COMESA),泛阿拉伯自由贸易区(GAFTA),《伊斯兰会议组织成员国间投资促进、保护与保障协议》(Agreement for Promotion, Protection and Guarantee of Invest-

---

① Investment Policy Hub, International Investment Agreements Navigator-Egypt, https://investmentpolicy. unctad. org/international-investment-agreements/countries/62/egypt,2020 年 3 月 25 日访问。

ments Among Member States of the Organization of the Islamic Conference) 等。此外,2001 年 6 月,埃及与欧盟签署欧洲—地中海协定(Euro-Mediterranean Agreement),该协定于 2004 年 6 月 1 日生效,埃及产品可以免税进入欧盟市场,欧盟产品也将在 12 年期间分阶段逐步免税进入埃及市场。[①] 2010 年,埃及和欧盟签订了一份关于农产品、加工农产品和渔业产品的另一项协议,并且于 2013 年 6 月埃及与欧盟开始讨论深度和全面的自由贸易协定,旨在让 90% 以上的农产品实现贸易自由化。[②] 埃及还与土耳其签署了自 2007 年 3 月起生效的自由贸易协定、2013 年 1 月与南方共同市场自由贸易区签署了自由贸易协定。

二、外资在埃及投资法律制度下面临的法律风险

(一)埃及《劳动法》缺乏灵活性和明确性

埃及议会目前正在讨论颁发新《劳动法》代替现有的《劳动法》,尽管修改的总体方向仍然不清楚,但是埃及希望能以此增强吸引外国投资方面的全球竞争力,其中最为重要的是为海外投资者提供一个明确且灵活的劳动法律制度,改善海外企业的雇佣环境。

自 2003 年《劳动法》颁布以来,便形成了现行的埃及劳动关系的管理制度。《劳动法》倾向于将员工视为体力劳动者,尽管确实有很大一部分埃及人口从事体力劳动,但仍有很大一部分人口从事文书、技术类的岗位,因此需要进行相应的立法改革,以确保雇主和雇员都不会受到不公平的对待,尤其是对海外投资企业雇员的权益保障。

1.解雇条款缺乏灵活性

《劳动法》主要有两条关于雇主解雇的条款。一方面,该法规定了严重过失的情况下可以解雇雇员。这样的情况包括:雇员假冒身份或提交虚假文件;

---

① European Commission, Euro-Mediterranean Agreement, http://eeas.europa.eu/archives/docs/egypt/aa/06_aaa_en.pdf, 2020 年 7 月 23 日访问。

② Official Journal of the European Union, Euro-Mediterranean Agreement Annexes, https://eur-lex.europa.eu/legal-content/EN/TXT/? uri=CELEX:32010D0240, 2020 年 7 月 24 日访问。

因疏忽给雇主造成重大损失,但前提是雇主必须在知悉事件后 24 小时内将事件通知主管当局;尽管先前已收到书面警告,但仍未遵守以确保工人和企业的安全所需;一年内有 20 天以上或连续 10 天以上无故缺席;泄露受雇企业的机密信息,给企业造成严重损失;在同一营业领域与雇主竞争;在工作时间内被发现受药物的影响处于明显中毒状态;在工作期间或与其有关的工作中殴打雇主或雇主代表;没有遵守规范罢工权的规定。以上劳动关系的终止必须由主管的劳动法院决定。[①] 另一方面,雇主可根据批准的工作规定或《劳动法》第 69 条所述的违法行为,终止雇佣协议,但必须至少提前两个月通知。[②]

上述埃及《劳动法》的规定引发了一些问题,首先是劳动法院对解雇雇员的管辖权。雇主在作出解雇之前相应通知雇员后,没有单方终止劳动关系的权利,而必须依据法院的命令才能解雇。在埃及的学术界一个普遍的共识是,除非发生与第 69 条所述的重大过失一样的严重过错,否则劳动关系的终止就不会发生,而且这种终止必须通过法院命令进行。[③] 此外,通过法院解雇必须执行适当的调查程序,这延长了解雇的时间,同时在不公正解雇的情况下,劳动法院必须判雇主额外给至少两个月的薪水。[④] 因此,在雇主不得不诉诸法院以下命令解除劳动关系的情况下,随之而来的还有雇主将面临的困境,例如:埃及法庭诉讼过程漫长和高昂的费用,使得一个简单的解雇案件可能需要长达两年的法庭审理。除此之外还有巨额的律师费,这通常比赔偿金本身要昂贵得多。此外,劳动法院也经常带有主观偏见,除非有明显和严重的违反行为,否则法院很可能会判决雇主向被解雇的雇员进行赔偿。

此外,埃及劳动法律某些方面的规定带来了重大的经营障碍,尤其是由于上述困难以及法律规定的终止劳动关系的禁止条件,雇主经常使用法律中没有明确提及的两种解雇方法。首先,通过谈判获得员工的辞职,但是此协商过程可能会导致不同的结果,具体取决于违规的严重性:一是在严重违规的情况下不提供任何赔偿,二是在未违规的时候以等于或超过法院命令的赔偿金的形式提供赔偿。其次,有些雇主为了避免任何潜在的解雇问题,让雇员在被雇用时就签署一份未注明日期的辞职信,以逃脱赔偿。显然,这在雇主和雇员之

① 埃及《劳动法》第 9 条规定。

② 埃及《劳动法》第 110 条规定。

③ Al Tamimi & Company, The Need for Labour Law Reform in Egypt,2019, https://www.lexology.com/library/detail.aspx? g = cfcf19b5-0b6a-4ad4-a49a-b0d5bb9144f6,2020 年 4 月 20 日访问。

④ 埃及《劳动法》第 122 条规定。

间造成了极大的权益不平衡,违背了《劳动法》的精神。①

埃及近期也在考虑起草新《劳动法》,其中包括讨论要求雇主对在公司工作若干年后的雇员提供永久雇员身份,并宣布任何辞职信,如果是在终止日期之前先行签名的则无效。但是草案已经在议会中审议了两年还未正式颁布。

2.加班制度不明确

埃及《劳动法》规定雇员加班必须经雇主同意,一天的总工作时间不得超过 10 小时,但是对于工作超过 10 小时后的惩罚、补偿制度,以及对加班的监督管理都并未明确规定。《劳动法》规定的正常工作时长为 8 小时,这通常意味着员工仅有权获得两个小时的加班费。如果白天加班,则雇员每小时可获得 35％的额外工资;如果晚上加班,则每小时可获得 70％的额外工资。

虽然这项规定在颁布时可能对雇员有利,但因为《劳动法》对超过 10 小时的加班补偿并未规定,而把加班时长固定在短短的 2 小时内,没有设置相应的加班监督管理机制,很难衡量员工实际的加班时间。在过去的几十年中,埃及的工作环境发生了翻天覆地的变化,员工每天在办公室停留超过 12 个小时的情况并不少见。② 因此,此规定并不一定会使员工受益,因为超过 2 个小时的加班费通常不予补偿;即使获得补偿,它不能反映出实际加班的时间,因为雇主必须遵守“最长 10 小时”的规定,至多只支付 2 小时加班费用。

埃及《劳动法》加班的规定已经不符合当前埃及的实际情况,雇主们常常利用《劳动法》的不明确性,强制要求雇员在法律规定的“10 小时”后继续工作而拒绝支付额外的报酬。

3.对雇佣外国雇员的严格限制

海外投资者在埃及面临的另一个问题是有关雇佣外国雇员的规定过于严格,现行法规要求雇佣外国雇员的公司遵循 9 名埃及人与 1 名外国专家的比例,即允许外国投资者在涉及国外的项目中雇佣 10％的外国员工,且必须满足“经过专业训练”以及“企业工人短缺”两个条件。其中,雇佣的外国技术专家必须有两名埃及雇员作为助理,而需要“经过专业训练”的条件仅仅适用于外国员工,这意味着剩下的 90％的本国埃及雇员未受过训练,很明显这一强

---

① Mahmoud Essam, Everything you need to know about Egypt's labor law, http://blog.wuzzuf.net/2017/11/13/egypt-labor-law/,2020 年 4 月 24 日访问。

② Al Tamimi ＆ Company, The Need for Labour Law Reform in Egypt,2019,https://www.lexology.com/library/detail.aspx? g＝cfcf19b5-0b6a-4ad4-a49a-b0d5bb9144f6,2020 年 4 月 20 日访问。

制性规定是为了保护埃及当地公民的就业机会。

不仅如此,对于外国投资者而言,为外国雇员获得工作许可证的过程也是相当困难且耗时的,埃及《劳动法》规定外国人除非获得主管部门的许可,否则不得在该国工作。① 而埃及对外籍劳工的审批与工作签证发放十分严苛,劳工培训上岗程序很烦琐。虽然现行《投资法》规定了外籍劳工比例最高可以增至 20%,但就埃及的现实情况而言,外籍劳工的申请程序复杂,甚至在旅游和教育等某些领域的外籍员工还需要提交额外的文件并取得特定的批准后才准予工作。在提交了所有必需的文件后,劳工局会发出一份附在雇员护照上的临时单,该临时单给予雇员在埃及开始工作的暂时许可。此外,埃及对外籍雇员需要进行安全审查,根据埃及法律规定,工作签证时间是从申请之日起算,其中包含安全审查等程序时间,且审查时间漫长,企业无权直接询问埃及安全部门审查的进展情况,这对海外投资企业与外籍雇员都是一个很大的法律风险。②

一旦安全审查程序结束(通常需要 2~3 个月),就会签发正式的工作许可证和居留许可证。工作许可证也只是一份临时文件,埃及没有永久性的工作许可证。工作许可证应每年或每六个月更新一次,具体取决于工作许可证的有效期限。主管部长有权决定禁止外国人工作的岗位和企业,任何人违反有关雇佣外国雇员的法律规定,可处以不少于五百埃镑和不超过五千埃镑的罚款。

过于严苛的规定通常促使雇主使用非法的雇佣方式雇佣外国员工,同时,对外国雇员的限制性程序通常会导致雇主冒险进行一些不合法的行为,比如在外国雇员没有工作许可证的情况下直接安排其从事劳动,这样虽然可以使企业暂时避免缴纳雇佣外籍员工所承担的社会保险金,但却妨碍了海外投资者的投资计划和安排,因为海外投资者往往需要投资者国内的相关专业技术人员以有效地实现预期的投资结果。有不少埃及学者提出《劳动法》需要通过简化外国雇员的工作许可流程以及降低硬性雇佣埃及公民的比例或完全取消比例,使外国雇员更容易进入埃及劳动力市场,这虽然可能会使雇主缴纳的社

---

① 埃及《劳动法》第 65 条规定。

② Yessry Saleh & Partners, Egypt: Egyptian Labor Law, 2016, https://www.mondaq.com/employee-rights-labour-relations/504284/egyptian-labor-law, 2020 年 4 月 21 日访问。

会保险金增加,但也可以大幅度提高埃及劳工的素质。[1]

此外,埃及法律规定了禁止外国人从事的岗位和工作,比如导游、进出口和海关清关工作等。除法律规定外国人禁止从业的工作岗位外,主管部长也可以决定外国人禁止从事的岗位以及允许在埃及企业工作的外国人数量的最高比例。可见,海外劳务者在埃及工作存在许多不确定性。

(二)埃及对外国人拥有土地所有权的严苛限制

政府对土地的交易,特别是对于在大多数城市的土地交易,都极大地提高了价格,这被认为是外国投资的一个不利因素。[2] 埃及法律制度为不动产提供保护,但是关于房地产所有权的法律很复杂,尤其是外国人的土地所有权可能难以得到承认。根据世界银行的《2019 年营商环境报告》(World Bank's 2019 Doing Business Report),按照"财产注册程序的简易程度"的排名,埃及在 190 个国家中位列 125 名。[3]可见,在埃及进行财产方面的注册是一件不容易的事,其烦琐的程序也给海外投资者带来了许多不便。此外,房地产注册费一直被视为阻碍房地产业发展的主要障碍,其费用为 2000 埃及镑(110 美元)。现在,埃及行政发展部推行国家所有权登记方案,该方案已在开罗的九个地区实施,该计划旨在简化财产登记并简化抵押融资程序。

在埃及,外国人仅限拥有两处住所,在某些区域内购买房地产还需要特定的程序。埃及房地产抵押贷款市场仍然不发达,大多数海外投资者仍以现金进行购买。根据埃及第 17 / 2015 号总统法令规定,仅允许政府在某些地区免费向符合特定技术和财务要求的海外投资者提供土地,这些公司必须在开始生产(对于工业项目)或运营(对于所有其他项目)后的 5 年内提供现金抵押,该规定于 2020 年 4 月 1 日到期。[4]

外国投资者对土地的所有权受三部法律管辖:第 15 /1963 号法律,第 143

---

① Al Tamimi & Company, The Need for Labour Law Reform in Egypt,2019, https://www.lexology.com/library/detail.aspx? g=cfcf19b5-0b6a-4ad4-a49a-b0d5bb9144f6,2020 年 4 月 20 日访问。

② Ahmed Zikrallah, Foreign Investment in Egypt: Reality and Challenges, *Egyptian Institute for Studies*, 2018, pp.2-5.

③ The World Bank, Doing Business 2019, https://www.doingbusiness.org/en/reports/global-reports/doing-business-2019, 2010 年 4 月 21 日访问。

④ U.S. Department of State,2019 Investment Climate Statements: Egypt, https://www.state.gov/reports/2019-investment-climate-statements/egypt/, 2020 年 4 月 22 日访问。

/ 1981 号法律和第 230 / 1996 号法律。其中第 15 /1963 号法律规定,无论是自然人还是法人,外国人均不得获得农业用地。埃及最高行政法院在判决中也证实了这一点,其拒绝外国人拥有任何农业用地的所有权,即使是因投资合作而拥有的农业土地也应在投资结束后归还给埃及政府。第 143 /1981 号法律规定了荒漠土地的获得和所有权,该法将荒漠土地定义为位于城市边界以外两千米的土地。另外,该法律对个人、家庭、合作社、合伙企业和公司可能拥有土地数量进行了一定的限制,有外国合作伙伴或股东参与的情况下,合伙企业和股份公司也只能在这些限制内拥有荒漠土地,但前提是至少有 51% 的资本为埃及人所有,且公司清算后,土地必须归埃及所有。此外,根据 1996 年第 230 号法律的第 4 条,获得居住用地的外国人必须在土地登记起的 5 年内完成建筑开发。如果 5 年期限届满而未开始建筑工程,则禁止延长土地使用的期限。[①]

(三)规范外国公司制度的混乱带来的投资风险

1.烦琐的准入规则带来的巨大负担

海外投资者在埃及设立公司必须获得商业和税务许可,并通过安全审查程序。埃及对公司的审查程序较长,法律允许公司在漫长的安全审查过程中进行运营。但是如果公司的安全审查未通过,则必须停止运营并转而进行烦琐的申诉程序。从海外投资企业的一些实例可以看出,埃及客户不愿与尚未获得安全许可的外国公司签订长期的商业合同。[②] 尽管埃及政府在简化 GAFI 的商业注册流程方面已取得进展,但由于埃及人明显缺乏与外国投资者紧密合作的经验,在很多方面都存在不利于投资者的情形,比如有时银行的规定和政府的相关规定会出现前后不一致的问题,当投资者需要在当地银行贷款或者办理其他业务时,就会延迟投资者的注册。

埃及对外资准入的审查程序也非常烦琐,在埃及的投资都要受到 GAFI 的监管。依据 1981 年 159 号《公司法》与 2017 年 72 号《投资法》设立的公司,GAFI 对投资者的申请进行审查并作出决定。其中依据 72 号《投资法》设立的公司,还应提交公司资金已经存储于埃及银行的证明。且公司的内部制度

---

① Amr Hamdy,Foreign Ownership of Real Estate in Egypt,https://www.tamimi.com/law-update-articles/foreign-ownership-of-real-estate-in-egypt/,2020 年 5 月 20 日访问。

② U.S. Department of State,2019 Investment Climate Statements:Egypt,https://www.state.gov/reports/2019-investment-climate-statements/egypt/,2020 年 4 月 22 日访问。

和章程都要经过批准、公证后才生效。对于一些特定的投资领域,投资者需要遵守其他的审查程序,如保险与通信领域需要获得内阁的批准。如果外资是通过并购的方式投资,那么除了需要遵守 1981 年 159 号《公司法》与 2017 年 72 号《投资法》外,还应适用 1992 年 95 号《资本市场法》与其 1993 年 139 号执行细则。因为并购的主要监管部门为埃及金融监管局(EFSA),因此还需要遵守关于 EFSA 的相关规则。若并购采用的方式为投标竞拍,则在 EFSA 批准之前还需要进行国家安全审查。在部分产业领域内,海外企业收购公司股权需要获得相关行业监管部门的书面同意。[①]

外国公司进入埃及当地金融业市场的唯一方式是并购当地的银行或者保险公司。近年来,埃及中央银行收到了众多希望获得投资商业银行许可证的申请,但从未给予批准,因为在埃及设立新银行的唯一方式就是收购现有银行,而收购的程序非常复杂,令许多海外投资者望而却步。外资除了可以投资银行外,埃及的保险业也对外资开放,外资保险公司可参与房地产和证券市场投资,外国投资者可持有保险公司的多数股权,外资设立保险公司需向埃及金融监管局提出申请,申请材料包括律师事务所出具的可行性研究报告、商业计划书、董事会成员名单、股东名单、标准保单条款,适合的再保险安排等。

此外,在外资的准入方面,对外资从事其他行业有特殊限制:对从事进口业务的企业有更严格的限制,规定外国人不得在埃及从事商品流通与批发的业务;在埃及开办超市和连锁经营需要经过特别委员会审批通过;只允许埃及人注册从事投标业务的商业代理;在未得到国有航空公司许可的情况下,任何私营或外国航空承运人不得经营开罗出发和抵达开罗的定期航班业务;不允许外国投资者进入棉花种植业。根据 2003 年 4 月新颁布的《劳动法》,非埃及人不得从事职业介绍、为企业招募员工等经营活动;只有全部由埃及本国人出资设立的公司才可作为国外公司在埃及的代理商。另外,外资的准入还有赖于有关部长签发的法令,部长的法令可以禁止外国人从事某些行业与工作,也可以通过法令确定《劳动法》第 27 条规定的雇佣外国人的最高比例。[②] 实际上,埃及通过部长法令再次明确对海外投资者的行业准入限制。这些严苛的公司注册规则与繁杂的准入程序为海外投资者带来许多额外的负担,不仅是费用上的增加,还有时间成本的支出。在漫长的审批等待中,许多外国投资公

---

① U.S. Department of State,2019 Investment Climate Statements:Egypt,https://www.state.gov/reports/2019-investment-climate-statements/egypt/,2020 年 4 月 22 日访问。

② 埃及《劳动法》第 30 条规定。

司为了防止亏损不得不进行违法经营,面临着巨大的法律风险。

2.对海外投资者的股权限制

埃及法律对特定行业的投资进行了限制,包括对拥有土地的公司的外资持股的限制,比如建筑行业,外商只能以合资的形式成立建筑公司,并且外资股权不得超过 49%。而进出口行业更是严格,法律曾经要求进出口公司的股份必须由埃及人 100%拥有和管理,此后《进出口法》重新修改了这个比例,规定在进口注册处注册的公司必须由埃及人至少拥有和管理 51%的股份。① 2016 年,埃及贸易部提议对法律再次进行修订以促进海外投资,允许外国股东持有 100%的进出口公司并进行合法注册,但截至 2019 年 4 月,该法律尚未提交议会。② 由此可知,埃及对于海外投资者持有的股份进行了严格的限制,对外国人可拥有股权数额设定了上限。同时,2017 年颁布的 72 号《投资法》明确允许海外投资公司在埃及经营货物和材料的进口事项,但是未规定其中外国人可持有的股份比例,也未作任何限制。而《经济特区法》规定了在苏伊士运河经济特区(SCZ)内,允许海外投资者享有公司 100%的外资所有权与 100%外资控制的进出口经营权。因此《进出口法》《经济特区法》与《投资法》关于进出口公司的外资股权比例的规定并不一致。

3.外国公司中埃及本国员工的强制占比

在人员方面,外国人无论是作为股东还是作为经理或董事会成员,埃及《公司法》都没有对外国人的人数作任何限制,但是对雇佣外籍员工的占比进行了强制规定。根据第 159 号《公司法》或第 72 号《投资法》建立的任何公司(不包括自由区的公司)一般不得雇佣超过 10%的非埃及公民劳动力,最多不可超过 20%。2003 年第 136 号部长法令确认了相同的雇佣外籍员工比例,规定 10%的雇员应为任何机构中外籍雇员的最大百分比,除非该投资是最高投资委员会决定的部分具有特殊战略重要性的项目,可不受上述比例限制,且前提是外籍员工的工资不超过公司全体员工总工资的 20%。③ 同时埃及还建立了多个投资区,根据第 72 号《投资法》,在任何免税区设立的公司都可以雇佣

---

① 埃及《劳动法》第 22 条规定。

② U.S. Department of State,2019 Investment Climate Statements:Egypt,2019,https://www.state.gov/reports/2019-investment-climate-statements/egypt/,2020 年 4 月 22 日访问。

③ Yessry Saleh&Partners,Egypt:Egyptian Labor Law,2016,https://www.mondaq.com/employee-rights-labour-relations/504284/egyptian-labor-law,2020 年 4 月 21 日访问。

外籍员工,其数量最多不超过公司员工的 20%。此外,法律规定公司的行政和技术雇员必须至少有 75% 由埃及公民担任,且他们的工资应至少占该公司工资总额的 70%。埃及 2003 年第 12 号《劳动法》授权由主管部长确定外籍人就业人数的最高限额,这意味着主管部长可能会颁布降低法律原本设定的限额的条例,那么海外投资者还存在被强制要求增加雇佣埃及本国公民比例的法律风险。

就目前情况而言,因为中埃苏伊士运河贸易区的创建,中国赴埃投资的企业较多位于 SCZ,而 SCZ 的劳工制度更加灵活,其规则相对独立。在 SCZ 内的劳工法规应由 SCZ 管理局下属的主管部门批准,与埃及《劳动法》的一般规则存在多处不同,比如 SCZ 管理局有权豁免适用《劳动法》对外国雇员的限制,提高《劳动法》对雇佣外籍员工比例的上限。[1]

(四)埃及环境保护法律制度下海外投资者的义务

1.投资者必须承担的环境保护责任

政府和埃及公众对环境的关注日益增加,这要归功于人们对自然资源重要性的新认识以及对环境的重视。随着海外企业在埃及投资的增多,带来的环境问题也日益显现。根据新闻报道,中国在非洲投资参与了大量的重大基础设施项目。[2] 但是中国在非洲的投资活动一向被英美等国谴责过度消费当地的生态与自然资源,破坏了东道国的环境。有部分外国学者认为中国在对外投资中严重缺乏环境保护政策,他们呼吁中国应发布有关他国的 FDI、援助和贷款的环境保护指南。[3] 可见近年来关于投资者的环境保护义务是国际备受瞩目的话题,也是东道国非常重视的问题。[4]

① Fatma Salah & Heba Elkady, Suez Canal Special Economic Zone Legal Framework, http://www. riad-riad. com/en/publications/suez-canal-special-economic-zone-legal-framework,2020 年 7 月 23 日访问。

② David Shinn, China in Africa：Environmental Implications and the Law,2015, http://www. internationalpolicydigest. org/2015/10/25/china-in-africa-environmental-implications-and-the-law/.,2020 年 3 月 18 日访问。

③ Meng Si, Environmental Policies on China's Investment Overseas, 2010, https://www. chinadialogue. net/books/3811—Environmental-Policieson-China-s-Investment-Overseas-/en,2020 年 5 月 4 日访问。

④ Yi Yimin, Improving China's Aid and Investment to Africa with a More Open Attitude, *Chinese Research Perspectives on the Environment*, Vol.1,2013,pp.381-390.

非洲国家对环境问题愈发关注,埃及1994年第4号《环境法》的出台反映了这一日益增长的趋势。之后埃及于2005年10月26日颁布了1741号总统法令,对原《环境法》的环境标准进行修订,规定了更严格的排污标准与污染源管理方式。2009年3月1日,埃及颁布2009年第9号总统令,新增了沿海区域与臭氧层环境保护的管制等规则,在2017年《投资法》规定投资者的社会责任中也规定了环境保护的内容,即采取预防措施以拯救和改善环境。[①] 法律对实施环境保护活动者给予奖励,对违反其规定的人施加和执行处罚。法律规定在埃及的所有企业都必须确保其设施排放(或泄漏)的空气污染物不超过法定的排放标准。除按照行政机关规定的条件和采取安全措施外,还应处置或处理垃圾和固体废物、喷洒的农药或任何其他化合物。禁止任何其他国籍的船舶、海上平台以及获准勘探或开发自然资源的公司或机构进入埃及领海作业,防止一切对海洋环境造成损害及污染。依据1994年第4号的《环境法》,设立了保护和促进环境的机构—埃及环境事务局(Egyptian Environmental Affairs Agency,以下简称EEAA)。EEAA制定一般的环境政策与保护环境的必要计划,它还负责跟踪这些计划的执行情况。[②]

埃及其他部门法也有环境保护条款,比如《劳动法》规定排放、声音污染和环境法中的其他规定必须得到雇主的尊重。雇主应提供一切必要的手段,保护员工免受工作场所的危险材料、化学品、机械、噪音和声音污染。[③] 且雇主有义务为工作场所配备必要的急救和防火措施。

埃及政府制定了一项为期五年的环境行动计划以处理该国的固体废物、空气和水污染问题。[④] 该计划的优先事项包括为拟议的开发项目编写可行性研究报告,敦促公司致力于ISO 14000环境标准认证,并使用科学的管理技术将废物回收利用以保护自然资源。

2.严格的环境影响评价制度增加投资者的成本

赴埃进行投资的企业在所有投资项目的建设之前,必须进行环境影响评价。项目的环境影响评估是必需的程序,由埃及环境事务局进行管理。[⑤]

---

① 埃及《投资法》第13条的规定。

② Annie Donnelly,Barry Dalal-Clayton,Ross Hughes, a Directory of Impact Assessment Guidelines,*International Institute for Environment and Developmet*,1998,p56.

③ 埃及《劳动法》第208条和第211条规定。

④ 埃及《劳动法》第212条和第214条规定。

⑤ Ahmad,A Comparative Evaluation of the EIA Systems in Egypt,Turkey and Tunisia,*Environmental Impact Assessment Review*,Vol.22,No.3,2002.pp.213-234.

EEAA 是根据 1994 年第 4 号法律成立的,专门负责执行第 4 号法律《环境法》,其负责环境管理计划、环境数据收集、污染预防和控制和适应国际环境协议。它作为中央环境执法机构和政府实体之间的协调者,管理关于环境影响评估。具体职责如下:投资者必须向 EEAA 提交《项目环境影响评估报告》,每个法人或自然人,无论是私人的还是公共的,均应承诺在开始实施项目之前,向主管行政当局或许可当局提交有关设施或项目的环境影响评估(EIA)报告。EEAA 在收到 EIA 文件后 60 天内作出决定,若没有按期作出决定则被认为是对评估报告的批准。EEAA 根据《EIA 指南》规定的相关要素,评估与审查项目对环境的影响,并下达环评决定通知书。[①] 从法律上讲,投资者有权对 EEAA 的最终结果提出申诉,EEAA 负责将投资者对环评决定通知书的异议提交给申诉委员会,申诉委员会在收到异议之日起十五天内召开会议。[②]

与第 4 号法律有关的执行条例规定了对企业或项目进行环境影响评估应考虑的要素:企业开展的业务类型、自然资源开发程度、企业的位置、企业主要经营的能源类型。EEAA 根据企业或项目对环境影响的不利程度,将项目分为三个类别:对环境影响轻微的企业/项目的"A"类项目清单;可能对环境造成重大影响的企业/项目的"B"类清单;因潜在影响而需要进行全面环境影响评估的企业/项目的"C"类清单。[③]

投资者可向常设申诉委员会就 EEAA 主管当局评估所作的决定提出申诉,但是投资商在收到根据工程项目对环境的影响("A"类、"B"类或"C"类)的分类的决定后是不能申诉的。申诉必须以书面形式提交 EEAA,并以挂号信和确认收件的方式发送。申诉必须有异议的理由、法律和科学依据。常设申诉委员会必须在收到上诉文件之日起 60 天内作出决定。因此,投资者在环境影响评价的过程中可能耗费大量的资金与时间成本,甚至在环评不予通过的时候,投资项目将直接被强制停止。[④]

---

① 埃及《环境法》第 19 条规定。

② Egyptian Natural Gas Co, Environmental Legislation, https://www.eib.org/attachments/pipeline/20070088_eia3_en.pdf,2020 年 5 月 21 日访问。

③ El-Sayed A Badr, Evaluation of the Environmental Impact Assessment System in Egypt, *Impact Assessment and Project Appraisal*, Vol.3,No.27, 2009.pp.193-203.

④ Yessry Saleh,Egypt:Environmental Impact Assessment System (EIA),https://www.mondaq.com/environmental-law/782826/environmental-impact-assessment-system-eia,2020 年 7 月 13 日访问。

3.投资者破坏环境可能面临的法律责任

埃及的第 4 号《环境保护法》明确规定了禁止事项,如:所有的单位都必须保证生产经营活动中所泄漏或放射出的污染大气的有害物质不得超过规定的最高排放量;禁止擅自处理废弃物、喷雾杀虫剂等化学品等。埃及对于违反环境保护法的行为特别规定了相应的惩罚措施、赔偿责任,甚至可能承担停产停业的风险。

此外,法律还规定投资项目在获得工业发展总局(IDA)等机构颁发许可证之前都必须提交环境影响评估报告书,待 EEAA 审查通过之后才能获得 ADI 的最终批准。而 EEAA 的审查一般需要较长时间,A、B 两类项目审查耗时一般为 1~2 两个月,C 类项目需要在投资所在省政府举办听证会后将环评报告和听证会报告交由当地环境署审批,还需要支付相关费用。《环境法》对未按照要求提交环评报告书的企业规定了惩罚,违反《环境法》第 19 条、第 23 条规定的企业将被处以五万欧元至一百万欧元的罚款。[①] 因此若投资者忽视了埃及环境保护的法律规定,不仅无法进行正常投资,还可能面临法律的追究。

(五)埃及严重的腐败对投资者的消极影响

美国传统基金会 2020 年发布的"经济自由指数"指出,埃及经济自由指数在全世界 178 个考察国家中,排名第 142 位。自由指数分值 54 个指数点,低于全球平均分值 62 个指数点。[②] 腐败是埃及经济面临的重要问题,世界银行企业调查(2017 年)显示,埃及有 35%~45% 的人认为政府机构中(总统/总理办公室、地方政府顾问、警察和税务官员)大部分或全部腐败。中东和北非阿拉伯国家透明度调查显示,约 90% 的受访者认为国家机构存在严重腐败,即使在埃及,也有超过三分之一的受访者认为政府几乎没有或根本没有对腐败采取行动。[③] 腐败对短期经济刺激具有一定作用,但腐败也是违反法治精神的罪魁祸首。

---

① 埃及《环境法》第 84 条规定。

② Business and economic data for 200 countries,https://www.theglobaleconomy.com/Egypt/economic_freedom/,2020 年 7 月 27 日访问。

③ Sapsford R,Tsourapas G,Abbott P,et al. Corruption,Trust,Inclusion and Cohesion in North Africa and the Middle East,*Applied Research in Quality of Life*,No.14,2019.p5.

在埃及,腐败导致权力滥用谋取利益现象严重。埃及经济最高监督机构中央审计局称,埃及平均每1.5分钟就会发生一起腐败案。① 2016年"小麦采购腐败案"是埃及投资领域的典型腐败案件。埃及每年进口小麦约1000万吨,埃及供应部部长哈纳菲中饱私囊,伪造200万吨小麦采购记录,被迫辞职。此前2014年,原部长穆罕默德·艾布·沙迪就因被控在进口小麦的过程中贪污而落马。2015年出任农业部长的萨拉赫·希拉勒和办公室原主任默罕默德·赛义德以及另外多名官员涉嫌向商人贾米勒索取和收受贿赂,并把后者非法获得的一宗大约2559英亩国有地块合法化。希拉勒等人收受的贿赂包括一幢价值约100万美元的别墅、约2.8万美元的服装、约1750美元的美食以及运动俱乐部会员卡等。2016年两人被判处10年有期徒刑。② 腐败是诱发2011年埃及"1·25"革命的主要原因,但穆巴拉克时代过去后,官员腐败行径依旧是埃及投资领域的痼疾。

某些情况下,过度泛滥的监管可能会对投资带来阻碍,很多海外投资者会选择通过腐败行为规避严格的程序。投资人通过这种方式纠正公共部门的市场失灵,整体经济效率将得到提高。③ 埃及经济增长和腐败的关系很复杂。从短期看,腐败是政府行政官员官僚主义的次生品,确能消除规则不明确的障碍,促进经济增长。但是,长期经验表明,腐败和经济增长呈负相关关系。举例而言,2009年透明国际清廉指数(Transparency International Corruption Perceptions Index)显示,最腐败的十个国家人均GDP为5100美元,而最清廉的十个国家人均GDP为36700美元。首先它影响投资者对商品、服务、资源和其他生产要素的实际定价。其次,在公共资金对资源的分配上存在恣意,决策者可以根据个人兴趣决定私人投资者的投资范围。短时间腐败不会导致经济马上滑坡,一般而言,腐败直接导致的损害后果平均3年后才能被发现。④

---

① 颜武:《埃及腐败的"天崩地裂"》,载《廉政瞭望》2017年第5期。

② 颜武:《埃及腐败的"天崩地裂"》,载《廉政瞭望》2017年第5期。

③ Kaymak T, Bektas E. Corruption in Emerging Markets: A Multidimensional Study, *Social Indicators Research*, No.3, 2015, p.786.

④ Yousri D M, Richter C. Sociological challenges for Egypt's development: 1981-2013, *International Economics and Economic Policy*, No.4, 2018, pp.735-737.

三、埃及投资争端仲裁法律制度研究

(一)埃及投资争端仲裁制度概述

1.埃及投资争端仲裁制度的产生背景

(1)埃及投资争端仲裁法的理论发展

埃及是一个伊斯兰国家,拥有逊尼派穆斯林人口的 85%～90%,要求其主要法律和法规与伊斯兰教法保持一致。仲裁在埃及长期存在,尽管在过去它没有受到很大欢迎,但是在埃及的《民商事仲裁法》被正式编纂之前,一直受伊斯兰教法的统治。① 埃及最高宪法法院规定了伊斯兰教法的原则是立法的主要来源,埃及《宪法》第 2 条规定:"伊斯兰教是国家的宗教。阿拉伯语是其官方语言,立法的主要来源是伊斯兰法理学。"同时,《埃及民法典》规定了伊斯兰教法对埃及的法治渊源,其第 2 条规定"在没有适用的法律规定的情况下,法官应根据习俗,或在没有习俗的情况下依据伊斯兰教法的原则作出决定,如果没有这些原则,自然法和司法原则应适用"。此外,伊斯兰教法的原则对立法和行政权力进行了限制,埃及立法者有义务遵守伊斯兰教法的规定,制定的任何法律或法令所载的条款都不得违反伊斯兰法的规定,一旦立法违反了伊斯兰教法,都必须宣布无效。因此,伊斯兰教法强烈影响埃及的社会习俗、法律法规,包括埃及的仲裁法律制度。

19 世纪,仲裁法律制度仅在西欧国家较为盛行,埃及在理论上并未完全认可这种新式的纠纷解决机制。埃及的仲裁法历史沿革与其商业的发展有紧密的关联性,随着经济的扩张和苏伊士运河的扩建,埃及增加了很多港口,几乎每件交易的商品都由不同国籍的船携带。往来的贸易方很大一部分是来自英国伦敦的商人,这种情况下对方常主张在合同中增加仲裁条款,仲裁规则已被许多法官作为海事领域判案时所适用的依据,由此仲裁法的理论在埃及得以迅速发展。西方法律理论第一次被埃及大规模地采纳是在 1875 年,当时埃及颁布了一系列的"混合法典"(Mixed Codes),在新法典中成立了混合法院(Mixed Courts),这些法院对涉及外国人和埃及人的所有民事纠纷拥有管辖

---

① Hodir helal, Arbitration in Egypt: Myth or Reality?, *Research & Analysis*, 2016, pp.26-27.

权。混合法院大多数法官是外国人,混合法典是西方法律理论和伊斯兰教法的混合体,[1]法典将仲裁规定为解决争端的手段之一,并且强调了仲裁员的技术性。1875 年法典的颁布使得埃及法院开始引入仲裁规则并适用于一些民事诉讼中,埃及认识到仲裁对交易和金融方面的纠纷解决起到的巨大作用,并且除普通法官外,还要求增添技能型的法官通过诉讼外的纠纷解决方式处理商事争端。在西方仲裁法理论的影响下,埃及的仲裁法理论迅速发展,即使当时埃及仲裁机制仅在海事领域内运用地较为广泛,但西方仲裁法理论的先进性也大大促进了埃及仲裁法的发展。

20 世纪 70 年代中期,随着埃及国际投资市场的不断拓展,为了创建更加良好的投资环境,埃及试图引入支持海外投资的政策,当时政府采取了一系列措施以实现经济自由化,伴随海外投资而来的还有成正比增长的纠纷数量。然而埃及司法系统的负担过载,复杂的程序与滞后的技术使其无法跟上现代商业交易的快速步伐,这令解决涉及大型国际企业和投资项目的争议变得缓慢而烦琐。此外,埃及法官没有国际争议事项相关的审判经验,许多现代投资与贸易所涉及的技术问题都无法得以良好解决,特别是在国际投资纠纷方面,司法系统巨大的工作量使得法官对任何投资争议没有深入审查的时间。埃及法院现在面临巨大的挑战,其中包括:(1)法官短缺;(2)工作量负荷;(3)在替代性争议解决方面知识渊博或训练有素的法官很少;(4)法院缺乏透明度;(5)陈旧的记录系统;(6)法院内部缺乏可行的替代性争议解决(ADR)法律机构,比如专门用于替代性争议解决的法庭。[2] 同时,许多现代投资纠纷所涉及的技术因素使得法院无法在此类案件中发布知情且及时的决定,再加上投资者希望保持其争端的保密性并希望在和解法庭中具有发言权。因此,埃及传统司法制度已然不能满足现代纠纷对新争端解决方式的需求,无法公正地保护外国投资者或外国项目开发商的利益,[3]立法机关开始引导仲裁法律制度作为与司体系平行的争端解决途径,仲裁法理论的发展促进了埃及仲裁成

---

[1] Mark S. W. Hoyle, The Mixed Courts of Egypt 1896-1905, *Arab Law Quarterly*, Vol.2, No.1, 1987, pp.57-74.

[2] Mohamed S. Abdel Wahab, Investment Arbitration: The Chronicles of Egypt—A Perilous Path to Pass, *The Journal of the Chartered Institute of Arbitrators*, Vol.83, No.1, 2017, pp.52-70.

[3] Meriam Al-Rashid, Pinsent Masons, Understanding Egypt's Public Infrastructure Investment Strategy and Dispute Resolution Atmosphere, *International Bar Association* (IBA), 2015, pp.3-6.

文法的形成。

在宗教的作用下埃及的仲裁法理论独具特色,其往往会与替代性争端解决机制相融合,拥有较强的灵活性。伊斯兰传统一向比较反对"不平等、权力滥用",支持和善,因此多元化纠纷解决机制(Alternative Dispute Resolution,以下简称 ADR)在埃及发展迅速。鉴于伊斯兰教在埃及社会中占据了文化和宗教的主导地位,ADR 必须以强调其与伊斯兰教和谐融入的方式引入并作为公众意识活动的一部分。正如美国基督教的调解服务,如"和平制造者"利用《圣经》经文来调解解决基督徒之间的冲突,埃及的穆斯林通过《古兰经》经文来证明 ADR 的作用。以此设立的国内 ADR 机制比较贴合埃及的宗教与行为习惯,帮助埃及人民在文化上接受 ADR,使其更信赖与适应这种投资争端解决的方式。①

随着国际经济争端对专业技术知识的深入需求,如今埃及的仲裁法律理论逐步成熟,仲裁早已成为解决民商事纠纷的首选,其更常用于涉及外国当事方的大型商业交易,这些主要包括建筑合同,酒店管理协议,石油和天然气交易以及知识产权合同等。作为埃及争端解决机制演变的重要部分,埃及仲裁法是本国传统法律理论对西方法律理论的接纳与融合,仲裁法理论的发展对埃及现代争端解决框架的构建有举足轻重的作用,对于促进埃及经济发展的稳定性尤为突出。

(2)埃及投资争端仲裁法律制度的发展

埃及法律体系是伊斯兰法律(被称为 Shari'a)和拿破仑法典的组合。埃及是第一个在 19 世纪末自愿采用西式法典的阿拉伯中东国家,因此埃及是一个基于成文法的大陆法系国家。埃及的法律体系分效力等级,宪法位于这一等级的顶层,其后是依照宪法规定起草的法律和法规,最后是法令。在埃及,修订仲裁法最普遍的方式即为出台新法令。

1811 年 11 月 13 日的奥斯曼法令颁布了埃及的第一部民事诉讼法,其中包括仲裁章节,这是埃及最早的仲裁法律,但当时埃及的投资纠纷还较为依赖司法途径,投资争端仲裁法律制度处于雏形状态,几乎没有投资者会引用该仲裁法律规则解决问题。到 1969 年,新的《民商事程序规则》(Code of Civil and Commercial Procedure)生效,该法规的第 501 至 513 条奠定了埃及仲裁法律

---

① Mike McMullen,The Development of Egyptian Alternative Dispute Resolution,2013,https://www.mediate.com/articles/McMullenM2.cfm,2019 年 7 月 23 日访问。

制度的基础,①但是司法系统一直被视为解决埃及法律纠纷的主要方式,有时甚至是专属方式,因此埃及一直没有制定专门的仲裁法。但是埃及在《民商事仲裁法》出台之前,一些其他的部门法中也存在包含规范仲裁的法律,比如《民商事程序规则》与《投资法》,《投资法》中涉及仲裁的部分更象征着埃及仲裁法律制度的演变。一直以来,埃及在争端解决方面也给予投资者相当大的选择权,最重要的就是提供了国际仲裁的途径:

①1971年第26号埃及法令第2条规定当出现投资争议,投资者有权要求将争议提交仲裁庭。

②1974年的投资法扩大了可受理的投资争议范围,包括与执行投资有关的所有争议。该法律赋予了投资者在争端解决方面的若干选择,规定了包括:根据投资者与国家签订的合同或协议约定的争端解决机制;埃及与投资者母国达成的双边投资协定中规定的争端解决方案;以及根据具体条件和适用情况,投资者可依据《华盛顿公约》将争议提交ICSID仲裁。显然,埃及投资法的演变更有利于投资者,给予投资者多种争端解决的选择,对国际争端解决机构尤其是ICSID持有开放的态度。

③1989年埃及第230号法令第55条引入了修正案,双方可通过相关的BIT规定解决争端,并可在开罗地区国际商事仲裁中心解决争端。

④1997年的第8号法令第7条也重申了上述规定,投资者获得了更多的选择。

可见,尽管国际经济全球化在当时还是一个有争议的命题,但埃及的投资立法显然对仲裁制度持开放的态度,并且偏向于对海外投资者权益的保护以此扩宽本国外国投资的市场,埃及对国际仲裁的积极态度直至"一月革命"后才发生巨大的变化。

1994年埃及颁布了第27号《民商事仲裁法》(The Egyptian Arbitration in Civil and Commercial Law—Law No. 27/1994,下文简称《仲裁法》),该法于1994年5月2日正式生效,取代了1968年《民商事程序法》501到513条关于仲裁的规定,是埃及第一部专门规范仲裁制度的法律。埃及《仲裁法》第1条规定,其对在埃进行的包括国内外的一切仲裁都适用,对争端的起因和当事人的法律关系无要求,只要满足当事双方自愿约定适用《仲裁法》解决纠纷,因此包括国际投资在内的所有投资纠纷在符合以上条件的情况下也适用本法。

---

① Hodir helal, Arbitration in Egypt: Myth or Reality?, *Research & Analysis*, 2016, pp.26-27.

《仲裁法》确立了埃及仲裁的总体框架和具体规则,其以联合国贸易法委员会的《示范法》为蓝本,[①]但具有浓烈的本地化特点,很多方面都显示出了伊斯兰教法的原则以及埃及的传统理念,在可仲裁范围、仲裁裁决的执行与仲裁协议上更是体现了埃及独有的法律文化。埃及《仲裁法》于 1994 年颁布后经过了第 8/2000 号、第 8310/2008 号等一系列法令的修订,其出台具有里程碑的意义,成为了埃及投资争端解决的主要法律渊源之一,是海外投资者除了埃及《投资法》外引用最多的法律依据,也是埃及投资仲裁法律制度迈入现代化进程的节点。[②]

2.埃及投资争端仲裁法律体系

《仲裁法》是规范埃及投资争端仲裁程序规则的主要来源,除此之外,第 72 号《投资法》中包含的仲裁的部分是埃及在国际投资纠纷解决中最重要的法律依据,埃及加入的与仲裁相关的国际公约及协议与《仲裁法》的效力同级,也属于仲裁法范畴。另外有两个在埃及较为特殊的仲裁法渊源,一是埃及在 2011 年"一月革命"后为解决国际投资争端建立的"处理投资纠纷部际委员会"(Ministerial Committee for Investment Disputes Resolution),法律规定处理投资纠纷部际委员会提出的建议是国家机构在类似情况下必须遵循的一般原则。[③] 二是最高宪法法院(Supreme Constitutional Court)和重审法院(Court of Cassation)作出的相关判决、裁定,为仲裁的第二性法律渊源。此外,埃及修改法律最常见的方式是出台新的法令,这些法令与其他成文法具有一样的法律效力。

(1)《埃及民事和商事仲裁法》与《投资法》中涉及的仲裁有关法律

虽然埃及早在 19 世纪便开始引入仲裁机制解决纠纷,但是埃及仲裁成文法形成较晚,一直以来仲裁法律制度无法有效完善与落实,埃及人民大会经历了整整 9 年才批准了《民商事仲裁法》,[④]该法自 1994 年生效后还经历了几次修改。

---

① Mohamad Talaat, Yehia Shahine, Hassan Essam, International Arbitration Yearbook-EGYPT, *Arbitration Yearbook*, 2017, pp.1-12.

② Samir Saleh, *Commercial Arbitration in the Arab Middle East: Shari'a, Syria, Lebanon, and Egypt*, Oxford Hart Publishing, Vol.4, No.1,2006, pp.300-507.

③ George Sadek, Egypt: Legal Framework for Arbitration, *The Law Library of Congress*, 2014, pp.1-11.

④ Hoda Atia, Egypt's New Commercial Arbitration Framework : Problems and Prospects for the Future of Foreign Investment, *Trade and Bus*, Vol.1, No.3, 2000,pp.1-6.

作为埃及主要的争端解决法律,特别是与投资和商业有关的纠纷,埃及《仲裁法》以国际贸易法委员会《国际商事仲裁示范法》为蓝本,与国际仲裁的标准基本一致。① 示范法为埃及仲裁法的框架提供了主要的信息,但是《仲裁法》存在部分显著的不同之处,如:如果当事各方未指明商定语言,则默认使用的语言为阿拉伯语;在《仲裁法》中,仲裁庭无权下令临时救济,除非当事人之间的投资协议授予仲裁庭这些权力;如果国际仲裁庭作出裁决,根据埃及1958 年批准的《纽约公约》,这些裁决可以在埃及执行,寻求执行的一方必须等待上诉期届满,通常为 90 天。上诉期为"败诉方"提出诉讼的期限,国际裁决的执行请求必须向开罗上诉法院提出。② 与旧法相比,《仲裁法》扩大了可仲裁范围,根据《仲裁法》第 1 条,在埃及进行的国内和国际仲裁,或当事人在国外进行国际商事仲裁同意服从本法规定的,受《仲裁法》管辖。除了适用于国内仲裁案件,还延伸至国际民商事仲裁。并且该法将原本由政府管理、受公法规范的行政合同争议纳入仲裁法的管辖范围。

除了《仲裁法》,《投资法》也是埃及投资争端仲裁法律体系中最重要的法律渊源之一。1997 年胡斯尼·穆巴拉克(Hosni Mubarak)总统开始扩大对外国投资者的市场,大量增加外国投资的行业种类以及投资范围以促进埃及各个领域的经济发展,并配套出台与更新有关的仲裁法律来应对数量庞大的外国投资纠纷,其中 1997 年颁布的《投资保障和鼓励法》成为当时埃及投资争端解决机制中最重要的一部法律,③其中不仅引入了仲裁法律制度,甚至明确了仲裁机构。《投资保障和鼓励法》规定:"根据投资者的选择,双方达成一致(即根据投资合同或根据适用的 BIT 提供)诉诸 ICSID;或根据 1994 年第 27 号《仲裁法》的规定解决,双方还可一致同意在开罗地区国际商事仲裁中心(CRCICA)通过仲裁解决争端。"随后 2017 年 5 月埃及 72 号《投资法》公布,替代了长达 20 年历史的《投资保障和鼓励法》,在其第四节"处理纠纷的友好方式与仲裁中心"中明确规定投资双方可以将争议交由地点设立在开罗的"埃及仲裁中心","埃及仲裁中心"由埃及本国设立,国库为其提供资金来源。《投资法》第 91 条还规定:"设立以开罗省为办公地点、名称为'埃及仲裁中心'的

---

① Johanne Cox, John Matouk, The European, Middle Eastern and African Arbitration Review 2016—Egypt. *Global Arbitration Review*,2015,pp.1-122.

② Mike McClure,Mohamed Negm, Arbitration in Egypt and the UAE: Reflections on Law and Practice,2014,http://arbitrationblog.kluwerarbitration.com/2014/06/04/arbitration-in-egypt-and-the-uae-reflections-on-law-and-practice/,2019 年 9 月 3 日访问。

③ 杨亚沙:《埃及投资法法规》,载《中国商贸》1995 年第 18 期。

具有法人资格的独立仲裁机构。考虑到埃及有关仲裁和纠纷处理的法律规定,机构负责调解投资者之间或投资者与国家、或与下属的国有或私有机构之间可能发生的投资纠纷,前提是纠纷各方在纠纷处理的任意阶段协商同意由该中心仲裁。"该中心不同于 1994 年《投资保障和鼓励法》中规定的开罗地区国际商事仲裁中心,开罗地区国际商事仲裁中心(CRCICA)于 1979 年在亚非法律协商委员会(AALCO)支持下设立,属于国际仲裁机构,2017 年 72 号《投资法》规定的埃及仲裁中心是埃及国内仲裁机构,虽然埃及法律朝着消除国际仲裁机构影响的方向发展,但是《投资法》仍然在仲裁法律框架内占有举足轻重的地位。

(2)最高宪法法院与重审法院的司法判决与裁定

埃及的仲裁法以成文法为主,但是也在一定程度上承认法院判决的效力。除了《仲裁法》,埃及最高宪法法院作出与《仲裁法》相关的"合宪性"裁决也具有相同的法律约束力,同时重审法院作出与仲裁有关的司法判决也是第二性法律渊源。

埃及最高宪法法院对有关《仲裁法》是否符合宪法作出的裁定直接影响了该法条的效力,其否定的法条应及时修正。2000 年之前,争议的任意一方对仲裁员公正性或独立性若存有质疑,仲裁庭依据埃及《仲裁法》的授予,有权对其提出的取消仲裁资格的请求作出裁决。但是,埃及最高宪法法院于 1999 年11 月宣布"仲裁庭有权裁定质疑其成员的独立性和公正性"的主张是违宪的。因此,2000 年 4 月埃及对《仲裁法》进行了修改,将质疑仲裁员公正性与取消仲裁资格的管辖权转移给了相关的主管法院,[①]仲裁院至此不再具有该权力。

埃及是主要基于成文法的大陆法系国家,重审法院的司法判决不是仲裁法的法律渊源,但是其一些具有代表性的司法判决对仲裁法律的制定与修改有着很大的影响。埃及重审法院于 1999 年 3 月 1 日,在第 65 个司法年度的第 10350 号案件中作出了一项重要的判决,该判决在执行的部分提到有关外国判决、命令和正式文件的适用问题,埃及必须遵守和其他国家之间签订的关于执行外国判决,命令和正式文件的协定或公约。由于埃及是 1958 年的《承认和执行外国仲裁裁决公约》(the New York Convention on the Recognition

---

① Amr Abbas,John Matouk Matouk, Bassiouny & Hennawy, The Middle Eastern and African Arbitration Review-Egypt,2019, https://globalarbitrationreview.com/benchmarking/the-middle-eastern-and-african-arbitration-review-2019/1190120/egypt # endnote-064-backlink,2020 年 1 月 3 日访问。

and Enforcement of Foreign Arbitral Awards,以下简称《纽约公约》)的成员国,因此该公约也属于埃及的法律之一,即使其与埃及的《仲裁法》相抵触,也仍然适用。[①] 此项判决出来后,埃及也认可了该公约为其仲裁法律框架的组成部分。

(3)埃及加入的与仲裁相关的国际公约及协议

为了发展本国的外贸经济,埃及签订了许多有关仲裁的国际条约,为向埃及提起仲裁索赔的海外投资者提供了便利,增加了投资者的信赖。

埃及于 1971 年签署了《关于解决国家与他国国民间投资争端公约》(Convention on the Settlement of Investment Disputes Between States and Nationals of Other States,以下简称《华盛顿公约》),该公约于 1972 年 5 月批准,于 1972 年 6 月 2 日在埃及生效。依据该公约,将争议提交至任何仲裁机构的前提是争端当事方的一致同意,因此公约成员国并非强制适用仲裁机制解决纠纷。《华盛顿公约》成为在埃的海外投资者启动仲裁机制最常见的依据,早在 1974 年第 41 号埃及法第(8)条就规定:"关于执行本法规定的投资争议应按照与投资者商定的方式或在缔结的有效条约中事先约定按照《关于解决国家与他国国民间投资争端公约》解决。"[②]

除此之外,埃及签订的国际条约还有 1980 年的《阿拉伯资本向阿拉伯国家投资统一条约》[The Unified Treaty on the Investment of Arab Capital in Arab Countries（1980）],1952 年《阿拉伯联盟执行判决和仲裁裁决公约》(The Convention of the Arab League on the Enforcement of Judgments and Arbitral Awards),[③]埃及、摩洛哥、约旦、突尼斯四国在 2001 年 5 月签署的《阿加迪尔协定》(Agadir Agreement),东南非共同市场(COMESA)和大阿拉伯自由贸易区(GAFTA)。就争端解决机制的条约文本而言,这些国际条约为在埃的投资者在不同领域提供了较为统一的争端解决途径。比如《阿拉伯国家阿拉伯资本投资统一协议》,为成员国提供了一套完整的仲裁规则,该协议中附有《调解和仲裁》,第 2 条规定了临时仲裁的程序。争端双方可以优先

---

① Mohamed Abdel Wahab, Commercial Arbitration-Egypt, 2019, https://globalar-bitrationreview.com/jurisdiction/1005756/egypt, 2020 年 1 月 4 日访问。

② Mohamed S. Abdel Wahab, Investment Arbitration: The Chronicles of Egypt—A Perilous Path to Pass, *The Journal of the Chartered Institute of Arbitrators*, Vol.83, No.1, 2017, pp.52-70.

③ Mohamed Abdel Wahab, Commercial Arbitration-Egypt, 2019, https://globalar-bitrationreview.com/jurisdiction/1005756/egypt, 2020 年 1 月 4 日访问。

通过调解途径解决问题,若有一方拒绝调解或不同意接受调解建议,或调解员无法在规定期限内提交报告,那么争端双方可以协商一致将纠纷诉诸指定的仲裁庭。此外,协议第28条设立了阿拉伯投资法院,阿拉伯投资法院的所在地是阿拉伯国家联盟的常设总部,位于埃及的开罗。阿拉伯投资法院有权审理阿拉伯投资者与缔约国之间的投资争议,争议范围涉及违反协议中规定的具体"保护义务"。

其次,埃及是《伊斯兰会议组织成员国间投资促进、保护与保障协议》(Agreement for Promotion, Protection and Guarantee of Investments Among Member States of the Organization of the Islamic Conference)的缔约国,该协议第17条规定了争端解决途径"若当事方不能达成调解协议,或调解员不能在规定时间内提交调解报告,或当事方不接受调解员提出的调解协议,每一当事方可将争议提交仲裁解决"。值得注意的是,与埃及签订的双边投资保护协定和其他国际条约不同,依据该协议仲裁机制的引入不需要当事人的一致同意,埃及批准后就等同于必须遵守第17条规定的仲裁程序解决争议。[①] 因此,该协议自动纳为埃及仲裁法律的一部分。

最后,由于埃及给予外国投资者的合同保护不足,因此双边投资协议(BITs)与多边投资协议(MITs)是海外投资者依赖的主要投资保护手段。在过去三十年中埃及已签订多项MIT与BIT,签订的数量在非洲各国中名列前茅。从法律和实践上看,埃及的外国投资者可以通过多种方式引入仲裁机制来解决他们的投资纠纷,投资者提起仲裁的依据主要有:其一,可以按照投资协议或合同中约定的仲裁途径;[②]其二,可以根据适用的双边投资条约或多边投资条约中的仲裁条款;其三,在前两者均不可援引和适用的情况下,依据埃及国内法诉诸仲裁。在埃及签订的协议中常见的仲裁机构除了ICSID以外,还有国际商会(ICC)仲裁院、斯德哥尔摩商会(SCC)仲裁院、开罗地区国际商事仲裁中心(CRCICA)以及联合国国际贸易法委员会(UNCITRAL)的特设法庭等,因此在上述情形下,这些协议与国际仲裁机构的规则也属于埃及仲裁法律体系中的一部分。

同时对于在国外进行的仲裁,埃及也签订了一系列条约。埃及是1958年

---

① 朱伟东:《"一带一路"背景下中阿投资争议的解决途径》,载《西亚非洲》2018年第3期。

② 埃及《仲裁法》第6条规定:"如仲裁双方同意他们之间的法律关系受某种标准合同、国际公约或任何其他文件管辖,则应适用该文件包括仲裁在内的所有条款。"

《纽约公约》和《利雅得公约》(Riyadh Convention)与《阿拉伯国家联盟条约》(League of Arab States Treaty)的签署国,以互相承认和执行这些仲裁裁决。

(4)投资争议解决委员会的一般规则

埃及总理在 2012 年 10 月发布了 2012 年第 1067 号法令,规定设立一个争议解决委员会,负责解决投资者与埃及政府之间签订的合同争议。与此同时,总理发布了 2012 年第 1115 号法令,其中规定组建一个类似于争议解决委员会的其他委员会,但相较于争议解决委员会有两个区别:第一,与第 1067 号法令不同的是,第 1115 号法令委员以投资合同是否存在为前提条件,而争议解决委员的任务是对投资争端的解决,其管辖范围不限于投资者与政府机构之间的投资合同纠纷,不论适用的法律与诉讼因由,即使在没有任何投资合同或未订立合同的情况下,也有权审查投资者与政府之间实施"投资法"有关的投诉或争议(即合同外);第二,第 1115 号法令委员会提出的建议是国家机构在类似情况下必须遵循的一般原则。①

随后,埃及在 2015 年第 17 号法令(以下统称为 2015 年修正案)中重新设立了投资合同纠纷委员会、申诉委员会、投资争议解决委员会与备用委员会,旨在避免埃及法院系统解决投资纠纷,这些委员会有相当大的自由裁量权来解决投资争议。到埃及 2017 年第 72 号《投资法》,"处理投资纠纷"一章中规定了四个小节,除了传统的"友好方式与仲裁中心"外还有三节分别为"申诉委员会、处理投资纠纷部际委员会、处理投资合同纠纷部际委员会"。其中处理投资纠纷部际委员会(Ministerial Committee for Investment Disputes Resolution)的前身为 2012 年第 1067 号法令的争议解决委员会,法律规定处理投资纠纷部际委员会提出的建议是国家机构在类似情况下必须遵循的一般原则。

(5)与投资仲裁相关的法令

埃及基本每年都会颁布法令来修正成文法,法令在埃及仲裁法的发展进程中扮演了十分关键的角色。埃及《仲裁法》第 2 条规定"司法部长负责签发施行本法的必要法令",赋予了司法部长在实行该法过程中颁布法令以调整具体事务的权力。有些修正案就是通过法令的形式出台的,比如埃及《投资法》2015 年修正案即第 17/2015 号总统法令,该法令第 4 条规定在埃及进行的投资争议属于《仲裁法》的适用范围,除非相关条约中已包含了关争议处理的具

---

① 中国国际经济贸易仲裁委员会编:《一带一路沿线国家国际仲裁制度研究(一)》,法律出版社 2015 版,第 11 页。

体规定,否则由此产生的争议将受埃及《仲裁法》管辖。① 这个法令明确反映了当年的立法重点。

(二)投资争端仲裁法律制度面临的挑战

1."一月革命"下埃及投资仲裁的退缩

尽管在过去十年中埃及见证了显著的经济进步,但中产阶级和下层阶级的埃及人并未获得太多的经济利益,公职人员和商人的腐败加剧了财富的不公平分配。同时,埃及经历了经济部门的重大法律改革,例如埃及政府于1992年通过了《资本市场法》(the Capital Market Law No. 95 of 1992)以帮助加强资本市场,并且制定了相应的投资法以鼓励本地和外国投资。当然,深刻的政治问题是革命的基础,1997年胡斯尼·穆·巴拉克(Hosni Mubarak)总统开始扩大对外国投资者的市场,对外国直接投资实行无限制开放,大量增加外国投资的行业种类以及投资范围以促进埃及各个领域的经济发展,但是随之而来的是巨大的外债和埃及本国人就业率的大幅度下降,经济窘迫成为了穆巴拉克时代的特征。② 实际上,埃及的人均收入在2011年的全球排名为第137位,中央情报局的《世界概况》书报道,有20%的埃及人生活在贫困线以下,而40%的人每天的生活费最高为2美元。最终,金融腐败、经济落后以及政治变革引发了"一月革命",埃及在2011年1月25日的这场革命推翻了穆巴拉克政府,建立了新政权。革命造成了国家和社会的不稳定,埃及出现了近年来最严重的经济下滑,过渡政府在夺得政权后不得不终止、冻结了一切与旧政权有关的投资项目,③撤销了旧政府对海外投资的批准,收回旧政府签订的投资合同和相应项目的许可证,面对这场突如其来的国家政权变化,外国投资者只能被迫接受因过渡政府违约带来的损失。

外国投资者对埃及的大多数投资仲裁案件都是自2011年以来提出的,"一月革命"后越来越多的外国投资者声称埃及违反了其义务,这些投资者根据相关的双边投资条约将埃及诉至国际仲裁机构,而埃及是许多双边投资条

---

① Mohamed S. Abdel Wahab, Investment Arbitration: The Chronicles of Egypt—A Perilous Path to Pass, *The Journal of the Chartered Institute of Arbitrators*, Vol.83, No.1,2017, pp.52-70.

② Lama Abu-Odeh, On Law and The Transition To Market: The Case of Egypt, *Emory Int'l L*, 2009, pp.351-361.

③ Mohamed A H Madkour, Egypt Post-Revolution: To Investor to Arbitrate, *IBA Arbitration News*, 2011, pp.1-7.

约的签署国,这直接导致了在 ICSID 中对埃及索赔的迅猛增长。埃及于 1972 年 5 月批准了《华盛顿公约》,但直到 1989 年埃及才在 ICSID 第一次被诉。从加入《华盛顿公约》开始的 1972 年到 2008 年的 36 年期间,只有 9 起针对埃及的案件被提出并结案。然而据 2012 年公布的统计数据,埃及被诉已经达到了 17 个案件,在 ICSID 最常出现的被诉者中排名第三,位列阿根廷和委内瑞拉之后。到 2013 年之时,仅该年内就有 11 个针对埃及的 ICSID 案件正在审理中。[①] 虽然并不是所有的索赔都建立在可信的事实依据之上,但这些仲裁对其他海外投资者具有一定的示范性,令埃及深陷巨额赔偿的风险中。

为了缓解大规模的投资争端仲裁索赔情况,埃及开始通过修改立法减缓对仲裁制度的引入,埃及更渴望一种被其所信赖的中立且有效的方式来解决投资者与公共或私营部门之间发生的纠纷,取代 ICSID 海外投资者心中权威的位置。

2.埃及立法对投资争端仲裁制度的怀疑主义

(1)抑制 ICSID 在国内法条中的引导作用

自签署《华盛顿公约》后,埃及对“国际投资争端解决中心”(以下简称 IC-SID)秉承着鼓励与支持的态度,在颁布的一系列法律、修正案以及总统法令中,ICSID 一直被明确列入投资争端解决的途径之一。但值得注意的是,埃及以及许多其他发展中国家一贯被认为对国际仲裁报以不信任的态度,[②]加之埃及近年来被 ICSID 裁决索赔的趋势日渐显著,在这样超负荷赔偿的困境中,埃及开始进行一系列的立法以严格管理仲裁制度。

2015 年埃及出台了一系列总统法令对《投资法》进行修订,在 2015 年第 17 号法令(以下统称为 2015 年修正案)第 4 条修订了 1997 年第 8 号法令的第 7 条,其规定:“与执行本法规定有关的投资争议,可以与投资者商定的方式或者根据《民商事仲裁法》的规定解决。”该修正案正式删除了对 ICSID 投资仲裁或任何其他国际仲裁机构的明确提及,仅明确规定了投资者的两种投资争端解决选项:一是投资者与国家签订的投资合同/协议约定的机制;二是可以根据埃及 1994 年第 27 号《民商事仲裁法》进行临时仲裁。2015 年修正案

---

① Adam El Shalakany, The Growing Trend of ICSID Claims Against the Arab Republic of Egypt, *IBA Arbitration News*, 2013, pp.2-3.

② William W. Park, The Lex Loci Arbitri and International Commercial Arbitration, *International and Comparative Law Quarterly*, Vol.32, 1983, pp.21-52.

删除了可以将投资争端提交 ICSID 或任何其他国际投资争端解决机构的规定,①这次法律的修改是埃及对投资争端仲裁法律制度进行改革的标志。

在埃及 2017 年最新颁布的 72 号《投资法》第五章"处理投资纠纷"中也完全未提及包括 ICSID 在内的任何国际投资争端解决机构,而是在第四节"处理纠纷的友好方式与仲裁中心"中明确规定投资双方可以将争议交由地点设立在开罗的"埃及仲裁中心"。②"埃及仲裁中心"由埃及本国设立,国库为其提供资金来源。埃及 72 号《投资法》第 91 条规定:"设立以开罗省为办公地点、名称为'埃及仲裁中心'的具有法人资格的独立仲裁机构。考虑到埃及有关仲裁和纠纷处理的法律规定,机构负责调解投资者之间或投资者与国家、或与下属的国有或私有机构之间可能发生的投资纠纷,前提是纠纷各方在纠纷处理的任意阶段协商同意由该中心仲裁。"

可见,埃及正在尝试通过立法限制投资者对 ICSID 的选择,消除国内法条中 ICSID 对投资争端当事方的引导作用,从而限制对埃及提起的国际投资仲裁。

(2)增设国内投资争端解决机构以限制国际仲裁

72 号《投资法》除了传统的"处理纠纷的友好方式与仲裁中心"外还有三节分别为"申诉委员会、处理投资纠纷部际委员会、处理投资合同纠纷部际委员会"。法条着重对三个委员会进行了非常详细的介绍,在每个对应的部分里具体规定了委员会的性质、产生、人员组成、职能与操作流程,旨在缓解投资者对仲裁机制的依赖:

①申诉委员会(Grievance Committee),总局(GAFI)设立一个或多个委员会,负责审议对总局或颁发批准证书、执照或许可的有关部门依据本法规定发布的决定提出的申诉。委员会在听取各方观点和意见后 30 天内,对申诉作出说明理由的决定。与投资者有权寻求司法途径不冲突,该决定为最终决定,有关各方均须遵守。③

②处理投资纠纷部际委员会(Ministerial Committee for Investment Disputes Resolution),负责审议提交或移交的投资者申请、投诉或投资者与国

① Fatma Salah(Ibrachy & Dermarkar),Egypt:New Investment Law - ADR for Investor-State Disputes,2015,http://arbitrationblog.kluwerarbitration.com/2015/04/14/egypt-new-investment-law-adr-for-investor-state-disputes/,2019 年 11 月 3 日访问。

② 该中心不同于开罗地区国际商事仲裁中心。开罗地区国际商事仲裁中心(CRCICA)于 1979 年在亚非法律协商委员会(AALCO)支持下设立。

③ 埃及 72 号《投资法》第 83～84 条。

家、或有关部门、或国有公司之间可能发生的争议。经部长内阁批准,则对政府或行政机关具有约束力,但是投资者仍然有保留诉诸州法院或仲裁庭追究其索赔的权利,①且法律规定处理投资纠纷部际委员会提出的建议是国家机构在类似情况下必须遵循的一般原则。②

③处理投资合同纠纷的部际委员会(Ministerial Committee for Investment Contracts Disputes Settlement),该委员会是部长级的,投资合同纠纷部长委员会专门负责审查与解决政府或任何关联方负责的投资合同产生的争议,旨在避开法院系统的情况下协助争端当事方达成一个相对公正的解决方案。经内阁核准后有关各方均须遵守,若未能达成和解任何一方都有权利诉诸法院或者提交仲裁,但其不是诉讼或仲裁的前置程序。③

埃及重视对国内庭外争端解决机制的发展,不断提升其在埃及争端解决框架中的地位,期望通过立法来引导投资者优先考虑使用埃及本国的三个委员会处理纠纷。至此,埃及对仲裁法律制度的引入从鼓励转为谨慎态度,在立法上表现出了对投资仲裁,尤其是国际投资仲裁机制的怀疑主义。这一发展走向实质上是发展中国家不适应国际仲裁机制而作出的应对举措。埃及试图改善外国投资者对国际仲裁机构的依赖,寻求新的投资争端解决机制替代原本的仲裁以平衡投资者与东道国利益。

(3)支持替代性投资争端解决

为促进 ADR 在投资争端解决中的适用,抑制国际投资仲裁机制的引入,埃及利用现有的投资争议解决机构来提高投资者对替代性投资争端解决机制的认识,以此促进 ADR 在埃及国内的发展。埃及的一些大型仲裁机构或者金融机构都设有与 ADR 有关的独立分支机构,这些分支机构不再负责仲裁,而是通过协商、调解这样替代性争端解决的途径处理纠纷。

埃及的国际金融公司(IFC)通过为调解员提供专业培训和认证,举办研讨会以及帮助起草埃及的调解法来支持 ADR 项目。④ 除了 IFC,埃及经济法院也设立了提供专业争端解决服务的机构提供专业的调解,而开罗地区国际商事仲裁中心(CRCICA)作为埃及最重要的国际仲裁机构,其于 2013 年 1 月

①　埃及 72 号《投资法》第 83～87 条。

②　George Sadek, Egypt: Legal Framework for Arbitration, *The Law Library of Congress*, 2014, pp.1-11.

③　埃及 72 号《投资法》第 88～89 条。

④　IFC/CRCICA Mediation Partnership (2009-2016): Objections and Achievements, 2016. https://crcica.org/NewsDetails.aspx? ID=11,2019 年 11 月 3 日访问。

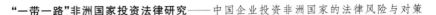

1 日通过了新的调解规则,目的是提供一整套替代性争议解决规则。最重要的是,CRCICA 提供的服务范围包括国内和国际的替代性争议解决技术,根据其规则或双方商定的任何规则提供专业的服务,为争议当事人提供咨询、促进仲裁,并通过组织国际会议和研讨会为商业和法律界提供其他替代性争议解决技术服务。① 且 CRCICA 和 IFC 支持的其他分支机构也具有协助处理纠纷的职能,比如争端的预先处理与案件转介,这种位于中间的转接机制给予当事方处理争端的缓冲机会,争议双方可以选择在专业人士帮助下进行调解或者协商,也可以在获得预先处理的情况下由分支机构将争端转交至法院或仲裁。从埃及过去的实践中可以看到这种模式已经取得了积极的成果。②

同时埃及还设立了专门负责 ADR 职能的机构,最典型的就是埃及 ADR 协会。这是一个倡导和促进商业纠纷调解的非政府组织。近几年来埃及 ADR 协会已经变得越来越活跃,一些律师事务所也赞助该协会并与其合作,旨在培养更多从事争端解决的 ADR 专业法律人才。此外,埃及 ADR 协会正在探索与其他专业机构和商会建立调解中心的可能性。③

发达的 ADR 机制使得投资争端当事方的权益有了更多的保障,在很大程度上也缓解了埃及司法系统与仲裁系统过于超负荷的压力,分担了一部分投资争端案件的解决,这也是埃及面对大量国际仲裁索赔的一种解决方案。

3.投资争端仲裁程序中埃及法院的干预

(1)埃及投资争端仲裁与司法的排他性与转化性

仲裁与司法制度具有一定的排他性,仲裁独立于法院审判制度,如果一方当事人将争端提交埃及法院,即使存在有效的仲裁协议,为了维护司法对争端管辖权,若被告未提出抗辩则法院则可以继续审理。若被告就争议事项申辩之前提出抗辩,则法院不再享有管辖权,此时当事人可将争议提交至仲裁庭。④ 埃及《仲裁法》赋予了当事人自由选择仲裁庭与适用仲裁规则的权利,如果当事人未能就此事达成协议,仲裁庭将有权自由选择适用的程序法。除

---

① Ismail Selim and Dalia Hussein,Cairo Regional Centre for International Commercial Arbitration,2018,https://globalarbitrationreview.com/chapter/1169230/crcica-overview,2019 年 11 月 6 日访问。

② Adam El Shalakany:The Growing Trend of ICSID Claims Against the Arab Republic of Egypt,*IBA Arbitration News*,2013,pp.1-8.

③ Khaled El Shalakany,Arbitration Guide-Eygpt,*International Association Bar*,2018,pp.15-19.

④ 埃及《仲裁法》第 13 条规定。

非与公共秩序有关,仲裁庭将不受那些约束诉讼的强制性规范管辖,法院在一般情况下也无权干涉仲裁庭行使权力。对于何为"公共秩序",法院原来采取的是扩张性解释(Expansive Interpretation),但是如今对公共秩序采用限制性的解释。具体来说,埃及的公共秩序包括程序和实体两方面,程序方面的公共秩序包括平等对待双方当事人、正当程序、家庭事务;实体方面的公共秩序包括禁止贩毒、走私、受贿、赌博,不得未经第三人同意为其生命提供保险等。① 埃及法院对上述涉及公共秩序事项享有专属的管辖权,完全排除了仲裁可能性。

在大部分情况下仲裁与司法是相互排他的,但是,埃及仲裁程序进行的过程中有转化为诉讼的可能,比如仲裁庭命令中止未能在约定时间内完成的仲裁程序,则任何一方均可将争议提交有管辖权的法院。② 同时,在诉讼的过程中案件也可能转化到仲裁程序中,比如在投资争议发生以后当事人才协商一致签订了仲裁协议,那么只要协议中明确约定了仲裁适用的范围,则可以将争议诉诸仲裁庭,甚至在投资争议已经提交至法院后,只要双方当事人就此达成了通过仲裁途径解决问题的约定,仍然可以撤销诉讼转而申请仲裁。埃及的仲裁与司法制度的排他性与转化性还是非常鲜明的,《仲裁法》已经将司法专属管辖列举出来,规范了仲裁与司法的平行运作机制,并且规定了一些特殊的情况,允许埃及的仲裁与司法相互转化。无论是在埃及还是在国外,其仲裁最重要的命题之一就是与诉讼之间的关系,换句话说,仲裁与司法的相互作用是保障仲裁法律制度实施的关键。③

(2)埃及司法体系对投资仲裁制度的影响

埃及司法体系对仲裁的影响是全方位的,在仲裁程序方面,其影响仲裁庭的组成、仲裁员的异议权、仲裁的中止、结束的期限、执行,以及仲裁裁决的交存机制等;在仲裁实体方面,其影响仲裁裁决的效力、裁决的审查、撤销等。埃及最高宪法法院关于仲裁的判决具有与《仲裁法》同等的法律效力,当其宣布《仲裁法》的法条违宪时,该法条将直接被废止。而埃及重审法院的案例对《仲裁法》的解释与运用起到了权威的指导作用,埃及仲裁法律制度可以说置身于

---

①　Samir Saleh, *Commercial Arbitration in the Arab Middle East: Shari'a, Syria, Lebanon, and Egypt*, Oxford Hart Publishing, Vol.4, No.1, 2006, pp.300-507.

②　埃及《仲裁法》第 45 条规定。

③　Andersen Tax & Legal Egypt, The Role of Egyptian Courts in Arbitration in Egypt, https://www.lexology.com/library/detail.aspx? g = cc53020d-48a3-4dcd-ab7e-63c020e74a66,2020 年 1 月 3 日访问。

司法体系的监督与管控之中。

埃及法院除了上述几项基本的职权,在某些情况下甚至可以主动干预仲裁,如质疑投资仲裁裁决违反公共秩序之时,可在仲裁程序中主动启动司法程序。埃及重审法院明确指出,如果仲裁裁决违反了公共秩序,法院有权提出撤销仲裁裁决。例如,外国人投资购买不动产而没有遵守埃及第 230/1996 号法律的条件,那么法院可以优先考虑保护公共秩序,通过民商事诉讼程序对仲裁予以干预。[①] 法院在程序方面也有主动干预的权力,对伪造的材料提出质疑或者对涉嫌任何其他犯罪行为进行刑事诉讼,法院对此类事项的审查对于仲裁是必要的。在涉及刑事责任的情况下,仲裁庭应暂停仲裁程序,包括暂停仲裁裁决时限的计算,直至管辖法院对此作出最终判决。同时仲裁当事人也可以寻求司法的介入,《仲裁法》规定了地方法院可以根据争议任何一方的请求干预仲裁程序,例如当地法院可以命令采取临时或保全措施,无论是在仲裁程序开始之前还是在程序期间。仲裁庭也可以向法院请求帮助,根据《仲裁法》第 9 条规定,法院院长应仲裁庭的请求,有权对不履行义务的证人作出判决,并对按照《证据法》第 78 条和第 80 条的规定进行处罚。

(3)埃及法院对投资仲裁的管辖权

在埃及无论是国内还是国际投资纠纷,仲裁与诉讼是最常见的争端解决途径。法院在投资仲裁程序全过程都中都发挥着重要作用。埃及《仲裁法》既适用于国内投资仲裁也适用于国际投资仲裁,但是无论是国内仲裁抑或国际仲裁,埃及司法对仲裁事务的管辖权都是毋庸置疑的。《仲裁法》规定投资仲裁的管辖权应属于对争议有初始管辖权的法院。若是国际投资仲裁,无论在埃及境内或境外进行,则开罗上诉法院享有管辖权,除非双方同意提交埃及境内其他上诉法院。[②]

根据《仲裁法》第 9 条规定,对投资争议有初始管辖权的法院对该争议在仲裁过程中的相关事项有排他性管辖权,直至所有仲裁程序完成。换句话说,埃及投资仲裁程序的完成和实施依赖于法院,这主要体现在几个方面:仲裁程序中临时措施或保全措施由法院作出;法院可决定延长期限或中止仲裁;法院有权质疑和撤销仲裁裁决;法院拥有仲裁员异议的管辖权等。

埃及法院可在仲裁开始前或进行中采取临时措施或保全措施,并就此签

---

① 中国国际贸易促进委员会经济信息部:《埃及投资环境综述》,载《国际市场导刊》2003 年第 2 期。

② 埃及《仲裁法》第 9 条规定。

发"执行令"(Exequatur)。① 若仲裁庭在仲裁双方约定的期限内未能结束仲裁,则仲裁一方可要求埃及法院发布命令延长仲裁期限或者中止仲裁。② 埃及法院在仲裁进行之时对这些程序的干预较为普遍,但是最重要的还是《仲裁法》第 19 条规定的仲裁员的异议管辖权,以及第 53 条、第 54 条规定的撤销裁决的权力。

《仲裁法》第 19 条经过一次修改,原本法律规定当事人对仲裁员有异议的,应向仲裁庭提出书面的异议请求,若仲裁员没有主动退出仲裁庭,该异议则由仲裁庭作出决定是否要求仲裁员退出。若仲裁庭驳回当事人的异议请求,则当事人可以请求法院进行审查,法院对该决定的裁定是终局的。因此,最初对仲裁员异议的管辖权是属于仲裁庭的,法院行使的是监督权能。但是有人对该条款提出了质疑,因为伊斯兰教法的基本原则规定法律应是公正的,而第 19 条允许仲裁庭就其组成的仲裁员的不适格性请求进行裁定,变相让仲裁员成为了审理自己的裁判者,当事人在该法律程序中失去了抗辩权以及获得司法救助的权利,违反了埃及《宪法》的司法公正与审判权的相关规定。③ 最终在 1999 年 11 月,埃及最高宪法法院经过审理认定《仲裁法》第 19 条违宪,要求埃及立法机关对该条进行修订。④ 于是埃及人民大会在 2000 年颁布了第 8 号法令,改变了《仲裁法》第 19 条,其规定当事人可自知悉仲裁庭组成或存在有提出异议理由之日起的 15 天内向仲裁庭提出书面异议请求,若该仲裁员未主动退出仲裁庭则应转交至埃及法院审查,至此对仲裁员异议的管辖权授予了法院。

埃及《仲裁法》第 53 条、第 54 条规定了投资者可以向法院提起仲裁撤销之诉的几种情形,大部分属于程序性的问题,一共列了七种情形:无仲裁协议或仲裁协议失效;仲裁协议签署时一方无行为能力或仅有部分行为能力者;当事人未能得到指定的仲裁员或仲裁程序通知,非自我原因未能提出抗辩;未适用当事人约定的法律;仲裁庭的组成违反法律或当事人约定;仲裁裁决超出了协议范围;裁决本身无效。除了上述列举的理由外,若仲裁裁决违背了埃及"公共秩序",法院可以主动作出决定撤销裁决。公共秩序指能对埃及公共秩

---

① 埃及《仲裁法》第 14 条、第 24 条规定。

② 埃及《仲裁法》第 45 条规定。

③ 埃及《宪法》第 2 条、第 40 条、第 68 条规定。

④ Mohamed S. Abdel Wahab, International Commercial Arbitration and Constitutional Court Review, *International Arbitration Law Review*, Vol.11, No.3, 2008, pp.1-230.

序产生巨大影响的事项,埃及立法未对公共秩序作出详细的界定,依据埃及最高宪法法院在司法实践中对有关公共秩序的案件中采取的"限制性解释",公共秩序是与集体最高利益有关的社会、政治、经济和道德基础,而不是指所有强制性的法律规则。①

同时,有关外国投资争议的仲裁裁决都离不开埃及法院的执行,在埃及执行投资仲裁属于仲裁法律的适用范围,除非相关投资协议或投资合同中包含了裁决执行的具体规定,否则将受埃及《仲裁法》第55~58条与相关法律的管辖。根据《仲裁法》第52~54条,投资仲裁裁决也可能被撤销,这是在2015年修正案第4条中明确的立法重点。获得裁决的投资者必须等待90天,期间败诉方可以提起撤销裁决的诉讼,90天等待期过后投资者才能在埃及申请执行裁决。因此,投资者裁决的执行受《仲裁法》管辖,依赖于埃及法院的审查与批准。

埃及的仲裁裁决具有既判力,但是其执行实行的是执行许可制度,要求执行仲裁裁定的一方应当请求法院颁发执行令,在法院认为该仲裁裁定满足下述要求之后,会颁发该执行令:不与埃及法院以前就争议事项作出的判决冲突;不违反公共秩序;仲裁裁定结果已对败诉一方进行了适当的通知。② 因此,在埃及申请并获得执行令是仲裁裁决得以开始执行的前提条件,所有仲裁裁决都须获得法院的执行令。

埃及《仲裁法》原本规定对于法院颁布执行令的指令可以免于被上诉,而对于不同意颁布执行令的指令则是可上诉的,这意味着法院在仲裁执行方面担任了"自己的法官",当法院拒绝执行裁决时,投资者没有相应的抗辩权。但是,海外投资者启动仲裁裁决的执行完全依赖于埃及的司法系统,对裁决执行的异议权由法院绝对管辖。直至2001年1月,埃及最高宪法法院认定这项规定违反了《宪法》,它禁止被执行一方对裁决进行抗辩,与法律面前人人平等的原则相悖。随后修正了法律,法院同意抑或是不同意颁布执行令,仲裁当事人皆可对该指令提起上诉。

---

① Hoda Atia, Egypt's New Commercial Arbitration Framework : Problems and Prospects for the Future of Foreign Investment, *Trade and Bus*, Vol.1, No.3, 2000, pp.1-6.

② 埃及《仲裁法》第55条规定。

4."主权意识回归"下埃及 BIT 的改革

(1)埃及在 ICSID 失利后 BIT 仲裁条款的消极转变

埃及双边投资协定中仲裁条款的改革象征着背后国际投资的实际情况与相应政策的变化,过去埃及政策倾向于鼓励海外企业赴埃投资,如:在埃及1983 年 BIT 范本中规定如果投资方与东道国之间就是否将争端提交调解或仲裁发生争议,投资者有优先选择权,[①]旨在吸引更多的海外投资者。由于2011 年革命后出现的大幅度经济衰败,埃及着手改革其双边投资协定范本。埃及 2013 年 12 月发布的 BIT 范本采用的是适合于埃及本国情况的标准,与国际上大多数国家的 BIT 范本不同,埃及删除了可向 ICSID 提交解决投资争议的规定,也没有向投资者提供其他国际投资仲裁机构的选择,这意味着投资者原先享有的争端解决途径的优先选择权已经丧失,这对投资者而言无疑是一种权益的减损,也增加了投资者赴埃投资的仲裁法律风险。

从对埃及缔结的双边投资协定的详细考查中可以看出争端解决条款的表述并不统一,协定中规定的投资争端解决的表述大体有四种,部分 BIT 中的争端解决条款规定了投资者诉诸国际仲裁的前置条件,包括埃及与一些国家签订的 BIT 中要求必须先度过一个"友好的和解期间",例如 1995 年埃及和波兰 BIT 第 8(2)条、2005 年埃及与德国 BIT 第 9(2)条、1998 年埃及与阿曼BIT 第 10 条、埃及与新加坡 BIT 第 13 条、1999 年埃及和葡萄牙 BIT 第 9 条。与此同时,埃及在与一些国家签订的 BIT 要求在选择国际投资仲裁之前要"用尽当地救济办法",例如 1975 年埃及与英国 BIT 第 8(1)条和 1997 年埃及与阿联酋 BIT 第 10 条。此外,埃及签订的其他双边投资协定包含"岔路口"条款,投资者在作出选择后将阻止其诉诸其他争议解决方案,典型的"岔路口"条款是 1992 年埃及与美国之间的双边投资协定第 7 条。[②] 但是在过去,埃及运用最多的还是在双边投资协定中赋予投资者选择条约提供的几种解决争端方式的权利,包括双边约定的国际或国外的投资争端仲裁机构,并且不排除投资者诉诸其他方式,比如 1996 年埃及和土耳其 BIT 第 7 条、1999 年丹麦和埃及 BIT 第 9 条和 2010 年埃及与瑞士 BIT 第 12 条,显然埃及曾经为海外投资

---

① 　Kenneth J. Vandevelde, The Bilateral Investment Treaty Program of the United States, *Cornell International Law Journal*, 1988, pp.1-12.

② 　Mohamed S. Abdel Wahab, Investment Arbitration: The Chronicles of Egypt—A Perilous Path to Pass, *The Journal of the Chartered Institute of Arbitrators*, Vol.83, No.1, 2017, pp.52-70.

者提供了一个多元、灵活的投资争端解决路径,倾向于鼓励投资者选择投资争端仲裁机制来解决纠纷。

但 2011 年后埃及在 ICSID 进行的投资仲裁数量突然增加,考虑到大部分案件是由双边投资协定直接导致的,埃及对 BIT 中仲裁条款的起草愈发谨慎,埃及认识到过于偏袒投资者的 BIT 会损害本国的利益。2011 年革命之后对埃及的主要诉讼之一是法国的跨国公司威立雅(Veolia)提起的仲裁,它主张埃及新修改的法律中适用的最低工资标准将损害威立雅的投资,违反埃及与法国签署的双边投资条约中的承诺。① 其要求埃及政府应审查所有签订的投资条约,埃及已签署了 100 多项 BIT,这意味着埃及必须征求 100 多个签署国的所有外国投资者的许可,否则不能修订其任何立法或制定其国内政策,埃及认为这些限制可能阻碍了埃及立法和政策的改革与发展。因此近几年埃及更是表现出了对国际仲裁机构的不信任,在最新缔结的一批双边投资协定中便体现出了这种警惕。如 2014 年埃及与毛里求斯的双边投资协定,该 BIT 第 10 条规定了争端解决机制,机制设置了一个解决争端途径的顺序,要求投资者在诉诸仲裁之前必须先履行东道国的国内行政程序,之后投资者才有权向东道国法院提起司法诉讼,②最后在无法通过埃及国内救济途径解决之时,才允许当事各方可以书面同意将争端提交 CRCICA、LCIA-MIAC(根据贸易法委员会规则设立的特设法庭)主持下仲裁,或任何其他国家或国际的仲裁机构。

埃及政府正在反思这些造成每年数十亿埃镑赔偿的不公平条约,重新评估双边投资协定的直接和间接影响,对已经签订的 BIT 进行审查与修改。埃及认为,公众监督是确保廉洁公平和维护共同利益的首要保障,埃及政府正在逐步实现社会公众参与投资协定的谈判和调整,包括其中的争端解决条款的

① Veolia v. Egypt Veolia Propreté v. Arab Republic of Egypt(ICSID Case No. ARB/12/15),2012. https://investmentpolicy. unctad. org/investment-dispute-settlement/cases/458/veolia-v-egypt,2020 年 1 月 7 日访问。

② Ahmed Bakry, After 48 Years at ICSID (1972-2020):An Overview of the Status of Egypt in ICSID Arbitrations,2020,http://arbitrationblog. kluwerarbitration. com/2020/03/15/after-48-years-at-icsid-1972-2020-an-overview-of-the-status-of-egypt-in-icsid-arbitrations/,2020 年 3 月 20 日访问。

制定,确保决策的透明度以此打破 BIT 可能强加的义务。①

从埃及 BIT 范本的修改趋势与近几年签订的 BIT 仲裁条款便可以看出,如今的埃及更倾向于支持国内的仲裁机制,确保在不损害本国利益的基础上保护投资者。但对于海外投资者而言,无论是像埃及与毛里求斯的 BIT 对仲裁机制的引入设置的硬性顺序,还是在与投资者母国的 BIT 谈判环节中添加公众监督,无疑都是对投资者诉诸仲裁的一种阻碍。

(2)埃及重新适用"用尽当地救济"规则以限制国际投资仲裁

长期以来,国际习惯法的一项既定程序规则是投资者不可对东道国提起国际投资争端仲裁,除非该国补救办法已用尽,如无法得到东道国的当地司法救济或者行政救济,即一项被称为"用尽当地救济"的原则。② 然而人们普遍同意现代投资协定采用的更为自由的模式,现今大多数双边投资条约已经将"用尽当地救济"条款删除,因为对于投资者而言,该规则是对投资者赔偿权的限制,投资者本可以基于条约直接通过国际仲裁方式解决,而不必首先"用尽当地救济"。③

伴随着"国家主权回归"趋势,"用尽当地救济"规则运用愈发广泛,有多个案例显示国际仲裁庭以该条款为由拒绝了投资者的索赔,理由是索赔人没有充分寻求当地补救办法,或还存在可用的当地补救办法(下文将这些案件统称为"当地救济案件")。这一现象最初受到一些学者们的批判,一些人认为试图恢复"用尽当地救济"是错误的。④ 尽管如此,这一趋势并没有消除甚至还有增长势头,仅在过去几年内国际仲裁庭就产生了多项因为"用尽当地救济"条款而驳回赔偿请求的决定。很多诉诸 ICSID 的"当地救济案件"都表明"用尽当地救济"规则可以有效防止投资者滥用权力,快速解决投资争端,避免国内救济机制被架空,甚至在一定程度上可以防止国际争端解决机制凌驾于埃及司法主权之上。因此,埃及面对大量依据双边投资协定而提交国际仲裁的巨

① Hatem Zayed—Heba Khalil,Protection of Investors,No Consolation for Public Money. *Egypt & International Arbitration*,*Egyptian Centre for Economic and Social Rights*,2013,pp.1-16.

② Chittharanjan Felix Amerasinghe,Local Remedies in International Law,*Cambridge Studies in International and Comparative Law*,2d ed,2004,pp.2-5.

③ Chittharanjan Felix Amerasinghe,Local Remedies in International Law,*Cambridge Studies in International and Comparative Law*,2d ed,2004,pp.2-5.

④ Christoph Schreuer,The Return of Local Remedies in Investment Arbitration,*The Law and Practice of International Courts and Tribunals* 1,2005,pp.1-17.

额索赔,开始审视"用尽当地救济"规则,并重新考虑对该规则的运用。

实践也表明埃及通过"用尽当地救济"制止持续在国际仲裁中承担超负荷投资赔偿责任的不良趋势,"一月革命"后埃及被诉至 ICSID 的部分"当地救济案件"就显示出了该规则的积极作用。其中一个案件是索赔人 Helnan 与埃及国有公司 EGOTH 的合同纠纷,起因是 EGOTH 提起了诉讼,埃及法院认为该酒店的降级而导致无法继续履行合同,因此下令终止合同。随后 Helnan 根据丹麦—埃及双边投资协定提出了 ICSID 索赔,指控埃及与 EGOTH 共谋,降级酒店并终止 Helnan 的合同,以期将酒店国有化。ICSID 法庭驳回了 Helnan 的所有索赔,它强调 Helnan 在埃及法院面前没有作出任何努力,也未提出任何质疑(根据埃及现有的上诉程序提出质疑),因此未用尽当地救济办法。[①] 埃及认为"用尽当地救济"条款能够引导投资者积极运用埃及本国的救济机制,给予投资争端双方再次解决争端的机会,及时将损失减降到最低。它将鼓励和促进东道国探寻本国解决投资者投诉的有效手段,让官员更自由地履行其司法和行政职能。它还将有助于确定国际仲裁作为外国投资争议案件解决手段的合法性,并解决投资者与国家争端的仲裁中可能存在的不公正性问题,特别是对于埃及这样的发展中国家。

值得注意的是,中埃 BIT 中仲裁条款并没有"用尽当地救济"规则,但中埃 BIT 在"一带一路"倡议下可能会发生新变化,若埃及提出增加"用尽当地救济"条款,投资争端仲裁途径将会被大幅度限缩,中国应当对这些法律风险有所防范,避免中国企业在未来可能面临国际投资仲裁无效或无法执行的消极后果。

(三)对埃及投资争端仲裁法律制度的评述

1.埃及仲裁国内法律制度中存在的争议

(1)埃及相关法令对仲裁制度带来的不安定

埃及一向都使用颁布法令的方式修正法律,比如埃及《投资法》历史进程中重要的 2015 年修正案,即以第 17/2015 号总统令的形式出现的。埃及基本每年都会出台法令,令埃及法律体系拥有较强的灵活性,但同时也带来很多的不安定因素。

---

① George K. Foster. Striking A Balance Between Investor Protections and National Sovereignty: the Relevance of Local Remedies in Investment Treaty Arbitration, *Columbia Journal of Transnational Law*, 2011, pp.1-68.

在埃及大量的法令之中,存在许多引发争议的法令,比如埃及司法部第8310/2008 号法令对仲裁执行与仲裁范围的相关规定,还有 1997 年第 9 号法令对行政合同可仲裁性的规定。尤其是第 8310/2008 号法令,它被埃及学者称为"有缺陷但影响极大的法令",其创建了埃及仲裁裁决的存放程序和执行前的审查程序,并且重新划定了可仲裁范围,因为遭受了过多质疑的声音,该法令于 2011 年 10 月进行了一次修订,但是仅涉及可仲裁性的确定,依旧保留了仲裁裁决执行前置程序。

虽然埃及法令有益于法律的修正,特别是对《仲裁法》这样会随着埃及商贸与经济情况的波动而调整的争端解决法律,通过法令修改不适宜的条款是十分便捷的,但是其数量繁多且存在法令之间相互矛盾的现象,因此也为仲裁法律制度带来了一些问题,特别对外国投资争端仲裁制度产生不良影响。

(2)投资争端可仲裁范围的不确定性

埃及仲裁法的可仲裁的范围的发展过程较不稳定,其经历了多次的修正,仍然存在许多不明确的地方。埃及《仲裁法》对属本法界定范围的商事仲裁领域列了一个清单,将可仲裁的争议定性为具有经济性质的法律关系,而不要求其具有契约性。清单包括了提供商品或服务、建筑工程施工、旅游及其他许可、技术转让、投资和开发协议、银行、运输、能源供应、保护环境等,一共 19 个具体事项。[①] 该清单无法将所有范围内的事项列尽,可依据埃及 1999 年《商法典》的第 2 条对"商事"事项进行补充,根据《商法典》公司、合伙、商业抵押与票据流通也属于商事事项。[②]《仲裁法》也规定了不可仲裁的范围,例如刑事指控的事项、涉及人的身份和家庭关系的事项等。

《仲裁法》规定仲裁协议是当事人就特定法律关系产生争议提交至仲裁解决的约定。仲裁协议对签字人具有约束力,根据仲裁协议的条款,当事人有义务将其争议提交仲裁庭,法院必须拒绝对该争议的管辖权,除非有效仲裁条款可能有问题。其要求书面形式,并且仲裁协议对司法具有排他性,仲裁协议是独立的,不因合同的效力而受影响。[③]

1994 年第 27 号《民商事仲裁法》第 11 条规定了不可仲裁的一般规则,包括不能仲裁解决因宪法问题、违反刑法、家庭关系或个人事务引起的争端。

---

① 埃及《仲裁法》第 2 条规定。

② Samir Saleh, *Commercial Arbitration in the Arab Middle East:Shari'a,Syria,Lebanon,and Egypt*, Oxford Hart Publishing,Vol.4, No.1,2006, pp.300-507.

③ 埃及《仲裁法》第 13 条、第 23 条规定。

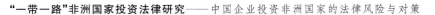

2008 年埃及颁布了第 8310 号司法部长令(Minister of Justice Decree no. 8310/2008,以下简称司法部第 8310/2008 号法令),这一部长法令大大缩小了埃及法律规定的可仲裁范围,排除了与不动产权利有关的任何法律纠纷的仲裁可能性,一些过去在埃及可仲裁的不动产争议的界定变得模糊不清,例如与酒店管理有关的纠纷是否可仲裁都不甚明确。随后该法令于 2011 年 10 月进行了修订,不再排除涉及不动产投资纠纷的可仲裁性,扩大了仲裁的管辖范围。[①] 然而,在埃及《仲裁法》第 2 条列举的管辖领域中未添加不动产的相关事项,不动产是否属于国家"公共政策"的管理范围也无具体规定。

同时,在埃及仲裁法律进程中关于行政合同是否可仲裁的争议也从未停歇,1994 年《仲裁法》颁布之前,埃及国家委员会行政法院在多项判例中表明,行政合同不具有可仲裁性,且国家委员会行政法院对包括有关公共服务特许合同,公共事业合同、供应合同以及其他行政合同争议的事项有专属管辖权。但是作为埃及政府最高法律顾问的人民大会咨询与立法部提出了完全相反的观点,其认为行政合同可通过加入仲裁条款满足条件,《国家委员会》是对法院管辖权的划分,而非可仲裁性的排除。[②] 至《仲裁法》出台后,虽然第 1 条规定"无论争议所缘起的法律关系的性质如何",但是各方仍旧争执不休。而行政合同可仲裁性的模糊也为外国投资者带来了许多不安定因素,海外企业赴埃投资的方式之一便是 PPP 形式,外资作为社会资本参与埃及的 PPP 项目,这是外资与埃及政府间的协议,其性质是行政合同。因此,PPP 作为行政合同,其可仲裁性的改变,对外国投资者的权益会产生影响。

埃及立法者一直在扩大可以通过非司法系统解决问题的范围,包括传统上被视为公法的问题,例如税收争端,公共社会争端和某些涉及犯罪的问题。埃及 2017 年 72 号《投资法》以及新的《刑事诉讼法》出台也表明了这一趋势,[③]除了投资领域,很多事项都可以通过其他争端解决途径处理,最典型的就是争议当事人根据《仲裁法》解决问题,2018 年埃及发布了颁布了管理公共实体合同的法律,以取代招标法。[④] 该法规定争议可诉诸仲裁。这意味着未

---

① George Sadek,Egypt:Legal Framework for Arbitration,*The Law Library of Congress*,2014,pp.1-11.

② 朱伟东:《埃及〈仲裁法〉介评》,载《仲裁与法律》2012 年第 121 辑。

③ 埃及《刑事诉讼法》第 18 条第 2 款(a)项。

④ Youssry Saleh & Partners,Egypt:The new Public Contracts Law No.182 of 2018. https://www.lexology.com/library/detail.aspx? g = 8063140a-bdba-47c0-b8b8-e-517fdadc69c,2019 年 11 月 4 日访问。

来埃及的仲裁有可能扩展到一个全新的水平,其中还包括了某些公法事务,比如 PPP 中政府经营的相关项目。

2.埃及投资争端仲裁制度中的"强制性"规则

(1)投资争端仲裁裁决的强制交存程序

埃及仲裁法律制度中存在许多强制性规定,强制性规则是仲裁中必须遵守的,多为程序性规范,这种设置增加了争议当事人的潜在法律风险,尤其是对于不了解埃及国内法律的海外投资者而言。

在 2011 年"一月革命"后经济危机与主权意识回归的影响下,埃及开始修改仲裁法律并开始严苛的管理仲裁裁决的执行。这种态势起始于 2008 年 10 月 7 日埃及司法部长发布了一项有争议的法令(司法部第 8310/2008 号法令),该法令在司法部内设立了仲裁技术办公室(Technical Bureau for Arbitration Matters),其规定了裁决的交存程序,该法令是强制性规则,在埃及无论是国内外或是国际仲裁的裁决都必须遵守。仲裁胜诉方应首先向法院提出申请,每个法院都设立了一个登记簿,罗列存放的仲裁裁决,该登记簿应包括申请日期和有关请求方的充分信息,包括其个人信息和居住地,还应说明仲裁裁决的签发日期;仲裁员的姓名、地址和能力;对方的名字及其地址;和仲裁裁决的最终结果。且胜诉方应将其原件或复印件或翻译件交由适格的法院,法院最终以阿拉伯语文本进行保存,随后法院对该申请进行注册,并将其发送给司法部管辖的仲裁技术办公室,最后由技术办公室对该申请提出意见,并确保其符合埃及法律。在获得批准后,法院将裁决交存并为此发布正式的报告。[①]该法令还声称,存放裁决的责任在于裁决申请执行的一方,如果是律师提交裁决存放,其必须持有当事人专门为此目的签发的授权书。

强制交存程序存在许多不明确的地方,埃及《仲裁法》没有规定胜诉方应存放仲裁裁决的时间限制,即仲裁裁决可以在申请执行之前的任何时间存入。但是该法令的规定与此相反,其要求在提出撤销仲裁裁决诉讼的 90 天时限到期之前,法院不得受理交存仲裁裁决的申请,意味着仲裁裁决的存放延期了90 天。这种延误是不合理的,会损害当事人的利益,因为尽快存放裁决是为了保护仲裁裁决免受当事人或他人的改动与欺诈,同时也为了促使当事各方在需要裁决时更容易获得裁决书的核证副本。因此裁决的强制存放程序与

---

① Marina Iskander, The Role of Egyptian Courts in Arbitration in Egypt,2019,https://www.lexology.com/library/detail.aspx? g=cc53020d-48a3-4dcd-ab7e-63c020e74a66,2019 年 9 月 3 日访问。

《仲裁法》相矛盾,也不利于仲裁获胜方。

(2)投资争端仲裁裁决执行前阶段的强制审查程序

依法作出的投资争端仲裁裁决具有既判力,符合埃及《仲裁法》的条件便可交付执行。投资争端仲裁裁决可以通过单方面的申请来强制执行,但是仲裁败诉方可以在 90 天期限届满内提出撤销裁决申请,在此之前申请人不得请求法院执行裁决。埃及裁决的执行制度属于"执行许可制度"(exequatur),裁决执行许可的主管机关为法院,仅法院院长或院长为执行裁决指定的法官有权作出许可决定。主管法院只有在核实裁决后才能交付给执行人:(1)裁决不得违反埃及法院先前就相同争议作出的判决;(2)不违反埃及的公共政策;(3)已以正确方式正式通知裁决被执行人。[①]

埃及司法部第 8310/2008 号法令不仅设立了裁决存放程序,还增加了仲裁裁决执行的双重审查程序,在存入裁决后,包括国内外、国际的所有投资仲裁裁决,申请人必须另行向主管法院的审判长提交一份执行请求,此请求书必须包括对当前仲裁案件的具体描述。主管法院必须在接收后的一天之内对申请执行人作出回应,而随后法院将通知被执行人。之后埃及法院应将请求书交给技术办公室审查并由其书面决定仲裁裁决是否可以进入执行程序,从而决定是否强制执行。[②]

该法令在埃及《仲裁法》规定的仲裁裁决执行管辖权和程序的基础上,增加了执行前置程序,要求胜诉方在申请执行前须在法院将执行请求先注册存放,然后由司法部内部的技术办公室和执行法官进行双重审查。技术办公室的审查没有时限要求,因此这种执行前的双重审查程序将延长执行阶段,可能会增加仲裁裁决执行的困难。[③] 外界对法令规定的仲裁执行前置程序争议较大,原因是:技术办公室的审查是执行仲裁裁决的前提,由其决定是否可以接受、承认和执行外国投资争端仲裁裁决。该法令前述规定重写了《仲裁法》规定的仲裁裁决执行程序和管辖权,增加了执行前置程序,以获得预执行阶段。

---

① J William Rowley QC, Emmanuel Gaillard and Gordon E Kaiserarg, The Guide to Challenging and Enforcing Arbitration Awards, *Global Arbitration Review*, 2019, pp.252-268.

② Khaled El Shalakany, Arbitration Procedures and Practice in Egypt: Overview, 2015. https://uk. practicallaw. thomsonreuters. com/3-501-7485? transitionType = Default&contextData=(sc.Default)&firstPage=true&bhcp=1,2019 年 11 月 8 日访问。

③ Nathalie Najjar, Arbitration and International Trade in the Arab Countries, *Brill's Arab and Islamic laws series*, Vol.13, 2018, p67.

然而,在埃及只有立法者才有权按照法律的规定增加或修改执行仲裁裁决的条件或程序,因此,司法部长通过加入这样的审查阶段,赋予了自己违宪的立法权力。这是该法令引发争议的原因之一。此外,技术办公室属于司法部,是行政机关的一部分,审查仲裁裁决是一项纯粹的司法任务,应该是专属于法院的职责,因此技术办公室在这方面所做的任何决定都违反了埃及宪法规定的"司法与行政分权"原则。这是该法令引发争议的原因之二。同时该法令也会产生一些困扰:(a)它没有明确技术办公室的决定应该被视为行政决定或是司法命令;(b)对技术办公室的决定不服应向哪个主管当局提出质疑。[①]

（3）埃及仲裁法对国际投资仲裁规则的强制补充

在部分情况下,即使仲裁庭并非属于埃及国内的仲裁机构,且当事人未选用埃及《仲裁法》为仲裁规则,但只要仲裁地在埃及,则须强制补充适用埃及《仲裁法》。

2011年埃及棉公司与中国的天然绿纤公司签订了一份买卖合同,该合同约定了仲裁条款"本合同受亚历山大棉花出口商协会（Alcotexa,以下简称"出口商协会"）1994年第211号部令与507号部令管辖,如出现纠纷将在亚历山大市（属埃及国内）仲裁解决",出口商协会组成了仲裁庭作出裁决,埃方请求中国法院对天然绿纤公司予以执行,经过两审,最终最高人民法院裁判"由于当事人约定的仲裁规则—出口商协会内部规则存在大量未明确的程序,应当依据埃及《仲裁法》进行补充适用",因此即使当事人约定了仲裁机构与仲裁规则,但是埃及《仲裁法》依旧对该仲裁具有强制补充适用的法律效力。[②] 这意味着所有在埃及境内,包括国际仲裁机构进行仲裁时,都应当关注是否存在仲裁规则不完善的情况,因为这样会直接导致埃及《仲裁法》的强制补充适用。

需要注意的是,埃及除了上述提到的出口商协会外,还有著名的开罗地区国际商事仲裁中心（CRCICA）,该仲裁中心于1979年在亚非法律协商委员会（AALCO）支持下设立,是海外投资者在埃签订仲裁条款时最常涉及的仲裁机构之一。因此,中国企业在赴埃进行贸易或投资时应当提前熟知埃及《仲裁法》与开罗地区国际商事仲裁中心的仲裁规则,防止裁决效力出现瑕疵。

---

① Youssry Saleh & Partners, Egypt: The New Public Contracts Law No.182 of 2018. https://www.lexology.com/library/detail.aspx? g = 8063140a-bdba-47c0-b8b8-e-517fdadc69c,2019年11月8日访问。

② 李娜:《埃及仲裁裁决承认与执行实践对仲裁程序法律适用规则与"一带一路"法律风险防范的启示》,载《法律适用（司法案例）》2018年第12期。

3.行政合同(PPP 合同)在实践中可仲裁的模糊性

(1)埃及行政合同可仲裁性的变革

过去根据埃及《仲裁法》的规定,埃及的行政合同属于可仲裁的争议事项,包括部分外国投资者与埃及政府或带代表政府的国有公司签订的 PPP (Public-Private Partnership)协议,这一点也在 1997 年 3 月 19 日开罗上诉法院的 64 号商事案件所作出的判决中得到印证。[①] 开罗上诉法院曾经就仲裁解决埃及行政合同争议的合法性问题作出了一个重要裁决,如争议双方在协议中约定,将行政合同争议提交仲裁裁决是完全合法的,主要依据是《仲裁法》第 1 条规定仲裁适用于"公法和私法管辖的法人或自然人之间的一切仲裁,无论争议产生的法律关系如何",该条款主要考虑到了双方存在仲裁协议,即便一方是政府机构也可仲裁。埃及法院也表明行政合同的可仲裁性可以通过查阅埃及《仲裁法》的解释注脚、埃及人民议会(埃及两院制议会的下议院)相关委员会的报告以及关于《埃及仲裁法》的相关讨论得到印证,[②]因此在行政合同中引入仲裁机制是合法的。

随后埃及对《仲裁法》第 1 条进行了修正,规定行政合同中任何仲裁条款在有关部长或政府机构负责人的明确批准下均具有效力,也就是说,政府机关与私人之间缔结的行政合同中的仲裁条款仅在有关部长批准后才有效。这是一项强制性规则,所有行政合同的仲裁条款都必须经过相关负责人审查批准后才具有法律效力,且审批权不可授予他人。[③] 此后在很长一段时期内,埃及的行政合同纠纷都允许引入仲裁机制,只是行政合同中的仲裁条款须经相关政府机构负责人的审查批准才具有法律效力。

直至 2010 年埃及第 67 号《公私合营法》(Public-Private Partnership Law)出台,该法设立了一个 PPP 事务最高委员会,并明确规定 PPP 协议中的仲裁条款的效力与可仲裁性由 PPP 事务最高委员会认定,[④]赋予 PPP 事务最高委员会对行政合同可仲裁性的决定权,不再将政府部门签订的 PPP 协议直接交由仲裁进行裁决。而 PPP 协议被认为是行政合同,因此在法律与司法上

---

① Kosheri,Rashed & Riad,The Egyption Arbitrition Law,*Crime Legal Developments*,2007,pp.1-6.

② 中国国际经济贸易仲裁委员会编:《一带一路沿线国家国际仲裁制度研究(一)》,法律出版社 2015 年版,第 9～33 页。

③ Abdel Aziz Abdel Mena'em Khalifa,*Arbitration in Contractual and Non-Contractual Administrative Disputes*,Monsha'at El Ma'aref,2011,p127.

④ 埃及《公私合营法》第 35 条规定。

出现了矛盾之处,这类行政合同的可仲裁性再次变得模糊,行政合同产生的争议是否直接属于可仲裁事项各方都有不同看法。虽然对于除了 PPP 协议以外的行政合同引起的纠纷,仍然可以依据埃及《仲裁法》予以仲裁解决,但也由此看出埃及开始倾向于运用行政手段处理政府行为,埃及逐步通过国内立法改变行政合同的可仲裁性。[①]

这一切在 2014 年出现了新的拐点,2014 年埃及出台了新《宪法》,其规定任何行政争议都由埃及的议会享有专属管辖权,排除了行政合同的可仲裁性。虽然 PPP 协议的性质还存在异议,但是埃及承认部分 PPP 协议属于行政合同,所以这部分 PPP 协议按照新《宪法》也理应由议会管辖。新《宪法》的规定旨在加强埃及当局对行政事务的统一管理,限制埃及被海外投资者诉诸国际仲裁的可能。该变动令海外投资者们不满,因为这一改变将会影响外国投资者与埃及政府签署的投资合同争议所引起的国际仲裁,破坏了投资者自由支配仲裁的权利。除了法律规范的歧义,法学理论与司法实践出现了不同的声音,埃及最高上诉法院在 2015 年 5 月 12 日的第 80 司法年度的 13,313 和 13,460 号判决中,确认了开罗上诉法院先前的一项裁决,即有关部长批准行政合同中仲裁条款属于公共政策问题,当事人无权支配,[②]埃及行政合同的可仲裁性重新被推向了风口浪尖。

(2)仲裁解决行政合同纠纷的合法性讨论

虽然埃及 2014 年新《宪法》将行政争议的管辖权全部转至议会,但是未对《仲裁法》的第 1 条进行修正,在实践中依旧存在行政合同纠纷诉诸仲裁的案例,埃及也有部分学者认为一些行政合同纠纷不等于行政争议,它是行政机关与私人直接特殊的商业行为,在《仲裁法》的管辖范围内,只是应满足仲裁条款由政府负责人批准的前置条件,属于"相对反仲裁"(relatively anti-arbitration),即不遵守法律则无法仲裁,而非绝对的不可仲裁。[③]

---

①　中国国际经济贸易仲裁委员会编:《一带一路沿线国家国际仲裁制度研究(一)》,法律出版社 2015 年版,第 9～33 页。

②　César R Ternieden, Girgis Abd El-Shahid, Investment Treaty Arbitration in Egypt, https://www. lexology. com/library/detail. aspx? g = e463d73e-6364-432f-966f-9e39f2f9c56f,2019 年 12 月 6 日访问。

③　Ismail Selim, The Need for Ministerial Approval for Arbitral Agreements in Egyptian Administrative Contracts, 2015. https://www. tamimi. com/law-update-articles/the-need-for-ministerial-approval-for-arbitral-agreements-in-egyptian-administrative-contracts/, 2019 年 12 与 5 日访问。

埃及最高上诉法院在 2015 年 5 月 12 日的裁决中申明了行政合同可仲裁性的立场,维持了对《埃及仲裁法》第 1(2)条的"相对反仲裁"的解释,其内容如下:"关于与行政合同有关的争端,应在主管部长或政府负责人对行政一方行使批准权的情况下,达成仲裁协议。在这方面,不得授权他人行使该权力。"根据埃及法律,如果满足三个条件则可定性为行政合同:首先,合同至少有一个当事方是公共法人(即国家,公共机构和专业团体),或者如果所有当事方都是私人,则至少有一个当事方必须代表公众法人;第二,合同必须与公共事务的运作有关;第三,合同必须包含公法苛刻的条款或条件,例如合同授权机关在一些条件下有权终止协议。行政合同最常见的例子是公共事务的特许经营权,公共工程合同和供应合同。

从埃及仲裁法的发展历史分析,埃及《仲裁法》第 1 条第(2)款对仲裁协议是否有效有两种截然不同的解释,第一种是支持仲裁原则(pro-arbitration),认为达成的仲裁协议有效。与诉讼相比,仲裁有自身独特的优越性,而契约自由原则能最大限度地发挥仲裁的优势,应遵从当事人的意愿,并且其符合善意和禁止反言原则。而另一种解释则认为没有部长的批准,仲裁协议无效,这种解释可能更符合立法者的意图。第一种解释得到了某些仲裁机构的支持,并适用于一些 CRCICA 的案件中。CRCICA 仲裁庭认为,没有部长的批准不会导致仲裁条款的废止,只会导致未经批准便同意该裁决的相关官员受到纪律处分。而最高行政法院支持第二种解释,采取的是仲裁保守主义的立场,即没有部长的批准会直接导致行政合同中所载的仲裁条款被废止。①

埃及重审法院也支持了第二种保守主义的解释,认为《仲裁法》第 1 条第(2)款属于"相对反仲裁"规则。这一观点在国家天然气公司(NGC)和埃及通用石油公司(EGPC)之间的合同纠纷一案中表明(第 567/2008 号案件),该纠纷源于 1999 年双方签订的一项合同,争端根据 CRCICA 规则作出仲裁裁决,仲裁庭驳回了 EGPC 关于仲裁条款没有部长审批而废止的论点,并表示向部长申请批准获得仲裁条款效力的义务在于 EGPC,因此 EGPC 不应当以仲裁

---

① Ismail Selim,The Need for Ministerial Approval for Arbitral Agreements in Egyptian Administrative Contracts,https://www.tamimi.com/law-update-articles/the-need-for-ministerial-approval-for-arbitral-agreements-in-egyptian-administrative-contracts/,2019 年 12 与 5 日访问。

条款无效为由进行抗辩。① 随之 EGPC 在 2009 年 9 月 12 日向法院请求撤销该裁决,开罗上诉法院作出了撤销该裁决的决定。而后 NGC 诉诸埃及重审法院,对开罗上诉法院的上述决定提出异议,NGC 援引了上述对埃及《仲裁法》第 1 条的第一种解释(支持仲裁论),根据该解释 EGPC 主席签订的合同足以确认仲裁条款的效力,而无须部长的进一步批准。NGC 同时进一步申明,应根据诚实信用原则和"表象论"(Appearance Theory)承认仲裁条款的效力。最终埃及重审法院驳回了 NGC 的论据,对异议作出了声明,法院指出,只要法官无法从平凡的措辞或成文法的规定中直接推断出立法者的意图,那么法官就应当参考外在因素,例如法律的筹备工作、历史渊源和背后的法理依据。因此,埃及重审法院分析了第 9/1997 号法律(埃及《仲裁法》1997 年修正案,在该法律中规定了《仲裁法》第 1 条"行政合同仲裁条款的批准制度")的筹备工作,认为该法律旨在通过一项明确的法律条文来解决有关行政合同可仲裁性的既存争议,并明确"行政合同中的仲裁协议,必须通过法律确定有权能的行政机关审查批准,以便规范并保障仲裁协议符合公共利益"。主管部长或政府负责人对不隶属于中央经济管理局等任何部门的公共法人行使权力,包括行政合同的仲裁协议,以达到公共利益的平衡。此外,重审法院重申了其对公共政策的定义,对该定义进行确认:"公共政策旨在实现与社会高级秩序有关的,无论是政治上,社会上还是经济上的公共利益,公共利益始终凌驾于个人利益之上的规则。"② 最终,埃及重审法院裁定:"依赖于主管部长批准的仲裁条款的法律效力属于公共政策的管理范畴,该法条是出于公共利益而制定的,因此若行政合同的仲裁条款未获得主管部长的批准,仲裁条款即为无效。"

(四)中国对涉埃投资争端仲裁的法律风险防范

1.中埃 PPP 投资项目下的仲裁法律风险应对

在"一带一路"倡议的良好发展下,越来越多中国的能源和基础设施企业正尝试参与埃及的 PPP 项目,中国企业扮演的角色正是"中埃 PPP 项目"的投资人(Private),中国企业和埃及政府或代表埃及的国有企业签署 PPP 合

---

① National Gas Co. (NGC) v. Egyptian General Petroleum Corporation (EGPC) No. 10/16525 Court of Appeal of Paris［2011］, http://newyorkconvention1958. org/index. php? lvl＝notice_display&id＝396&opac_view＝6,2019 年 12 月 5 日访问。

② Ruhia A Buxton, Arbitration in Administrative Disputes(Egypt,England,France and Saudi Arabia), https://www.academia.edu/24797270/Arbitration_in_administrative_disputes_Egypt_England_France_and_Saudi_Arabia_,2019 年 9 月 21 日访问。

同,而 PPP 协议一般的合作年限长达十年甚至是几十年,因为 PPP 项目涉及埃及基础设施与相关能源资产的建设、融资、运营维护,所以埃及政府对所有的 PPP 协议都进行严格的审查,尤其是对争端解决的相关条款。而中国法律虽然未明确规定 PPP 协议属于可仲裁范围,但是中国的经济贸易仲裁委员会也受理过政府作为一方的 PPP 协议的纠纷。[①] 并且为了迎合"一带一路"倡议的新发展需求,中国贸仲委建立了第一家多元争议解决方式处理政府与社会资本合作(PPP)争议的仲裁中心(以下简称"PPP 仲裁中心"),[②]PPP 仲裁中心的建立说明未来中国贸仲委将会重点处理 PPP 协议的相关纠纷,因此中国企业若赴埃投资 PPP 项目应注意此类裁决在埃及承认与执行的法律风险防范。

埃及立法对 PPP 协议是否可仲裁的规定存在模糊不清的问题,埃及《PPP 法》对 PPP 协议进行了分类,仅明确规定了部分 PPP 协议的纠纷是可通过仲裁进行解决的,而对另外一部分 PPP 协议的可仲裁性未置可否。那么当中国投资者与埃政府签订了 PPP 协议,依据仲裁条款在中国进行了仲裁,然而埃及法律对该 PPP 协议的可仲裁性未明确规定,则中国企业可能面临着裁决在埃及被拒绝承认与执行的消极后果。比如根据埃及 2010 年第 67 号《公私合营法》(PPP 法)的规定,PPP 协议中的特许经营协议的当事方在未约定仲裁的情况下,争议应提交行政法院,但若双方有约定仲裁条款,在无须 PPP 事务最高委员会批准情况下,特许经营争议的当事人是可以依据约定进行仲裁。然而埃及 PPP 法对由政府代表和企业签署生效的 PPP 协议中的工程建设合同能否进行仲裁并没有明确的规定,[③]若中国企业投资埃及的 PPP 工程建设项目,双方在 PPP 工程建设合同中约定仲裁条款,但是由于缺乏法律依据,仲裁条款的有效性存在很大的法律不确定性,埃及 PPP 委员会很可能直接认定这部分 PPP 协议中的仲裁条款无法律效力,最终埃及法院将不予承认依据该仲裁条款作出的裁决。可见,埃及立法对 PPP 协议中其他种类协议对可仲裁性的规定是灰色地带,这将增加了中国投资者进行这类协议仲裁

① 《国务院条例拟明确 PPP 争议可仲裁》,中国法院网,https://www.chinacourt.org/article/detail/2017/07/id/2932550.shtml,2019 年 12 月 20 日访问。

② 《贸仲委 PPP 争议仲裁中心揭牌仪式在京隆重举行》报道,中国法制网,http://www.legaldaily.com.cn/Arbitration/content/2017-05/17/content_7168854.htm?node＝79488,2020 年 1 月 4 日访问。

③ 《一带一路沿线国家法律风险防范指引》系列丛书编委会编:《一带一路沿线国家法律风险防范指引(埃及)》,经济科学出版社 2016 年版,第 212 页。

的法律风险。因此,对于投资埃及 PPP 项目的中国投资者应该在签订相关合同前应及时熟悉埃及的法律,若签订的 PPP 协议属于埃及 PPP 法中未明确规定可仲裁的部分,应当先将 PPP 项目中的仲裁协议提交至 PPP 事务最高委员会(Supreme Committee for PPP Affairs)进行审核,并且向有关的行政部长请求审查批准仲裁条款,避免该仲裁协议在埃及被认定为无效条款而导致裁决最终在埃及无法承认与执行的问题。

此外,即使埃及《PPP 法》规定了特许经营协议的可仲裁性,但是由于埃及对 PPP 协议是否具有行政性不置可否,当中国企业将国际投资仲裁机构所做的裁决提交至埃及法院请求承认与执行时,一旦被认定为行政合同,则执行也会存在较大的风险,因为结合埃及重审法院的判决与《仲裁法》的规定,[1]埃及政府机关与私人之间缔结的行政合同中的仲裁条款仅在有关部长批准后才有效,那么埃及法院很可能会拒绝承认该裁决。[2]

同时,在"一带一路"的新阶段,多数沿线国都明确规定了 PPP 协议的可仲裁性,比如印度、俄罗斯与泰国,[3]因此中国在考虑"一带一路"投资争端解决的方案设计上,应建立划分 PPP 协议可仲裁范围的具体规则,列明哪些 PPP 协议可约定仲裁的目录清单,建立统一的 PPP 协议界定标准,防止在中埃 PPP 投资项目争议下仲裁条款法律效力的不确定,或者相关投资仲裁裁决不被承认、执行的法律风险。

2.中国在埃执行投资仲裁裁决的法律风险

(1)警惕埃及立法与《纽约公约》的矛盾

《仲裁法》只管辖在埃及作出,或是在埃及之外作出的但是当事人选择适用该法执行的投资仲裁裁决。在埃及境外、《仲裁法》调整范围以外或外国作出的裁决执行受《纽约公约》或《利雅得公约》以及埃及《民事诉讼法》规范,其中《纽约公约》是投资者在埃及执行外国裁决适用最多的法律依据。

1999 年 3 月埃及最高宪法法院确认《纽约公约》被自动纳入埃及法律制

① ruhia A buxton, Arbitration in administrative disputes(Egypt, England, France and Saudi Arabia), https://www.academia.edu/24797270/Arbitration_in_administrative_disputes_Egypt_England_France_and_Saudi_ Arabia_,2019 年 11 月 21 日访问。

② Abdel Aziz Abdel Mena'em Khalifa, *Arbitration in Contractual and Non-Contractual Administrative Disputes*, Monsha'at El Ma'aref, 2011, p127.

③ 田文静、高振坤、田沈媛:《"一带一路"国家 PPP 协议争议解决机制经验借鉴》,https://www.chinalawinsight.com/2017/12/articles/dispute-resolution/,2020 年 1 月 3 日访问。

度,即使公约与埃及的其他法律规定相抵触,也必须使用公约的规则。最高宪法法院下达了一项决定,下级法院在考虑承认外国仲裁裁决时应直接适用《纽约公约》,而不是《仲裁法》第 43 条。[①] 然而《纽约公约》并未详细规定裁决承认与执行的具体条件与流程,第 3 条规定"各缔约国应承认仲裁裁决具有拘束力,并依援引裁决地之程序规则及下列各条所载条件执行之",只是要求依照"程序规则"的条件,因此申请在埃及执行外国裁决之时不可避免地须遵守埃及仲裁法律。

埃及最高宪法法院在一项判决中裁定,外国裁决应按照与国内裁决相同的程序执行。最高法院解释《纽约公约》第 3 条中提到的"程序规则"一词,认为这一词语的范围很广,足以包括民事诉讼法以及规范执行程序的任何其他规范。[②]判决提到,与仲裁裁决执行的具体事项有关的特别法优于一般法。鉴于此,寻求在埃及执行外国裁决的一方将无权直接申请执行,裁决执行的申请人应首先依照埃及的法定程序,向埃及法院进行裁决的交存,然后须通过法院与司法部技术办公室的双重审查,满足仲裁裁决的执行前置的要求。这一过程将延迟执行阶段的期间,增加了投资者的负担。《纽约公约》旨在促进缔约国之间的仲裁裁决得以快速便捷地执行,而埃及仲裁执行程序的设置实际上限制了国外仲裁裁决的执行,与《纽约公约》的精神与目的相悖。

(2)在埃执行国际投资仲裁裁决的风险应对

根据埃及《仲裁法》,如果仲裁的各方同意诉诸总部位于埃及或国外的国际性常设仲裁机构,则该仲裁被视为国际仲裁。但是埃及没有承认与执行国际仲裁裁决的成文法,是否所有的国际仲裁裁决都在埃及承认和执行仍然存在疑问。比如埃及是 1907 年《关于解决太平洋国际问题的公约》(Convention Pacific Settlement International Disputes)的成员国,但是埃及没有加入 1899 年《太平洋国际争端解决协定》(Convention for the Pacific Settlement of International Disputes),[③]因此对于该公约下常设仲裁法院作出的裁决,其在埃及的承认与执行便不是自动的,需要按照埃及仲裁相关法律进行审查,是否能

---

① George Sadek,Egypt:Legal Framework for Arbitration,*The Law Library of Congress*,2014,pp.1-11.

② Fatma Youssef,Egypt:New Decree Organising Deposit of Arbitral Awards—A Stab in the Back of Arbitration in Egypt,*International Arbitration Law Review*,issue 6,2009,pp.1-8.

③ 中国国际经济贸易仲裁委员会编:《一带一路沿线国家国际仲裁制度研究(一)》,法律出版社 2015 年版,第 31 页。

顺利被执行具有不确定性。而引起这样争议的主要原因还是在于埃及《仲裁法》对承认与执行国际仲裁裁决具体规定是空白的。

当投资仲裁裁决是在 ICSID 以外的国际仲裁机构作出时,如埃及方最常使用的 ICC、CRCICA 与 SCC,因为中埃两国并没有签订关于承认与执行这部分裁决的条约,请求埃及法院承认与执行该裁决则有较大的法律风险。中国投资者应尽量在仲裁条款中指定 ICSID 为仲裁机构,防止双方在通过其他国际投资争端仲裁机构解决纠纷时,出现其裁决在埃及被拒绝承认与执行的问题。自埃及签订了《华盛顿公约》以后,早已成为埃及法律的一部分,ICSID 也成为埃及在解决投资争端中最常见的国际仲裁机构。根据《华盛顿公约》第25 条,国际投资争端解决中心的管辖权扩大到缔约国之间的任何法律争端以及与另一个缔约国的国民因直接投资而产生的争议,如果争端各方书面同意向投资争端中心提交,或者埃及遵循与其他国家缔结的 BIT 的争端解决条款,同意 ICSID 的管辖权。埃及签署《华盛顿公约》便认可了 ICSID 的管辖权,其裁决在埃及理应是被自动承认与执行的。从纯粹的法律角度来看,如果中国投资者在埃及寻求执行 ICSID 裁决,依据的不是《仲裁法》的规定,而是可以直接援引公约第 53~55 条款。公约第 54 条要求强制执行 ICSID 裁决中的金钱义务,即与埃及本国法院的最终判决具有同等的法律效力,这意味着裁决的执行是自动的,埃及法院仅有权审核裁决的真实性,即使在质疑其违反埃及公共秩序的情况下也无权审查。这也表明了埃及正式签署的国际公约属于其法律渊源,并且处于优先适用的地位。公约第 50~52 条规定了补救措施,埃及有义务遵守裁决,如果违反这一义务,将引发国家责任。此外,中国投资者也可以根据公约第 27 条请求外交保护,或根据第 64 条在国际法院对东道国埃及提起诉讼。①

同时需要注意的是,埃及对国际仲裁裁决方面的空白还包括了对国际仲裁机构认定标准的模糊,埃及仲裁范围的变化与其国际贸易发展息息相关,近年来关于国际仲裁机构的标准在埃及出现许多不同观点的争论,埃及高等行政法院法院宣读过一项判决,其认为诉诸如开罗国际商业仲裁区域中心(CRCICA)之类的常设仲裁组织足以符合国际仲裁。然而在 2018 年,埃及最高宪法法院在执行仲裁裁决的背景下持相反的观点,认为在 CRCICA 主持下

---

① Christoph H. Schreuer, Loretta Malintoppi, August Reinisch & Anthony Sinclair, *The ICSID Convention: A Commentary* (*2nd ed.*), Cambridge University Press, 2009, p.102.

进行的仲裁属于国家仲裁(national arbitration),并不属于国际仲裁,埃及开罗上诉法院在最近的判决中也采取了相同的立场。① 而一旦将 CRCICA 认定为国家仲裁,那么对其裁决的承认与执行的法律依据就是埃及《仲裁法》,与国际仲裁存在很大的差距。

根据相关数据表明,在"一带一路"倡议中仍然有三成的沿线国家未与我国签订相关仲裁裁决协助条约,中埃两国便未签订专门的仲裁裁决协助条约。因此近年来,各沿线国在不断探索"一带一路"国际投资争端解决机制的构建,中国作为发起国应及时应对这方面的问题。现已有中国学者提出以中国为主导开展"一带一路"倡议下国际投资争端解决机制的构建,②依托现有双边、多边条约的基础上,构建磋商调解、仲裁相互衔接的多元化的统一争端解决机制。③ 或尝试借鉴国际上一些区域投资组织的做法,考虑在"一带一路"成员国间签订投资仲裁裁决承认与执行的相关公约,约定关于仲裁裁决承认与执行的细则,制定统一规则以填补这方面的法律空缺。

3.中国律师参与埃及投资争端仲裁的法律风险

(1)埃及《法律职业法》对外国律师的限制

仲裁当事人在国际投资仲裁中选择其代表的能力是当事人意思自治原则的延伸,在埃及,当事方任命外国律师作为其在仲裁程序中的代表尚存在一些不确定性,许多在埃的海外法律从业者似乎并未意识到这种限制。埃及法律很少考虑到外国律师在埃及进行仲裁时的代表权问题,因为埃及《法律职业法》规定律师行业仅限于本国的国民,外国律师在埃及法律中被归类为非律师,大大限制了外国律师在仲裁庭出庭的权利。

埃及《法律职业法》规定任何人不得行使律师的职能,除非他们被允许进入埃及律师协会,④且埃及律师协会成员必须为埃及国民,因此只有进入当地律师事务所的律师才能在埃及国内和国际仲裁中代表当事人出庭,在埃及的

---

① Amr Abbas,John Matouk, Matouk Bassiouny & Hennawy, The Middle Eastern and African Arbitration Review 2019, https://globalarbitrationreview.com/benchmarking/the-middle-eastern-and-african-arbitration-review-2019/1190120/egypt,2020 年 1 月 18 日访问。

② 孙茹、胡波、黄伟:《"一带一路"倡议下国际投资争端解决机制构建探索》,http://www.hafxw.cn/fxyjart.php? id=7476,2020 年 2 月 10 日访问。

③ 石静霞、董暖:《"一带一路"倡议下投资争端解决机制的构建》,载《武大国际法评论》2018 年第 2 期。

④ 埃及《法律职业法》第 3 条规定。

海外律师仅能以"非律师"的身份协助当事人。① 该法还列举了属于"律师职能"定义内的权利,其中包括"在仲裁庭代表当事人出庭",②海外律师的代表权等最基础的职业权利将被剥夺,而在仲裁一方为海外投资者时,由于语言沟通等文化障碍,往往会选择本国自己熟悉的律师,但是埃及《法律职业法》对外国律师的限制进一步加剧了当事人仲裁困难的问题。

　　虽然《法律职业法》对外国律师做了限制,但由于该法是否属于强制性规则还存在不确定性,而《仲裁法》对当事人代表权无规定身份要求,所以对外国律师的职权存在很大的争议。③ 有部分埃及学者认为,由于当事人之间的协议本身并不能胜过强制性的法律规定,因此争议的核心在于《仲裁法》是否已经取代《法律职业法》,具体而言,《仲裁法》规定了当事人"就仲裁庭的程序达成一致意见"的自由以及各方有权平等和充分地行使仲裁程序中的权利,是否可被视为取代了《法律职业法》中当事人代表权的仲裁程序的规定。可以得出一种结论,《仲裁法》的上述规定是特别法,主要考虑到两个因素:第一,《仲裁法》是在《法律职业法》之后颁布的,并规定"任何违反《仲裁法》的规定均视为废除";第二,《仲裁法》是关于仲裁规则最重要的法律渊源,而《法律职业法》是补充规范仲裁的次要规则。为了更好地理解《法律职业法》时,分析出其与《仲裁法》冲突的解决之道,应考虑到《法律职业法》颁布时的立法背景与目的。1983 年埃及颁布了《法律职业法》,当时的立法反映了埃及以前闭门造车的经济政策时代,而在美国对埃及进行经济援助之后,埃及经济从封闭经济政策向开放经济政策转变,法律理念与相应法律制度也随之变化。④ 同时期的仲裁框架可以追溯到 1968 年,旧的仲裁法律制度较为原始没有区分国内仲裁和国际仲裁,而且封闭的立法环境下采取的是保护主义,⑤立法者对西方仲裁的引入持有一定敌意,本着这种抵触的态度,当时埃及的仲裁基本上被认为是一种变相的司法形式,法律对仲裁当事人的保护和权益保障较为忽视,《法律职业

---

① 埃及《法律职业法》第 13 条规定。

② 埃及《法律职业法》第 3 条规定。

③ Fathy Waly, Arbitration Act in Theory and Practice, 2014, http://newyorkcon-vention1958.org/index.php? lvl=notice_display&id=4289&opac_view=1,2020 年 1 月 2 日访问。

④ Marvin Weinbaum, Egypt's 'Infitah' and the Politics of US Economic Assistance, 21 *M.E. Study*, 1985, pp.206-222.

⑤ Gerald McLaughlin, Infitah in Egypt: An Appraisal of Egypt's Open-Door Policy for Foreign Investment, *Fordham Law Review*, 1978, pp.1-8.

法》对外国律师的限制已然是一种落后的立场,直到 1994 年《仲裁法》引入了新的仲裁概念,埃及法院对仲裁态度也有所转变。[①] 因此《法律职业法》与《仲裁法》对外国律师的规定有差别并不令人惊讶。

仲裁当事方的协议本身不能凌驾法律的强制性规定,《仲裁法》也并非提供了不平等的权利,意思自治不代表当事人可以毫无限制地任命自己的代表人,《仲裁法》对外国律师代表权问题的沉默,还需要司法解释来释明法律条款。埃及法院在司法实践中证实了《仲裁法》与《法律职业法》的关系,具体来说是《仲裁法》的规定取代了《法律职业法》中与其相冲突的条款。埃及没有单独的法律规定法定解释的规则,但埃及法律承认特别法可以作为法定解释的一般原则,而解释立法主要是法院的职能,[②]司法常有通过特别法来解释某一法律适用的例子,如 1983 年 1 月 11 日埃及重审法院第 743/JY49 号(民事)申请,就是基于特别法的规定来解释《民法典》和《证据法》中相互矛盾的条款。[③]因此,如果认定埃及《仲裁法》属于为规范仲裁程序专门制定的特别法,那么应当允许当事人通过约定排除《法律职业法》对外国律师的限制。且开罗上诉法院和埃及重审法院在最近作出的决定中也认为经双方同意以后,在埃及的外国律师可以代表当事方进行仲裁。但是仍然有人提出质疑,除非出台修正案修改《法律职业法》和《仲裁法》,否则将存在许多不确定性以及潜在的法律风险。

(2)埃及仲裁程序中非律师代表权的讨论

除了上述《法律职业法》与《仲裁法》关于限制外国律师权利的冲突外,埃及法学家之间就非律师(包括外国律师)在仲裁中是否有权代表当事方的问题引起较大的争议,主要存在两种观点:第一种意见认为,这种限制不属于强制性规则,仲裁当事方可以约定免除律师代表权的身份要求,则非律师同样享有完整的代表权能;而第二种意见认为,《仲裁法》未规范仲裁当事人的代表权,应当遵守《法律职业法》,代表权仅限于当地律师所接纳的本国律师。部分学者支持前一种意见,因为仲裁依赖于"当事方协商一致"的前提条件,具备高度的意思自治性质,以及仲裁本身旨在为当事方提供灵活性较强的争端解决途

[①] Ahmad S. El-Kosheri, Main Characteristics of the International Arbitration Case Law Rendered by Egyptian Courts, *BCDR International Arbitration Review*, Issue 1, 2016, pp.5-21.

[②] 埃及法院有解释法律的职能,类似于中国的"司法解释"。

[③] Amr Omran, The Appearance of Foreign Counsel in International Arbitration: The Case of Egypt, *International Arbitration*, 2017, pp.1-9.

径,应遵守当事人意愿,允许当事各方在仲裁程序中同意由非律师代表自己参与仲裁。同时,这种观点也是从实用角度考虑的问题,许多仲裁案件会涉及跨国贸易、投资等问题,可能倾向于由外国律师代表,特别是对于一些行业中存在复杂的技术性问题,当事人对特定专家的需求远远大于律师,将争端提交仲裁时就是为了寻求确保自己的命运将掌握在有能力和经验丰富的专业人员的手中,限制当事人指定律师的自由会破坏仲裁的基本性质。这些学者还指出,埃及法律未规定仲裁中的诉状须律师签署,因此不需要强制由当地律师协会成员行使代表权。最后,《民事和商业程序法》规定了类似的代理原则,该原则不要求在仲裁程序中代表当事人的必须为律师身份。[1]

如今,大多数国家都允许仲裁当事方可以自由任命他们选择的代表人,而不考虑专业资格或身份要求。普遍接受该原则的原因是它被纳入了国际律师协会(International Bar Association,下称 IBA)的当事人代表指南。[2] 该指南对当事人指定代表人无约束力,对规范国际仲裁中的律师行为起到良好示范,其并不将"当事人代表"的定义限制为具有任何特定法律资格或有国内律师资格的人士。如果当事各方不能自由地选择将为自己的利益辩护的人,那么仲裁这种相较于司法系统更为私人的争端解决机制将无法发挥效力。

开罗上诉法院和埃及最高宪法法院对在仲裁中出庭的外国律师作出裁决,法院的裁决为法律从业人员就埃及法律中存在的缺漏提供了及时的指导,其价值不仅仅是学术上的,一些规则在获得埃及最高宪法法院的认可后即具备法律效力,这些法律原则可以填补法定空白。过去开罗上诉法院和最高宪法法院裁决的核心是禁止外国律师在埃及从事法律活动,除非是临时性的,外国律师不可以代表仲裁的当事方。如 2006 年 3 月 13 日第 15063/2005 号公诉案(Kars Al-Nil Misdemeanours),开罗上诉法院对非法执业的外国律师进行刑事审判并且判其承担法律责任。但数年后,埃及最高法院裁定撤销了该裁决,得出新的结论:仲裁各方可以任命外国律师在埃及代表自己参与仲裁程序。在近几年的案件中,埃及法院尽力地回避了《法律职业法》与《仲裁法》之间关于非律师代表权的冲突问题,多次通过裁定表明非律师的代表权并不会破坏埃及的公共秩序,即无论《法律职业法》是否属于强制性规则,非律师代表

---

①　《民事和商业程序法》第 76 条规定。

②　国际律师协会理事会于 2013 年 5 月 25 日决议通过的《国际律师协会国际仲裁中缔约方代表准则》,www.ibanet.org/Publications/publications_IBA_guides_and_free_materials.as px,2020 年 2 月 11 日访问。

权不会破坏该法所维护的法益与公共利益,仲裁当事人的协议可以克服《法律职业法》对代表权的限制。① 法院得出该结论主要依靠仲裁的特殊性、仲裁程序与法院诉讼之间的区别,以及《法律职业法》的适用范围,以确定未取得埃及国内律师职业资格的外国律师能否代表仲裁当事人,例如在马来西亚吉隆坡高等法院和联邦法院都驳回了"外国律师作为代表人违反了马来西亚1976年《法律职业法》"的请求。马来西亚法院认为,1976年《法律职业法》并不适用于仲裁,应根据马来西亚1952年《仲裁法》考虑代表权的问题,值得注意的是,1976年《法律职业法》已经修订,明确允许外国律师在国际仲裁庭中代表当事人出庭。② 同样的,巴巴多斯高等法院在Lawler,Matusky & Skeller一案中被发现,巴巴多斯政府认为《法律职业法》不适用于仲裁,仲裁程序的规则应由仲裁员负责。③

通过全球仲裁的案例表明,在国际仲裁中对外国律师的本国保护主义可能会逐渐消失。全球化法律服务意味着仲裁当事人能够聘请国外的高素质律师来处理因当地交易引起的纠纷。因此,保护主义的律师规则无法减少仲裁当事人对国际律师的依赖。相反,限制性法规可能只会促使当事人从仲裁保护主义的地区转移到更适合仲裁的地方,比如约定仲裁不在埃及进行。如今各国越来越乐意为仲裁提供更有利的条件,且仲裁对海外投资者具有重要的意义,保护主义在埃及很可能会慢慢被淘汰。考虑到埃及对整个阿拉伯国家中的权威影响,其他国家有可能在解决非律师代表权的问题时紧随埃及法院的脚步。④

(3)中国律师在埃的刑事风险

即使如前所述,《法律职业法》关于外国律师身份与其代表权的规定较为严苛,《法律职业法》本身的法律效力也存在争议,中国律师代表当事人参与仲

---

① Amr Omran, The Appearance of Foreign Counsel in International Arbitration: The Case of Egyp, *International Arbitration*,2017,pp.1-9.

② 2013年《马来西亚法律职业(修正)法》第37条(1)款。

③ Amr Omran,New Restrictions on Foreign Counsel in UAE Arbitrations,2017,https://www.academia.edu/35197384/Oops_..._I_Did_It_Again_New_Restrictions_on_Foreign_Counsel_in_UAE_Arbitrations,2019年12月25日访问。

④ Yves Dezalay & Bryant G. Garth, *Dealing in Virtue:International Commercial Arbitration and The Construction of a Transnational Legal Order*, University of Chicago Press,1996,pp.2-7.

裁的过程可能被视作违法行为。① 尽管在开罗上诉法院和埃及重审法院作出了一些偏向于认可外国律师代表权的判决之后，法律风险已大大减少，但法院并未排除《法律职业法》所规定的制裁规则，外国律师可能仍会受到刑事起诉。

《法律职业法》规定了相应的刑事责任，违反第 3 条的行为将引发第 227 条的刑事处罚。在 2008 年《法律职业法》的修正案出台之前，该处罚如下：在不损害《刑法》的情况下，每个行使律师职责但未在埃及执业律师名册上注册的人，应处以至少 EGP200（埃及镑）但不超过 EGP500 的罚款。② 这些法律风险自 2008 年以来变得更加严厉，对不在埃及执业律师名册上律师的处罚甚至包括强制性监禁等刑事措施。

国际商会（ICC）编号为 12552 / EC 的案件中，在仲裁期间被告对来自美国的麦金尼律师的参与表示反对，理由是外国律师不能代表当事人在埃及进行仲裁，并援引了《法律职业法》第 3 条的规定，请求麦金尼律师代表申请人在仲裁中采取的所有行动都是无效的，仲裁庭驳回了被申请人的反对意见，根据案情裁定申请人胜诉。于是被申请人向埃及法院的商业法庭申请撤销该仲裁裁决，并依据埃及《刑事诉讼法》规定对麦金尼律师提起私人刑事诉讼，审判法院认定麦金尼律师违反《法律职业法》，命令她支付 1000 埃及镑的罚款、律师费、裁决费以及对该被申请人的损害赔偿金。随后麦金尼向开罗上诉法院提起上诉，最终上诉法院的刑事巡回法庭推翻了原判决。法庭首先提出了《仲裁法》的规定，认为当事人可自由选择仲裁庭适用的程序规则，当事人有权利通过其协议选择自己的代表人，并非一定需要埃及本国的律师身份，仲裁程序与法院诉讼的不同之处在于代表权不是强制性的，代表权的有效性取决于是否存在当事人的授权书。③

在该案中虽然最终上诉法院没有追究麦金尼律师的刑事责任，但是从原审法院的判决可以看出，外国律师在埃仲裁依旧面临着刑事责任的风险。开罗上诉法院在判决书中仅承认麦金尼是一名"法律专家顾问"而非"律师"，还提及麦金尼是一家国际律师事务所开罗办事处的执行合伙人，法院实质上避开了《法律职业法》对外国律师身份限制的规定，《法律职业法》第 3 条、第 13

---

① 埃及《法律职业法》第 3 条的规定。

② 埃及《法律职业法》第 227 条。

③ Mohamed S Abdel Wahab，Zulficar & Partners，Cultural Considerations in Advocacy：The Arab World—A Recast，https：//globalarbitrationreview.com/chapter/1208880/cultural-considerations-in-advocacy-the-arab-world-a-recast，2020 年 2 月 3 日访问。

条和第 227 条对外国律师构成的法律风险并未减少。中国企业在与埃及仲裁时通常聘用中国律师,在《法律职业法》未修正之前,最好使用"专家"的身份代表当事人参与仲裁,避免被追究刑事责任。

4.中国对埃及 BIT 改革的法律风险防范

(1)从"投资者权益保护"到"维护东道国主权"的转变

双边投资协定为赴埃投资者打开了国际投资仲裁的大门,无论投资所在国的法律如何,都能保障海外投资者的权利。此外,双边投资协定在一定程度上会影响东道国制定与保护本地经济政策的直接发挥,部分条约还有更复杂的方面,例如有些条约允许海外投资者雇佣非东道国的员工,限制了发展中国家鼓励外国投资者雇佣和培训当地工人的政策效力,阻碍了东道国利用外来投资提高本国公民就业率目标实现。不仅如此,偏袒投资者的 BIT 授予了他们寻求国际仲裁的权利,大部分海外投资者最终都选择直接将埃及诉诸国际仲裁机构,容易导致投资者在任何争端中都处在受害者的地位,即使最终索赔失败,埃及也不得不承担昂贵的仲裁费用。①

国际仲裁费用过高一直被认为是签署 BIT 的国家面临最严峻的挑战之一,不仅最终要承担高昂的赔偿金,仅参与仲裁的费用就不菲。在国际仲裁案件中即使最终达成和解,费用也十分高昂,这些程序的平均费用从几十万美元到数百万美元不等。例如在 ARB/05/15 号案件中,埃及作为败诉方,仅是支付仲裁庭费用(court fees)便约 600 万美元,并且还须对原告意大利 SIAG 公司承担约 7400 万美元的赔偿金。② 巨额赔偿和高昂的仲裁费用对于本已遭受经济困境的埃及而言更是雪上加霜。鉴于仲裁成本高以及成员国的立法权力受到仲裁庭的质疑和限制,不仅是埃及在着手调整 BIT,其他国家也开始质疑现行的投资仲裁制度。正如拉丁美洲国家、南非、澳大利亚和其他国家所经历的那样,特别是拉丁美洲国家,它们直言不讳地反对当前国际投资仲裁体制,因为它们是受影响最大的国家,这些国家采取了若干行动来重新获得主权,并企图摆脱目前投资争端解决制度的限制。例如,自 2011 年来澳大利亚政府已停止在与其他国家签订的投资协定中纳入外国投资者与国家之间的投

---

① George K. Foster. Striking A Balance Between Investor Protections and National Sovereignty: the Relevance of Local Remedies in Investment Treaty Arbitration, *Columbia Journal of Transnational Law*,2011,pp.1-68.

② Hatem Zayed—Heba Khalil, Protection of Investors, No Consolation for Public Money. *Egypt & International Arbitration*,*Egyptian Centre for Economic and Social Rights*,2013,pp.1-16.

资仲裁条款。① 2012年南非与一家比利时公司进行仲裁败诉后,暂停了对比利时的双边投资协定,以避免过去的错误造成的不公平。② 无论是通过审查条约,重新评估其利益,还是拒绝一些有偏见的投资仲裁条款,避免执行不公平的裁决等,这些国家正在为改革投资仲裁制度进行有益的尝试。

埃及在BIT的调整过程中主要的手段之一就是"用尽当地救济规则"的运用,"用尽当地救济规则"的目的是让被告国有机会在国际诉讼或仲裁之前纠正投资者所称的损害,这有利于被告国避免承担与国际诉讼或仲裁相关的高昂费用和负面影响。并且这种方式在实践中也反映出了不错的成效,比利时投资者根据比利时—卢森堡经济联盟(Belgo-Luxembourg Economic Union)与埃及之间的双边投资协定向ICSID提起仲裁,根据该合同投资者有义务疏通苏伊士运河。索赔人:埃及通过隐瞒埃及先前进行测试的重要信息,欺骗性地诱使他们签订合同,索赔人在埃及法院提起诉讼请求宣布合同无效,然而法院对其索赔进行了不应当的延迟,他们被剥夺了正当程序,并且在没有正当理由的情况下被驳回了索赔请求,这违反了双边投资条约的公正和公平待遇条款。作为ICSID受理案件的标准问题,ICSID仲裁庭驳回了索赔人关于"司法行为可以在公平和公正的待遇标准下受到质疑"的说法,因为它本身并不构成"拒绝司法"。仲裁庭认为,可以允许索赔人质疑东道国司法行为的公正性,但必须达到"拒绝司法"的标准,否则可能导致索赔人无视双边投资协定中的"用尽当地救济"条款,因为该条款要求索赔人充分履行在提起国际仲裁前"用尽当地补救"办法的义务,若规避了依据该条款中"东道国应达到拒绝司法"的起诉标准,则将直接违反双边投资协定。最终仲裁庭指出,尽管诉讼时间已经持续了十多年,但考虑到案件的复杂性,仲裁庭不认为这种拖延是不公平的,埃及法院并未达到"拒绝司法"的标准,仲裁庭驳回了索赔人关于埃及法院判决实质上不正当的说法,并裁决索赔人"尚未用尽当地补救办法",因为当事人在埃及法院还有上诉程序等救济手段仍未完成。仲裁庭还补充说明,如果索赔人在仲裁程序中证明东道国存在实质性"歧视或严重不当行为",达到了东道国"拒绝司法"标准,表明投资者已用尽当地的司法救济办法,则其

---

① Pia Eberhardt, Cecilia Olivet, Profiting from Injustice, 2012. https://www.tni.org/en/briefing/profiting-injustice,2019年9月10日访问。

② Pia Eberhardt, Cecilia Olivet, Profiting from Injustice: Challenging the Investment Arbitration Industry, 2013, Open Democracy, http://www.opendemocracy.net/cecilia-olivet-pia-eberhardt/profiting-from-injustice-challenging-investment-arbitration-industry,2019年9月10日访问。

控诉结果可能会有所不同。[①] 因此,如果要求仲裁庭重新审议东道国法院先前处理的基于条约的争端问题,只要索赔人提出明确和令人信服的证据表明埃及国家法院的判决是错误的,属于严重的司法不公正而达到了实质上的"拒绝司法",则不违背双边投资协定中的"用尽当地救济条款",它才符合国际仲裁的受理标准。

综上可见,埃及不仅对 BIT 范本中投资争议解决条款进行修改,对与此相关的其他条款也进行不同方面的调整,除了删除 BIT 中 ICSID 仲裁条款的引导外,在 BIT 设定解决争端途径的顺序、用尽当地救济条款等都做了修改。从维护东道国利益的角度分析,这些改变的确可以防止投资者规避埃及当地的投资争端解决机制而不必要地诉诸国际投资仲裁,同时还会对埃及政府对投资纠纷的治理带来益处,比如"用尽当地救济"条款的运用使东道国有机会纠正其下级机构或官员在投资项目中履行其政府职能时可能犯下的错误或不当行为,行政机关自动及时地更正可以最大限度地减少双方的损失。

但是对于投资者权益的保护却截然相反,BIT 中的"用尽当地救济"条款可能会使投资者陷入困境。埃及鼓励海外投资者寻求当地救济办法,对该规则"用尽"一词的理解,根据上述 ICSID 案例中仲裁庭的观点,应作广泛理解,即要求投资者实质上求助了埃及当地所有的救济途径——行政、司法以及投资争端委员会等,且每种救济手段应穷尽,比如通过埃及法院解决投资争端,必须完成包括上诉、申诉在内的所有司法程序,以免被仲裁庭视为没有进行实质上的"用尽当地救济"。有些学者认为这样做等于变相破坏了国际规则,减损了投资者本可以依据国际条约或者投资协议中的仲裁条款寻求国际仲裁救济的权利。[②]

(2)中埃 BIT 仲裁引入受限的应对

依据中国与埃及的双边投资协定第 9 条的规定,双方应首先使用友好协商的方式解决纠纷,若六个月内未能协商一致,则当事任何一方有权将争议提交至法院,若涉及征收补偿款额的争议,则可以提交至专设仲裁庭,该仲裁庭

---

① Jan de Nul N.V. v. Arab Republic of Egypt,ICSID Case No. ARB/04/13,Award (Nov. 6,2008),https://www.italaw.com/cases/587,2019 年 10 月 16 日访问。

② William S. Dodge,National Courts and International Arbitration:Exhaustion of Remedies and Res Judicata Under Chapter Eleven of NAFTA,*Hastings International and Comparative Law Review*,2016,pp.1-28.

有权自行制订程序。[①]

首先,仲裁与诉讼的规则属于"岔道口"条款,即当事人一旦选择了法院就丧失了仲裁的权利,反之亦然。然而现实中,中埃双方司法部门都曾尝试进行民商事司法协助,但实施的情况非常不理想,考虑到中埃双方在民商事司法协助实践中存在的问题,通过诉讼方式解决投资争议不是一种很好的选择,[②]中国学者都建议中国企业最好选择通过仲裁方式解决此类争议。但是中国与埃及的 BIT 规定涉及征收补偿额的争议才可通过仲裁解决,并且仲裁的方式是通过设立专设仲裁庭(ad hoc arbitral tribunal)进行的,这意味着若中国投资者援引中埃 BIT,则征收补偿额以外的所有投资争议必须在埃及法院通过诉讼解决。对于征收补偿额的争端,专设仲裁庭具有极强的临时性,争议双方必须指定仲裁员、指定仲裁规则、确定仲裁地和仲裁语言等,这个过程直接导致了仲裁程序的延长。投资争端产生以后,当事方往往难以协商一致,中埃 BIT 中"仅征收补偿额的争议可仲裁"的限制不利于投资争议的解决,而临时仲裁庭作出的裁决也不便于未来的执行。[③] 因此对中国企业而言,要想通过仲裁处理和埃及政府间除征收补偿额争议以外的其他投资争议,就必须在投资协议中约定清晰明确的仲裁条款,避免不必要的麻烦。

其次,埃及自"一月革命"来频频面对 ICSID 的索赔,按照 ICSID 的国际仲裁程序,无论是时间成本还是费用成本都比较高昂,许多涉及埃及的国际仲裁案件有着长达十几年的处理时间,如:中国南太平洋房地产有限责任公司诉埃及政府的 ICSID 案件,合同的当事方不是埃及政府而是埃及旅游总公司,但申请方认为争端的原因是埃及外资委员会撤销了投资项目的批准令,本质是政府部门的不正当行为。此案经历了长达 14 年的国际仲裁,最终双方达成了和解协议结束了这漫长的纠纷,并且埃及在该国际仲裁中支出了巨额的程序费用。[④] 因此,埃及对国际仲裁机制的抵触情绪较重,以其投资争端解决机

---

① 《中华人民共和国政府和阿拉伯埃及共和国政府关于鼓励和相互保护投资协定》,中国商务部官网:http://tfs.mofcom.gov.cn/article/h/aw/200212/20021200058358.shtml,2019 年 12 月 20 日访问。

② 朱伟东:《埃及动荡中资企业如何保障自身权益》,载《法制日报》2013 年 9 月 3 日第 10 期。

③ 朱伟东:《"一带一路"背景下中阿投资争议的解决途径》,载《西亚非洲》2018 年第 3 期。

④ 郭俊秀、朱炎生:《南太平洋房地产(中东)有限责任公司诉阿拉伯埃及共和国案述评》,载《国际经济法论丛》1998 年第 1 期。

制的改革趋势,埃方不会再轻易同意专设仲裁庭使用 ICSID 等国际仲裁机构的规则,更可能要求提交给埃及法院,或者要求按照 2017 年 72 号《投资法》规定的"埃及仲裁中心"的规则制订仲裁程序。中国投资者在签订投资合同时,不仅要了解中埃 BIT 的具体内容,也要了解埃及法律制度的变化,尤其是熟悉其国内的"埃及仲裁中心"以便能够及时采取相应的法律救济措施。

　　最后,中国与埃及在 1994 年签订了双边投资协定,有效期为十年,期满后任何一方有权单方面随时终止协定。中埃 BIT 至今已经经历二十多年,双方都有权中止 BIT,而埃及近几年正处于重新审查与调整 BIT 的阶段,根据埃及仲裁的改革趋势和近年来埃及签订 BIT 中仲裁条款的变化,埃及可能会增加"用尽当地救济"条款或是设定争端解决的顺序、增加 ADR 以限制仲裁等。中国应当重视埃及对投资仲裁的动态,关注埃及 BIT 范本的修订和最新 BIT 签订的状况,在"一带一路"的新阶段下为 BIT 的重新谈判做好准备。

第三章　肯尼亚外资法律制度研究

一、肯尼亚外资法律制度概况

(一)我国对肯尼亚直接投资状况

　　肯尼亚地处非洲东海岸,是"一带一路"合作在非洲的重要支点和中国政府确立的开展产能合作先行先试示范国家之一。中国于 1963 年与肯尼亚建立外交关系。① 此后,许多中国公司在肯尼亚进行各种投资,到 2010 年,中国已成为肯尼亚外国直接投资(FDI)的主要来源国。② 中肯两国政府在 2011 年签署了 10 项协议,其中包括为拟建的肯雅塔大学教学与转诊医院提供优惠贷款;太阳能发电;疟疾治疗项目;水电站建设和升级;教育交流与合作;中国国家广播电影电视总局与肯尼亚信息通信部之间的谅解备忘录;以及中央电信与肯尼亚广播公司之间的合作协议。③ 中国是肯尼亚的第一大贸易伙伴、第一大工程承包商来源国、第一大投资来源国以及增长最快的海外游客来源国。肯尼亚也连续数年成为吸引中国投资最多的非洲国家。肯尼亚政府公布的30 多个"旗舰项目"中,中肯合作项目近半数。④

　　中国与肯尼亚签署了《经济技术合作协定》《贸易协定》和《投资保护协定》

　　①　田丰:《肯尼亚投资展望》,载《中国外资》2017 年第 12 期。

　　②　李志伟:《中国成为肯尼亚最大的外商直接投资来源国》,载《人民日报》2018 年 1 月 9 日 第 22 版。

　　③　Kennedy Mwengei B. Ombaba，Phyllis A. Arogo，Phillip Bii，Lucas Ongeri，Jackline Omuya，Peter O. Kabuka，A Study on the Impact of China's Investments in Africa：The Case of Kenya, *Journal of Emerging Trends in Economics and Management Sciences* (JETEMS) 3(5)：529-537.

　　④　《对外投资合作国别(地区)指南——肯尼亚》,商务部,http://www.mofcom.gov.cn/dl/gbdqzn/upload/kenniya.pdf,2019 年 1 月 29 日访问。

并建立了双边经贸混委会机制。① 2017年当年中国对肯尼亚直接投资流量4.10亿美元。截至2017年末,中国对肯尼亚直接投资存量15.43亿美元,多集中在建筑、房地产、制造业等领域。目前中国在肯尼亚投资的企业主要有:北京四达时代软件技术有限公司投资设立四达时代传媒(肯尼亚)有限公司,在肯经营数字电视;友盛集团投资建设的友盛变压器厂;科达和森大合资5500万美元的特福瓷砖厂;中国武夷投资9600万美元的内罗毕建筑产业化基地。此外,中航国际投资4.5亿美元在内罗毕的非洲总部基地项目是近年来中国对肯最大的投资项目。②

中肯关系的发展进入历史最好时期。两国高层交往、经贸合作、人文交流等不断取得重要进展:习近平主席和肯雅塔总统在纽约、约翰内斯堡两次会晤;全年双边贸易总额突破60亿美元,连续两年年增20%以上;蒙内铁路、中非联合研究中心等标志性大项目顺利推进,中国对肯非金融类直接投资和承包工程分别跃居全非第一和第四。尤其是当前中肯合作正从以政府援助为主向企业投资和融资合作为主转型,从一般商品贸易向产能合作和加工贸易升级,从工程承包逐渐向投资运营基础设施、总部基地等中高端领域迈进。这种结构性变化为中肯产业对接与产能合作创造出更广阔发展空间。③ 中国与肯尼亚的关系进入飞速发展的时期,这意味着中国赴肯的投资者与东道国之间将会存在长期稳定的关系及互赢的局面。中国对肯投资结构的改变要适应肯尼亚经济体制与对外投资法律制度,以期在合规的前提下,为投资者争取最大的投资利益。尽管如此,仍然存在许多投资障碍,特别是该国质量低劣的基础设施、技能短缺、与恐怖主义风险和政治、社会和种族分裂有关的不稳定、法治无效和腐败。④

(二)肯尼亚从保守混乱到开放有序的外资法发展史

当今世界,外国直接投资日渐成为一个国家经济发展的重要支柱,无论是发达国家还是发展中国家,如何吸引外国投资都是其在推动经济发展道路上

---

① 杨永胜:《国有特大型建企的市场进入模式选择》,载《施工企业管理》2014年第5期。

② 《对外投资合作国别(地区)指南——肯尼亚》,商务部,http://www.mofcom.gov.cn/dl/gbdqzn/upload/kenniya.pdf,2019年1月29日访问。

③ 田丰:《肯尼亚投资展望》,载《中国外资》2017年第12期。

④ Kenya:Foreign investments,International Trade Portal,https://en. portal. santandertrade.com/establish-overseas/kenya/investing,2019年6月26日访问。

不可避免的问题。20世纪70年代,肯尼亚外国直接投资稳步增长,因为肯尼亚是寻求在东非和南非建立业务的外国投资者的主要选择。肯尼亚作为东非最大和最发达的经济体之一,在经济上具有长期的领导地位。目前肯尼亚经济发展中的重要问题之一是资金匮乏。由于肯尼亚国内储蓄与资本积累远未能满足投资的需求,因此外国投资对肯尼亚经济发展具有重要作用。从肯尼亚意图大力吸引外资的角度,相关法律政策必然是朝一个相对更有利于投资者的方向发展。[①] 肯尼亚虽是非洲对外直接投资最开放的国家之一,但它的外商投资法制度却经历了混乱无序到开放有序的阶段。

19世纪末,英国占领了肯尼亚,为了促进贸易,在肯尼亚建造了大量基础设施,但是这种建设行为严格来说并不是投资而是一种殖民行为。[②] 随着殖民的深入,肯尼亚外来人口增加,刺激了生产和消费,许多外国商人在肯尼亚建工厂、开公司从事商业活动,他们是真正意义上的肯尼亚的外国投资者。然而当时肯尼亚并没有相关的外商投资制度对外国投资进行规定,外国投资者在其本国法的保护下,在肯尼亚掠夺资源、压榨劳动力,严重损害肯尼亚的利益。因此,1963年肯尼亚独立后,国内对外国资本十分敌视,新国家希望经济权由本国掌控。在这一时期,对外政策的主要方向是:促进经济增长和经济肯尼亚化、收入重新分配。其中有特别规定,外国企业必须遵守政府经济非洲化的目的。[③] 这项政策过于保守,打击了外商投资的积极性,使得外商投资一直停滞不前,严重阻碍肯尼亚的经济发展。为了吸引外商投资,1964年肯尼亚制定了外国投资保护法和投资促进中心法,其目的在于减少对投资者的国有化和利润汇出程序。这也是肯尼亚制定的第一批关于规范外国直接投资的立法。然而,这些法条并没有产生实际效果,外国企业被国有化的现象依然存在,外企股息或收入汇往母国常常被延迟。[④] 这段时期肯尼亚的法律与政策,一方面在寻求鼓励投资的途径,另一方面也阻碍了外国投资的进行,由此可见,外商投资制度虽有所发展和突破但依旧处于混乱与探索阶段。

1973年石油危机使得肯尼亚经济遭受重创,1986年肯尼亚政府下发关于恢复经济增长的经济管理第一号会议文件,该文件主要目的是通过自由化来

---

① 周婷:《肯尼亚投资制度的发展》,载《经营管理者》2010年第3期。

② National Labour Law Profile:Kenya,International Labour Organization,https://www.ilo.org/ifpdial/information-resources/national-labour-law-profiles/WCMS_158910/lang--en/index.htm,2019年6月12日访问。

③ 周婷:《肯尼亚投资制度的发展》,载《经营管理者》2010年第3期。

④ 周婷:《肯尼亚投资制度的发展》,载《经营管理者》2010年第3期。

恢复经济增长。① 肯尼亚当局开始鼓励外国在工业上的投资,并且制定了相关法律来保障进口和外国私有资产。与此同时,肯尼亚政府也进行了一系列的经济改革,包括取消进出口许可,进口关税合理化,外汇自由兑换等。1986年肯尼亚成立了投资促进中心,其目的是促进当地和外国投资者在肯尼亚的私人投资。1990年通过了《出口加工区法》,建立了出口加工区。2004年制定了《投资促进法》,该法的颁布标志着一种新的外国直接投资准入制度的引入,这将扭转以往的外国直接投资方式。② 此后,肯尼亚成立了肯尼亚投资局,取代了投资促进中心。肯尼亚正在成为外国直接投资的优先合作伙伴,外国投资者通常与当地投资者享受同样的待遇,在投资、所有权或获得政府资助方面,肯尼亚对外国投资者几乎没有歧视,而且政府的出口促进计划也没有区分本地商品和外国商品。③ 此外,肯尼亚政府还公布了"2030年远景规划",将开放市场引进投资作为规划的重点工作。④

肯尼亚政府制定了以促进投资为重点的各种战略和政策,例如在国家发展计划、政府文件和2010年新宪法等各种法律和政策文件中对投资事项作出规定。肯政府设立若干政府机构,负责促进和便利投资,有些机构的任务重叠,导致工作重复,对有限的政府资源造成不必要的压力。⑤ 随着改革的实施,肯尼亚吸引外国直接投资的障碍正在减少,但仍然有一些障碍存在,尽管如此,总的来说肯尼亚的外商投资制度已经日渐成熟完善,这为肯尼亚进一步引进外资、深化经济改革打下了良好基础。

---

① David Katuta Ndolo, Determinants of foreign direct investment in Kenya, *University of Nairobi*, X50/81503/2015, p.12.

② Blue Book on Best Practice in Investment Promotion and Facilitation Kenya, United Nations Conference on Trade and Development Japan Bank for International Cooperation, https://unctad.org/sections/dite_dir/docs/dite_pcbb_iprs0003_kenya_en.pdf, 2019年1月3日访问。

③ Country Commercial Guide 2017, the State Department's Office of Investment Affairs' Investment Climate Statement., https://www.export.gov/article? id=Kenya-foreign-exchange-controls, 2019年3月4日访问。

④ An Investment Guide to Kenya Opportunities and Conditions 2012, The United Nations Conference on Trade and Development, https://unctad.org/en/PublicationsLibrary/diaepcb2012d2_en.pdf, 2019年7月3日访问。

⑤ Draft Kenya Investment Policy: Investment growth for sustainable development, Tralac, https://www.tralac.org/news/article/11795-draft-kenya-investment-policy-investment-growth-for-sustainable-development.html, 2019年7月13日访问。

(三)肯尼亚对外投资法律制度概况

肯尼亚拥有良好的投资环境,国际投资者对肯尼亚的投资意愿也越来越强。因此,该国在世界银行公布的营商环境排名中取得了显著进步。在 2017 年和 2018 年分别上升了 16 位和 12 位后,2019 年又上升了 19 位,在 190 个国家中排名第 61 位。[①] 肯尼亚不断改善其监管框架以增强其对外资的吸引力。肯尼亚在东非共同体以及其他区域贸易集团中的成员资格使得在肯投资的外国企业能拥有更大的区域市场。

1.肯尼亚外国投资相关立法

(1)肯尼亚的《投资促进法》(Investment Promotion Act)

2004 年肯尼亚颁布了《投资促进法》,鼓励外国投资者来肯尼亚投资。《投资促进法》的主要目标是减少投资者在许可、移民和谈判税收优惠和相关当局豁免方面面临的官僚主义。[②]《投资促进法》促进了协调良好的投资环境的建立,该环境将吸引高质量的外国直接投资,同时提高当地中小企业的竞争力。

《投资促进法》对投资者进行了规定:"外国投资者"指(a)不是肯尼亚公民的自然人;(b)控股权益由非肯尼亚公民拥有的合伙企业;或者(c)根据肯尼亚以外国家的法律成立的公司或其他法人团体。"本地投资者"指(a)肯尼亚公民的自然人;(b)控制权益由肯尼亚公民所有的合伙企业;(c)根据肯尼亚法律成立的公司,其中大部分股份由肯尼亚公民持有;或者(d)根据肯尼亚法律建立的信托或信托公司,其中大多数受托人和受益人是肯尼亚公民。

依据《投资促进法》成立了肯尼亚投资管理局(以下简称"管理局")。管理局被授权执行《投资促进法》的相关规定并负责促进新投资项目的实施,为现有投资提供投资后续咨询服务,并在当地和国际上组织投资促进活动。[③] 管理局的职责:(a)通过以下方式帮助外国和本地投资者和潜在投资者,发行投资证书,协助获得任何必要的执照和许可证,协助获得所得税法规定的奖励或

---

① Kenya:Foreign Investments,Santander Trade Portal,https://en.portal.santander-trade.com/establish-overseas/kenya/investing,2019 年 6 月 3 日访问。

② Akash Devani,Kenya-Existing Regulatory Environment and Framework for Investors,http://www.eisourcebook.org/cms/Kenya,%20Existing%20Regulatory%20Environment%20and%20Framework%20for%20Investors.pdf,2019 年 7 月 23 日访问。

③ Kenya Investment Authority (KenInvest),Comes Aria,http://www.comesaria.org/site/en/kenya-investment-authority-keninvest.115.html,2019 年 7 月 14 日访问。

豁免。(b)审查投资环境,并就促进和便利投资的变化,包括许可证要求的变化,向政府和其他方面提出建议;(c)促进和管理投资场所、地产或土地以及场所、地产和土地上的相关设施;(d)在其认为必要的情况下,在该国和任何其他国家指定代理人代表其履行某些职能;(e)开展管理局认为将促进和便利投资的其他活动。

管理局可基于以下理由撤销投资证书:

(a)证书是根据证书申请人提供的不正确信息签发的;

(b)投资证书是通过欺诈获得的;

(c)不符合投资规定条件的。

如果管理局提议撤销投资证书,管理局应至少提前30天书面通知投资证书持有人提议撤销的理由,并应给持有人一个机会说明为何不应撤销投资证书。

投资证书申请的审批程序:[①]

(a)提交申请报告——管理局应在收到申请人完整的申请后10个工作日内就申请编写书面报告。

(b)决定——在申请报告编写后5个工作日内,管理局应就申请作出决定。

(c)决定通知——管理局作出决定后5个工作日内,应向申请人发出书面通知。如果申请人在向管理局提交完整的申请后25个工作日内没有收到管理局作出决定的通知,申请人可以向管理局局长提出书面申诉。局长应在收到申诉后15个工作日内将调查结果通知申请人。

(d)如果管理局决定拒绝签发投资证书,管理局应通知申请人并说明理由。

(2)肯尼亚的《外国投资保护法》(Foreign Investment Protection Act)

2016年的《外国投资保护法》规定了外国投资者申请投资证书的条件、利润的转移及对外资财产的保护等。根据该法案,外国投资者在缴纳相关税款以及与任何债务相关的本金和利息后,可自由转换利润并将其汇回国内,包括未资本化的留存利润。[②] 值得注意的是,因出售企业全部或部分资产或资产重估而引起的投资资本价值的任何增加,不应被视为该法所指的投资所产生的利润。此外,如果在根据《外国投资保护法》颁发证书时,证书所涉及的任何

---

① Kenya:Investment Promotion Act(Act No.6 of 2004).

② Kenya:Foreign Investment Protection Act(Act No.8 of 2009).

外国资产或其一部分尚未投资于被批准的企业,则应在批准的期限内进行投资,如果在该期限内未进行投资,则证书应视为已被撤销。

《外国投资保护法》中投资促进和保护特别安排的规定,赋予了财政部长极大的自主决定权。该法第 8 条规定"财政部长可随时通过宪报公告为投资作出安排,公告中的安排是指与任何国家政府进行的旨在促进和保护该国投资者在肯尼亚的投资安排。公告可通过后续公告进行修订或撤销,修订或撤销公告可包含部长认为必要或适宜的过渡条款或终止日期"。第 9 条规定"财政部长为更好地执行本法可以制定条例或一般性指示,并规定根据本法申请证书的方式,以及这些申请所附的信息"。财政部长的灵活决定权一方面可以方便随时调整投资细节,以使外国投资者更易在肯投资;另一方面,由于极大的自主决定权,使得投资者在肯投资时也存在着一定的不确定性。

(3)肯尼亚的《竞争法》(Competition Act)

2010 年《竞争法》取代了 1989 年的《竞争法》。该法案制定了一个新的竞争框架,旨在营造一个良好的竞争环境,保护消费者,并确立和界定竞争事务管理局和竞争审裁处的角色。新法将决策与执行分开,由国家财政部的一个委员会负责决策,并购交易的最终审批权属于竞争管理部门。① 肯尼亚的竞争管理局监管竞争法及其执行。它监管肯尼亚的合并、滥用支配地位以及其他与竞争和消费者福利相关的问题。竞争管理局可主动或在收到个人或政府机构的投诉后,对被指控构成或可能构成以下情形的行为进行调查:

①与限制性贸易惯例有关的行为;

②有关滥用支配地位的行为。

自 2014 年 10 月起,该局有权实施宽大处理方案。根据宽大处理方案,任何公司如果自愿披露存在该法禁止的任何协议或做法,并在调查中与管理局合作,管理局可给予宽大处理,免除根据该法本应适用于它的全部或部分罚款。② 该局对合并和收购征收了申请费,对于营业额在 10 亿至 500 亿先令之间的合并征收 100 万先令,而对于规模较大的合并征收 200 万先令。所有的合并和收购在最后确定之前都需要管理局的授权。公司之间的合并、资本重

---

① *Investors Guide to Kenya*, KenInvest in conjunction with Regional Investment Agency (RIA) of the Common Market for Eastern and Southern Africa (COMESA),2018, p.87.

② Joyce Karanja, Competition Authority of Kenya Flexes Its Muscles, *Bowmans Law*,2016, p.1.

组、收购、分立、解散等,财务大臣酌情认为符合公众利益的,可以免征资本利得税。[1]

（4）肯尼亚的《出口加工区法》（Export Processing Zones Act）

《出口加工区法》主要针对在出口加工区进行的投资行为。肯尼亚的出口加工区（EPZ）于 1990 年建立,由出口加工区管理局（EPZA）管理,旨在促进指定区域内面向出口的工业投资,为出口型企业在指定地区提供极具吸引力的投资机会。它设法通过增加生产性资本投资、创造就业、技术转让和多样化出口来支持经济并提供了一系列有吸引力的财政、物资和程序激励措施,以确保更低的运营成本、更快的立项和更顺畅的运营。出口加工区计划旨在：促进和便利面向出口的投资;为出口部门的投资创造有利环境。

根据《出口加工区法案》,所有获得许可的出口加工区公司都享有以下激励措施：

Ⅰ.财政激励

a.给予初始投资额的 100％投资减让（即在应税额中,扣除此项投资金额）,期限为 20 年;

b.前 10 年,免征企业所得税,10 年后,按 25％的税率征收;

c.前 10 年,利润汇回,不实行预扣税;

d.单一营业执照;

e.免征印花税;

f.免征预扣税;

g.关税返还：超过 7 万美元的资本支出所付的关税可以从应缴纳的企业所得税中抵扣;

h.资本商品和基础原材料为零税率,对用于生产出口产品的原材料免征关税和增值税;

i.自定折旧率;

j.允许亏损结转;

k.对原材料、机械、办公设备、锅炉和发电机的某些石油燃料、建筑材料和其他供应品,永久免除增值税和进口关税。增值税豁免也适用于肯尼亚关税

---

[1] Kenya Investment Climate Statement 2015. U. S. Department of State,https://2009-2017.state.gov/documents/organization/241827.pdf,2019 年 4 月 22 日访问。

地区或国内公司在当地购买的货物和服务。①

Ⅱ.程序激励②

a.出口加工区管理局致力于最大程度地减少官僚主义和行政程序,促进出口加工区(EPZ)项目的许可、立项和运营。这包括免于遵守各种法律,例如《进出口和基本物资法》、《工业注册法》、《工厂法》和《统计法》。EPZ 管理局代表政府充当主要的许可和监管机构,并从公司收集必要的信息和数据。程序激励的措施主要有:

b.在 30 天内快速获得项目批准和许可(需要国家环境管理局 NEMA 的环境许可的项目除外)。

c.没有外汇管制——自由化的外汇制度,资本和利润能够自由汇出,允许外汇账户的使用以及国内和海外借款。

d.海关人员现场检查海关文件。所有区域都设有常驻海关,用于现场检查海关文件和清关。出口加工区管理局管理层设有一名高级税务官,以协助处理与海关和消费税有关的所有事宜。

e.一站式服务,以简化手续和提供后期服务为目的—出口加工区管理局为新公司提供协助,并在员工招聘、劳工法规、工作许可证、进出口物流、公用事业申请以及在税务机关注册等领域提供帮助和建议。

f.外国人无投资限制。

Ⅲ.出口加工区内禁止的活动

除非经过管理局批准,否则出口加工区内不能提供以下商业活动或服务:

a.出口加工区内生产的货物或者进口到出口加工区的货物,不得在出口加工区内进行零售贸易。

b.在出口加工区生产的货物不得用于个人消费。

c.任何人不得在出口加工区内同时进行商业活动和制造活动。但若在《出口加工区法》生效前颁发的许可证获得许可进行的商业和制造活动的除外。

出口加工区管理局可颁布禁止令将其认为危险或有损公众利益、健康或安全的任何货物排除或运出出口加工区,或停止相关交易活动。若管理局没

---

① 《对外投资合作国别(地区)指南——肯尼亚》,商务部,http://www.mofcom.gov.cn/dl/gbdqzn/upload/kenniya.pdf,2019 年 10 月 29 日访问。

② EPZ Program, Epzaenya, https://epzakenya.com/epz-program/,2019 年 9 月 9 日访问。

有给予相关企业申诉机会的,不得发出禁止令。[①]

（5）肯尼亚的《经济特区法》(Special Economic Zones Act)

经济特区是使一个国家融入全球经济自由化的区域,提供特别的税率、商业法律和融资条款,以吸引投资和商业进入特定的地理区域。经济特区是国内具体划定的区域,在这些区域内,可以从国外或国内市场免税进口原材料和资本货物,并提供一套特别的免税期和优惠措施,以促进该国的出口。经济特区内生产的商品和服务可以出口到国外,也可以在肯尼亚内销售(在肯尼亚内销售如同出口国外,需遵守海关要求),也可以在经济特区内用于生产其他商品或提供其他服务。

肯尼亚的政府颁布了《2015 年经济特区法》,旨在为全球和当地投资者在特定地区创造有利的投资环境。《2015 年经济特区法》建立了一个经济特区权力机构即经济特区政府来管理经济特区的所有监管职责,使政府和经济特区企业之间的联系更加简单和有效。《2015 年经济特区法》还引入了许多激励措施,包括对企业的保护和福利,包括强有力的争端解决制度、快速的许可证发放程序以及免税货物和服务的进口。

经济特区内的奖励措施:[②]

a.免税—对经济特区所有的交易,应根据《消费税法》、《所得税法》、《东非共同体海关管理法》和《增值税法》,免除对经济特区的企业、开发商和经营者应缴纳的所有税款和关税;

b.免征印花税;

c.获得最多 20% 的全职工人的工作许可;

d.股息收入免税;

e.保护财产不受国有化和征用;

f.汇回资本和利润,没有任何外汇障碍。

经济特区不同于出口加工区,出口加工区的主要目标是促进出口生产,因此它以市场为导向,而建立经济特区主要是为了开发生产要素。[③]

---

① Kenya：the Export Processing Zones Act(Act No.18 of 2018).

② Analysis of the Special Economic Zones Act. KPMG Advisory Services Limited，a Kenyan Limited Liability Company and a member firm of the KPMG network of independent member firms affiliated with KPMG International Cooperative（“KPMG International”），*A Swiss entity*,2015,p.2.

③ Wakagguyu Wa Kiuri，Special Economic Zones in Kenya and Tax,TaxKenya，https://www.taxkenya.com/special-economic-zones-kenya-tax/,2019 年 11 月 15 日访问。

最后,尚不清楚在《经济特区法案》颁布后,出口加工区的命运将如何。2012年首次提出《经济特区法案》时,其意图是用《经济特区法案》取代《出口加工区法案》。即使是对制造业实体,经济特区也大大加强了激励措施,如果这两种制度不协调,将给出口加工区敲响丧钟。经济特区制度为肯尼亚吸引外国直接投资提供了一个平台。这也与前几年强调将制造业作为唯一增长引擎的做法有所不同。特区政府力求促进零售及批发贸易、后台服务、旅游业和信息通信技术的发展,并将制造业作为未来增长的引擎。经济特区制度将推动肯尼亚成为寻求在该区域建立业务的国际投资者的总部。①

(6)2010年《宪法》(The Constitution)

2010年《宪法》引入了由国家和县级组成的权力下放政府的治理结构,将权力下放给47个县,每个县都有自己的立法机构和行政机构。立法、行政和司法之间更实现了更大程度的分权。同时,《宪法》首次引入替代性争端解决机制的概念,包括和解、调解及仲裁,这为投资争端提供更多更合理便捷的解决途径。

除以上法律外,肯尼亚有关外商投资的规定还包括《公司法》,具体领域的投资管理相关法规包括《运输许可法》、《土地控制法》、《水法》和《矿产法》等。这些法律规定了外国投资者赴肯投资的程序、外国投资者的权利与义务、投资许可的申请、投资管理部门等。

2.肯尼亚缔结的与投资相关的公约

在肯尼亚的投资者除了寻求东道国的司法救济及替代性解决机制外,还可以寻求国际帮助。肯尼亚是世界银行多边投资担保机构的成员,为外商直接投资防范非商业风险提供保险。肯尼亚也是《华盛顿公约》和《纽约公约》的成员国,国际投资争议仲裁有其独立的机制和程序。② 目前,根据《华盛顿公约》成立的ICSID在有关非洲投资争议仲裁方面发挥的作用最为显著。此

---

① Analysis of the Special Economic Zones Act.KPMG Advisory Services Limited,a Kenyan Limited Liability Company and a member firm of the KPMG network of independent member firms affiliated with KPMG International Cooperative ("KPMG International"), *A Swiss entity*,2015,p.3.

② Foreign investment protection. KenInvest,http://cn. investmentkenya. com/support-system/investment-incentives/foreign-investment-protection/,2019年4月11日访问。

外,1976年《贸易法委员会仲裁规则》对于对非洲投资争议仲裁也有一定的影响力。① 肯尼亚《仲裁法》第36条将《纽约公约》纳入国内法,肯尼亚政府承认与执行国际仲裁中心作出的有关投资争端的裁决。值得注意的是只有在肯尼亚高等法院登记的国际仲裁裁决才能被强制执行,但该裁决违反肯尼亚公共秩序及强制性规定的除外。

3.肯尼亚的相关投资政策

肯尼亚一贯支持《联合国可持续发展目标》和《非洲2063年议程》,其目的是确保社会的可持续发展。肯尼亚政府制定了各种侧重于投资增长和支持的战略和政策,如国家发展计划、议会记录、总体计划等各种政策文件,但这些计划和文件的影响有限。它们采取了各种财政和非财政激励措施,改变了与投资有关的法规,并设立了几个负责投资促进和便利化的政府机构,其中一些机构的任务重叠,导致工作重复,对有限的政府资源造成不必要的压力。从肯尼亚对外投资政策及规划上看,肯尼亚有关投资的政策和管理框架可分为三大类:投资战略文件、与投资相关的机构、投资审查监管体系,旨在鼓励扩大地方和外国私人投资。

(1)投资战略文件

I.《肯尼亚2030年愿景》

《经济复苏战略》(2003—2007年)到期后,肯尼亚的发展议程现在以《肯尼亚2030年愿景》为基础,该愿景旨在"到2030年建立一个具有全球竞争力和繁荣的高生活质量国家"。② 该愿景提出国家通过经济、社会和政治的支持以在2030年达到中等收入国家水平的全面战略。该愿景认识到私人投资的重要性,并鼓励扩大私人投资。肯尼亚将建立一个充满活力且具有全球竞争力的金融部门,以推动高水平的储蓄并为肯尼亚的投资需求提供资金。此外,储蓄和投资率从GDP的17%上升到30%是肯尼亚宏观经济目标之一。为实现这一目标,肯尼亚通过将银行存款从GDP的44%增加到80%以及降低借入资本成本(即利率)的措施来实现。该国还将无法获得融资的人数比例从目

① 袁海勇:《中国海外投资风险应对法律问题研究》,华东政法大学2012年博士学位论文。
② Vision 2030,Ketraco,https://www.ketraco.co.ke/about/vision2030.html,2020年1月15日访问。

前的 85％降低到 70％以下。[①]

Ⅱ.《肯尼亚投资政策》

为了应对投资的影响以及与投资的准入和待遇有关的其他挑战,政府制定了《肯尼亚投资政策》(KIP)。该政策以该国的宪法、发展愿望和各种政策和战略以及多边、区域和双边约定为指导。规定了以六项核心原则为指导,强调开放和透明、包容性、可持续发展、经济多样化、国内赋权和全球一体化的必要性。作为一项全面协调的政策以指导国家和县两级对私人投资的吸引、便利、保留、监测和评价。肯尼亚投资政策进一步认识到肯尼亚《宪法》(2010)的中心作用,该宪法明确规定了国家和县政府在促进投资方面的互补作用。在影响和激励私人投资发展和增长的同时,肯尼亚投资政策将为公共投资提供全方位的建议。[②]

肯尼亚投资政策解决了建立协调良好的投资环境的一些基本要求,这种环境将吸引高质量的外国直接投资进入该国,同时提高当地中小企业的能力。其中包括:统一的投资监管和体制框架;有效的投资促进和便利化政府职能;投入大量资源用于投资者的后续服务和增加国民储蓄。

这些目标将通过执行本政策所述的关键措施来实现,包括下列措施:

A.投资的监管

国家投资委员会负责制定国家的总体投资战略和实施 KIP,以确保投资有助于国家的发展目标,并批准双边投资条约和条约中与投资有关的章节。

B.促进及便利投资

投资促进机构负责促进和便利投资。县通过县投资单位发挥促进及便利投资的作用,开发可融资项目并评估其竞争能力,准备与战略重点领域相适应的吸引促进投资的营销材料。县级政府在投资便利化方面也发挥着重要作用,包括协助投资者获得社区批准、为投资者提供所需土地、与 IPA 合作参与特定投资项目等。

C.投资进入及设立

各级政府机构在投资准入和设立过程中都有不同程度的参与。IPA 通过

① Kenya Vision 2030,The National Economic and Social Council of Kenya(NESC),https://theredddesk.org/sites/default/files/vision_2030_brochure__july_2007.pdf,2020 年 1 月 18 日访问。

② Draft Kenya Investment Policy:Investment Growth for Sustainable Development,Tralac,https://www.tralac.org/news/article/11795-draft-kenya-investment-policy-invest-ment-growth-for-sustainable-development.html,2019 年 9 月 1 日访问。

一站式中心在这些实体之间发挥促进作用,以尽量减轻投资者和政府机构的负担。

D.投资的后续服务

政府负责确保整体投资环境对潜在和现有投资者保持吸引力。IPA 负责通过与县和国家政府部门合作,带头提供有效的投资后续服务。

E.投资评估

政府要确保投资有助于该国的经济、社会和环境可持续发展。虽然投资评估主要由国家投资委员会进行,但它必须与其他国家和县机构密切合作,以确保肯尼亚持续吸引有益的投资。

F.设立一项由财政及发展合作伙伴提供资金的促进及便利投资的基金,用于促进及便利投资。

G.建立可用于大型项目的土地银行,①包括鼓励各县实行储蓄计划,将其预算拨款的一部分用于购买土地,以达到投资目的。

(2)有关投资机构

肯尼亚已经建立了几个以发展为重点的机构。《2030 年愿景》增加了参与投资促进的机构。肯尼亚《宪法》(2010)设想了一种权力下放的政府制度,在实施这一制度的过程中形成了更多的促进和便利机构。参与与投资有关活动的主要机构包括:

Ⅰ.投资促进机构(IPA)。通过《投资促进法》(2004),成立了投资促进机构即肯尼亚投资局(KenInvest)。肯尼亚投资局的任务是促进投资并与潜在和现有投资者合作,增加私人投资。为了帮助投资者了解当地的法规,肯尼亚投资局开发了一个名为 eRegulations 的在线数据库,旨在为投资者提供肯尼亚与投资有关的法规和程序等信息。该数据库指引投资者每一阶段该去哪个部门,需要什么资料,法律依据是什么,如果出现问题,该向谁投诉等。

Ⅱ.国家投资委员会(NIC)。国家投资委员会作为一个咨询机构,其主要职能是:①查明阻碍经济发展和投资的原因;②审查经济环境,提出投资激励措施;③监测产业发展情况;④促进公共部门和私营部门在制定和执行经济政策方面的合作。

Ⅲ.国家政府各部门。政府各部门都有从事投资促进业务的部门或附属机构。特别值得注意的是,外交部、财政部和工业、贸易和合作社部都可参与

---

① 土地银行:土地银行是指主要经营土地存贷及与土地有关的长期信用业务的金融机构。

促进投资及投资合同的商定。

Ⅳ.县政府。在肯尼亚《宪法》(2010)实行权力下放后,该国现在有 47 个县获得了各种权力,包括制定促进投资的政策以吸引外国投资。因此,各县处于促进投资的前沿,可与私人投资者谈判投资合同和谅解备忘录。

肯尼亚亦建立了几个机构以支持和资助投资,包括工业和商业发展公司(ICDC)、肯尼亚工业区(KIE)、工业发展银行(IDB)、肯尼亚工业研究和发展研究所(KIRDI)和农业开发银行(ADB)。

(3)投资审查监管体系

肯尼亚对投资准入的规定十分复杂,对投资者的要求也较为严苛。在肯尼亚开展业务需要在多个机构注册,满足各种许可证要求。因为肯尼亚实行"权力下放"政策,所以投资者还要符合国家和县的监管要求。这造成了肯尼亚政府对投资者投资监管的模糊和混乱,导致不必要的投资延误。

肯尼亚的监管体系受肯尼亚《宪法》、司法制度及《竞争法》下的肯尼亚竞争管理局等组织的影响。肯尼亚的投资政策和大多数投资相关机构受财政部的监督。肯尼亚的重要监管机构包括:肯尼亚中央银行;出口加工区管理局,该管理局为投资者提供税收优惠、便利的经营环境和良好的基础设施;资本市场管理局,对资本市场进行监管;内罗毕证券交易所对证券交易和上市公司进行监管。其他主要机构是国家环境管理局,主要对环境进行认证和审计;肯尼亚通信委员会对信息和通信技术的投资进行监管。一般情况下,任何经济部门的监管机构都有助于确保投资者遵守现行法律法规。因此在批准之前,相关部门会对健康和安全产生不利影响的投资进行仔细审查。[①]

此外,在肯尼亚投资中发挥关键作用的其他部门监管机构,如能源管理委员会(ERC),对电能、石油及相关产品、可再生能源和其他形式的能源进行监管;肯尼亚植物健康监察局是具有全球竞争力的农业的主要监管机构和推动者;促进和保护市场有效竞争和防止在肯尼亚各地发生误导市场行为的竞争当局,并管制合并和收购;公司注册处处长,负责登记业务名称及公司;肯尼亚税收局(KRA)负责代表肯尼亚的政府征收税收;全国社会保障基金(NSSF)为正式和非正式部门的工人提供社会保障保护,登记成员,接受他们的捐款,管理该计划的资金,处理并最终向符合资格的成员或受养人支付福利。

肯尼亚的审查监管环境面临的挑战,主要与过时的公司立法、商业许可程

---

① *Report on the Implementation of the Investment Policy Review—Kenya*,United Nations,New York and Geneva,2013,pp.6-7.

序和特定行业的本地所有权要求有关。由于政府未能将监管影响评估(RIA)纳入立法程序,以确保国家和县级政府监管的严密性和一致性,这可能导致 47 个县的企业监管和税收割据化,从而使不确定性持续存在,并增加了经营的复杂性和成本。[①]

(4)结论

为了更好地吸引外国投资者,肯尼亚实施了进一步的改革措施:简化小企业的注册程序;改善获得信贷信息的途径;通过投资配电基础设施和建立电力恢复小组来提高电力行业的可靠性;通过 iTax 平台减轻税款;建立单一窗口系统,加快货物跨境移动,减少进口单据处理时间。肯尼亚在加强投资环境方面取得了重大的进展,其目标是使该国成为区域工业和金融中心。根据《2019年世界投资报告》,肯尼亚的外国直接投资流量增加了 27%,从 2017 年的 12.7亿美元增至 16 亿美元,这是肯尼亚在促进投资方面的一大进展。但是,肯尼亚的投资政策仍然存在不足,肯尼亚缺乏一个根据国家发展目标和国情来监测现有的投资激励措施是否切实有效的机制。此外,肯尼亚还缺乏一个评估投资者特别的投资激励需求的机制。由于肯尼亚在处理投资者寻求必要投资激励措施时懈怠的态度,具有重大投资前景的潜在投资者选择了其他投资目的地。[②]

二、外资在肯尼亚投资法律制度下的风险揭示

(一)肯尼亚市场准入的限制对投资者的警示

1.对外商投资持股比例的限制

肯尼亚根据本国行业的特点,依照对外国直接投资的限制程度的不同,立法对各个行业外国投资者的所有权进行了限制。

肯尼亚对私人投资,包括国内和国外的投资,以及经济的大多数部门都非

---

① *Report on the Implementation of the Investment Policy Review* —Kenya,United Nations,New York and Geneva,2013,p.25.

② Kawira Mutisya, KenInvest Develops Investment Handbook to Showcase Kenya's Potential,the Exchange,2019, https://theexchange.africa/keninvest-develops-investment-handbook-to-showcase-kenyas-potential/,2019 年 10 月 19 日访问。

常开放,主要限制涉及对国家安全、国家利益和高度敏感的投资。如:合资建设项目中,2014 年《国家建筑管理局条例》第 16(1)条限制了当地和外国公司在合资企业中对建筑工程的所有权。当地公司应拥有至少 30％的建筑工程所有权,利润按照相同的比例分配。① 电信监管机构通信管理局要求,外国投资者在肯尼亚获得经营电信业务的牌照后三年内,肯尼亚本国企业必须至少持有该外国投资企业 20％的股份;《私人安全条例法》要求肯尼亚当地人至少持有私人安全公司 25％的股份,从而限制外国投资者参与私人安全领域的投资;《肯尼亚保险法》将外国资本投资限制在三分之二以内,其中每一个外国投资者的份额不得超过 25％。《国家建设局法》(2011)对"外国承包商"(是指在肯尼亚境外注册的公司或由非肯尼亚公民拥有 50％以上所有权的公司)施加了本地化限制,该法要求外国承包商签订分包合同时要保证至少 30％的合同工作内容由当地公司完成。②

在肯尼亚,一般行业原则上对外资完全开放,即外资可拥有 100％的股权。除战略性行业外,外资可以百分之百拥有肯当地上市公司股份,但同时,肯尼亚没有明确哪些行业属于战略性行业。③ 肯尼亚内阁长官可以认定某上市公司具有"战略利益",从而限制外资持股的上限。④ 在肯尼亚投资的企业,应根据企业自身性质了解肯尼亚对于外商投资所有权得到限制,做好投资规划。并对所有权限制的规定保持密切关注,以便在规定改变时能及时作出战略调整。

2.最低资本与许可证

为了最大限度地利用外国直接投资并尽量减少其潜在的不利影响,优先发展国家私营部门,肯尼亚规定外国投资者在肯尼亚投资的最低资本数额为

① Oseko Ouma, Foreign Investment Issues for Project Companies in Kenya, Lexology,2019,https://www.lexology.com/library/detail.aspx? g＝40e94a10-3138-45d8-b06c-c82cc450309f,2019 年 12 月 4 日访问。

② Country Commercial Guide 2017, the State Department's Office of Investment Affairs' Investment Climate Statement,https://www.export.gov/article? id＝Kenya-foreign-exchange-controls,2019 年 3 月 4 日访问。

③ 《肯尼亚废除外资所有权限制》,中国驻肯尼亚共和国大使馆经济商务参赞处,http://ke.mofcom.gov.cn/article/tzwl/,2019 年 1 月 9 日访问。

④ James Anyanzwa, Kenya Joins Tanzania in Lifting Cap on Foreign Ownership of Listed Firms, The East African, 2015, https://www.theeastafrican.co.ke/business/Kenya-joins-Dar-lifting-cap-on-foreign-ownership-of-listed-firms/2560-2842076-irgud4/index.html,2019 年 11 月 4 日访问。

10万美元。① 无论投资者进入哪个行业,都必须满足这一最低资本的要求。《投资促进法》对投资许可证和最低资本的限制是为了促进发展,保护某些敏感地区的小型国内企业,促进外资企业向肯尼亚当地人传授技能和技术,并鼓励使用当地资源。② 然而,这些限制对合法有益的外国直接投资造成了一定影响,包括对信息和通信技术等所需投资资本较少的行业的限制过大以及对采掘业等投资资本不集中的行业造成了冲击,这严重影响相关企业在肯的投资积极性。③

投资准入的另一个问题是与获得工作许可相关的行政审批时间过长及不确定性。在授予投资证书之前的筛选审查程序的复杂性增加了国家投资促进局的负担,导致审核时间延长。此外,对于打算聘用非本地工作人员的外国投资者或需要非本地工作人员的国内投资者来说,由于获得工作许可证是一个复杂、昂贵和耗时的过程,企业的关键员工获得工作许可证所花费的时间过长,投资者通常会延迟投资进入。④ 审查所有外国直接投资的申请是为了更好地确定合格投资者的资格,而不是阻碍外国直接投资的进入。因此,肯尼亚当局正在探索一种新的更灵活的最低资本限制制度及许可证制度。

在肯尼亚开展业务需要在多个机构注册,取得各种许可证并同时满足国家和地方的监管要求。总的来说,肯尼亚的投资准入规则烦琐且耗时。此外,投资准入规则中还存在一些问题,包括:缺乏国家和地方政府投资机构的协调机制;无法提供投资者在线注册公司的单一申请窗口;政府工作人员在审批过程中的时间观念较弱。

为能更好更快速地在肯尼亚进行投资,在肯投资的企业可以利用肯尼亚政府提供的平台及时查询自身所需要的信息,如利用肯尼亚的电子注册网站,该网站提供在肯尼亚投资所需的本地和外国营业执照和许可证的详细信息,

---

① 2019 Investment Climate Statements:Kenya, U. S. Department of State, https://www.state.gov/reports/2019-investment-climate-statements/kenya/,2019 年 4 月 21 日访问。

② *Kenya Investment Policy Investment Growth for Sustainable Development*. Draft Kenya National Investment Policy, 2017, p.19.

③ Blue Book on Best Practice in Investment Promotion and Facilitation-Kenya. United Nations Conference on Trade and Development Japan Bank for International Cooperation, https://www.jbic.go.jp/wp-content/uploads/press_en/2005/06/6926/index7.pdf,2019 年 1 月 21 日。

④ *Kenya Investment Policy Investment Growth for Sustainable Development*. Draft Kenya National Investment Policy, 2017, p.19.

包括相关监管机构的要求、成本、申请表和联系方式①等,以审视自身是否达到了肯尼亚的投资准入条件,并做好应该对措施。

(二)肯尼亚重叠监管体系带来的投资风险

肯尼亚的监管体系正在向监管透明化转变,政府一直在改善相关监管制度。肯尼亚的商业登记和许可证制度完全数字化和透明化,这提高了监管的透明度,有效预防监管领域的腐败行为。肯尼亚的监管制度日渐完善,但目前仍有较大不足。

肯尼亚现有的监管框架采用了机构和职能监管模式。这种模式使得每一个被监管者都由不同的部门或机构进行管理。例如,保险监管局监管保险部门,资本市场管理局监管证券市场。然而,由于各个部门之间的职能的不同,被监管者可能有不止一个管理机构对其活动进行监督。例如,一家公司根据《公司法》注册,并根据《保险法》获得经营许可。此类公司须接受保险监管局的监管。此外,如果该公司公开上市,那么它将由资本市场管理局进一步监管;根据《公司法》成立的公司还受《银行法》或《保险法》的监管,在内罗毕证券交易所上市的公司还必须遵守《资本市场法》。此外,涉及上市公司的收购和合并必须得到资本市场管理局和竞争管理局的批准。②

现有的监管模式受到若干挑战,其中监管重复以及监管不足以覆盖行业所有业务和服务以及不同监管机构的独立性问题等。③ 这些规定造成了法规重叠,有时甚至相互矛盾,造成执法混乱。虽然一些政府机构已经修订了法律,或就当前的政策和法规公布了明确的指导方针和决策标准,但在实践当中

---

① World Bank, Snapshot Africa-Kenya: Bench marking FDI Competitiveness, 2007, http://documents. worldbank. org/curated/en/465861468212386977/Snapshot-Africa-Benchmarking-FDI-competitiveness-in-Sub-Saharan-African-countries,2019 年 6 月 22 日。

② Lebu Angela Anyango, Financial Services Regulations in Kenya: a Critical Analysis of the Proposed Uniform Financial Services Regulations, http://erepository.uonbi.ac.ke/bitstream/handle/11295/97121/Anyango_Financial%20Services%20Regulation%20In%20Kenya%20A%20Critical%20Analysis%20Of%20The%20Proposed%20Unified%20Financial%20Services%20Regulator..pdf? sequence=1&isAllowed=y,2019 年 11 月 2 日访问。

③ Mutuku, Case for Consolidated Financial Sector Regulation in Kenya (Retirement Benefits Authority 2008).http://ssrn.com/abstract=1837354,2020 年 1 月 20 日访问。

仍存在监管不到位的情形。例如,对外国工作许可证的拖延处理的情况时有发生。[1] 此外,促进和便利投资的机构种类繁多,由于这些机构之间缺乏与促进和便利投资有关的所有事项的全面协调机制,协调不力使情况更加恶化。例如,有的投资问题多个机构都有管辖权,且处理的程序不同很可能使得一个问题出现多种解决结果,这不但不能有效解决投资问题,反而会产生更多的投资纠纷。

肯尼亚监管体制的混乱及立法执法的职能重叠,削弱了其促进和便利投资的效果,打击了赴肯投资企业的积极性。肯尼亚中央权力下放的管理模式,使得地方政府的自主权力扩大,地方政府在制定各种政策以吸引投资外,也设置了监管机构。在制定外资政策方面,地方与中央之间政策不同,各个地方政府之间政策也会不同。且肯尼亚缺乏有效的投资政策协调机制,容易产生各个地方政府与中央政府各自为政的感觉,影响投资者投资信心。另外,各种监管机构职能重叠,能力不足,使得投资者在各个监管机构之间进行投资申请和报备,以满足中央及地方政府对投资的相关规定。[2] 此外,政府对促进投资的战略方案制定得模糊,存在许多不确定性。这些因素限制了外国直接投资在内的私人在肯的投资。

因此,在肯投资的企业需认识到肯尼亚投资政策的大方向,理清各个投资机构之间的关系及明确其基本职能。因为地方政府的自主权力较大,投资者必须清楚自身投资目的地的地方投资政策,明确当地的投资监管制度。此外,各个监管机构审查所需的资料及时间不同,投资者要将相关材料准备充分,以符合相关监管制度的要求。肯尼亚的腐败现象严重,在审查材料发放相关许可证时官员常常会故意拖延或制造困难,企业若想快速顺利通过审查或拿到相关许可证可能会花费额外的费用。另外,外资企业可以与当地公司建立战略联盟或合资企业。与人脉广泛的合作伙伴合作可以将监管的影响最小化,更重要的是,当地的工作人员可以让跨国公司加快了解当地法规和履行相关手续。

(三)竞争管理局极大的监管权限及"买方势力"条款对投资的影响

在 2010 年《竞争法》出台之前,肯尼亚的投资市场不利于竞争,因为新投

---

① Kenya Investment Climate Statement 2015,U.S. Department of State,https://2009-2017.state.gov/documents/organization/241827.pdf,2019 年 4 月 22 日访问。

② *Kenya Investment Policy Investment Growth for Sustainable Development*,Draft Kenya National Investment Policy,2017,p.22.

资者需要金融和政治力量来获得商业利益,因此公司必须与政治强人结盟或与他们合并以对抗竞争对手,为自己赢得一席之地。对于希望在电信、信息系统、金融服务和能源等具有庞大消费群体的行业中开展业务的新企业尤其如此。为使竞争监管制度化和系统化,维护当地市场经济,肯尼亚出台了《竞争法》,设立了竞争管理局,对有关竞争和保护消费者利益的事项进行调查研究以促进和保障国民经济中的良性竞争,竞争管理局对经济中的竞争和消费者福利事务具有管辖权。[①] 此外,肯尼亚还设立了竞争法庭,其任务是裁决因不服竞争管理局的决定而提起的诉讼。肯尼亚日益完善的竞争监管机制营造了健康良性的市场竞争环境,也为投资者在肯投资带来了信心。

1.《竞争法》赋予竞争管理局对限制性贸易协议具有极大的监管权限

近年来,肯尼亚竞争管理局越来越重视对从事限制性贸易协议的企业的执法。2017 年肯尼亚对《竞争法》(2010 年第 12 号)进行了修订,增加了竞争管理局的调查和监管权力以及其可以实施的制裁。[②] 限制性贸易协议指企业之间为了限制或减少竞争而达成的协议。肯尼亚禁止限制性贸易协议的签订,除非根据《竞争法》的规定得到豁免。必须指出,限制性贸易协议禁令适用于任何性质的合同。《竞争法》提供了以下可能构成限制性贸易协议行为的非详尽清单:

a.直接或间接确定购买或销售价格或任何其他交易条件;

b.通过分配客户、供应商、区域或特定类型的商品或服务来划分市场;

c.串通投标;

d.涉及维持最低转售价格的做法;

e.限制或控制生产或市场准入;

f.对与其他交易方的同等交易适用不同的条件,从而使它们处于竞争劣势;

g.合同的订立以合同相对方接受补充条件为前提,而该补充条件的性质或根据商业惯例与合同的主体无关;

① Purity, Analysis of Competition Law in Kenya, TermpaperWarehouse, https://www.termpaperwarehouse.com/essay-on/Analysis-Of-Competition-Law-In-Kenya/395028,2019 年 11 月 28 日访问。

② Anne Kiunuhe, Legal Alert｜Kenya｜Competition Regulator Cracks the Whip on Restrictive Trade Practices and Cartels, ALN, https://www.africalegalnetwork.com/legal-alert-kenya-kenya-competition-regulator-cracks-whip-restrictive-trade-practices-cartels/,2019 年 11 月 28 日访问。

h.任何其他限制竞争的做法,例如排他性安排。

以上清单并非涵盖所有可能构成限制性贸易行为协议,其他任何防止、扭曲或限制竞争的协议都被视为从事该法令所禁止的限制性贸易协议。竞争管理局有权对构成或可能构成限制性贸易协议或滥用支配地位的企业进行调查。竞争管理局可接受符合法院证据认定要求的有助于调查的任何陈述、文件、资料作为证据。在管理局出庭的人有权享有与在高等法院出庭的证人相同的豁免权和特权。

如果竞争管理局基于合理的理由,认为某一企业已经、正在或打算从事构成或可能构成限制性贸易协议或滥用支配地位的行为,且竞争管理局认为有必要采取紧急行动,以便防止对他人造成严重的、不可挽回的损害或为保护公共利益,竞争管理局可通过书面命令指示被调查人停止从事某种可能违反禁令的行为,直至结束调查。

自 2014 年 10 月起,竞争管理局根据《竞争法》有权实施宽大处理方案。根据宽大处理方案,凡自愿披露存在本法所禁止的任何协议或做法并在调查中与竞争管理局合作的公司,可由竞争管理局给予宽大处理,即可能不会被处以本法规定的全部或部分罚款。[①]

竞争管理局拥有对限制性贸易协议的豁免权。竞争管理局发布了《竞争法下限制性贸易惯例实质性评估综合准则》(《RTP 准则》),旨在表明竞争管理局对《竞争法》执行情况的解释,但不具约束力。竞争管理局会不时更新这些标准。在确定一项协定是否构成限制性贸易协定时,竞争管理局将对每一协议的情况进行实况调查,并应用一系列措施来评估有关行为或协议。[②] 竞争管理局在决定是否给予豁免时考虑的因素包括:维持或促进出口;改善或防止商品生产或服务提供的下降;促进任何行业技术、经济的进步或稳定;为了公众的利益,这种利益超过了限制性贸易协议带来的负面影响。管理局有权在任何其认为适当的条件下给予豁免。

此外,如果豁免是因误导性信息而授予的,或者自授予豁免以来情况发生了重大变化,或申请者没有遵守给予豁免的条件,竞争管理局可以撤销或修改

---

① Competition Authority of Kenya,*Newsletter Issue* No.1(Nairobi:2016),p.7.

② Jacqueline Nyabwa,Wangui Kaniaru.Doing Business in Kenya:Overview,Practical Law,https://uk.practicallaw.thomsonreuters.com/w-007-2231? navId=E5258A37004E10 C1E05E141807F7F858&comp=pluk&transitionType=Default&contextData=%28sc.Default%29#co_anchor_a644390,2019 年 11 月 27 日访问。

其授予的任何豁免。[①]

《竞争法》赋予了竞争管理局极大的权限,集限制性贸易协议的定性及授予豁免权于一体。由于限制性贸易协议的定性并不具体明确,竞争管理局在认定一项协议是否是限制性贸易协议时操作空间较大,这为在肯投资的企业的生产经营带来了不确定性。关于豁免权中"为了公众的利益,这种利益超过了限制性贸易协议带来的负面影响",此条款中并未对何为超过限制性贸易协议带来的负面影响作出具体规定,竞争管理局亦为了保护本地企业而利用该条款拒绝外资企业的豁免申请。

2.《竞争法》新增禁止滥用买方势力对投资者的警示

(1)《竞争法》新增禁止滥用买方势力

我们把市场由少数大型买方控制的现象称为买方寡头垄断(Oligopsony),买方具有的对市场的控制能力称为买方势力(Buyer Power)。如果买方至少有能力威胁一个供应商,称如果不接受其条件,将对该供应商采取某种措施,且一旦该措施实施,对该供应商造成的长期机会成本远高于对买方的长期机会成本,则称此买方具有买方势力。比如,如果买方威胁不买某供应商的产品,一旦实施,将使供应商的利润下降 10%,而仅使买方的利润下降 1%,则该买方具有买方势力。由于买方势力往往是由于买方垄断造成的,因此也有人将之称为买方垄断力。[②]

2016 年,肯尼亚成为非洲第一个提出通过竞争法框架控制买方势力的国家。肯尼亚竞争管理局指出滥用买方势力是肯尼亚经济中新出现的竞争问题,特别是在零售业。《竞争法》将"买方势力"定义为"企业以产品或服务的买方身份施加的影响,以从供应商处获得更优惠的条件,或施加长期机会成本,包括损害或扣留供应商的利益,如果供应商同意,将大大超出其长期成本"。

肯尼亚将行使"买方势力"的主体规定为企业或企业集团,因为在市场竞争中,单个消费者对供应商难以形成有力的影响及控制力,而企业或企业集团有足够的影响力并能利用其影响对市场进行垄断,从而对供应商施加压力。即市场需求方足够集中的情况下,买方可以通过迫使卖方将价格降低到低于

---

①　Joyce Karanja, Restrictive Trade Practices Under Kenyan Law. Bowmans Law, https://www.bowmanslaw.com/insights/mergers-and-acquisitions/restrictive-trade-practice s-under-kenyan-law/, 2019 年 11 月 20 日访问。

②　马龙龙、裴艳丽:《零售商买方势力的滥用及其对策研究》,载《商业经济与管理》2003 年第 5 期。

竞争市场的水平来行使对卖方的市场控制权。① 虽然滥用"买方势力"的行为常发生在大型零售商中间,但肯尼亚并未将滥用"买方势力"的主体局限于大型零售商,其他性质的企业也可以是滥用"买方势力"的主体。

《竞争法》授权肯尼亚竞争管理局审查供应商和买方之间的合同和协议,以确定滥用买方势力的案件。此外,竞争管理局有权要求有可能行使买方势力的企业制定具有约束力的业务守则。企业以产品或服务的买方身份施加影响,以从供应商处获得更优惠的条件将被处以 1000 万肯尼亚先令的罚款或 5 年监禁。

(2)滥用买方势力的行为

肯尼亚《竞争法》第 24 条规定滥用买方势力的行为包括:②

a.违反约定的付款条件,无正当理由拖延向供应商付款的;

b.无客观正当理由单方终止或威胁终止商业关系,且无通知或通知期过短;

c.违反合同约定的条款,无正当理由拒绝接收或退还任何货物;

d.向货物或服务供应商转移成本或风险,要求供应商承担货物或服务的促销成本资金;

e.将由买方承担商业风险转移给供应商。

其他滥用"买方势力"的行为包括提出明显不利于供应商的条件,或限制供应商对其他买方的供应,或者买方企业为了将竞争者排除在市场之外而抬高投入的价格。

从竞争的角度来看,买方势力在特定市场中行使时,可能同时具有竞争和反竞争的作用。一方面,买方利用其强势地位可以降低购入商品的价格,然后商品成本降低可能会导致下游市场价格下降,最终使消费者受益。③ 另一方面,强有力的买方实现的"成本降低"可以作为"水床效应"④以提高竞争对手

---

① R G Noll,"Buyer Power" and Economic Policy.*Antitrust Law*,2005,p.589.

② Kenya:Competition Law(No.12 of 2010).

③ Stefan Thomas,Ex-Ante and Ex-Post Control of Buyer Power,. https://papers. ssrn.com/sol3/papers.cfm,2019 年 11 月 19 日访问。

④ 水床效应是现代反垄断经济中的一个观点,即一个实力强大的买方要求供应商降价可以导致其上游需求市场上的竞争对手相应的价格上涨,这就是所谓的"水床效应"。其最简单的形式是,供应商在一个供需关系中的降价损失可以通过在另一个供需关系中的提价利益来补偿。

的成本。[①]

肯尼亚《竞争法》中对买方势力的处理从非干预主义发展到干预主义。在大多数国家中,对买方势力实行的是非干预主义,即只有在合并或限制性贸易协议产生反竞争影响和损害消费者利益的情况下,竞争主管机构才会进行干预。肯尼亚赋予国家竞争管理局以法定的权力干预买方势力,控制以垄断权、议价权或反补贴权形式滥用买方势力的任何行为。在市场竞争中,投资者一般集中在卖方的反竞争行为上,侧重于卖方为获取垄断或支配市场力量而使用的反竞争行为,而忽视了买方行为或买方势力对其的反竞争行为。[②] 因此,在肯尼亚投资的企业应当注意,既要防止自身处在卖方地位的非合规行为,也要注意避免处在买方地位的非合规行为。

(四)烦琐的税收制度增加了投资成本

肯尼亚本地企业的跨境经营所得、肯尼亚居民的海外工作收入以及外国银行使用来自于肯尼亚境内的收益进行海外投资或贸易所得,都应向肯尼亚当局纳税。肯尼亚属于税收体系相当复杂的非洲国家,实行属地税制和属人税制,以属地税制为主,对所得税方面实行属人税制。肯尼亚的税收制度包括个人所得税、公司所得税、增值税、土地与财产税等。[③]总的来说,肯尼亚的税收可以分为两大类——直接税和间接税。在肯尼亚购买商品时适用间接法定税,包括消费税、关税和其他税。肯尼亚的直接税包括所得税、预缴税金等。肯尼亚有单独的法规对这些税收进行规定,这些立法规定了各种税收的评估准则和征收程序。肯尼亚税务局(KRA)设立了不同部门以处理上述税种;并有权对公司进行审查,以确保他们正确缴纳税款。[④]

肯尼亚与加拿大、法国、德国、南非等国签订了生效的避免双重征税条约,

---

① Ravhugoni,Ngobese,Disappearance of Small Independent Retailers in South Africa: The Waterbed and Spiral Effects of Bargaining Power,*Competition Commission South Africa*,2010,p.2.

② Elhauge and D Geradin,*Global Competition Law and Economics*.2nd Edition (Hart Publishing,2011),p.2.

③ Bernadette Wanjala, Design and Performance of Kenya's Tax System: An Inequality Perspective, https://pdfs. semanticscholar. org/92d3/995fb71243c0c8a51adc760433b517312e0c. pdf,2019 年 5 月 21 日访问。

④ Kenya-Corporate—Taxes on corporate income,PWC,http://taxsummaries.pwc. com/ID/Kenya-Corporate-Taxes-on-corporate-income,2019 年 11 月 21 日访问。

2017 年中国与肯尼亚签订了避免双重征税协定,但目前该协议暂未生效,因此中国投资者赴肯尼亚投资仍应遵循肯尼亚国内税法相关规定。[①]

1.所得税(Income Tax Act)

(1)居民企业

在肯尼亚注册成立的公司被视为肯尼亚的税收居民。在肯尼亚境外注册的公司,如果在某个纳税年度内,其管理和控制权是在肯尼亚境内行使,则该公司也将被视为肯尼亚税收居民。此外,一家公司也可能根据国家财政部内阁大臣的法律声明,被宣布成为肯尼亚税收居民。肯尼亚居民企业需就其来源于全球的收入,包括在肯尼亚境内和境外开展生产经营活动取得的收入,在肯尼亚缴纳企业所得税。肯尼亚的居民企业(包括外国母公司在肯尼亚的子公司)适用的企业所得税税率为 30%。在肯尼亚,企业集团中的每个实体都应单独申报纳税,暂无合并纳税的相关规定。

(2)非居民企业

从税收的角度讲,一家企业如果是按照外国法律注册成立的,且其管理活动和控制权都不在肯尼亚境内,那么该企业将被视作肯尼亚的税收非居民企业。非居民企业及经常代表其签署合同的非独立代理人在肯尼亚通过一个固定场所开展经营活动就构成了常设机构,超过 6 个月的建筑工地和建筑安装、装配工程也会被视为构成常设机构。值得注意的是,常设机构的定义和范围在税收协定中可能会被修改。非居民企业仅需要对其通过在肯尼亚构成的常设机构取得的收入缴纳企业所得税。外国企业设立在肯尼亚的分公司和常设机构的生产经营所得,适用的企业所得税税率为 37.5%。收入来源于肯尼亚,但在肯尼亚无常设机构的非居民纳税人发生的支出在所得税前不可扣除。此外,在肯尼亚构成常设机构的非居民企业,发生在肯尼亚境外的费用扣除也有一定的限制。非居民企业向海外总部支付特许权使用费、利息和管理费等,不可作为成本在税前扣除。[②] 肯尼亚对居民企业和非居民企业都征收预提所得税,税率在(3%~30%)范围内。

---

① 《中国居民赴肯尼亚投资税收指南》,国家税务总局国际税务司国别投资税收指南课题组,参见 https://chinatax.gov.cn/chinatax/n810219/n810744.pdf.,2020 年 2 月 2 日访问。

② 《中国居民赴肯尼亚投资税收指南》,国家税务总局国际税务司国别投资税收指南课题组,参见 https://chinatax.gov.cn/chinatax/n810219/n810744.pdf.,2020 年 2 月 2 日访问。

2.增值税(Value-added Tax)

在肯尼亚境内销售或进口应税货物、提供应税服务的单位和个人都是增值税的纳税义务人。纳税人销售的商品或提供的服务产生的应税销售额在12个月内达到或超过500万先令时,需要按照《增值税法》在税务机关登记并承担纳税义务。在计算应税销售额超过500万先令时,不包括:(1)出售资产的收益;(2)出售公司的收益。增值税的一般税率为16%。年营业额不超过500万先令的居民纳税人可按照每季度营业额的3%的税率缴纳税款,此种情况下,纳税人将不需要注册成为增值税纳税人。3%税率不适用于租金收入、管理费或专业费、培训费及以预提所得税为最终所得税的收入和股份有限公司收入。2014年11月,肯尼亚税务局发布新的预扣税指南,为保障增值税的征收,购买方将代收代缴6%预扣增值税,供货商将主动缴纳剩余10%增值税,增值税系统可以方便地进行双向检查。①

3.资本利得税(Tax on Capital Gains)

2015年1月1日后,肯尼亚对个人或公司在销售或转让财产所有权时取得的收益按5%的税率征收资本利得税。"财产"的定义是广泛的,包括肯尼亚未上市居民企业的股权(转让肯尼亚上市公司的股票可免征资本利得税)。高等法院最近裁定,《所得税法》第8条第11A段不能规定纳税人在提交转让文书前或在办理转让文书登记前就应缴纳资本利得税。肯尼亚税务局对法院的裁决提出上诉,但目前还没有最终的决定。②

4.其他税

补偿税(Compensating Tax)。当公司以未缴纳过企业所得税的利润分配股利时,该公司需缴纳补偿税,税率为42.8%。此税种的目的是保证所有用以支付股利的利润都已缴纳过企业所得税。

铁路发展收费(Railway development levy,RDL)。所有进口货物以海关完税价格的1.5%缴纳铁路发展费。此项费用的征收是为建设标准线轨铁路提供基金。

本地政府租金和税费(Local government rent and rates)。位于肯尼亚的

① 《中国居民赴肯尼亚投资税收指南》,国家税务总局国际税务司国别投资税收指南课题组,参见 https://chinatax.gov.cn/chinatax/n810219/n810744.pdf.,2020年2月2日访问。

② 《中国居民赴肯尼亚投资税收指南》,国家税务总局国际税务司国别投资税收指南课题组,参见 https://chinatax.gov.cn/chinatax/n810219/n810744.pdf.,2020年2月2日访问。

财产所有权应按年缴纳租金和税费,且支付给各地方政府的租金费率根据不同面积率、农作物价值、场地价值有所不同。

5.税收程序

根据《所得税法案》或《2013年增值税法案》,已产生或预期会产生纳税义务的纳税人,应采用规定格式申请登记,并按照要求提供申请文件(包括身份证明),在产生该纳税义务后30日内提出申请。按照税法规定,应进行税务登记的纳税人,应遵守税收法律以及《2015年税收程序法案》中关于登记的各项条款。肯尼亚采用7月至次年6月制会计年度。企业也可自行决定其会计年度,但必须是12个月的期间长度。会计年度的变化需经税务局批准。企业每季度必须根据去年应纳税款的110%和今年预估税款两者中的较低者分期预缴税款。雇主有义务按月为员工计算、申报和代扣代缴工资税。雇主可以在肯尼亚税务的网上申报系统中按月填写P10表格并进行申报。由雇主代扣代缴的税款需要在次月9号前缴纳。

肯尼亚税务局并没有规定的税务审计程序,税务审计可能由多种肯尼亚税务局规定的因素引发,需要根据具体情况考量。一般而言,税务审计需要每两年或四年进行一次。肯尼亚税务局一旦发出税务审计或税务检查要求,则需要由收到检查的纳税人开始准备相应的记录和信息。肯尼亚税务局应在纳税人取得一笔收入对应的纳税年度结束后的七年内开始进行税务审计。如果发现有纳税舞弊情况发生,肯尼亚税务局可以往回追溯七年。完成税务审计没有时间限制。①

税法适用于在该国经营业务的本地公司和外国公司,不论它们是在肯尼亚注册成立还是在肯设立常设机构经营。所有公司必须向肯尼亚税务局登记识别号码(PIN)及登记应有的税务义务,包括所得税、为员工缴纳的个人所得税、增值税和消费税。② 肯尼亚吸引了大量外国投资,特别是来自愿意进入东非市场的跨国公司的投资,这使得肯尼亚的税收结构更加复杂。为了确保跨国公司在肯尼亚投资并缴纳公平份额的税收,肯尼亚税务局更严厉地打击导

---

① 《中国居民赴肯尼亚投资税收指南》,国家税务总局国际税务司国别投资税收指南课题组,参见 https://chinatax.gov.cn/chinatax/n810219/n810744.pdf.,2020 年 2 月 2 日访问。

② Kenya's recent tax changes and regulations. oxford business group,https://oxfordbusinessgroup. com/overview/duties-detail-look-tax-regulation-and-recent-changes,2019 年 1 月 11 日访问。

致税收负债减少的会计舞弊行为。[①]

在境外投资运营阶段,企业还应履行企业所得税关联业务往来报告义务、境外所得申报义务,符合企业所得税法下的转让定价、成本分摊、资本弱化、受控外国公司和境外注册中资控股居民企业风险管理规定等。根据肯尼亚的税法规定,非居民实体如果在肯尼亚构成常设机构,则需就其来源于该常设机构的收入缴纳企业所得税。而非居民取得与常设机构无关的收入,需要缴纳预提所得税。收入来源于肯尼亚但在肯尼亚不构成常设机构的非居民纳税人发生的支出在所得税前不可扣除。因此如果中国企业在肯尼亚构成常设机构,应注意划分来源于常设机构的所得和与常设机构无关的所得,否则易造成纳税申报方面的风险。肯尼亚对外资企业设立在肯尼亚的分支机构和构成的常设机构设置较高税率,也给外国投资造成一定压力。[②]

根据世界银行关于肯尼亚商业环境的调查,企业常常抱怨烦琐的审计和财务报告系统以及财政当局拖欠纳税人的退款。[③] 肯尼亚的税收系统是东非地区最复杂的,其烦琐的税收程序成为投资的一大阻碍。肯尼亚税务局正在推进税务改革。电子税务登记和增值税预扣的引入使得纳税人开始在网上申报税款,但这些措施并不能有效解决税收申报及处理的复杂及迟延问题。肯尼亚税务局面临的挑战与改革前面临的挑战并无太大差别。增值税仍然是企业最复杂、最麻烦、最耗时的税款。[④] 平均而言,企业每年要缴纳31笔税款,并花费近200小时的时间进行报税、准备和纳税。[⑤]

纳税人可能因多缴税款或因代扣代缴增值税制度产生的税收抵免以及误缴税款而面临退税。此外,为坏账支付的增值税也是令纳税人可能最终陷入增值税退税情况原因。申请退还多缴税款的期限是12个月,坏账退税的申请

①　Ronalds，All That You Need To Know About Taxation in Kenya，Ronalds Associates，https://www.ronaldsassociates.co.ke/taxation-in-kenya/,2019年1月11日访问。

②　Ronalds，All That You Need To Know About Taxation in Kenya，Ronalds Associates,https://www.ronaldsassociates.co.ke/taxation-in-kenya/,2019年1月11日访问。

③　Linden Brown，International Marketing—An SME Perspective，Financial Times Prentice Hall Press，2004，Https://books.google.com/books/about/international，2019年1月17日访问。

④　Kenya should speed up tax reforms，Standard Digital,https://www.standardmedia.co.ke/article/1144029872/kenya-should-speed-up-tax-reforms,2019年1月21日访问。

⑤　Kenya-Paying taxes，the World Bank,https://www.doingbusiness.org/en/data/exploretopics/paying-taxes,2019年6月2日访问。

期限为三年。为确定所申索的退款的有效性,税务局可对申索进行审核。如税务局确定纳税人已多缴税款,应按下列情况用以抵扣多缴的税款:纳税人依法应当缴纳的其他税款;纳税人依照其他税法应当缴纳的税款;若最后还有剩余多缴税款,应退还纳税人。税务局须在申请之日起两年内退还多缴税款,逾期未退还税款的,须在两年后每月按未退还税款的 1‰ 计息。在过去几年中,肯尼亚税务局每月为增值税退款拨款 63 万美元,但这仍不足以清理积压的所有应退税款。行政问题也是拖延退税款的一大原因,因为过去两个财政年度的退税款批款政府没有全部支付。肯尼亚税务局报告说,处理退款申请平均需要 3 至 6 个月。①

值得注意的是,肯尼亚税务局常常拖欠企业的增值税退税款,这既反映了用于退税的资金不足,也反映了肯尼亚税务局的行政拖延。此外,肯尼亚税务局不会因逾期退税而受到任何经济处罚。这种情况给难以规划现金流的企业造成了不小的困难,在肯尼亚税务局延迟退税的情况下,企业对于该部分税款的机会成本得不到补偿。② 肯尼亚的税收种类繁多,申报及退税机制烦琐,使得企业的投资成本加大,运营资金流受限,同时削弱了肯对外资的吸引力。

(五)土地所有权混乱产生的投资风险

近年来,肯尼亚的土地和房产交易非常火爆,已成为其经济增长的第四大动力。写字楼市场受到经济和跨国公司扩张而强劲增长,尤其是甲级写字楼短缺。住宅市场资金和租金价值小幅增长,优质物业供大于求并受到安全问题影响,不过中低端住宅仍然供不应求。在肯尼亚投资的不动产项目有:中国武夷集团承建的长城公寓,由国开行贷款,共 528 套住房,总投资约 2000 万美元,该项目第一期已售罄,第三期即将竣工;中航国际承建的内罗毕双河城市综合体,占地面积 100 英亩,包括住宅、写字楼、酒店和购物中心等,建成后将成为南撒哈拉地区最大的地产项目。房地产开发成本主要包括土地费用、市政公共设施费用、管理费用、税费等。③ 中国企业需要清楚相关成本,以便规

---

① Investment Policy Review, United Nations Conference on Trade and Development, https://unctad.org/en/Docs/iteipc20058_en.pdf,2019 年 5 月 26 日访问。

② Blue Book on Best Practice in Investment Promotion and Facilitation-Kenya.United Nations Conference on Trade and Development Japan Bank for International Cooperation,2005,p.8.

③ 《肯尼亚房地产投资专题研究》,正点国际肯尼亚事业部建筑房产课题组,2017 年 1 月 21 日,环球印象,http://www.zcqtz.com/news/66355.html,2019 年 3 月 1 日访问。

划投资。在不动产投资中,对土地的申请至关重要,因此,了解肯尼亚对土地的规定及可能存在的风险对投资者来说是必不可少的环节。

肯尼亚的土地根据宪法分为三种类型:公共土地、私人土地和社区土地。① 宪法保障土地所有者拥有和处理财产的自由:一种是自由保有权,即永久持有受成文法和普通法限制的注册土地;另一种是租赁权,即出租人和承租人之间在一定期限内,从规定的日期开始的土地租赁。但肯尼亚的土地问题仍然是一个非常敏感的问题。由于复杂的历史、政治、经济和社会原因,导致了土地分配的不公平,土地问题上的冲突仍在继续,关于土地分配的争论也日益加剧。形成这一问题的主要原因是肯尼亚的土地法非常分散,有 20 多部不同的法律管理土地所有权和与土地有关的利益。② 庞大而烦琐的土地法,为土地的分配及所有权的确定造成了不小的阻碍。

在肯尼亚,不动产产权记录不完善,导致不动产所有权争议很大。近年来围绕土地所有权及登记的法律也发生了变化。如将土地租期改为 99 年、禁止自动续租等,这向现有的外国土地所有者和潜在投资者发出了一个负面信号。目前,肯尼亚 10% 以上的土地没有明确的所有权且不动产登记混乱,产权权属不明。目前有 7000 多起土地所有权之争悬而未决,预计将来还会出现更多。③ 投资者在肯尼亚投资不动产的另一个担忧与获得土地有关。一方面,外国投资者对土地的申请受到肯尼亚官僚作风的影响常常充满不确定性。另一方面,由于外国投资者与相关社区协商不足而引起的社区对新的投资项目的抵制。

投资者可以建立适当的交流参与机制积极与当地社区进行交流,以获得社区的信任。必要的时候可以向政府求助,由政府牵头与社区代表就需要获得土地的项目进行谈判。④

肯尼亚负责土地管理的两个主要机构是国土资源部和国家土地委员会。国土资源部是政府行政部门的一部分,负责土地的登记、估价和裁决调解。国

---

①　李聚广:《理顺肯尼亚复杂的征地工作》,载《施工企业管理》2018 年第 7 期。

②　Anjarwalla,Khanna. Investment Guide—Kenya 2015,https://www.africalegalnet-work.com/wp-content/uploads/2015/12/Kenya-Investment-Guide-2015.pdf,2019 年 4 月 18 日访问。

③　Kenya Investment Climate Statement 2015,U. S. Department of State,https://2009-2017,state.gov/documents/organization/241827.pdf,2019 年 4 月 22 日访问。

④　Investment Climate Statements:Kenya.U. S. Department of State,2019,https://www.state.gov/reports/2019-investment-climate-statements/kenya/,2019 年 4 月 21 日访问。

家土地委员会是宪法授权的代表地方政府和中央政府管理土地,就土地登记问题向政府提供咨询,研究土地使用管理,并监督政府的土地政策和管理机构。地方土地管理委员会的职责是:处理土地分配、用户变更及延期、划分公共用地和租赁续期的申请,以及履行国家土地委员会或其他法律分配给它的其他职能。① 肯尼亚的《土地控制法》规定了农业土地交易。任何涉及出售、转让、租赁、抵押、交换、分割或以其他方式处置或处理任何农业用地的交易,必须获得国家土地委员会的同意。②

此外,国家土地委员会和国土资源部之间职能的冲突及管辖权的混乱,这为土地政策的执行及土地纠纷的解决带来了不小阻碍。由于与国土资源部在哪个机构有权登记土地和颁发新的土地所有权问题上存在分歧,国家土地委员会的工作陷入停滞,国家土地委员会将国土资源部告至最高法院,以解决两个机构之间的权力分配问题。③

在肯尼亚投资不动产最重要的是土地控制权问题,由于肯尼亚禁止外国人拥有土地所有权,所以在肯尼亚的外国投资者只能以租赁的方式获得土地使用权,且租期最长为 99 年。租赁到期后,国家土地委员会有权决定是否续租。④ 肯尼亚对土地的限制主要是为了经济的发展,因此,外国投资者在租赁到期之后,可以向国家土地委员会报告自身土地利用情况以及所带来的经济效益,以求获得续租的许可。此外,肯尼亚土地产权记录混乱,例如,在肯尼亚大部分城市,人们购买土地后其产权证又被撤销。因此,投资者在租赁土地时一定要格外注意相关产权归属问题,确保投资的房产没有任何类型的产权纠纷,投资者可以从肯尼亚房地产行业的专业人士获得产权证书验证服务,以免产生权属争议。

由此可见,肯尼亚关于土地所有权规定及相关机构职责权限的混乱与模

① Criticos.Land Administration in Kenya, Term paper Warehouse, https://www.termpaperwarehouse.com/essay-on/Land-Administration-in-Kenya/508311,2019 年 11 月 21 日访问。

② Investing in Kenya: Regulatory and Ownership Restrictions, WalkerKontos, http://www.walkerkontos.com/uploads/news/id6/Regulatory%20and%20Ownership%20Restrictions%20in%20Kenya.pdf,2019 年 11 月 21 日访问。

③ Criticos.Land Administration in Kenya, Term paper Warehouse, https://www.termpaperwarehouse.com/essay-on/Land-Administration-in-Kenya/508311,2019 年 11 月 21 日访问。

④ 张维宸:《走,到肯尼亚投资矿业》,载《中国矿业报》2018 年 11 月 9 日第 4 版。

糊,导致投资者申请不动产产权的审批手续复杂,时间消耗过多,大大降低了投资者投资不动产的投资回报效益,也为投资者带来产权不明的潜在风险。因此投资者必须遵守国家、县政府和国家环境管理局的建设法规和细则,以避免建筑物在未来被拆除。投资必须确保在开发开始前进行适当的调查,以避免侵占公共土地和妨碍基础设施开发。① 此外,进入肯尼亚投资不动产的投资者有必要了解肯尼亚不动产市场最新的发展趋势和机会,只有这样投资者才能作出明智的选择。因此,寻找一些知名的不动产投资者,开展不动产研讨会,将会帮助投资者了解更多关于不动产行业及其基本情况。

(六)严重的贪腐现象给投资者造成额外负担

腐败意味着秘密和非法地滥用公共权力为私人谋利益,不同的经济活动有不同的方式。政治体制内的腐败使人们能够通过任人唯亲而不是通过能力获得权力,造成政治体制的不稳定,从而扭曲经济和金融环境,对外国投资是一种威胁。腐败可以影响到政府的各个部门和环节,从最高行政机构、立法和司法部门到区域和地方官员,从而降低政府在处理外国投资事项上的效率。因此,腐败会损害一个国家的稳定和投资潜力,从而影响外国直接投资,腐败也被视为投资运营的额外成本。

肯尼亚自 1956 年以来一直有反腐败立法。《防止贪污法》(The Prevention of Corruption Act)是肯尼亚第一个反腐败立法。2003 年,肯制定了两部法律:《反腐败与经济犯罪法》(Anti-Corruption and Economic Crimes Act)和《公职人员道德法》(Public Officer Ethics Act)。其中《反腐败与经济犯罪法》第 70 条废除了《防止贪污法》,该法成立了肯尼亚反腐败委员会(KACC)。肯尼亚也是《联合国反腐败公约》与《非洲联盟反腐败公约》的签署国。2004 年成立了全国反腐败指导委员会,作为反腐败机构的补充。② 但是,由于司法体系薄弱和缺乏强有力的制度,肯尼亚反腐败立法的执行力度不够。因此,肯尼亚虽然在大力打击贪腐,但其贪腐现象依旧严重。腐败仍然是在肯尼亚投资的主要障碍之一。透明国际 2014 年腐败认知指数中,肯尼亚在 175 个国家中

---

① Peter Mwangi, How to Invest in Kenya Real Estate.Construction Kenya,2017, https://www.constructionkenya.com/5049/invest-kenya-real-estate/,2019 年 4 月 2 日访问。

② Isaiah Muchiri, Corruption in Kenya:Causes and Effects of Corruption in Kenya. 2019, Information Cradle, https://informationcradle.com/kenya/corruption-in-kenya/, 2019 年 2 月 22 日访问。

排名第 145 位。①

　　肯尼亚薄弱的司法体系和政府官员频繁的索贿导致外国投资者的商业成本增加。投资公司在与肯尼亚的司法部门打交道时，面临着的腐败风险。公司以贿赂和非正常支付手段换取有利条件的行为常见。② 腐败对注册公司和申请许可证的投资者来说影响非常严重，贿赂使得创业成本非常高。六分之一的公司希望通过送礼和非正式支付来获得营业执照，三分之一的公司希望通过行贿来获得施工许可证，企业在处理公用事业服务时也遇到困难，据调查，有四分之一的公司在获得电力和供水项目时有行贿行为。③ 由于司法机构能力薄弱、缺乏透明度和偏袒本地企业，因此，外商投资企业在解决投资争端方面困难重重。④ 企业认为司法机构不够独立，认为现有法律制度对解决争端收效甚微。⑤ 三分之一的公司认为肯尼亚司法制度是他们在肯尼亚投资的主要障碍。此外，公共服务腐败也阻碍了肯尼亚商业环境的竞争力。肯尼亚的公共采购也受到腐败的影响，在签订政府采购合同的过程中，贿赂亦非常常见。在能源、机场建设和基础设施采购过程中腐败现象更为严重，一些不遵守肯尼亚《公共采购和资产处置法》（The Public Procurement and Asset Disposal Act）的外国公司在公共采购招标中中标屡见不鲜。投标欺诈是肯尼亚增长最快的经济犯罪：在过去两年中，每三家公司中就有一家在采购过程中存在欺诈行为。⑥ 此外，权力下放的过程导致县一级采购程序的腐败现象增加，肯尼亚采购欺诈现象普遍存在，特别是在县一级政府。

---

① Kenya Investment Climate Statement 2015. U. S. Department of State，https://2009-2017.state.gov/documents/organization/241827.pdf，2019 年 4 月 22 日访问。

② The Global Competitiveness Report 2016-2017，World Economic Forum，https://www.weforum.org/reports/the-global-competitiveness-report-2016-2017-1，2019 年 4 月 1 日访问。

③ Kenya Corruption Report，2017，Gan Integrity，https://www.ganintegrity.com/portal/country-profiles/kenya/，2019 年 2 月 4 日访问。

④ The Global Competitiveness Report 2016-2017，World Economic Forum，https://www.weforum.org/reports/the-global-competitiveness-report-2016-2017-1，2019 年 4 月 1 日访问。

⑤ The Global Competitiveness Report 2016-2017，World Economic Forum，https://www.weforum.org/reports/the-global-competitiveness-report-2016-2017-1，2019 年 4 月 1 日访问。

⑥ *Global Economic Crime Survey：Kenya Report*，Price water house Coopers Limited，2016，pp.4-5.

综上所述,肯尼亚腐败现象严重,无论是司法体制方面,还是公共服务及公共采购方面,都有着各种贿赂的存在。企业为了能更快更便捷的运营,不得不为此支付额外的资金或其他物品,无形增加了企业的运营成本以及经营风险,这对在肯投资的投资者来说是不小的投资阻碍。

(七)争端解决由司法向替代性争端解决机制倾斜

1.司法解决争端的低效性

肯尼亚法律体系以英国普通法为基础,2010 年《宪法》建立了独立的司法系统,包括最高法院、上诉法院、宪法法院、高等法院、地方法院(基层法院),它们都对经济和商业事项具有管辖权。2016 年,肯尼亚司法机构设立了专门的法院,专门审理腐败和经济犯罪案件。然而,肯尼亚的司法并不高效,案件的积压使得争端当事人不得不花费更多时间在纠纷解决上。

在司法系统中,如果一个案件在提交给法院一年后仍未解决,就被归类为积压案件。肯尼亚的法院积压了大量案件,2019 年高达 340 万起。2019 年 6 月底,超过 5 年仍未审结的案件共有 39781 起,其中 67％的案件积压了 1～3 年,22％的案件积压了 3～5 年,12％的案件积压超过 5 年。[①]法院案件积压现象严重,这是其日渐不受纠纷当事人欢迎的原因。此外,积压案件也反映了整个司法链的延迟和低效。外国投资者在肯尼亚发生的投资纠纷可诉诸法院,但对中国企业来说,将投资争端诉诸司法并非最佳方案。肯尼亚的司法效率低下,使得利用司法救济所花费的时间、精力更多,对企业来说得不偿失。大部分中国投资者对肯尼亚的司法制度并不熟悉,同时也担心东道国对本国利益的考量,法院作出的裁判可能并不公正。

2.高效性的替代性争端解决机制对投资者的吸引

在肯尼亚发生投资纠纷时除了采取诉讼救济手段,还可以利用替代性纠纷解决机制解决纠纷。替代性纠纷解决机制也叫非诉讼解决纠纷方式,主要是指在诉讼外解决纠纷的方式和途径的制度架构的总称,包括仲裁、调解、和解等多种方式。肯尼亚《高等法院组织和管理法》规定,"在民事诉讼中,法院可促进当事方之间的和解,并应鼓励和允许友好解决任何争端"。肯尼亚

---

① State of the Judiciary and the Administration of Justice Annual Report 2018/2019.Judiciary of Kenya：Eighth Edition，2020，https：//www.judiciary.go.ke/download/state-of-the-judiciary-the-administration-of-justice-annual-report-2017-2018-2/，2019 年 7 月 15 日访问。

2010 年《宪法》规定了司法管理的原则,最主要的原则之一是要求司法机关可以采取其他形式的争端解决方式,包括调解及仲裁,正式确立了替代性争议解决机制的概念。从 2015 年起,司法机关开始实施法院附属调解计划,以协助法院更有效地处理待决的事项。① 肯尼亚 2010 年《宪法》设想了一个多层面、多元化的司法运作模式,承认替代性争端解决与司法系统正式并存。

2015 年开始,法院附属调解计划开始推行,最初是以内罗毕高等法院的商业和家庭法庭为试点,现已扩展到其他 12 个县。到目前为止,已有 3517 件案件提交调解,2593 件案件已调解完成。2018 年至 2019 年法院附属调解为诉讼解决了价值约 339 亿先令的诉讼案件。调解委员会已认可 645 名调解员,他们目前正在处理 411 项商业事务。② 司法法律事务委员会主席威廉·切普托莫认为,通过诉讼解决所有争端是站不住脚的,因为这可能会给正式的法律体系带来不必要的负担。③ 2017 年肯尼亚司法需求和满意度调查显示只有 10% 的肯尼亚人选择法院作为解决纠纷的途径。由于与司法系统打交道可能成本高昂,大多数人更喜欢其他争端解决模式,包括调解和仲裁。④ 采取法院附属调解计划后,解决争端的时间从商业和税务部门的 50 个月和家庭事务部门的 43 个月缩短到平均 66 天。⑤ 由此可见,法院附属调解计划在缩短解决争议的时间并减少法院积压的案方面正在逐渐发挥作用。

高等法院的法官穆萨约卡指出,外国投资涌入肯尼亚,在争端解决方面企

---

① Kenya Corruption Report,2017,Gan Integrity,https://www.ganintegrity.com/portal/country-profiles/kenya/,2019 年 2 月 4 日访问。

② State of the Judiciary and the Administration of Justice Annual Report 2018/2019.Judiciary of Kenya:Eighth Edition,2020,https://www.judiciary.go.ke/download/state-of-the-judiciary-the-administration-of-justice-annual-report-2017-2018-2/,2019 年 7 月 15 日访问。

③ Enhancing Access to Justice Through Alternative Dispute Settlement in Kenya,2018,IDLO,https://www.idlo.int/news/highlights/enhancing-access-justice-through-alternative-dispute-resolution-kenya,2019 年 3 月 11 日访问。

④ Justice Needs and Satisfaction Survey in Kenya 2017,Judiciary.https://www.judiciary.go.ke/download/justice-needs-and-satisfaction-survey-in-kenya-2017/,2019 年 3 月 11 日访问。

⑤ Anne Mwale,Adoption of Alternative Dispute Resolution in Kenya Unlocks Billions Potential in Investments,2019,Kenya News.https://www.kenyanews.go.ke/adoption-of-alternative-dispute-resolution-in-kenya-unlocks-billions-potential-in-investments/,2020 年 1 月 15 日访问。

业更倾向于寻求调解和仲裁等替代争端解决方法。他认为这些方法比诉讼更便宜、更快捷、更高效。穆肖卡法官认为,与法官作出的判决相比,通过调解程序作出的决定更容易被各方接受。因为调解人不做决定,而是当事方自己做决定,其结果符合各方利益,因而也更容易被接受。在诉讼中,判决是由作为第三方的法官作出,当事各方可能都不太满意。[①]

在法院附属调解计划中,法院任命的调解特别工作组负责制定下一个要进行调解试点法院的标准。该标准包括处理案件的平均时间、法院用户的满意程度、积压案件的数量及未决案件的数量等。肯尼亚正在将调解作为法院解决纠纷的主要方式,调解在肯尼亚的纠纷解决中的作用将越来越显著。[②]

企业陷入纠纷时,为了企业的良好发展,纠纷解决方案中的时间及金钱因素至关重要。在纠纷发生时,要慎重选择纠纷解决方案,尽量避免陷入诉讼的泥潭,可首选采取替代性争端解决机制。它可以避免诉讼带来的时间和精力的浪费,双方协商也能控制事态发展,避免矛盾进一步激化,防止最坏事情的发生。有时,诚意的协商可能化敌为友,带来意外好处。

(八)肯尼亚外国投资法律制度的发展方向

虽然肯尼亚的对外投资法律制度存在一定不足的地方,但肯尼亚政府为促进投资,制定了各种侧重于促进投资增长的战略和政策,这些战略和政策载于各种政策文件,例如国家发展计划和政策文件,包括新的《2010年宪法》。除此之外,肯尼亚政府还采取各种财政和非财政奖励办法,修改与投资有关的条例,以及设立若干负责促进和便利投资的政府机构。在肯尼亚,宪法对私人财产有重大保障,没收私人财产需要正当的程序,并在没收财产时给予充分和及时的补偿,否则不得没收财产。这鼓励了许多当地和外国投资者以及特许经营商在肯尼亚投资。

肯尼亚提出了"肯尼亚2030愿景"计划,其目标是到2030年成为一个中等收入、高度工业化的国家。肯尼亚认识到外商投资所扮演的关键角色,在加快开放的进程中把吸引和留住外国投资放在了重要地位。肯尼亚正在努力建

---

① Kenya Corruption Report,2017,Gan Integrity,https://www.ganintegrity.com/portal/country-profiles/kenya/,2019年2月4日访问。

② State of the Judiciary and the Administration of Justice Annual Report 2018/2019.Judiciary of Kenya:Eighth Edition,2020,https://www.judiciary.go.ke/download/state-of-the-judiciary-the-administration-of-justice-annual-report-2017-2018-2/,2019年7月15日访问。

造具有吸引力的投资环境,营造稳定的宏观经济环境,完善相关投资立法和投资管理制度。在中肯关系高速发展的当下,中肯之间的贸易投资关系将会实现质的飞跃,这对两国来说是互利共赢的局面。

三、赴肯投资的劳工法律风险研究

(一)肯尼亚的劳工法律制度概述

1.肯尼亚劳工法律制度的历史沿革

肯尼亚劳工法的起源可以追溯到 19 世纪,当时殖民地政府通过立法以确保有足够的廉价劳动力为农业、工业和服务业等新兴企业服务。到了 20 世纪中叶,随着工业化进程的推进,一场有组织的工会运动应运而生,肯尼亚的第一个工会可以追溯到 20 世纪 40 年代初。肯尼亚 1939 年颁布的第 35 号法令第一次对工会的问题进行了规定。[1] 1952 年,肯尼亚殖民地政府颁布了一项更详细的工会立法,但也存在重大不足,它未对工会的运作模式进行规定,未将和平示威合法化,也没有为工人罢工造成的损害提供豁免。[2] 殖民地政府对工会的严格控制长达数十年之久。为争取自由平等的劳工地位及维护劳工权益,肯尼亚爆发大量劳工运动,工人们在全国各地发起罢工和其他形式的抗议,这些抗议活动遭到当局的严厉打击。在殖民当局和劳工运动几十年的博弈中,肯尼亚的雇主、雇员及政府三方关系和自愿劳资关系逐渐形成。

1962 年 10 月,肯尼亚政府与劳资方签署了《劳资关系宪章》,这是肯尼亚劳工关系平等自由化的一个里程碑。《劳资关系宪章》阐明了劳资关系领域管理当局和工会的责任和各自的义务并设立了一个联合争端委员会。肯尼亚在独立之后,在相关法律制度中承认结社自由和集体谈判权,这些权利在肯尼亚的宪法中根深蒂固,并构成了该国劳工关系基础的一部分。然而,不断变化的经济和政治条件常常会阻碍这些权利的行使。例如,1990 年代的公共政策导

① Natacha Wexels Riser, National Labour Law Profile: Kenya. International Labour Organization, https://www.ilo.org/ifpdial/information-resources/national-labour-law-profiles/WCMS_158910/lang--en/index.htm,2019 年 4 月 1 日访问。

② Natacha Wexels Riser, National Labour Law Profile: Kenya. International Labour Organization, https://www.ilo.org/ifpdial/information-resources/national-labour-law-profiles/WCMS_158910/lang--en/index.htm,2019 年 4 月 1 日访问。

致工业区的劳工权利被剥夺,而集体谈判的权利在许多公共部门仍然没有实现。[①] 为了更好地保障工人的权利,肯尼亚政府于 2007 年开始颁布了一系列与劳动法相关的法律,新的法律制度是对劳动力市场新出现的问题的有力应对。这些规定表明,政府和社会需要为越来越多缺乏劳动保障的工人提供更大的社会安全网。在竞争激烈的全球环境中,如何把握好固有的法律框架和劳资关系的灵活性之间的平衡,是肯尼亚政府、资方和劳动者三方合作关系面临的主要挑战。

2.肯尼亚劳工法律体系

全球化影响发展中国家的主要渠道之一是劳动力市场。进口渗透、出口销售、服务业竞争、外国直接投资和资本流动引起的汇率波动都可能对就业和收入产生影响。[②] 剥削当地劳工、通过支付高工资提高当地工资成本、污染环境和进口投入优先于当地投入等现象对肯尼亚的劳动力市场产生了极大的冲击。[③] 为此,肯尼亚政府制定了新的劳动法以应对全球化带来的挑战,维护国内劳资关系的和谐及劳动力市场的稳定。

(1)《宪法》(Constitution)

肯尼亚 2010 年《宪法》第 27 条规定了平等和免受歧视的权利。它指出,妇女和男子有权享有平等待遇,包括在政治、经济、文化和社会领域享有平等机会的权利。《宪法》第 27(4)条规定,“国家不得以任何理由直接或间接歧视任何人,包括种族、性别、怀孕、婚姻状况、健康状况、种族或社会出身,肤色,年龄,残疾,宗教,良心,信仰,文化,着装,语言或出生。”[④]

《宪法》第 41 条规定了劳资关系。它规定每个人都有公平劳动的权利。根据宪法,每个工人都享有:公平报酬;合理的工作条件;组织、加入或参与工会的活动和计划;进行罢工。但是,《宪法》没有对罢工程序作出规定。实践中雇员须告知雇主其将要举行罢工以及罢工的原因。此外,宪法规定了雇主的

---

① Ruth Tubey, Kipkemboi Jacob Rotich, Margaret Bundotich, An overview of industrial relations in Kenya, *Research on Humanities and Social Sciences*, Vol.5, No.6, 2015,p.222.

② Rama Martin, Globalization and Workers in Developing Countries, *World Bank Policy Research Working Paper* No. 2958,2003,pp.1-40.

③ Ikiara, Foreign Direct Investment (FDI),Technology Transfer,and Poverty Alleviation: Africa's Hopes and Dilemma, *African technology policy studies* (ATPS), *Special Paper Series* No.16,2002,pp.1-35.

④ Kenya: Constitution(2010).

权利即每个雇主都有权组建和加入雇主组织以及参与雇主组织的活动。

（2）《就业法》（Employment Act）

《就业法》（2007 年）规定禁止强迫劳动、基于种族、肤色、性别、语言、宗教、政治观点、国籍、种族或社会出身、精神或艾滋病毒状况和性骚扰的就业歧视。该法规定了服务合同的基本条件——对工作时间、年休假、产假和病假、住房、水、食物和医疗护理等进行了规定。在《就业法》中，雇员享有三个月的产假且雇员不会因此丧失年假，法律还规定了 14 天的陪产假。[①]《就业法》规定临时工不能在同一工作中连续工作 30 天以上（原来的《工资和就业条件条例法》规定为 3 个月）。尽管法律有明确的规定，但实践中雇主是否会遵守该法及执法当局是否会执行该法仍然是个问题。[②]

《就业法》规定雇主扣减雇员的工资额度不能超过雇员工资的三分之二，以前的法律规定扣除额最多为 50%。此外，所有员工都有权获得详细的工资单或工资表。劳工部长可要求雇主参加就业保险计划为其雇员提供裁员保险，在雇主资不抵债的情况下应保障工人的工资。在失业保险计划中，劳工部长可以根据既定的国民保险计划或由部长批准的私营保险公司承保的私营计划制定适用于某些雇主的规则。《就业法》引入了不公平解雇的概念，雇主须说明解除劳动关系的理由，否则将承担不利后果。此外，该法还规定了雇员和雇主之间发生纠纷时的投诉程序和管辖范围。

（3）《劳工关系法》（Labour Relations Act）

《劳工关系法》（2007 年）规定了结社自由的权利；工会及雇主组织的成立及注册；工会和雇主组织的成员和领导以及工会和雇主组织的财务管理制度，其亦阐明了工会费、代理费及雇主组织费以及对工会和劳资协议的认可，规定了详细的争端解决机制，以及罢工和停工的条件。[③]《劳工关系法》规定了争端解决的具体时限，并规定了替代争端解决机制，其还为受保护的劳动行为制定了明确的程序和指导方针。

（4）《劳工机构法》（Labour Institutions Act）

《劳工机构法》（2007 年）是劳动法的创新，其对劳工管理作出了规定，同

---

① Kenya：Employment Act(No.11 of 2007).

② Ruth Tubey，Kipkemboi Jacob Rotich，Margaret Bundotich.An overview of industrial relations in Kenya, *Research on Humanities and Social Sciences*，Vol.5，No.6，2015，pp.221-232.

③ Owidhi George Otieno，Towards Harmonious and Fair Industrial Relations in Kenya，*Central Organization of Trade Unions*-COTU（K），2017.(K)，2017，pp.1-20.

时确定了劳资关系的体制框架,为劳工市场的有效运作创造了一些至关重要的机构。《工资条例》是《劳动机构法》的一部分,政府已根据职业和地点确定了基本最低工资。①《劳工机构法》设立了国家劳工委员会、调查委员会、劳工行政和检查委员会、工资委员会和就业机构。此外,该法还规定了职业介绍所的运作条件。

(5)《工伤福利法》(Work Injury Benefits Act)

2007年《工伤福利法》取代了1949年修订的《工人补偿法》,其构建了一个符合国际劳工组织公约的法律框架。雇主有责任为雇员购买保险并向工伤福利处登记并备存纪录及作出周年申报表。该法扩大了保险范围,即无论雇主破产与否,雇员工伤或因工作产生的疾病都能得到足够的赔偿。《工伤福利法》规定雇主需根据雇员伤残的严重程度和时间长短支付工伤津贴。根据《工伤福利法》规定,雇员因工伤或工作活动而患病,均可获得工伤补偿。此外,因工作事故死亡的工人的代表人可根据本法提出索赔。② 值得注意的是,即使雇员疏忽大意或对事故负有责任,其也可以根据本法要求赔偿。

根据《工伤福利法》,雇主须填写一份名为LD104的表格,该表格记载了雇员有关损害的情况。此外,医生也须填写该表格,说明雇员受伤的性质和程度。对雇员进行健康检查后,雇主应向雇员支付工伤赔偿。工伤赔偿的赔偿数额取决于损害的类型和程度。以下人员不能根据《工伤福利法》获得补偿:

①非体力劳动者年收入超过48000先令,即每月4000英镑;

②非雇主业务范围内的临时工;

③远离工作场所工作的人;

④居住在工作场所的工人家庭成员;

⑤武装部队成员。

根据《工伤福利法》,工伤赔偿请求必须在事故发生之日起一年内提出,否则索赔无效。雇主应在收到索偿请求后三十天内,向雇员或其受养人支付损害赔偿金。

(6)《职业安全与健康法》(Occupational Safety and Health Act)

2007年《职业安全与健康法》的颁布被认为是职业安全与健康的规范方

---

① Country Commercial Guide, State Department's Office of Investment Affairs' Investment Climate Statement, https://www. export. gov/article? id = Kenya-foreign-exchange-controls, 2019年11月23日访问。

② Kenya:Work Injury Benefits Act. (No.13 of 2007).

式开始向自我规范的管理方式转变,①标志着企业由被动提供安全的工作场所的态度转向更加积极主动地为雇员提供安全的工作场。

《职业安全与健康法》旨在确保雇员的安全和健康,无论是正式员工还是临时工。《职业安全与健康法》规定了在工作场所应采取的安全与健康措施,以确保雇员的安全、健康和福利。此外,该法也涵盖了个体经营户,其保护范围更加广泛、更加全面。《职业安全与健康法》力求通过职业安全与健康方面的教育和培训,以保障雇员在工作场所的安全。该法规定应该每年对工作场所进行一次安全检查和员工健康检查,明确了工人和雇主在确保工作场所的安全和健康方面的责任,鼓励雇主为其公司设定可实现的安全目标,建立联合健康和安全委员会,并开展年度安全与健康审计。根据该法,所有与工作有关的各方都对工作中的安全和健康负有责任,无论哪方违反安全注意义务都将承担相关责任。注意义务是指所有个人和各机构应避免因疏忽而对劳动者造成伤害,所有个人和各机构应采取一切合理可行的措施来保护工作场所其他人的健康和安全。

(7)其他有关劳工制度的规定

A.《劳资关系宪章》(Industrial Relations Charter)

肯尼亚的《劳资关系宪章》于1962年由代表政府的劳工部长、代表雇主的肯尼亚雇主联合会及代表雇员的肯尼亚劳工联合会签署的三方协议,以管理肯尼亚的劳动和劳资关系,其目的是促进国家的进步以及工作的顺利展开。

《劳资关系宪章》列出了工会和非工会雇员的类别,以及工会和雇主的责任,明确了雇主、雇员和政府对劳资关系的义务,概述了政府的仲裁作用。例如,工会有义务维持工人之间的和平并阻止工人暴动,不得在工作时间组织工会活动,应向工人讲授《劳资关系宪章》的有关内容。雇主也应履行《劳资关系宪章》规定的义务,雇主应在通知栏中贴一份《劳资关系宪章》以便雇员进行学习;雇主也应承认符合法律规定的工会组织并承认工人的结社权。雇主权利在章程第三部分中列出,第2(e)条规定"雇主应遵守国际劳工组织第98号公约关于适用组织权和集体谈判权原则的规定"。②《劳资关系宪章》明确了

① Kennedy Odhiambo Obiewa, Term Paper on Occupational Health and Safety Management in Kenya: a Case Study of London Distillers Kenya Limited. International Safety Training Centre, 2009, http://istc.co.ke/about, 2019年12月1日访问。

② Jacqueline Mugo, Have You Read the Industrial Relations Charter, https://www.businessdailyafrica. com/Have-you-read-the-Industrial-Relations-Charter/539444-973858-685e16/index.html, 2020年1月1日访问。

劳资双方在劳资关系方面的共同责任和各自的义务,是肯尼亚社会对话和劳资关系的基础,为劳资冲突的和平解决提供了法律依据。[①]

B.《公民和移民法》(Citizenship and Immigration Act)

《公民和移民法》(2011 年)规定了肯尼亚公民资格以及外国居民在肯旅游、工作的条件以及所要取得的相关证书。在肯尼亚工作最重要的条件之一是获得工作许可证,《公民和移民法》第 40 条规定获得移民局局长签发的工作许可证的外国国民可以进入肯尼亚从事贸易、勘探、农业、商业、传教活动,甚至居住在肯尼亚。该法还规定了获得工作许可证的程序以及工作许可证的类别,为外国国民在肯工作作出了合规指引。

C.《就业和劳动关系法院法》(Employment and Labour Relations Court Act)

《就业和劳动关系法院法》(2011 年)对劳动就业的相关方面与纠纷解决进行了具体的系统的规定。《就业和劳动关系法院法》规定了劳动关系法院的设立、组成、法院的管辖权及法院诉讼程序。同时规定,该法还规定法院不得限制当事人采用替代性争端解决机制。

D.国际公约和条约

肯尼亚是国际劳工组织的成员国,签署和批准了各种提倡雇员权利的国际公约和条约。具体有:《经济、社会和文化权利国际公约》(International Covenant on Economic, Social and Cultural Rights)、《工人赔偿(农业)公约》(Workers' compensation (Agriculture) Convention)、《工人赔偿(事故)公约》(Workers compensation (accident) convention)、《强迫劳动公约》(Forced Labour Convention)(第 29 号)、《劳动监察(工业)公约》(Labour Inspection (Industrial) Convention)、《同酬公约》(Equal pay Convention)、《歧视(就业和职业)公约》(Discrimination (employment and occupation) Convention)、《平等待遇(社会保障)公约》(Equal Treatment (Social Security) Convention)、《三方协商(国际劳工标准)公约》(Tripartite Consultation (International Labour Standards) Convention)、《废除强迫劳动公约》(Abolition of Forced Labour Convention)。作为这些公约的签署国,肯尼亚政府有义务确保公约确定的权利在肯尼亚得到保护和适用。这些基本权利包括:组织工

---

① Aluchio, Trade Unions in Kenya:Development and the System of Industrial Relations.Nairobi Armstrong, 2005, https://books.google.com/books/about/Trade_unions_in_Kenya.html? id=PzUTAQAAIAAJ,2019 年 12 月 1 日访问。

会和参加工会活动的权利;按法律和集体谈判协议规定的标准获得工资和就业条件的权利;免于强迫劳动的权利,包括免于奴役、强迫奴役和无偿强迫劳动的权利。

3.对肯尼亚劳工法律制度的评价

自独立以来肯尼亚的就业关系法律和体制框架就承认结社自由和集体谈判权。事实上,这些权利在肯尼亚宪法中根深蒂固,是肯尼亚就业关系基础的一部分。然而,不断变化的经济和政治条件使得这些权利不断被侵害。例如,1990 年的公共政策导致工业区的劳工权利被剥夺,而集体谈判权在许多公共部门仍未实现。过去几十年无论是社会还是法律政策对劳工劳动权利的保护一直不稳定,于是政府和社会合作伙伴重新全面制定了肯尼亚劳动法,最终在2007 年颁布了五项主要法律:《就业法》、《劳工关系法》、《劳工机构法》、《工伤福利法》和《职业安全与健康法》。以这五部法律构成的劳动法律框架可以说是对劳动力市场的现实的反应,特别体现了劳动力组成和就业结构的变化。由于这些新出现的现实情况,政府迫切需要为越来越多的缺乏社会保护的劳工建立更大的社会安全网。政府、雇主及雇员三方合作伙伴面临的主要挑战是,在具有社会反应能力的法律框架和高度竞争的全球环境中找到适当的平衡点。①

《就业法》更倾向于将劳动关系以一种更稳定且长久的方式确定下来。例如,它规定临时工不能在一个单位连续工作超过 30 天。若超过 30 天,雇主应将"临时工"转换为"合同工"。尽管法律对此有明文规定,但在实际的雇佣关系中雇主是否适用该条款及执行机构是否有效地执行该条款仍然有待观察。《就业法》的另一项创新是统一关于童工的规定,该法将儿童的年龄从 16 岁提高到 18 岁。该法还为遭受裁员的雇员规定了失业保险计划,同时在雇主破产时保障雇员的应得的报酬及相关补偿。就失业保险计划而言,该法赋予劳动部长自由裁量权,可根据既定的国家保险计划或由部长批准的私人保险公司承保的私人计划制定适用于某些雇主的规则。《就业法》对一些规定进行了调整,使得劳资关系以一种更为科学合理的方式存续,为建立良好的劳动力市场发挥来了重要作用。但是,雇主对该法进行了批判,他们认为该法没有足够的灵活性来应对当今的劳动力市场。不过,这些规定在实践中是否会令雇主无

---

① Ruth Tubey, Kipkemboi Jacob Rotich, Margaret Bundotich, An overview of industrial relations in Kenya, *Research on Humanities and Social Sciences*, Vol. 5, No. 6, 2015, p.222.

法在人力调配方面取得理想的灵活性,仍有待观察。[1]

《劳工关系法》是集体谈判和劳资关系的主要法律基础,其结合了早期的两部法律,即《劳资纠纷法》和《工会法》并作出了实质性的改进,特别是在建立更高效、反应更迅速的业务程序以缓和肯尼亚的就业关系方面。具体来说,其通过鼓励各方进行诚信谈判来促进集体谈判进程。例如,双方必须披露另一方可能需要的信息,特别是能影响另一方谈判立场的信息。[2]

《劳工机构法》是法律框架中的一项创新,因为它建立了许多对于劳动力市场有效运作至关重要的机构。例如,该法规定了工资委员会制度,设立了工资委员会、农业工资委员会以及出口加工区工资委员会。《劳工机构法》规定工资委员会的劳工官员可以代表雇员以雇员的名义向雇主提起诉讼,以请求雇主履行以下职责:一是向雇员支付法定最低工资;二是向雇员提供合同中规定的雇佣条件。由于劳动者在劳资关系中处于弱势地位,此项规定有利于雇员借用国家力量来维护自身的合法权益。但是,在国家机构介入劳资关系甚至替代雇员为其进行维权时,如何保证雇主方的利益不受不合理的损害尤为重要。

《工伤福利法》和《职业安全与健康法》这两部法律系对雇员权利的一种保护,其目的系为了消除雇主在工作上对雇员的压迫。事实上,它们会对劳动力市场产生负面影响,因为它们会使雇佣成为一件非常昂贵的事情。《工伤福利法》旨在为雇员提供有关工伤方面的赔偿。然而,《工伤福利法》对受扶养人的定义过于宽泛,这很可能导致不必要的诉讼。《工伤福利法》规定雇主应为雇员提供强制保险,不幸的是,缴纳保险费已经威胁到肯尼亚工业的生存和竞争力的水平。[3]　关于工伤赔偿权的规定使雇主在雇员违反工作指示的情况下得不到法律的平等保护,即雇员参与非法活动或违反雇主的指示时,法律规定雇

①　Ruth Tubey, Kipkemboi Jacob Rotich, Margaret Bundotich, An overview of industrial relations in Kenya, *Research on Humanities and Social Sciences*, Vol.5, No.6, 2015, pp.221-232.

②　Fashoyin, *Industrial Relations in Kenya*, *Industrial Relations in Africa*. London, Palgrave Macmillan, 2007, pp.39-58.

③　Aluchio L, Trade Unions in Kenya, Development and the System of Industrial Relations. Nairobi Armstrong, 2005, https://books. google. com/books/about/Trade_unions_in_Kenya.html? id=PzUTAQAAIAAJ, 2019 年 8 月 22 日访问。

"一带一路"非洲国家投资法律研究——中国企业投资非洲国家的法律风险与对策

主应对该雇员的伤害给予赔偿,这严重损害了雇主的权益。① 另一方面,《职业安全与健康法》推行强制性的年度安全及健康审核、风险评估及所有雇主对健康及安全声明的要求,值得注意的是,这些工作及费用由雇主承担而不是政府承担。若要遵守这一规定,雇主的经营成本会大大增加,这将会流失大量由于缺乏审计和评估能力而无法遵守这一规定的中小投资者。

劳动法及相关规章制度对国家经济和社会政策的实施越来越重要,为了管制和稳定劳动力市场,确保所有人都能体面地工作,各国需要制定一个协调一致的劳工管理制度和国家劳工政策。② 劳动法的存在是为了缓和劳资关系,使雇主和雇员两者之间的利益都能得到有效保护,尽可能平衡劳资双方的利益。但肯尼亚新颁布的劳动法却在雇主和雇员之间造成许多敌意,主要原因之一系政府在制定法律之前与利益相关者缺乏协商机制,没有考虑多方利益主体的意愿。

肯尼亚雇主在应对劳动法实施后的负面影响时,常常会感到力不从心。虽然现行劳动法对雇员有利,但这很可能导致当地劳动力市场出现重大动荡。诚然,劳动立法的意图是善意的,然而现行劳动法不太可能改善雇主和雇员之间的关系,更糟糕的是这甚至可能加深双方之间的矛盾,主要系因劳动法更倾向于保护雇员利益而不是雇主的利益。③ 最近几年,肯尼亚劳动力市场提出结构性调整计划、经济自由化和技术创新,这就要求重新审视劳动法。对国家劳动法的审查历来是肯尼亚公众和政府关注的焦点,然而,审查这些法律的方式仍然值得怀疑。

雇主对现行劳动法的若干规定行进了抨击,他们指出这些规定会降低劳工市场的灵活性,并对企业的可持续性和就业产生不利影响。然而,雇主仍然支持劳动法改革,他们认为这是安全的工作环境所必需的,因为安全的工作环境可以促进良好的劳资关系和企业生产力。的确,2007 年出台的系列劳动法律提出了若干有建设性的规定,即使有的规定存在争议,但其对促进劳工和

---

① Paul Chepkuto, Stanley Kipsang, Maurine Chemirmir. Labour Law and Management Practices in Kenya: Trends and Dynamic Analysis, *International Journal of Research in Management & Business Studies*, Vol.2 Issue 2, 2015, pp.39-41.

② Ackers Peter, Wilkinson Adrian, *Understanding Work and Employment: Industrial Relations in Transition*. Oxford University Press, 2003, pp.1-384.

③ Paul Chepkuto, Stanley Kipsang, Maurine Chemirmir, Labour Law and Management Practices in Kenya: Trends and Dynamic Analysis, *International Journal of Research in Management & Business Studies*, Vol.2 Issue 2, 2015, pp.39-41.

280

平、工人福利、企业生产力和劳工管理合作起着至关重要的作用。不可否认，肯尼亚和大多数非洲国家一样，正在逐步解决劳动平权的问题。雇员的人权受到侵犯，有权向就业和劳动关系法院提出申诉。① 2007 年的五部与劳动相关的法律是肯尼亚就业关系法律框架的一项重大革新。其立法上的主要变化系加强了组织权利、设立了相关机构、明确了相关程序、促进了集体谈判进程。2007 年建立的劳动法律框架为肯尼亚建立一个更完善的劳资关系制度打下了良好基础。

(二)肯尼亚劳工制度的相关规定对中企可能产生的法律风险

1.肯尼亚工作许可证制度对中企的法律风险

(1)肯尼亚工作许可证制度简述

肯尼亚政府限制非技术性劳务人员进入肯尼亚工作，并实行严格的工作许可制度，在肯尼亚工作的外国人必须事先获得工作许可证。《公民和移民法》禁止非肯尼亚公民在没有工作许可证的情况下从事任何工作。

肯尼亚的工作许可证分为七类。一般申请 D 级和 G 级工作签证较多。D 级签证主要针对技术工人，从 2009 年起肯尼亚移民局只为来肯尼亚培训当地工人的技术人员发放工作签证，因此要求提供培训当地员工的申请人个人简历、学历证明等材料。G 级签证主要针对在肯尼亚投资经营的外籍人士，申请者只需提供投资证明即可办理。若遭拒签，可以申诉，申诉费为 2000 肯先令。肯尼亚政府对发放工作签证没有配额限制，但由于政府比较腐败，如果不交"小费"，基本上办不成工作签证，给足了"小费"，基本两周内可以办妥。②

所有工作许可证的有效期一般为 2 年，每次可延长 2 年。续签次数不限。续期须于届满前最少 3 个月办理。如果雇员需要立即工作，但是还没申请到工作许可证，此时可以申请特别通行证。特别通行证指有效期为 3 个月的工作许可证，其审批的时间大约需要 3 周，比一般工作许可证更便捷高效，急需就业的人员可以先申请该证。此外特别通行证有效期可以延长 3 个月，即特别通行证的最长期限为 6 个月。值得注意的是，特别通行证和工作许可证可

---

① Sean Omondi，Salient Points of Labour Law in Kenya，Golegal，2016，https://www.golegal.co.za/labour-law-kenya/，2019 年 4 月 4 日访问。

② Work Permits in Kenya，Expa. https://www.expat.com/en/guide/africa/kenya/19257-work-permits-in-kenya.html，2019 年 6 月 28 日访问。

以同时申请。①

工作许可证申请成功,移民局将发出批准通知。批准通知有效期为 90 天,直至支付行政许可费用。如申请被拒绝,移民局会发出拒绝通知书。② 如果工作许可证持有人停止从事已发放工作许可证的工作,工作许可证中规定的雇主应在雇员停止工作之日起 15 天内,以书面形式向移民局报告许可证持有人已停止该项工作。③ 此外,在工作许可证到期前雇员终止与雇主的劳动关系的,其应按比例退还雇主为其申请工作许可证的费用。④

(2)工作许可证制度限制劳务引入引发的法律风险分析

A.中企面临的法律风险

非法雇佣中国劳工的风险。肯尼亚为保证国内居民的就业率,实行严格的外来人员工作许可证制度,这使得中国公民难以获得在肯尼亚的工作许可证。而肯尼亚当地劳工的技术水平、价值观、生活习惯等难以适应中国企业,因而为了解决工程进度及经营问题,不少中国企业铤而走险雇佣大量非法中国劳工。此做法并没有解决中国企业与当地劳工之间的问题,反而加大了双方之间的信任危机和冲突。肯尼亚认为中国企业侵犯了本国的就业权,未能为肯尼亚居民提供更多的就业机会,使得肯尼亚进一步收紧对中国公民工作许可证的审核,肯尼亚居民也对中国企业怨声载道,这极大地损害了"一带一路"倡议下中国企业的形象。

对肯尼亚劳工情况缺乏了解,管理不到位的风险。中国企业的管理者由于文化差异等原因,不了解肯尼亚当地劳工的具体情况,也缺乏沟通技巧。例如,肯尼亚人受英国绅士文化的影响,说话不缓不急,而中国人声音大,脾气急,在日常相处中,肯尼亚劳工常常会认为中国人在发脾气,从而造成误会。此外,语言不通也是中国企业与当地劳工相互交流理解的巨大障碍,如:在蒙

① Nyakio Manga, Frequently Asked Questions Regarding Work Permits, Kaplan Stratton, https://www.kaplanstratton.com/frequently-asked-questions-regarding-work-permits/,2019 年 12 月 25 日访问。

② Immigration and Work Permits, Shield Geo, https://shieldgeo.com/kenya-immigration-and-work-permits/,2019 年 12 月 28 日访问。

③ Work Permits in Kenya, Kenya Employment Law, https://kenyaemploymentlaw.com/2018/04/27/work-permits-in-kenya/,2019 年 9 月 23 日访问。

④ Anna Babu, Other Useful Terms to Include in An Employment Contract, Kenya Employment Law, https://kenyaemploymentlaw.com/2016/02/19/other-useful-terms-to-include-in-an-employment-contract-2/,2019 年 1 月 28 日访问。

内铁路修建期间,曾有当地工人认为中方管理人员对他们进行"语言虐待"。中国企业在管理上也缺乏灵活性,一旦员工工作出现纰漏,就对其进行警告,两次警告之后就解雇员工,当地员工认为中国企业的做法侵犯了他们的人权。

B.中企面临法律风险的原因分析

在肯尼亚,企业常常忽视肯尼亚工作许可证制度的相关规定,铤而走险雇佣肯尼亚境外劳工,其主要原因之一是肯尼亚本地劳工的工作能力不符合企业的要求,而肯尼亚严苛的工作许可证制度使得企业难以通过合法的途径雇佣境外劳工。在肯尼亚,投资者可以在高级管理职位或需特殊技能但无合适的肯尼亚本地雇员的领域雇佣外籍职员。外籍劳务人员需具有本科以上学历,年龄在24～45岁之间。雇主需要在当地媒体刊登招聘广告,1个月后仍无法从当地获得雇员,可以向移民局申请办理聘用外籍劳务人员许可证。如果雇主已经雇佣了持工作许可证的外籍人士,一旦这些外籍人士的岗位可以从当地劳动力市场获得满足,他们的工作许可证在到期后将不会再被续签。[①]想要获得工作许可证,国外劳工必须保证每年收入至少为2.4万美元,然而,农业、矿业、制造业或咨询行业的公司可以通过特殊许可避免这种情况。持有在KenInvest注册并通过健康、安全和环境检查的投资证书的公司,有资格获得管理或技术人员的3份D类工作许可证以及所有者或合伙人的3个G、I或J类工作许可证。[②]

雇佣外国雇员的公司并没有配额限制,即肯尼亚并没规定公司雇佣外国雇员的上限。但是,依据规定,肯尼亚当地企业(包括外资企业)必须优先雇佣本国劳动力,若雇主需要雇佣外籍劳工,其必须为雇佣外籍劳工而不是当地雇员提供正当理由,否则,一经发现,企业将被吊销执照并被罚款,其所雇佣的外籍劳工将被驱逐出境。为保护国内就业,肯尼亚还规定,凡是雇佣外国劳务人员的企业,当地员工的比例必须大大高于外国员工的比例,否则不仅要被罚款,而且还将被取消享受某些优惠政策的资格。此外,肯尼亚存在"替补员工"制度,即指肯尼亚境外人员在申请工作许可证时,需同时提交一位肯尼亚本地人员作为自己在肯工作的替补,在其培训合格,能够胜任境外人员在肯的工作

---

①　African Business:《肯尼亚的劳工问题指南及华人在当地工作的注意事项》,https://www.sohu.com/a/309151933_120059707,2019年7月12日访问。

②　Country Commercial Guide,State Department's Office of Investment Affairs' Investment Climate Statement,https://www.export.gov/article? id＝Kenya-foreign-ex-change-controls,2019年11月23日访问。

时,由其接替该境外人员的工作。但是,替补者常在接受培训后有能力取代外籍雇员时便离开了公司,或者替补者的个人能力不足以胜任其工作,更糟糕的是公司为避免用替补者取代外籍雇员而采取一些违法的策略。因此,肯尼亚的"替补员工"制度存在许多挑战。①

2018 年 5 月,肯尼亚政府启动外国人员工作许可核查登记行动,要求在肯尼亚持工作许可的所有外国人员于 60 天内到肯尼亚移民局办理签证验真、电子注册并换领新签证卡。肯尼亚内政部表示,截至目前仅有约 34000 名外国人获得了正规在肯尼亚工作许可证,而非法在肯尼亚工作人员数量庞大,对于本国民众的就业岗位构成威胁。此次打击行动在肯尼亚全国范围内展开,涉及的外国人超过 10 万。肯尼亚工作签办理恐进一步收紧。②

虽然移民法规定,在"就业将有利于肯尼亚"的条件下,可以向外国人颁发工作许可证,但法律没有明确界定这一概念。对于如何理解"造福肯尼亚",也没有公开的指导方针。这增加了授予委员会的自由裁量权的程度,也增加了企业在雇佣外籍雇员的不确定性。对于有意引进外籍雇员的企业,不得不考虑获得工作许可有关的行政负担和不确定性。肯尼亚当局在审查工作许可证申请时要考虑到本地员工的工作利益,外籍雇员的可替代性等问题,这是一个复杂和耗时的过程。在重要岗位的工作人员等待其工作许可或重要岗位无合适本地劳工时,企业的相关运营活动将会受到影响,甚至会促使企业非法雇佣外籍雇员。

此外,由于肯尼亚严苛的工作许可证制度,使得企业不得不雇佣更多的肯尼亚本地劳工,外资企业与本地劳工之间的冲突也会相对增加,其原因主要在于:一方面,在个人层面上,大多数当地劳工的责任感和时间观念不强。此外,当地劳工受教育程度普遍较低,其素质和技术水平有限,符合要求的技术工人较少。另一方面,在国家层面上,中国企业的劳工问题常常成为肯尼亚党派较量的政治工具。在野党通过媒体中伤中企,鼓动工人和工会罢工,想借此抨击执政党的"亲华"政策。政客们为了自己的政治利益,大肆宣传中国威胁论,使当地劳工对中国企业存在严重偏见。这一问题应引起中方投资者的注意。

---

① Kenya Investment Policy-Investment Growth for Sustainable Development,2017,https://kepsa.or.ke/download/kenya-investment-policy/? wpdmdl=16338,2019 年 9 月 28 日访问。

② 《对外投资合作国别(地区)指南——肯尼亚》,中国一带一路网,https://www.yidaiyilu.gov.cn/zchj/zcfg/66616.htm,2019 年 1 月 22 日访问。

2.雇主雇佣中的法律风险

(1)肯尼亚雇主雇佣中的相关法律规定

雇主和雇员需要了解肯尼亚的雇佣合同,包括不定期和定期雇佣合同、临时合同、试用期合同等。雇佣合同是指以口头或书面、明示或暗示的方式雇佣雇员的协议。[1] 肯尼亚《就业法》第8条规定劳动期限在3个月以内的,劳动双方可以不签订书面雇佣合同。但是,为期3个月或以上的雇佣都应签订书面雇佣合同。[2]《就业法》规定试用期不应超过6个月,但经雇员同意试用期可长达一年。雇佣合同还应明确规定对任何旷工或违反合同的员工应采取的纪律措施。不过,值得注意的是,如果一家公司的员工少于50人,雇佣合同中可以不用规定纪律措施。[3]

①雇佣合同中的限制性条款问题

劳动合同中的"限制性条款"是雇主保护自身权利的非常重要的条款。虽然雇员在为他们工作时确实要承担不损害雇主利益的义务,但这些义务在他们的雇佣期结束时终止。限制性条款是防止雇员离职后损害雇主利益的一种保证。此外,由于限制性条款能防止雇员损害雇主利益,因此,雇主愿意在不承担太多商业风险的情况下对雇员进行投资和培训。[4]

雇主在起草雇佣合同时,会加入限制雇员在雇佣关系期间和之后从事有损雇主业务活动的条款,这种合同限制被称为限制性条款。就业终止后,限制性条款的可执行性取决于雇主和雇员利益冲突情况下的合理程度。《限制贸易合同法》(第24章)第2条规定:"任何协定或合同如规定其当事人不得从事任何合法的职业、贸易、商业,任何人不得仅以此为由而宣告协定或合同无效。"但如果高等法院认为,考虑到行业的性质,贸易,职业,时间和地区,以及

①　Contract of Employment in Kenya, Mywage, https://mywage.org/kenya/labour-laws/employment-security/contract-of-employment,2019年8月2日访问。

②　Perminus Wainaina, Employment Contract of Service in Kenya. Corporate Staffing, https://www.corporatestaffing.co.ke/2018/04/employment-contract-of-service-in-kenya/,2019年8月12日访问。

③　Employment Contract in Kenya: What To Look For Corporate Staffing, https://www.corporatestaffing.co.ke/2016/06/employment-contract-kenya-explained/,2019年5月12日访问。

④　Outlining Restrictive Covenants in Employment Contracts. Law, https://www.lawtrades.com/blog-post/outlining-restrictive-covenants-in-employment-contracts/,2019年5月12日访问。

该条文所规定的所有情况均不合理,亦不符合各方的利益,则高等法院有权宣布该条文无效。① 即如果法院认为限制性条款既不符合双方的利益,也不符合公共利益,法院有权宣布此类合同条款无效。

肯尼亚的限制性条款包括以下两类:一类是竞业禁止协议。雇员同意在特定时间和特定地理区域内不与其原雇主进行有竞争性业务的活动。另一类是非招揽协议。在商业协议中限制雇员的营销和雇佣活动,雇员同意不从原雇主方招揽员工,也不带走原雇主的客户。

②解除劳动关系问题

根据肯尼亚劳动法,雇佣合同的任何一方均可终止雇佣关系。合法终止通常包括以下任何一项:协商解除雇佣合同、自动终止雇佣合同、雇员辞职、雇主终止雇佣,但需要遵守与终止合同有关的法律及合同的规定。②

雇主解雇雇员。雇主解除雇员必须遵守相关程序,在解雇雇员时需提前一段时间通知雇员,提前通知的时间因员工的工作性质不同而有不同规定。如果雇主想要立即解雇雇员,则需要向雇员支付代通知金。③ 解雇通知应采用书面形,如果雇员不理解该通知,雇主有责任向其解释。④ 其次,雇主必须遵循公平解雇程序,雇主须向雇员说明解雇的原因,否则该解雇将被视为不公正解雇。⑤ 此外,在对雇员作出解雇决定之前,雇员有权进行辩解。最后,一旦作出解雇决定,雇主必须向雇员告知作出该决定的细节以及作出决定的依据。

雇员主动离职。当员工出于各种原因想要终止雇佣关系时,情况也是如

① Credit Reference Bureau Holdings Limited v Steven Kunyiha [2017] eKLR.Kenya Law,http://kenyalaw.org/caselaw/cases/advanced_search/,2019 年 10 月 10 日访问。

② Termination of a Contract,Africapay.org,https://africapay.org/kenya/labour-laws/employment-security/termination-of-a-contract,2019 年 7 月 12 日访问。

③ Mueke Katwa,A Peek at the Labor Laws:Know Your Rights as an Employee.Brighter Monday,https://www.brightermonday.co.ke/blog/kenya-labor-laws/,2019 年 1 月 25 日访问。

④ Kenya Labour Laws On Terminating Employment,Corporate,https://www.corporatestaffing.co.ke/2016/06/kenya-labour-laws-on-terminating-employment/,2019 年 4 月 12 日访问。

⑤ Ruth Mwikali,Kenyan Labour Laws on Termination of Employment,Tuko.https://www.tuko.co.ke/289190-kenyan-labour-laws-termination-employment.html,2019 年 11 月 19 日访问。

此,如果任何一方没有发出终止通知,他/她必须支付工资代替通知。^① 此外,劳动者的辞职违反劳动合同的约定,给用人单位造成损害的,应当承担赔偿责任。实践中,法院不会给予雇主特定的履约补偿,即,他们不会强迫雇员工作,雇主的唯一补救办法是获得赔偿金。^② 无论以何种原因解除劳动关系的,雇主必须向工作满四个月或以上的雇员提供服务证书。

（2）雇主雇佣中的法律风险分析

①可能存在的合理续约期望法律风险

肯尼亚的劳动合同通常是无固定期限劳动合同和固定期限劳动合同,雇主可以通过通知或代通知终止与雇员的劳动合同。固定期限劳动合同在非政府组织中更为常见,在这些部门,雇主更喜欢定期合同,而不是无限期合同,因为这使他们能够避免承担在他们具体项目到期时不再需要的维持雇员的费用。固定期限劳动合同中一旦固定期限结束,合同自动终止,雇主不会因不公平的终止或裁员而承担任何进一步的责任。然而,尽管有这一明确的规定,肯尼亚雇员还是经常向雇主提出索赔,理由是不续签此类合同相当于不公平的解雇。劳动关系法院和上诉法院都对定期合同的性质和法律效力作出了声明,即双方应遵守合同中指定的固定期限,除非双方另有约定,否则不授予任何续订权。此类合同到期后没有任何权利,雇主亦无义务发出终止通知或提供任何终止理由。如果合同规定合同到期后可以续签,雇主有责任在到期日之前通知雇员合同不会续签。但是,未能发出通知并不等于自动续约,因为续约是一项新合同,需要双方就条款达成一致。因此,如果双方无意续约,法院将不会推定续约。当雇员签署合同时,若他们知道合同是有固定期限的,到期如果雇主不续约,他们将无权获得补偿。固定合同期限的到期不构成合同的非法终止。^③

然而,每一条规则都有例外,上面阐述的原则也不例外。在某些情况下,

①　Julie Kwach, Labour Laws in Kenya: Working Hours, Contracts, and Employee Rights, Tuko, https://www.tuko.co.ke/286183-labour-laws-kenya-working-hours-contracts-employee-rights.html,2019 年 9 月 21 日访问。

②　National Labour Law Profile: Keny. International Labour Organization, https://www.ilo.org/ifpdial/information-resources/national-labour-law-profiles/WCMS_158910/lang--en/index.htm,2019 年 6 月 12 日访问。

③　William I Maema, Fixed-term Employment Contracts and Legitimate Expectation for Renewal, Lexology, https://www.lexology.com/library/detail.aspx? g = b02bcf3d-d1bf-4b80-bd71-290603cd7c55,2019 年 9 月 14 日访问。

如果定期合同没有续签,员工可能会申诉雇主是不公平的终止合同——例如,员工可以证明他们有合法的期望续签合同。法院认为合法的期望不仅仅是单纯的期望、希望或渴望。这种期望必须基于雇主明确或通过行为诱导的令人信服、合理和客观的理由。合理的期望可以以多种方式出现。例如,如果合同规定在不续约的情况下,雇主将在到期日之前给予雇员一定期限的通知。如果没有发出这种通知,雇员可以假定合同将被续签。同样,如果合同期限已过,但雇员继续工作并领取工资,合同将被视为以相同的条款续签。

重复过去的续订也创造了合理的预期。如果合同在过去被续签过几次,除非雇员得到另外的通知,否则他们有权假定合同也将被续签。雇主明确承诺将续签合同也有类似的效果。然而,如果承诺的条件是某些可交付成果得到满足(例如,令人满意的绩效、持续供资或新合同的执行),则只有满足这些条件,期望才具有合理性。如果证明了具有合理的期望,不续签合同将构成不公平的终止。员工有责任证明合理期望的存在。在合同是否续签的问题上,法院会根据多方情况分析判断双方是否存在续订合同的合理预期,而不是一味判定合同自动续签,因为,推断定期合同到期自动续约相当于创造一个当事人不打算订立的无限期合同。①

②"限制性条款"有效性和可执行性的法律风险

在雇佣期内限制性契约(例如,禁止兼职开展竞争业务、禁止在假期或周末为竞争对手兼职工作以及禁止挖走客户等)的有效性和可执行性通常是无可争议的。然而,经常导致诉讼的是这些限制性契约在雇佣关系终止后是否可执行以及在多大程度上是可执行的。

A.花园假期增加了"限制性条款"的有效性和可执行性

花园假期指员工离开工作岗位(已经辞职或以其他方式终止工作)后一段时间内仍享有工资薪酬。这种做法通常用于防止员工在离开当前雇主时掌握最新信息,尤其是当他们离开后加入竞争对手时。② 为了达到最大的效果,花园假期也常与限制性条款一起使用。在雇佣合同中加入了花园假期条款,允许雇主要求雇员在家度过全部或部分休息期,同时继续领取他的正常工资和福利。花园假期条款的好处是,它可以防止前雇员在竞争对手处工作,同时使

---

① Natacha Wexels Riser, National Labour Law Profile: Kenya, International Labour Organization, https://www.ilo.org/ifpdial/information-resources/national-labour-law-profiles/WCMS_158910/lang--en/index.htm, 2019 年 4 月 1 日访问。

② Wikipedia, https://en.wikipedia.org/wiki/Garden_leave, 2019 年 7 月 2 日访问。

该雇员的继任者能够建立和发展前雇员的客户关系。在花园休假期内,员工也不再知晓公司的机密信息,他们所拥有的信息将会过时。为了能够让花园假期达到想要的效果,雇主需要在劳动合同中明确这一条款。任何这类条款都必须经过与其期限有关的合理性检验。花园假期的期限不应过长,因为期限越长,可完全执行的可能性就越小。[①]

花园假期内适当限制雇员的劳动权是合法的。根据所涉及的技能和专业化程度,前雇员可能只能在同一部门找到工作。因此,限制其为竞争对手工作等于剥夺其谋生的可能性。根据肯尼亚加入的国际劳工组织条约,工作权是一项宪法权利,因此这种限制可能被宣布为违宪。肯尼亚法院在一些判决中认为这是事实,它们认为阻止一个人谋生的限制是不合理的,因此是不可执行的。但是,根据具体情况,在终止雇佣关系和员工被竞争对手雇佣或开始新的竞争业务之间实行花园假期是合理的,即如果雇主愿意在限制期内向雇员支付一定合理的工资,这种限制将是合法的。

此外,在花园假期中与侵犯知识产权、保密性和商业秘密相关的限制通常可以无限制地强制执行,除非合同另有限制。受此类限制保护的专有资料属于雇主,通常具有巨大的商业价值。因此,在雇佣终止后,前雇员没有理由从中受益。[②] 雇主应确保限制性条款可执行的关键是在时间和地理应用上尽可能限制其范围。范围越广,越有可能被发现违背公共利益,导致不可执行。

B."限制性条款"的有效性和可执行性在司法实践中面临的风险

雇主和前雇员的利益冲突,一方面,雇主有合法权利保护其商业利益免受前雇员的不公平侵害,但另一方面,前雇员有合法权利利用其技能和经验谋生。虽然法院通常不赞成限制性契约,但这种限制并不违法。《限制贸易合同法》明确规定,合同中的限制性条款不一定无效。然而,如果考虑到相关专业、行业或企业的性质、适用期限和领域,不合理且不符合各方利益,肯尼亚高等法院可以宣布其无效。如果其目的是给予一方超出合理需要的保护,该条款也可能被取消。因此,在就业方面,要使限制性契约生效,雇主必须证明其合

---

① Edward Goodwyn, Restrictive Covenants in Employment Contracts, Pinsent Masons, 2019, https://www.pinsentmasons.com/out-law/guides/restrictive-covenants-in-employment-contracts, 2019 年 11 月 12 日访问。

② William Maema, Restrictive Covenants in Employment Contracts. International Law Office, 2018, https://www.internationallawoffice.com/Newsletters/Employment-Benefits/Kenya/Iseme-Kamau-Maema-Advocates/Restrictive-covenants-in-employment-contracts, 2019 年 7 月 16 日访问。

法的利益只能受到这种限制的保护,其意图不能是惩罚雇员或给其带来不必要的困难。

然而,在实践当中,肯尼亚法院更倾向于保护雇员的利益,即雇主很难执行限制性条款。法院认为劳动合同中的限制性条款是符合宪法的,如果合理的话,一般来说是可以执行的,但需要将雇主与雇员的利益相衡量。征信机构控股有限公司诉史蒂文·库伊哈[2017]案①可以看出,肯尼亚法院认为雇员的就业权利优先于雇主保护其商业利益的权利。这一判决让许多人质疑限制性条款的有效性。

在这方面,法院认为,"在像肯尼亚这样失业率每天都在飙升的国家,根据限制性条款让前雇员失业是不合理的,也不符合任何一方的利益。事实上,这种行为将违反公共政策"。因为法院认为不应该不适当地剥夺一个人的谋生权利。②法院在衡量雇主与雇员利益时有较大的自由裁量权,在肯尼亚居高不下的失业率的现实条件下,法院考虑到社会效应会更多偏向于保护雇员的就业权。但是,法院在裁决时,不能违反商业秘密、保密条款等基本原则,在分析两者情况后作出更为适当的裁决。这对雇主来说增添了不少商业经营风险,但同样也有着最基本的法律保障。虽然限制性契约是保护雇主有力的武器,但法院不会强制执行该条款,除非它们的范围和期限合理,并且雇主能够表明它有真正的商业利益需要保护。③因此,这就使得雇主在与雇员签订限制性条款时需要仔细斟酌,以便未来发生纠纷时能让法院适用该条款,避免限制性条款被架空。

---

① 信用咨询公司(CRBH)前首席执行官史蒂文·库伊哈在终止雇佣关系后的12个月内不得与 CRBH 的任何竞争对手合作,也不得向 CRBH 的竞争对手透露任何机密和专有的商业信息。得知库伊哈与直接竞争对手接触之后,CRBH 要求其竞争者放弃雇佣库伊哈,理由是其竞争者将获得其机密和专有的业务信息以及在其业务运营中对 CRBH 的不公平优势。法院驳回了 CRBH 的申请。法院认为,对雇主可能造成的任何损害,都比禁止雇员找到工作的影响次要。

② Sonal Sejpal, Tabitha Joy Raore. Recent Restrictive Covenant Cases Show Trend Against Employers, International Newsletter, 2018, https://ogletree.com/international-employment-update/articles/march-2018/kenya/2018-03-06/recent-restrictive-covenant-cases-show-trend-against-employers/,2019 年 8 月 19 日访问。

③ Non Competition Clauses, Lexology, https://www.lexology.com/library/detail.aspx? g=597c573b-cba5-4757-a879-1ff0d231a375,2019 年 4 月 12 日访问。

③雇主解除劳动合同时的法律风险

A.雇员被解雇的无因性风险

契约自由原则规定,只要给予适当的契约通知,任何人都可以自由地随意订立和退出契约。在2007年《就业法》出台以前,肯尼亚的雇主可以随意解除雇员。这虽然体现了契约自由原则,但是,在劳资关系中,雇主的地位优势大于雇员,一味地强调契约自由难免会侵害雇员的权益。因此,各个国家为了平衡劳资双方的利益,制定法律以限制雇主的权利,禁止雇主随意解除劳动合同就是其中的一种表现。当雇主随意解除劳动合同侵犯雇员的权利时,雇员可以依据相关法律向有关部门寻求帮助。劳动关系法院自成立以来,一直视自己为雇员权利的保护者和监督者,根据法院的大多数判决,人们可以得出这样的结论:法院的不成文的先入为主的认识是:"雇员永远是正确的,除非雇主非常明确地证明雇员错了"。①

肯尼亚2007年《就业法》第43条规定"在任何因劳动合同终止而产生的索赔中,雇主须说明其终止劳动合同的合理理由,如果雇主未能说明,则该终止是不公平的"。劳动关系法院根据上述条文宣布,雇员可随时以递交辞呈以终止雇佣合约,但雇主并不享有这项权利。有学者认为,只有当一名雇员提出不公平解雇的索赔时,才需要解雇理由,该雇员也许认为如果雇主向他说明解雇理由,他就会向雇主解释并可能保住他的工作。如果雇主在没有给雇员机会的情况下因这些未披露的理由采取行动,解雇是不公平的。②

法律委员会认为,与雇员不同,雇主无权终止雇佣合同,除非他有正当理由这样做。在终止雇佣合同之前,雇主不仅要说明理由,而且还必须按照《就业法》第41条规定的方式给予雇员一个接受聆讯的机会。值得注意的是,该条款规定只有在因不当行为、不良表现或身体能力丧失的情况下被解雇的雇员才有权进行聆讯。在玛丽·切姆韦诺·基普蒂诉肯尼亚管道有限公司一案中,③法院认为终止劳动合同的原因必须在终止前而不是终止后给出。此外,

---

①　William Maema, Current Trends in Employment Disputes in Kenya-A Disturbing Trajectory., https://law.strathmore.edu, 2019年4月22日访问。

②　William Maema, Current Trends in Employment Disputes in Kenya-A Disturbing Trajectory. https://law.strathmore.edu, 2019年4月22日访问。

③　Mary Chemweno Kiptui V Kenya Pipeline Company Limited [2014] eKLR, Kenya Law, http://kenyalaw.org/caselaw/cases/advanced_search/, 2019年9月11日访问。

在詹姆斯·卡班吉·穆戈诉先正达东非有限公司案中,①法院指出肯尼亚《就业法》不再承认雇主可以无理由随意解雇雇员。由此可见,法院对《就业法》第41条做了扩大解释,第41条的范围仅限于不当行为、不良表现或身体能力丧失而立即解雇和终止劳动合同的情况,法院将其规定的范围扩展到了劳动合同终止的各种情况,不需要理由和聆讯的唯一例外是第42条规定的终止试用合同,换言之,不公正解雇的法律规定不适用试用合同。

综上可知,肯尼亚对雇主解除劳动合同采取的是严格的有因性原则。因此,在肯尼亚的企业若无理由解雇雇员属于不公正解雇,其将会承担相应的法律后果。雇员可以对雇主提起诉讼,要求恢复职位或获取赔偿。企业可以无理由解除劳动关系的情况只有一种,即试用合同。

B.企业不公正解雇雇员的法律风险

当雇主解雇雇员时,双方将会产生严重的冲突,因为雇主的解雇理由在全体员工看来是为了解雇该雇员而捏造的,有时,雇主会在雇员不构成即时解雇的情况下而通知其被解雇。同时,根据雇员的种族、部落或信仰而终止雇佣关系也被认为是不公正解雇。在这种情况下,法院可调查雇员是否存在受歧视或雇主存在不公平劳动的做法。集体协议也可以限制雇主解雇雇员的条件以保护雇员的权益。

根据肯尼亚法律,被不公正解雇的雇员有两项基本权利:复职权和获得赔偿的权利,这些权利可以单独主张,也可以一起主张。根据合同法,违约的一般救济是赔偿,但法院也可以判决继续履行或解除合同。② 赔偿金数额一般根据被解雇雇员每月或每年的收入而定。雇员被解雇,须被提前通知或取得一个月的代通知金。如遇即时解雇,工资支付至解雇之日为止。除工资外,每个长期工作的工人都有权获得住房或住房津贴。终止雇佣和即时解雇之间有很大的差别。终止雇佣可由任何一方提前通知另一方或支付替代通知金而生效,雇员享有全面的离职福利。而即时解雇是指雇员有严重不当行为,未经通知即遭解雇,但雇员依旧要经聆讯。被即时解雇的雇员唯一享有的权利是直至解雇之日止的薪金。③

---

① James Kabengi Mugo V Syngenta East Africa Limited[2013]eKLR.Kenya Law,http://kenyalaw.org/caselaw/cases/advanced_search/,2019 年 9 月 11 日访问。

② James Kabengi Mugo V Syngenta East Africa Limited[2013]eKLR.Kenya Law,http://kenyalaw.org/caselaw/cases/advanced_search/,2019 年 9 月 11 日访问。

③ Anne Babu, Termination Notice Clauses:Kenya Employment Law, https://kenyaemploymentlaw.com/2016/12/02/termination-notice-clauses/,2019 年 9 月 1 日访问。

在肯尼亚,雇主在劳资关系中处于优势地位,其在解雇雇员时常会忽略劳动法对合法解雇的程序性规定,例如没有履行好解除通知义务、没有对被解雇雇员作出相关补偿等,而被解雇雇员为保护自身利益亦会依据劳动法向相关劳动组织机构提出异议,这会使企业陷入劳资纠纷之中,极大的损害了企业自身的利益。

　　C.签订弃权书的法律风险

　　在解除劳动关系时,雇主通常要求雇员签署弃权书,即雇主在支付双方商定的解雇费用后,雇员无权对雇主提出其他索赔。对雇员来说弃权书中的条件通常比法定或劳动合同中的条件更实惠。弃权书在法律上是可强制执行的,但前提是该弃权书的签订不是通过恐吓、胁迫、引诱或其他导致合同无效的因素来实现的。但必须注意,雇主不能利用弃权书来免除应支付给雇员的法定和劳动合同应付款的责任。因此,雇主不能以雇员同意签订弃权书为由来规避其对雇员的义务,如果不遵守法律,任何形式的豁免都不能得到承认。

　　3.关于工会和集体谈判制度法律风险

　　(1)关于工会和集体谈判制度

　　工会是为了保护和促进工会成员在日常工作中的经济利益而成立的协会,也是为了维护和改善员工工作生活条件而组成的协会。工会的基本特征:是员工自愿的永久性的联合;为员工采取集体行动,加强他们与雇主之间的协商能力;工会的目的是保护和促进其成员的共同利益,其会随着社会经济、法律和政治环境的变化而变化。工会被认为是工人阶级为了其利益而进行的工业民主试验机构,是现代劳资关系体系的重要组成部分,对维持和谐的劳资关系大有裨益。中央工会组织是肯尼亚所有工会的管理机构。肯尼亚工会的主要职能如下:增加员工之间的合作;保障员工的工作条件;建立员工与雇主之间的联系;维护员工的利益。工会为其成员争取更好的工作条件和报酬,主张通过集体谈判解决争端以促进雇主和员工之间的良好关系。工会领导人谈判达成的协议对工会成员和雇主有效力,在某些情况下对其他非工会成员也具有约束力。[①]

　　集体谈判是一种调节雇主和员工之间关系和解决两者之间争端的手段。集体谈判是雇主和雇员组织之间就工作条件和雇佣条款进行谈判的过程。每一个工会、雇主组织和雇主都有权进行集体谈判。集体谈判是健全劳资关系

----

　　① Trade Unions,Mywage. org-Kenya, https://mywage. org/kenya/labour-laws/legal-advice,2019 年 5 月 2 日访问。

制度的一个重要方面,因为它促进了企业以及国家和工业各级的民主。① 集体谈判可以通过集体协议中解决劳资争端的程序来减少冲突,确保工人的权利,改善劳资关系固有的对抗性态度和尖锐性。集体协议在劳动关系法院登记,自双方商定的日期起生效,期限通常为两年。

（2）工会和集体谈判制度中的法律风险分析

①工会与雇主之间的对抗性风险

在劳资关系中,工会代表其成员的利益,雇主则代表着自己的利益,也代表着那些在公司中拥有经济利益的人的利益。同时,由于工会和雇主都只能通过他们为其工作和拥有的企业的持续生存能力来谋生,因此双方都将捍卫其行业的利益。简而言之,工会与雇主之间既存在冲突性也存在融合性。

工会在劳资关系中的地位越来越重要,其在为员工争取福利,增强员工与雇主之间联系等方面发挥着重要作用。但是,不可忽视的是,随着工会的强大,雇主与工会之间的对抗性也不断增强。工会和管理层之间存在着一种敌对关系,有时会导致罢工和停工。② 工会通常依靠罢工的权利来确保对他们有利的裁决得到执行。③

肯尼亚工业罢工的趋势日益明显,对劳动力市场造成了冲击,例如,肯尼亚卫生部门历史上最近的也是最长的一次罢工是医生工会的罢工,医生们平均罢工 100 天,这次罢工导致医生工会负责人入狱。④ 这些罢工表明,雇主和工会之间的冲突激烈及解决冲突的机制有待提高。集体协议谈判、登记和实施的整个过程越来越没有得到有关各方尤其是雇主的重视,在雇主故意拖延谈判进程的基础上,集体协议谈判需要花费工会更多的精力和时间,并且迟来的谈判结果并不能有效保护员工的利益,因此,工会对雇主拖延集体协议谈判的流程表示严重不满。

---

① Ruth Tubey，Kipkemboi Jacob Rotich，Margaret Bundotich. An overview of industrial relations in Kenya. *Research on Humanities and Social Sciences*，Vol.5，No.6，2015，p.225.

② Mathis Jackson，Human resource management，https://scribd.com/，2019 年 4 月 3 日访问。

③ Natacha Wexels Riser，National Labour Law Profile：Kenya，International Labour Organization. https：//www. ilo. org/ifpdial/information-resources/national-labour-law-profiles/WCMS_158910/lang--en/index.htm，2019 年 4 月 1 日访问。

④ Owidhi George Otieno，Towards Harmonious and Fair Industrial Relations in Kenya，*Central Organization of Trade Unions*-COTU（K），2017，pp.1-20.

《劳工关系法》第 50 条规定雇主要从员工工资中扣除工会会费并交与工会,《劳工关系法》第 48 条和第 49 条明确规定雇主须向集体协议所覆盖的员工(不一定是工会会员)代为收取工会费。然而,在实践中,雇主常常无视该法条的规定,不向员工收取工会会费,或收取会费之后不交付于工会。[①] 此外,肯尼亚私营部门的反工会政策越来越流行,雇主们认为工会的存在是对管理者管理权的挑战,不利于公司的日常经营管理,工会组织的罢工等对抗性抗议行为严重损害雇主的利益。这种思维的蔓延导致工会与雇主之间的关系更为紧张。

②罢工对企业产生的法律风险

A.肯尼亚的罢工权制度

2010 年的宪法规定了多项劳工权利,包括结社自由、公平报酬、合理工作条件和罢工权。[②] 罢工是工人为了表示抗议,而集体拒绝工作的行为。在以集体劳动为重的工作行业,罢工往往能够迅速得到雇主、政府和公众的注意,从而工人所提出的要求就更可能获得实现,员工依法获得的在劳动争议不能解决时可用罢工的方式获得对抗的自助性权利。罢工权是宪法赋予员工的一项基本权利,一般是在集体谈判失败后发生的,当各方在谈判中陷入僵局时就会诉诸罢工,这是"一种与资本力量相抗衡的力量"。[③] 简言之,罢工权是集体谈判的最后筹码。

根据《劳工关系法》第 76 条,在下列情况下,雇员可参加罢工:劳工争端涉及雇佣条款;调解不成的;罢工的书面通知已由工会的授权代表通知了其他各方和劳工部。雇主对参加合法罢工的员工采取纪律处分是非法的。以法律的形式对罢工进行保护能使员工在与雇主进行权力博弈时处于更有利的地位,以此为员工自己争取更好的工作条件。另一方面,不遵守《劳工关系法》的罢

---

① Owidhi George Otieno, Towards Harmonious and Fair Industrial Relations in Kenya., *Central Organization of Trade Unions*-COTU (K), 2017, pp.1-20.

② Labour Market Profile-Kenya 2014, http://www.ulandssekretariatet.dk/sites/default/files/uploads/public/PDF/LMP/lmp_kenya_2014_final_version.pdf.2019 年 5 月 13 日访问。

③ Fumane Malebona Khabo, Collective Bargaining and Labour Disputes Resolution: is SADC Meeting the Challenge? *International Labour Organization*, Issue paper No.30, 2008, p.40.

工是不受保护的罢工。① 参加不受保护罢工的雇员被认为违反了雇员的合同,应受到纪律处分。此外,在雇员参加罢工期间,无权获得《就业法》规定的任何报酬或任何其他福利。② 但是,如果是受保护的罢工,在罢工期间亦可获得报酬。可见,法律不仅保障员工罢工的权利,而且对行使罢工权利的行为作出了限制。

B.雇员参与罢工的法律风险分析

罢工主体不适格的法律风险。肯尼亚《宪法》赋予每个员工罢工权,但是事实上员工拥有罢工权的主体资格受到各方条件的限制。合法罢工的员工分为两类:"经济利益罢工者"和"不公平劳动罢工者"。这两类工人在罢工活动结束后可以继续从事原工作,且后者受法律保护的力度大于前者。经济利益罢工者指其罢工的目的是从雇主那里获得一些经济上的让步,例如员工获得更高的工资、更短的工作时间。该类罢工者一般不能被雇主解雇,但如果雇主雇用了其他员工以代替其工作,则罢工者结束罢工后无权恢复工作。不公平劳动罢工者指员工以罢工抗议雇主不公平劳动行为。这类罢工者不能被解雇,在罢工结束时,其有权恢复原工作。此外,罢工者不得强迫其他员工参加罢工。并非所有类别的员工都有权进行罢工,为了国家的良好运转及社会的正常发展,《劳工关系法》对罢工主体进行了限制,从事基本服务的员工禁止罢工。基本服务指中断可能危及人的生命或健康的服务。如果罢工或封锁持续时间过长,危及人的生命及健康,可宣布任何其他服务为"基本服务"。集体协议也可以规定何种服务为基本服务。对于某项服务是否为基本服务可由劳动关系法院裁决。在任何情况下,参与非法罢工的雇员可能会被解雇,无权恢复原职。

罢工程序不合法的法律风险。雇员只有在用尽相关程序时才能进行罢工,即只有在诉诸仲裁、调解和调停程序仍不能解决问题后员工才能进行合法罢工。③ 雇员必须至少提前7天通知雇主和劳工部他们即将罢工。雇员方发

---

① Anne Babu, You Don't Need a Union to Strike.Kenya Employment Law, https://kenyaemploymentlaw.com/2018/10/19/you-dont-need-a-union-to-strike/,2019 年 4 月 2 日访问。

② Natacha Wexels Riser, National Labour Law Profile:Kenya.International Labour Organization, https://www.ilo.org/ifpdial/information-resources/national-labour-law-profiles/WCMS_158910/lang--en/index.htm,2019 年 4 月 1 日访问。

③ Trade Unions, Mywage. org-Kenya. https://mywage. org/kenya/labour-laws/legal-advice,2019 年 5 月 2 日访问。

出罢工通知的,雇主收到通知后可以在 7 天内到劳动关系法院申请紧急证明,禁止雇员方进行罢工。当雇员方的罢工不符合《劳工关系法》的规定,或其未能诚意参与和解以解决争端时,劳动关系法院就可以发放紧急证书禁止雇员罢工。但是,如果法院拒绝颁发证书,该罢工就属于合法罢工,受法律保护。①

　　罢工的合法与否取决于罢工的目的、时机或罢工者的行为、罢工的对象等,因此,对罢工是否合法的界定并不那么清晰。任何人有以下情况不得参与罢工:对员工有约束力的任何法律、法院裁决或集体协议禁止对争议问题进行罢工;双方同意将纠纷提交劳动关系法院或仲裁机构仲裁;关于工会是否成立的争议,工会已将此事提交劳动关系法院的。②

　　罢工是员工对抗雇主最有力的武器,也是劳资双方关系彻底破裂的表现,劳资双方的博弈更为显著。此时劳动法对罢工的规定对双方来说都至关重要。在罢工行动之前,强制诉诸仲裁、漫长而复杂的和解和调解程序通常限制员工罢工权的行使。这些程序上的障碍限制了罢工权利的合法使用,导致肯尼亚经常发生非法罢工,大量员工因参加非法罢工而被解雇。更糟糕的是,当罢工开始之后,雇主想要雇员取消罢工是很困难的,就算法院颁布紧急证书禁止雇员罢工,雇员也不会因此停止罢工。如果法院拒绝颁发紧急证书禁止雇员罢工,那就证明雇员的罢工是合法的,此时雇主将会处于更加被动的地位。因此,肯尼亚虽然对罢工主体及程序进行了规定,但雇员常常无视法律规定进行非法罢工对企业的经营活动造成严重影响。

　　4.关于劳资关系中工伤损害赔偿制度的评析

　　从道德、法律和经济角度来看,职业安全与健康对于肯尼亚劳工来说是极其重要的。③ 雇主有义务保障雇员的工作安全,并对雇员因工作导致受伤提供赔偿。《职业安全与健康法》与《工伤福利法》的颁布使雇员的工作条件及工伤赔偿得到了法律的确认及保障。雇主和雇员常常因工作安全事故纠纷而陷入僵局,因此,了解工伤损害赔偿与职业安全的相关规定是雇主及雇员维护自

　　①　Ruth Tubey, Kipkemboi Jacob Rotich, Margaret Bundotich. An overview of industrial relations in Kenya. *Research on Humanities and Social Sciences*, Vol.5, No.6, 2015, pp.221-232.

　　②　Kenya：Labor Relations Law (No.12 of 2007).

　　③　Leonard C Rotich, Josphat Witaba Kwasira, Assessment of Success Factors in the Implementation of Occupational Health and Safety Programs in Tea Firms in Kenya：A Case of Kaisugu Tea Factory. *International Journal of Economics*, *Commerce and Management*, Vol.Ⅲ, Issue 5, May 12015, pp.797-811.

身权益有效解决劳资纠纷的重要方法。

（1）企业对工伤损害赔偿金的承担

①企业需承担的工伤损害赔偿范围

《工伤福利法》中的"雇员"指根据劳动合同被雇佣从雇主那获得薪酬的人。以下人员不应被视为雇员：雇佣性质为临时性质，而非为雇主的贸易或商业目的而雇佣的人；除本法第 11 条规定外，在肯尼亚境外就业的任何人；《武装部队法》（Armed Forces Act）中定义的武装部队成员。根据《工伤福利法》第 11 条可知：

Ⅰ.如果雇主主要在肯尼亚境内经营业务，且通常在肯尼亚工作的雇员临时到肯尼亚境外工作而受工伤，则该雇员有权获得工伤赔偿。但是如果该雇员到肯尼亚境外工作持续超过 12 个月，该雇员的工伤损害赔偿的相关问题不适用于在肯尼亚工伤损害赔偿的规定。

Ⅱ.如果雇主主要在肯尼亚境外开展业务，且通常在肯尼亚境外工作的雇员临时到肯尼亚境内工作而受工伤，则该雇员无权根据《工伤福利法》获得赔偿。如果雇员在肯尼亚连续工作超过 12 个月，该雇员的工伤损害赔偿的相关问题适用肯尼亚工伤损害赔偿的规定。

雇员在正常工作时间以外发生的工伤和职业病得不到《工伤福利法》的保护。[①] 此外，雇员的工伤赔偿权不得转让，雇员与雇主达成放弃工伤赔偿权的协议无效。

雇员若有以下情况，雇主可拒绝给予赔偿：一是雇员向雇主提供有关工伤及职业病的虚假资料；二是雇员不合理地拒绝或故意忽视任何伤害或疾病的治疗，导致雇员加重伤残或死亡。值得注意的是，不论该伤害或疾病是由工作意外引致的，还是在工作意外发生前已存在的，都可以成为雇主拒绝赔偿的原因，一方面这是为了保护雇主的利益，以免将雇员怠于治疗的后果强加给雇主，增加雇主的负担。另一方面也是为了敦促雇员尽快就医，保障雇员自身权益。

②通知报告义务

雇员在工作时发生意外应及时向雇主通知该情况，通知可以是口头或书面形式作出。口头或书面通知的副本须在该意外发生后 24 小时内送交职业安全及健康处处长。雇主须在接到意外通知或获悉雇员在工作中受伤后 7 天

---

① Insurance Kenya-Benefits, Cost and File Claim. InsureAfrika. http://www.insure-afrika.com/wiba-insurance, 2019 年 5 月 1 日访问。

内,向职业安全及健康服务署署长报告意外情况。雇主拒不履行通知义务属于违法行为。雇主若没有按要求向署长报告意外或相关资料,署长可自行进行调查,并向雇主追讨调查费用或向雇主征收罚款。此外,除非雇员在规定时间内向雇主报告或雇主通过其他渠道已知该工伤事故,否则雇员没有在规定时间内提出赔偿请求,雇主可以拒绝其工伤损害赔偿请求。[①]

（2）雇员通过《工伤福利法》与普通法索赔对雇主承担责任的影响

根据《工伤福利法》,任何雇员在工作中因事故受伤或因工作而患病,均可要求并获得工伤赔偿。值得注意的是,即使雇员因疏忽大意或对造成事故负有责任,其也可以根据本法要求赔偿。雇员如选择根据《工伤福利法》提出索赔,其必须向雇主报告,雇主必须在接到通知后七日内向职业安全健康署署长报告。根据该法案,雇主还必须填写一份名为 LD104 的表格,该表格表明了有关伤害的情况。工伤赔偿数额取决于伤害的类型和程度,并在法令中加以规定。[②]

工伤分为三类:①永久丧失工作能力;②暂时丧失工作能力;③导致雇员死亡的致命伤害。在雇员永久丧失工作能力的情况下,雇主需一次性支付雇员 96 个月的月平均工资,在雇员永久部分残疾的情况下,雇主需一次性支付雇员 60 个月的月平均工资,最高可达 240000 先令。在雇员暂时残疾的情况下,经过医疗委员会认证和三天等待期后,雇员每日可获得其日平均工资的50%作为暂时残疾津贴,最高可达 540 先令。在雇员发生致命伤害的情况下,完全依赖抚恤金生活的受抚养人可获得相当于死亡雇员 60 个月收入的一次性津贴。而非完全依赖抚恤金生活的受抚养人,其一次性津贴与前者相比较少,津贴金额从 35000 先令到 240000 先令不等。劳动部定期调整上述所有福利。[③] 肯尼亚对暂时残疾或部分残疾的补偿有限制,在雇员领取全薪的任何期间内,其无权获得其他补助。对领取部分薪酬的雇员的补助要做适当调整,

①　Pauline Taji, Work Injury Benefits Act Kenya: Provisions and Compensation, Tuko 2019, https://www. tuko. co. ke/290861-work-injury-benefits-act-kenya-provisions-compensation.html,2019 年 12 月 7 日访问。

②　The Kenyan Worker and the Law. http://kituochasheria. or. ke/wp-content/uploads/2016/04/Kenyan-Worker-and-the-Law-final2.pdf,2019 年 8 月 11 日访问。

③　Work Injury Benefits, Africa Pay. https://africapay.org/kenya/labour-laws/sick-ness-and-work/work-injury-benefits,2019 年 1 月 6 日访问。

以使该雇员所领取的报酬不超过其原本应得的报酬。[①]

值得注意的是，《工伤福利法》规定了一个工伤赔偿的前置程序，即雇员在工作中发生事故，要依法获得工伤赔偿的话，雇员要先向职业安全及健康服务署署长申诉，署长对此进行调查并作出赔偿决定，雇员对该决定不服可以向职业安全及健康服务署申请复议，若雇员或雇主对复议结果不满，其才可向法院起诉。

此外，雇员也可以根据普通法提起民事损害赔偿诉讼，与根据《工伤福利法》提出的索赔不同，雇员对工伤损害提起民事诉讼，雇员需证明雇主对其受伤负有责任，若仅因雇员疏忽大意或对造成事故负有责任，则雇主将不对雇员的伤害负责。[②] 此外，根据普通法起诉不必履行前诉的前置程序。

由此可见，在依据《工伤福利法》申请工伤赔偿中，雇主承担"无过错责任"，即雇员在工作中受伤，即使雇主无过错也要承担赔偿责任。此外，工伤赔偿通常涵盖法律或合同中明确列出的具体的伤害或情况。因而雇员的举证责任、举证难度较小。此外，工伤赔偿金通常会及时给予雇员。而雇员依据普通法申请人身损害赔偿，雇主承担"过错责任"，雇员在工作中受伤，还必须证明该伤害是由雇主故意或过失造成，这加大了雇员的举证责任。在人身损害赔偿案件中，雇员可能几个月甚至几年都得不到伤害赔偿，因为人身损害赔偿案件通常需要更长的时间才能结案，因为案件要经过法院审理，而且必须证明雇主存在过错。最后，在人身损害赔偿案件补偿金额方面，在 William Wagura Maigua 案中，[③]原告获得了 3000000 先令的一般损害赔偿金；在 Masai Girls High School 案中，[④]原告获得了 2500000 先令的一般损害赔偿金。一般而言，人身损害赔偿比工伤赔偿中获得的赔偿金额更多，赔偿力度更大，但雇员承担的举证责任更重。

综上所述，雇员在工作中受伤后可采取工伤赔偿或普通法的人身损害赔

[①] How WIBA（ACT）Works In Kenya? *Corporate Staffing*，Jun 25，2015，https://www.corporatestaffing.co.ke/2015/06/how-wiba-act-works-in-kenya/，2020 年 1 月 16 日访问。

[②] The Kenyan Worker and the Law，http://kituochasheria.or.ke/wp-content/uploads/2016/04/Kenyan-Worker-and-the-Law-final2.pdf，2019 年 8 月 11 日访问。

[③] William Wagura Maigua v Elbur Flora Limited［2012］eKLR.Kenya Law，http://kenyalaw.org/caselaw/cases/view/84568/ ，2019 年 9 月 11 日访问。

[④] Nancy Oseko v Board of Governors，Masai High School［2011］eKLR.Kenya Law，http://kenyalaw.org/caselaw/cases/advanced_search/，2019 年 9 月 11 日访问。

偿,雇主在此情况中处于被动地位。雇员若采取工伤赔偿,企业不得不接受署长的询问,雇员对署长处理结果不满,则企业还得面临工伤起诉的风险,在此情形中,企业承担无过错责任。雇员若采取人身赔偿,虽由雇员承担举证责任,但若企业在日常经营活动及工作条件上有所欠缺,这会使企业陷入不利地位,企业将会承担更多的赔偿责任。

5.劳动关系法院解决劳工纠纷的法律风险

劳动关系法院作为一个社会正义机构,其作用是为工人提供迅速、有效的正义。解决贸易争端的程序是精心设计的,目的是使工人能够获得迅速、便宜和有效的补救办法。肯尼亚 2010 年通过的新宪法规定,议会应设立具有高等法院地位的法院以处理就业和劳工关系有关的争端。在这一框架下,议会颁布了 2011 年第 20 号《就业和劳动关系法院法》,该法赋予劳动关系法院与高等法院同样的权力,根据第 4 款设立了劳动关系法院。①

(1)劳动关系法院的诉讼主体限制及权力范围分析

根据《宪法》第 162 条第(2)款和《就业和劳动关系法院法》的规定,法院拥有审理和裁定提交法院的所有争端的一审管辖权及上诉管辖权。《就业和劳动关系法院法》将管辖权扩大到有关就业和劳资关系的问题,包括:与雇主和雇员之间的有关雇佣或由雇佣引起的纠纷;雇主和工会之间的纠纷;雇主组织和工会组织之间的纠纷;工会之间的纠纷;雇主组织之间的纠纷;工会与其成员之间的纠纷;雇主组织与其成员之间的纠纷;关于工会官员登记和选举的争议;与集体协议的登记和执行有关的争议。

《就业法》也规定了劳动关系法院的管辖权,一是雇主或雇员忽视或拒绝履行劳动合同;二是关于任何一方的权利或责任出现的问题,分歧或争议;三是根据劳动合同,一方对另一方的任何不当行为、疏忽、虐待或对其人身或财产造成的任何伤害,受害一方可向劳工官员投诉,或向劳动关系法院起诉。值得注意的是,除劳动关系法院外,任何法院均不得裁定上诉三事项的投诉或诉讼。

法院应确保所有区县都能合理、公平地获得劳动司法服务。为此,首席大法官可授权某些地方法官审理涉及全国任何地区的就业和劳资关系的案件。

① James Rika,The Re-constituted Industrial Court of Kenya and the Role of the Social Partners,Kenya Law,A Discussion Paper on the occasion of the COTU [Kenya] Capacity Building Workshop for Executive Board Members and General-Secretaries,2012,http://www.kenyalaw.org/kl/index.php? id=1903,2019 年 9 月 22 日访问。

被授权的地方法官有权审理涉及就业和劳资关系的议会法案所界定的罪行有关的争端以及终审法院根据首席法官的意见指定的争议。

雇员、雇主、工会、雇主组织、工会官员或根据成文法设立的与劳资相关的办事处均可向法院提出申请、索赔或起诉。法院有权根据案件的具体情况或应当事方的请求实施其他适当的争端解决方案,调解、调停和其他替代性争端解决方案。即在诉讼的任何阶段,争端显然应该提交调解或调停的,法院可以中止诉讼,将争端提交调解或调停。劳动关系法院在行使权力时,可能会受到负责财政的内阁秘书长不时发布的其他就业条款和条件的约束。

(2)劳动关系法院的管辖权与普通法院管辖权的重叠对企业的影响

管辖权是指赋予正式设立的法律机构或政治领导人处理和就法律问题发表声明的实际权力,并在规定的责任范围内行使司法管辖权。2010年肯尼亚《宪法》规定"议会应设立具有高等法院地位的法院,审理和裁决有关就业和劳工关系的争端"。2011年第20号《就业和劳动关系法院法》规定"设立劳动关系法院作为记录在案的高等法院;就雇佣关系及劳资关系及有关事宜,赋予法院司法管辖权"。同时该法第12条规定了劳动关系法院的管辖权——"法院拥有根据《宪法》第162[2]条和本法的规定审理和裁定提交给它的所有争端的诉讼和上诉管辖权",这将管辖权扩大到与就业和劳资关系有关的其他任何成文法。

劳动关系法院有审理和裁决一切与就业和劳动关系有关的纠纷的审判权和上诉审判权。法院有权裁决与雇主与雇员、雇主与工会、工会、雇主组织等之间的雇佣关系或因雇佣关系而发生的纠纷。劳动关系法院有权在其管辖范围内发出以下命令:临时保存令,包括紧急情况下的禁制令;补偿、损害赔偿;复职或法院认为的其他适当救济。为确保迅速执行司法,法院可建议争议各方使用任何其他适当的争端解决手段,如内部协商、调解、仲裁等。法院只能行使宪法或其他成文法赋予的管辖权,必须在宪法的范围内运作,它不能通过司法手段或其他手段来扩大管辖权。

在肯尼亚,劳动关系法院与普通法院会出现重大管辖权重叠现象。例如,雇员向雇主贷款买了房子,雇主为银行,并以其拥有的一块土地为抵押担保。随后雇员的雇佣合同终止了,银行试图拍卖抵押的土地。雇员控告银行不公平解雇他,要求劳动关系法院禁止银行拍卖土地,并裁决其恢复原职。这一问题涉及土地、环境、商业、劳工和就业等方面,银行方认为争议应该提交土地法院,此时就会出现管辖权冲突的问题。另一个常出现的是诉讼时效问题。《就业法》第90条规定,纠纷发生时间超过三年的将不再受理。然而,2007年第

14 号《劳工关系法》对诉讼时效进行了规定,该法规定劳工部长有权酌情延长关于解雇的纠纷时效。① 当纠纷出现时,使用何种时效问题也是管辖权冲突应该考虑的问题。

造成管辖权的重复和冲突的主要原因是多重立法。肯尼亚制定了多部法令对劳动关系的各个方面进行规定,法律种类繁多,没有做好衔接协调工作,许多重复立法,导致在相关劳资问题上容易出现管辖权冲突。解决劳资关系的主要目标之一是建立一个全面的法律框架以管理经济各部门、雇主和工会之间的集体关系。法律将劳动关系法院设立为专门的高级法院,专门负责处理劳资关系产生的问题,以寻求高效便捷的争端解决机制。

综上,在肯尼亚,当雇主与雇员产生纠纷,为保障企业的正常运营及企业的良好形象,应尽快解决纠纷。但是,由于劳动关系法院的管辖权与普通法院管辖权的重叠,使得两者都有可能对相关纠纷进行管理,而不同法院对该纠纷性质的不同界定又对应不同的诉讼程序及原则,这大大增加了诉讼解决纠纷的难度与时间。因此,企业与雇员产生纠纷后,不但要注意劳动方面的法律,还要关注纠纷相关的其他法律,以便能快速应对各种性质的诉讼。

(3)劳动关系法院裁决执行效果不佳对企业的影响

随着就业和劳工权利载入宪法,越来越多的雇主和员工为维护自身利益而将纠纷诉诸劳动关系法院。法院无法及时解决所有劳工纠纷,法官发布的命令也没有办法得到强制执行。因此,劳动关系法院可能被迫变成一个弱势法院,即处理它能处理的争端,给出可执行的决策以及明确哪些争议应提交其他争议解决机制,这严重削弱了劳动关系法院的地位。

肯尼亚劳动关系法院对诉讼程序、法官保障等作出了详细规定,但对执行方面的规定较为笼统,没有相关的强制执行的措施或有关执行措施施行较为困难,这导致法院作出的裁决难以得到有效执行。特别是在雇主方不执行法院裁决时,雇员利益得不到实现,就会采取罢工来抵抗雇主,这样不但没使劳资关系得到缓解,反而增加了双方之间的矛盾。罢工一旦开始,劳动关系法院的裁决及其他司法令更加难以执行,目前,没有一场大罢工因为法院的禁止令

---

① James Rika，The Proper Role and Jurisdiction of the Industrial Court，Kenya Law，Mid-Year Review and Training Workshop for Judges of The Industrial Court of Kenya Discussion Paper，2013，http://kenyalaw. org/kenyalawblog/the-proper-role-and-jurisdiction-of-the-industrial-court/，2019 年 9 月 22 日访问。

而停止,法院的权威受到严重的践踏。[1] 尽管许多社会和经济权利已经可以起诉,但是,关于这些权利的裁决能否得到执行不得不令人怀疑。

(三)中企赴肯投资在劳工问题上的法律风险防范

1.中国企业在肯投资应加入相关协会

孤木难成林,中国企业在肯尼亚想要获得更多的投资信息及帮助,可以加入相关的雇主协会,以便更加高效便捷地获取应对风险的支持。在肯尼亚投资的中国企业可以加入肯尼亚雇主联合会,其是以雇主为主要成员的一个联盟,主要目标是促进雇主与工会之间良好的劳资关系,为成员提供咨询的平台,发起、促进和支持可能有利于雇主的立法措施捍卫雇主的利益。在肯尼亚,雇主联合会向非正式经济企业提供有效的机构服务,肯尼亚雇主联合会也被纳入了政府的就业政策和相应的战略中。[2] 雇主联合会的分支机构在肯尼亚全国范围内覆盖甚广,成员可以在全国范围内最大程度地享受专业的法律人士和劳资关系专家团队提供的广泛服务;雇主联合会还会对雇主的管理模式进行评估并给出合理的改善建议;成员还获得全国范围内肯尼亚雇主联合会资源中心的独家访问权。

肯尼亚中国经济贸易协会(简称肯中经贸协会),是一个在肯尼亚运营的中国企业组成的民间社团。截至 2018 年,协会会员企业已发展至 97 家。肯中经贸协会的成立宗旨是为了增强在肯从事经贸业务的华人的凝聚力和影响力,维护中国驻肯经贸机构的正当权益,促进中国驻肯经贸机构的业务发展。[3] 肯中经贸协会不断完善各项规章制度,使得在肯投资的中国企业的组织管理更为科学合理。协会不仅维护成员利益,协助中国企业解决在肯投资所遇到的困难,还注重塑造中国企业在肯尼亚的社会形象,如开展公益活动,倡导企业积极承担社会责任等。

---

[1] James Rika,The Proper Role and Jurisdiction of the Industrial Court,Kenya Law,Mid-Year Review and Training Workshop for Judges of The Industrial Court of Kenya Discussion Paper,2013,http://kenyalaw.org/kenyalawblog/the-proper-role-and-jurisdiction-of-the-industrial-court/,2019 年 9 月 22 日访问。

[2] Labour Market Profile-Kenya 2014,http://www.ulandssekretariatet.dk/sites/default/files/uploads/public/PDF/LMP/lmp_kenya_2014_final_version.pdf,2019 年 5 月 13 日访问。

[3] 《肯尼亚中资企业社会责任概览(2018)》,肯尼亚中国经济贸易协会,http://ke.mofcom.gov.cn/18cn.pdf,2019 年 4 月 26 日访问。

肯尼亚还有许多相关协会,如肯尼亚建筑和土木工程承包商协会、木材工业雇主协会、肯尼亚银行家(雇主)协会等。在肯投资的中国企业可以根据自身经营范围选择加入相应的雇主协会,以利用相关协会的资源及地位优势来获取更多帮助。

2.中企对肯尼亚限制外来劳工制度的应对措施

中国企业在肯尼亚投资避免不了劳动力问题。劳动力来源分为两类:一是肯尼亚本地劳工;二是境外劳工。肯尼亚严格的工作许可证制度导致在肯尼亚投资的中国企业不得不大量雇佣肯尼亚本地劳工,但是肯尼亚本地劳工大部分难以胜任工作,这导致雇主与雇员之间的矛盾十分突出。为了解决肯尼亚限制外来劳工产生的问题,中国企业可以从以下方面入手:

(1)采取劳工本土化政策

中国企业在肯尼亚偷用非法境外劳工的行为遭到肯尼亚一些媒体的批评:"中国人用自己银行的钱,用自己的劳动力,购买中国的产品,来非洲建设基础设施。所有的钱最终都流入了中国的口袋,为中国创造了 GDP。"[①]在中企与肯尼亚当地居民矛盾冲突日益加剧的情况下,中国企业解决劳工问题的首要任务就是解决当地劳工不适格的问题。此外,肯尼亚劳动力成本低,雇佣当地劳工不仅可以降低劳动成本,当地劳工雇佣比例的提高,也有助于中国企业树立良好的企业形象。此外,当地员工将是让跨国公司加快了解当地法规和漏洞的宝贵手段。

在企业雇佣境外员工受限的情况下,企业可以加大当地劳工的培训力度,实施精英化员工的培养机制。肯尼亚政府日益重视对劳工的教育及培训,其投入大量人力物力来提高肯尼亚工人的专业的技术和技能,以增强本国劳动力的竞争力。在此政策背景下,中国企业可以联系劳工部及各大高校,签订专门的劳动框架性协议,对当地劳工进行培训教育,定期组织考核与比赛,增强劳工技能的同时,提高他们的积极性与竞争意识。给予在校学生实习的机会,增加学生的实践操作水平,也可解决企业短期用工紧缺的问题。企业还可以指派优秀的指导员对劳工或实习生进行专门指导培训,根据培训表现情况择优录取为企业管理层。提高本地管理人员和企业精英的比例,是未来中国企

---

① Eleanor Albert,China in Africa,Council on Foreign Relations,https://www.cfr.org/ backgrounder/china-africa,2019 年 5 月 26 日访问。

业解决海外投资过程中的劳资矛盾的必由之路。①

（2）做好尽职调查工作，了解肯尼亚的劳工习性，采取灵活的沟通方式

中国企业在肯投资的时候，经常会忽视肯尼亚当地的劳工习俗及习惯，常将在国内的管理及解决问题的手段套用在对肯尼亚劳工问题的解决上，这常常会弄巧成拙，激化劳资双方的矛盾。中肯文化、教育、信仰等不同，常会导致中国企业与肯尼亚当地劳工对同一信息产生不同理解，此时就不能采用中国国内的"少说多干"的处理手段，而应积极与劳工沟通，消除误解，以求双方劳资关系能和谐发展。众所周知，当地劳工更熟悉肯尼亚国情，更了解肯尼亚的劳动现状，因此，中国企业可以雇佣当地管理人员来管理当地普通雇员和劳工，这样有助于加强管理层与雇员之间的信任与交流。当然，企业也可以选择具备相当资质的人力资源派遣合作伙伴，尝试采用部分人力资源外包方式，进行部分试点以规避风险，有效应对人力资源管理风险。②

（3）完善员工奖励机制，保障员工的权益

肯尼亚本地劳工大部分比较懒散，常常旷工，对此，中国企业可以"两手抓"，即一方面实施考勤奖励计划，给予员工满勤奖，另一方面实行旷工惩罚措施，这样才能有效解决员工的旷工问题。企业应对境外员工和当地员工一视同仁，保障员工工作环境的安全与健康，确保境内外员工能同工同酬。

3.雇主雇佣中的法律风险防范

（1）签订符合法律规定的劳动合同

雇主与雇员建立劳动关系需要签订劳动合同，法律另有规定的除外。劳动合同规定了雇主与雇员权利义务，订立一份合规完善的劳动合同对雇主来说尤为重要。劳动合同是指劳动者与用人单位之间确立劳动关系，明确双方权利和义务的协议。肯尼亚的劳动合同包括固定期限劳动合同、临时合同、试用期合同等。雇佣期3个月以上的，应当签订书面劳动合同。肯尼亚《就业法》规定试用期不应超过6个月，但经雇员同意可延长至一年。根据《就业法》第39条，如果雇员在劳动合同期限届满时处于假期当中，该合同的期限可以延长一个月。

用人单位应当自用工之日起两个月内，向劳动者提供《劳动合同》主要条

---

① 潘玥、陈璐莎：《"一带一路"倡议下中国企业对外投资的劳工问题——基于肯尼亚和印度尼西亚经验的研究》，载《东南亚纵横》2018年第1期。

② 陈新：《国际工程承包人力资源风险应对的若干思考——以肯尼亚为例》，载《人力资源管理》2015年第7期。

款的雇佣详情说明书。雇佣详情说明书指雇主与雇员建立劳动关系后两个月内向雇员提供的有关雇员及聘用条款的资料清单。说明书必须包括雇员的姓名、年龄、永久地址及性别、雇主的名称、入职日期、工作描述、合同的形式和期限、工作的地方、薪酬及计算方法、税率、福利详情、支付报酬的时间间隔等。若上述说明书的内容已在劳动合同中述明，则雇主无须向雇员提供该说明书。肯尼亚允许订立口头劳动合同，但雇员必须提供雇佣详情说明书。但是值得注意的是，在肯尼亚的法律程序中，证明或推翻劳动合同所列条款的责任均由雇主承担，若雇主未能出示劳动合同或雇佣详情说明书，则其将会承担不利的法律后果。[①]

劳动合同中另一个关键问题是终止雇佣及纪律事项。为避免误解，劳动合同中应明确终止雇佣的条款和条件，例如解雇的通知期限、雇员可被解雇的原因以及解雇后雇员的应享待遇等信息。劳动合同还应规定对雇员的缺勤或违约行为采取的纪律措施。

（2）履行好解雇的程序性手续，避免"不公正解雇"

早期肯尼亚的雇主可以无条件解雇雇员，但在肯投资的企业需要注意，2007年肯尼亚颁布了新《就业法》，该法对雇主解雇雇员作出了限制，即雇主对雇员的随意解雇权丧失。雇主解雇雇员需要符合一定条件及程序，否则即为不公正解雇。雇主可以下列理由解除劳动合同：雇员的不当行为；雇员丧失工作能力；雇员表现不佳；雇主因经营变动需裁员。需要指出的是，肯尼亚劳工常常对雇主解除劳动合同的非法性进行申诉，在他们看来，任何解雇他们的理由都是雇主为了解雇他们而编造的。因此，企业应做好雇员平时的工作考评记录，以作为解雇雇员的证据，避免雇员提起不公正解雇之诉。

雇主除了要有解雇理由外，在解雇雇员时需提前一段时间通知雇员或支付一定金额的代通知金，提前通知的时间因支付工资的间隔不同而有不同规定。肯尼亚对解雇通知的通知期间的规定比较详细，在肯投资的企业需明确雇员的工作支付情况，然后按相应的规定作出通知，避免不公正解雇。此外，在肯投资的企业需注意，无论是以何种理由解雇雇员，都需对雇员进行聆讯。尽管肯尼亚对哪种理由的解雇需要进行聆讯有争议，但目前主流观点是任何解雇都需要对雇员进行聆讯。为了减少不必要的争端，企业最好对被解雇的雇员都进行聆讯，以免被断定为不公正解雇。

---

① Employment Contract in Kenya: What To Look For, Corporate, https://www.corporatestaffing.co.ke/2016/06/employment-contract-kenya/,2019 年 7 月 6 日访问。

此外,企业可以向表现不佳或行为不端的雇员解释他们做错了什么,可以和他们进行交流寻找一个解决问题的方案,给他们一个改正的机会。企业不要试图说服雇员离职,因为这样容易遭到不公正解雇及职场霸凌的指控。[①]但是,法律没有规定在解雇雇员之前一定要对雇员进行多次警告。当企业决定解雇雇员时,应当清楚和完整地向雇员说明任何关于行为不端或工作表现不佳的情况。许多企业因没有向雇员清晰明确地解释其为何被解雇而遭到法院的指控。简单来说,当雇员表现不佳或行为不端时,先给他们一个警告让他们有改正的机会,最后再进一步讨论该问题。企业若遵守上述程序,则会最大程度避免承担不公正解雇的法律责任。

4.善于利用三方主义的社会对话体制

雇主与工会的对抗性及雇员的罢工会对雇主的生产经营产生强烈冲击,因此,雇主为顺利生产经营要善于利用三方主义的社会对话体制来防范工会及罢工带来的风险。

(1)明确三方主义的社会对话体制对劳资关系的积极意义

国际劳工组织对社会对话的定义是政府、雇主和雇员之间就经济和社会政策方面的问题进行的各种谈判、协商或信息交流。社会对话机制可以有三方主体代表参加,也可以只由劳资双方参与。社会对话的目的是促使各方之间达成共识,并以此为基础形成一种全新的思考方案及行动。良好的社会对话能解决重要的经济和社会问题,鼓励善政,促进社会和工业和平与稳定,并促进经济进步。社会对话成功与否,与以下几个方面息息相关:强大、独立的工会和雇主组织,具有技术能力和获取相关信息的机会,参与社会对话;所有参与方想要利用社会对话的意愿和承诺;尊重结社自由和集体谈判的基本权利;合适的机构支持及国家在社会对话中的作用。

随着社会发展和全球化日益加深,三方主义的对话机制的范围不断扩大,因此也面临新的挑战。社会对话的各方已经改变,促进这一活动的机构也发生改变。在肯尼亚,社会对话主体范围比传统的三方参与者——政府、雇主和雇员更为广泛。在肯尼亚劳资关系各方看来让其他相关人员参与到社会对话

---

① Lachlan Mcknight, How do I avoid unfair dismissal claims, Legal Vision, 2015, https://legalvision.com.au/avoid-unfair-dismissal-claims/,2019 年 7 月 18 日访问。

中可以使各参与者获得更多不同建议,建立更广泛的共识。①

　　社会对话涉及到劳资活动的方方面面,其民主与平等的对话方式,更易于解决劳资方面的问题,减少社会矛盾,缓和劳资关系。在政府、雇主及雇员之中,雇主方想要参与社会对话的意愿往往最小,一方面是因为雇主方常常占据有利地位,不愿与雇员方沟通。另一方面是因为雇主对社会对话达成的协议的有效性及可执行性的怀疑。在此情况下,大多企业宁愿将纠纷问题拖着直到更激烈冲突的爆发或直接起诉到劳动关系法院。事实上,中国企业在肯尼亚投资产生劳工纠纷时,采取社会对话的方式可以高效便捷地解决纠纷,为企业的发展运营创造更有利的环境。社会对话与企业的发展息息相关,企业不但要重视社会对话,还要不断提高社会对话技巧与能力,这样才能为自身争取更多的发展空间。

　　(2)利用三方主义的社会对话体制维护企业权益

　　最有意义的社会对话形式是集体谈判,它是指工会与雇主之间就工资和工作条件进行的谈判,产生具有约束力和可执行的集体协议。为了平衡雇主与员工之间的利益,必须以法令或集体谈判协定的形式进行干预,集体谈判是纠正雇佣关系中固有的权力不平衡和限制管理特权的有效工具。立法有一定的局限性,就其本身而言,法律在限制管理权方面并不十分有效。立法只规定最低标准,而在集体谈判中,各方可以超越法定最低标准进行谈判,以改善其工作条件。立法仅仅是确立了"权利的底线",而这只是工会和雇主谈判的基础。例如,法定最低工资仅仅规定了人们最低可得的劳动报酬,工会和雇主组织的集体谈判可以争取更高的工资。这一权利范围通常包括工资、工作时间、休假、保护工人结社自由、促进雇主与工人之间的集体谈判、职业安全与健康。集体谈判最终是要确保经济发展不会以牺牲人权为代价。

　　集体谈判是雇主和工会之间活动的表现方式。早期的雇员与雇主是一种压迫和反抗的对抗关系,随着时代的进步,双方都在考虑采取一种"双赢"的方式进行集体谈判。②

---

　　①　James Rika, The Re-constituted Industrial Court of Kenya and the Role of the So-cial Partners, Kenya Law, A Discussion Paper on the occasion of the COTU〔Kenya〕Ca-pacity Building Workshop for Executive Board Members and General-Secretaries,2012,ht-tp://www.kenyalaw.org/kl/index.php? id=1903,2019 年 9 月 22 日访问。

　　②　Julie Sturgeon, How to Improve Your Approach to Collective Bargaining, Foun-dation, https://edwardlowe.org/how-to-improve-your-approach-to-collective-bargaining/,2019 年 9 月 26 日访问。

第一,集体谈判注重效率,避免拖延谈判时间。一般在谈判过程中,一方或双方通常会放慢谈判速度,减少会面频率,因其希望在放缓的谈判过程中,自身优势会慢慢凸显,一方或双方都会得到更好的谈判结果。[①] 但是,这往往适得其反,因为谈判时间越长,对劳资关系双方的挫折感与不确定性就会形成,最终达成协议可能需要几年时间。更糟糕的是,当协议最终签署时,双方可能还会犹豫,这样会导致谈判又得重新开始,使得双方在前面的谈判中花费的精力白费。因而,中国企业在进行集体谈判时,尽量避免拖延战术,应尽可能高效快速地和劳工方达成协议,以使相关劳资问题得到解决,从而使企业能够更好地运营。

　　第二,集体谈判要简单,把重点放在根本问题上。许多谈判者在罗列自身谈判需求时,往往会列出大量的条款。值得注意的是,在列出的谈判条款中许多条款并不重要,这些"鸡肋"条款反而会使谈判变得烦琐且困难。因此,企业在谈判过程中,应当将时间和精力放在对企业自身有很大价值的问题上,例如探讨至关重要的问题和长期存在的问题。对于一些细微的问题,可以采用补充协议等方式来解决,这样能使谈判更加便捷高效。

　　第三,对劳资谈判双方的培训。大部分企业在日常管理培训中都会加入谈判技巧培训,在他们看来,管理层谈判技巧越高超,谈判的相对方谈判技巧越差,那么他们就能占据谈判的主导地位,达成对自己有利的协议。殊不知,作为谈判主体之一的工会对谈判进程及以后协议的执行都有着不可估量的作用。在谈判中一味地打压工会代表,会让工会代表对集体谈判产生不信任感及对抗心理。就算最后达成了协议,当工人们发现自己受骗,也会拒绝履行协议,更糟糕的是,如果工人们对集体协议失去信心,那么他们很可能采取罢工的手段来达到自己的目的。因此,只有当管理层和工会都拥有同样强大的谈判技巧时,将有助于创造一种有利于管理当局和工会之间公正和公平协议的谈判气氛,劳资关系才会良好。相反,缺乏经验和训练不足的谈判者会阻碍谈判的进行,破坏劳资关系。所以,培训不应仅限于管理层,工会领导和员工也必须参与培训,因为他们是劳资关系中不可缺少的一方。[②]

　　① Gary Furlong, *Strategies for Collective Bargaining in Today's Economy*, Queen's University Industrial Relations Centre,2016,p.5.

　　② Aswathappa, *Human Resources & Personnel Management*. Tata McGraw-Hill Publishing Company Ltd,2005, p.82.

5.善于利用替代争端解决机制解决劳资纠纷

处理劳资纠纷的传统解决方式是采取诉讼手段,这也是各个国家处理劳资纠纷的主要手段。然而随着劳动法的颁布,工人维权意识的增加,传统的纠纷解决机制越来越难以满足劳资双方想要快速便捷地解决劳资争议的需求。在肯尼亚,无论是雇主还是雇员都越发排斥通过劳动关系法院来解决劳资争议。一方面,由于劳动关系法院中法官数量较少,难以及时有效地处理大量的劳资争议,导致案件堆积,纠纷得不到及时解决。并且肯尼亚政府部门贪腐成风,部分劳动关系法院法官会故意拖延案件审理以便从争议当事方处获得利益。另一方面,劳资纠纷处理程序十分烦琐,这使得一个案件从立案到判决所费时间太多。就算当事人拿到法院的判决也很难执行,因为在诉讼中,双方一直处于对立面,没有得到有效沟通,加上对法院司法公正性的怀疑,使得很多劳资纠纷的案件处于可判而不能执行的尴尬境地。在此背景下,诉讼会引起劳资双方当事人对司法系统的怨恨和蔑视。从长远来看,这种情况会对劳资关系产生负面影响。为了更好解决劳资纠纷,发展良好的劳资关系,雇主与雇员不得不寻找一种更优的解决劳资纠纷的制度。因此,雇主要善于利用替代争端解决机制解决劳资纠纷。

在肯尼亚投资的企业想要高效便捷地解决劳资纠纷都在尽量避开诉讼这一解决方法。肯尼亚政府也意识到替代性争端解决机制在劳资纠纷中已经是不得不正视的问题。肯尼亚在整个司法系统中引入替代性争端解决机制,将直接影响到司法系统所有部门的司法质量,以及公众和企业获得司法救助的速度和效率。[①] 肯尼亚的替代性争端解决机制包括谈判、调解和仲裁。肯尼亚《宪法》第159条规定法院行使司法权保障其他争端解决方式的顺利进行。宪法对替代性争端解决机制程序的承认是为了加强其第48条所认可的纠纷解决途径。《就业和劳动关系法院法》第15(1)条规定,法院可以根据宪法第159(2)(c)条自行或应当事方的请求,采取和执行任何其他适当的争议解决方式。《就业和劳动关系法院法》第15(4)条规定,允许法院中止诉讼程序,并将该事项提交调解、调解或仲裁。[②]《民事诉讼法》有一些规定既涉及调解也涉及仲裁,该法赋予法院管辖权,在双方同意或法院认为适当的情况下,将任何

①　Judiciary Supporting Alternative Dispute Resolution Mechanism. Judiciary of Kenya, https://www.judiciary.go.ke/judiciary-supporting-alternative-dispute-resolution-mechanism/,2019 年 9 月 6 日访问。

②　Kenya：Employment And Labour Relations Court Act(No. 20 of 2011).

争议移交替代性争端解决机制。2010年《民事诉讼规则》规定在各方均同意的情况下,法院有权将双方之间的任何争议提交仲裁。司法机关将权力下放到替代性争端解决机制,其将在更多的司法治理框架内提供"法律授权"。

尽管肯尼亚最近几年才出现替代性争端解决机制的规定,相关程序规定还不太完善,但是跟法院诉讼相比,劳资争议当事人更倾向于选择替代性争端解决机制来解决劳资纠纷。越来越多的雇主意识到劳动关系法院在处理劳资纠纷时更多关注的是法律本身而不是争端问题的本身,因此,法院的判决往往与雇主的预期结果大相径庭。于是,雇主们转而寻求一种更加专注于劳动问题本身的争端解决机制即替代性争端解决机制,因为该种机制能更有效地解决劳资关系纠纷,建立平等和谐的劳动氛围。

在肯投资的企业需注意,其无法操控法院,也无法决定法院的运行规则。当劳动纠纷被诉至法院,企业就处于被动地位,一切都得按照法律的规定进行,其在劳动纠纷问题上的主导地位及解决问题的灵活性都将受到影响。调解、仲裁等替代性争端解决机制则强调自由、民主、平等地解决纠纷,其具有灵活性、非正式性、成本效益、快速性、有效性、促进各方关系、产生双赢结果等特点。一般来说,替代性争端解决机制的当事方都处于平等的地位,在此基础上进行的调解、谈判、仲裁等都更易于劳资关系双方接受,这对劳动纠纷的解决及之后的顺利执行都至关重要。更重要的是,当企业选择替代性争端解决机制解决纠纷时,其可以对纠纷解决程序有更多的控制,例如选择解决纠纷的时间、地点、参与人员甚至是纠纷解决的规则。为此,企业可以在替代性争端解决机制中尽可能多选择对自己有利的纠纷解决规则从而避免被僵硬的法律制度及诉讼程序所限制。替代性争端解决机制与传统的诉讼相比能更恰当地解决争端中的潜在问题。此外,肯尼亚政府鼓励采用替代性争端解决机制解决劳资问题,肯尼亚提供替代性争端解决服务的私营公司、社会机构数量呈爆炸式增长,劳动关系法院也在促进替代性争端解决中发挥着越来越大的作用。因此,在肯投资的企业采用替代性争端解决机制解决劳动纠纷不失为一个明智的选择。

6.其他法律风险防范

企业需有性骚扰相关规定。遭受性骚扰的雇员(不论男女)可向雇主提出申诉。根据《雇佣法》第6(2)条,拥有20名及以上雇员的雇主必须制定性骚扰政策,规定遭受性骚扰的雇员在提出投诉和寻求补救时应遵循的程序。在肯投资的企业常常会忽视此条规定,雇主们认为雇员如果发生性骚扰事件交由政府或法院处理即可。事实上,大多数雇主被判定承担性骚扰相关责任,不是因为其有性骚扰行为,而是因为他们没有遵循《雇佣法》的规定制定相关政策及履行申诉处理程序。

　　避免歧视员工。肯尼亚《宪法》第 27 条禁止基于种族、肤色、性别、语言、宗教、政治或其他意见、国籍、族裔或社会出身、残疾、怀孕、婚姻状况或 HIV 状况的歧视。该法第 5(7)条规定,当雇员声称受到歧视时,举证责任转移给雇主,雇主必须证明其并没有歧视雇员。这是一项奇怪的规定,因为它违反了证据法中众所周知的原则,即"谁主张谁举证"。因此,在肯投资的企业在日常经营活动中尽量减少带有歧视色彩的用语或劳动安排,做好完善的工作安排通知解释工作,以免被控歧视。

　　企业须规定雇员的退休年龄。肯尼亚《养老金法》第 9 条规定,公职人员或政府雇员应在年满 50 岁后随时退休,后该退休年龄被修改为 60 岁。肯尼亚的法律没有对私企雇员的退休年龄作出规定,这意味着私营企业可以自行决定雇员的退休年龄,根据企业的性质,退休年龄一般可以定在 50 至 74 岁之间。唯一的例外是残疾人的退休年龄为 60 岁,无论他们是公务员还是私营企业的雇员。[1]

---

① Private Firms Can Set Workers' Retirement Age, Standard Media, https://www. standardmedia. co. ke/article/2000002311/private-firms-can-set-workers-retirement-age, 2019 年 6 月 26 日访问。

第四章　尼日利亚外资法律制度研究

一、尼日利亚外资法体系概述

尼日利亚属于联邦制国家,设联邦、州和地方三级政府。在 1996 年 10 月该国重新划分了行政区域,全国共划分为 1 个联邦首都区(位于阿布贾)、36 个州以及 774 个地方政府。国家政权架构实行立法、行政、司法三权分立。

尼日利亚国民议会由参议院和众议院组成,是尼日利亚的最高立法机关,负责制定和通过联邦法律。此外,每个州都有一个自己的立法机关,即州议会,负责制定州法律。联邦最高行政权力归总统所有,总统可以依照国民议会制定的法律,直接任命副总统兼联邦政府部长和其他政府官员。各州的最高行政权归州长所有,并在符合法律规定的前提下,州长可直接任命副州长、政府专员等州公共服务人员。[①]

尼日利亚各级法院独立行使司法权,法院采用对抗式诉讼制度,法官既需要审查事实,又负责适用法律。联邦制国体下,其司法体系亦分为联邦一级与州一级。联邦一级法院包括最高法院、宪法法院、上诉法院和联邦高等法院。最高法院是尼日利亚的最高司法机构,主要负责受理联邦与各州之间、州与州之间的纠纷,审理上诉法院的申诉,并拥有所有上诉案件的终审权。宪法法院负责审理一切有关联邦宪法解释和实施的案件。上诉法院对总统选举、总统的相关职位权限,以及总统与副总统的职位空缺等事务具有专属管辖权,此外,上诉法院还负责审理联邦和各州高等法院和州沙里亚伊斯兰教上诉法院的申诉。联邦高等法院负责直接受理联邦政府及其有关下属机构关于税收、海关、银行、知识产权、国籍、移民等诸多方面的纠纷,并拥有刑事犯罪,特别是刑事重罪的审判权。联邦高等法院无上诉管辖权。州一级法院包括州高等法院、沙里亚上诉法院和习惯法上诉法院等。地方政府一级设有地方法院。各

---

① 《尼日利亚宪法》第 5 条。

州和联邦首都区都有其高等法院,对除其他法院保留事项外的刑事、民事案件拥有一般管辖权,沙里亚上诉法院负责涉及伊斯兰人法律问题的民事诉讼的上诉和监管。习惯法上诉法院负责涉及习惯法的民事诉讼的上诉和监管。除此之外,法律也可能授权非司法机构行使准司法的权力,但是在行使该权力之前,非司法机构应当保证当事人的合理听证机会与该机构的公正性。①

尼日利亚是前英国殖民地,作为普通法系国家,其法律体系深受英国法影响。首先,尼日利亚的司法审判不仅遵循"服从先例"原则,在无法律和先例可依的情形下,还可以援引英国判例。其次,在受英国殖民之前,长期存在的习惯法也仍然具有法律效力。不仅如此,受伊斯兰宗教的影响,伊斯兰法也是尼日利亚部分地区重要的法律渊源。综上所述,尼日利亚的国内法律渊源包含了宪法、尼日利亚立法、习惯法、伊斯兰法和司法判例。②

在外资法领域,尼日利亚立法已经进入逐步完善与发展阶段。其对待外资的基本政策呈现出积极引进、注重外资激励和放松管制的趋势与态度。在外资法的国内立法渊源方面,尼日利亚颁布了 1995 年投资促进委员会第 15 号法令、1999 年第 45 号投资和证券法令、新外汇法令、新矿产及开采法案等一系列法律,欲达到吸引外资的目的。在国际法律渊源方面,为加强与其他国家的商贸往来,提升本国投资环境,尼日利亚已加入世界主要多边投资条约和非洲地区的主要区域性多边投资条约。在国际组织的加入情况上,尼日利亚已成为世界贸易组织、国际货币基金组织、世界银行、世界知识产权组织等重要国际组织的成员国。

中国与尼日利亚建交于 1971 年,自建交以来,中尼双方经贸合作密切,尼是中国在非洲的第一大工程承包市场、第二大出口市场、第三大贸易伙伴和主要投资目的地国。③ 截至 2019 年,中尼贸易额已经达到 192.75 亿美元,中方在尼投资主要涉及铁路、公路、房屋建设、电站、水利、通信、打井、进口原油和天然气等领域。中尼双方签有贸易、经济、技术、科技合作和投资保护等协定。④

---

① 《境外法规—尼日利亚》,http://policy.mofcom.gov.cn/page/nation/Nigeria.html,2021 年 4 月 25 日访问。

② 《境外法规—尼日利亚》,http://policy.mofcom.gov.cn/page/nation/Nigeria.html,2021 年 4 月 25 日访问。

③ 《对外投资合作国别(地区)指南—尼日利亚(2020 年版)》,"走出去"公共服务平台,http://www.mofcom.gov.cn/dl/gbdqzn/upload/niriliya.pdf ,2021 年 2 月 25 日访问。

④ 《中国同尼日利亚的关系》,https://www.chinanews.com/gj/zlk/2014/01-16/295_2.shtml,2021 年 4 月 25 日访问。

(一)尼日利亚宪法

尼日利亚现行宪法制定于 1999 年,宪法凌驾于所有法律之上,具有最高的法律效力。根据宪法第 6 条第 6 款的规定,尼日利亚法院有权审查法规与行政行为的合法性与合宪性,该条款的适用在实践中已有先例,尼日利亚的最高法院曾依据宪法第 6 条第 6 款的规定行使司法审查权,以请愿权法令的相关条款不正当阻碍了个人及公司依法对尼日利亚政府及其机构提起诉讼的权利为由而推翻该法。[①] 宪法的这一条款对外国投资企业的意义在于,投资者权利如果因受违宪的法律或违法的行政行为而遭受侵犯,可依该条款向法院起诉,要求法院行使司法审查权以维护自身权利。[②] 但是,从以往的判例与法院解释法律、法规的习惯上来看,法院行使司法审查权一般持较为保守的态度:尽管一般公平原则是法院在解释法律法规时应当遵守的基本原则,但是遵守明义规则,将各法律条文解释为是相互补充而非相互矛盾,并符合议会和其他立法机构的目的是其重要的法律解释原则。[③] 宪法第 44 条第 1 款规定,在尼日利亚不得以强制性方式取得动产或不动产等任何权益,并且不得在尼的任何地方强制性取得此类财产的所有权或权益,除非(a)按要求及时支付赔偿金及(b)给予索偿人以决定其在财产中的权益的权利并给予其在尼日利亚具有向有管辖权的法院、法庭或机构提起赔偿的权利。这一条款保障了外资企业财产权免受强制性取得或强制性收购的权利。[④]

(二)尼日利亚投资促进委员会法令

尼日利亚投资促进委员会第 15 号法令(以下简称"NIPC 法令")颁布于 1995 年,其制定目的在于鼓励和促进尼日利亚的经济投资和其他有关事项。尼日利亚采用单轨制立法方式,故尼日利亚与外资相关的立法同时适用在尼的本国投资者与外国投资者。由此可见,尼日利亚包括 NIPC 法令在内的外

① 《尼日利亚宪法》第 6 条第 6 款。

② 王鹊林:《尼日利亚 NIPC 法令对外国投资的保护》,载《哈尔滨学院学报》2010 年第 1 期。

③ Dr. Justus Sokefun, Nduka C. Njoku, The Court System in Nigeria: Jurisdiction and Appeals, *International Journal of Business and Applied Social Science*, Vol. 2, No.3, 2016, pp.10-19.

④ 《尼日利亚宪法》第 44 条第 1 款。

资立法为外国投资者构建了一个相对公平的投资环境。① 相较于 1989 年的
NIPC 法令,新 NIPC 法令最大的特点是放开了对尼日利亚商业实体的所有权
结构要求,除石油和天然气领域的投资仅限于成立合资企业或订立合作协议
以外,允许外国投资者拥有尼日利亚其他企业 100% 的股权。而在 1989 年
NIPC 法令的规定中,由于必须保证尼日利亚本国对企业的绝对控制权,外国
投资者的股权比例仅限于 40%。②另外,NIPC 法令允许外国企业可以不受限
制地通过尼日利亚证券交易所购买尼日利亚企业的股票。这意味着外资不仅
可以在尼日利亚进行证券投资,而且还可以通过收购的方式与尼日利亚企业
合并。③

1.投资促进委员会

NIPC 法令规定成立尼日利亚投资促进委员会(以下简称“NIPC”)。
NIPC 的性质是联邦政府的一个下属机构,可以法人的名义起诉或者被起
诉。④ NIPC 设立的目的在于鼓励、促进和协调在尼日利亚的投资。⑤ NIPC
主要负责启动并支持尼日利亚投资者和外国投资者的投资,改善尼日利亚的
投资环境。其具体职能可归纳为以下几点:

(1)在行政管理上,协调、监督、发起、促进和支持投资活动,并负责改善尼
日利亚的投资环境。

(2)在具体的投资活动中,收集、整理、分析和传播有关投资机会和投资资
本来源的信息,并应要求就合资企业项目中合作伙伴的可用性、选择或适合性
提出建议;登记和保存本法适用的所有企业的记录;确定具体项目,并邀请感
兴趣的投资者参与这些项目;负责发起、组织和参与促进投资的活动,如展览、
会议和研讨会。

(3)在投资者和各个机构间搭建桥梁并为投资者提供帮助。保持投资者
与各政府部门和机构、机构贷款人和其他与投资有关的机构之间的联系。为
投资者提供协助和投资建议,提供和传播关于投资者可用的激励措施的最新

---

① 甘湘武:《尼日利亚外资立法研究》,载《西部法学评论》2010 年第 1 期。

② 2020 Investment Climate Statements：Nigeria,https://www.state.gov/reports/
2020-investment-climate-statements/nigeria/,2021 年 4 月 23 日访问。

③ Khrushchev U.K. Ekwueme, Nigeria's Principal Investment Laws in the Context
of International Law and Practice, *Journal of African Law*,Vol.49,No.2,2005,pp.177-
206.

④ 《尼日利亚投资促进委员会法令》第 1 条。

⑤ https://nipc.gov.ng/,2021 年 4 月 25 日访问。

信息,并通过提供支持服务来帮助新的和现有的投资者。

（4）履行监督和建议职能。评估自身行为对尼日利亚投资的影响,并提出适当的建议;并就政策问题向联邦政府提供建议,包括旨在促进尼日利亚工业化或经济总体发展的财政措施。[①]

除此之外,为落实鼓励、协助投资的目标,NIPC 专门建立了一站式投资中心（OSIC）,该机构包括了 27 个机构的参与,负责提供投资便利化服务,以巩固和简化新业务和投资的管理程序。对于投资者而言,寻求该机构的帮助能够有效减少政府处理监管、审批和许可所需的时间。该机构能够向企业提供投资建议并协助提供与企业合并和扩张有关的信息和要求,具体有协助投资者办理签证、公司注册、营业许可和注册、税务登记、移民和海关事务等。[②] OSIC 一般会在尼日利亚各地区设立分支机构,以便为投资者提供有效和透明的服务。[③]

2.NIPC 法令的主要内容

NIPC 法令中含有大量的投资促进条款,其内容主要包含以下几个方面:

（1）货币风险担保条款。NIPC 法令规定,应保障外国投资者有通过授权交易商自由兑换货币并无条件转移资金的权利。其资金包括税后的股息和利润;与贷款服务有关的支付款项;企业出售或清算产生的收益、债务的汇寄,以及因投资产生的利息（不含税）。[④] 尼日利亚 NIPC 法令中的货币风险担保条款保障了投资者对相关资金的可兑换和可汇出,使外国投资者能够将投资收益自由汇出尼日利亚。"无条件汇出"意味着尼日利亚政府不能通过法律、法规对投资者兑换和转移其收益进行限制,其内涵进一步包括了尼日利亚的政府机构不得故意拖延兑换和转移货币的时间。[⑤]

（2）征收及国有化担保条款。NIPC 法令规定任何企业不得被联邦政府收归国有或征用。任何全部或拥有企业资本的人,不得被法令强迫将其在资本中的权益让与其他人。联邦政府在收购企业或相关权益时应当满足三个条件:一是该征收或国有化行为必须依照法律规定;二是征收或国有化的目的需

---

① 《尼日利亚投资促进委员会法令》第 4 条。

② https://nipc.gov.ng/,2021 年 4 月 25 日访问。

③ 2020 Investment Climate Statements：Nigeria, https://www.state.gov/reports/2020-investment-climate-statements/nigeria/,2021 年 4 月 23 日访问。

④ 《尼日利亚投资促进委员会法令》第 24 条。

⑤ 王鹊林:《论尼日利亚 NIPC 法令对外国投资的保护》,载《哈尔滨学院学报》2010年第 1 期。

出于国家利益或公共目的;三是必须支付公平和充分的补偿。此外,法令中还强调了两点,一是投资者有权就其权利或者获得的赔偿金额向法院提起诉讼;二是政府的补偿应当及时,并应当保证货币的可兑换性。[①]对于该条款的规定,投资者需要注意以下几点:第一,此款规定的保护对象,既包括尼日利亚的外国直接投资者,也包括因外国间接投资而享有企业股份的资产投资者。第二,本条款对征收与国有化进行了区分描述,这意味着尼日利亚政府不仅应当担保对投资进行分散收取的行为,也应当担保对投资大范围进行收取的行为。第三,本条款规定的补偿标准包括了公平、充分、及时和有效,但是对于投资补偿的具体范围并无规定。结合《中尼双边投资保护协定》中的规定,其补偿标准应等于征收公布前一刻被征收投资的价值。[②]第四,政府既能够因公共目的也能够因国家利益而主张征收或国有化,国家利益的范围广于公共目的,相较于公共目的,国家利益还包含了对政治和安全的考虑因素。因此投资者应当对其面临的征收及国有化风险的范围作出合理预判。[③]

(3)争端解决程序。①NIPC 法令在投资者与联邦政府的争议解决条款中设定了前置友好协商解决方式,即如果投资者与联邦政府发生争议,应当尽一切努力通过相互讨论达成友好解决。②结合中尼双边协定,对于争议无法在六个月内友好协商解决的情形下设置了岔路口条款,投资者可以在诉讼与仲裁中选择一种方式保障自身权益。[④]在选择仲裁时,如果受害方是尼日利亚投资者,则依据《仲裁和调解法》规定的程序规则进行仲裁,如果受害方是外国投资者,则依据东道国和投资者母国缔结的双边投资保护协定或者在双方商定的其他国家或国际规则框架内进行争议的解决。[⑤]③如果双方对争议解决的适用规则存在分歧,则适用 ICSID 公约。[⑥]

① 《尼日利亚投资促进委员会法令》第 25 条。

② 《中华人民共和国政府和尼日利亚联邦共和国政府相互促进和保护投资协定》第 3 条。

③ Khrushchev U.K. Ekwueme, Nigeria's Principal Investment Laws in the Context of International Law and Practice, *Journal of African Law*, Vol.49, No.2, 2005, pp.177-206.

④ 《中华人民共和国政府和尼日利亚联邦共和国政府相互促进和保护投资协定》第 6 条。

⑤ 《中华人民共和国政府和尼日利亚联邦共和国政府相互促进和保护投资协定》第 6 条。

⑥ 《尼日利亚投资促进委员会法令》第 26 条。

(三)尼日利亚公司法律制度

在尼日利亚注册公司,需要由公司的董事、股东或者代理人(律师、特许会计师或者特许秘书)在公司事务委员会网站上注册账号,并通过该账号依网站的公司注册流程按步骤进行申请。在申请过程中,企业还需提交公司章程,公司董事和股东的身份证明,外国人居留许可(如果有)等扫描文件,并选择地点领取公司注册证书。在企业领取公司注册证书时,联邦税务局会将公司税号发送至注册人的电子邮件中,供企业在未来缴纳税款。以下几种类型的外国公司可以申请免除注册要求:受各级政府邀请参加特定个人项目的外国公司;代表捐助国或国际组织执行特定的个人贷款项目的外国公司;专门从事出口促进活动的外国政府所有公司;和与各级政府签订合同,一起从事工程或技术方面的专业项目的公司。①

1.公司及相关事项法

尼日利亚于 2020 年对 2004 年的公司及相关事项法(Companies and Allied Matters Act 2004,以下简称"CAMA2004")进行了全面修订,颁布了2020 年新公司及相关事项法(以下简称"CAMA2020")。如今 CAMA2020 已经成为尼日利亚规范商业行为的主要法律之一,其内容涉及公司成立、注册、管理、治理和清算等方方面面,条文数量多达 870 条,共分为 A 至 G 八个部分。②

与旧法相比,CAMA2020 的修改内容主要包含但不限于以下几点:

(1)改变最低法定股本要求并对股本作出定义③

CAMA2004 中私人公司和上市公司在成立前必须分别达到 10000 奈拉和 500000 奈拉的最低法定股本要求。④ 而 CAMA2020 则将前述最低股本要求分别修改为 100000 奈拉和 2000000 奈拉。⑤ 可见在新法实施后,投资者如

---

① Guide to Investing in Nigeria Getting Started,https://nipc.gov.ng/iguide/getting-started/，2021 年 4 月 28 日访问。

② Nigeria：CAMA 2020：Share Capital Requirements Under Nigerian Law,https://www. mondaq. com/nigeria/shareholders/1061664/cama-2020-share-capital-requirements-under-nigerian-law-，2021 年 4 月 28 日访问。

③ 此处应当以英国法中的私人公司和上市公司进行分类,私人公司与有限公司是交叉的关系。股本包含了私人公司和上市公司的股本。

④ Section 27(2)，Companies and Allied Matters Act，2004.

⑤ Section 27(2)，Companies and Allied Matters Act，2004.

想在尼日利亚开设公司,则需要达到更高的注册资本要求;而对于既有的公司而言,则需要在法令生效后的六个月内对公司的股本作出调整以满足最新要求。[①]

CAMA2004 未对股本作出定义,仅将股本默认为公司根据其组织章程允许向股东发行的最大股份数量。新法中增设了股本的定义,将股本定义为"公司在给定时间内已经发行的股本"。[②] 与旧法相比,新法对股本的范围作出了进一步限制,股本不再包含公司自身保留的未发行的股本。对潜在投资者而言,这意味着在尼设立公司无法再自持部分股本以供未来投资者投资或者进行员工认股计划,公司如果决定分配新股,则需要重新增资并及时将股权及时分配给既有股东或者新股东。对于已在尼设立公司的投资者而言,则需要注意,如果公司目前持有预留股本,则需要将未分配股本分配给现有股东或者新股东,或者对公司尚还保留的股本进行减资。对股本进行定义,从而限制了公司持有本公司的股份。这一改变限制了公司董事或者经理等人员利用公司股份操纵公司运营,也防止了公司利用其掌握的内部信息对股票价格进行操纵,亦体现了公司资本充实原则。这彰显了尼日利亚公司法律制度对股东利益保护的愈加重视,也反映了公司治理的愈加健全。

(2)降低投资成本,提升投资的便捷性

为应对公司管理与治理中存在耗时耗力的各种情形,同时在新冠疫情的影响下,CAMA2020 颁布了许多简化性的规定,旨在降低投资者赴尼投资的成本。

①私人公司可线上远程召开股东会。CAMA2020 规定股东会的召开可以依据公司章程规定(包含指导公司内部管理的规章制度),通过远程或线上的方式召开。在满足条件的情况下,股东将可以在任何地点参与股东会。这不仅降低了股东的参会成本,在新冠疫情仍在持续蔓延的今天,这一条款对于外国投资者的意义尤为重大。

②新设了电子备案的规定。第 175 条规定,股权转让应当订立书面的转让协议,转让协议包括电子转让协议。[③] 此外,新法令还规定,任何需要提交委员会进行登记备案的文件都可以通过电子文件方式提交。以电子方式提交的文件或者经过委员会发出并核证了真实性的任何文件的副本或者摘录,在

---

① Section 124，Companies and Allied Matters Act，2020.

② Section 130，Companies and Allied Matters Act，2020.

③ Section 175，Companies and Allied Matters Act，2020.

任何法律程序中拥有与正本文件同等的效力,前述文件或资料可以被接纳为证据,除非有相反证据证明其不具备真实性。① 新法赋予了电子文件与书面文件或者原始文件同等效力和证明力,这对投资者而言,将提升其在股权登记、转让以及注销等方面的便捷性。

③减少收费费用。在尼进行公司注册时应当缴纳一定的费用。新法第222条第12款规定,付给公司事务委员会的费用为注册资本的0.35%或者财政部长另行规定的金额。② 这降低了此前规定的私人公司1%和上市公司2%的收费要求。但需要注意的是,新法仍然赋予了部长更改该金额的权力。

④符合性声明可以代替此前的合规声明。新法令规定,可以由注册公司的申请人或者其代理人签署符合性声明,从而确认公司遵守了有关注册的法律要求,符合性声明可以替代旧法中要求必须由律师或者公证人签署的合规声明要求。这一规定扩大了签署声明的主体范围,降低了投资者注册公司的门槛。③

⑤对相关聘任职位进行豁免。新法令规定了私人公司(除了保险类和银行类公司)可以不再强制在年度股东大会中聘任审计师审计其财务情况,但上市公司仍有审计义务且还需要将审计的财务报表公示到公司网站上。新法取消了对私人公司必须任命公司秘书的强制性要求,但是对于上市公司而言,任命公司秘书仍然是其法定义务。投资者需要注意的是,尼日利亚公司中的公司秘书的设立重要性不可低估,公司秘书与公司行政运作的有效性直接相关。④

⑥规定担保公司成立的前置同意程序的时间。在尼日利亚,成立担保有限责任公司必须在注册前获得联邦司法部长(the Attorney General of the Federation)的同意,尼日利亚政府机构严重的官僚主义作风使担保公司的注册程序复杂且时间成本较高。因此许多企业往往采用将其他类型公司与担保公司合并的办法逃避成立担保有限公司的严格程序。新法为解决这一问题,规定了联邦司法部长需要在收到申请后的30天作出表示同意的决定或者提

---

① Section 860,Companies and Allied Matters Act,2020.

② Companies and Allied Matters Act, 2020, https://thenigerialawyer.com/download-companies-allied-matters-act-2020/,2021年4月28日访问。

③ Section 40,Companies and Allied Matters Decree,2020.

④ 15 business-friendly provisions in Nigeria's new Companies and Allied Matters Act (CAMA 2020),https://msmeafricaonline.com/15-business-friendly-provisions-in-nigerias-new-companies-and-allied-matters-act-cama-2020/,2021年4月28日访问。

出拒绝和反对的理由,如果联邦司法部长未在 30 天内表示同意,则视为同意申请。①

(3)强化公司董事与控制权人对中小股东的义务

①董事长不得兼任高管或首席执行官。新法令规定,上市公司的董事长不得担任该公司高管或首席执行官。② 这一条款规定体现了职责分离原则,其设置目的旨在通过公司各机构间权力的相互制衡,加强对中小股东的保护。③

②规定董事任职的限制义务和披露义务。新法要求上市公司的董事必须披露其任命的时间年限,还需要披露其在其他上市公司中兼职的情况。另外,新法规定禁止一人同时担任超过五家上市公司的董事,④而新法颁布前,只要不影响董事对每家公司的受托责任,则对于董事的兼职没有限制。⑤

③增加披露公司控制权人的义务。新法令要求,应当披露公司的重大控制权人及其权力的变更情况,此义务由上市公司扩展至所有公司,即私人公司和上市公司都有义务披露公司的重大控制权人。该条款增强了尼日利亚公司管理的透明度。⑥ 新法还增加了以下规定:如果公司与其控制人未做到分离,则可以揭开公司面纱,而不将公司与控制人视为相互独立的主体。⑦

无论是对公司高级管理人员进行职责分离,还是增加高级管理人员与实际控制人的披露义务,均是对有可能控制公司的主体行为进行进一步限制。

---

① 15 business-friendly provisions in Nigeria's new Companies and Allied Matters Act (CAMA 2020),https://msmeafricaonline.com/15-business-friendly-provisions-in-nigerias-new-companies-and-allied-matters-act-cama-2020/,2021 年 4 月 28 日访问。

② Section 265 (6),Companies and Allied Matters Act,2020.。

③ Highlights Of The New Companies And Allied Matters Act 2020,https://blackwoodstone.com/highlights-of-the-new-companies-and-allied-matters-act-2020/,2021 年 4 月 28 日访问。

④ Section 307,Companies and Allied Matters Act,2020.

⑤ https://www.capitalaceattorneys.com/differences-between-the-2004-companies-and-allied-matters-act-and-the-2020-companies-and-allied-matters-act/,2021 年 4 月 29 日访问。

⑥ Highlights Of The New Companies And Allied Matters Act 2020,https://blackwoodstone.com/highlights-of-the-new-companies-and-allied-matters-act-2020/,2021 年 4 月 28 日访问。

⑦ Companies and Allied Matters Act, 2020, https://thenigerialawyer.com/download-companies-allied-matters-act-2020/,2021 年 4 月 28 日访问。

如果股东因为前述主体的违法行为遭受损害,则可以依法提起民事诉讼。这体现了CAMA2020侧重于对中小股东利益的保护,也将大大提升尼日利亚公司的运营水平,对促进投资具有十分重大的意义。

(4)增加新的企业形式

新法颁布之前,法律只允许投资者向公司事务委员会申请注册私人有限责任公司(LTD)、公共有限责任公司(上市公司,PLC)、担保有限公司(GET)、无限公司。[①] 而CAMA2020增设对有限责任合伙企业(LLP)[②]和有限合伙(LP)[③]的章节规定。此前,LLP与LP仅受《合伙企业法》约束,但新法颁布后,LLP与LP将同时适用CAMA2020的有关规定。将有限合伙企业和有限合伙纳入CAMA2020,意味着在新法之下,合伙企业的灵活性以及在税收方面的优惠性能够与公司的有限责任制相结合,这便于投资者能够选择更多适合自身的投资方式。[④] 投资者需要注意的是,在设立有限责任合伙企业与有限合伙企业时,应当重视合伙协议的订立内容,合伙协议中的约定条款将直接影响合伙人对企业的权利与义务以及合伙人之间的权利义务关系。此外,CAMA2020还允许设立一人公司,而旧法中规定公司股东人数必须不少于两人。[⑤]

(5)增设对无力偿债公司的商业救济条款

CAMA2020引入了公司自愿安排概念(corporate voluntary arrangement),该程序允许公司在处于破产清算时向债权人提供建议或者提出方案选择偿还部分债务。[⑥] 这种营救机制能够使本应该破产的企业可以继续开展业务。[⑦] 在某些情形下,企业破产对于债权人与股东是十分不利的,这意味着大部分的债权与股息将无法得到清偿。而商业救济条款的引入,使得

---

① Guide to Investing in Nigeria Getting Started,https://nipc.gov.ng/iguide/getting-started/,2021年4月28日访问。

② 有限责任合伙企业(LLP)中,其合伙人全部由有限合伙人组成。

③ 有限合伙企业(LP)中,合伙人由普通合伙人和有限合伙人共同组成。

④ Companies & Allied Matters Act, 2020, https://thenigerialawyer.com/download-companies-allied-matters-act-2020/,2021年4月28日访问。

⑤ Companies & Allied Matters Act,2020,https://thenigerialawyer.com/download-companies-allied-matters-act-2020/,2021年4月28日访问。

⑥ Section 434,Companies and Allied Matters Act,2020.

⑦ Highlights Of The New Companies And Allied Matters Act 2020,https://black-woodstone.com/highlights-of-the-new-companies-and-allied-matters-act-2020/,2021年4月28日访问。

企业即使存在破产情形,亦能够选择补救,给予破产企业存续的权利,这对于公司、债权人或者股东而言不失为一种利好。

(6)对股东的优先购买权进行更加严格的保护

新法对私人公司的股份转让方式增加了新的限制。除了应当遵守公司章程的规定以外,如果股东未事先通知公司其他股东,询问公司其他股东是否主张优先购买权,则该股东不得出售股权。对股东优先购买权进行法定保护,可以预防股东免受股权稀释的风险,并享有优先于非公司股东的权利,这可以保障股东权利免于遭受第三方恶意收购公司的侵害。除上述内容外,CAMA2020 还要求私人公司在出售公司资产超过公司 50% 的情况下,需要征得公司所有股东的同意,但是公司章程另有规定的除外。①

(7)新增净额清算条款

旧法中并未对净额清算进行规定,而 CAMA2020 新增了可以在有效贸易合同(Qualified Financial Contract)终止、清算、需要加速付款、行使一项或一组权利和履行一项或一组义务时等情形下进行净额清算。② 这意味在满足行使条件的情形下,达成净额清算协议的尼日利亚各个公司之间,可以不按交易发生额而按照收支轧差后的净额来进行资金的支付。这可以大幅简化各公司之间的交易支付手续,减少资金在交收环节过程中的占用。根据规定,该协议目前可以针对资不抵债方、担保人或保证人订立和执行。③ 这一法律条款是 CAMA2020 最重要的法律条款之一,符合国际最佳实践,是尼日利亚公司治理的一大进步。④

2.公司条例

2021 年公司条例(Commentaries on Companies Regulations 2021,以下简称"CR2021")是尼日利亚工业、贸易和投资部长根据 2020 年的 CAMA 中的规定而批准,该法规由公司事务委员会发布,法规发布后即取代了 2012 年的公司条例。CR2021 的发布的主要目的在于实现公司事务委员会某些流程

---

①　Highlights Of The New Companies And Allied Matters Act 2020,https://black-woodstone. com/highlights-of-the-new-companies-and-allied-matters-act-2020/, 2021 年 4 月 28 日访问。

②　Section 720、721, Companies and Allied Matters Act,2020.

③　Section 721, Companies and Allied Matters Act,2020.

④　Highlights Of The New Companies And Allied Matters Act 2020,https://black-woodstone. com/highlights-of-the-new-companies-and-allied-matters-act-2020/, 2021 年 4 月 28 日访问。

的自动化,协助 CAMA2020 完成数字化过渡的过程。并且对 CAMA2020 中的某些规定作了细化规定,希望能够在公司治理和程序框架方面符合全球监管的最佳实践。法规的重大变化内容包括但不限于以下方面:

(1)注重程序的自动化设置

法规规定了公司事务委员会对企业管理的程序应当符合自动化,满足联邦政府改善尼日利亚商业便利性的要求。法规规定了企业可以通过委员会网站提交电子文件,公司事务委员会可以直接在网站上进行电子认证,公司可以通过网站对提交的信息进行变更。

(2)对最低股本变化进行细化规定

尼日利亚公司事务委员会("公司事务委员会")在 2021 年的《公司条例》中指示所有公司需要在 2021 年 6 月 30 日将其自持未配发的股本进行处理,不得保留。[1] 但由于截止时间过于紧迫,应各利益相关方要求,公司事务委员会在 2021 年 4 月 16 日发布了公告,将日期延长至 2022 年 12 月 31 日。如果到期后,公司仍然未对其预留股份进行处理,则将对公司及公司管理人员收取罚款。

(3)提升公司治理的透明度

①规定对公司营业执照的撤销进行公告。CR2021 规定,公司事务委员会在对公司进行全面调查并确认公司注册不合法之后,应当在联邦公报及其网站上发布关于公司因欺诈、非法或者不正当方式获得的营业执照而受到吊销的公告。[2] 这将提高尼日利亚公司治理的透明度,预防投资者以未经合法注册的公司在尼日利亚投资和经营。

②规定公司经理的薪酬必须在股东大会上进行披露。公司经理薪酬的披露义务在 CAMA2020 中规定,CR2021 补充了前述规定,对经理作出了定义,经理包括:"任何被称为高级管理层职位,并在公司事务(不论是全部或部分)的行政和管理方面上,具有与高级管理层职位显著的同义关系、自由裁量权和权力的人。"

(4)为各类型公司提供了章程范本

CR2021 中还为私人公司、上市公司和担保有限责任公司提供了公司章程范本("Model Articles"),为公司治理提供了能够广泛适用的框架。这在 CR2012 中是没有的。章程范本对董事任命和离任、董事会的程序、决议、股

---

① Section 13,Commentaries on Companies Regulations,2021.

② Section 10,Commentaries on Companies Regulations,2021.

息红利的分配、股东决策,以及公司的行政事务等均有涉及,对尼日利亚公司而言,具有重要的参考意义。[①]

(四)尼日利亚税收法律制度

尼日利亚税法体系较为复杂,税收体系由三级税收管理部门管理,分别是联邦政府、州政府和地方政府。联邦税务局负责征收的税种主要包括公司所得税、石油利润税[②]、教育税、公司印花税、关税、消费税、预提税和增值税等。此外,联邦首都区居民的个人所得税、个人扣缴税、资本收益税、印花税、尼外交部员、警察人员、武装人员的个人所得税及非尼日利亚居民的个人所得税也由联邦税务局征收;州税收委员会主要负责征收个人所得税、部分预提税、赌博和彩票税以及商场注册费、州政府道路注册费等;地方政府税收委员会则负责对地方政府的行政管理项目征收税费,如酒税、公共广告费、州首府以外的道路注册费、电视许可费等。[③] 尼日利亚的税收以纳税人申报为主,税务机关负责监督和催缴。[④]

近年来,尼日利亚政府为解决税收法律制度中存在的各项问题,频繁进行税法改革。

1.2020 年《财政法案》的修订内容

尼日利亚在 2020 年 12 月 31 日签署修订了财政法案(The Finance Act 2020),该法案于 2021 年 1 月 1 日生效。该法案设立了"危机干预基金"和"无人认领基金"。审查并修订 14 个不同的法令,修改条款达 74 条。修改内容主要包括提高政府的收入措施,减少冲突,澄清法规歧义,以及向特定行业领域的企业进行税收减免等。[⑤] 投资者需要注意的是,尽管 2020 年财政法案对此

① Commentaries on Companies Regulations,2021 Published by CAC,https://www.proshareng.com/news/Doing％20Business％20in％20Nigeria/Commentaries-on-Companies-Regulations--2021-published-by-CAC,pdf.,2021 年 4 月 29 日访问。

② 《石油工业法案》将石油利润税改为碳氢化合物税和公司所得税。

③ Nigerian Tax System:Structure And Administration,https://pml.com.ng/nigerian-tax-system-structure-and-administration/＃:～:text＝Nigeria％20operates％20a％20decentralized％20tax％20system％20where％20each,for％20taxes％20due％20to％20each％20tier％20of％20government,2021 年 4 月 30 日访问。

④ 《尼日利亚税收制度概述》,http://nigeria.mofcom.gov.cn/article/ztdy/201002/20100206774988.shtml,2021 年 4 月 30 日访问。

⑤ 尼日利亚《2020 年财政法案》的签署,将会带来哪些改变,https://zhuanlan.zhihu.com/p/349188901,2021 年 4 月 30 日。

前 2019 年颁布的财政法案进行了部分修订,但是新法并未明确废除旧法。因此 2019 年财政法案中未被新法修订的条款将继续适用。尼日利亚政府近期不断完善法令与税收政策,力求与国际财务报告准则(International Fanancial Report Standars,简称"IFRS")接轨。主要目的在于,一是促进尼日利亚营商环境改革,吸引更多企业入驻投资;二是增加联邦政府的收入,并遏制偷漏税和避税现象的发生。《财政法案》本次的修订内容包括但不限于以下几个方面:

(1)建立危机干预基金和无人认领信托基金。为应对新冠疫情对政府财政预算的影响,新法指出,应当建立一个危机干预基金,其初始资本为 5000 亿奈拉或国民议会批准的其他数额。该基金应当用于解决任何与危机相关的支出,如《财政法案》或《宪法》中规定的紧急情况。另外,应当以信托方式建立无人认领信托基金。[①] 上市公司应当将六年内无人认领的股息转移到该基金中;银行也应当将六年内未使用的休眠银行账户中的金额转入该基金。但是属于政府(无论是联邦、州还是地方级别)或者其任何部门机构的官方银行账户均不受无人认领信托基金有关法律规定的约束。该基金由理事会进行管理,理事会理事长由财政部部长担任。无人认领信托基金由债务管理办公室、尼日利亚中央银行和证券交易委员会合作运营。[②]

(2)澄清了部分法律规定中的歧义。首先,对总营业额的定义进行了澄清,指出了总营业额的含义是企业经营活动过程中产生的经济利益的总流入,应当包括销售货物、提供服务、利息、租金、特许权使用费、股息等产生的所有已实现的收入,但是不包括股权的增加额。[③] 其次,法案对罚款和罚金的适用范围作出了限定,指出罚款和罚金只能由国民议会或者州议会颁布的立法所规定。这避免了地方政府滥用职权对企业收取罚款和罚金的现象继续发生。最后,对石油和天然气行业的下游业务公司不可重复获得税收减免和激励措

---

① Nigeria:Highlights of Finance Act 2020,https://www.ey.com/en_gl/tax-alerts/nigeria-highlights-of-finance-act-2020,2021 年 4 月 30 日。

② Finance Act 2020 Nigeria:An overview,https://www.bomesresourcesconsulting.com/finance-act-2020-nigeria-overview.html,2021 年 4 月 30 日访问。

③ Nigeria's Finance Act 2020 Insights series and sector analysis,https://www.pwc.com/ng/en/assets/pdf/nigeria-finance-act-2020-insights-series-and-sector-analysis. pdf,2021 年 5 月 2 日访问。

施进行申明。①

（3）重视数字化程序在税收法律制度中的运用。首先,纳税人对税务机关的决定有异议,可以通过快递、电子邮件或者其他电子方式依法对税务机关提出异议。并且,只要能够确保不损害纳税人公平听证的权利,有关税务纠纷还可以通过技术辅助的虚拟方式进行远程法庭诉讼。② 其次,《联邦税务局（机构）法》授权联邦税务局部署专有或第三方数字应用程序,以对国际交易中的应纳税款进行数字服务与数字管理,同时能够实现税收信息评估和搜集的自动化。③ 最后,规定了外国公司的"数字常设机构"（"Digital PE"）亦应当缴纳公司所得税。《财政法案》规定,外国公司"通过电缆、无线电、电磁系统或任何其他电子或无线设备向尼日利亚传送、发射或接收任何类型的信号、声音、消息、图像或数据,包括电子商务、应用商店、高频交易、电子数据存储、在线广告、参与式网络平台、在线支付",将视为在尼日利亚拥有"重要的经济存在",归属于该重要经济存在的利润将被征收公司所得税。④

（4）对征税范围与税收激励措施进行了调整。首先,对于没有应课税利润或利润税低于最低应纳税额的公司纳税的最低税率进行调整,由总营业额减去免税收入的 0.5％ 调整为 0.25％。⑤⑥ 并取消了公司所得税中的亏损必须在四年内结转的年限限制,新法施行后,所有企业的亏损均可以无限期结转。其次,在税收优惠的范围上,改变以往对所有从事农业贸易企业的税收豁免,将

① Nigeria：An Overview Of The Major Changes Introduced By The Finance Act To Nigeria's Tax Regime,https://www. mondaq. com/nigeria/withholding-tax/887520/an-o-verview-of-the-major-changes-introduced-by-the-finance-act-to-nigeria39s-tax-regime? type ＝popular,2021 年 5 月 2 日访问。

② Nigeria's Finance Act 2020 Insights series and sector analysis,https://www.pwc.com/ng/en/assets/pdf/nigeria-finance-act-2020-insights-series-and-sector-analysis. pdf,2021 年 5 月 2 日访问。

③ Nigeria：Highlights of Finance Act 2020,https://www.ey.com/en_gl/tax-alerts/nigeria-highlights-of-finance-act-2020,2021 年 5 月 2 日访问。

④ Nigeria：An Overview Of The Major Changes Introduced By The Finance Act To Nigeria's Tax Regime,https://www. mondaq. com/nigeria/withholding-tax/887520/an-o-verview-of-the-major-changes-introduced-by-the-finance-act-to-nigeria39s-tax-regime? type ＝popular,2021 年 5 月 2 日访问。

⑤ Nigeria Corporate—Taxes on corporate income,https://taxsummaries.pwc.com/nigeria/corporate/taxes-on-corporate-income,2021 年 5 月 3 日访问。

⑥ 最低税率是指没有利润的公司的纳税税率。

农业贸易中的公司所得税豁免范围缩小至"仅涉及农业生产企业"。此外,新法案生效后,企业对其收到的借款利息也应当缴纳公司所得税。另外,为发展关键、优先行业,加大了对某些行业或领域的税收优惠力度。例如,新法案规定房地产投资公司的股息和租金收入免税。又如,法案开始将软件开发、购买或为获取任何电子应用程序等类型的支出纳入免税额中。① 最后,法案规定了企业在面对任何传染病流行事件、自然灾害或其他紧急情况时,企业向联邦政府、州政府或者联邦政府指定的基金捐出的现金或实物价值可以从应纳税额中进行扣除,但最高不得超过当年应课税利润的10%。②

2.尼日利亚主要税种介绍

(1)公司所得税

公司所得税法(CITA)是规范尼日利亚税收的重要法律。由联邦税务局(FIRS)对公司所得税负责管理。尼日利亚公司所得税的纳税人为在尼从事经营活动并获得收益的所有公司。其中,居民企业应当对在全球范围内的所得缴纳公司所得税,非居民企业应以尼日利亚为收入来源地的所得缴纳所得税,而外国公司在尼的实际管理机构则应以其在尼日利亚的经营活动产生的利润所得缴纳所得税。③ 尼日利亚的公司税税率按照前一年度公司营业额分为三级,年营业额超过一亿奈拉的公司税率为利润的30%;年营业额在2500万奈拉到1亿奈拉的公司税率为利润的20%;年营业额少于2500万奈拉的公司免缴公司税。尼日利亚企业的纳税年度为每年的1月1日至12月31日。④ 企业必须在下一年度开始之日前90日内自行制定并提交年度自我评估纳税申报表,但是联邦税务总局可能会对公司的财务税收情况作出进一步

---

① Nigeria's Finance Act 2020 Insights series and sector analysis,https://www.pwc.com/ng/en/assets/pdf/nigeria-finance-act-2020-insights-series-and-sector-analysis.pdf,2021年5月2日访问。

② Nigeria:Finance Act 2020:Highlights Of Latest Developments In Nigeria's Tax Regime,https://www.mondaq.com/nigeria/sales-taxes-vat-gst/1029956/finance-act-2020-highlights-of-latest-developments-in-nigeria39s-tax-regime? type=popular,2021年5月3日访问。

③ Nigeria:Brief Overview Of Company Income Tax In Nigeria,https://www.mondaq.com/nigeria/tax-authorities/976992/brief-overview-of-company-income-tax-in-nigeria,2021年4月30日访问。

④ All you need to know about Companies Income Tax in Nigeria,https://sidebrief.com/company-income-tax-in-nigeria/,2021年4月30日访问。

评估,对偷税和漏税情况进行排查。① 需要注意的是,从 1993 年起,每个公司每年还需要按照公司税应纳税利润的 2％缴纳教育税以支持尼日利亚的教育事业发展。②

（2）个人所得税

个人所得税法规定,尼日利亚的居民应就其全球范围内的收益缴纳个人所得税,外国居民则仅就在尼获得的收益缴纳个人所得税。如果外国居民在尼日利亚连续 12 个月内居住满 183 天,则视为尼日利亚居民。个人所得税的征税对象包括个人、独资经营企业以及合伙企业。个人所得税税率按照五级超额累进税率计算,根据 2019 年的《国家最低工资法》规定,年收入少于30000 奈拉的员工有资格获得全部税收减免。住房补贴、交通补贴、餐饮补贴、公用事业补贴、娱乐补贴等补助可以作为免税收入进行税收豁免。另外,对子女津贴、赡养亲属津贴、人寿保险收入可以无条件进行税前扣除。③ 2019年《公司所得税法》规定,在解决纳税争议时,"电子邮件"可以作为一种可接受的通信形式。④

（3）增值税

增值税是指向在一国境内销售货物或者提供劳务的企业或个人征收的流转税。2020 年《财政法案》对货物和服务分别进行了规定。新法指出货物应包括所有形式的有形财产（动产和不动产）,但不包括土地、建筑物、金钱或证券;服务不包括根据雇佣合同提供的商品或服务,但应包括个人拥有所有权或权利或从中获得利益的无形财产或无形资产。⑤ 尼日利亚增值税法规定,企业须在联邦税务局注册增值税号,按月缴纳增值税。增值税由出售商品的企业代政府向购买者收取商品价格 5％的增值税。企业每月开展自我评估,计

① All you need to know about Companies Income Tax in Nigeria,https://sidebrief.com/company-income-tax-in-nigeria/,2021 年 4 月 30 日访问。

② 《对外投资合作国别（地区）指南—尼日利亚（2020 年版）》,"走出去"公共服务平台,http://www.mofcom.gov.cn/dl/gbdqzn/upload/niriliya.pdf ,2021 年 2 月 25 日访问。

③ Rendani Neluvhalani,邱辉,蔡伟年:《尼日利亚税制介绍》,载《国际税收》2015 年第 6 期。

④ 《对外投资合作国别（地区）指南—尼日利亚（2020 年版）》,"走出去"公共服务平台,http://www.mofcom.gov.cn/dl/gbdqzn/upload/niriliya.pdf ,2021 年 2 月 25 日访问。

⑤ Nigeria：Finance Act 2020：Highlights Of Latest Developments In Nigeria's Tax Regime,https://www.mondaq.com/nigeria/sales-taxes-vat-gst/1029956/finance-act-2020-highlights-of-latest-developments-in-nigeria39s-tax-regime? type＝popular,2021 年 5 月 2日访问。

算增值税,并在月末将抵扣销项税额后的应纳税额上交税务部门,或者就被多扣的部分办理退税。目前,尼日利亚的下列商品及劳务享受增值税零税率,同时允许抵扣进项税:非石油相关货物出口、为外交人员提供的商品或服务、为人道主义援助项目提供的商品或服务、进口商用飞机、飞机零件以及用于固体矿产开采的机械设备。尼日利亚免征增值税的商品和服务包括:药品、书籍和教学资料、肥料、农用化学品、出口商品、医疗服务、宗教服务、社区银行和按揭机构提供的服务、出口服务、婴儿用品、农产品和农用设备。[①]

（4）关税

1995年《海关关税与消费税第4号法令》的颁布标志着尼日利亚的海关关税体系正式建立。尼日利亚的进口关税对所有国家平等征收,并根据货物的不同而进行特别征收或者从价征收。政府认为某种货物的进口存在倾销或非正常补贴,威胁现有或潜在国内产业的现象,则对该货物征收特别关税。2019年5月20日,尼日利亚开始对非盟成员国的国家和地区出口到尼日利亚的部分商品征收0.2%的特别税,但该加征行为并不针对用于日常消费的进口商品、援助货物、特定融资协议规定的免税货物以及在此之前已经采购或正在通关的货物。特别税的款项将用于支付非盟会费或者用于支付世界银行、非洲开发银行、伊斯兰开发银行等多边组织会费。[②]

（5）石油利润税

《石油利润法》第43条指出,石油利润税是指对从事石油经营的公司在会计期间的利润征收的税种。对于石油的定义则为"以自然状态存在的矿物油和天然气"。故石油利润税的征税对象不仅指石油业务,也包括了天然气业务。尼日利亚的石油业务分为上游产业与中下游产业两种形式。[③] 上游产业涉及原油的勘探、开采、开发、生产、运输、销售等活动,从事上游产业的公司依据《石油利润法》（PPTA）征收石油利润税。下游活动涉及将原油转化为可用形式的产业,如优质汽油、柴油、煤油、天然气的生产、运输和销售等活动,从事

① 《尼日利亚税收制度概述》,http://nigeria.mofcom.gov.cn/article/ztdy/201002/20100206774988.shtml,2021年4月30日访问。

② 《中国居民赴尼日利亚投资税收指南》,http://www.chinatax.gov.cn/chinatax/n810219/n810744/n1671176/n1671206/c2581335/5116179/files/39499febf12247b1a3d469ef9ebe95df.pdf,2021年5月2日访问。

③ Nigeria: Oil And Gas Taxation In Nigeria,https://www.mondaq.com/nigeria/sales-taxes-vat-gst/1004132/oil-and-gas-taxation-in-nigeria-? type=mondaqai&score=68,2021年5月2日访问。

下游产业的公司依据《公司所得税法》征收公司所得税。[①] 投资者需要注意的是,由于《石油工业法案》将尼日利亚国家石油公司重新定位为商业实体,故此前的石油利润税将一分为二,转变为碳氢化合物税和公司所得税。但在旧的石油勘探许可证和石油开采许可证到期或者转化为新的许可证之前,投资者仍应当根据《石油利润法》纳税。[②]

(五)尼日利亚竞争与消费者权益保护法律制度

尼日利亚一直以来缺乏一个全面的法律框架来解决商业竞争问题,导致了国内限制竞争行为和反竞争行为较为普遍,通常体现在企业进行市场分配、操纵投标和固定价格的商业行为中。欲改善国内竞争情况,2019 年 2 月 6 日,尼日利亚总统签署了《联邦竞争和消费者保护法》。新法案规定,除宪法外,如果《竞争与消费者保护法》与其他法律中的规定相互冲突,应当优先适用前者。该法的监督范围不再仅限于此前的消费者保护问题,还涵盖了各商业实体以公司法人身份或以政府机构和团体身份从事的商业活动。[③] 该法律的主要目的是促进和维持尼日利亚的竞争市场,确保尼日利亚经济的有效运行,保护和促进消费者的利益和福祉,并通过具有竞争力的价格向消费者提供更多种类的优质产品,为尼日利亚经济的可持续发展作出贡献。[④]

1.联邦竞争和消费者保护委员会

2019 年《联邦竞争和消费者保护法》取消了此前建立的消费者保护委员会,建立了联邦竞争和消费者保护委员会。委员会设置的目的在于管理和审查各种经济活动,识别可能对消费者经济利益产生的不利影响,从而保护消费者的合法权益。除有权根据法律制定具体法规外,委员会还有权并受理纠纷

---

① K. T. Lawal, "Taxation of Petroleum Profit under the Nigeria's Petroleum Profit Tax Act," *International Journal of Advanced Legal Studies and Governance*, Vol.4, 2013, pp.1-17.

② Petroleum Industry Bill (PIB) 2021—A Game Changer, https://assets.kpmg/content/dam/kpmg/ng/pdf/tax/petroleum-industry-bill-(pib)-2021-a-game-changer.pdf, 2022 年 5 月 15 日访问。

③ Section 2, The Federal Competition and Consumer Protection Act, 2019.

④ Section 1, The Federal Competition and Consumer Protection Act, 2019.

和投诉,并针对纠纷和投诉发出指示,在必要时可以进行制裁。① 此外,委员会可以取消反竞争协议和具有误导性、欺骗性、不公平或不合理的交易和业务。②

2.联邦竞争与消费者保护法庭

2019 年联邦竞争与消费者保护法建立了联邦竞争与消费者保护法庭。法庭有权受理因竞争或消费者权利保护而引起的民事诉讼。除此之外,法庭也有权受理与竞争和消费者保护有关的行政诉讼。法庭可以对违反竞争法的行为处以行政处罚,并可以监督企业投资者的撤资行为或对投资者进行强制撤资。但是法庭的裁决需在联邦高等法院登记后才可强制执行。对法庭裁决不服可以向上诉法院提起上诉。③

3.竞争法的主要规制内容

(1)限制竞争协议

法律规定,应当禁止或废除可能阻止、限制或扭曲贸易的限制竞争协议。限制竞争协议的范围较为广泛,包括确定最低转售价格、直接或间接限定价格、串通投标、拒绝经销商提供其他商品和服务以及订立排他性合同条款等。但是如果联邦竞争与消费者保护委员会认为某些限制竞争协议是公平的,实质上没有消除竞争,则委员会可以批准这些安排。④

(2)价格条例

该法授予总统有权在《联邦公报》上发布旨在规范和促进竞争的价格条例,指定的商品和服务的价格需符合该条例的内容。该条例的作出需要事先由委员会对国家经济活动进行评估,针对相关市场竞争提出可采纳建议。委员会还具有评估该价格条例可能产生的影响并制定补救措施的权力。此类条例一般规定一个具体期限,投资者销售的商品或服务的价格仅需要在该期限内符合规定即可。⑤

(3)滥用市场支配地位

该法禁止任何企业滥用在行业中的主导地位。滥用支配地位的行为应当

---

① An Overview Of The Federal Competition And Consumer Protection Act 2019. By Chinedu S. Echem Esq,https://thenigerialawyer.com/an-overview-of-the-federal-competition-and-consumer-protection-act-2019-by-chinedu-s-echem-esq/,2021 年 5 月 2 日访问。

② Section 17,The Federal Competition and Consumer Protection Act,2019.

③ Section 55,The Federal Competition and Consumer Protection Act,2019.

④ Section 63,The Federal Competition and Consumer Protection Act,2019.

⑤ Section 88,The Federal Competition and Consumer Protection Act,2019.

是指不合理削弱了竞争,阻碍技术的转让或传播的行为。如果企业具有滥用市场支配地位的行为,经法院裁决,对拒不改正的滥用市场支配地位者将施以不低于前一年营业额10％的罚款。[①]

（4）垄断行为

如果发现存在垄断行为,则委员会或者法庭可以要求企业禁止收购交易、要求企业进行解散或者强制公布价目表等。如果企业欲达成兼并,则必须由联邦竞争和消费者保护委员会批准。小型企业合并无须委员会批准,除非委员会有特别要求。此处的兼并涵盖了合并和收购。[②]

4.消费者权利保护

需要注意的是,与尼日利亚消费者权利保护有关的法律条文不只存在于《联邦竞争与消费者权益保护法》中,《尼日利亚标准组织法》《尼日利亚通讯法》《重量和计量法》《国家食品药品监督管理局法案》等法律中均有对特定行业消费者的相关保护性规定。

《联邦竞争和消费者保护法》中将消费者定义为不以转售为目的而购买商品的任何人,不包括以生产或制造商品为目的而购买商品的人。[③] 由此可见,尼日利亚法律对消费者主体要求限制较多,只有"亲自购买且使用"的人才能够称之为消费者。法律规定了三类重要主体不得以消费者权利受到侵犯而提起诉讼:使用方但不是购买方不能要求商家赔偿因消费或使用产品而遭受的损失,因为他不是购买者;中间商(零售商和批发商)不能向制造商提起消费者权利保护之诉,原因在于中间商没有购买商品供个人使用;购买或使用某种产品用于制造其他产品的购买者也不能作为消费者提起诉讼,因为他不是该产品的最终使用者。[④]

法律对消费者的权利进行了较为全面的保护。消费者的权利包括:以简单易懂的语言获得信息的权利;知悉商品和服务价格的权利;拥有适当商品说明和贴有产品标签的权利;披露二手或翻新商品信息的权利;获得每笔交易足

①　Section 70，The Federal Competition and Consumer Protection Act，2019.

②　An Overview Of The Federal Competition And Consumer Protection Act 2019，By Chinedu S. Echem Esq，https://thenigerialawyer.com/an-overview-of-the-federal-competition-and-consumer-protection-act-2019-by-chinedu-s-echem-esq/，2021 年 5 月 2 日访问。

③　Section 167(1)，The Federal Competition and Consumer Protection Act，2019.

④　Consumer rights in Nigeria，https://blog.volitioncap.com/2020/12/08/consumer-rights-in-nigeria/，2021 年 5 月 5 日访问。

够信息的权利;在购买商品前不被提出条件的权利;取消提前预订或订购的权利;完成交易前拒收货物的权利;获得与样品或说明相对应的权利;反对不公平价格和条款的权利;获得优质服务的权利;获得安全和优质产品或服务的权利及其他权利。需要注意的是,尽管法案中未明确提及电子商品与服务中的消费者权利,但是早在2004年的《消费者权益保护法》中即有强调需要发展消费者权益保护在数字经济法律框架中的具体法律规则,故而前述消费者权利适用于网络消费已经成为共识。当消费者的权利受到侵犯,则有权向联邦竞争与消费者保护委员会进行投诉。委员会有责任调查和解决投诉,对商家进行调查,如投诉属实,委员会有权对商家进行处罚。除向委员会投诉外,消费者也有权向法院提起违约之诉或侵权之诉以请求商家赔偿。由于违约之诉要求原被告双方存在合同关系,故而侵权之诉成为尼日利亚消费者维权最有力的武器。一旦原告有证据证明被告负有谨慎义务,被告违反了谨慎义务且使消费者遭受损害,那么被告即构成侵权。而被告则可以通过以下抗辩理由主张减轻或者免除责任:索赔人事先同意;索赔人具有共同过失;因第三人行为导致损害发生;被告行为存在合理性(被告采取了合理的预防措施避免危险发生)等。[1] 在尼日利亚,侵犯消费者权利的商业主体还有可能触发刑事责任,情节严重者有可能被判处有期徒刑五年或处罚款10000000奈拉,或者两者并处。如果侵犯消费者权利的主体是公司,则应处罚款100000000奈拉或营业10%的罚款(两者以较重者为准),此外,公司董事还应当承担个人责任。[2]

5.监管和处罚

法案规定,在发生任何情况时,委员会都有权与特定行业的监管机构进行共同监督。法案授权了行业的监管机构与委员会就如何在其行业内行使竞争和消费者保护权利进行谈判。操纵价格、共谋、操纵投标、阻碍调查或询问、侵犯记录、提供虚假或误导性信息等犯罪行为,将被依法施以严厉的处罚。[3]

---

① Enforcement Of Consumer Protection Rights In Nigeria Through Tort Of Negligence Claim,https://www.tentsandtowerslaw.com/enforcement-of-consumer-protection-rights-in-nigeria-through-tort-of-negligence-claim/,2021年5月5日访问。

② Consumer rights in Nigeria,https://blog.volitioncap.com/2020/12/08/consumer-rights-in-nigeria/,2021年5月5日访问。

③ The Federal Competition and Consumer Protection Act 2018,http://www.gbc-law.com/assets/publications/The-Federal-Competition-and-Consumer-Protection-Act-2018-24-May-2019.pdf,2021年5月7日访问。

(六)尼日利亚劳工法律制度

1.尼日利亚劳工法律制度的基本框架

尼日利亚劳工法律制度根植于英国法律。1999 独立后,该国的劳工法律制度在争取雇员个人和集体的基本权利上取得了较大进展,在观念上实现了从假定雇主与雇员之间议价能力平等到倾向于保障劳动者利益的转变。[①] 其法律渊源主要涉及《劳工法》《雇员补偿法》《工会法》《国民健康保险计划法》《国家住房基金法》《退休金改革法》《尼日利亚石油和天然气行业成分发展法》《国家工业法院法》等。[②]

尼日利亚《宪法》被视为尼日利亚劳工和劳资关系法律框架内最基本的法律渊源。《宪法》第二章对劳工法和劳资关系进行了原则性和指导性的规定。其内容涉及劳动者的就业权、平等权、健康权、人格尊严权、公正审判权等基本权利,第四章还存在有关个人劳工法和集体劳工法的一些具体规定。《宪法》第 254 条授权尼日利亚国家工业法院("NICN")对有关劳工、就业、工作场所、劳资关系等有关事项行使管辖权。[③] 从实践中可以看出,国家工业法院一般不愿将《宪法》中规定的劳动者的基本权利作为一项可单独援引在裁判中的权利或可强制执行的权利。[④]

2.劳动者的主要权利

与《宪法》《工会法》《个人所得税法》适用所有类别雇员的范围不同,《劳工法》仅适用于工人。尼日利亚劳工法将雇员分为两类。一是"工人"(劳工法中的劳动者),即通常从事体力劳动或文书工作的雇员。二是"非劳动者",即从

① Abubakar Aminu Ahmadand Nuhu Musa Idris, Emerging Trends in Labour Law and Industrial Relations in Nigeria, *International Journal of Humanities and Social Science* Vol.4, No.11(1); September 2014, pp.29-44.

② Edeh Joseph Nwokpoku, Nwokwu Paul Monday, M. O. E. Nwoba and Ezika Goodness Amaka, Nigerian Labor Laws: Issues and Challenges, *World Applied Sciences Journal* Vol.36, No.1, 2018, pp.47-54.

③ Abubakar Aminu AhmadandNuhu Musa Idris, Emerging Trends in Labour Law and Industrial Relations in Nigeria, *International Journal of Humanities and Social Science* Vol.4, 2014, pp.29-44.

④ Abubakar Aminu AhmadandNuhu Musa Idris, Emerging Trends in Labour Law and Industrial Relations in Nigeria, *International Journal of Humanities and Social Science* Vol.4, No.11(1); September 2014, pp.29-44.

事行政、技术等专业职能的公司员工。① 劳动者的权利受劳工法律制度保护，非劳动者的权利则主要依雇佣合同和雇佣条款实现。法律规定，订立雇佣合同可以采用口头或书面形式，且能够通过明示或暗示的方式进行。雇主应当在雇佣关系开始后三个月内向雇员签发书面合同，书面合同中必须包含某些关键条款，如雇主和雇员的姓名或名称、工作性质、合同期限、工资等。除了约定的雇佣合同条款之外，雇主与工会签订的集体协议、工作场所中的通知内容均有可能构成雇佣合同的具体内容。② 雇员对雇主负有服从、忠实和忠诚工作的义务。雇主不得强迫员工劳动，不得以金钱以外的其他方式支付工资，也不得以任何不合理的理由扣除员工工资。③ 雇主有义务向雇员提供安全的工作场所，并尊重和有尊严地对待员工。雇员在工作场所受到性骚扰时，雇主有义务采取行动进行调查和解决。否则，雇主很可能因违反对雇员的照顾义务而承担责任。照顾义务在判例 Ejike Maduka vs. Microsoft 中已经得到确定，法院认为，雇主拒绝对性骚扰案件的调查违反了雇主的照顾义务，故雇主应当对骚扰行为承担责任。④ 除前述义务外，雇主还应当遵守法律法规规定的最低雇佣条件，例如向雇员提供运输津贴，提供 12 天以内的带薪病假、不少于 6 天的年假或为女工提供产假等。此外，尼日利亚宪法与法律中规定，禁止任何类型的基于性别、种族、宗教、政治见解、艾滋病等方面的歧视。投资者需要注意的是，尼日利亚大多数歧视性索赔是基于终止雇佣关系的情形下提起的，而雇主可以将终止雇佣合同的行为归结为符合合同条款的约定并作为抗辩理由。⑤

---

① The Labour Act for Review，https://home.kpmg/ng/en/home/insights/2019/11/the-labour-act-for-review-.html，2021 年 5 月 6 日访问。

② Edeh Joseph Nwokpoku, Nwokwu Paul Monday，M. O. E. Nwoba and Ezika Goodness Amaka，Nigerian Labor Laws：Issues and Challenges，*World Applied Sciences Journal*，Vol.36，No.1，2018，pp.47-54.

③ 9 Things Every Nigerian Should Know About The Labour Act，https://lawpadi.com/9-things-every-nigerian-know-labour-act/#:～:text＝The％20Nigerian％20Labour％20Act％20The％20Nigerian％20Labour％20Act，also％20all％20the％20regulatory％20processes％20applicable％20for％20employers，2021 年 5 月 7 日访问。

④ National Industrial Court of Nigeria，Ejieke Maduka v. Microsoft，19 December 2013，Case No. NICN/LA/492/2012，https://compendium.itcilo.org/en/compendium-decisions/national-industrial-court-of-nigeria-ejieke-maduka-v-microsoft-19-december-2013-case-no-nicn-la-492-2012，2021 年 5 月 7 日访问。

⑤ Nigeria：Employment ＆ Labour Laws and Regulations 2021. https://iclg.com/practice-areas/employment-and-labour-laws-and-regulations/nigeria，2021 年 5 月 6 日访问。

尼日利亚法律保护雇员免遭不合理解雇,终止雇佣合同需要合理理由。此外,尼日利亚法律规定,雇主必须在法定期限向雇员发出终止雇佣合同的通知。订立三个月以下的雇佣合同,需要提前一天通知雇员;订立三个月以上两年以下的合同,需要提前一周通知雇员;订立两年以上五年以下的合同,需要提前两周通知雇员;订立五年以上的雇佣合同则需要提前一个月通知雇员。雇主可以通过以支付赔偿金的方式替代通知义务。[①] 在实践中,雇主裁员需要符合《劳工法》、国家工业法院的判例、雇主与工会的集体谈判协议以及雇佣合同中的约定。雇主必须通知工会或者工会代表,并运用"后进先出"的原则来确定裁员的顺序,并与被裁的员工商谈具体的遣散费数额。[②]

尼日利亚宪法规定,"每个人都有权自由集会并与他人结社,特别是他可以参加或组建任何政党、工会或任何协会以保障自己的利益"。[③] 公民的自由结社权是一项受宪法保护的基本权利,雇主不得剥夺雇员加入工会的权利。尼日利亚有关雇员代表的法律依据主要存在于《工会法》中。尼日利亚工会的成立目的在于获得通过集体努力寻求改善工作条件的机会,并为成员提供社会和经济利益。[④] 工会依《工会法》注册后,有权代表工会成员。虽然尼日利亚法律并未强制雇员加入工会,但需要注意,从事低级工作的员工(即工人)一旦签署劳动合同,则视为自动加入工会,如果其欲退出工会则需要采取积极的退出步骤:通过书面形式退出且将退出工会的情况通知雇主。[⑤] 尼日利亚雇主必须承认工会的行为并与工会进行谈判,工会可以代表劳动者与雇主协商相关的就业条款或者就业条件。如果雇主违反法律规定或者不遵守协议,工会有权通过和平的方式要求雇主改正。在满足以下条件时,工会有权进行罢

① Employment & Labour Law 2020 | Nigeria, https://www.globallegalinsights.com/practice-areas/employment-and-labour-laws-and-regulations/nigeria,2021 年 5 月 7 日访问。

② Udo Udoma & Belo-Osagie, Employment & labour law in Nigeria, *Global Nigeria*,Vol.3,2019,pp.1-9.

③ 《尼日利亚宪法》第 40 条。

④ Nigeria:Overview of Employment Laws in Nigeria-Manpower Policy & Regulations,https://www.mondaq.com/nigeria/employee-benefits-compensation/1029308/overview-of-employment-laws-in-nigeria-manpower-policy-regulations-? type＝popular,2021 年 5 月 7 日访问。

⑤ Employment & Labour Law 2020 | Nigeria, https://www.globallegalinsights.com/practice-areas/employment-and-labour-laws-and-regulations/nigeria,2021 年 5 月 7 日访问。

工或停工：

　　a.从事的不是基础设施服务；

　　b.罢工或停工与劳资纠纷有关；

　　c.罢工或停工与雇员、工会或雇主一方根本违反劳动合同或劳动集体协议而引起的纠纷有关；

　　d.应当先遵守有关仲裁的法律前置规定；

　　e.需要工会成员简单多数投票赞成罢工。①

(七)尼日利亚石油和天然气行业法律制度

1.油气行业法律制度的发展历程

尼日利亚的石油和天然气资源主要集中于尼日尔三角洲地区。石油与天然气收入是尼日利亚最重要的经济收入来源，在尼日利亚国民经济中发挥了核心作用。② 目前，油气行业收入占据了尼日利亚94％的外汇收入和62％的财政收入。③

在18世纪60年代，尼日利亚政府对于自然资源的控制意识并不强烈，国家收入主要来源于对特许权使用费以及租赁租金的收取。随着发展中国家开始持续摆脱对旧殖民统治者的控制，1962年，联合国的大多数会员国通过了《关于自然资源永久主权的决议》。在决议中体现的"人民自由使用和开发其自然财富和资源的权利是其主权下的固有权利"这一精神的引领下，尼日利亚政府于1969年颁布了《石油法》。《石油法》关于石油的定义是"矿物油(或任何相关的碳氢化合物)或天然气，因为它以自然状态存在于地层中"。④ 此外，《石油法》又将天然气定义为从钻孔和矿井中获得的由碳氢化合物组成的气

---

① Nigeria：Employment & Labour Laws and Regulations 2021. https://iclg.com/practice-areas/employment-and-labour-laws-and-regulations/nigeria，2021年5月6日访问。

② Nigeria：Legal Framework And Requirements For Oil And Gas Investment In Nigeria，https://www.mondaq.com/nigeria/oil-gas-electricity/998566/legal-framework-and-requirements-for-oil-and-gas-investment-in-nigeria？type=popular，2021年5月9日访问。

③ 《对外投资合作国别(地区)指南-尼日利亚(2020年版)》，"走出去"公共服务平台，http://www.mofcom.gov.cn/dl/gbdqzn/upload/niriliya.pdf，2021年2月25日访问。

④ Emeka Duruigbo，The Global Energy Challenge and Nigeria's Emergence as a Major Gas Power：Promise，Peril or Paradox of Plenty？ *Geography International Environmental Law Review*，Vol.21，2009，pp.41-90.

体。法案并未将天然气区分为伴生气和非伴生气。①②《石油法》赋予了尼日利亚政府对其领土范围内的（包括领海、大陆架和专属经济区）石油和天然气资源具有所有权和控制权。前述规定在 1999 宪法中予以进一步强化，《宪法》规定了矿产资源（包括石油和天然气）的所有权完全属于联邦政府，并赋予联邦政府制定与油气行业相关的法律和法规的权力。③

　　尼日利亚作为世界天然气第七大储备国，天然气储量尽管十分丰富，但是由于过去世界市场对于天然气的需求量较少，故而一直以来天然气均是作为石油开采的伴生气体而存在，甚至有时会被石油公司视为石油开采过程中产生的无用副产品。因此，从《石油法》的规范内容中可以看出，尽管《石油法》同时适用于天然气开采项目，但《石油法》对于天然气问题关注明显不足。随着天然气重要性的加大以及石油公司燃烧处理天然气带来的污染问题愈加严重，尼日利亚联邦政府意识到《石油法》无法解决一些天然气的独有问题，因此政府颁布了一系列专门针对天然气行业的法律。

　　1979 年，尼日利亚通过了《伴生气回注法案》（Associated Gas Re-injection Act，1979），该法的核心目标是保护尼国的天然气，并通过制定天然气加工计划，要求所有在尼经营石油的公司在 1980 年 10 月 1 日前提交利用和重新注入伴生天然气的方案，并在 1984 年后禁止燃放天然气。由于石油公司在技术和资金方面均无法在规定期限内完成任务，禁止燃放天然气的期限被延长了一年。天然气处理计划需要花费巨额成本，故各石油公司并没有依照《伴生气回注法案》的要求对天然气进行处理。

　　1984 年，尼日利亚联邦政府修订了《伴生气回注法案》，并配套制定了《伴生气体回注（持续燃放气体）条例》（Associated Gas Re-injection（Continued Flaring of Gas）Regulations）。两部法令废除了 1979 年法案中有关最后期限的规定，并规定了特定情形下允许燃烧天然气的情况，授权石油部长在特殊情形下有豁免石油公司利用或重新注入天然气义务的权力。此外，部长还有权

---

　　①　伴生气指伴随原油共生，与原油同时开采出的天然气，而非伴生气指从单纯的天然气气田中采出的天然气。

　　②　Dr. Eghosa Osa Ekhator，Public Regulation of The Oil and Gas Industry in Nigeria：An Evaluation，*Annual Survey of International & Comparative Law*，Vol.21，pp.43-91.

　　③　K. T. Lawal，"Taxation of Petroleum Profit under the Nigeria's Petroleum Profit Tax Act，" *International Journal of Advanced Legal Studies and Governance*，Vol.4，2013，pp.1-17.

对燃烧天然气的行为施加惩罚。但是由于法律规定的罚款数额过低，仍然无法对非法排放和燃烧天然气的行为起到足够的威慑作用。①

1990 年，尼日利亚为鼓励天然气的开发，颁布了《液化天然气法令》（Nigeria LNG（Fiscal Incentives，Guarantees and Assurances）Act），该法规范了天然气开发行为，并向尼日利亚液化天然气公司和一些私营石油公司提供了财政激励和投资保护。法令授予液化天然气公司享有优惠待遇，允许该公司自交付液化天然气之日起十年内免税，并且对于支付给尼日利亚公司以外的任何公司的贷款或与该公司达成的其他财务安排的利息将不征收预扣税。② 天然气公司及其承包商和分包商，能够豁免支付与建设液化天然气工厂的机械和货物有关的进口关税。并且，法令中存在稳定条款，用以保护天然气公司能够在不受税收、劳工或环境立法变化的影响下经营。这表明了尼日利亚政府对于天然气开发的重视与鼓励态度。③

2021 年《石油工业法案》（Petroleum Industry Bill，简称"PIB"）的颁布为尼日利亚油气行业带来了巨大的影响。法案包括了五个章节与七个附表。《石油工业法案》颁布的主要目标在于促进尼日利亚油气资源的勘探和开采，保障行业的可持续发展，确保安全、高效的基础设施建设，提升油气行业的透明度和问责制，在增加政府收入的同时确保投资者获得公平回报。④《石油工业法案》废除了以下法律：《伴生气回注法》（Associated Gas Reinjection Act）、《碳氢化合物炼油厂法》（Hydrocarbon Oil Refineries Act）、《车用汽油法》（Motor Spirit Act）、《尼日利亚国家石油公司（项目）法》（NNPC（Projects）

---

① Dr. Eghosa Osa Ekhator，Public Regulation Of The Oil And Gas Industry In Nigeria：An Evaluation，*Annual Survey of International ＆ Comparative Law*，Vol. 21，2016，pp.43-91.

② NLNG tax holiday judgement：Going back to the basics to encourage economic growth，https://www.vanguardngr.com/2019/05/nlng-tax-holiday-judgement-going-back-to-the-basics-to-encourage-economic-growth/＃：～：text ＝ The％ 20NLNG％ 20Act％ 20exempted％ 20it％ 20from％ 20paying％ 20taxes，First％ 20Schedule％ 20to％ 20the％ 20Act％2C％20whichever％20comes％20first，2021 年 5 月 3 日访问。

③ Nigeria LNG（Fiscal Incentive Guarantees and Assurances）Act 1989，https：//taxaide.com.ng/files/Nigeria％20LNG％20（Fiscal％20Incentive％20Guarantees％20and％20Assurances）％20Act％201989.pdf，2021 年 5 月 3 日访问。

④ The Petroleum Industry Bill（PIB）：Top 20 Changes You Should Know，https：//www.pwc.com/ng/en/assets/pdf/pib-top-20-changes-you-should-know.pdf，2022 年 5 月 15 日访问。

Act)、《尼日利亚国家石油公司法》(Nigerian National Petroleum Corporation Act)、《石油产品定价监管机构(设立)法》(Petroleum Products Pricing Regulatory Agency (Establishment) Act)、《石油平衡基金法》(Petroleum Equalisation Fund (Management Board etc.) Act)、《石油利润税法》(Petroleum Profit Tax Act)。此外,还修订了 2019 年颁布的《深海和内陆盆地生产共享合同法》(Deep Offshore and Inland Basin Production Sharing Contract Act)与 1996 年颁布的《石油出口装运前检查法》(Pre-Shipment Inspection of Oil Exports Act)。对于《石油法案》(the Petroleum Act)、《石油管道法案》(Oil Pipelines Act)、《深海和内陆盆地生产共享合同法》和《石油利润税法》等法案中的某些规定的效力可以保留至旧的石油勘探许可证或者石油开采许可证终止或到期时。① 因此,投资者需要特别关注该行业法律效力的衔接问题,提前了解《石油工业法案》的具体内容以便及时应对法律变动。

除以上涉及的法律法规以外,在尼日利亚进行石油和天然气投资的企业还需要履行《尼日利亚三角洲委员会(成立)法》《尼日利亚采掘业透明度倡议法》和《尼日利亚石油和天然气行业内容发展法》中规定的本土化义务、社区发展义务以及环境保护义务。② 与此有关的内容将在本文第三部分详细阐述。

2.监管机构

《石油工业法案》颁布前,尼日利亚国家石油公司(Nigerian National Petroleum Corporation),代表尼日利亚政府与外国石油公司合作,参与石油与天然气行业的运营。同时还具有一定的监管职能,负责监督和管理国家石油公司的各项活动。《石油工业法案》生效后的六个月内,石油部长将在公司事务委员会成立尼日利亚国家石油有限公司,并由财政部和石油部按照同等比例持有股权。③ 可以说,新法颁布后,尼日利亚国家石油有限公司将失去监管职能,而转变一个商业实体来运营,并且还需要向政府支付合理份额的特许权使用费、租金、税收款项等,并需要保留 25% 的利润用于再投资与股息支付。

《石油工业法案》设立了尼日利亚上游监管委员会(The Nigerian Upstream Regulatory Commission),委员会通过执行、管理和实施与石油工

---

① The Bill (PIB), https://hrpib.org.ng/the-bill-pib/, 2022 年 5 月 15 日访问。

② Dr. Eghosa Osa Ekhator, Public Regulation Of The Oil And Gas Industry In Nigeria: An Evaluation, *Annual Survey of International & Comparative Law*, Vol. 21, 2016, pp.43-91.

③ Section 53, Petroleum Industry Bill, 2021.

业上游部门有关的法律、法规、国家政策、标准和惯例约束上游企业的各项活动。可以说,尼日利亚上游监管委员会在一定程度上取代了石油资源部的权利。《石油工业法案》规定,任何与上游产业有关的政府部门在作出决定前均需与委员会协商,并应当采纳委员会提出的建议。除此之外,委员会还将接管一些由原国家石油公司承担的监管权力。上游监管委员会还具有一定的环境监管权。委员会应当确保行业投资者遵守《石油工业法案》中关于环境保护的相关规定。在《石油工业法案》生效之日起一年内或者许可证授予后六个月内,委员会有权要求投资者提交一份环境管理计划。该计划需符合法律规定,并表明许可证申请人有能力管理或恢复对环境的负面影响。在天然气燃烧管理方面,《石油工业法案》规定,除非紧急情况、委员会授予豁免权或者存在既有法律规定的特殊情形,否则一律禁止燃烧天然气。[1]

《石油工业法案》第 29 条规定,由尼日利亚中游和下游石油管理局(The Nigerian Midstream and Downstream Petroleum Regulatory Authority)负责对中下游的石油业务进行技术和商业监管。法案表明,授予、发放、修改、撤销或终止中下游石油业务许可证的权力属于管理局。而在《石油工业法案》颁布前,这一权力为石油部长所有。中下游石油管理局的具体职能包括:对中下游的石油业务、本地天然气业务和出口天然气业务进行管制;监督天然气、原油的存储、运输服务质量;确定出口关税的计算方式;对中游气体燃烧造成的环境损害行为进行罚款等。[2]

除以上监管部门外,油气行业的监管机构还包括:

国家石油泄漏检测和响应部门——负责监视和控制尼日利亚石油泄漏的机构,职能包括监督油气企业遵守现有的环境立法以及侦查石油部门的漏油事件。接受漏油的报告并协调、回应事故。

尼日利亚项目开发和监督委员会——负责促进当地对油气行业的投资和参与度,在油气公司注册时,参与监督其是否满足法律规定的本地参与这一要求。

联邦税务局——负责管理相关的税务活动。

---

① The Petroleum Industry Bill(PIB):Top 20 Changes You Should Know,https://www.pwc.com/ng/en/assets/pdf/pib-top-20-changes-you-should-know.pdf,2022 年 5 月 15 日访问。

② Section 53,Petroleum Industry Bill,2021.

尼日利亚中央银行——负责收取海外原油销售收益。①

3.油气许可证

投资者欲在尼日利亚进行石油勘探和开采,需获得特定的许可证,否则擅自开采自然资源将可能带来刑事责任。② 法律规定石油的探矿权授予类型分为三种。

(1)开放式石油勘探许可证(Petroleum Exploration Licence 或者 Oil Exploration License)

获得该许可证的企业只能进行初步的勘探调查。该许可证是非排他性的,有效期为三年,并可以续期三年。③ 由于现代石油勘探技术已较为发达,因此政府很少再颁发此种类型的许可证。④

(2)排他性石油勘探许可证(Petroleum Prospecting Licence 或者 Oil Prospecting License)

获得该许可证的企业可以进行更为广泛的勘探调查,并可以拥有和处置在探矿过程中发现的石油的权利。如果石油公司被授予排他性石油勘探许可证,则只要在发现石油资源后履行法定纳税和缴费义务即可以拥有和处置在勘探过程中发现或取得的石油。该许可证的期限一般由石油部长规定,通常对陆地区域和浅水区域进行勘探的许可证期限不超过六年(包括三年的初始勘探期和三年的可延长期限),而对深海和内陆盆地的许可证期限不超过十年(包括五年的初始勘探期和五年的可延长期限)。⑤ 企业在发现石油资源后,还需与尼日利亚国家石油公司签订产量分成合同(Production Sharing Con-

---

① Nigeria：Legal Framework And Requirements For Oil And Gas Investment In Nigeria，https://www. mondaq. com/nigeria/oil-gas-electricity/998566/legal-framework-and-requirements-for-oil-and-gas-investment-in-nigeria? type＝popular,2021 年 5 月 9 日访问。

② Nigeria：Overview Of Oil And Gas Regulations In Nigeria，https://www.mondaq. com/nigeria/oil-gas-electricity/1004162/overview-of-oil-and-gas-regulations-in-nigeria-,2021 年 5 月 9 日访问。

③ Petroleum Industry Bill（PIB）2021—A Game Changer，https://assets. kpmg/content/dam/kpmg/ng/pdf/tax/petroleum-industry-bill-（pib）-2021-a-game-changer. pdf,2022 年 5 月 15 日访问。

④ Laws Regulating Oil And Gas Industry In Nigeria，https://www.resolutionlawng. com/laws-regulating-oil-and-gas-industry-in-nigeria/,2021 年 5 月 8 日访问。

⑤ Laws Regulating Oil And Gas Industry In Nigeria，https://www.resolutionlawng. com/laws-regulating-oil-and-gas-industry-in-nigeria/,2021 年 5 月 8 日访问。

tract)或者风险服务合同(Risk Service Contract)。① 需注意的是,《石油工业法案》后,投资者需要将 OPL 转换为 PPL,如果未在规定时间内转化,则视为许可证终止或到期。

(3)石油开采许可证(Petroleum Mining Lease 或者 The Oil Mining Lease)

此类型的许可内容是在发现了一定数量的石油后,授予企业对指定面积内石油资源的探矿、勘探、生产和营销的专有权。此种类型的许可证有效期为20 年,在满足规定条件下可以续签,但每一次附加期限不超过 20 年。② 同样的,《石油工业法案》颁布后,投资者需要将 OML 转化为 PML,否则将视为许可证终止或到期。

《石油法》附表规定了石油部长可以撤销油气许可证的情形:①被许可方或者承租人(石油公司)最终直接或间接由非尼日利亚人或外国人控制。②石油部长认为被许可方或承租人没有继续开展经营活动、没有按照要求开展经营活动或没有按照良好油田惯例开展活动。③石油公司未能遵守《石油法》和其他相关法律法规的规定。④石油公司未能在规定期限内支付租金或特许权使用费,或未能按照部长的要求提交有关其业务或活动的报告。部长应将撤销或考虑撤销的理由通知被许可人或承租人,并应邀请被许可人或承租人作出任何解释(如果他愿意)。如果部长对(被许可方或承租人)解释满意,他可以邀请公司在规定的时间内纠正投诉事项。如果被许可方或承租人在规定的期限内未提供充分解释或未纠正投诉事项,部长可撤销许可或租约。此外,撤销应不影响被许可方或承租人可能已产生的任何责任,或可能已向尼日利亚政府提出的任何索赔。《石油法案》中规定的撤销程序体现尼日利亚宪法中规定的正当程序原则和自然公正原则。《宪法》第 44(1)条规定,除法律规定的方式外,不得强制取得不动产的动产或利益。此外,《宪法》第 36 条规定,政府在作出与民事权利和义务有关任何事项上的决定时,相对方有权获得公正的听证的权利,且这个人在合理时间内有权在法院(或任何其他法庭)获得公正

---

① Nigeria: Legal Framework of The Nigerian Petroleum Industry, https://www.mondaq.com/Nigeria/CorporateCommercial-Law/10726/Legal-Framework-Of-The-Nigerian-Petroleum-Industry #: ～: text = The％ 20most％ 20important％ 20petroleum％ 20legislation％ 20in％ 20Nigeria％20is, water％29％20which％20-％20is％20in％20Nigeria％20％3B％20or,2021 年 5 月 8 日访问。

② Laws Regulating Oil And Gas Industry In Nigeria, https://www.resolutionlawng.com/laws-regulating-oil-and-gas-industry-in-nigeria/,2021 年 5 月 8 日访问。

的听证。根据《宪法》第 44(1)条,石油勘探或石油开采许可证可被归类为"财产"。因此,许可证赋予被许可人或承租人经济和商业价值或权利。石油部长不得单方面撤销或更改此类许可证的条款。任何违反或单方面撤销石油勘探或石油开采许可证的行为都可以被认为是违反合同和违反宪法第 44 条的要旨,法院可能认为该撤销无效或违宪,被许可人可以向法院寻求救济。① 2009年,NNPC & Att'y Gen. Fed'n v. FAMFA Oil Ltd.案中,联邦高等法院认为只有石油部长才有权吊销石油勘探许可证,总统的吊销行为构成了越权,违反了宪法和法律的规定。法院进一步指明,宪法的公平听证原则必须庄严地纳入部长撤销石油许可证的程序之中。② 2012 年 NNPC & Attorney General of the Federation v. FAMFA Oil Ltd.一案中联邦最高法院再次强调了尼日利亚政府必须保障石油法案和宪法中规定的正当程序原则和公平听证原则在行政机关行使权力时得到体现,且公职人员行使自由裁量权时应当受行政法各项原则的制约,如果不遵循适当的程序,法院可能会裁定其无效,而投资者一旦因缺乏正当程序而权利受损,亦可由此申请损害赔偿。③

2021 年《石油工业法案》特别要求石油工业中的上游管理委员会在部长行使授权或撤销石油许可证时有权向部长提出建议。④ 法案规定,如果部长在 90 天内未依据上游管理委员会的建议采取行动,那么将视为同意颁发许可证。而部长如果作出同意颁发的决定,则应当在 60 天内颁发许可证。⑤ 由此可见,《石油工业法案》对石油部长的权力进行了进一步制约,并在程序上更加

① Dr. Eghosa Osa Ekhator,Public Regulation Of The Oil And Gas Industry In Nigeria: An Evaluation, *Annual Survey of International & Comparative Law*, Vol. 21, 2016, pp.43-91.

② The Rule of Law in the Nigerian oil and gas industry: NNPC v. Famfa Oil Limited, Energy & Projects, https://www.templars-law.com/wp-content/uploads/2015/05/THE-RULE-OF-LAW-.pdf, 2021 年 5 月 3 日访问。

③ Dr. Eghosa Osa Ekhator,Public Regulation of The Oil And Gas Industry In Nigeria: An Evaluation, *Annual Survey of International & Comparative Law*, Vol.21, 2016, pp.43-91.

④ The Petroleum Industry Bill (PIB): Top 20 Changes You Should Know, https://www.pwc.com/ng/en/assets/pdf/pib-top-20-changes-you-should-know.pdf, 2022 年 5 月 15 日访问。

⑤ Petroleum Industry Bill (PIB) 2021-A Game Changer, https://assets.kpmg/content/dam/kpmg/ng/pdf/tax/petroleum-industry-bill-(pib)-2021-a-game-changer.pdf, 2022 年 5 月 15 日访问。

细化,进一步保障了投资者的权利。尽管相关法律条款进行了修订,但可以预见的是,无论哪一部门行使颁发或撤销许可证的权力,该部门均受正当程序原则和公平听证原则的制约。

(八)尼日利亚固体矿业法律制度

尼日利亚固体矿产资源丰富,拥有120多种重要的固体矿物。1999年《宪法》将矿产和矿业活动列入了专属立法清单,这意味着联邦政府对固体矿产资源有专属立法权。《宪法》规定尼日利亚联邦政府拥有该国矿产资源的控制、管理和所有权。规范采矿行业的法律法规主要有2007年的《矿产和采矿法》、2008年《国家矿产和金属政策》和2011年的《尼日利亚矿产和采矿法规》。[①]

尼日利亚矿产和矿业法将矿权许可分为:勘查许可、踏勘许可、采矿许可、小规模采矿许可、采石许可和用水许可六大类。矿权的申请主体限于:具有民事行为能力,尚未因刑事犯罪而被定罪的尼日利亚公民、在尼日利亚注册的公司或合资企业。由此可见,外国主体(包括外国自然人和企业)无法独资拥有在尼日利亚的矿权,其只能通过持有尼日利亚本土公司的股份进行固体矿产投资。[②]

采矿业的管理权由矿业和钢铁发展部部长行使,部长的其他职能还包括确保尼日利亚矿产的有序和可持续发展,并为国内外的投资者创造有利的投资环境和基础设施。[③] 矿业和钢铁发展部设立了三个主要职能部门,分别为矿山监察司、矿山环境与合规司和个体及小型采矿司。[④] 尼日利亚矿山地籍办事处总部位于阿布贾,并在各区域设置办事处,承担矿产权管理的地籍登记册的维护工作。地籍办事处审议对于勘查许可证、踏勘许可证、采矿租赁、小

[①] Laws & Guidelines Regulating Solid Mineral Industry in Nigeria,https://completefmc. com/2017/02/regulating-solid-mineral-industry-in_28. html #:~: text = Nigerian% 20 Minerals% 20 and% 20Mining% 20Regulations% 202011% 20The% 20Nigerian,stamp% 20out% 20the% 20 discretionary% 20grant% 20of% 20mineral% 20titles,2021年5月9日访问。

[②] The National Minerals and Metals Policy,https://iclg.com/practice-areas/mining-laws-and-regulations/nigeria,2021年5月26日访问。

[③] 2007年《矿产与矿业法》第16～18条。

[④] 李青梅:《尼日利亚矿产资源管理制度》,载《国土资源情报》2019年第4期。

型采矿租赁和水使用许可证的申请并有权暂停经部长书面批准撤销的矿权。①

对于矿权的授予采用先到先得原则,即同一天收到多个符合条件的矿权申请时,应当将矿权授予先申请者。② 除踏勘许可证不得转让以外,其余五项许可证均可按照法律规定的程序进行转让。③《采矿条例》中将矿产所有权的转让定义为包括转让、抵押、质押、转租等。这意味着,除了正常的转让外,法律还允许矿权持有人有权对全部或部分矿权进行抵押、质押,并通过此种方式筹措资金。但是任何的转让方式均需要经过部长的同意。④ 一般而言,矿权许可证持有人欲关闭或者放弃矿权,应当至少在关闭或放弃的三个月前以书面形式向矿山环境与合规司提出申请,并应当将申请书的副本提交于矿山监察司和矿山地籍办事处。另外,涉及关闭矿区的申请还应当附有第三方专业机构提供的有关矿场周围环境的审计报告。并且,关闭矿区的申请人应当确保遵守此前制定的环境影响评估声明、《矿产和采矿法》中的环境保护与修复计划和《采矿条例》中规定的其他条件。矿权持有人如果违反相关法律规定的条件和要求,将会面临被撤销矿权的风险。⑤

2007 年的矿产与矿业法中最大的亮点即是将订立社区发展协议作为矿业公司进行矿产资源投资的前提条件,有关内容将在后文予以详述。

---

① Olasupo Shasore, Nigeria's Solid Minerals as a source of Economic Development—Tapping a latent resource? https://www. mondaq. com/nigeria/mining/753540/nigeria39s-solid-minerals-as-a-source-of-economic-development--tapping-a-latent-resource,2021 年 5 月 20 日访问。

② Laws & Guidelines Regulating Solid Mineral Industry in Nigeria, https://completefmc. com/2017/02/regulating-solid-mineral-industry-in _ 28. html #: ～: text = Nigerian％20Minerals％20and％20Mining％20Regulations％202011％20The％20Nigerian, stamp％20out％20the％20discretionary％20grant％20of％20mineral％20titles,2021 年 5 月 9 日访问。

③ 李青梅:《尼日利亚矿产资源管理制度》,载《国土资源情报》2019 年第 4 期。

④ The National Minerals and Metals Policy,https://iclg.com/practice-areas/mining-laws-and-regulations/nigeria,2021 年 5 月 26 日访问。

⑤ The National Minerals and Metals Policy,https://iclg.com/practice-areas/mining-laws-and-regulations/nigeria,2021 年 5 月 26 日访问。

二、尼日利亚投资法律制度评述

(一)国家机关间的权力冲突问题严峻

1.宪法对联邦与各州的权力分配不清

回顾宪法的发展历程,尼日利亚宪法经历了三个阶段,分别是 1923 年至 1946 年完全从属于英国政府阶段、二战以后对殖民宪法的斗争与探索阶段和 1960 年后的独立发展阶段。由于尼日利亚国情存在严重的政治利益冲突与多党派矛盾,故英国的宪政模式与该国国情不符,造成了尼日利亚内战。后期,为实现国家的稳定与发展,尼日利亚决定建立一个中央集权的国家体制。在美国宪政模式的影响下,现行宪法规定了尼日利亚是一个中央集权的联邦制国家,联邦依宪法规定行使立法权,对于宪法未规定的事项,则联邦与州之间共同享有立法权。[①]

为了巩固联邦政府的中央集权,同时又能较好地平衡联邦与州之间的关系,1999 年宪法附带了两个项目表对联邦和各州之间的权力分配作出了具体规定。其中“专项立法项目表”规定了联邦的立法,而“共辖立法项目表”则规定了联邦和各州共同拥有的立法权。前者称为联邦政府的“专有权力”(或称为“排他性权力”“联邦权力”),宪法规定了 68 项中央政府保留的专属立法清单,如国防、外交事务,或者与海外贸易有关的重要事项;后者称为“同时性权力”,一般包括卫生、教育、农业等事项。对于前述两个项目表未作规定的事项,则称为“剩余权力”。“剩余权力”包括了民法、城市规划、财产问题等有关的事项,在剩余权力的规定上,联邦与州均有立法权。[②] 但由于 1999 年宪法中对于“共辖立法项目表”的规定过于笼统和模糊,对于“剩余权力”的分配与协调上两级政府也并未厘清,这直接导致联邦与各州之间的立法常常存在冲突。不仅如此,部分州借宪法的模糊性规定欲扩大州权,联邦政府与州政府之

[①] 夏新华、张怀印:《尼日利亚宪政发展初探》,载《湖南科技大学学报》2006 年第 6 期。

[②] What Is The Difference Between The Exclusive And Concurrent List—Nairaland / General—Nairaland,https://www.nairaland.com/4113366/what-difference-exclusive-concurrent-list,2021 年 4 月 25 日访问。

间在权力的分配上也长期出现矛盾。最为典型的例子即为《矿产与采矿法》与《土地使用法》之间对于土地权力的分配问题。如前所述,《土地使用法》授予各州州长对州范围内土地的拥有所有权,这在实质意义上授予的是州长对土地"地表"的所有权。然而《矿产和采矿法》将矿产的所有权授予了联邦政府。对于这一问题,《宪法》并未回应与解决。事实上,《土地使用法》与《矿产和采矿法》之间的冲突在宪法的立法清单中亦有体现。专属立法清单将固体矿产管理制度纳入在内,意味着联邦政府对这一事项具有专属立法权,然而,在共享立法清单中则规定,"土地"立法权限属于地方政府。条文将土地所有权与矿产资源所有权归属于两级政府,混淆了地表与地下资源两者之间难以割舍的联系,造成了两级政府的管辖权重叠。《宪法》第 315 条规定,本宪法的任何规定均不得使以下成文法无效:(d)《土地使用法》。宪法的这一条款不仅未对条文冲突进行回应,反而强化了州政府的土地所有权,加剧了州政府与联邦政府之间的冲突。① 联邦与地方政府对矿产资源投资的管辖权重叠意味着投资者在尼日利亚进行矿产资源投资,既需要联邦政府的矿权许可,也需要州政府的土地使用许可,一旦其中的某一级政府拒绝投资申请,投资便难以进行。这种"双许可"模式不仅加大了投资者的投资成本,也在一定程度上带来了法律风险,将联邦与州政府之间的行政权力冲突转化成了投资者获得投资许可的障碍。②

　　尽管立法项目表中规定,在联邦与州政府同时具有立法权的事项上,如果两者之间存在法律冲突,则中央政府的法律将取代州政府的法律。但是对于投资者而言,在投资过程中将必不可少地需要与州政府或地方政府产生密切交集,遵守州立法往往是投资者获得各州投资支持、获得投资便捷通道和投资激励措施的前提。因此在遵守联邦法律而违反州法律的情况下,将很可能阻碍投资者的后续投资进展,投资者很有可能成为联邦与州政府之间法律与权力冲突的牺牲品。

　　2.各行政机关之间的权力重叠现象普遍

　　在尼日利亚,几乎每一部法律或每一种投资行业均会设置一个或多个对

---

①　Olasupo Shasore,Nigeria's Solid Minerals as a source of Economic Development—Tapping a latent resource? https://www. mondaq. com/nigeria/mining/753540/nigeria39s-solid-minerals-as-a-source-of-economic-development--tapping-a-latent-resource,2021 年 5 月 20 日访问。

②　《尼日利亚宪法述评》,http://www. cssn. cn/gj/gj_gjwtyj/gj_xyfz/201310/t20131028_730847.shtml,2021 年 4 月 25 日访问。

应的行政管理机构行使相关领域的行政管理权。如前述中《投资促进委员会法令》设立了投资促进委员会、《公司及相关事项法》设立了公司事务委员会、《财政法》中设立了各级税务机关、《联邦竞争与消费权益保护法》设立了联邦竞争与消费者权益保护委员会等。复杂的行政架构常常带来各管理部门之间的权限划分不明。

以《联邦竞争与消费者权益保护法》为例,法律规定了联邦竞争与消费者保护委员会对经济活动具有审查并制裁的权力,并负责对消费者的权利进行保护。但是《尼日利亚标准组织法》《尼日利亚通讯法》《重量和计量法》《国家食品药品监督管理局法案》等各单行法律亦设立了行业管理行政机关,规定了尼日利亚标准组织委员会(SON)、尼日利亚电力监管委员会(NERC)、尼日利亚通讯委员会(NCC)、国家食品药品监督管理局(NAFDAC)等其他监管机构亦负责保护各类别产品和服务的购买者和公众免受市场不公平行为的侵害。[①] 但对于各个行政机关的权限划分,尼日利亚法律并未予以回应。又如,尼日利亚油气行业中的管理机关不仅有尼日利亚上游监管委员会、尼日利亚中游和下游石油管理局,还有石油资源部、国家石油泄漏检测和响应部门、项目开发和监督委员会、尼日利亚国家银行等。[②] 政府部门机构重叠、职权交叉、政出多门的矛盾普遍存在于各行各业,这将直接导致行政运行成本高昂而行政效率低下。对于在尼投资者而言,各部门交叉或者并立将致使投资前的准入与获得行政许可的程序烦琐,获得审批的周期性较长。此外,在投资过程中,各部门轮流行使行政权的现实情况导致投资的限制性因素过多,合规性风险较大。

(二)NIPC 法令中对外资的准入程序烦琐且标准不明

NIPC 法令采用了"负面清单"模式对投资的行业、领域及业务进行规定。[③] 在武器、弹药生产、麻醉药品和精神药物的生产和交易、军用服装和装

---

① Achieving Consumer Rights Protection In Nigeria,http://www.thetidenewsonline.com/2021/04/07/achieving-consumer-rights-protection-in-nigeria/#:~:text=In%20Nigeria%2C%20some%20of%20the%20rights%20of%20a,right%20to%20safe%20and%20quality%20goods%20and%20others,2021 年 5 月 5 日访问。

② Nigeria:Legal Framework And Requirements For Oil And Gas Investment In Nigeria,https://www.mondaq.com/nigeria/oil-gas-electricity/998566/legal-framework-and-requirements-for-oil-and-gas-investment-in-nigeria?type=popular,2021 年 5 月 9 日。

③ 《尼日利亚投资促进委员会法令》第 18 条。

备以及联邦执行委员会确定的其他行业或事项上,禁止外国投资和本国企业参与。① 该负面清单准入模式意味着内外资均可以在法律未禁止的方面进行自由投资,体现了 NIPC 法令对于投资的开放态度。

NIPC 法令将"投资"定义为:"为获得在尼日利亚范围内或者范围外经营的企业的权益而进行的投资。"尽管法令关于投资的定义并不明确,但可以通过 NIPC 法令中关于"企业"和"资本"的解释获得进一步的理解。NIPC 法令规定,"企业"指本法案适用的行业、项目、企业或业务,或该行业、项目、企业或业务的扩展,或该行业、项目、企业或业务的任何部分,如果有外国参与,则指在委员会正式注册的此类企业。"资本"是指:"除商誉外的所有现金出资、工厂机械、设备、建筑物、零件,原材料和其他金融资产。"因此,通过对企业和资产的定义,能够得出 NIPC 法令中对"投资"的范围划定较为广泛,包括了任何具有经济价值的有形资产和无形资产。但需要明确的是,NIPC 法令不承认商誉构成尼日利亚企业的资本,故以商誉进行折价投资的行为将不受法律的保护。②

从以上介绍中能够看出,NIPC 法令对国内外投资实行统一的立法,对于"投资"范围设定较为宽泛和灵活。但是,在投资准入上,NIPC 法令中却指出除法律规定的豁免注册的情形外,如果企业中含有外国人的参与成分,则该企业在尼日利亚投资还需要依据《公司及相关事项法》进行注册成立。另外,在正式营业之前,还需要向 NIPC 申请注册登记以获得《登记许可证》。③ 虽然此种登记主要是为了达到记录和统计的目的,但是尼日利亚中央银行要求获得外汇交易授权的交易商在汇出资金之前需要提供 NIPC 的登记许可证。并且,获得该许可证后,商业实体才能够继续从相关行业的政府部门获得所需的具体运营许可证。④ 尼日利亚在 1960 年获得政治独立后,推行了本地化政策,用以解决外资过分控制国内企业这一问题。但是,随着尼日利亚外资法律制度逐渐开放,早期设置本地化政策的时代背景与社会问题已经不复存在。这一强制性国内注册要求意味着外国企业必须作为独立实体才能够称作是"投资",这不仅增加了外资的进入成本,还与现代吸引外资的理念不符。最为

---

① 《尼日利亚投资促进委员会法令》第 31 条。
② 《尼日利亚投资促进委员会法令》第 31 条。
③ 《尼日利亚投资促进委员会法令》第 19 条、第 20 条。
④ Oluwaseun Osomo, Transnational Legal Regime for Oil Investments in Nigeria, https://www.academia.edu/12773860/Transnational_Legal_Regime_for_Oil_Investment_in_Nigeria,2021 年 6 月 1 日访问。

重要的是,这一规定将使没有在尼日利亚进行注册的任何资本投入排除在"投资"范围之外。而一旦被排除在"投资"范围外,投资者将面临不受外资法保护的被动局面,例如,难以通过双边投资保护协定保障自身利益,难以激活国际投资争端解决中心的管辖权等。[①]

此外,NIPC 法令规定了投资促进委员会在收到企业提交的注册申请后14 天内,有权对申请进行评估并作出决定。[②] 从中可以看出,法律将该事项定性为是委员会的权力而非义务。而 NIPC 法令中并未规定一份委员会行使决定权的具体标准,这意味着商业企业的投资准入标准将完全依赖委员会的自由裁量权,加大了投资者的投资准入难度与不确定性。此外,将造成更深层次的结果是,即便满足注册条件的企业,在面对委员会不合理作出驳回注册申请决定时,也难以通过法律途径寻求救济。[③]

(三)改革后的 CAMA2020 与 CR2021 仍然存在缺陷

1.CR2021 对小公司营业额的法律规定效力不明

CR2021 第 19 段中对 CAMA2020 第 394 条中的小公司营业额进行了修改,将 CAMA2020 中的 1.2 亿奈拉营业额以下改为:财政法案中规定的可变动营业额(目前为 2.5 亿奈拉)。[④] CR 修改该规定的目的是统一 CAMA 与财政法案中对小公司的不同规定。CR 作为工业、贸易和投资部长共同批准的法律,从法律效力上看,CR 作为行政法规,其效力等级低于 CAMA,并无权限对法律条文进行修改和统一,故而该条款能否实施且实施后是否会遭到司法审查值得怀疑。

2.法律仍然存在不明确事项

为了避免 CAMA2020 在实施过程中产生的各项问题,尼日利亚政府在新法令出台不久后即颁布 CR2021 取代 CR2012,旨在尽快减少 CAMA 在实施过程中产生的内容不明与衔接不清问题。但是 CAMA2020 和 CR2021 中仍然存在一些新旧法令的衔接问题,某些立法上的空白问题也有待解决,这将很有可能导致企业未来的合规风险加大,故需要予以注意。

---

① Khrushchev U.K. Ekwueme, Nigeria's Principal Investment Laws in the Context of International Law and Practice, *Journal of African Law*, Vol.2, 2005, 177-206.

② 《尼日利亚投资促进委员会法令》第 20 条。

③ Khrushchev U.K. Ekwueme, Nigeria's Principal Investment Laws in the Context of International Law and Practice, *Journal of African Law*, Vol.2, 2005, 177-206.

④ Section 394, Companies and Allied Matters Act, 2020.

首先,CAMA2020 规定,不再允许公司发行不可赎回的优先股。然而不可赎回的优先股在 1990 年的 CAMA 中是允许发行的,这就涉及到了新法颁布前发行的不可赎回的优先股的处理问题,而目前并没有法律对这一问题的解决方式进行规定。其次,早在 2009 年的《拉各斯州合伙法》中就存在对 LLP 有限合伙责任企业的相关规定。CAMA2020 中增设有关 LLP 的规定,这对于依据《拉各斯州合伙法》成立的既有 LLP 企业而言,是否要重新向公司事务委员会申请注册登记的问题仍未澄清。公司事务委员会目前是否会主动与拉各斯州整合既有 LLP 企业的记录仍是未知问题。最后,CAMA2020 规定企业的重大控制权人应当具有事先披露义务,并规定了披露的时间,但是对于未尽披露义务的重大控制权人,当前立法对其处罚内容如何亦属未知。①

除上述几点之外,CAMA2020 与 CR2021 中还存在着大量规定不明或者与旧法衔接不清的问题。投资者在面临这些问题时,应当及时向尼日利亚的投资促进机构(如一站式投资中心、公司事务委员会或 NIPC)进行咨询,而不能仅因新规定内容的缺失或新旧法律中的衔接不明就忽视相关问题的重要性。

(四)劳工制度缺乏灵活性与稳定性

1.雇主雇佣外籍员工的门槛较高

在尼日利亚,聘用外籍人士的公司需要向联邦内政部进行申请。申请书应当附有经营许可证、公司目前的税务证明、营业场所的租赁协议或入住证明、公司章程及细则、拟支付给外籍人员的年薪等。批准文件(一般称为外籍配额,EQ)中将指定具体的工作职位和名称,并限定外籍人士工作的期限。②

《移民法》第 8 条规定,在尼日利亚寻求工作或者工作许可证的任何外国人必须获得移民总局的同意。③ 故除任职公司需要获得外籍配额,外籍人士在进入尼日利亚工作前,还必须获得《综合外籍人士居留证和外国人卡》(CERPAC)。CERPAC 可以使外籍人士有权居住于尼日利亚,并可以按照批准进行活动。该卡的有效期为两年,之后必须重新申请或进行更新。

---

① Commentaries on Companies Regulations,2021 Published by CAC,https://www.pro-shareng.com/news/Doing%20Business%20in%20Nigeria/Commentaries-on-Companies-Regula-tions--2021-published-by-CAC.pdf.,2021 年 4 月 29 日访问。

② Udo Udoma & Belo-Osagie, Employment & labour law in Nigeria, *Global Ni-geria*,March,2019,pp.1-9.

③ 《尼日利亚移民法》第 18 条。

CERPAC的授予和更新由尼日利亚移民局负责,但是是否批准的决定权由移民局与内政部共同行使。以上限制不适用西非经济共同体成员国国民的就业。①

严格的外籍人士就业管制大大限制了尼日利亚外资聘用外国人的权利。外籍雇佣配额批准要求严格,允许的数量也一般较少。虽然尼日利亚劳动力成本较低且数量较多,然而尼日利亚作为发展中国家,其国内的教育水平较低,高水平的管理型和技术型人才缺乏,故而严格的外籍聘用限制与其国内的人才情况并不相符,这将使外资在尼日利亚的经营效率与经营规模大打折扣。② 另外,在申请外籍配额时还需要提交一系列与公司经营有关的文件,这在无形中设置了门槛和标准,将难以提交符合规定文件的外资企业排除在外,不利于外资的良性发展。

还需要注意的是,在申请外籍配额时,雇主必须证明存在合格的尼日利亚雇员能在未来可以替代外籍人士的职位,如果获得批准,则这些合格的尼日利亚雇员将接受培训,并在未来可以填补外籍人士的职位。这将使外资在聘用外籍人士后还负有在规定的时间内用尼日利亚雇员替换外籍工作人员的义务,这一不合理的规定加重了投资者的义务。

2.国家工业法院的主观能动性较大

尼日利亚宪法赋予国家工业法院审理与任何劳动、就业、工会等劳资关系纠纷的权力。除民事诉讼外,国家工业法院还有权受理就任何与劳工有关的行政决定提起的行政诉讼。③ 尼日利亚2010年宪法修正案规定,国家工业法院在审理劳资关系时,有权就涉及劳工、就业、工作场所、劳资关系等相关事项有关的公约、条约或议定书进行适用的权力,该权力优于宪法中的其他相反规定。上述规定打破了《宪法》第12条的规定:"联邦与任何其他国家之间的任何条约都不具有法律效力,除非任何此类条约已由国民议会颁布成为法律。"这意味着,有关劳工的国际条约未经国民议会事先颁布成为法律,只需经过尼

① Guide For Employment Of Expatriates In Nigeria,https://www.resolutionlawng.com/employment-of-expatriates-in-nigeria/,2021年5月12日访问。
② 万方、郑曦:《区域投资法律环境和风险与中国对策——以我国企业对尼日利亚投资为例》,载《国际商务——对外经济贸易大学学报》2017年第2期。
③ Dr. Justus Sokefun, Nduka C. Njoku, The Court System In Nigeria:Jurisdiction And Appeals,*International Journal of Business and Applied Social Science*,Vol.2, No.3, 2016,pp.24-26.

日利亚批准后即有可能在尼日利亚具有法律效力。[1] 上述规定使尼日利亚的劳工标准处于不明晰的状态,对于尼日利亚通过但尚未经国民议会颁布成为法律的国际条约,是否对投资者具有强制性法律约束力? 这一问题尚需要从国家工业法院的判例中得出结论。此外,国家工业法院还具有对国际条约中劳工标准的解释权。

国家工业法院的上述特殊权力加之近年来法院司法能动主义的偏好,共同驱使了国家工业法院常常违反先例作出前后不一判决。以雇主解雇雇员是否应当出于正当理由为例:在 2015 年以前,雇主通常可以基于任何原因,或无须任何理由而终止雇佣合同。但是 2015 年 Aloysius v Diamond Bank Plc 一案中,国家工业法院改变了以往的观点,法院认为雇主无论在什么情况下,都应当出于"正当理由"解雇雇员。法院依据国际劳工组织 1982 年《终止雇佣公约》第 158 号和第 166 号建议书的第 4 条,指出国际上的最佳解雇做法要求雇主提供有效理由,且该理由必须与雇员的能力、员工的行为或企业的运营要求有关。法院指出国际劳工组织的公约中制定的劳工标准代表了国际最佳做法,应当予以遵守。而在 2019 年的判例中,国家工业法院在重新审视该问题时指出应当在适当情况下主张雇主遵守国际最佳实践——法院需要在原告主张的情况下才能对被告进行适用。[2]

因此,国家工业法院的判决是否遵循先例,是否适用国际条约中的劳工标准,完全依赖于法官的主观能动性。在此情形下,投资者需要注意,应当以国际最佳实践作为自身的行为准则,以合理理由终止雇佣合同,以避免诉讼法律风险。

(五)立法变革的推动致使投资环境缺乏稳定性

在现代投资法理论中投资环境的要素分为三种,政治要素、法律要素和经

---

① Dr. Justus Sokefun, Nduka C. Njoku, The Court System In Nigeria: Jurisdiction And Appeals, *International Journal of Business and Applied Social Science*, Vol.2, No.3, 2016, pp.24-26.

② Nigeria: Taking Away The Power To 'Hire And Fire' Without Reason: The Aloysius V Diamond Bank's Case Revisited, https://www. mondaq. com/nigeria/employee-rights-labour-relations/503668/taking-away-the-power-to-hire-and-fire39-without-reason-the-aloysius-v- diamond-bank39s-case-revisited,2021 年 6 月 2 日访问。

济要素。其中,法律作为核心要素在投资的过程中发挥着规范和引导的作用。① 而从 2019 年至 2021 年以来,尼日利亚立法正处在剧烈变动之中。立法部门对公司法律制度、税收法律制度、竞争与消费者权益保护法律制度以及油气行业法律制度等均进行了修订。诚然,法律的不断完善有利于改善投资环境,而吸引投资,促进经济发展也正是立法部门修法的初衷之一,但这也将使投资者的权利与义务处于极大的不确定状态中,同时,企业合规的难度也因此而凸显。囿于篇幅限制,笔者将在下文以《石油工业法案》的颁布为例分析法律变动给投资者造成的影响。

首先,投资者需要注意各法案的效力衔接问题。新的法律条文何时生效,旧的法律条文何时失效,需要加以重视。并且,新法颁布后的配套法规与政策也将持续更新。例如,《石油工业法案》规定,对于《石油法案》(the Petroleum Act)、《石油管道法案》(Oil Pipelines Act)、《深海和内陆盆地生产共享合同法》《石油利润税法》等法案中的某些规定的效力可以保留至相关石油勘探许可证或者石油开采许可证终止或到期时。② 其次,投资者需要明确自身的权利与义务是否受到影响。例如,《石油工业法案》规定了投资者具有在一定期限内对既有石油勘探许可证或者石油开采许可证进行转化的义务。并且,投资者还具有向环境管理基金、中下游天然气基础设施基金捐款的义务。毋庸置疑,《石油工业法案》中的诸多条款为投资者设定了新的法律义务,这将加大投资负担与投资成本。而分析法律变动带来的影响不仅成为企业合规部门的重大职责,也为投资活动的继续进行带来一定困难。最后,由于尼日利亚监管部门存在法律执行力不足的固有弊端,因此,新法颁布或修订后的实施情况还有待观察。例如,《石油工业法案》欲对尼日利亚国家石油公司进行全面转型,使其转化为商业实体,但尼日利亚国家石油有限公司却仍然由财政部和石油部按照同等比例持有股权。因此,此次转型是否能够成功并达到《石油工业法案》期望的效果仍然存疑。又如,尽管《石油工业法案》设立了尼日利亚上游监管委员会与中下游石油管理局,并授权以上两个部门对石油部长的部分权力进行承继,但从过往的经验来看,新增行政部门能否严格履行职责,石油部长的权力能否依照法律的规定进行限制与转变仍然有待于实践观察。

---

① 《法律环境是最重要的投资软环境》,https://china.findlaw.cn/lawyers/article/d6431.html,2021 年 8 月 11 日访问。

② The Bill (PIB),https://hrpib.org.ng/the-bill-pib/,2022 年 5 月 15 日访问。

三、尼日利亚社区发展制度研究

(一)尼日利亚社区发展制度概述

1."社区"与"社区发展"

(1)"社区"的概念

迄今为止,学界对于社区的概念界定的必要性产生了两种态度:一是反对对社区的概念作出定义。该主张认为,现代主义与全球化背景下,社区之间存在多样性与复杂性,故很难得出一个统一的概念对其加以确定,所以对社区一词进行定义并无必要。二是打破传统观念,寻求社区的新概念。[①] 对此,笔者认为,正如博登海默所言,"概念乃是解决法律问题所必不可少的工具,没有限定严格的专门概念,我们便不能清楚和理性地思考法律问题"。[②] 法律概念作为法的基本要素,是对相关事实进行界定所形成的语词,是兼具表达与认识等思维运作不可缺少的工具,因此明确"社区"的概念是后续对社区发展制度进行辩证分析与问题归纳的起点。[③] 此外,在采掘业中,确定社区的内涵与外延是履行社区发展义务的第一步骤,也将影响行业投资者在社区发展义务中的范围与内容。故而笔者赞同应当寻求对社区概念的新理解。

社区一词最早来源于社会学,在社会学文献中对其概念有较为详尽的解释,而法学作为研究社会现象中的法律现象的一门学科,其关系与社会学密不可分,二者之中对于诸多概念的表述都具有极大的共性。因此,大部分法律文献在对社区进行定义时直接援引了其在社会学中的概念。学界对于社区的界定主要有如下四种模式:

①以客观地域要素为分析起点进行延展,注重主体与特定地域之间的联系,认为社区是居住在特定地域空间的社会群体。这一观点为 20 世纪美国芝

---

① Mannarini, Terri & Fedi Angela, Multiple senses of community: the experience and meaning of community, *Journal of Community Psychology*, Vol.37, No.2, 2009, pp.211-227.

② [美]博登海默著,邓正来译:《法理学:法哲学与法律方法》,中国政法大学出版社 2004 年版,第 504 页。

③ 毋国平:《法律概念的形成思维》,载《北方法学》2017 年第 11 期。

加哥学派所开创。[1]

②从主观心理意志出发,认为社区是指具有心理凝聚力或感情归属的人群集合。此种观点着眼于社区成员之间的社会关系,强调社区个体彼此之间因为具有某种情感上的联系而组成社区。这种定义方法最初在拉丁文中被解释为“互助”关系,并以社会学家滕尼斯提出的“共同体”概念为典型代表。此种观点衍生出了一种“身份意识”的新定义——社区是通过团结、共同的身份和一套不一定要求居住在一个地方的规范而联系在一起的人的网络。[2]

③综合前两种观点,将社区界定为:在一定地域空间内以聚落形式存在,个体之间以密切的社会互动、共同的社会文化、组织方式和心理认同为基础组成的社会生活实体。[3]

④注重社区的法律属性,从社区群体的权利角度出发,将社区定义于:生活在同一地域范围,适用相同规范,拥有共同的权利、特权或利益的社会团体。[4]

笔者认为,如果社区一词脱离了客观地域条件的限制,则将使其难以在空间上进行确定,那么对于社区的定义便失去了现实性意义。故客观地域性确实是社区概念的必要限定要素。而主观心理要素(或称身份共同体要素)在对土著人民的文化、风俗等权利的保护方面具有无法替代的意义,故该要素亦不可或缺。因此前两种观点由于未全面阐述社区的本质特征,各自具有一定的局限性。第三种观点作为前两种观点的结合,同时注重社区一词的主观心理要素与客观地域要素,在一定程度上弥补了前两种观点的缺陷,但却未关注社区一词在法律角度的群体共性。第四种观点从法律学科的角度阐述社区的定义,尽管为社区的后续权利与义务的明确以及规则的适用留下可行的空间,却忽视了寻求社区这一定义的过程与结果的关系:“适用相同的规范”是定义社区或确定社区后产生的法律后果,而并非能够作为界定社区的要素存在于概念之中。另外,“具有共同的权利与利益”仍无法脱离客观地域要素与主观心

---

① 李晓非:《拿来、改造、中国式运用——社区概念中国化的思考》,载《学术探索》2012 年第 9 期。

② Chilenye Nwapi, Legal and institutional frameworks for community development agreements in the mining sector in Africa, *The Extractive Industries and Society*, Vol.4, 2017, pp.204-205.

③ 吴增基、吴鹏森、孙振芳:《现代社会学》,上海人民出版社 2018 年版,第 229~230 页。

④ Henry Campbell Black, Bryan A. Garner, *Black's Law Dictionary*, p.350.

理要素的初步断定而存在。因此,对以上四种观点中的社区的必要限定要素进行归集,可以得出:社区应当指在一定空间地域下具有心理凝聚力与身份联系,并因此具有共同权利或利益,最终适用相同规范的群体组成。

(2)"社区发展"的含义

"社区发展"由"社区"与"发展"两词组成,在确定了"社区"的概念后,"社区发展"的含义便较为清晰。发展应当指改善现有条件。而这些条件的范围十分广泛,包括了社会条件、经济条件、环境条件、生活质量和制度条件等。[①] 这意味着社区在接受投资时并非一场零和博弈,而是应当在投资活动中获得更为积极的效果。[②] 因此,有学者将社区发展定义为"促进社区的能动性",此处的"能动性"指"社区管理他们所在空间的能力,即社区有能力主导自身,而非被他人主导"。[③] 而"能动性"显然不能仅依赖社区一方的努力,在更多情况下,"能动性"的实现还需要政府或者投资者的主动帮助。因此,采掘业投资活动中的社区发展应当包含了社区本身对于投资活动的参与以及企业或政府为改善社区条件而开展的活动。[④] 综上所述,社区发展应当指为社区取得积极的经济、环境或社会成果而开展的努力和活动。而对于企业而言,这些活动一般包括:促进社区参与、充分的赔偿与补偿、促进就业、为职工提供技能培训、提供基础设施、提升医疗和教育环境、提供慈善帮助、赋权计划等。[⑤]

需要预先说明的是,由于社区发展的内涵丰富,囿于本文的篇幅限制,本文将着重论述尼日利亚社区发展制度中的社会、经济与本土化发展等内容,而

---

① Understanding Community Development, http://www. southwestnrm. org. au/ sites/default/files/uploads/ihub/understanding community-developments.pdf, 2021 年 5 月 1 日访问。

② Chilenye Nwapi, Legal and Institutional Frameworks for Community Development Agreements in The Mining Sector in Africa, *The Extractive Industries and Society*, Vol.4, 2017, p.205.

③ Matarrita-Cascante, David, Brennan, Mark, Conceptualizing Community Development in The Twenty-First Century, *Community Development Journal*, Vol.43, No.3, 2012, pp.297.

④ Chilenye Nwapi, Legal and Institutional Frameworks for Community Development Agreements in The Mining Sector in Africa, *The Extractive Industries and Society*, Vol.4, 2017, p.205.

⑤ Kemp, Deanna, Mining and Community Development: Problems and Possibilities of Local-Level Practice, *Community Development Journal*, Vol.45, No.2, 2010, pp.203-204.

对于社区发展制度中的环境保护内容本文将不作过多延伸。当然,出于对尼日利亚社区发展制度的全局性考量,各个分支内容间难免会出现交叉的情况,故本文的部分篇幅也难免对社区环境发展的内容有所涉及。

2.尼日利亚社区发展制度的产生背景

(1)新自由主义理论下国际投资法正当性缺失的补救

在经济全球化的带领下,各国间的投资与经贸往来正在迅猛发展。以自由化、私有化和市场化为价值主导的新自由主义理论一直在国际投资领域占据着主导作用。在过去的二三十年中,国际投资法通过加强投资自由化与强调投资保护彰显了自由、开放的价值导向,从而与全球化浪潮相适应。[①] 在经历了从对外资的抵触到接纳,再到如今的鼓励与促进外资这一欣欣向荣的局面后,不难发现在新自由主义理论影响下,国际投资法的片面性与局限性也在不断放大,直至成为了难以忽视的问题。在强调投资自由化与投资保护的取向下,国际投资法正在面临着对公共利益与社会价值的忽视、对东道国监管权的严重限制以及对东道国发展的漠视等弊端。新自由主义理论下的国际投资法欲通过自由开放的经济发展从而达到全面发展的目的。然而,偏袒性地强调与保护私人商业性利益却难以完全带动整个东道国的发展,甚至带来了极端的负面影响。[②] 外国投资者在投资过程中往往只注重于自身利益与短期投资利益,对于东道国的长远发展、可持续发展以及人本化发展利益欠缺考量,这使国际投资法的正当性基础面临着严峻的挑战与深刻的危机。

新自由主义经济理论的固有缺陷激发了国际投资法范式的转变,嵌入式自由主义的国际投资法范式正在被各国所提倡。该理论指出,国际投资法在提倡投资自由化与保护投资者的同时,应当为东道国规制权与社会利益预留必要的空间,适时地将可持续发展原则纳入国际投资领域,通过对东道国规制权的注重,对人本化的重视,重新调整投资者与东道国利益之间失衡的利益天平。[③] 社区发展制度诞生于可持续发展理念之下,该制度产生的直接因素在于对东道国居民发展权的考量。其设置的目的在于,通过立法要求投资者保障东道国居民的利益,在获取投资利益的同时通过积极承担社会责任的方式

---

① 刘笋:《国际法的人本化趋势与国际投资法的革新》,载《法学研究》2011 年第 4 期。

② Hany Besada, Philip Martin, Mining Codes in Africa: Emergence of a "Fourth" Generation, *Cambridge Review of International Affairs*, Vol.28, 2015, pp.12-14.

③ 蒋小红:《试论国际投资法的新发展——以国际条约如何促进可持续发展为视角》,载《河北法学》2019 年第 3 期。

带动东道国社区的发展,从而实现国际投资中利益分配的公平性。诚然,国际投资法的制定目的在于鼓励、保护和促进投资,然而对东道国而言,鼓励外国投资的最终目标是发展本国经济与改善本国人民生活。故对投资的促进不能成为东道国可持续发展的阻碍,更不能以牺牲东道国的利益为前提。[①] 社区发展制度顺应了新自由主义理论下国际投资法的改革呼声,通过强调资本对社会的义务和责任,将投资者与东道国社区居民的利益进行了重新平衡,弥补了国际投资法忽视东道国社区发展这一现象。

(2)非洲第四代资源治理准则的出现

从 80 年代末开始,非洲的采掘业法规发展进入第三代,发展趋势主要围绕着减少政府监管、开放投资政策、优惠税收以及保障外资所有权等激励措施吸引外国投资。[②] 越来越多的投资者在非开展采掘业投资,然而投资扩张却令资源诅咒、管理不善以及资源分配不当等问题加剧。采掘业经营者的经济收益与社会管理能力存在着明显差距,而第三代矿业法规中的资源治理规则却并未为各公司的不法行为提供适当的制裁。[③] 当前,关于自然资源治理和企业社会责任的辩论不再局限于支持或反对采掘业活动的传统立场,而是转向了关于监管形式和政策制度等更为复杂的焦点中。[④] 自由化导向的第三代矿业法规开始逐渐向第四代资源治理准则过渡,更多地将视角转向于资源治理和可持续经济发展之中。第四代采矿法的兴起源自资源民族主义理论,各国通过制定更为公平的矿业收入分享法规使之能够对自然资源施加更为强大的自主权,以便于从高昂的资源价格中获得更多收入。[⑤]

非洲第四代资源治理准则将国内法与国际法中大量的倡议性规范进行内

---

　　① 蒋小红:《试论国际投资法的新发展——以国际条约如何促进可持续发展为视角》,载《河北法学》2019 年第 3 期。

　　② Hany Besada,Philip Martin,Mining Codes in Africa:Emergence of a "Fourth" Generation,*Cambridge Review of International Affairs*,Vol.28,2015,pp.12-14.

　　③ Ruggie John,Protect. Respect and Remedy:A Framework for Business and Human Rights. Report of the Special Representative of the Secretary-General on the Issue of Human Rights And Transnational Corporations And Other Business Enterprises,https://www.refworld.org/docid/484d2d5f2.html,2021 年 5 月 1 日访问。

　　④ Canel,E.,U. Idemudia And L. L. North,Rethinking Extractive Industry:Regulation,Dispossession,and Emerging Claims',*Canadian Journal of Development Studies*,Vol.30,2010,p.9.

　　⑤ Kendra E. Dupuy,Community development requirements in mining laws,*The Extractive Industries and Society*,No.1,2014,pp.203-204.

外联动,以承担社会责任为焦点,对石油、天然气和固体矿产资源开发中的透明度、问责制和当地社区资源共享等问题提出了更为严格的要求。① 其中最具代表性的文件即为 2009 年非洲联盟首脑会议上通过的《非洲矿业愿景协定》,该协定主张"透明、公平和优化开采矿产资源,以支持基础广泛的可持续增长和社会经济发展,并改进采矿条例,以反映最高的国际标准"。作为非洲矿业的基本框架,其最重要的目标即是减少非洲国家对初级资源出口的经济依赖。该文件关键的内容是要求成员国与跨国矿业公司达成必要的本地能力发展合作协议,并且鼓励东道国将收入用于创造就业机会、创业发展、技能培训、知识创造和基础设施建设等方面,从而为当地社区的发展提供有力保证。② 西非经济共同体自 2009 年起,也在寻求西非建立一个共同的采矿和采掘行为守则。近年来西共体侧重于社区参与性问题、可持续发展、减贫、环境保护、善治和捍卫人权等方面的促进。其在《关于协调矿业部门指导原则和政策的指南》中指出,成员国必须满足的一些社区发展要求,从而在社区与企业间建立互惠关系,营造融入企业社会责任的区域环境。综上所述,在第四代矿业法规的影响下,非洲大陆正在陆续转变其对矿业投资的监管方式与政策导向。③

(3)尼日利亚社区与跨国公司的冲突日益加剧

在新自由主义与第三代矿业法规的双重影响下,尼日利亚成为了一个奉行"竞次"理论④以吸引外国直接投资的国家。⑤ 但是薄弱的监管制度将使跨国公司在东道国社区面临一系列问题,如劫持石油跨国公司员工、破坏石油设

---

① Hany Besada & Philip Martin, Mining Codes in Africa:Emergence of a "Fourth" Generation? Hany Besada. Philip Martin, Mining Codes in Africa:Emergence of a "Fourth" Generation, *Cambridge Review of International Affairs*,Vol. 28,2015,pp.1-29.

② http://www.africaminingvision.org/index.htm,2021 年 4 月 5 日访问。

③ Kendra E. Dupuy, Community development requirements in mining laws, *The Extractive Industries and Society*,No.1,2014,p.201.

④ "竞次"(race to the bottom):以剥夺本国劳动阶层的各种劳动保障,人为压低他们的工资,放任自然环境的损害为代价,从而赢得竞争中的价格优势,即打到底线的竞争,这一现象也被形象地称作"向谷底赛跑"。旷乾:《劳动力、环境竞次的制度分析》,载《特区经济》2018 年第 1 期。

⑤ Dr. Eghosa Osa Ekhator, Public Regulation of The Oil and Gas Industry in Nigeria:An Evaluation, *Annual Survey of International & Comparative Law*,Vol. 21,pp.46-47.

施、武装叛乱等。为缓解这一系列问题,自 90 年代末以来尼日利亚的各大石油公司就开始主张积极承担社会责任,但是效果并不明显。仅在 2000 年至 2004 年期间就有 5000 多起漏油事件被记录在案。2008 年,荷兰皇家壳牌石油公司由于两起灾难性漏油事件,致使当地 6900 个社区遭到巨大伤害,这大大激化了壳牌公司与当地社区居民之间的矛盾。壳牌为此支出了 5500 万英镑的巨额赔偿款(其中 3500 万英镑支付给 15600 位居民,2000 万英镑支付给当地社区)。① 以国家为主导对跨国公司进行规制,进而寻求当地发展的目标一直难以实现。跨国石油公司忽视当地能力建设与社区发展,资源投资被当地社区普遍认为是“强占土地”的行为。不仅如此,由于贫困落后的生活环境,当地居民组成武装组织开始破坏石油管道,绑架石油公司职工,石油公司常因此而关闭油井。联合国开发计划署曾经以“政府忽视、社会基础和公共服务匮乏、高失业率、社会剥夺、极度贫困、污秽和肮脏、冲突频发”描述尼日尔三角洲地区。② 跨国石油公司对于尼日利亚社区发展的淡漠,致使尼日利亚陷入了发展困境。③ 当地社区与跨国石油公司的关系日益紧张,外国石油公司的投资环境处于极不稳定的状态。

尼日利亚政府迫于国家内部社区与外资企业之间冲突加剧的压力,不得不对过度自由的采掘业立法作出一些改变,其中通过立法确认企业的社区发展义务成为了重要方式之一。对企业而言,此种方式将采掘业立法推向了更高的标准。而企业重视尼日利亚社区发展,注重建设当地能力不仅能够缓和与社区的紧张关系,也能够通过防范相关法律风险减少非必要的损失。如今,认为将社区发展要求纳入立法将严重阻碍外国投资的流入的观点已逐渐被推翻,越来越多的学者认为,东道国法律环境的质量与稳定性是投资者投资时必须考虑的重要因素,采掘业的特殊性增加了外国投资者面临的法律风险与政治风险(包括没收财产、暴力和不稳定、腐败和运转不良的国内机构,以及增加经营成本或阻止退出的新规定的实施),而采掘业立法中的社区发展要求尽管为企业设置了更高的监管标准,却能够通过立法的方式明确企业对社区的责

---

① 《壳牌公司将为尼日利亚漏油事件赔偿 5500 万英镑》,环球网 https://china.huanqiu.com/article/9CaKrnJGzYf,2021 年 4 月 5 日访问。

② Nigeria:Petroleum,Pollution and Poverty in the Niger Delta,http://www2.amnesty.org.uk/sites/default/files/petroleurm_pollution_and_poverty_in_the_niger_delta_2009.pdf,2021 年 4 月 6 日访问。

③ 朴英姬:《跨国石油公司社会责任与尼日利亚的可持续发展》,载《西亚非洲》2017 年第 1 期。

任,这一方式为投资者提供更为安全和稳定的法律环境。[①]

3.赴尼投资重视社区发展制度的成因分析

(1)尼日利亚社区发展制度较为复杂

尼日利亚社区发展制度法律体系的复杂性主要体现在三个方面:其一在于牵涉利益群体众多。由于社区发展制度的内在特殊性,牵涉社区、东道国政府、投资者等多个利益相关方,并且社区群体之中又能够划定为不同的小群体与个体,这大大提升了该制度设计的复杂性,故企业在进行投资无法避免地应当协调与各方的关系,这将加重了企业负担。其二体现于国内法与国际法的双重林立。尼日利亚与社区发展制度相关的立法不仅存在于国内法体系中,其相当一部分内容也在国际法中有所体现。尼日利亚作为较为贫困的非洲发展中国家,其法治尚不健全,故而其对国内立法与国际法之间的冲突协调尚未成形。国内立法与国际立法之间的关联牵涉、冲突对立均较难识别。企业在赴尼投资时,面临庞杂的国内外法律体系往往难以进行完善的合规性审查。其三,体现于尼日利亚社区发展制度是一项将强制性规范与倡议性规范结合的法律制度。尼日利亚作为发展中国家,兼具石油出口大国与贫困国家的双重身份,其国内经济对外国矿业投资极具依赖性,故为避免在社区发展与外资吸引中有所偏废,其社区发展制度不仅需要强制性规范要求企业承担社区发展义务,还需要大量的国际软法性倡议在社区与企业之间进行柔性调和。如何审视强制性规范并遵守,以及对待倡议性规范该采取怎样的态度是企业面对尼日利亚社区发展制度的又一难题。

(2)中尼两国社区发展制度规范差异

由于中尼两国所处的国情、历史背景、法律传统皆不相同,故而二者之间的立法模式、法律渊源、司法裁判均存在极大的差异。[②] 在社区发展制度方面,尼日利亚作为采掘业的资源出口大国,基于对国内发展问题的强调与重视,社区发展制度已经成为尼日利亚法律体系中较为重要的一项制度。当前尼日利亚不仅在《矿产与矿业法》中专章对社区发展进行规定,将订立社区发展协议作为获得固体矿产开采的前置条件,并且还制定了《石油和天然气本土成分发展法》将当地能力建设、本土化发展作为进行石油和天然气行业投资的

---

① Kendra E. Dupuy, Community development requirements in mining laws, *The Extractive Industries and Society*, Vol.1(2), 2014, p.201.

② 全球法规网——尼日利亚, http://policy.mofcom.gov.cn/page/nation/Nigeria.html, 2021 年 4 月 21 日访问。

法定义务,当地含量亦成为了企业间中标和获得许可证的重要竞争因素。而我国由于当前经济发展方式较为多样,并且在经济发展过程中较为重视可持续性,故我国并未有专门的法律规定对社区发展进行强调。矿业立法方面,只有我国的《矿产资源法》中有一条文规定"矿产开发应当重视对少数民族地区的保护"。[①] 概括而言,尼日利亚立法对企业的社区发展要求已经渗透于矿业投资的投资准入阶段、投资运营阶段和资本退出阶段,而我国的相关法律规定较少,并无专章或者专门的立法予以规范。以上的中尼规范差异将导致我国企业在赴尼日利亚投资时,一方面极易因中尼两国的规范差异而忽视尼日利亚社区的发展权益,致使纠纷频发,一方面可能囿于对国内法律规范的习惯性理解,造成难以适应尼日利亚社区发展制度而使投资者面临丧失投资机会和缺乏竞争力的境况。

（3）企业对社区发展法律风险管控意识薄弱

随着"一带一路"中非合作的不断推进,非洲成为中国最大的能源投资地。尼日利亚也成为我国中海油、中石化的重要投资区域。立足于我国企业自身而言,中国企业在入驻非洲各国投资时,由于过分重视投资效益,却忽视了在资源主义情绪高涨的全球大环境下与社区的共生共赢,因此许多矿产投资企业经常由于在非洲经营过程中忽视人权的保护而受到国际社会的诟病。

首先,尼日利亚的矿业部门在社区发展方面具有大量的自律规则作为企业承担社区发展责任的自我约束。由于尼日利亚采掘业法规缺乏独立的核查和执行机制,故而相关法律十分依赖企业的自我规范意识。然而,部分企业常常利用监督机制的缺失以及对社区法律规定的缺乏了解,逃避履行社区发展义务。[②] 其次,由于我国法律中较少使用倡议性规范规制企业行为,故而我国部分企业受之影响,在对待倡议性规范上并未采取积极主动承担义务的态度,而往往只在投资准入阶段为取得投资机会而被动遵守,对当地社区权益的保障也只停留在满足订立社区发展协议、提交发展计划、发表社区发展声明的形式上,在后续的履行过程中并未将社区发展义务作为切实约束自身的法律要求,在造成巨额损失后方才追悔莫及。[③] 更有甚者法律意识淡薄,忽视对东道

---

① 《中华人民共和国矿产资源保护法》第十条。

② Akinsulore, Adedoyin, The Effects of Legislation on Corporate Social Responsibility in the Minerals and Mines Sector of Nigeria, *Journal of Sustainable Development Law and Policy*, Vol.7, No.1, 2016, p.100.

③ Eghosa O Ekhator, Regulating the Activities of Oil Multinationals in Nigeria: A Casefor Self-Regulation, *Journal of African Law*, Vol.60, No.1, pp.17-19.

国法律风险的分析与审查,将非洲各国法律制度不够健全的客观情况作为自身牟利的捷径,造成了恶性竞争的局面。

我国企业只有意识到自身的不足之处,加强对社区发展制度的风险管控,切实遵守相关法律,履行社会责任,重视社区的健康和可持续发展,才能够提升国家海外能源开发获取能力。本课题的研究,将有利于呼吁我国企业重视尼日利亚社区发展制度,从而提高我国企业的海外声誉,增强竞争力。

(二)尼日利亚社区发展制度的基本内容

尼日利亚的社区发展制度法律体系由强制性法律规范与倡议性规范共同组成,但二者间的界限并不十分明显。前者主要由尼日利亚的国内立法与国民议会通过的国际条约组成,而后者则主要集中于企业的自律准则与国际软法之中。当前,尼国立法情势正在经历从自由宽松的立法境况向逐渐保留的立法导向转变,由以营造良好的投资环境,吸引投资为直接目的逐渐向以吸引外资为手段,追求可持续发展、保障社区权益为最终目的的过渡。与此同时,采掘业中的社区发展法律也正由软法逐渐向硬法扩张。

1. 与社区发展制度有关的国内法规定

尼日利亚政府曾在"国家经济赋权和发展战略"中申明了国家"需求计划"的四个关键目标——"重新定位价值观、减少贫困、创造财富和创造就业"。[1]尼日利亚矿产投资行业主要分为石油与天然气开采和固体矿物开采两种类型。二者间有关的社区发展法律规范既有相互关联、能够共同适用的规定,[2]又有相互独立、分别适用的规范。[3]固体采矿行业中涉及社区发展制度的规范以 2007 年的《矿产和采矿法》和 2011 年的《矿产和采矿条例》为代表。而在石油与天然气行业中,与社区发展制度相关的法律规范则以 2010 年颁布的《尼日利亚石油和天然气行业成分发展法案》为典型。

---

① Nigeria:Poverty Reduction Strategy Paper—National Economic Empowerment and Development Strategy,http://www.imf.org/external/pubs/ft/scr/2005/cr05433.pdf,2021 年 7 月 23 日访问。

② 固体矿物开采法律主要指 2007 年的《矿产与矿业法》和 2011 年的《矿产和采矿条例》;油气开采法律主要有 2010 年《尼日利亚油气工业本土化发展法案》《尼日利亚三角洲社区发展委员会法案》。

③ 如下文中的《尼日利亚宪法》《尼日利亚采掘业透明度倡议》《非洲宪章》《西非经济共同体条约》以及一系列的软法倡议。

（1）制定严格的监督管理制度

①强调法律规范的执行效力

尼日利亚 1999 年宪法对 1979 年宪法中的人权条款进行了完全的承继。在宪法第二章中（标题为"国家政策原则的基本目标和指示"）规定了政府有保障公民发展权利的义务。① 相关条款主要从两方面出发。其一，从国家经济发展和资源利用角度进行规定。内容主要有：国家应当利用国家的资源，促进国家的繁荣和高效、动态和自力更生的经济；应当指导和制定政策以确保促进有计划和均衡的经济发展；最大限度地利用和分配国家的物质资源。② 其二，从保障公民基本权利视角出发。内容主要包含：国家保障公民具有足够的谋生手段以及适当的就业机会；保障就业人员的健康权和福祉；③国家有保护、保存和促进增强人类尊严的义务。④ 前述规定为尼日利亚各部门法对社区发展制度进行具体规定提供了宪法基础。必须说明的是，宪法允许政府为了国防、公共安全、公共秩序、公共道德、公共卫生或为了保护他人的权利和自由而减免规定的权利。⑤ 这意味着宪法赋予了尼日利亚政府在社区发展事项中的较大裁量权。

原则上，宪法的第二章所载权利本无法执行，但这一情况在 2002 年尼日利亚联邦最高法院的判例中有所改变。该判例首次指出，宪法第二章所载权利在某些情况下可以强制执行，也可以针对个人强制执行。当然，法院进一步指出，应当对此处的个人进行限缩解释——仅包括公职人员，而不应扩大到私人、公司或组织。⑥ 对于投资企业而言，这一判决意味着国民议会为促进上述宪法规定而制定的任何法律（包括社区发展法律）都将可能是有效的，并可以

---

① Amao，Olufemi O.，Corporate Social Responsibility，Multinational Corporations and the Law in Nigeria：Controlling Multinationals in Host States，*Journal of African Law*，Vol.52，No.1，2008，pp.103-104.

② Section 16，Constitution of the Federal Republic of Nigeria 1999.

③ Section 16，Constitution of the Federal Republic of Nigeria 1999.

④ Section 20，Constitution of the Federal Republic of Nigeria 1999.

⑤ Amao，Olufemi O. Corporate Social Responsibility，Multinational Corporations and the Law in Nigeria：Controlling Multinationals in Host States，*Journal of African Law*，Vol.52，No.1，2008，pp.103-105.

⑥ Ondo State v Attorney General of the Federation and 35 Others，https：//hbriefs. com/cases/ondofederation2002.php，2021 年 7 月 22 日访问.

在法院强制执行。[①] 这大大巩固了尼日利亚社区发展法律规范的效力。

②建立监督部门

2007 年《矿产与矿业法》规定,部长应当在该部设立一个矿产监察部门。[②]该部门的职能包括:对勘探、探测和采矿的具体操作进行监察。审查矿权持有者提交的所有计划书、研究和报告(计划书、研究和报告的内容为矿权持有人依据法律编写的环保义务)。[③] 强制矿权持有人遵守该法和其他现行法律规定的所有环境要求和义务;并就涉及采矿作业、矿山关闭和土地开垦的社会和环境问题与相关政府机构联络。 为了能够更加密切地履行监督职能,法案规定各州成立"矿产资源及环境管理委员会"。委员会在社区利益保护方面的职能是:考虑赔偿问题并对部长提出建议;对矿产开采地污染、土地退化问题进行讨论并向部长作出建议;为监控矿产资源开发及实现社会和环境保护措施,向政府建议成立相关部门;就环保和矿产资源的可持续性管理问题向当地政府提出建议;就矿权持有者在当地社区、民间机构及股东的交往中产生的问题提供咨询和协助。[④] 此外,2010 年《尼日利亚石油和天然气行业成分发展法案》也为确保当地成分要求的顺利实施设立了尼日利亚成分发展和监管局(NCDMB),并要求其与尼日利亚国家石油公司下设的本土成分监测和执行机构合作,共同确保本土化内容政策的成功执行。[⑤] NCDMB 的职能主要包括监督、协调、管理、监测尼日利亚本土成分的提高,批准运营商的尼日利亚本土化成分计划并签发授权证书。[⑥]

(2)创设全面的环境影响评估体系

1992 年《环境影响评估法案》的颁布是尼日利亚立法在环境保护方面迈

---

① Amao, Olufemi O. Corporate Social Responsibility, Multinational Corporations and the Law in Nigeria: Controlling Multinationals in Host States, *Journal of African Law*, Vol.52, No.1, 2008, pp.103-105.

② Section 16(1)(b), Nigerian Minerals and Mining Act, 2007.

③ Section 18, Nigerian Minerals and Mining Act, 2007.

④ Section 18,19, Nigerian Minerals and Mining Act, 2007.

⑤ Jude Okafor, Ernest Aniche, A Critical Appraisal of Enforcement of Nigerian Oil and Gas Industry Content Development (NOGICD) Act, 2010, *Journal of Law, Policy and Globalization*, Vol.31, pp.86-87.

⑥ Jude Okafor, Ernest Aniche, A Critical Appraisal of Enforcement of Nigerian Oil and Gas Industry Content Development (NOGICD) Act, 2010, *Journal of Law, Policy and Globalization*, Vol.31, p.86.

出的重要一步,代表了尼日利亚环境保护制度的一个重要里程碑。[1] 在考虑任何项目(无论是私人还是公共的)对环境可能产生的影响时,该法案均可以作为一项良好环境做法的程序指南。该法规定,在项目开始前,可能对环境产生不利影响的开发项目必须进行环境影响评估。[2] 联邦环境部门有权拒绝批准一项"可能造成重大不利环境影响,在目前情况下无法减轻影响和证明合理的项目"。与《环境评估法案》相比,2007 年《矿产与矿业法》对环境和社区利益的保护更为严格与全面。[3] 该法将环境影响评估要求扩展至小规模矿权持有人在内的所有矿权持有人。为了进一步保护环境,矿权持有人还需要提供一份环境保护和恢复计划,该计划旨在提供具体的恢复和复垦行动、检查和年度报告。[4] 法案还要求每个矿权持有人应当最大限度地减轻采矿活动造成的任何环境损害,[5]并且需要对受到干扰、挖掘、勘探或开采的土地进行恢复和复垦,使之适用于其自然状态或预定状态。[6] 矿权持有人必须为环境保护、矿山恢复、复垦和关闭建立准备金。每年应当在准备金中拨出一笔款项,用于独立受托人管理的专用账户或信托基金。[7] 这一规定确保能在采矿活动结束后为环境与社区的恢复留出资金。[8] 除以上内容外,尼日利亚的环境影响评估体系主要包含以下内容:

---

[1]　Eghosa Osa Ekhator, Regulating the Activities of Oil Multinationals in Nigeria: A Case for Self-Regulation? *Journal of African Law*, Vol.60, No.1, 2016, p.27.

[2]　Odumosu-Ayanu, Ibironke T, Foreign Direct Investment Catalysts in West Africa: Interactions with Local Content Laws and Industry-Community Agreements, *North Carolina Central Law Review*, Vol.35, No.1, 2012, pp.65-94.

[3]　Abubakar Bature Lawal, Enabling Soft Law Initiatives to Regulate the Environmental and Social Impacts of Mining Investments in Sub-Saharan Africa: A Case Study of Nigeria and South Africa. Doctor of Philosophy Newcastle Law School, November 2018, pp.151-153.

[4]　Section 119, Nigerian Minerals and Mining Act, 2007.

[5]　Section 118(a), Nigerian Minerals and Mining Act, 2007.

[6]　Section 118(b), Nigerian Minerals and Mining Act, 2007.

[7]　Section 30, Nigerian Minerals and Mining Act, 2007.

[8]　Abubakar Bature Lawal, Enabling Soft Law Initiatives to Regulate the Environmental and Social Impacts of Mining Investments in Sub-Saharan Africa: A Case Study of Nigeria and South Africa, Doctor of Philosophy Newcastle Law School November 2018, p.161.

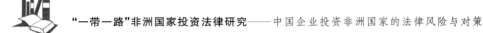

①纳入社区利益考量因素

《环境影响评估法案》在环境影响评估的考虑因素与适用对象的规定上十分全面。[①]"环境影响"不仅包括了对自然环境的影响,还应当考虑居住健康条件和社会经济条件的影响。这意味着环境影响评估对于社区利益的考量将包含多重因素。[②] 环境影响评估的对象包含了对国家环境的影响、对州和地方环境的影响和项目所在土地环境的影响。对于项目环评的程序与步骤,《环境影响评估法案》对程序的启动与结束中作出了详细的列明。不仅如此,法案对于需要评估的情况作了明确的规定,在附表中对需要进行强制性环评的情况进行了一一列举。固体矿产开采行业中,法案将强制环境影响评估的要求限于采矿租赁覆盖面积超过 250 公顷的项目中,但是矿石加工,包括铝、铜、金或钽的浓缩,以及 50 公顷或更大面积的挖沙工程,也需要进行环境影响评估,而对于手工和小规模采矿类投资者并无强制评估要求。[③] 这一适用范围在后来2007 年的《矿产与矿业法》中进行了扩张。[④] 油气田开发中,强制性环境影响评估的适用则限于:建造超过 50 千米的离岸管道项目;油气分离、加工、处理和储存工程;炼油厂建设项目;建造储存汽油、天然气或柴油产品仓库(不包括加油站),这些仓库位于任何商业、工业或住宅区 3 千米范围内且仓库总储存能力在 60000 桶石油或以上。可以说,《环境影响评估法案》与《矿产与矿业法》为项目投资者建立了较为清晰与全面的环评体系。

②建立与利益相关方的对话机制

环境影响评估制度加强了企业、政府和社区等多方主体的信息交流。当拟议活动可能对各州或毗邻城镇和村庄的环境产生重大环境影响时,应当通知所在辖区内的各机构和主体。[⑤] 环境管理部门在作出是否批准的决定前,

---

① 环评工作一般包括以下阶段:一是确定是否适用环评法律;二是检查项目的潜在环境影响;三是调查确定环境影响的时空范围;四是开展详细的基准线研究,已确定项目实施前的环境条件;五是准备一份详细的环评报告;六是如果必要,对环评报告进行专门小组审查;七是批准签发环境影响报告书等证明文件。李青梅:《尼日利亚矿产资源管理制度》,载《国土资源情报》2019 年第 4 期,第 42 页。

② Section 61，Nigerian Environmental Impact Assessment Act，1992.

③ N.L Usman，Environmental Regulation in the Nigerian Mining Industry：Past，Present，and Future，*Journal of Energy ＆ Natural Resources Law*，Vol. 19，2001，p.238.

④ Onyenekenwa Cyprian Eneh，Managing Nigeria's Environment：The Unresolved Issues，*Journal of Environmental Science and Technology*，Vol.4，No.3，p.250.

⑤ Section 1，Nigerian Environmental Impact Assessment Act，1992.

应尽可能向潜在受影响的州或地方政府传达信息,并与之磋商。在此种模式中,让政府机构、社会公众、有关学科的专家和社会团体就该活动的环境影响评价发表意见。并且,项目方应当与社区进行协商,环境影响评估员应当咨询当地社区。[①] 这种参与模式被称为"多元监督方式",[②]"社区"不再被隔离于项目之外,相反,开始有权就项目对自身的利益影响提出建议。而有关学科的专家和社会团体的参与也能够协助社区发表意见。多元的对话机制使社区、专家和社会团体等利益攸关方能够在环评体系中发挥协同作用。

③注重项目的透明度

环境管理部门对拟议活动的决定应当以书面方式呈现并说明理由。书面决定应提供给任何感兴趣的个人或团体。即便没有相关人员要求提供该决定,环境管理部门也有责任通过适当的方法向公众或感兴趣的人员进行通知。对于评估报告,环境管理部门应当以其认为适当的任何方式进行公告,公告应当包含以下内容:公开的日期;获取报告的地点;对报告提出意见的截止日期和方式。在截止日期前,任何人都有权对评估报告的结论提出建议。为方便公众查阅与环评有关的记录,每个进行环评的项目需要制定公共登记册,公共登记册包含了与评估有关的任何报告、公众就评估提出的任何意见以及其他公开记录。但是企业的商业秘密,应当保密的金融、商业、科学或技术信息和有理由预见披露会造成重大经济损失或损害竞争地位的信息被排除于公开范围之外。[③]

综上所述,尼日利亚建立了较为完善的环境影响评估体系,在利益相关方的对话机制建立上和项目评估的透明度上均作出了有利于社区的规定。项目投资对于社区的影响以及社区成员对项目的意见都将成为授予项目许可的重要考量因素。法案对于企业的影响在于,将项目的评估与可行性研究从经济成本效益方面扩展至公众对话、透明度成本和社会经济影响方面。[④]

① Abubakar Bature Lawal, Enabling Soft Law Initiatives to Regulate the Environmental and Social Impacts of Mining Investments in Sub-Saharan Africa: A Case Study of Nigeria and South Africa, Doctor of Philosophy Newcastle Law School, 2018, pp.151-153.

② Eghosa Osa Ekhator, Regulating the Activities of Oil Multinationals in Nigeria: A Case for Self-Regulation? *Journal of African Law*, Vol.60, No.1, 2016, p.29.

③ Section 55, Nigerian Environmental Impact Assessment Act, 1992.

④ Odumosu-Ayanu, Ibironke T. Foreign Direct Investment Catalysts in West Africa: Interactions with Local Content Laws and Industry-Community Agreements, *North Carolina Central Law Review*, Vol.35, No.1, 2012, pp.65-94.

（3）为投资者设定严格的社区发展法律义务

从《矿产与矿业法》可以看出，尼日利亚法律对于投资者的义务规范不再仅着眼于投资准入阶段，而开始从全过程、各方面规定了矿权持有人的义务。《矿产与矿业法》的第四章专章规定了投资者在环境和社区利益保护方面的义务。[①] 而 2010 年《尼日利亚石油和天然气行业成分发展法案》更是为油气行业的投资者设定了严格的当地成分要求。总而言之，两部法案主要通过以下几项内容对投资者的义务进行规定：

①规定投资者的赔偿与补偿义务

《矿产与矿业法》规定，履行赔偿与补偿义务是获得矿权或租约的默示条件。[②] 赔偿与补偿情形包括：a.获得采矿租约后，应当按照政府定价补偿该社区居民。b.不得在探测或采矿期间在宗教圣地进行作业或损坏圣物。如果矿权持有人或承租人违反以上规定，应当向受影响的社区或个人支付公正、足够的补偿金。[③] c.通知土地的所有者或占有者关于计划授予矿权或租约的意图，要求土地所有者或占有者在法律规定日期内书面陈述其希望承租人为其占有和使用该土地支付的年租金。租金应当在考虑采矿作业和承租人的行为对土地造成的损害后确定。[④] d.矿权持有者应依评估人提供的评估报告，向土地占有者支付妨碍地表、破坏农作物、建筑的合理补偿与赔偿。[⑤] 为了保证承租人能够履行赔偿与补偿义务，承租人需要在政府部门存入一定数额的担保金，或者请求银行担保，以供补偿款与赔偿款的支付。[⑥]

②引入"订立社区发展协议"的法定要求

为保证社区能从开发行动中获得社会和经济利益，矿权持有者在进行任何开发行动之前，须与当地社区协商，并在此基础上签署一份社区发展协议或者类似的协议。[⑦] 该款规定的矿权持有人仅包含采石租赁、采矿租赁和小规模采矿租赁者。协议需要包括以下所有或部分内容：对社区居民的教育奖学金、技术培训和雇佣机会的授予；为基础设施、教育、医疗和其他社区服务提供

---

① 《一带一路沿线国家法律风险防范指引》系列丛书编委会：《一带一路沿线国家法律风险防范指引——尼日利亚》，经济科学出版社 2017 年版，第 29～37 页。

② Section 110，Nigerian Minerals and Mining Act，2007.

③ Section 98，Nigerian Minerals and Mining Act，2007.

④ Section 102，Nigerian Minerals and Mining Act，2007.

⑤ Section 102,113，Nigerian Minerals and Mining Act，2007.

⑥ Section 106，Nigerian Minerals and Mining Act，2007.

⑦ Section 116，Nigerian Minerals and Mining Act，2007.

的资金和支持；向小微企业提供的支持；对社区农产品的营销情况有积极影响；对环境保护、社会经济管理范式及程序、当地政府治理能力的促进作用。社区发展协议还需要就咨询和监督框架、社区参与监管作出明确规定。这一规定意味着订立社区发展协议成为获得以上三种采矿许可证的前提条件，标志着尼日利亚法律正式将订立社区发展协议规定为固体采矿企业的法定义务。

　　③设置严格的当地成分要求

　　笔者认为，2010 年《尼日利亚石油和天然气行业成分发展法案》（以下简称"NOGICDA"）与社区发展密切相关，对此可以从两方面进行理解。首先，法案通过国家强制监管的方式保障尼日利亚的发展，社区的利益包含于尼日利亚作为东道国的利益之中，故强调对尼日利亚本土成分的发展自然会促进东道国社区的发展。其次，社区的范围具有极大的弹性，在不同的法律规范或者不同的投资情形下，社区的范围皆不相同。故此处可以理解为，社区范围在NOGICDA 中可以划定为尼日利亚的整个国家，即企业对尼日利亚负有社区发展义务。

　　为进一步落实本土化改革，尼日利亚于 2010 年颁布了 NOGICDA，专门用于规定油气行业的本土化内容。法案在与其他相关立法冲突时，具有优先适用的效力。[①] 法案适用于与尼日利亚运营商经营或交易有关的所有协议、合同或谅解备忘录，[②]并将尼日利亚运营商定义为"尼日利亚国家石油公司及其子公司和合资伙伴，以及在尼日利亚经营的任何本国、外国或跨国油气公司"。该定义全面涵盖了在尼日利亚经营的所有油气企业。[③] 法案成为了授予油气行业经营许可证或订立油气合同的主要判断标准，[④]这反映了尼日利亚在本次行业改革中的坚定态度。

---

　　①　Jude Okafor，Ernest Aniche，A Critical Appraisal of Enforcement of Nigerian Oil and Gas Industry Content Development（NOGICD）Act，2010，*Journal of Law*，*Policy and Globalization*，Vol.31，p.83.

　　②　Section 6，Nigerian Oil and Gas Industry Content Development Act，2010.

　　③　Ituma，Chibueze Calistus，Research on Legal Issues Concerning the Nigerian Oil and Gas Industry Content Development Act，2010，Doctor of Southwest University of Political Science & Law School，November 2018，p.100.

　　④　Odumosu-Ayanu，Ibironke T. Foreign Direct Investment Catalysts in West Africa：Interactions with Local Content Laws and Industry-Community Agreements，*North Carolina Central Law Review*，Vol.35，No.1，2012，pp.65-94，pp.77-78.

法案设立了一个尼日利亚本土成分发展基金,由 NCDMB 管理,该基金由行业中的运营商、分包商、合作伙伴或任何其他实体提供资金。[①] 法案在附表中详细说明了油气作业不同领域尼日利亚本土化的最低含量水平。规定的领域包括了 17 个类别,并进一步分为 280 个细目,几乎涵盖了行业的所有领域。[②] 其中的重点领域包括:

(i)尼日利亚人的培训和就业;

(ii)提高本地人对海洋船只、近海钻机等的所有权比例;

(iii)建立关键设施,如轧管机、干船坞和海上设施、管道涂层设施;

(iv)将居住在产油区的穷人和企业纳入工业经济活动的主流;

(vi)促进支持银行、保险、法律等行业活动的服务等。[③]

该法案给予了尼日利亚本土公司优惠待遇。[④] 在投资机会与竞争方面,"优先考虑"(Preferred Consideration)尼日利亚本土公司,[⑤]甚至在某些情况下给予尼日利亚本土公司"排他性考虑"(Exclusive consideration)。[⑥] 这使外资企业在竞争中受到了尼日利亚本国企业的极大冲击。

欲取得尼日利亚油气行业经营许可的企业,需要向尼日利亚成分发展和监管局(NCDMB)提交尼日利亚当地成分发展计划,保证其能够遵守法案附

---

① Jude Okafor, Ernest Aniche, A Critical Appraisal of Enforcement of Nigerian Oil and Gas Industry Content Development (NOGICD) Act, 2010, *Journal of Law, Policy and Globalization*, Vol.31, p.87.

② Jude Okafor, Ernest Aniche, A Critical Appraisal of Enforcement of Nigerian Oil and Gas Industry Content Development (NOGICD) Act, 2010, *Journal of Law, Policy and Globalization*, Vol.31, p.87.

③ Jude Okafor, Ernest Aniche, A Critical Appraisal of Enforcement of Nigerian Oil and Gas Industry Content Development (NOGICD) Act, 2010, *Journal of Law, Policy and Globalization*, Vol.31, p.87.

④ Okpe, F. O. Economic Development and the Utility of Local Content Legislation in the Oil and Gas Industry: Conflicts and Effects of Nigeria's Local Content Act in the Context of International Investment Law, *Journal of Pacific Mcgeorge Global Business & Development Law*, Vol.17, No.5, p.270.

⑤ Odumosu-Ayanu, Ibironke T. Foreign Direct Investment Catalysts in West Africa: Interactions with Local Content Laws and Industry-Community Agreements, *North Carolina Central Law Review*, Vol.35, No.1, 2012, pp.65-94, pp.77-78.

⑥ Jude Okafor, Ernest Aniche, A Critical Appraisal of Enforcement of Nigerian Oil and Gas Industry Content Development (NOGICD) Act, 2010, *Journal of Law, Policy and Globalization*, Vol.31, p.87.

件中列举的尼日利亚当地成分要求。只有前述计划符合法律规定,油气经营者才能够获得 NCDMB 颁发的授权证书。① 法案规定了每个项目需要提供的尼日利亚本土成分含量的最低限度要求。如果企业未能达到规定标准,企业可被判罚款(罚款金额为合约价值的 5%)或取消有关工程项目。②

　　当地成分要求的施行意味着外资需要通过优先雇佣尼日利亚人员、提升公司股份中的尼日利亚人的拥有比例、提升项目中尼日利亚人力和物力的占比等方式以获得许可和投标中的竞争力。③ 法案对外资的当地成分要求空前严格,甚至在一定程度上与尼日利亚在 WTO 中的义务相冲突。④

　　2.与社区发展制度相关的国际法规范

　　新一轮自然资源治理的兴起带来采掘业软法的大规模增多。⑤ 这一改革肇始于企业社会责任的辩论,并由国际组织、区域组织、民间社会团体以及各国政府共同驱动。⑥ 在这一背景下,越来越多与社区发展有关的软法倡议、国际标准和原则性规定出现在尼日利亚的采掘业中,并开始发挥着不可忽视的作用。目前,尼日利亚已经加入了世界银行、国际劳工组织、国际货币基金组织、非洲经济共同体、西非国家经济共同体、采掘业透明度倡议等国际组织。上述国际组织出台的文件中均对社区发展制度有所涉及。在国际条约的签订上,尼日利亚签订了《西非国家经济共同体条约》《非洲人权与民族权宪章》等。另外,《联合国工商企业与人权指导原则》《联合国土著人民权利宣言》《负责任

---

① 朱伟东:《尼日利亚本土化立法经验》,载《投资非洲》2018 年第 18 期。

② Atsegbua, L. A. (2012). The nigerian oil and gas industry content development act 2010: an examination of its regulatory framework, *Opec Energy Review*, Vol. 36, No.4, p.490.

③ 朱伟东:《尼日利亚本土化立法经验》,载《投资非洲》2018 年第 18 期。

④ Ituma, Chibueze Calistus, Research on Legal Issues Concerning the Nigerian Oil and Gas Industry Content Development Act, 2010, Doctor of Southwest University of Political Science & Law School, November 2018, pp.100-101.

⑤ 《布莱克词典》中对软法给出了两个解释:(1)总体上,指那些既不具有严格的约束力,也不完全缺乏法律意义的规则。(2)在国际上,指那些指南、政策宣言或规定行为标准但又不能直接强制执行的行为守则。本书主要在第二种意义上使用软法一词。Bryana. Garner(Editorinchief). Black's Law Dictionary (seventhedition), WestGroup, St.Paul, Minn, 1999, p.1397.

⑥ Hany Besada & Philip Martin, Mining Codes in Africa: Emergence of a "Fourth" Generation? Hany Besada. Philip Martin, Mining Codes in Africa: Emergence of a "Fourth" Generation, *Cambridge Review of International Affairs*, Vol. 28, 2015, pp.14-15.

的矿产开发倡议》《全球报告倡议》、赤道原则、国际采矿与金属理事会可持续发展原则等均在尼日利亚采掘业中发挥着作用。社区发展制度的国际法渊源一般通过宣言、标准、原则和指引等软法规定呈现。尽管如此,企业在经营过程中仍应当密切注意法律规范的内容,并积极采取应对措施以保障自身行为的合法性。下文笔者将以《非洲宪章》《采掘业透明度倡议》、赤道原则、西共体的《关于协调矿业部门指导原则和政策的指令》为例概括尼日利亚社区发展国际法律体系的主要内容。

(1)强调社区在发展中的基本权利

①《非洲宪章》

《非洲宪章》在促进解决非洲各国民族问题、维护社会的稳定与发展以及保护区域人权与民族权等方面具有重要作用。在社区发展方面,宪章指出,应当努力改善非洲人民的生活,并应当实现和尊重民族权,必须对发展权给予特别关注。宪章已经作为赋予尼日利亚人民拥有和控制自然资源权利的法律而纳入尼日利亚的国内法中。尼日利亚《非洲人权和民族权宪章(批准和执行)法》中规定,《非洲宪章》应在尼日利亚具有法律效力,并应得到尼日利亚所有行使立法、行政或司法权力的当局和个人的充分承认和实施。尽管关于宪章是否具有审判和强制执行力方面均存在一定的争议,但是立法形式的确认无疑说明了宪章对尼日利亚社区发展的推动作用。[①]

②《关于协调矿业部门指导原则和政策的指南》

2008年西非国家经济共同体通过的《关于协调矿业部门指导原则和政策的指南》中也对社区的权利作出了原则性规定。该文件要求采矿公司应当在矿权申请过程中提交以社区为重点的企业社会责任方案。各成员国应当保障当地社区的权利在任何时候都受到在其本国经营的矿业公司的尊重。矿业公司应当在采矿作业的每个阶段开始前,获得当地社区的自由、事先和知情同意,并应当与当地社区就影响他们的所有重要决定进行协商和谈判。另外,还要求采矿权人向建立的社会经济社区发展基金捐款。[②] 尼日利亚80%的土地属于社区和土著。尽管尼日利亚尚无法律明确承认可能受影响的社区或土著对其土地上的项目享有自由、事先和知情同意的权利,但值得注意的是,尼日

---

① Eghosa Osa Ekhator, Regulating the Activities of Oil Multinationals in Nigeria: A Case for Self-Regulation? *Journal of African Law*, Vol.60, No.1, 2016, pp.8-10.

② Kendra E. Dupuy, Community development requirements in mining laws, *The Extractive Industries and Society*, No.1, 2014, p.205.

利亚政府在其《国家商业和人权行动计划》中曾承认了该原则的法外权威,并表示将在项目开始前确保遵循东道国社区的自由、事先和知情同意原则。①这一原则将在保障社区可持续发展方面发挥重要作用。对该原则的承认与施行包含了企业需广泛咨询社区、积极引入社区参与监督等内涵。故企业需对该原则在尼日利亚采掘业中的体现拥有较为全面的认识。

除以上两份文件外,《联合国工商企业与人权指导原则》《联合国土著人民权利宣言》等众多软法均在一定程度上强调了社区在发展中的基本权利,例如,环境权、参与权、批准权,自决权等。囿于篇幅限制,笔者在此不作延展。

(2)为外资设定评估标准

①《采掘业透明度倡议》

采掘业透明度倡议组织(EITI)成立于 2002 年,该机构由政府、公司、公民社会团体、投资者和国际组织共同组成,其机构文件被认为是采掘业中监督合同履行、披露收入透明度遵守情况的主要标准,成员可以自愿采用该标准。② 其成立的原因是为了提高采掘业在可持续发展中的作用,提升当地和土著社区及妇女等利益相关者的参与。③ 倡议发挥作用的方式是通过对矿产投资企业向政府支付款项过程中透明度的提升以及问责制的加强,以确保一个资源禀赋的国家能够从资源开采中获得有助于减贫和可持续发展的收入。④ 倡议自 2003 年制定以来便受到了世界银行的正式支持,并在全球采掘业治理中发挥了较为重要的作用。尼日利亚于 2003 年签署了《采掘业透明度倡议》,成为了 EITI 的成员国。⑤ 2004 年,奥巴桑乔政府通过了《尼日利亚采掘业透明度倡议法案》(以下简称 NEITI),并将其作为尼日利亚政府经济改革的重要部分。法案的总体目标是促进和确保采掘业公司向尼日利亚联邦政

---

① 《中国企业尊重儿童权利的商业国别指南—尼日利亚》,https://www.unicef.cn/sites/unicef.org.china/files/2020-12/Nigeria-brief.pdf,2021 年 7 月 30 日访问。

② Eghosa Osa Ekhator, The Roles of Civil Society Organizations in the Extractive Industries Transparency Initiative in Nigeria, *International Journal of Not-for-Profit Law*,Vol.16,2014,pp.47-52.

③ https://eiti.org/eiti,2021 年 7 月 26 日访问。

④ https://eiti.org/eiti,2021 年 7 月 26 日访问。

⑤ https://eiti.org/countries,2021 年 7 月 26 日访问。

府支付款项的透明度,确保尼日利亚的行业收入。[①]NEITI 通过成立国家利益相关者工作组(NSWG)的理事机构促进油气行业收入支付的透明度和问责制。国家利益相关者工作组的主席包括:采掘业公司代表、民间社会代表、采掘业工会代表、采掘业专家等。[②] 在尼日利亚经营的雪佛龙集团、英国天然气集团、壳牌公司、挪威国家石油公司、道达尔公司、中海油等许多跨国公司签署了该倡议。[③] 可以说,NEITI 不仅通过设定标准加强了采掘业的透明度与问责制,也以法律形式确认了社区与采掘业公司对话的权利。法案的施行对采掘业公司与社区关系产生了良性的推动作用。

②赤道原则

无独有偶,赤道原则(Equator Principles,以下简称"EPs")被认为是适用于采掘行业最为成功和最广泛采用的软法之一。[④] 该原则是倡导国际金融机构践行企业社会责任的一大行动。作为一套国际项目融资环境与社会风险管理工具和行业标准,赤道原则制定的宗旨在于对项目融资中的环境与社会风险进行评估和管理。[⑤] 该原则与企业的社区发展义务息息相关。其核心内容包括:审查与分类;社会和环境评估;适用的社会和环境标准;利益相关方参与;独立审查;承诺性条款;报告和透明度等十大原则。[⑥] 接受该原则的金融机构只会将贷款提供于满足赤道原则的项目。[⑦] 赤道原则已经渗透到尼日利亚与项目融资相关的环境与社会问题的解决过程中,成为尼日利亚 Access

---

① Eghosa Osa Ekhator, The Roles of Civil Society Organizations in the Extractive Industries Transparency Initiative in Nigeria, *International Journal of Not-for-Profit Law*, Vol.16, 2014, pp.47-52.

② https://eiti.org/eiti, 2021 年 7 月 26 日访问。

③ Eghosa Osa Ekhator, Regulating the Activities of Oil Multinationals in Nigeria: A Case for Self-Regulation? *Journal of African Law*, Vol.60, No.1, 2016, p.12.

④ Abubakar Bature Lawal, Enabling Soft Law Initiatives to Regulate the Environmental and Social Impacts of Mining Investments in Sub-Saharan Africa: A Case Study of Nigeria and South Africa, Doctor of Philosophy Newcastle Law School, November 2018, pp.176-177.

⑤ 《赤道原则框架与主要内容解读》, http://greenfinance. xinhua08. com/a/20190228/1801080.shtml? f=arelated,2021 年 7 月 28 日访问。

⑥ 《赤道原则框架与主要内容解读》, http://greenfinance. xinhua08. com/a/20190228/1801080.shtml? f=arelated,2021 年 7 月 28 日访问。

⑦ 《赤道原则简介》, http://intl. ce.cn/zhuanti/data/cdyz/index. shtml,2021 年 7 月 28 日访问。

Bank、Felity Bank 和 Ecobank Plc 等金融机构评估企业投资风险、作出融资决定的衡量标准。① 另外,不难看出,尼日利亚政府尽管未就赤道原则制定具体法律,但是在以上尼日利亚采掘业的各项国内立法中,仍然能够识别出存在与赤道原则相关的条文内容。②

概言之,相关国际软法尽管未对尼日利亚投资者产生强制约束力,但却通过设定一定的评估标准促使投资者自愿或被动地遵守社区发展要求。可以说,国际软法正在潜移默化地影响着尼日利亚投资者,并在一定程度上为投资者创设了额外义务。因此,投资者在赴尼投资时,将不可避免地因这些倡议、原则与标准而加重投资负担。

3.与社区发展制度有关的争议解决规定

外资企业在尼日利亚投资过程中,因社区发展事项而产生争议的情形主要分为两种,即与尼日利亚社区产生纷争或与尼日利亚政府产生纷争。

(1)与社区的纠纷解决

对于投资者在投资过程中或者在合同履行过程中与社区产生的民事纠纷和争议一般可以通过诉讼或替代性纠纷解决机制进行处理。

①民事诉讼纠纷解决

投资者与尼日利亚社区产生的争议,一般属于侵权纠纷或者合同纠纷。如果投资者与社区间存在社区发展协议等合同关系,则原告在证明双方存在协议的基础上即可提起合同纠纷诉讼,反之,倘若双方不存在协议,则双方的纠纷一般属于侵权纠纷。根据尼日利亚法律规定,只要被告或者诉讼标的物处于法院管辖权范围内,尼日利亚法院有权对相应的涉外民事案件行使管辖权。③ 对于民事案件的准据法的选择上,尼日利亚法院采用法院地法原则。④

① Abubakar Bature Lawal，Enabling Soft Law Initiatives to Regulate the Environmental and Social Impacts of Mining Investments in Sub-Saharan Africa：A Case Study of Nigeria and South Africa，Doctor of Philosophy Newcastle Law School，November 2018，pp.176-177.

② Abubakar Bature Lawal，Enabling Soft Law Initiatives to Regulate the Environmental and Social Impacts of Mining Investments in Sub-Saharan Africa：A Case Study of Nigeria and South Africa. Doctor of Philosophy Newcastle Law School，November 2018，pp.178-185.

③ https://isochukwu.com/2018/01/19/tort-1-1-general-introduction/，2022 年 3 月 23 日访问。

④ 朱伟东:《尼日利亚法院处理涉外民商事案件的理论与实践》,载《河北法学》2005年第32期。

在诉讼过程中,尼日利亚各级法院独立行使司法权,法院采用对抗式诉讼制度,法官既需要审查事实,又负责适用法律。如前所述,尼日利亚的国内法律渊源包含了宪法、尼日利亚立法、习惯法、伊斯兰法和司法判例。[①] 因此,投资者在涉诉时,需要全面考量尼日利亚的法律规范与司法判例,才能在诉讼过程中做好充分准备。

②替代性纠纷解决机制

而在替代性纠纷解决机制上,当事人一般选择采用仲裁、调解等方式进行争议解决。根据尼日利亚《仲裁与调节法》的规定,当事人提起仲裁需以双方间存在书面形式的仲裁协议为基础。仲裁协议包含了当事人各方签字的文件;往来的书信、电报或者其他电讯手段或者一方在申诉书和答辩书中声称有协议而另一方不予否认。[②] 仲裁协议一经订立,将争议提交仲裁将被认为是一种契约义务,除非仲裁协议中有相反约定,仲裁协议是不可撤销的,但当事人同意或法院法官许可除外。订立仲裁协议后,当事人双方的争议将排除法院的管辖,如果一方当事人将有关争议诉诸法院,法院应当基于另外一方当事人的请求而终止诉讼程序。仲裁庭作出的裁决具有终局性,对当事人具有约束力。但是,在裁决作出后,当事人可以请求法院撤销裁决。仲裁程序适用仲裁地规则,当事人还可通过书面约定确定程序规则。在实体法的适用上,一般以当事人约定的实体法为仲裁规则,如果双方无明确约定且无法作出选择时,则一般认为应当采用仲裁地的冲突法规则来确定仲裁的实体规范。[③] 受诉讼效率低下的影响,近年来,替代纠纷解决机制成为了投资者的首要纠纷解决方式。

(2)与政府的争议解决

根据《中尼双边投资协定》的规定:缔约一方的投资者与缔约另一方之间在缔约另一方内的投资产生的任何争议应尽量由争议双方友好协商解决。如果争议在六个月内未能协商解决,争议任何一方有权将争议提交接受投资的缔约一方有管辖权的法院。如果争议在诉诸本条第一款规定的程序后六个月

---

① 《境外法规—尼日利亚》,http://policy.mofcom.gov.cn/page/nation/Nigeria.html,2022 年 3 月 23 日访问。

② 《尼日利亚〈仲裁与调解法〉述评》,http://service.law-star.com/cacnew/201008/415063323.htm,2022 年 3 月 23 日访问。

③ 《勇于亮剑后的思考——中资企业诉尼日利亚政府投资仲裁案辨析》,https://www.aisoutu.com/a/1916775,2022 年 3 月 23 日访问。

内仍未能解决,可应任何一方的要求,将争议提交专设仲裁庭。①《尼日利亚投资促进委员会法案》规定,当外来投资者与当地政府发生争端,鼓励双方进行双边谈判解决,也可以通过仲裁和调解解决。若双方无法就争端解决方式达成一致,可以诉诸国际投资争端解决中心。② 根据以上岔路口条款,投资者可以通过诉讼与仲裁两种方式维护自身权益。因此,当投资者与尼日利亚政府部门产生争议时,在协商无果的情况下,可以向法院提起行政诉讼或者根据法律规定或者双方的约定申请仲裁。事实上,由于东道国司法机关对行政机关的偏袒性保护,诉诸东道国法院解决与东道国政府间的争议并非明智之举。例如,中山公司诉尼日利亚政府投资仲裁案中,其子公司中富公司曾向尼日利亚政府寻求帮助,并在尼日利亚法院提起了若干诉讼,但并未取得效果。③ 因此,尽量避免采用诉讼方式解决与尼日利亚政府的争议已经成为投资行业的共识。通过仲裁的方式解决争议显然更有利于投资者维护自身权益。在仲裁程序法的选择上,仲裁庭应当自行制定仲裁程序,但可以参照"解决投资争端国际中心"的仲裁规则。此外,在实体法的适用选择中,仲裁庭应根据接受投资缔约一方的法律,包括其冲突法规则、双边协定的规定以及缔约双方所接受的普遍承认的国际法原则作出裁决。④

　　投资者需注意的是,只有当仲裁请求针对的是尼日利亚的国家行为,并且投资者符合投资协定定义的"投资"时,仲裁庭才具备管辖权。首先,在国家行为的判断上,依据《国家对国际不法行为的责任条款》中的规定,任何国家机关的行为,无论该机关行使立法、行政、司法或任何其他职能,包括任何依据国内法而享有身份的人员或机构的行为均视为国际法下该国家的行为。⑤ 其次,关于"投资"的定义,《中尼双边投资协定》规定,"投资"一词系指缔约一方投资

　　① 中华人民共和国商务部条约法司,《中华人民共和国政府和尼日利亚联邦共和国政府相互促进和投资保护协定》,http://tfs. mofcom. gov. cn/article/h/aw/201002/20100206795350.shtml,2021 年 8 月 19 日访问。

　　② https://investmentpolicy. unctad. org/investment-laws/laws/234/nigeria-nigerian-investment-promotion-commission-act,2022 年 1 月 14 日访问。

　　③ 《勇于亮剑后的思考——中资企业诉尼日利亚政府投资仲裁案辨析》,https://www.aisoutu.com/a/1916775,2022 年 3 月 23 日访问。

　　④ 中华人民共和国商务部条约法司,《中华人民共和国政府和尼日利亚联邦共和国政府相互促进和投资保护协定》,http://tfs. mofcom. gov. cn/article/h/aw/201002/20100206795350.shtml,2021 年 8 月 19 日访问。

　　⑤ 张磊:《论国际法上构成国家行为的基本原则——以联合国〈国家对国际不法行为的责任条款草案〉为线索》,载《天津行政学院学报》2016 年第 2 期。

者依照缔约另一方的法律和法规在缔约另一方领土内所投入的各种财产,特别是但不限于动产,不动产及抵押权、留置权或质权等其他财产权利;股份、债券、股票或其他在公司的权益;与投资有关的金钱请求权或其他合同项下的具有财务价值的行为请求权;知识产权,特别是著作权、专利、商标、商名、工艺流程、专有技术和商誉;法律或法律允许依合同授予的商业特许权,包括勘查、耕作、勘探、开发或开采自然资源的特许权。[①]《尼日利亚投资促进委员会法案》中对"投资"的范围划定较为广泛,包括了任何具有经济价值的有形资产和无形资产。[②] 但需要明确的是,《尼日利亚投资促进委员会法案》不承认商誉构成尼日利亚企业的资本,故以商誉进行折价投资的行为将可能不受法律的保护。 由此可以看出,尼日利亚关于"投资"的定义足够宽泛,但投资者仍应当建立完善的资料管理制度,为潜在争端提前固定搜集证据。 同时,投资者还应当注意二选一的岔路口条款,避免因诉讼程序的进行造成排除仲裁庭的管辖权,贻误最佳行权时机,错失仲裁的行权途径。[③]

(三)外资在尼日利亚社区发展制度中面临的问题

1.国内立法带来的投资困境

(1)高度模糊的概括性条款加重投资者负担

① "社区"的概念与适用范围界定不明

在非洲法律观念中,社区是个体赖以生存的基本框架。该观念认为,社区概念界定与社区权利和正义密切相关,人只有通过其与社区的联系,才能感知和理解正义。[④] 故而"社区"一词在非洲传统法律观念中具有较为重要的意义。然而,由于对"社区"一词的界定不仅饱含理论上的争议,在实践中亦难以

---

① 中华人民共和国商务部条约法司,《中华人民共和国政府和尼日利亚联邦共和国政府相互促进和投资保护协定》,http://tfs. mofcom. gov. cn/article/h/aw/201002/20100206795350.shtml,2021 年 8 月 19 日访问。

② https://investmentpolicy. unctad. org/investment-laws/laws/234/nigeria-nigerian-investment-promotion-commission-act,2022 年 1 月 14 日访问。

③ 《勇于亮剑后的思考——中资企业诉尼日利亚政府投资仲裁案辨析》,https://www.aisoutu.com/a/1916775,2022 年 3 月 23 日访问。

④ Ruzicki,Tim,A Traditional AFrican Concept of Community of Community Related to Ethical Intuitionism,*Macalester Journal of Philosophy*,Vol.5,No.1,2010,p.10.

遵循理论概念照章划定,部分立法往往对"社区"一词的概念进行了回避。①
在各国的采掘业立法中,"社区"是企业在履行社区发展义务中必须考量并划定的因素。相较于东道国,采掘企业对于社区的范围划定更为关注。②

　　第一,法律对"社区"的概念规定不清。尼日利亚的石油与天然气开采法律规范中未就"社区"一词进行解释性的界定,立法的不确定性直接导致了社区发展中的利益相关者难以确定。③ 在目前生效的法律中,仅有 2011 年的《采矿条例》(2007 年《矿产与矿业法》的附属立法)对东道社区(Host community)作出了描述。《采矿条例》规定:任何矿产所有权相关的"东道社区"应为"(a)矿权所在区域内的社区或者离矿权所在区域最近的社区"。④ 由此可见,条例中界定的"社区"仅以地域性为要素,围绕采矿权的范围对社区进行划定。这一定义显然不足以准确描述社区,也无法为矿权持有人提供确定"东道社区"的具体方法。如前所述,社区应当指在一定空间地域下具有心理凝聚力与身份联系,并因此具有共同权利或利益,最终适用相同规范的群体组成。社区是由数个群体或个体依据不同要素组成的复杂群体。仅因"地域性"因素概括"东道社区"显然不够全面。此外,采矿租约的范围往往不止一个,甚至存在着跨越辖区的情况。并且,实践中经常存在着与采矿活动不具直接影响的群体亦可能构成"社区"。例如,对采矿项目所在的土地具有文化、经济、社会和精神联系的土著人民。⑤ 而尼日利亚法律规范中,均未对此作出规定。⑥ 因此,

---

　　① Anri Heyns, Mining Community Development in South Africa: A Critical Consideration of How the Law and Development Approach the Concept of Community, *Law and Development Review*, Vol.12, 2019, pp.1-3.

　　② Akinsulore, Adedoyin, The Effects of Legislation on Corporate Social Responsibility in the Minerals and Mines Sector of Nigeria, *Journal of Sustainable Development Law and Policy*, Vol.7, No.1, 2016, pp.106-107.

　　③ Akinsulore, Adedoyin, The Effects of Legislation on Corporate Social Responsibility in the Minerals and Mines Sector of Nigeria, *Journal of Sustainable Development Law and Policy*, Vol.7, No.1, 2016, pp.106-107.

　　④ Section 193(5), Nigerian Minerals and Mining Regulations, 2011.

　　⑤ Ciaran O'Faircheallaigh, Social Equity and Large Mining Projects: Voluntary Industry Initiatives, Public Regulation and Community Development Agreements, *Journal of Business Ethics*, Vol.132, No.1, 2015, pp.101-102.

　　⑥ Akinsulore, Adedoyin, The Effects of Legislation on Corporate Social Responsibility in the Minerals and Mines Sector of Nigeria, *Journal of Sustainable Development Law and Policy*, Vol.7, No.1, 2016, pp.106-107.

对企业而言,过于简单的法律规定使其难以应对纷繁复杂的实践情况。

《采矿条例》规定了东道社区无法确定时的解决方式。即企业与社区应向部长报告,部长应与州政府、州矿产资源和环境管理委员会以及其他相关州或联邦政府机构协商,确定哪个社区是东道社区。这一规定似乎解决了企业难以确定"东道社区"这一难题,赋予了企业求助于政府的权利。然而,这对于矿权持有者而言又隐含着这样两种担忧:其一,社区发展义务产生的部分原因在于,通过企业承担起政府的部分社区发展责任。"社区"的范围界定越大,则企业履行的社区发展义务越重,随之而来意味着企业分担的政府发展社区职责越多。而将对"社区"确定的权利交付于行政机关,行政机关将因难以客观公正界定"社区"的范围而罔顾企业利益。其二,州政府与其辖区内居民的利益密切相关,保障社区的利益将对地方政府执政的稳定性产生重要作用,因此尼日利亚政府在划定"东道社区"时未免将失之偏颇。综上所述,求助效率与公正性均饱受诟病的尼日利亚政府部门,对企业而言显然不是有利的解决方式。

第二,"社区"概念的适用范围受限。《矿产与矿业法》将矿权许可分为六大类,分别是:勘查许可、踏勘许可、采矿许可、小规模采矿许可、采石许可和用水许可。那么,对于《采矿条例》第195条中所指的"矿权"是否包含了以上六种矿权类型,法律并未给出正面回应。但是《采矿条例》第193条将"东道社区"的概念置于订立社区发展协议的法律条文之中。这一法律条文的言下之意在于,对"东道社区"的界定与划分只有在订立社区发展协议时才是必要的。而有义务与东道社区订立社区发展协议的主体仅包含了采石租赁、采矿租赁和小规模采矿租赁这三类的矿权持有者。[①] 因此,可以推断出,《矿产与矿业法》与《采矿条例》中所指的东道社区仅包含了采石租赁、采矿租赁和小规模采矿租赁这三类矿权所在的社区或离其最近的社区。

由此可见,尼日利亚法律对于"东道社区"的适用范围十分有限,但并不意味着企业在其他情况下可以忽视"东道社区"的重要性。原因在于,社区发展义务绝非仅包含订立社区发展协议。促进社区成员就业、保障社区基础设施建设与医疗教育水平、充分的赔偿与补偿、向社区发展基金会缴纳准备金等均属于企业可能履行的社区发展义务。此外,大量的行业惯例、软法倡议中也规定了划定社区是履行社区发展义务的前提。故"社区"的界定不能仅仅局限于《矿产与矿业法》与《采矿条例》中规定的三种情形。勘查许可、踏勘许可和用水许可的矿权持有者以及油气行业的经营企业在履行社区发展义务时,均需

---

① Section 193,Nigerian Minerals and Mining Regulations,2011.

将"社区"的界定置于第一步骤,而对于这些情形下企业该如何划定"社区",并无规范得以遵守。

②欠缺与订立社区发展协议的程序和内容有关的具体规定

社区发展协议(Community Development Agreement,简称"CDA")①是在"可持续利益共享模式"推动下产生的一种协议。② 其定义是在企业与社区之间达成的,约定社区如何获得发展计划的协议。③

社区发展协议在社区发展制度中的盛行是由多种因素共同促成的:一是通过协议的方式能够直接回应利益相关者在投资活动中的期望与要求,企业在项目筹备阶段或者投资准入阶段即开始与社区进行交流对话,此种沟通与协商的方式为企业直接消除社区的反对声音提供了有效的方式和途径;④二是以协议的方式确认社区对项目的"许可"这一承诺,确保企业"社会许可证"的获得,如此一来,便能够更为有效地预防社区冲突带来的投资活动暂停的情况发生;⑤三是从东道国监管与治理的角度审视,该协议能够同时弥补软法倡议与公共监管的不足,在二者中寻求平衡。由于软法倡议缺乏执行力与强制力,且公共监管很难具备灵活性与能动性,故社区发展协议的产生既能够通过协议内容的灵活性保障能动性,又能够对投资企业产生比软法更具约束力的法律效果。⑥ 故在应然要求与实然需要的共同促使下,社区发展协议成为了维护企业与社区之间关系的宝贵工具,并被视为防止和解决矿产投资领域中

---

① 这些协议有时也被称为"社区利益协议"、"影响利益协议"或"社会协议"。

② Odumosu-Ayanu, Ibironke T. Foreign Direct Investment Catalysts in West Africa:Interactions with Local Content Laws and Industry-Community Agreements, *North Carolina Central Law Review*, Vol.35, No.1, 2012, pp.79-83.

③ Odumosu-Ayanu, Ibironke T. Foreign Direct Investment Catalysts in West Africa:Interactions with Local Content Laws and Industry-Community Agreements, *North Carolina Central Law Review*, Vol.35, No.1, 2012, pp.79-83.

④ Muthuri, Judy N. Participation and accountability in corporate community in Volvement programmes:a research agenda, https://papers.ssrn.com/sol3/papers.cfm?_id=1152924,2022 年 3 月 22 日访问。

⑤ Akinsulore, Adedoyin, The Effects of Legislation on Corporate Social Responsibility in the Minerals and Mines Sector of Nigeria, *Journal of Sustainable Development Law and Policy*, Vol.7, No.1, 2016, pp.97-115.

⑥ Ciaran O'Faircheallaigh, Social Equity and Large Mining Projects:Voluntary Industry Initiatives, Public Regulation and Community Development Agreements, *Journal of Business Ethics*, Vol.132,No.1, 2015, pp.96-97.

企业与社区冲突的重要机制广泛存在于采掘业之中。①

在尼日利亚的采掘业中,社区发展协议主要分为两种形式存在。即法定社区发展协议与自愿社区发展协议。前者规定于《矿产与矿业法》中,后者则广泛存在于采掘业实践中。

法定社区发展协议的订立情形与订立内容由法律进行规定。尼日利亚的法定社区发展协议存在于《矿产与矿业法》中。《矿产与矿业法》规定"采矿租约、小型采矿租约或采石租约的持有者在开始进行任何开发行动之前,与当地社区签署一份类似社区发展协议的协议,以保证社区能切实从矿产开采作业中获得社会和经济利益。"②设置该协议的目的是使矿权持有人和东道国社区之间能够建立适当的协商和监测框架,并让社区能够根据协议参与开展活动的规划、实施、管理和检测。③ 该法允许使用其他方式达到和社区发展协议相同的目标。④ 故而当地矿产投资企业在获得采矿租约、小型采矿租约或采石租约前,需要事先与当地社区协商订立社区发展协议或其他类似书面文件。该协议需要五年重新订立一次。⑤ 这意味着企业在订立社区发展协议后,应当保障与社区的持续性沟通,并附有及时更新协议内容的法定义务。企业的协商对象应当是社区全体成员自由选出的代表(社区代表人数一般在 3 到 7人之间)。⑥

自愿社区发展协议在尼日利亚一般被称为全球谅解备忘录(Global Memorandum of Understanding,简称" GMOU")。尽管在《矿产与矿业法》外,尚无与订立社区发展协议的相关法律规定,⑦但这并非表明除法定型社区发展协议的订立情形外,没有自愿社区发展协议的存在空间与必要性。理由在于:首先,社区发展政策要求早已渗透于采掘业的各分支行业中。尼日利亚2017 年发布的国家石油政策中指出在尼日尔三角洲地区,将发展一个新模

---

① Kristi Disney Bruckner, Community Development Agreements in Mining Projects, *Denver Journal of International Law and Policy*, Vol.44, No.3, 2016, p.413.

② Section 116, Nigerian Minerals and Mining Act, 2007.

③ Section 117, Nigerian Minerals and Mining Act, 2007.

④ Section 116, Nigerian Minerals and Mining Act, 2007.

⑤ Section 116, Nigerian Minerals and Mining Act, 2007.

⑥ Section 193, Nigerian Minerals and Mining Regulations, 2011.

⑦ Akinsulore, Adedoyin, The Effects of Legislation on Corporate Social Responsibility in the Minerals and Mines Sector of Nigeria, *Journal of Sustainable Development Law and Policy*, Vol.7, No.1, 2016, pp.98-99.

式。该模式将寻求让当地社区参与该地区的基础设施建设、社会和石油发展。① 尽管法定社区发展协议没有适用于采掘业的所有领域，但却为企业应对社区发展政策提供了方向，这也彰显了自愿社区发展协议的必要性。其次，《尼日利亚石油和天然气行业成分发展法案》中尽管未将订立社区发展协议作为油气行业投资者的法定义务，但是该法案对企业的当地成分义务作出了详细的规定，如企业在投资前需要制定并提交一份当地成分计划。而自愿订立社区发展协议不仅有助于企业提升当地含量，从而使企业在投标过程中获得竞争优势，也有利于企业获得授权后长期稳定的运营。第三，大部分贷款或融资机构往往会通过设置一系列更为严格的国际标准，以此要求企业与社区进行充分的磋商和互动。例如，国际金融公司环境和社会可持续性绩效标准中要求：国际金融需要与受该项目直接影响的社区进行沟通，以便及早发现和及时纠正与项目有关的申诉。企业应当将项目相关的风险和影响向受影响的社区公开和提供，在确定任何不利风险和影响时需要与社区进行磋商。② 目前多边投资担保机构（"MIGA"）在其业务中采用国际金融公司的绩效标准，世界银行也将国际金融公司的绩效标准应用于"由私营部门拥有、建设和/或经营"的项目评估中。③ 因此，出于国家石油政策、尼日利亚国内立法与国际立法的共同要求，在没有强制性法律规范要求的情况下，采掘企业仍然在特定情形下具有订立社区发展协议的必要性。自愿型社区发展协议与法定型社区发展协议订立目的及内容基本一致。④ 事实上，在《矿产与矿业法》纳入法定社区发展协议以前，尼日利亚就已存在全球谅解备忘录的协议形式。⑤ 如雪佛

---

① The National Petroleum Policy（NPP），https://assets.kpmg/content/dam/kpmg/ng/pdf/tax/ng-the-national-petroleum-policy.pdf，2021 年 4 月 25 日访问。

② Ciaran O'Faircheallaigh，Social Equity and Large Mining Projects：Voluntary Industry Initiatives，Public Regulation and Community Development Agreements，*Journal of Business Ethics*，Vol.132，No.1，2015，pp.96-98.

③ Ciaran O'Faircheallaigh，Social Equity and Large Mining Projects：Voluntary Industry Initiatives，Public Regulation and Community Development Agreements，*Journal of Business Ethics*，Vol.132，No.1，2015，pp.96-98.

④ Chilenye Nwapi，Legal and institutional frameworks for community development agreements in the mining sector in Africa，*The Extractive Industries and Society*，Vol.4，No.1，2017，pp.208-209.

⑤ Ibironke T Odumosu-Ayanu，Governments，Investors and Local Communities：Analysis of a Multi-actor Investment Contract Framework，*Melbourne Journal of International Law*，Vol.15，No.2，2014，p.10.

龙(Chevron)公司、壳牌(Shell)公司等跨国公司为应对尼日利亚广泛存在的社区冲突与暴乱,均普遍与社区订立谅解备忘录。① 尼日尔三角洲的第一个谅解备忘录便是由雪佛龙公司和挪威国家石油公司在尼日利亚巴耶尔萨州阿卡萨社区的社区倡议影响下订立的。②

　　尼日利亚法律中并未对社区发展协议的订立流程作出具体规定,仅指出协议的订立时间应当在矿业投资活动开始之前进行。③ 显然,法律忽视了社区发展协议复杂的订立流程。在具体实践中,协议的订立既包括前期协商,也包含后续协议内容的确定与执行。订立流程应当至少包括:明确利益相关者、帮助社区选择参与谈判的社区代表、订立社区准备协议、协议构建与谈判、执行协议、监督和检讨协议等六个过程。④ 毋庸置疑的是,协商的顺利与否将决定企业与社区间的关系,并最终影响社区发展协议的内容,而协议流程缺乏规定的这一情况加剧了企业与社区的协商难度。如果企业未采取措施应对这一情况,将会使社区发展协议的订立久拖不决,最终影响投资的进程。

　　此外,因为法律规范对社区发展协议内容的列举不足,2011 年,尼日利亚政府颁布的《采矿条例》对社区发展协议的相关内容作出了进一步解释。《采矿条例》规定社区发展协议应当解决以下问题:(a)根据社区的需要,依法发展社区的方案;(b)包含监测和实施社区发展计划的方式;(c)环境保护和补偿;(d)冲突管理或解决;(e)矿权持有人对矿区的权利;(f)其他任何相关问题。⑤ 除以上内容外,尼日利亚采掘业立法中便无其他与社区发展协议内容相关的规定。

　　由于尼日利亚国内缺乏协议范本与协议制定指南,加之尼日利亚政府与社会组织对于协议的公开亦不重视,这使企业在拟定具体协议时困难重重。

---

　　① Ibironke T. Odumosu-Ayanu, Foreign Direct Investment Catalysts in West Africa:Interactions with Local Content Laws and Industry-Community Agreements, *North Carolina Central Law Review*,Vol.35,2012,pp.79-80.

　　② Eghosa Osa Ekhator, Foreign direct investment and the law in Nigeria:a legal assessment, *International Journal of Law and Management*,Vol.58,No.1,2016,pp.126-146.

　　③ Section 116,Nigerian Minerals and Mining Act,2007.

　　④ 6 Major Steps to Reach A Community Development Agreement in Sierraleone, https://oxfamibis. dk/sites/default/files/PDF% 20global/Sierra% 20Leone% 20PDF/6 _ steps_to_reach_a_com_dev_agree.pdf. 2021 年 3 月 1 日访问。

　　⑤ Section 193,Nigerian Minerals and Mining Regulations,2011.

对于企业而言,这将导致协议的内容需要极大取决于与社区协商的结果。毋庸置疑的是,社区发展协议的订立既需满足社区的需求,又不能够为企业创设较大的负担与义务。而东道国在社区发展制度中对社区权利的倾斜保护则为企业带来了一定的难度。如何在笼统的法律规范中与社区协商并充分利用法律规定的不确定性带来的可为空间,将成为考验企业风险评估能力的重要关卡。

在此需要提示的是,对以上两个问题虽仅依托法定社区发展协议进行详细阐释,但举轻以明重,协议的内容及流程不明的情况更是广泛存在于自愿社区发展协议之中。自愿社区发展协议在缺乏法律任何规定的情况下,协议的制定流程与内容将更具不确定性。[①]

(2)法律规范与社区发展协议缺乏执行力带来了守法危机

尽管尼日利亚将社区发展制度纳入国内法,但无论是相关法律的施行还是社区发展协议的运行实践,缺乏执行力这一问题均使投资者备受困扰。[②]下文,笔者将对相关法律与社区发展协议中的执行力问题进行分别阐释。

①法律缺乏产生执行力的客观社会环境

客观社会条件是法律得以根植与适用的土壤。而尼日利亚的客观环境难以为投资者履行义务提供合适的土壤。尼日利亚法律中,对社区发展权利进行保护的规范大多采用了国际标准或移植了部分发达国家立法。而盲目学习他国经验,未充分考虑本土情况成为社区发展法律规范难以得到履行的重要因素。这一问题给企业与社区的关系带来了不良影响。企业将在面临客观条件无法满足守法要求的情形下无法适从。例如,《环境影响评估法案》规定应当建立单独的环境保护委员会、审查委员会和引入调解员来确定项目的环境影响评估情况。但是却忽略了尼日利亚的本土客观环境无法为投资者提供这些条件与资源。又如,《石油和天然气行业成分发展法案》设置了过高的当地成分要求,但尼日利亚的人力、服务等资源数量不足且质量不佳为企业完全遵守该法带来了困难。

---

①　Jennifer Loutit,Jacqueline Mandelbaum, Sam Szoke-Burke, Emerging Practices in Community Development Agreements, *Journal of Sustainable Development Law and Policy*,Vol.7,No.1,2016,pp.65-69.

②　Abdullahi Husseini, The Current Status of Environmental Impact Assessment in Nigeria (EIA):Challenges and Prospects,https://www.semanticscholar.org/paper/The-current-status-of-environmental-impact-in-and-Hussaini/c2c53cc6bd554364bbe3eeda004dac1786919135,2022 年 3 月 10 日访问。

尼日利亚采掘业中行政机构众多,权力设置交叉重叠是造成社区发展规范执行困难的最重要原因。① 为实现采掘业的彻底改革,尼日利亚不断在行政权的划分上作出努力。采掘业中的每一部法律出台,几乎都会伴随着一个或多个行政部门的设立。然而,各部门之间在权力的分配与相互的监督上并未起到应有效果。相反,采掘业中各部门职权交叉重叠,执法权分配混乱造成了其怠于行使职责。企业的社区发展要求正在经历着从软法义务向硬法义务的转化,而此种过渡加重了尼日利亚政府选择性执法的现实危机。以《矿产与矿业法》为例,尽管相较于《环境影响评估法》,该法案已经在执行问题上进行了巨大的改进,企图为固体矿业部门提供一个有竞争力的法律和监管框架,但是自该法案生效以来,由于权利划分不清,②采矿地籍办公室作为监督企业履行社区发展义务的行政机构,在行政执法过程中不断暴露出了低效率、不透明和不公正的缺陷。③ 虽然在个别案例中,政府疏于履行职责可能使企业得以逃避违法责任,然而,这将使严格遵守法律的企业失去竞争优势。久而久之,违法成为采掘业领域中的常态,政府的选择性执法将盛行于整个国家。而政府执法范围与程度的不确定性对外资群体而言的法律风险不言而喻。此外,逃脱政府的执法并不意味着能够免遭当地社区、非政府组织等其他利益相关者的抵制。一旦遭到社区的暴力反抗或非政府组织的起诉,企业将面临项目停止运营的风险。

综上所述,尼日利亚社区发展法律落地的土壤与环境不足以支撑法律的可执行力,这加剧了企业的守法难度与违法风险。

---

① Abubakar Bature Lawal, Enabling Soft Law Initiatives to Regulate the Environmental and Social Impacts of Mining Investments in Sub-Saharan Africa: A Case Study of Nigeria and South Africa, Doctor of Philosophy Newcastle Law School, November 2018, pp.171-172.

② Abubakar Bature Lawal, Enabling Soft Law Initiatives to Regulate the Environmental and Social Impacts of Mining Investments in Sub-Saharan Africa: A Case Study of Nigeria and South Africa, Doctor of Philosophy Newcastle Law School, November 2018, pp.171-172.

③ Abubakar Bature Lawal, Enabling Soft Law Initiatives to Regulate the Environmental and Social Impacts of Mining Investments in Sub-Saharan Africa: A Case Study of Nigeria and South Africa, Doctor of Philosophy Newcastle Law School, November 2018, pp.171-172.

②企业履行社区发展协议的情况不容乐观

社区发展协议作为一种新型协议,在实然与应然中均存在效力之争。[①]而协议的效力将影响企业对待协议的态度与方式。[②] 社区发展协议的约束力包含了两个方面,即对企业的约束力与对社区的约束力。目前,尚无法从已有资料中寻找到与社区发展协议有关的诉讼与执行案件,故分析此类协议在尼日利亚采掘业中的效力问题还需综合协议的性质以及相关法律规定进行。

笔者认为,尼日利亚社区发展制度下,社区发展协议对于企业与社区均具有约束力且双方均负有义务。理由如下:

《矿产与矿业法》规定,社区发展协议的协议条款对合同双方均有约束力。[③] 这一规定意味着尼日利亚法律承认了社区发展协议具有约束合同双方的法律效力已经是不争的事实。《矿产与矿业法》中仅对企业在该协议中的义务作出了规定,故毋庸置疑的是,企业需在社区发展协议中负担义务。而企业在协议中享有何种权利,或者说社区在社区发展协议中存在何种义务内容均未在法律中得到体现。这是否意味着尼日利亚法律中,社区发展协议属于单务合同?对此观点,笔者持否定态度。

传统的合同形式强调合同主体的个人自主权与双方利益的交换。但作为新型合同形式,社区发展协议的产生不仅包含了私人意愿的表达,还包括了公共权力对私人行为者的授权。[④] 溯源于社区发展制度的产生背景,社区发展

①　Abubakar Bature Lawal，Enabling Soft Law Initiatives to Regulate the Environmental and Social Impacts of Mining Investments in Sub-Saharan Africa：A Case Study of Nigeria and South Africa，Doctor of Philosophy Newcastle Law School，November 2018，pp.171-172，p.19.

②　Abubakar Bature Lawal，Enabling Soft Law Initiatives to Regulate the Environmental and Social Impacts of Mining Investments in Sub-Saharan Africa：A Case Study of Nigeria and South Africa，Doctor of Philosophy Newcastle Law School，November 2018，pp.21-22.

③　Section 116，Nigerian Minerals and Mining Act，2007.

④　James Gathii, Ibironke T Odumosu-Ayanu, The Turn to Contractual Responsibility in the Global Extractive Industry, *Business and Human Rights Journal*，Vol.1，No.1，2016，pp.70-71.

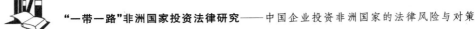

协议的产生正是合同从契约自由向保护弱者倾斜的结果。[①] 这表示社区发展协议成为弥补采掘业中企业与社区权利义务不对等的有力工具。尽管侧重企业的义务承担与东道社区发展权的保障在制度设置的背景与目的下无可非议,但这并非代表社区在协议中不存在任何的义务。即便企业与社区之间的义务通过订立社区发展协议的方式进行了重新分配,但是即便协议的内容以企业履行社会责任为要义,也并未改变协议的对价性与互惠性特征。[②] 即在社区发展协议中企业并非仅负担义务,社区也并非仅享有权利。对于企业而言,订立社区发展协议的直接目的在于获得社区"保障其运营环境稳定性"的承诺。综上所述,社区发展协议对企业与社区均具有约束力,并且,协议双方在协议中均负有义务。

审视社区发展协议的运行实践,可以看出尼日利亚采掘业中该协议的执行情况并不理想。法律缺乏违反协议的后果与责任成为履约积极性不高的主要原因。实践中,企业在协议订立后便将其置于不顾的情况时有发生,而尼日利亚社区违反义务破坏石油管道,或通过暴力终止项目运营的现象也屡见不鲜。即便如此,笔者目前也尚未在尼日利亚判例中发现与社区发展协议履行纠纷有关的案件。显然,社区发展协议在尼日利亚采掘业中还未发挥应有的作用。事实上,一份良好的社区发展协议并非只为企业创设义务,更是企业保证自身权利的有益工具。而如何发挥社区发展协议的积极作用,保障企业自身的权益,尼日利亚采掘企业仍然大有可为。

(3)当地成分要求的"合法性"危机遏制外资发展

由于尼日利亚的固体矿业尚处于初步发展阶段,故尼日利亚立法并未以法律方式对固体采矿业施以严格的当地成分要求。当前,当地成分要求仅在尼日利亚油气行业广泛并严格施行。"尼日利亚成分"是指企业有意识地利用尼日利亚人力、物力资源系统地发展尼日利亚的能力,为尼日利亚经济增加或创造综合价值。而具体至油气领域,则指在油气行业通过使用尼日利亚商品、

---

① James Gathii, Ibironke T Odumosu-Ayanu, The Turn to Contractual Responsibility in the Global Extractive Industry, *Business and Human Rights Journal*, Vol.1, No.1, 2016, pp.70-71.

② Ibironke T Odumosu-Ayanu, Governments, Investors and Local Communities: Analysis of a Multi-actor Investment Contract Framework, *Melbourne Journal of International Law*, Vol.15, No.2, 2014, pp.26-27.

服务和劳动力为尼日利亚经济增加价值。① 对于《尼日利亚石油和天然气行业成分发展法案》(Nigerian Oil and Gas Industry Content Development Act，2010，以下简称 NOGICDA)的出台，已有学者认为，法案中的内容违反了尼日利亚在 WTO 中的义务。② 美国、欧盟与日本早已对该法案的施行违反尼日利亚的条约义务提出过质疑。③ 然而即便如此，当地成分要求在尼日利亚油气行业中仍然发挥着甚至比社区发展协议更为关键的作用。满足严格的当地成分要求是尼日利亚企业获得投标资格的重要考量标准。④ 油气行业的当地成分要求主要含有以下两个特点：

①当地成分的实施范围具有全面性

材料采购要求：保证各项采购材料和设备满足附表中的指标。另外，NOGICDA 明确禁止尼日利亚企业进口各种焊接产品或制造产品。这意味着油气领域的大部分材料采购以及任何与焊接和制造有关的作业均只能在尼日利亚进行。⑤

就业和培训要求：要求企业制订就业和培训计划(E 计划和 T 计划)以保证在招聘中优先考虑尼日利亚人。企业还需每季度报告年内雇佣的新员工人数、员工受雇的居住地和就业的具体情况等。除了保留 5% 的管理职位外，应当在所有初级、中级和其他职位中只招聘尼日利亚人，并应当在四年内对尼日利亚人进行培训，进而对外籍人员进行替换。⑥

---

① Ituma，Chibueze Calistus，Research on Legal Issues Concerning the Nigerian Oil and Gas Industry Content Development Act，2010，Doctor of Southwest University of Political Science & Law School，November 2018，pp.138-139.

② Odumosu-Ayanu，Ibironke T. Foreign Direct Investment Catalysts in West Africa：Interactions with Local Content Laws and Industry-Community Agreements，*North Carolina Central Law Review*，Vol.35，No.1，2012，pp.88-89.

③ Odumosu-Ayanu，Ibironke T. Foreign Direct Investment Catalysts in West Africa：Interactions with Local Content Laws and Industry-Community Agreements，*North Carolina Central Law Review*，Vol.35，No.1，2012，pp.88-89.

④ Nigerian Oil and Gas Industry Content Development Act，2010，https://assets. kpmg/content/dam/kpmg/ng/pdf/tax/nigerian-oil-and-gas-industry-content-development-act.pdf，2021 年 8 月 10 日访问.

⑤ Ituma，Chibueze Calistus，Research on Legal Issues Concerning the Nigerian Oil and Gas Industry Content Development Act，2010，Doctor of Southwest University of Political Science & Law School，November 2018，p.122.

⑥ 朱伟东：《应对非洲本土成分立法》，载《投资非洲》2018 年第 10 期.

研究和发展要求:要求企业制订研究和发展计划(R 计划和 D 计划)用于促进尼日利亚的教育、附属设置、研发等方面的发展。研发计划应:a.概述将在尼日利亚开展的石油和天然气相关研发计划的三到五年循环计划,以及在实施研发计划中将发生的预期支出明细;b. 为公众征集与运营商活动相关的研发计划提案。此外,需要注意的是,通过其尼日利亚子公司开展工作的国际或跨国公司应证明,为执行工作而部署的设备中至少有 50% 为尼日利亚子公司所有。①

技术转移要求:要求企业制订有效的技术转让计划倡议方案和转让计划,并且应当每年提交技术转让年度报告,说明技术转让的举措和效果。外资应当与合资企业、合作伙伴等签订技术许可协议以满足技术转移要求。②

专业服务要求:油气行业的服务贸易市场受到了《石油和天然气行业成分发展法案》的严格限制。在保险服务方面,企业只能通过在尼日利亚注册的保险公司或保险经纪人为其石油和天然气业务提供商业保险。在法律服务方面,尼日利亚全面禁止外国法律从业者在尼日利亚的油气领域提供任何类型的法律服务。企业只能聘请尼日利亚法律从业人员或在尼日利亚设立办事处的律师事务所为其提供法律服务。在金融服务方面,油气领域的任何金融交易都只能与在尼日利亚设立金融机构的公司进行,除非委员会认为这样做不切实际。运营商应当在尼日利亚开设一个银行账户,并在账户中至少保留10% 的业务收入。③

尽管适当的当地成分要求不仅有利于东道国社会经济的可持续发展,其带来的经营环境的愈加稳定对外资亦能够产生促进效用。但是,倘若东道国的当地成分要求过于严苛,则将造成外资逃离、国内经济发展停滞的反噬作用。因此,当地成分要求必须满足国内客观经济条件,良性平衡外资与社区间的利益,不可为外资施加过高的义务与责任。显然,尼日利亚油气领域的当地

---

① Ituma, Chibueze Calistus, Research on Legal Issues Concerning the Nigerian Oil and Gas Industry Content Development Act,2010,Doctor of Southwest University of Political Science & Law School,November 2018,p.122.

② Ituma, Chibueze Calistus, Research on Legal Issues Concerning the Nigerian Oil and Gas Industry Content Development Act,2010,Doctor of Southwest University of Political Science & Law School,November 2018,p.122.

③ Ituma, Chibueze Calistus, Research on Legal Issues Concerning the Nigerian Oil and Gas Industry Content Development Act,2010,Doctor of Southwest University of Political Science & Law School,November 2018,pp.119-122.

成分要求存在越界之嫌。并且,正如前文所述,尼日利亚的商品、服务以及劳动力市场均未能够给企业执行当地成分要求提供良好的环境,这无形中加大了企业投资的成本,也不利于外资企业投资的便捷性。因此,《石油和天然气行业成分发展法案》的颁布使外资遭到了极大的冲击。如何提升企业的当地含量,满足严苛的当地成分要求成为尼日利亚外资企业必须面对的问题。

②对外资企业与本土企业的区别对待

《石油和天然气行业成分发展法案》将对当地成分的评估渗透于项目的整个过程。而本土企业的当地含量均会高于外资,这是外资企业无论如何提升当地含量亦无法改变的现实情况。对于能够证明其拥有设备、尼日利亚人员和执行此类工作能力的尼日利亚本土企业给予"排他性考虑"。而在授予石油许可证时应当优先考虑尼日利亚的本土企业。另外,项目评标不再完全基于最低出价原则,在出价未超过最低出价的 10% 范围内,尼日利亚本土企业仍有可能因其具有较高的当地成分而获得合同,而此特权不授予外资。[①] 此外,如果某一企业的尼日利亚当地成分含量比最接近的竞争对手高 5%,则应当选择包含最高尼日利亚当地成分含量的企业。[②] 并且,法案专门强调了需要给予尼日利亚本土企业充分和公平的机会。

需要注意的是,尼日利亚的《公司及相关事项法》(Companies and Allied Matters Act,简称" CAMA")中规定:尼日利亚公司是指在尼日利亚成立并注册,尼日利亚人拥有不少于 51% 的股权的公司。但是,《石油和天然气行业成分发展法案》规定的"尼日利亚本土公司"显然并不包含含有外资股权的公司。因此,《石油和天然气行业成分发展法案》对于本土公司的定义,以及对其进行的"排他性考虑"忽视了《公司及相关事项法》中的既定含义。[③] 《石油和天然气行业成分发展法案》对"尼日利亚本土企业"的这一强调实则是将竞争利益的天平向本土企业倾斜埋下铺垫,此种歧视性规定极大地冲击了外资的

---

① 苏文:《资源国本土化政策对国际石油公司权益的影响——基于对尼日利亚油气工业本土化法案的解读》,载《中外能源》2011 年第 16 期。

② 朱伟东:《尼日利亚本土化立法经验》,载《投资非洲》2018 年第 18 期。

③ Okpe, F. O. Economic Development and the Utility of Local Content Legislation in the Oil and Gas Industry: Conflicts and Effects of Nigeria's Local Content Act in the Context of International Investment Law, *Pacific Mcgeorge Global Business & Development Law Journal*, Vol.17, No.5, pp.299-301.

权利。另外,对于"排他性考虑"、"优先考虑"和"充分公平的机会"①所指为何,《石油和天然气行业成分发展法案》并未作出合理解释,这为投标过程中评估企业的标准不明带来了隐患。

综上所述,以上种种歧视性规定带来扭曲贸易的倾向与尼日利亚国际投资义务存在一定的冲突,②这对外资的权利造成了一定威胁。③ 因此,外资需要在《石油和天然气行业成分发展法案》的区别对待下重新定位自身的投资权利并采取相应措施,以保证自身的利益免遭减损。

(4)社区发展法律制度变革对投资者提出了新的要求

随着各国立法对社区发展权的愈加重视,社区发展制度立法近年来正在经历着从软法向硬法的过渡与转变,尼日利亚采掘业将社区发展协议引入法律,以及通过专门的法案强化当地成分要求正体现了其社区发展制度已经经历了一场激烈的变革。然而,作为一项尚未成熟的制度,社区发展制度的立法革新远未达终点,甚至仍处于跌宕起伏之中。一方面,尼日利亚立法正在尝试着纠正既有法律规范的不足,为投资者创建更为确定、有效的、可供执行的制度环境;另一方面,尼日利亚立法正在着手出台新的法律规范,旨在健全社区发展制度,能够更为有力地保障社区利益。由于采掘业投资周期性较长,而新规范的出台对尼日利亚的投资者而言则往往代表了承担社区发展义务与责任的增加。因此,笔者认为,我国投资者有必要了解行业内即将出台的法律规范,以便为法案出台后能够及时应对提前作出准备。

①《石油工业法案》设立了全新的社区发展义务

当前,尼日利亚石油与天然气行业最为重要的一部草案——《石油工业法案》(The Petroleum Industry Bill,简称"PIB")已经通过众议院与参议院的表

---

① 此处"公平充分的机会"被大多数学者解释为:给予尼日利亚本土企业更为优惠的待遇。Okpe, F. O. Economic Development and the Utility of Local Content Legislation in the Oil and Gas Industry: Conflicts and Effects of Nigeria's Local Content Act in the Context of International Investment Law, *Pacific Mcgeorge Global Business & Development Law Journal*, Vol.17, No.5, p.300.

② Odumosu-Ayanu, Ibironke T. Foreign Direct Investment Catalysts in West Africa: Interactions with Local Content Laws and Industry-Community Agreements, *North Carolina Central Law Review*, Vol.35, No.1, 2012, pp.65-94.

③ Okpe, F. O. Economic Development and the Utility of Local Content Legislation in the Oil and Gas Industry: Conflicts and Effects of Nigeria's Local Content Act in the Context of International Investment Law, *Pacific Mcgeorge Global Business & Development Law Journal*, Vol.17, No.5, pp.265-268.

决。《石油工业法案》草案的内容长达两百多页,内容包括对财税问题、环境污
染、社区发展、国家石油公司的机构改革等各个方面,是尼日利亚政府主导的
一场自上而下的法律变革。自 2012 年《石油工业法案》草案拟定以来,已多次
在议会表决,但均难以通过成为正式法律。法案遭到反对的原因在于,油气工
业作为尼日利亚的支柱产业,牵涉利益众多。而法案的出台将不仅触及外国
投资者在尼的利益,也将削减国家石油公司的行政权力,一旦法案颁布,各方
利益将均因此遭到影响。① 因此,法案一直处于久拖不决的状态。② 直至
2021 年 7 月,该法案终获通过。此次对于该法案的表决通过将在尼日利亚掀
起一场激烈的震荡。要求油气公司设立东道社区发展信托基金(The Host
Community Development Trust,简称"HCDT")是《石油工业法案》的重要改
革内容之一,相关条款出台的目标包括促进东道社区的可持续发展,保障社区
能够从石油项目中得到直接的社会和经济利益,加强油气公司与东道社区之
间的和谐共处,并创建一个支持东道社区发展的框架。尽管相关内容对于尼
日利亚的油气投资具有一定的促进意义,但是这也意味着《石油工业法案》生
效后,油气投资者在尼的社区发展义务将面临一场新的诠释。

　　《石油工业法案》规定,委托人(包括项目区域位于或附属于任何社区内的
石油勘探许可证持有人、石油开采租约的权益持有人或中游石油运营许可证
的权益持有人)或联合经营协议下的一组委托人应当设立东道社区发展信托
基金。如果该基金由一组委托人在联合经营下成立,则委托协议中的一方当
事人将代表其他各方对信托机构负责。委托人为其负责的东道社区的利益设
立信托基金,该基金负责帮助石油和天然气项目所在社区的环境、社会经济和
基础设施的发展与建设。③ 信托基金的具体目标是:a.为东道社区的可持续发
展提供资金和执行项目;b.在董事会可获得的资金范围内对东道社区的基础
设施进行开发;c.促进东道社区的经济赋权;d.为东道社区成员的利益进行推
进、宣传教育、发展;e.支持东道社区的医疗保健发展;f.支持东道社区内旨在

---

　　① 刘华:《尼日利亚石油工业法案何去何从》,载《当代石油石化》2015 年第 12 期。

　　② 尼日利亚曾在 2009 年、2012 年和 2018 年试图通过《石油工业法案》,但均以失败
告终。2021 年 7 月,尼日利亚国民议会终于通过了《石油工业法案》。Petroleum Industry
Bill (PIB) 2021 A Game Changer? https://home. kpmg/ng/en/home/insights/2021/06/
petroleum-industry-bill-pib-2020.html,2021 年 12 月 20 日访问。

　　③ Understanding the Host Community Development Fund of the PIB,https://naira-
metrics.com/2021/07/06/what-you-might-not-know-about-the-pib-and-funding/,2021 年 8
月 12 日访问。

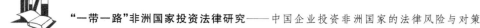

加强环境保护的举措;g.支持东道社区内旨在加强安全的举措;h.将现有资金的一部分用于并代表东道社区进行投资;i.协助董事会确定对东道社区有益的其他任何发展目的。① 在《石油工业法案》生效后的 12 个月内,在尼相关投资者将有义务设立东道社区发展信托基金,否则将面临油气权益或租约被撤销的风险。②

信托基金的资金来源于每一个委托人上一年度上游石油业务的实际运营支出的 3%。当然,额外的捐赠、酬金或者信托储备资金的利息也是基金的一部分来源。需要注意的是,为了避免油气公司利润亏空或者逃避缴纳基金,《石油工业法案》采用了以"实际运营支出"为资金的计算基数,故法案颁布后,无论油气投资者是否获得利润,此处缴纳资金将成为委托人每年均应履行的法定义务。3%的运营支出比例似乎并未满足尼日利亚东道社区的要求,石油社区最早对于该比例的诉求为 20%,此后被降低至 15%,后来又低至 10%,而后在 5%与 3%的争议下最终确定为 3%。③ 法案通过以来,以尼日尔三角洲人民为代表的各个含油社区均对此表示不满,并表示将通过采取暴力、阻止石油公司进入含油社区的方式进行反对。法案已经通过了总统签署,目前成为了尼日利亚的正式法律。对投资者有利的是,实际运营支出的 3%这部分资金可以不用于缴纳企业所得税,而向信托基金的捐款则可以用于抵扣碳氢化合物税和公司所得税。并且,对于委托人因东道社区故意破坏或内乱行为造成东道社区内石油管道和石油设施的损害或生产活动的中断而造成的费用,可以用于抵扣委托人向信托机构提供的资金贡献(即实际运营支出的3%)。尽管《石油工业法案》没有解决此类成本与费用大于委托人提供资金贡献的金额这一情况,但是可以推测,对于超出部分委托人可以免于缴纳税款。④

东道社区发展信托基金设有受托人董事会(Board of Trustees),董事会成员由委托人任命并在公司事务委员会注册。受托人董事会将根据董事会章

---

① The Petroleum Industry Bill 2020:A Summary,https://tonbofa.com/the-petroleum-industry-bill-2020-a-summary/,2021 年 8 月 12 日访问。

② The Petroleum Industry Bill 2020:A Summary,https://tonbofa.com/the-petroleum-industry-bill-2020-a-summary/,2021 年 8 月 12 日访问。

③ PIB:Host community provision, a time bomb—Diri,https://www.vanguardngr.com/2021/07/pib-host-community-provision-a-time-bomb-diri/,2021 年 8 月 12 日访问。

④ The Petroleum Industry Bill 2020:A Summary,https://tonbofa.com/the-petroleum-industry-bill-2020-a-summary/,2021 年 8 月 12 日访问。

程成立管理委员会和咨询委员会。管理委员会将成立一个由每个东道社区的一名代表(作为非执行成员)组成的社区代表团。管理委员会承担基金的预算,代表信托机构管理基金,监督项目执行以及其他董事会授权的职能。咨询委员会将负责提名管理委员会中的东道社区代表,向管理委员会传达社区发展项目并监督项目的进展,确保项目的实施,并就提升社区安全与和平向管理委员会提供建议。① 咨询委员会最为重要的职能即是从社会、环境和经济的角度对社区的需求进行评估。评估的具体内容包括:a.确定每个受影响的东道社区的具体需求;b.确定拟议的石油作业可能对东道社区产生的影响;c.提供具体的解决方案,以处理查明的需求和影响。而需求评估中应表明:a.咨询委员会和每个受影响的东道社区进行了接触,并了解了东道社区的问题和需求;b.咨询并考虑了妇女、青年和社区领导的合理关切;c.与每个受影响的东道社区共同指定代表,以满足东道社区需求评估中确定的需求和影响。信托机构在社区需求评估的结果下,制订社区发展计划。社区发展计划应当制订详细的项目计划,并提供详细的时间表予以实施。同时,社区发展计划还需要满足《石油和天然气行业成分发展法案》中的当地成分要求。由此可见,《石油工业法案》对于社区权益的保障十分重视,不仅需要考虑投资对社区的社会、环境和经济影响,还需保障社区的参与权。在考虑社区需求的基础上,还需落实到社区内不同群体的具体需要。在此基础上制订的社区发展计划,对于信托机构与信托投资人的后续执行而言均是不小的挑战。值得一提的是,《石油工业法案》仍未对"东道社区"进行定义,这将给信托机构提名社区代表、落实东道社区需求、回应东道社区关切并最终制定社区计划带来不小的阻碍。

总而言之,作为《石油工业法案》社区发展改革确定的一项全新的社区发展义务,油气企业在此义务下的具体操作流程仍然有待具体实践加以考察。法案生效后,尼日利亚政府将极有可能颁布一系列的法规与条例以保障法案得以顺利施行。故油气企业对东道社区发展信托基金的设立与管理还需要进行广泛的咨询和经验借鉴,其权利与义务还需要在后续的具体规则中予以明晰。

②《企业社会责任法案》(草案)规范了全新的"社会责任模式"

尽管由于受英国殖民的历史背景影响,尼日利亚公司法体系是以英国法

---

① Understanding the Host Community Development Fund of the PIB,https://naira-metrics.com/2021/07/06/what-you-might-not-know-about-the-pib-and-funding/,2021 年 8 月 12 日访问。

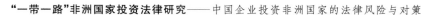

为模式,但是公司法在解释和适用上则很大程度上是从美国的契约模式角度进行的。故在后续的发展中,尼日利亚公司法并未跟随英国"开明的股东价值"①这一宗旨进行演变,而是反映出美国契约学派股东财富最大化的特征。故事实上,尼日利亚法院一直以来均遵循"股东至上原则"进行裁判。② 但由于尼日利亚社会经济条件的滞后,故其正在寻求着促进其本国社会经济发展的正确之道。当前,企业社会责任的提倡已经成为改变以上原则的主要方式。油气行业作为尼日利亚的经济支柱行业,相关企业已经作出了努力:将可持续发展和社区投资作为公司的战略,侧重补救开采活动对当地社区的影响,为当地社区提供输水管道、医院、学校等。③

但是企业自愿履行社会责任由于不具有长期性与持续性,故尼日利亚立法机构于 2008 年制定了《企业社会责任法案》(Corporate Social Responsibility Bill,简称"CSR Bill")欲强制尼日利亚企业履行社会责任,以缓解企业(尤其是跨国公司)在社区与环境方面的负面影响。④ 法案提议成立一个企业社会责任委员会,以国际最佳实践为企业社会责任举措制定标准。并将东道社区纳入公司利益相关者的范围。法案规定了企业进行慈善事业中的最低金额,并强制要求相关企业履行社会责任。

对于企业而言,法案的内容是一场对社会责任的"从自愿参与到强制履行的转变"。一旦法案通过,尼日利亚公司法体系中一直以来遵循的"股东至上原则"将遭受冲击。跨国公司对于该法案进行了强烈反对与抵制,其理由在于,将企业社会责任法律化,将被视为是一种额外的税收负担,而企业对社区或者其他利益相关者没有强制性的义务。由于反对声音强烈,故法案至今尚

---

① 开明股东价值:是指在股东利益最大化价值取向与利益相关者价值取向冲突之下开辟的第三条道路,即在承认股东价值的基础上,认为公司同时也应受到其他群体因素的约束,如职工、消费和环境等。林少伟:《公司价值取向何去何从:第三条道路的开辟—以英国 2006 年公司法修改为视角》,载《朝阳法律评论》2011 年第 2 期。

② Kenneth M. Amaeshi, Bongo C. Adi, Chris Ogbechie, Olufemi O. Amao, Corporate Social Responsibility in Nigeria: western mimicry or indigenous influences, *Journal of Corporate Citizenship*, Vol.24, No.39, 2006, pp.4-6.

③ Kenneth M. Amaeshi, Bongo C. Adi, Chris Ogbechie, Olufemi O. Amao, Corporate Social Responsibility in Nigeria: western mimicry or indigenous influences, *Journal of Corporate Citizenship*, Vol.24, No.39, 2006, pp.4-6.

④ Eghosa Osa Ekhator, Foreign direct investment and the law in Nigeria: a legal assessment, *International Journal of Law and Management*, Vol.58, No.1, 2016, pp.136-137.

未通过。[①②] 但是法案的影响仍然不容小觑。油气行业作为尼日利亚的经济支柱部门，在《企业社会责任法案》的影响下已经在行业立法中作出了率先改革。并且，在草案出台后，尼日利亚44％的银行业将开始加大对企业社会责任的重视程度，这将提高银行对采掘企业的后续借贷、融资和担保等业务办理的评估标准。[③] 故尽管《企业社会责任法案》尚未通过，采掘业投资者仍需要实时关注法案对各个行业的影响。

2.国际立法的"软法化"与"碎片化"对外资不利

(1)"软法化"引发的合规性危机

一直以来，企业为寻求自身效益的最大化而忽视软法的现象普遍存在于投资领域。但是，社区发展制度下软法的定义正在从"无刚性约束力的倡议规范"转向"原则上没有法律约束力但可能具有实际效果的行为规则"。[④] 与社区发展制度相关的国际法规范大多以"软法"的形式予以呈现。[⑤] 传统国际软法并不直接创设权利和义务，违反其规则也并不直接带来国际法律责任。但区别于此，与社区发展制度有关的软法通过打破这一软法与硬法间的藩篱，已经成为具有一定强制效力的行为准则与指引。[⑥] 国际法学界将类似赤道原则[⑦]、采掘业透明度倡议等此类软法定性为国际商事惯例，在国际法院、国际

① Eghosa Osa Ekhator, Foreign direct investment and the law in Nigeria：a legal assessment, *International Journal of Law and Management*, Vol.58, No.1, 2016, pp.136-137.

② 由于法案牵涉利益复杂，故至今仍未颁布。

③ Kenneth M. Amaeshi, Bongo C. Adi, Chris Ogbechie, Olufemi O. Amao, Corporate Social Responsibility in Nigeria：western mimicry or indigenous influences, *Journal of Corporate Citizenship*, Vol.24, No.39, 2006, pp.11-12.

④ 何志鹏、申天娇:《国际软法在全球治理中的效力探究》，载《学术月刊》2021年第5期。

⑤ Abubakar Bature Lawal, Enabling Soft Law Initiatives to Regulate the Environmental and Social Impacts of Mining Investments in Sub-Saharan Africa：A Case Study of Nigeria and South Africa, Doctor of Philosophy Newcastle Law School, November, 2018, p.2.

⑥ 《中国企业"走出去"要重视国际经济软法》，http://iolaw.cssn.cn/zxzp/201301/t20130110_4619796.shtml，2021年8月18日访问。

⑦ 赤道原则:赤道原则是由世界主要金融机构根据国际金融公司和世界银行的政策和指南建立的，旨在决定、评估和管理项目融资中的环境与社会风险而确定的金融行业基准。http://intl.ce.cn/zhuanti/data/cdyz/index.shtml，2021年12月22日访问。

银行以及各个会员国中均能够发现相关软法规范正在对投资者发挥着规范的作用。^① 而在国内法领域,各国也正在提升对软法的青睐。例如,尽管该采掘业透明度倡议是一项国际软法,但尼日利亚政府部门通过建立尼日尔三角洲发展委员会的方式以保证该地区与社会和环境有关的国际软法标准得以顺利实行。^② 为弥补硬法的"难产",软法规范在采掘业中发挥的早已不止于倡议这一作用。在第四代矿业法规的影响下,尼日利亚的软法规范已经成为填补国内治理空白和确保可持续发展的重要工具。在尼日利亚联邦政府、地方政府与民间社会组织的共同推动下,国际软法已经成为企业投资中具有一定效力的行为规则。尼日利亚部分银行机构对赤道原则的运用,MIGA 对合作企业设定更高的环境指南,世界银行的安全保障政策以及国际金融公司的可持续绩效标准,均说明了软法正在发挥着效力。^③ 下文,笔者将以赤道原则为例探讨国际软法在尼日利亚投资领域中发挥的作用方式以及对投资者产生的影响。

赤道原则(EPs)被认为是适用于采掘业中最为广泛的软法之一,已成为国际项目融资领域的"最佳实践"。尼日利亚中央银行(CBN)尽管未被列为赤道原则的金融机构,但是其通过 2012 年实施的可持续银行原则政策在一定程度上促进了赤道原则在尼日利亚的采用。尼日利亚中央银行声明中指出:尼日利亚中央银行指示所有银行、贴现机构全面采用和实施这些原则和准则,并将在必要时向采取具体措施将这些原则和准则的规定纳入其业务、企业风险管理和其他治理框架的机构提供激励。^④ 为了使中央银行能够跟踪执行和遵守原则和准则的进展情况,银行、贴现机构和其他机构将被要求向中央银行提交定期报告。由此可以看出,尼日利亚的政府部门正在通过政策的方式鼓

---

① 陈斌彬:《国际金融公司环境与社会可持续性政策绩效标准及对我国的借鉴》,载《法律科学(西北政法大学学报)》2017 年第 1 期。

② Abubakar Bature Lawal, Enabling Soft Law Initiatives to Regulate the Environmental and Social Impacts of Mining Investments in Sub-Saharan Africa: A Case Study of Nigeria and South Africa, Doctor of Philosophy Newcastle Law School, November, 2018, pp.183-184.

③ Ciaran O'Faircheallaigh, Social Equity and Large Mining Projects: Voluntary Industry Initiatives, Public Regulation and Community Development Agreements, *Journal of Business Ethics*, Vol.132, No.1, 2015, pp.91-103.

④ Abubakar Bature Lawal, Enabling Soft Law Initiatives to Regulate the Environmental and Social Impacts of Mining Investments in Sub-Saharan Africa: A Case Study of Nigeria and South Africa, Doctor of Philosophy Newcastle Law School, 2018, pp.180-181.

励赤道原则在尼日利亚的适用。

在赤道原则具体的运用上,尼日利亚已有三家金融机构(包括 Access Bank、Fidelity Bank 和 Ecobank Plc)被列为适用赤道原则金融机构(EPFIs)。但是三家银行对于赤道原则的实施情况并不一致。Access Bank 在其环境保护计划的报告中,将赤道原则作为项目融资计划的要求。其项目融资决策的公开文件中,亦能够看出赤道原则中的每一原则在决策作出中均得到了考虑。在 2013 年,Access Bank 便以一个拟议项目未遵守赤道原则而拒绝该项目的融资申请。然而,赤道原则在 Ecobank 与 Fidelity Bank 中的强调程度却与 Access Bank 并不相同。Ecobank 在其报告中并不像 Access Bank 一般详细,而只是简短与含糊地对赤道原则的相关规定进行了概括性描述。在其报告中,亦没有迹象表明其因申请者未满足赤道原则而拒绝过项目的融资申请。这表明 Ecobank 在赤道原则方面对于企业的要求更为宽松。另外,尽管 Fidelity Bank 也被列为适用赤道原则金融机构,但其在 2016 年被赤道原则协会归类为不合规银行,这表明该银行在实施过程中并未以赤道原则作为评估项目的标准。[①]

由此可见,尽管赤道原则在尼日利亚的政策中有所体现,亦有部分的金融机构对其进行采纳,然而,赤道原则在尼日利亚的运用还尚未达到普遍的程度。此外,该原则在各个金融机构中执行与运用的程度亦有所不同。倘若企业未充分了解赤道原则在不同机构的适用情况,将很可能造成因违反赤道原则而失去融资机会的情况发生。而充分了解赤道原则在尼的适用情况将有利于企业为选择不同融资贷款银行以及针对不同银行的不同合规需要采取措施作出充分的准备。

尽管社区发展制度下软法正在与硬法共同发挥着协同作用,但是软法的柔性特征性仍然带来了其具体适用上的差异性。因此,企业在投资中需要对各国际软法在尼的适用情况进行全面的考察。而考察的内容不仅应当包括各机构表层意义上的适用与否,还应当深入探析其具体的适用程度。只有充分了解软法的实施情况,企业才能保障自身行为的合规性,在评估与竞争中保证自身的优势地位。

①　Abubakar Bature Lawal, Enabling Soft Law Initiatives to Regulate the Environmental and Social Impacts of Mining Investments in Sub-Saharan Africa: A Case Study of Nigeria and South Africa, Doctor of Philosophy Newcastle Law School, 2018, pp.173-177.

（2）"碎片化"引发的多重标准

社区发展制度的国际法渊源是由各国际条约与软法规范共同交织构成的庞杂体系，与之有关的内容散见于各个法律文件中。尽管该制度的国内法体系是在国际法的推动下形成的，但是其国际法体系的呈现却并不比国内法稳定。① 由于社区发展制度中权利与义务的内涵与外延尚未统一，而具体的内容落实则需要创设新的规则对法律关系的内容予以确定，故一直以来新规则层出不穷。但是，制定主体多元、规则存在的时空差异也投射出了不同的利益视角，这导致了各个法律文件缺乏统一性与协调性，规则内容重叠却不完全一致的现象普遍存在。② 因此，社区发展制度的国际法体系不仅庞杂且呈现出了碎片化的态势。各种不同的法律文件中对于社区发展制度的理解、社区发展权利与义务的规定并不一致。社区发展制度的"碎片化"将造成规制企业的标准处于不确定的状态。企业在碎片化的规则体系中，将难以在不同规则创设的不同标准中明确自身的权利与义务。

以"自由、事先和知情同意权"（以下简称"FPIC"）为例，越来越多的国际机构和国际文件对 FPIC 予以承认。一些联合国机构根据其加强与土著人民伙伴关系的一般指导方针、原则等，在法律文件中临时实施了 FPIC。即便众多文件中对于 FPIC 均有描述与涉及，但是文件中对于这一原则的理解与执行并没有达成共识。③ 如国际劳工组织《独立国家土著和部落人民公约》中对于 FPIC 的解释为：公约旨在确保各国尽一切努力在发展、土地和资源方面与土著人民充分协商。而联合国消除种族歧视委员会则提出了一般性的建议：确保土著人民成员在有效参与公共生活方面享有权利，在未经其知情同意的情况下，不得作出与其权益直接相关的决定。联合国土著人民、私营部门自然资源、能源和矿业公司与人权问题研讨会在会议中对该原则达成的共识则为：土著人民有权在政府或采掘企业的谈判中随时对拟议的发展项目说"不"。以上三个不同的解释各有不同侧重的含义，而不同的含义侧重显然为 FPIC 的施行创设了不同程度的标准，这将导致对企业的义务与责任设定产生极大的

---

① 郑蕴、徐崇利：《论国际投资法体系的碎片化结构与性质》，载《现代法学》2015 年第 1 期。

② 梁雪：《国际投资条约解释中的外国投资者人权义务》，载《河南大学学报》2020 年第 6 期。

③ Parshuram Tamang，An Overview of the Principle of Free，Prior and Informed Consent and Indigenous Peoples in International and Domestic Law and Practices，*Australian Indigenous Law Reporter*，Vol.9，No.2，2005，pp.111-116.

差异。如果仅以"充分协商"作为 FPIC 的内容,那么对于企业而言,尽到协商的义务便代表履行了 FPIC 为其创设的义务,此种情形下,企业负担的义务显然较小;而将"有效参与与知情同意"亦作为 FPIC 的基本内涵,那么则意味着充分的协商并不足以支撑 FPIC 为企业创设的义务,在投资过程中保证社区的有效参与,将有关信息充分告知并征求社区的同意也是企业应当履行的基本义务;倘若赋予了社区或土著居民对企业投资随时说"不"的权利,那么对于企业而言,投资的全过程都将随时受到社区的监督,而只有一直满足社区的需要才能够保证投资的顺利进行。[①] 对于同一原则,不同的主体对其作出了不同的解释,对于投资企业的影响也截然不同。在国际软法呈爆炸趋势的社区发展制度下,企业如何在不同标准中厘清规制自身的具体规范成为投资的困境。

尼日利亚国内立法并未解决采掘企业对于软法碎片化的这一关切。尽管尼日利亚立法中未明确承认 FPIC 是社区居民的权利,但是在各项立法中可以看出国内法的具体规范对 FPIC 的内涵有所涉及。例如,《环境影响评估法案》《矿产与矿业法》中对社区同意、社区参与的强调也体现了尼日利亚国内立法对于 FPIC 的采纳。但国内立法呈现出的此种模糊态度却无法切实解决国际标准的不准确定性为企业带来的弊端。综上所述,国际软法的碎片化导致的多重标准在国内立法的矛盾态度中无疑未得到解决。

企业在面临不同的含义解释带来的多重标准时,应当如何应对碎片化的国际软法体系带来的多重标准,如何践行不同文件中的不同要求成为履行社区发展义务的一大难点。如果说"软法性"使企业往往处于一种宽松的无监管状态的假象之中,那么"碎片化"则将带来的是在众多不同规则中的无所适从。

3.争议产生后的风险加剧

(1)企业遭受暴力冲突后的救济手段缺失

我国企业在尼投资需要密切关注当地社区的稳定性。一方面,采掘业作为资本密集型与周期性较长的投资领域,企业的盈利能力将极大地依赖东道国的治安秩序与安全。然而自 20 世纪 60 年代尼日利亚的油气行业兴盛以来,采掘企业与当地社区的冲突便一直持续不断地发生。当地民众在诉求未得到满足或者利益未获得保护的情况下,往往通过一系列的暴力冲突来表达自身对企业的不满。破坏工程设施、油气管道、罢工、绑架等事件成为企业在

---

① Prior Informed Consent and Mining:Promoting the Sustainable Development of Local Communities,https://www.eli.org/just-for-members,2021 年 8 月 3 日访问。

尼顺利经营的一大阻碍。由于尼日利亚长期的经济矛盾与政治冲突,暴乱与冲突往往交织着反政府武装斗争。[①] 因此,尼日利亚政府也无力从根本上阻止这一政治环境的产生。

对于采掘企业而言,这意味着在与社区产生纷争后,倘若未能以令社区满意的方式解决纠纷,则将面临更为严峻的境况。首先,暴乱带来的项目运营停止与设备、工程的破坏引发了直接损失。其次,社区的损失将因暴力冲突的影响而加剧。例如,社区破坏石油管道将造成石油泄漏。尽管尼日利亚法律规定第三人的行为可以阻却侵权人承担的侵权责任,然而在此免责事由下,证明具体的侵权人对于采掘企业而言将十分困难。[②] 即便在社区与企业间存在社区发展协议的情况下,实践中也从未出现法院基于协议的存在而授予企业禁止社区扰乱其项目的权利,或者将社区的暴乱定性为违反社区发展协议中的条款的行为。[③] 况且,尼日利亚当地社区群体往往较为贫困,也不具备充足的财产用于赔偿企业的巨额损失。

综上所述,在面临暴力冲突的情况下,企业既无法寻求尼日利亚政府的帮助,又无法通过司法救济弥补损失。救济手段的缺失使企业在暴力冲突下只能无奈承受损害。因此重视社区发展制度在尼的运用,在项目开展前采取措施进行防范是企业预防冲突产生后面临被动局面的重要方式。[④]

---

① 《尼日利亚"油气寄生型"反政府武装探析》,https://www.sohu.com/a/148999018_617730,2021 年 8 月 16 日访问。

② 由于尼日利亚石油和天然气行业的公共监管制度不完善,社区和其他相关利益相关者一直依赖侵权原则,试图让石油跨国公司为其在尼日利亚的行为承担责任。而根据尼日利亚《石油法案》《石油管线法案》的规定,由于第三人偷油或者蓄意破坏造成的石油泄漏致人损害,运营者对损害不负赔偿责任。Ciaran O'Faircheallaigh, Social Equity and Large Mining Projects: Voluntary Industry Initiatives, Public Regulation and Community Development Agreements, *Journal of Business Ethics*, Vol.132, No.1, 2015, pp.91-103;张晶:《对尼日利亚农民在荷兰起诉壳牌石油公司案的评析》,载《武大国际法评论》2015 年第 1 期。

③ Chilenye Nwapi, Legal and institutional frameworks for community development agreements in the mining sector in Africa, *The Extractive Industries and Society*, Vol.4, 2017, pp.209-211.

④ John Nikolaou, Developing a model for effective community development agreements in the extractive industries, Claremont McKenna College, Senior Thesis Spring April 2019, pp.7-10.

（2）企业在诉讼中面临的问题

当前，虽然尼日利亚国内法对于社区发展权并未进行明确的规定，国内法院在审理相关案件时也大多持保守态度，仅在社区个体的私人权利明确遭受侵害时才支持原告的主张，但以诉讼的方式作为保障社区的发展权利将成为不可逆的趋势，其理由主要有三个方面：其一，各单行立法对于社区权利的进一步强调与保护正在驱使着尼日利亚司法的转变，立法变革是司法变革的前一步骤，故可以看出未来尼日利亚社区发展制度的相关立法模式将逐渐向司法领域渗透，并最终推动司法的改革。其二，正如本文第二部分所提及的，既往判例已逐渐开始重新定位《宪法》第二章中公民权利的执行性问题，尼日利亚法院已经开始重视对公民公共权利的保障并首先在行政主体及其公职人员中强化权利的执行性。故笔者推断，社区发展权将逐渐在诉讼中得到尼日利亚司法机关的认可。其三，西共体法院的判例中已经承认了社区的发展权。西共体法院在 SERAP v. Oil Firms 案件中明确承认了社区能够对侵犯其发展权利的行为提起诉讼，[1]而尼日利亚作为西非国家经济共同体的成员，法院在审理案件时极可能将西共体法院的判例纳入考虑的范围。综上，社区发展制度下相关争议的"可诉性"正在逐步增强。在此背景下，诉讼过程中存在的缺陷与风险是投资者应当充分识别并提前考虑的法律问题。

①司法裁判尚未形成统一的判例

社区发展制度规范因具有不确定性，故企业与社区间的权利义务关系往往并不明晰。此外，由于制度的相关立法变革频繁且力度较大，法律规范间存在差异性的情况较多，故在同一类型的客观事实下适用不同法律的情况成为常见现象。以上两个因素不仅带来了制度遵守与执行方面的困扰，同时也影响着尼日利亚法院的司法裁判。尼日利亚作为英美法系国家，遵循先例是法官作出裁判的基本原则。然而由于尼日利亚社区发展制度尚未成熟，法律规范存在着确定性不明、执行力不足且变革频繁的缺陷，故法院在这一制度下统一的判例体系也无法建构。从既有判例中可以看出，司法机关对于相关案件的法律适用尚未统一，法院对于企业的相关行为是否构成侵犯社区权益以及赔偿的具体标准亦具有极大的裁量空间。[2]　因此，遵循先例原则在尼日利亚

---

①　SERAP v. Oil Firms, http://www. worldcourts. com/ecowasccj/eng/decisions/2010.12.10_SERAP_v_Nigeria.htm, 2021 年 8 月 16 日访问。

②　万方、郑曦：《区域投资法律环境和风险与中国对策——以我国企业对尼日利亚投资为例》，载《法学研究》2017 年第 2 期。

社区发展问题的争议中还无法发挥作用。对于企业而言,在面临相关诉讼时将无法通过既往判例进行全面的风险预判,这阻碍了其及时采取应对措施以降低风险的可能。

②法院诉讼效率低下

尼日利亚法院由于案件数量过多,故法院拖延审理的情况十分普遍。部分案件的审理期限甚至在 20 年以上,需要两任或三任法官经手才得以审结。[①] 例如,Emejuru vs. Abraham & Nigerian LNG Ltd.(2018)LPELR 4633Q(SC)一案在审理了 26 年之后才从州法院移送至尼日利亚最高法院,而最高法院最终又作出了重新审理的裁决。[②] 而相较于其他行业,采掘业中相关案件的纠纷解决将更为困难,所需的审理时间也更为漫长。这是因为,首先,由于采掘业相关案件涉及的地理范围较广,故法院调查的程序、范围将牵涉更多。其次,社区一方涉及的当事人数量较多,且不同的社区、社区内不同的群体与个体的权利与损失皆存在不同,故相关案件涉及的法律关系将十分复杂,法院在审理相关案件时将需要更多的时间和精力。[③] 争议解决的延误将使企业与社区间的不信任感加剧,双方的关系也会因此而恶化。[④] 由此可见,通过诉讼的方式解决双方争议显然不利于快速处理争端、缓和双方的关系。

③司法腐败现象横行

尼日利亚法院长期以来腐败现象严峻,这将不利于纠纷的公正解决。诚然,法院的腐败现象看似为企业从中周旋提供契机,但长此以往将使原本处于正义一方的企业在面临诉讼时仍需支付高额的费用才能取得公正的裁判结果,这将为我国企业的长远发展带来弊端。并且,法院在收受贿赂后即便作出了对企业有利的判决,其枉法裁决也无法得到社区的认可。相反,行贿行为很

---

① Kenny Aina 著,罗心甜译:《友好解决争议:尼日利亚经验》,载《湘江法律评论》2015 年第 1 期。

② Felix Chukwuemeka Amadi, Alternative Dispute Resolution and Fast-Tracking of Disputes Settlement in Nigeria: The Lagos Settlement Week In Focus, *Cranbrook Law Review*, Vol.11, No.1, 2021, p.1.

③ Transnational Legal Regime for Oil Investments in Nigeria, https://www.academia.edu/12773860/Transnational_Legal_Regime_for_Oil_Investment_in_Nigeria,2021 年 8 月 20 日访问。

④ Kenny Aina 著,罗心甜译:《友好解决争议:尼日利亚经验》,载《湘江法律评论》2015 年第 1 期。

可能二次激化企业与社区的矛盾,不公正的判决也会造成企业与社区关系的再次恶化,判决后续的执行上也得不到社区的配合。除此之外,企业行贿的行为将使其在当地的声誉与信用遭到极大损害。综上,腐败现象的横行不利于企业友好解决与社区间的争议。

(四)社区发展制度下中国企业赴尼投资的法律风险防范

1.发挥企业能动性应对国内法律风险

(1)细化概括性条款应对法律的不确定性

①综合确定社区范围并加以区分

社区在实践中已经成为了更松散的集合。社区的范围在不同的语境与立法中可以是不同的,实践中每一次的社区划定都是重新的建构与规则的再次解读。① 因此,结合尼日利亚社区的实际情况,同时参考全球范围内采掘业实践中的先进做法是划定社区范围的有效方式。笔者建议可以从两个维度划定社区。第一,指居住在矿山项目附近的特定地理区域或可能受到项目影响的合理区域的人。② 第二,社区可以用来指不一定居住在同一地理位置,但通过与受采矿项目影响的土地的关系分享文化、经济、社会和精神联系的土著人民。③ 以上两种社区群体在一般情况下处于重合的状态,但在个别情况下也可能是交叉的关系。④ 在此种区分方式下,企业可以兼顾社区的物理范围以及土地对尼日利亚土著人民的精神价值,全面考虑项目对不同群体的影响以界定社区范围。

在上述两种意义中使用"社区"一词,并不意味着对社区成员的利益采取单一态度或方法予以对待。由于采矿社区内存在多重利益,故尽管社区群体

---

① Chilenye Nwapi, Legal and institutional frameworks for community development agreements in the mining sector in Africa, *The Extractive Industries and Society*, Vol.4, 2017, pp.204.

② Chilenye Nwapi, Legal and institutional frameworks for community development agreements in the mining sector in Africa, *The Extractive Industries and Society*, Vol.4, 2017, pp.204-205.

③ Chilenye Nwapi, Legal and institutional frameworks for community development agreements in the mining sector in Africa, *The Extractive Industries and Society*, Vol.4, 2017, pp.204-205.

④ O'Faircheallaigh, Ciaran, Community development agreements in the mining industry: an emerging global phenomenon Communnity, https://research-repository.griffith.edu.au/handle/10072/49922, 2021 年 12 月 3 日访问。

有共同的地理位置且对采矿项目的影响有共同的经验,但并不代表着采掘业投资对他们的利益影响程度相同。因此,采矿项目周围可能有许多社区,并且各个社区之间、各个社区内的群体与个体之间受采掘业的利益影响程度可能存在不同。① 企业在具体项目中需要结合地理位置、生产与生活等不同影响对社区群体加以区分。

②充分保障社区发展协议的谈判

第一,开展准备工作确保谈判进程的顺利推进。为解决社区发展协议的订立流程与订立内容不明确带来的协商困难,企业在正式订立协议前可以开展充分的准备工作。社区发展协议的准备工作应当在项目的可行性评估阶段开展。② 首先,企业应当通过有效的方式与社区进行信息交流,并帮助社区提升谈判能力。社区只有在充分了解项目消极影响的基础上才能够顺利开展谈判,社区能力的提升将有助于保障后续谈判与协议的有效性。其次,企业需与社区就谈判代表的选任达成一致意见。在项目开展前对社区需求的及时与全面关注将会为后期投资的顺利展开提供良好基础。采掘业投资中的社区范围广泛且涉及的利益主体众多,社区往往会通过选出社区代表的方式与企业进行协商与谈判。因此,企业应鼓励社区积极选出社区代表,尊重当地社区的文化与决策过程以保证代表具有广泛的代表性与权威性,并确保不同利益群体的意见均能通过社区代表进行表达。③ 这是企业与社区协商能够顺利开展的基石。④ 最后,双方应当在准备阶段制定准备协议,以保障后续谈判的顺利开展。准备协议的内容应当包含两个方面:一是正式协议的推进流程与时间框架。二是社区与企业的谈判要点。在明确了基本流程与谈判要点的基础上,后续谈判的进行与协议内容的确定才能有所保障。

---

① Chilenye Nwapi, Legal and institutional frameworks for community development agreements in the mining sector in Africa, *The Extractive Industries and Society*, Vol.4, 2017, pp.204-205.

② Kristi Disney Bruckner, Community Development Agreements in Mining Projects, *Denver Journal of International Law and Policy*, Vol.44, No.3, 2016, pp.424-426

③ Jennifer Loutit, Jacqueline Mandelbaum, Sam Szoke-Burke, Emerging Practices in Community Development Agreements, *Journal of Sustainable Development Law and Policy*, Vol.7, No.1, 2016, pp.75-76.

④ 6 Major Steps to Reach A Community Development Agreement in Sierraleone, https://oxfamibis.dk/sites/default/files/PDF％20global/Sierra％20Leone％20PDF/6_steps_to_reach_a_com_dev_agree.pdf. 2021 年 8 月 23 日访问。

第二,参考示范协议明确社区发展协议的订立内容。现代社区发展制度对于社区发展协议的内容要求十分严格,要求协议内容需全面、具体而明确。哥伦比亚大学可持续国际投资研究中心曾将向社区提供的利益分为九大类:财政、基础设施、就业、培训、商业发展、教育、社区福利项目、文化方案以及关闭和恢复采矿计划。[①] 由此可见,社区发展协议应当包含的内容十分复杂。结合各国的实践经验,大部分采掘企业均为规模较大,经济实力较强的跨国公司。因此,企业在制定社区发展协议时,一般会超越法律规范的要求,参照世界领先做法订立社区发展协议。尽管尼日利亚采掘企业公开社区发展协议范本的情况较少,但是企业可以学习采掘业发达的国家与国际组织制定的示范协议,确定协议的具体内容。[②] 当前世界范围内,澳大利亚、加拿大、巴布亚新几内亚、加纳、老挝等国家对于社区发展协议范本的公开信息较为全面。而国际律师协会制定的矿山开发示范协议与世界银行的矿业社区发展协议也为企业的领先做法指明了方向。例如,国际律师协会制定的矿山开发模式协议(以下简称"MMDA")将国际领先标准纳入其中,在协议中包含了国际金融公司可持续绩效标准和赤道原则的具体适用。其中规定,如果东道国的法律规范没有国际金融公司可持续绩效标准那么严格,那么企业应当按照国际金融公司可持续绩效标准开展活动。[③] 并且,为保障该示范协议能够满足不同需求,协议对于每一事项均列出了多种条款表述方式。对于实力较为雄厚的采掘企业而言,对示范协议的内容予以参考,并结合自身情况选择适合的合同条款将能够较好地保障社区发展协议内容满足社区的需要。

(2)灵活采取措施消弭法律执行力不足风险

①在相关文件中灵活运用"尽力而为"条款

"尽力而为"条款是指企业在社区发展计划、社区发展协议中采用"尽最大

① Kristi Disney Bruckner, Community Development Agreements in Mining Projects, *Denver Journal of International Law and Policy*, Vol.44, No.3, 2016, pp.425-426.

② Jennifer Loutit, Jacqueline Mandelbaum, Sam Szoke-Burke, Emerging Practices in Community Development Agreements, *Journal of Sustainable Development Law and Policy*, Vol.7, No.1, 2016, pp.65-67.

③ Kristi Disney Bruckner, Community Development Agreements in Mining Projects, *Denver Journal of International Law and Policy*, Vol.44, No.3, 2016, pp.424-426.

努力"的描述方式作出的承诺。① 如"企业将努力提升社区在企业中的就业数量""企业将在能力范围内提升社区的教育、医疗和基础设施建设"。对于企业而言,在社区发展计划、社区发展协议等相关承诺性文件中使用"尽力而为"条款可为其在履行社区发展义务时设置一定的弹性。并且,此种方式也能够为涉诉企业提供抗辩,通过表明自身已在能力范围内履行了相关义务而免于承担赔偿责任。

"尽力而为"条款为企业降低了一定的履行风险,但在利用此条款时应当注意以下几点:首先,应当确保法律未对社区发展义务作出具体规定。依据义务存在的基础,社区发展义务可以分为法定社区发展义务与约定社区发展义务。而"尽力而为"条款仅在约定社区发展义务之下才能够具备存在的可能性。倘若法律已经将义务的履行方式、要求作出了具体、明确的规定,那么"尽力而为"条款的设定将因违反法律规定而无效。其次,"尽力而为"条款应当用以描述较为严苛的社区发展义务。只有在政府或社区要求的某一社区发展义务超过了合理范围时,企业才应当考虑通过尽力而为的方式履行义务。相反倘若相关社区发展义务的履行在企业的能力范围内或者说要求较为合理,那么在此情形下滥用"尽力而为"条款将更不利于投资的长远发展,甚至也会因此遭到政府或社区的反对。最后,"尽力而为"条款应当在政府和社区明确同意或默认的情形下使用。一旦此条款的适用遭到了政府或社区的明确反对,那么企业的投资准入或者投资过程将会可能因此受到影响,此时适用该条款显然弊大于利。

②内部与外部共同监督强化企业监管

"尽力而为"条款的适用范围较为有限,因此企业在应对社区发展义务的执行力不足时,还需要加强自身的监督与管理以保障义务的有效履行。从自我监管方面,企业应当重视内部法务部门的合规审查工作。法务部门的独立性与专业性决定了合规审查的效果。合规审查应当在投资准入前开展,并贯穿于投资的全过程。在审查过程中,企业法务部门应当重视东道国的社区发展制度,在充分了解法律规范与实践经验的基础上作出审查意见。此外,法务部门应当保障职责的独立性,避免其职责与其他部门混同。从外部监督上,企业应当积极引入第三方机构对企业进行监督。对此,笔者认为尼日利亚民间

---

① Chilenye Nwapi, Legal and institutional frameworks for community development agreements in the mining sector in Africa, *The Extractive Industries and Society*,Vol.4,2017,pp.208-210.

社会组织不失为较优的选择。新自由主义理论将民间社会组织作为市民社会中积极活动的社会主体,不断加强其在推进社会改造方面的积极作用。[①] 尼日利亚民间社会组织在协调企业与社区关系中发挥着桥梁作用。除此之外,民间社会组织还是各利益攸关方履行采掘业透明度倡议的促进者。在社区发展制度中,尼日利亚民间社会组织的职能包括进行公众教育和启蒙、为各利益攸关方提供咨询以及对企业行为进行监督。[②] 因此,尼日利亚社区对于民间社会组织一直保持着较为信任的态度。而充分利用尼日利亚社区对于民间社会组织的信任,主动寻求民间社会组织的监督既能够使企业明确义务的内容,保障企业自身行为的合法性,也能够进一步促进企业与社区间的交流,保障投资环境的稳定性。

③确定社区在投资过程中的义务与责任后果

企业因履行社区发展义务而获得投资准入与社区许可,因此,社区应当具有保障企业投资顺利进行的法律义务。由于尼日利亚法律未对社区在投资中的义务作出规定,故企业需要在投资过程中通过书面方式确定社区在投资过程中的具体义务与违约责任。在社区发展制度中,社区一般需要让渡他们一些基本资源和权利并负担必要的义务。前者包含了让渡土地使用权、生产经营权(如种植农作物、种植树木、捕鱼的权利)、地表建筑物的所有权等。后者则包含了社区一系列的积极的配合义务(配合选出社区代表、移民、积极与企业进行协商与参与)与消极的不破坏义务(不破坏企业的勘探与开采设备、石油管道等)。企业可以在社区发展协议或者其他书面文件中确认社区的以上义务,从而保障社区能够依照约定自觉履行。此外,为社区违反义务设定必要的法律责任亦不可忽视。对于法律责任的约定,《石油工业法案》中的规定可为企业提供一定的借鉴。《石油工业法案》规定,因东道社区故意破坏或内乱行为造成石油公司的损失,可以用于抵扣企业缴纳的社区发展信托基金。为避免社区无充足财产赔偿投资企业的情况,企业可以与社区约定类似的抵扣条款,将损失金额用于抵扣企业义务,从而降低因社区违反义务带来的损失。

---

① 艾莎、李骅、方珂:《全球发展与非政府组织的作用:国际经验及其讨论》,载《山东社会科学》2018 年第 1 期。

② Eghosa Osa Ekhator, The Roles of Civil Society Organizations in the Extractive Industries Transparency Initiative in Nigeria, *International Journal of Not-for-Profit Law*, Vol.16, No.2, 2014, pp.47-52.

（3）遵循更为严格的当地成分要求

①合理筹划并严格履行尼日利亚当地成分要求

NOGICD 法案对于尼日利亚当地成分要求的改革态度十分坚决。因此我国企业在作出投资决策前，应当进行全面的前期筹划。首先，我国企业应当特别注意对尼日利亚的当地成分要求进行透彻的分析，并评估相关风险，汲取尼日利亚投资的经验教训。[①] 企业还需明确当地成分要求下设的子要求，在全面评估效益的基础上作出投资决策，从而防止因违反当地成分要求而造成的违法风险。其次，企业最好应当成立专门的本土化机构或部门来处理与当地成分要求相关的事务。在后续的项目运营过程中，企业法务部门、本土化机构需要时刻关注自身行为的合规性，在全面履行当地成分义务的同时及时向相关部门提交相关法律文件。[②] 并确保与监管部门沟通的有效、顺畅，提前预防、化解潜在矛盾。最后，在法律严格要求的环境下，我国企业应当积极履行法案中设置的当地成分要求，为推动尼日利亚的经济发展作出积极贡献。

②寻求与本土企业合作提升竞争优势

在尼日利亚，大多数本土企业由于缺乏资金、设备或技术，尽管能够在资格预审阶段中极具竞争力，但是却无法在履行过程中顺利完成项目。这对于实力较为雄厚的中国投资者而言无疑是一个契机。由于尼日利亚政府对于企业当地成分要求的合规管控一般集中于资格预审阶段，因此外国投资者可以通过与尼日利亚本土企业合作，达到满足当地成分要求的目的。近年来，尼日利亚的油气领域已有此种做法。[③] 具体而言，合作方式一般分为两种，一是外资可以通过与尼日利亚本土公司合作设立合资企业的方式提升投资项目中的当地含量，在获得项目的运营许可后，双方可以约定由外资负责项目的实际运营。二是外资可以与本土企业协商，由本土企业负责项目的投标，在中标后则将项目分包给外资企业。前一种方式中，外资拥有在项目运营过程中的主导权，但在后续履行义务的过程中仍需密切关注当地成分要求创设的法律义务；而后一种方式中，外资将以承包方的身份参与投资，尽管对项目不具有主导

①　万方、郑曦:《区域投资法律环境和风险与中国对策——以我国企业对尼日利亚投资为例》，载《法学研究》2017 年第 2 期。

②　苏文:《资源国本土化政策对国际石油公司权益的影响——基于对尼日利亚油气工业本土化法案的解读》，载《中外能源》2011 年第 16 期。

③　Jude Okafor，Ernest Aniche，A Critical Appraisal of Enforcement of Nigerian Oil and Gas Industry Content Development (NOGICD) Act，2010，*Journal of Law，Policy and Globalization*，Vol.31，p.82.

权,但当地成分要求带来的法律风险将完全由本土企业承担。但无论是哪一类型的合作方式,我国企业均应当在合作协议中尽量约定当地成分要求的相关条款,将当地成分义务与风险转移给尼日利亚本土企业。[①] 总而言之,我国企业应当综合考量自身的风险承受能力与项目经营收益,在赴尼进行油气投资时选择适合自身的合作渠道,取长补短,并将当地成分义务转移给尼日利亚当地企业。这不仅能够保证自身在众多外资企业中具有较强的竞争优势,也能够降低严苛的当地成分要求给我国企业带来的法律风险。[②]

（4）预防与控制结合防范法律变动风险

①在特许协议中增设法律稳定性条款

采掘业的相关项目投资周期性长且规模较大,投资者一旦决定并获得投资许可将无法轻易退出。因此东道国法律环境的稳定性对于投资者而言十分重要,投资者需要采取措施避免因法律或者政策变化带来无法预见的损失。[③]尼日利亚《石油工业法案》与《企业社会责任法案》等法律的出现充分显示出尼日利亚社区发展制度环境还处于极不稳定的状态。对此,寻求东道国对其国内法律稳定性的保证不失为一种良好的解决方式。企业获得尼日利亚采掘业部门的批准后一般须与尼日利亚联邦政府的代表机构签订特许经营协议。协议的内容一般包含双方的利益与风险分配。因此,企业可以通过在特许经营协议中订立稳定性条款获得尼日利亚政府对法律稳定性保证的承诺。根据对投资者保护的方式不同,稳定性条款一般可以分为冻结条款、经济均衡条款与混合条款三种类型。[④] 出于国家主权与投资者投资权利的均衡考虑,当前尼

---

① 苏文:《资源国本土化政策对国际石油公司权益的影响——基于对尼日利亚油气工业本土化法案的解读》,载《中外能源》2011 年第 16 期。

② 刘舒考:《中资企业在尼日利亚油气合作面临的挑战和机遇》,载《国际石油经济》2016 年第 5 期。

③ The Law of Economic Sovereignty And Foreign Investment in Nigeria：The Way Forward,https：//www.academia.edu/40069349/The_Law_Of_Economic_Sovereignty_And_Foreign_Investment_In_Nigeria_The_Way_Forward,2021 年 8 月 24 日访问。

④ 冻结条款(Freezing Clauses):指冻结东道国有关投资项目的国内法,排除东道国新法对投资协议适用的条款;经济均衡条款(Economic Equilibrium Clauses):规定投资者必须遵守新法,但东道国必须补偿投资者因遵守新法遭受的损失;混合条款(Hybrid Clauses):兼具冻结条款和经济均衡条款的特点,一方面不能自动排除新法的适用,另一方面又像冻结条款那样,使投资者可以选择排除新法适用,以免利益受损。崔国庆:《论国际投资协议中的稳定性条款》,载《商贸纵横》2016 年第 11 期。

日利亚实践中采用混合稳定条款的方式较为普遍。[①] 混合稳定条款下,倘若法律环境发生变化,一般是由政府重新调整协议内容,以恢复协议在法律变动前的平衡。投资企业应当注意,混合稳定条款的内容应当至少包含以下三个要点:①对重新谈判的环境变化条件进行说明。在此,企业可以在协商过程中将与社区发展义务相关的法律变化情况纳入其中。②法律环境变动后双方需采取的行动。这一要点中,企业需与政府在协议中确定与政府重新谈判的目标和程序,并确定政府的赔偿义务。③谈判失败下的具体解决方案,如通过仲裁或外交保护的方式进行争端解决。此要点中投资者需注意的是,应当在协议中规定重新谈判的时间限制以保证争端解决的方式能够得到有效触发。[②] 从 2004 年尼日利亚签订的示范合同中可以看出,尼日利亚政府的平衡恢复义务应该可以满足国际石油公司在合同订立时的经济预期。[③]

②持续监测和评估法律变动风险以及时应对

在特许经营协议中引入稳定性条款的方式尽管能够在一定程度上避免投资者面临的法律变动风险,但条款的引入需要依赖尼日利亚政府的同意。此外,合同的遵守也需要尼日利亚政府的诚信与积极的配合。在《石油工业法案》生效在即的背景下,无论是否在协议中约定了稳定性条款,企业都需要在投资过程中保持对尼日利亚法律与政策变动的敏感性。企业法务部门或者法律顾问单位需要持续监测尼日利亚的法律变动情况。在此基础上,还应当深入探究、评估法律规范的变动对企业利益的影响。在具有不利影响的情形下,企业应当及时调整投资策略或投资方案,以保障自身行为符合新法的要求。目前,在尼日利亚投资实践表明,如果新规则的施行将使尼日利亚的既有投资者难以承受,尼日利亚政府在行业投资者的共同申请或请求下可以延缓具体法律规则生效的时间。[④] 因此,倘若企业无法及时调整

① 单文华:《从"南北矛盾"到"公私冲突":卡沃尔主义的复苏与国际投资法的新视野》,载《西安交通大学学报》2008 年第 4 期。

② Nna Emeka, Anchoring Stabilization Clauses in International Petroleum Contracts, *Journal of International Law*, 2008, Vol.42, No.4, pp.1322-1333.

③ The Nigeria/Sao Tome & Principe Joint Development Authority Model Production Sharing Contract of 2004, http://web. austin. utexas. edu/chenry/oil/2006/PSA2004model/iNSTJDA％20Model％20PSC％202004.pdf, 2021 年 8 月 20 日访问。

④ Commentaries on Companies Regulations, 2021 Published by CAC, https://www. proshareng. com/news/Doing％20Business％20in％20Nigeria/Commentaries-on-Companies-Regulations--2021-published-by-CAC,pdf.,2021 年 8 月 20 日访问。

措施满足要求,可以联合行业内投资者共同向尼日利亚政府申请延迟具体
条文的生效期限。

2.内外联动应对国际法的"软法化"与"碎片化"风险

(1)形式与实质并重履行软法义务

从形式上看,各个国际机构与尼日利亚的国内机构对于国际软法中的社
区发展义务在内容与适用上具有极大的不确定性与差异性。在具体的评估过
程中,考虑到评价与调查的实际成本,评估机构在确定社区发展义务的标准时
往往更为重视形式与程序要求。[①] 这一具体情形也为投资者在履行软法义务
时提供了契机。虽然社区发展软法义务的实质履行亦不可忽略,但若投资者
在履行社区发展义务过程中的成本与精力有限,可以适当向形式要求与程序
要求侧重。形式要求方面的社区发展义务内容一般指制定满足法律规定的书
面文件。如:是否制定了社区发展计划、是否具有履行程序性义务的证明文
件、制定社区发展计划的具体内容是否满足最佳实践等。而程序性要求方面
的社区发展义务内容则一般为:是否征求了社区的建议、是否在投资过程中保
障了社区的参与等。我国企业在履行程序性义务时应当重视对各项软法形式
要求的满足,制定完备的程序证明文件。[②] 概言之,相较于硬法中对于义务的
实质履行,社区发展制度中企业的软法义务则更偏向于是否在程序上履行以
及是否留下充分且规范的书面证明文件。因此,重视社区发展义务中形式要
求与程序要求的履行,可在一定程度上降低国际软法带来的内容与效力不明
风险。

从实质履行上看,国际软法下的企业社会责任日趋重要。近年来,发布社
会责任报告的企业占比大幅提升,一些企业发布的社会责任报告还参照了
ISO 26000、《中国企业社会责任报告编制指南》等国际国内标准,部分企业还
发布了国别报告。[③] 由此看来,企业社会责任的履行已经在我国企业间不断
普及与深化。在企业社会责任不断被强调的今天,发达国家的众多海外投资
者早已着手行动,并形成了较为成熟的软法义务履行体系。例如,道达尔公司
曾于 2004 年加入世界银行"减少天然气燃烧全球合作伙伴"(GGFR)倡议,并

---

① 阙占文:《跨界环境影响评价义务及其履行》,载《政法论丛》2020 年第 6 期。

② 万方、郑曦:《区域投资法律环境和风险与中国对策——以我国企业对尼日利亚投
资为例》,载《法学研究》2017 年第 2 期。

③ 《企业社会责任的现状剖析与未来展望》,企业社会责任中国网,https://csr-
china.net/a/zixun/guandian/zhongguo/2015/0423/2979.html,2022 年 1 月 13 日访问。

在此后不断优化油气设备,努力停止燃烧伴生气,在 2014 年加入了世界银行组织的"2030 年之前实现伴生气零燃烧"行动计划。① 而壳牌公司近年来也在一直致力于提升企业的社会责任感,培养员工的社会责任观。《壳牌商业原则》《壳牌行为准则》《壳牌伦理指导》等指南将软法义务纳入其中,用于指导企业经营。"软约束"向"硬要求"不断转化的现实情况下,"后起的"中国海外投资者还需要学习发达国家知名跨国公司的义务履行模式,逐步改进、提升履责水平,在能力范围内自愿参加一些倡议或行为守则,将履行社会责任作为建立良好公众形象的有利方式。通过积极履行软法义务,承担社会责任的方式与当地社区、土著居民、东道国政府、国际机构等各方力量建立良好的关系,将有助于企业能够更具竞争力地达成与各机构的合作,间接实现盈利的目的。② 我国企业需要明确的是,竞争力的提升与社会责任的承担二者相辅相成。只有不断提升自身竞争力,达到行业领先水平,才能更好地履行软法义务,而只有不断以更高的标准要求自己,积极承担社会责任,实现包括社区主体在内的各方共赢发展,方能基业常青。

(2)寻求咨询与指导,明晰具体内容与适用情形

①充分咨询国际软法的适用机构

在繁杂的软法标准要求与差异化的适用情况下,各文件执行主体与适用机构在解释法律内容,决定适用标准和确定评估要求上均较为自由。因此,国际软法下对企业社区发展义务的具体内容指向将依赖于各机构的自主决定权。企业在面对与自身利益关联性较大的国际软法标准,如该标准是贷款或融资机构发放贷款或批准融资的要求时,应当充分咨询相关机构,征求其对于标准的具体解释,并全面调研对象机构在既往过程中的具体实践情况,在准备性工作充分的基础上提出合作申请或开展具体项目,确保自身行为的合规性。

②向尼日利亚政府寻求帮助

由于社区发展制度中的国际软法义务与尼日利亚的国内法密切相关,而尼日利亚政府也设置了众多分支机构为投资者提供服务,因此,咨询并寻求尼日利亚国内政府机构的指导,将有助于投资者进一步明确国际软法义务。例如,尼日利亚投资促进委员会的职能就包括:协调和监督企业的设立和运营;

---

① 《跨国石油公司社会责任与尼日利亚的可持续发展》,http://news.afrindex.com/xiehuijigou/126/interview-article213.html,2022 年 1 月 13 日访问。

② 韩秀丽:《环境保护:海外投资者面临的法律问题》,载《厦门大学学报(社科版)》2010 年第 3 期。

采取措施促进在尼日利亚的投资;整理和提供关于尼日利亚投资相关的信息等,并对尼日利亚的政策解释具有一定的话语权。该机构通过其下设置的一站式投资中心(OSIC)为投资者提供充分的服务与帮助,投资者可以寻求中心的帮助,简化企业的注册程序,获得政策的详细信息等。① 除此之外,投资者还应当与前文所提及的国家石油公司、尼日利亚成分发展和监管局等行政机构进行充分的协商,寻求最为妥当的社区发展义务履行方式。企业需要明确的是,尼日利亚作为发展中国家,其吸引外资的关键目标在于:获得外国资本和资金的供应、获得技术转让以促进工业发展、创造就业、提升本国技术人员水平从而开发人力资源、促进基础设施发展等。② 而企业在履行社区发展义务时,遵循以上目标的指引进行投资行为,也是履行社区发展义务的前提。在这一过程中,投资者不仅能够对义务的内容更加明晰,也能够在沟通的过程中展现出充足的投资诚意。

③寻求非政府组织的指导

在社区发展制度的国际软法议题上,一些非政府组织也发挥着解释具体规范内容、评价行为是否合法的职能。有研究表明,软法倡议之所以逐渐带来越来越多具有刚性约束力的义务,原因之一在于其背后存在着以非政府组织为代表的权威支持。这也是存在较多国际非政府组织的国家,其对投资者的社区发展要求更高的重要因素。③ 回溯尼日利亚社区发展制度的发展历程,可以看出非政府组织的存在与社区发展制度相伴相生。而在采掘业中,非政府组织更是在其中发挥着举足轻重的作用。据前文所述,《尼日利亚采掘业透明度倡议》中规定,民间社会代表是国家利益相关者工作组不可缺少的组成人员。如前文所述,一直以来,非政府组织一直站在宣传采掘业透明度倡议的最前线,不断通过公众教育与启蒙、推动社会变革、监督政府部门与企业、提供建

　　① Transnational Legal Regime for Oil Investments in Nigeria, https://www.academia.edu/12773860/Transnational_Legal_Regime_for_Oil_Investment_in_Nigeria,2021 年 8 月 20 日访问。

　　② The Law of Economic Sovereignty And Foreign Investment in Nigeria:The Way Forward, https://www.academia.edu/40069349/The_Law_Of_Economic_Sovereignty_And_Foreign_Investment_In_Nigeria_The_Way_Forward,2022 年 1 月 14 日访问。

　　③ Kendra E. Dupuy, Community development requirements in mining laws, *The Extractive Industries and Society*, No.1, 2014, p.204.

议与帮助的手段提升与改善能源领域透明度与问责制。① 而在与社区协商的过程中纳入非政府组织代表,增加双方谈判的客观性与公正性也被称为是值得赞扬的做法。② 并且,一些非政府组织由于在信息搜集和专题研究上的技术能力与专业能力较强,故其对于相关国际软法的解释具有一定的权威性。③ 并且,这些非政府组织通常会通过设立科学咨询机构的方式向相关主体提供帮助。④ 因此,企业在面临无法确定相关标准的情形下,请求非政府组织的指导并采纳相关建议,将不仅能够明确相关软法义务的具体内容,也能够依托非政府组织在社区中的权威地位,在社会中树立良好形象。

3.事前与事后结合应对冲突风险

(1)防范冲突激化风险,避免损失扩大

社区发展制度中,冲突的产生往往缘起于投资者对社区参与权与知情决策权的忽视。因此,在投资过程中进行有效的信息披露,确保社区对于项目的持续参与将在一定程度上避免冲突的发生,即便双方产生纠纷,良好的协商对话机制也能够预防冲突激化的风险。

①强化企业的信息披露义务

企业的信息披露义务是指企业应当以适当的方式向社区披露与社区相关的信息以及评估报告。⑤ 信息披露义务对于解决企业与社区间信息不对等问题具有直接且有效的作用。经济合作与发展组织(OECD)在其《跨国公司指南》中曾规定:企业应当确保及时、定期、准确披露与其行为、结构、财政状况、成绩相关的信息。⑥ 由此可见,企业在投资过程中的信息披露义务尤为重要。确保信息对称性,保障社区的知情权是社区作出决策与友好协商的前提条件。

---

① Eghosa Osa Ekhator, The Roles of Civil Society Organizations in the Extractive Industries Transparency Initiative in Nigeria, *International Journal of Not-for-Profit Law*, Vol.16, No.2, 2014, pp.47-52.

② Chilenye Nwapi, Legal and institutional frameworks for community development agreements in the mining sector in Africa, *The Extractive Industries and Society*, Vol.4, 2017, pp.211-213.

③ 黄德明、匡为为:《论非政府组织与联合国关系的现状及改革前景》,载《当代法学》2006 年第 3 期。

④ 阙占文:《跨界环境影响评价义务及其履行》,载《政法论丛》2020 年第 6 期。

⑤ 韩秀丽:《环境保护:海外投资者面临的法律问题》,载《厦门大学学报(社科版)》2010 年第 3 期。

⑥ 张庆麟、马迅:《论〈能源宪章条约〉投资规则的可持续发展》,载《暨南大学学报(社科版)》2009 年第 2 期。

由于采掘业与当地社区的生产、生活关系十分密切,并且该行业又是支撑尼日利亚经济的支柱产业,故从尼日利亚企业的年报上看,相较于其他行业,采掘行业的信息披露要求更为严格。[1] 依据企业信息披露的依据可以将披露的内容分为强制性披露与自愿性披露。前者是根据法律的要求进行的披露,而后者则是由于企业出于社会责任感自愿进行的披露。[2] 对于强制性信息披露要求,企业需要明确的是,尼日利亚法律尽管规定了较为严格的信息披露要求,但是却缺乏良好、有效的监管机制督促企业履行信息披露要求,腐败与权力机构的设置混乱更加剧了监管的有效性问题。[3] 故我国企业在赴尼投资过程中,不能够仅依托尼日利亚政府的监管进行自我约束。采取充分的法律调研,明确法律要求并严格遵守是必要之举。除法律规定的披露内容以外,企业还可自愿将有关信息向社会进行披露,以此彰显企业的社会责任感,并拉近企业与社区间的距离。当然,自愿性信息披露是企业的一种"利益牺牲行为",这一行为的最终目的是通过积极履行社会责任的方式提升外部评价,保障企业长期稳定经营。因此,自愿性披露需要企业综合考虑自身规模、盈利能力以及商业秘密等要素后进行审慎抉择。

　　从以往企业与社区的冲突中可以发现,无效的信息披露是两者关系恶化的一大原因。因此,在明确披露的内容后,还应当保障信息披露的有效性。企业在通过各种媒介及时履行信息披露义务时,应当保证披露内容的可理解性,并以社区可获得的方式进行公开。这需要企业充分了解中尼双方的法律与文化差异,了解投资当地的民众的教育水平等。[4] 因此,聘请当地律师开展信息披露工作尤为重要。壳牌公司的行为可供我国投资者借鉴:该公司在投资过程中曾通过一系列普及与教育的方式为信息披露义务作出准备,将复杂的项目以图片、视频、双语简报等方式向社区传达信息,从而避免了双方间的误解,

　　① Samuel N. Akanno, Ferdinand Che, Abubakar Radda And Ifeatu Uzodinma, Patterns of corporate social and environmental disclosure in Nigeria, *International Journal of Business and Finance Management Research*, Vol.3, 2015, pp.71-72.

　　② Akanno, Ferdinand Che, Regulatory perspective for deepening CSR disclosure practice in nigeria, *African Journal of Business Manangement*, Vol.9, No.6, pp.270-287.

　　③ Akanno, Ferdinand Che, Regulatory perspective for deepening CSR disclosure practice in nigeria, *African Journal of Business Manangement*, Vol.9, No.6, pp.270-287.

　　④ Prior Informed Consent and Mining: Promoting the Sustainable Development of Local Communities, https://www.eli.org/just-for-members, 2021 年 8 月 3 日访问。

保障了社区对披露内容的可接受性。①

②建立持续性的企业—社区对话机制

公众参与原则是社区发展制度中不可忽略的重要原则之一。《尼日利亚环境影响评估法案》《石油工业法案》均将公众参与原则纳入其中,以此规范政府行为。然而,该原则的实际履行情况却并不乐观。尼日利亚政府的态度直接导致了部分投资者仅在投资准入前重视与社区的协商,在后续的项目开展过程中忽视了社区的需求与意见。此种做法将使社区被排除于投资运营之外,也加大了纠纷产生的可能。持续性的对话机制是企业稳定社区关系,顺利开展项目的必要条件。② 社区发展制度下的公众参与原则应当围绕三项主要内容展开,即何时需要社区参与、社区这一主体范围界定以及如何参与。③ 首先,需要公众参与的活动包括哪些,除前文《环境影响与评估法案》列举的部分事项外,尼日利亚国内法并未给出明确的回答。从最佳实践上看,对于可能直接影响社区居民的商业行为,包括油气的开采、废物的排放、管道运输的设置等一系列行为均需在企业与社区之间建立对话机制,征求民众的意见。④ 其次,社区的范围在前文已有说明,需要企业结合地理位置、生产与生活等不同影响对社区群体加以区分。并且,采掘业投资过程中,社区的范围将会随着项目运营的进展而产生变化,投资活动对社区产生的影响亦会发生变化。这意味着企业与社区间权利义务的范围与内容并非静态,这意味着保障社区参与的难度大幅提升。与社区进行持续的沟通与联动,需要保障全过程的社区参与。全过程的社区参与包括事先参与和后续持续性参与。事先参与意味着企业在着手制订项目计划时,就需要听取社区的意见。持续性参与则需要企业在投资过程中定期咨询社区的意见,并及时修订与改进企业的社区发展策略。这也有利于投资活动在社区的监督下开展,为企业动态获取社区反馈并及时调整自身行为提供了必要空间。

---

① Prior Informed Consent and Mining: Promoting the Sustainable Development of Local Communities,https://www.eli.org/just-for-members,2021 年 8 月 3 日访问。

② Kristi Disney Bruckner, Community Development Agreements in Mining Projects,*Denver Journal of International Law and Policy*,Vol.44,No.3,2016,pp.424-426.

③ Chilenye Nwapi, A Legislative Proposal for Public Participation in Oil and Gas Decision-Making in Nigeria,*Journal of African Law*,Vol.54,2010,pp.184-211.

④ Chilenye Nwapi, A Legislative Proposal for Public Participation in Oil and Gas Decision-Making in Nigeria,*Journal of African Law*,Vol.54,2010,pp.184-211.

（2）寻求海外投资保险减少损失

由于复杂的民族、政治及历史因素，企业与社区间的纠纷往往演变成为投资者在尼的政治风险。虽然根据《中尼双边投资协定》的规定，我国的投资者在尼发生由于武装冲突、暴乱或其他类似事件而遭受损失，尼日利亚政府应当给予我国投资者恢复原状、赔偿、补偿或其他措施的待遇。[①] 但是由于协定对于求偿的方式、求偿的具体对象以及求偿的途径均未作具体规定，我国企业在求偿过程中困难重重。而根据过往经验，依据 BIT 或《华盛顿公约》启动国际投资争端解决机制对于企业而言耗时费力。并且，寻求我国政府通过政治方式解决相关赔偿问题的成功概率也并不大。[②] 因此，笔者认为，海外投资保险的方式不失为一种较为普适且有效的风险防范方式。

当前，中国出口信用保险公司是我国海外投资保险的承保机构。作为一家政策性保险公司，根据其《投保指南规定》，在我国境内注册成立的法人、在我国境外地区注册成立但 95％ 以上的股份由我国境内企业或机构控制的企业或者其他企业可以向中信保投保战争即政治暴乱险，承保业务的保险期限不超过 20 年。投保后，相关企业在遭受社区武装冲突、暴乱而遭受的损失可以向中信保索赔。而中信保则获得了向东道国索赔的代位求偿权。[③] 需说明的是，中信保对于适格投保主体范围具有一定的限制，对于不同国家承保的保险费用亦有差异，故我国投资者需要通过咨询中信保的联络机构明晰自身的投保资格。除向母国的海外投资保险机构投保外，企业还可以与多边投资担保机构（（Multilateral Investment Guarantee Agency，MIGA）展开合作。MIGA 作为一家专门向外国投资者提供政治风险担保的机构，在帮助投资者解决相关项目争端，保护项目的持续运营上发挥着重要的作用。在我国与尼日利亚均为《多边投资担保机构公约》缔约国的背景下，企业寻求与 MIGA 的合作将不仅能够达到降低风险的效果，也能在无形中增强自身与尼日利亚政府的谈判地位。[④] 企业需要注意的是，MIGA 要求其担保的项目必须遵守

① 中华人民共和国商务部条约法司，《中华人民共和国政府和尼日利亚联邦共和国政府相互促进和投资保护协定》，http：//tfs. mofcom. gov. cn/article/h/aw/201002/20100206795350.shtml，2021 年 8 月 19 日访问。

② 梁咏、何力：《东道国动乱背景下的中国海外能源投资保障研究——以中外双边投资条约为视角》，载《国际经济法学刊》2012 年第 2 期。

③ 宋川：《出口信用保险服务在参与"一带一路"建设中的机遇、问题及策略建议》，载《对外经贸实务》2020 年第 8 期。

④ 林琪琪：《海外投资中的政治风险防范》，载《海外投资与出口信贷》2020 年第 5 期。

MIGA 的环境指南和保障政策,MIGA 的环境办公室制定的《社会与环境评审程序》规定了对投资项目的社会评审、清理和监督的程序与要求。① 这与前文强调的企业应当遵守国际软法设定的标准相呼应,说明企业只有遵守社区发展制度规则,才能够获得 MIGA 的担保。

(3)友好协商解决争议

采掘企业赴尼投资产生争议,无论纠纷对象是社区还是尼日利亚政府,均应当以友好协商解决争议为原则。

①通过 ADR 解决与社区的争议

诉讼的高昂成本、效率低下以及尼日利亚法院的腐败现象均说明了诉讼并非是解决企业与社区间纠纷的良好之策。与诉讼相比,替代性争端解决方式的优势有:成本较低;效率更高(尼日利亚 ADR 解决争议的时间一般最多控制在二至三年内);具有非正式性;更能够反映当事人的自主性;维护了当事人的隐私等。② 因此,替代性争端解决方式已经成为在尼企业可靠的纠纷解决方式。通过 ADR 的方式解决纠纷,能够有助于企业在诉讼外化解矛盾、消除纠纷。当前,尼日利亚存在着两种 ADR 的纠纷解决方式。一是通过在法院中附设的 ADR 机制中心解决纠纷,另一种方式则是通过当事人双方协商、谈判、调解、仲裁等方式在法院外友好解决争议。③

第一,采用法院附设 ADR 解决争议。早在 2004 年,尼日利亚拉各斯州在保障司法公正、促进案件快速审理的现实需求下,在其州高等法院中便建立了首个法院附设 ADR 机制中心——拉各斯多门法院。随后,阿布贾、阿南布拉州、克里斯河州也相继建立了同样的机构。④ 在附设 ADR 机制中心的法院中,法院或法官有责任鼓励或在必要时有权力要求当事人通过协商、谈判、调解等方式解决纠纷,法官在 ADR 中也需要受到诉讼规则的制约。在此基础

① 韩秀丽:《环境保护:海外投资者面临的法律问题》,载《厦门大学学报(社科版)》2010 年第 3 期。

② Amadi Felix Chukwuemeka, An Evaluation of The Developments in Commercial Arbitration and Alternative Disputes Resolution Practice in Nigeria, *African Journal of Law and Criminology*, Vol.8, No.1, 2018, pp.55-56.

③ Kenny Aina 著,罗心甜译:《友好解决争议:尼日利亚经验》,载《湘江法律评论》2015 年第 1 期。

④ Felix Chukwuemeka Amadi, Alternative Dispute Resolution and Fast-Tracking of Disputes Settlement in Nigeria: The Lagos Settlement Week in Focus, *Cranbrook Law Review*, Vol.11, No.1, 2021, p.2.

上,涉诉企业可以在附设 ADR 的州法院中积极配合法院,努力在诉讼过程中与社区达成 ADR 的合意,并充分利用这一机制达到纠纷的快速友好解决。这不仅能够降低纠纷解决的成本,也在无形中缓和了企业与社区间的关系。但是企业需要注意是,由于此种方式解决争议将会使律师们的收入降低,因此尼日利亚国内法律服务机构在提供法律服务时并不会提倡当事人采用这一方式解决争议。由于法律服务机构的对自身利益的偏向,我国企业应当从自身出发,充分了解尼日利亚法院附设 ADR 制度的具体内容,并在此基础上进行个案分析,以保障能够选出最优的争议解决方式。

第二,约定诉讼外 ADR 解决争议。相较于法院附设 ADR,诉讼外 ADR 显然限制更少且更为灵活,这将使企业在其中的自主性更高。通过诉讼外 ADR 解决纠纷,积极与社区进行接触、谈判、调解并及时作出让步与改错,不仅能够增进与社区间的互信,有助于将矛盾化解在初期,也能够防止因争议信息在社区群体间无限度扩大而产生高额的赔偿责任。[1] 因此,企业可以在纠纷产生前或纠纷产生后,与社区约定谈判、调解、专家裁决或仲裁的前置纠纷解决方式,将能够更为和谐地解决双方的纠纷。需要注意的是,尼非官方组织"协商和冲突处理组织"已经在阿布贾和拉各斯等地建立了"MDCs 法院",提供高效便捷、低成本的仲裁和调解服务解决纠纷。[2] 为保证双方的合意能够产生一定的约束力,企业有必要通过社区发展协议或单独的争议解决合同对约定的纠纷解决方式进行固定。通过此种方式防止诉讼成为解决争端的第一选择,这将为企业争取到又一次与社区友好解决争议的机会。[3]

②避免以诉讼方式解决与尼日利亚政府的投资争议

正如前文所述,尼日利亚的法律环境并不稳定,政府部门的职权设置混乱,而与社区发展制度相关的一系列政策与法律也因为对外国投资者的要求过于严苛而一直备受批判。在此背景下,企业极易与尼日利亚政府产生投资争议。根据《中尼双边投资协定》与《尼日利亚投资促进委员会法案》第 26 条的规定,投资者与尼日利亚政府就投资产生的争议应尽量由争议双方友好协

---

① 白艳:《"一带一路"背景下中国企业海外投资合规风险控制策略》,载《长安大学学报(社科版)》2017 年第 4 期。

② 《尼日利亚有关从事经贸活动的法律制度和应对工作建议》,https://www.bizchinalaw.com/archives/34143,2022 年 3 月 22 日访问。

③ Amadi Felix Chukwuemeka, An Evaluation of The Developments in Commercial Arbitration and Alternative Disputes Resolution Practice in Nigeria, *African Journal of Law and Criminology*, Vol.8, No.1, 2018, p.57.

商解决。如果双方未能在六个月内协商解决争议,任何一方将有权将争议提交尼日利亚有管辖权的法院进行解决,还可依《中尼双边投资协定》或根据双方当事人同意的其他国家或国际投资争端解决机制解决纠纷。[1][2] 这一岔路口条款,为投资者设置了诉讼与仲裁两种方式维护自身权益。但由于尼日利亚司法腐败现象严重且地方保护主义盛行,相较于诉诸法院,采用提交仲裁的方式解决投资争端显然更有利于维护投资者利益。尽管《中尼双边投资协定》并未提及《华盛顿公约》(ICSID 公约),ICSID 的管辖权是否还需投资者与尼日利亚政府额外达成提交 ICSID 管辖的书面协议,尼日利亚法律并未给出明确答案。但由于 ICSID 公约作为尼日利亚参加的关于解决投资争端的唯一多边性条约,《投资促进委员会法案》第 26 条被视为是自动执行的 ICSID 仲裁条款几乎是没有争议的。但投资者需注意的是,尽管已有判例支撑"无须额外书面协议,ICSID 即可拥有管辖权"这一结论,[3]但为避免与尼日利亚政府因 ICSID 是否拥有管辖权而产生不必要的争议,投资者最好提前与尼日利亚政府订立仲裁协议,确立 ICSID 的管辖权。[4]

结　语

社区发展制度已经在尼日利亚采掘业的各项立法中均有所体现,并发挥着愈加重要的作用,成为我国企业赴尼进行矿业投资不可忽视的一个方面。社区发展制度的固有特点与实施过程中的困难增加了企业投资的法律风险。然而,由于制度较新且内容的明确性、可执行性与稳定性均存在一定问题,故我国投资者对尼日利亚该制度了解不足,更遑论能够具备充分的风险应对能力。笔者试图对尼日利亚社区发展制度中的主要问题展开阐释,从投资者角度对各项问题产生的投资法律风险进行预判与释明,并探求对相关风险的路

---

[1]　中华人民共和国商务部条约法司,《中华人民共和国政府和尼日利亚联邦共和国政府相互促进和投资保护协定》,http://tfs. mofcom. gov. cn/article/h/aw/201002/20100206795350.shtml,2021 年 8 月 19 日访问。

[2]　Nigerian Investment Promotion Commission Act,https://investmentpolicy. unctad. org/investment-laws/laws/234/nigeria-nigerian-investment-promotion-commission-act,2022 年 1 月 14 日访问。

[3]　王鹊林:《论尼日利亚 NIPC 法令对外国投资的保护》,载《哈尔滨学院学报》2010 年第 1 期。

[4]　王鹊林:《论尼日利亚 NIPC 法令对外国投资的保护》,载《哈尔滨学院学报》2010 年第 1 期。

径对策,希冀能够使我国投资者充分了解尼日利亚社区发展制度的法律风险,也能够对提升我国企业在尼的竞争力与法律风险防范能力有所启迪。此外,重视尼日利亚社区发展制度的具体内容并进行风险预判,还能避免企业在具体项目中授人以柄或激起不必要的社区冲突,对企业投资的稳定性提升亦有所裨益。

参考文献

一、中文文献

[1]中华全国律师协会:《"一带一路"沿线国家法律环境国别报告(第四卷)》,北京大学出版社2019年版。

[2]《"一带一路"沿线国家法律风险防范指引》系列丛书编委会:《"一带一路"沿线国家法律风险防范指引——南非》,经济科学出版社2017年版。

[3]梁咏:《中国海外能源投资法律保障与风险防范》,法律出版社2017年版。

[4]李英、罗维昱:《中国对外能源投资争议解决研究》,知识产权出版社2016年版。

[5]陈青松、徐智涌、赵朴花、潘敬锋:《"一带一路"PPP项目运作实务》,经济管理出版社2019年版。

[6]唐应茂:《国际金融法:跨境融资和法律规制》,北京大学出版社2015年版。

[7]《"一带一路"沿线国家法律风险防范指引》系列丛书编委会编:《"一带一路"沿线国家法律风险防范指引——埃及》,经济科学出版社2016年版。

[8]中国国际经济贸易仲裁委员会编:《"一带一路"沿线国家国际仲裁制度研究(一)》,法律出版社2015年版。

[9]约翰·亨利·威格摩尔:《世界法系概览》,何勤华,李秀清,郭广东等译,上海人民出版社2004年版。

[10]翁·基达尼:《中非争议解决:仲裁的法律、经济和文化》,朱伟东译,中国社会科学出版社2017年版。

[11]王文英:《仲裁与法律》,法律出版社2012年第121辑。

[12]赵秀文:《国际商事仲裁法》,中国人民大学出版社2012版。

[13]《"解决投资争端国际中心"案例汇编》,剑桥大学出版社1995年版。

[14]张旗坤:《国际商品贸易协会仲裁制度研究》,人民法院出版社2008年版。

[15]杨弘磊:《中国内地司法实践视角下的〈纽约公约〉问题研究》,法律出版社2006年版。

[16]余劲松、吴志攀:《国际经济法》,北京大学出版社2009年版。

[17]黄泽全:《投资非洲》,京华出版社1998年版。

[18]朴英姬:《外国直接投资与非洲经济转型》,社会科学文献出版社2015年版。

[19]智宇琛:《中国中央企业走进非洲》,社会科学文献出版社2016年版。

[20]《对外投资合作国别(地区)指南——肯尼亚》,http://www.mofcom.gov.cn/dl/

gbdqzn/uqload/kenviya.pdf.,2018。

[21]《国别投资经营便利化状况报告》，中国出口信用保险公司资信评估中心，2016。

[22]中华全国律师协会:《"一带一路"沿线国家法律环境国别报告》，北京大学出版社2017年版。

[23]《"一带一路"沿线国家法律风险防范指引》系列丛书编委会:《"一带一路"沿线国家法律风险防范指引——尼日利亚》，经济科学出版社2017年版。

[24]王彦志:《新自由主义国际投资法律机制:兴起、构造和变迁》，法律出版社2016年版。

[25]刘艳:《论发展权在国际投资协定中的实现》，武汉大学出版社2016年版。

[26]阳光时代律师事务所、环境资源能源研究中心:《能源投资典型案例评析:"一带一路"战略下企业风险防控和争议解决》，法律出版社2015年版。

[27]余劲松:《国际投资法》，法律出版社2005年版。

[28]刘笋:《国际投资保护的国际法制》，法律出版社2002年版。

[29]程云凤、严庆:《浅析南非的黑人经济振兴政策》，载《民族论坛》2015年第5期。

[30]丁晓红:《南非新、旧矿业法之间的根本性差别》，载《国土资源情报》2005年第4期。

[31]何金祥:《世界主要矿业国矿业管理基本特点比较》，载《国土资源情报》2018年第7期。

[32]景戈、徐阳:《南非BEE法律制度初探》，载《冶金管理》2012年第3期。

[33]刘进:《南非竞争法执法体系与实践述评》，载《西亚非洲》2008年第6期。

[34]王华春、郑伟:《南非矿业投资法律制度概述》，载《中国国土资源经济》2013年第7期。

[35]朱伟东:南非《投资促进与保护法案》评析，载《西亚非洲》2014年第2期。

[36]朱小姣、张小虎:《南非矿业的环境法律规制与风险分析》，载《非洲研究》2018年第2期。

[37]朱伟东:《多样化的南非本土化立法》，载《中国投资》2018年第20期。

[38]钱贺:《南非新能源发展之路》，载《风能》2014年第5期。

[39]徐占详:《南非风电中标背后》，载《中国投资》2018年第6期。

[40]钱贺:《南非新能源投资环境与风险分析》，载《风能》2015年第11期。

[41]王倩:《南非新能源产业发展现状及启示》，载《中外能源》2019年第24卷。

[42]查理斯·曼努埃尔、潘心怡:《南非电力愿景》，载《中国投资》2018年第4期。

[43]朱轩彤:《南非电力危机与中国—南非可再生能源合作》，载《风能》2011年第4期。

[44]张建:《南非商事仲裁法律体系:制度现状与发展趋势》，载《北京仲裁》2019年第3期。

[45]李凡、许昕、代永玮:《金砖国家可再生能源政策比较研究》，载《亚太经济》2017年

第 3 期。

[46]查理斯·曼努埃尔、刘明哲:《南非可再生能源发展经验谈》,载《中国投资》2017年第 2 期。

[47]Louise Tait、苏晓:《南非促进社区发展的政策体系与商业模式》,载《风能》2012年第 11 期。

[48]张建新、朱汉斌:《非洲的能源贫困与中非可再生能源合作》,载《国际关系研究》2018 年第 6 期。

[49]成健、付方超、赵岩:《我国对南非光伏发电项目投资的风险分析》,载《对外经贸实务》2017 年第 8 期。

[50]苏星、逢锦福:《金砖国家可再生能源市场前景与"金砖＋"模式应用探讨》,载《中外能源》2018 年第 3 期。

[51]何维:《国际工程索赔中共同延误的处理方法和实践》,载《华北水利水电学院学报(社科版)》2013 年第 6 期。

[52]张尔婳:《论我国风电企业海外投资的法律风险及其防范——以金风科技海外并购案为例》,载《中外能源》2018 年第 9 期。

[53]刘志一:《〈能源宪章条约〉下可再生能源投资仲裁案及启示——以西班牙投资仲裁案为主线的考察》,载《国际商务研究》2020 年第 1 期。

[54]郭阳阳、龚砚芬:《FIDIC 银皮书中不可抗力与不可预见困难的探讨》,载《绿色环保建材》2019 年第 3 期。

[55]华心萌、梁素娟:《FIDIC 合同条件下不可抗力条款适用的法理分析兼论新冠肺炎疫情下工程领域的应对》,载《项目管理评论》2020 年第 29 期。

[56]周立志:《南非电力市场及可再生能源发展研究》,载《中外能源》2021 年第 2 期。

[57]张荣芳、叶子:《外资法的选择:南非改革〈投资保护法案〉》,载《北京科技大学学报(社会科学版)》2020 年第 2 期。

[58]杨亚沙:《埃及投资法规》,载《中国商贸》1995 年第 18 期。

[59]李娜:《埃及仲裁裁决承认与执行实践对仲裁程序法律适用规则与"一带一路"法律风险防范的启示》,载《法律适用》2018 年第 12 期。

[60]朱伟东:《埃及〈仲裁法〉介评》,载《仲裁与法律》2012 年第 121 辑。

[61]朱伟东:《埃及动荡中资企业如何保障自身权益》,载《法制日报》2013 年 9 月3 日。

[62]朱伟东:《"一带一路"背景下中阿投资争议的解决途径》,载《西亚非洲》2018 年第3 期。

[63]乔生:《国际商事仲裁程序的法律适用及其新发展》,载《现代法学》2003 年第5 期。

[64]郭俊秀、朱炎生:《南太平洋房地产(中东)有限责任公司诉阿拉伯埃及共和国案述评》,载《国际经济法论丛》1998 年第 1 期。

[65]王卫星:《"一带一路"前瞻——全球视野下的"一带一路":"风险与挑战"》,载《人民论坛•学术前沿》2015年第9期。

[66]蔡从燕:《国家的"回归""离开"与国际法的未来》,载《国际法研究》2018年第4期。

[67]刘敬东、王路路:《"一带一路"倡议下对外国仲裁裁决承认与执行的实证研究》,载《法律适用》2018年第8期。

[68]乔生:《国际商事仲裁程序的法律适用及其新发展》,载《现代法学》2003年第5期。

[69]张晓慧:《解读"一带一路"新形势下境外投资的法律风险管理》,载《国际工程与劳务》2015年第1期。

[70]蒋圣力:《论"一带一路"战略背景下国际贸易争端解决机制的建立》,载《云南大学学报(法学版)》2016年第1期。

[71]陈健、郭东妹:《ODR模式的最新发展探析》,载《北京仲裁》2013年第4期。

[72]《"埃及充满投资机会,但投资环境有待改善"——访国际金融公司首席执行官蔡金勇》,载《中国国门时报》2015年第7期。

[73]石静霞、董暖:《"一带一路"倡议下投资争端解决机制的构建》,载《武大国际法评论》2018年2期。

[74]潘玥、陈璐莎:《"一带一路"倡议下中国企业对外投资的劳工问题——基于肯尼亚和印度尼西亚经验的研究》,载《东南亚纵横》2018年第1期。

[75]陈新:《国际工程承包人力资源风险应对的若干思考——以肯尼亚为例》,载《人力资源管理》2015年第7期。

[76]牛玉波:《公司法与劳动合同法中竞业禁止的法律问题分析》,载《智库时代》2019年第51期。

[77]单海玲:《雇员离职后的竞业禁止》,载《法学研究》2007年第3期。

[78]邓志聪:《中国企业在肯尼亚的劳工困境》,载《WTO经济导刊》2014年第7期。

[79]秦国荣:《法治社会中法律的局限性及其矫正》,载《法学》2005年第3期。

[80]严海蓉、沙伯力、赵玉中:《非洲中资企业的劳工和种族化叙述》,载《开放时代》2016年第4期。

[81]盖尔•普雷斯贝著:《肯尼亚跨民族与跨世代的"国家文化"构建》,贺慧玲译,载《第欧根尼》2014年第2期。

[82]李永明:《竞业禁止的若干问题》,载《法学研究》2002年第5期。

[83]穆随心:《南非中资企业劳动法律风险防范与化解——以南非集体劳动关系的法律规制为中心》,载《陕西师范大学学报(哲学社会科学版)》2019年第5期。

[84]陈步雷:《罢工权的属性、功能及其多维度分析模型》,载《云南大学学报(法学版)》2006年第5期。

[85]王衍:《解码蒙内铁路:当中国速度遭遇非洲民主》,载《凤凰周刊》2015年第2期。

[86]邱昭继:《法律的不确定性与法治的可能性》,载《政法论丛》2013年第1期。

[87]何志鹏、申天娇:《国际软法在全球治理中的效力探究》,载《学术月刊》2021年第5期。

[88]阙占文:《跨界环境影响评价义务及其履行》,载《政法论丛》2020年第6期。

[89]梁雪:《国际投资条约解释中的外国投资者人权义务》,载《河南大学学报》2020年第6期。

[90]李文刚:《中国——尼日利亚共建一带一路:优势、挑战及前景》,载《当代世界》2020年第6期。

[91]宋川:《出口信用保险服务在参与"一带一路"建设中的机遇、问题及策略建议》,载《对外经贸实务》2020年第8期。

[92]林琪琪:《海外投资中的政治风险防范》,载《海外投资与出口信贷》2020年第5期。

[93]李青梅:《尼日利亚矿产资源管理制度》,载《国土资源情报》2019年第4期。

[94]乔龙、任天舒、王国梁:《尼日利亚共和国投资环境分析》,载《对外经贸》2019年第4期。

[95]蒋小红:《试论国际投资法的新发展——以国际条约如何促进可持续发展为视角》,载《河北法学》2019年第3期。

[96]艾莎、李骅、方珂:《全球发展与非政府组织的作用:国际经验及其讨论》,载《山东社会科学》2018年第1期。

[97]朱伟东:《应对非洲本土成分立法》,载《投资非洲》2018年第10期。

[98]朱伟东:《尼日利亚本土化立法经验》,载《投资非洲》2018年第18期。

[99]陈斌彬:《国际金融公司环境与社会可持续性政策绩效标准及对我国的借鉴》,载《法律科学(西北政法大学学报)》2017年第1期。

[100]朴英姬:《跨国石油公司社会责任与尼日利亚的可持续发展》,载《西亚非洲》2017年第1期。

[101]万方、郑曦:《区域投资法律环境和风险与中国对策——以我国企业对尼日利亚投资为例》,载《法学研究》2017年第2期。

[102]刘舒考、张广本:《跨国石油公司尼日利亚商业贿赂案分析》,载《国际石油经济》2016年第4期。

[103]刘舒考:《中资企业在尼日利亚油气合作面临的挑战和机遇》,载《国际石油经济》2016年第5期。

[104]郑蕴、徐崇利:《论国际投资法体系的碎片化结构与性质》,载《现代法学》2015年第1期。

[105]张生:《国际投资法制发展的反思与抉择》,载《国际法研究》2015年第1期。

[106]刘华:《尼日利亚石油工业法案何去何从》,载《当代石油石化》2015年第12期。

[107]张晶:《对尼日利亚农民在荷兰起诉壳牌石油公司案的评析》,载《武大国际法评

论》2015 年第 1 期。

[108]Kenny Aina、罗心甜:《友好解决争议:尼日利亚经验》,载《湘江法律评论》2015年第 1 期。

[109]Rendani Neluvhalani、邱辉,蔡伟年:《尼日利亚税制介绍》,载《国际税收》2015 年第 6 期。

[110]张瑜葳:《论企业社会责任与可持续发展——以紫金矿业为例》,载《社会观察》2014 年第 4 期。

[111]孙春强、刘伯恩:《矿业企业社会责任的国际倡议比较研究》,载《中国矿业》2014年第 5 期。

[112]王衡、惠坤:《国际投资法之公平公正待遇》,载《法学》2013 年第 6 期。

[113]王彦志:《中国在国际投资法上的身份转换与立场定位》,载《当代法学》2013 年第 4 期。

[114]孙春强:《浅析矿业企业境外矿业投资中的社区关系处理》,载《国土资源情报》2013 年第 11 期。

[115]邱昭继:《法律的不确定性与法治的可能性》,载《政法论丛》2013 年第 1 期。

[116]韩秀丽:《后危机时代国际投资法的转型——兼谈中国的状况》,载《厦门大学学报(社科版)》2012 年第 6 期。

[117]刘笋:《国际法的人本化趋势与国际投资法的革新》,载《法学研究》2011 年第 4 期。

[118]苏文:《资源国本土化政策对国际石油公司权益的影响——基于对尼日利亚油气工业本土化法案的解读》,载《中外能源》2011 年第 1 期。

[119]韩秀丽:《环境保护:海外投资者面临的法律问题》,载《厦门大学学报(社科版)》2010 年第 3 期。

[120]王鹃林:《论尼日利亚 NIPC 法令对外国投资的保护》,载《哈尔滨学院学报》2010年第 1 期。

[121]甘湘武:《尼日利亚外资立法研究》,载《西部法学评论》2010 年第 1 期。

[122]单文华:《从"南北矛盾"到"公私冲突":卡沃尔主义的复苏与国际投资法的新视野》,载《西安交通大学学报》2008 年第 4 期。

[123]朱伟东:《尼日利亚法院处理涉外民商事案件的理论与实践》,载《河北法学》2005 年第 4 期。

[124]徐泉:《略论外资准入与投资自由化》,载《现代法学》2003 年第 2 期。

二、英文文献

[1]Matthew Coleman, Kevin Williams, South Africa's Bilateral Investment Treaties, Black Economic Empowerment and Mining: A Fragmented Meeting? *Business Law International*, Vol.9, 2008.

［2］Jennifer Reed, South Africa Revolutionizing Foreign Investment Protection System, *Yearbook on Arbitration and Mediation*, Vol.6, 2014.

［3］Omphemetse S Sibanda, The Promotion and Protection of Foreign Investment Law Bill: Denunciation of BITs, and the De-internationalization of Investor-state Arbitration in South Africa, *The Business & Management Review*, Vol.4, No.4, 2017.

［4］Erika George, Elizabeth Thomas, Bringing Human Rights into Bilateral Investment Treaties: South Africa and a Different Approach to International Investment Disputes, *Transnational Law & Contemporary Problems*, Vol.27, 2018.

［5］Augustine Arimoro, An Appraisal of the Framework for Public Private Partnership in South Africa, *European Procurement & Public Private Partnership Law Review*, Vol.13, 2018.

［6］Sonia E. Rolland, David M. Trubek, Legal Innovation in Investment Law: Rhetoric and Practice in Emerging Countries, *University of Pennsylvania Journal of International Law*, Vol.39, 2017.

［7］Annalisa M. Leibold, The Friction between Investor Protection and Human Rights: Lessons from Foresti v. South Africa, *Houston Journal of International Law*, Vol.38, 2016.

［8］Diane R. Hazel, Competition in Context: The Limitations of Using Competition Law as a Vehicle for Social Policy in the Developing World, *Houston Journal of International Law*, Vol.37, 2015.

［9］Elizabeth A. Hoffman, A Wolf in Sheep's Clothing: Discrimination Against the Majority Undermines Equality, While Continuing To Benefit Few Under The Guise Of Black Economic Empowerment, *Syracuse Journal of International Law and Commerce*, Vol.36, 2008.

［10］Adam Kassner, Digging Deep into Gold Fields: South Africa's Unrealized Black Economic Empowerment in the Shadows of Executive Discretion, *Cornell International Law Journal*, Vol.48, 2015.

［11］Sarah Christie, Labor Law Reform—Southern Africa, *Case Western Reserve Journal of International Law*, Vol.33, 2001.

［12］Peter N. Levenberg SC, Directors' Liability and Shareholder Remedies in South African Companies—Evaluating Foreign Investor Risk, *Tulane Journal of International and Comparative Law*, Vol.26, 2017.

［13］Philip C. Aka, Corporate Governance in South Africa: Analyzing the Dynamics of Corporate Governance Reforms in the "Rainbow Nation", *North Carolina Journal of International Law and Commercial Regulation*, Vol.26, 2017.

［14］Samuel C, Thompson. Jr, South African Perspectives: Its Prospects and Its Income Tax System，*Chicago Journal of International Law*，Vol.1，2000.

[15]Joni Geuther，Gilles De Vignemon，Infrastructure Investing：Global Trends and Tax Considerations（PART 4），*Journal of International Taxation*，Thomson Reuters，Vol.26，2015.

[16]Oscar Teunissen，Geoffrey Hippert，Ronald Kalung，Tax and Regulatory Issues Affecting Alternative Fund Investments in Africa，*Journal of International Taxation*，Vol.21，2010.

[17]Trudi Hartzenberg，Competition Policy and Practice in South Africa：Promoting Competition for Development，*Northwestern Journal of International Law & Business*，Vol.26，2006.

[18]Eleanor M. Fox，Equality，Discrimination，and Competition Law：Lessons from and for South Africa and Indonesia，*Harvard International Law Journal*，Vol.41，2000.

[19]Heinz Klug，Access to Medicines and the Transformation of the South Africa State：Exploring the Interactions of Legal and Policy Changes in Health，Intellectual Property，Trade，and Competition Law in the Context of South Africa's HIV/AIDS Pandemic，*Law and Social Inquiry*，Vol.37，2012.

[20]R. Albertsa，J.A. Wesselsb，A. Morrison-Saundersc，M.P. McHenryd，A. Rita Sequeirac，H. Mteghae，D. Doepe，Complexities with Extractive Industries Regulation on the African Continent：What has 'Best Practice' Legislation Delivered in South Africa?，*The Extractive Industries and Society*，Vol.4，2017.

[21]E. Swart，The South African Legislative Framework for Mine Closure，*The Journal of The South African Institute of Mining and Metallurgy*，Vol.2003.

[22]Elmarie van der Schyff，South African Mineral Law：A Historical Overview of the State's Regulatory Power Regarding the Exploitation of Minerals，*New Contree*，Vol.64，2012.

[23]Sasha Fannie Belinkie，South Africa's Land Restitution Challenge：Mining Alternatives from Evolving Mineral Taxation Policies，*Cornell International Law Journal*，Vol.48，2015.

[24]Naomi A. Bass，Implications of the Trips Agreement for Developing Coutries：Pharmaceutical Patent Laws in Brazil and South Africa in The 21st Century，*George Washington International Law Review*，Vol.34，2003.

[25]Hanessian G，Duggal K，The 2015India Model BIT：Is this the Change the World Wishes to see?，*ICSID Review—Foreign Investment Law Journal*，Vol.20，No.3，2015.

[26]Vidal-León C，A New Approach to the Law of Foreign Investments：The South African Case，*Yearbook on International Investment Law & Policy*（2014-2015），2016.

[27]Lucas Satterlee，Cautious Optimism：Renewable Energy in South Africa as a Sus-

tainable Model for the Region, *Journal of Environmental Law & Litigation*, Vol. 32，2017.

［28］Tumai Murombo，Legal and Policy Barriers to Renewable and Sustainable Energy Sources in South Africa, *World Energy Law Bus*, Vol.9，2016.

［29］Tumai Murombo，Regulating Energy in South Africa：Enabling Sustainable Energy by Integrating Energy and Environmental Regulation, *Journal of Energy & Natural Resources Law*, Vol.33，2015.

［30］Kola O Odeku，Edson L Meyer，Obeng Mireku，JLH Letsoalo，Implementinga Renewable Energy Feed-in Tariff in South Africa：The Beginning of a New Dawn, *Sustainable Development Law & Policy*, Vol.11，2011.

［31］Anton Eberhard，Tomas K berger，Renewable Energy Auctions in South Africa Outshine Feed-in Tariffs, *Energy Science and Engineering*，Vol.4，No.3，2016.

［32］Gaylor Montmasson-Clair，Georgina Ryan，Lessons from South Africa's Renewable Energy Regulatory and Procurement Experience, *Journal of Economic and Financial Sciences*，Vol.7(s)，2014.

［33］Lucy Baker，Holle Linnea Wlokas，South Africa's Renewable Energy Procurement：A New Frontier, *Tyndall Working Paper*，2014.

［34］Adam Kassner，Digging Deep into Gold Fields：South Africa's Unrealized Black Economic Empowerment in the Shadows of Executive Discretion, *Cornell International Law Journal*，Vol.48，2015.

［35］Tumal Murombo，Law，Regulation，and the Promotion of Renewable Energy in South Africa，Doctor of Philosophy in the School of Law at the University of the Witwatersrand，2015.

［36］Louise Tait，Holle Linnea Wlokas，Ben Garside，Making Communities Count—Maximizing Local Benefit Potential in South Africa's Renewable Energy Independent Power Producer Procurement Programme（REIPPPP）, *International Institute for Environment and Development*（UK），2013.

［37］Nadia S. Ouedraogo，Opportunities，Barriers and Issues with Renewable Energy Development in Africa：A Comprehensible Review, *Regional Renewable Energy - Africa*，2019.

［38］Souvik Sena，Sourav Gangulyb，Opportunities，Barriers and Issues with Renewable Energy Development—A discussion, *Renewable and Sustainable Energy Reviews*，2016.

［39］A. Lawrence，Energy Decentralization in South Africa：Why Past Failure Points to Future Success, *Renewable and Sustainable Energy Reviews*，2020.

［40］Lucy Baker，Governing Electricity in South Africa：Wind, Coal and Power Struggles, *The Governance of Clean Development Working Paper Series*，2011.

〔41〕Javier Relancio，Alberto Cuellar，Gregg Walker，Chris Ettmayr，*South African CSP projects under the REIPPP Programme-Requirements，Challenges and Opportunities*，AIP Publishing，2016.

〔42〕Giles Mohan PPEDG，May Tan-Mullin，The Geopolitics of South-South Infrastructure Development：Chinese-financed Energy Projects in the Global South，*Urban Studies Journal*，2018.

〔43〕R. Leal-Arcas，V. Nalule，Multilateral and Bilateral Energy Investment Treaties，*International Investment Law and Policy*，2019.

〔44〕Gaylor Montmasson，Clair Katlego Moilwa，Georgina Ryan，Regulatory Entities Capacity Building Project Review of Regulators Orientation and Performance：Review of Regulation in Renewable Energy，Centre for Competition，*Regulation and Economic Development*，2014.

〔45〕Holle Linnea Wlokas，Anya Boyd，Marco Andolfi，Challenges for Local Community Development in Private Sector-led Renewable Energy Projects in South Africa：An E-volving Approach，*Journal of Energy in Southern Africa*，Vol.23，2012.

〔46〕Muhammed Durmus Ozkan，Liquidated Damages in EPC Contracts，*GSI Articletter*，Vol.11，2014.309F309F309①

〔47〕David Nelson，Gireesh Shrimali，Finance Mechanisms for Lowering the Cos-t of Renewable Energy in Rapidly Developing Countries，*Climate Policy Initiative*，2014.

〔48〕Heledd Jenkins，Corporate Social Responsibility and the Mining Industry：Conflicts and Constructs，*Corporate Social Responsibility and Environmental Management*，Vol.11，2004.

〔49〕Derick de Jongh，Dhirendra Ghoorah，Anesu Makina，South African Renew-able Energy Investment Barriers：An Investor Perspective，*Journal of Energy in Southern Africa*，Vol.25，2014.

〔50〕Gregor Schwerhoffa，Mouhamadou Syb，Financing Renewable Energy in Africa - Key Challenge of the Sustainable Development Goals，*Renewable and Sustainable Energy Reviews*，Vol.75，2017.

〔51〕MJ Khoza，Formal Regulation of Third Party Litigation Funding Agreement-s? A South African Perspective，*Potchefstroom Electronic Law Journal*，Vol.21，2018.

〔52〕M Barnard，The Role of International Sustainable Development Law Principles in Enabling Effective Renewable Energy Policy- A South African Perspective，*Potchefstroom Electronic Law Journal*，Vol.15，2012.

---

① 该篇文献的作者介绍部分是以图片形式上传的，因印刷问题作者信息不完整，https://heinonline.org/，2020 年 7 月 20 日。

439

[53]Holle Wlokas, A Review of the Local Community Development Requireme-nts in South Africa's Renewable Energy Procurement Programm,*World Wide Fund for Nature South Africa* (WWF-SA), 2015.

[54]Patricia D. Galloway, The Art of Allocating Risk in an EPC Contract to Minimize Disp-utes,*Construction Lawyer*, Vol.38, 2018.

[55]Felix Mormanna, Enhancing The Investor Appeal of Renewable Energy,*Environmental Law*, 2012.

[56]Steven Tadelis, Patrick Bajari, Incentives and Award Procedures: Competitiv-e Tendering vs. Negotiations in Procurement,*Handbook of Procurement*, 2006.

[57]Jacob C. Jorgensen, Mitigating the Risk of Delays in Power Plant Projects: An EPC Contractor's View on Different Contractual Concepts,*Yearbook on International Arbitration*, Vol.5, 2017.

[58]Tianze Ma, Basel Ⅲ and the Future of Project Finance Funding,*Michigan Business & Entrepreneurial Law Review*, Vol.6, 2016.

[59]Sarah Padgett, The Negative Impact of Basel Ⅲ on Small Business Financi-ng,*Ohio State Entrepreneurial Business Law Journal*, Vol.8,No.1, 2013.

[60]Angus N. McFadden, Gregory K. Smith, Issues and Solutions in International Construction Contracting,*Construction Lawyer*, Vol.36, 2016.

[61]Parshuram Tamang, An Overview of the Principle of Free, Prior and Informed Consent and Indigenous Peoples in International and Domestic Law and Practices, *Australian Indigenous Law Reporter*,Vol.9, No. 2, 2005.

[62]Kieran Whyte, Damian McNair, EPC Contracts in the Renewable Energy S-ector-South African REIPP Programme—Lessons Learned from phases 1 an-d2,https://www.mondaq.com/australia/construction-pla-nning/,2021 年 4 月 4 日访问。

[63]Baker McKenzie, Doing Business inSouth Africa 2020, https://www.b-akermckenzie.com/-/media/files/insight/publications/2020/03/doing-business-in-south-africa-2020.pdf,2021 年 4 月 4 日访问。

[64]IPP Office, Independent Power Producers Procurement Programme (REIPPPP): An Overview is at 30 September 2020,https://www.ipp-projects.co.za/Publ-ications,2021 年 4 月 4 日访问。

[65]Deloittesa, Basel Ⅲ and its Impact on BEE Transactions Typical Funding Options for BEE Transactions, https://www2.deloitte.com/content/dam/Deloitte/za/Documents/audit/ZA _Basel Ⅲ AndItsImpactOnBEETransactions_17042014.pdf,2021 年 4 月 6 日访问。

[66]Fatma Youssef, Egypt New Decree Organising Deposit of Arbitral Awards—A Stab in the Back of Arbitration in Egypt,*International Arbitration Law Review*, issue 6,2009.

［67］Hodir helal，Arbitration in Egypt：Arbitration in Egypt：Myth or Reality?．*Research & Analysis*，2016.

［68］George Sadek，Egypt：Legal Framework for Arbitration，*The Law Library of Congress*，2014.

［69］Mohamed S. Abdel Wahab，Investment Arbitration：The Chronicles of Egypt——A Perilous Path to Pass，*The Journal of the Chartered Institute of Arbitrators*，Vol.83，No.1，2017.

［70］Mark S. W. Hoyle，An Introductory View of Arbitration in Egypt，*Arbitration Issue*，1984.

［71］George K. Foster，Striking A Balance Between Investor Protections and National Sovereignty：the Relevance of Local Remedies in Investment Treaty Arbitration，*Columbia Journal of Transnational Law*，2011.

［72］Marvin Weinbaum，Egypt's 'Infitah' and the Politics of US Economic Assistance，21 *M.E. Study*，1985.

［73］Kenneth J. Vandevelde，The Bilateral Investment Treaty Program of the United States，*Cornell International Law Journal*，1988.

［74］Adam El Shalakany，The Growing Trend of ICSID Claims Against the Arab Republic of Egypt，*IBA Arbitration News*，2013.

［75］Kosheri，Rashed & Riad，The Egyption Arbitrition Law，*Legal Developments*，2007.

［76］Khaled El Shalakany，Arbitration Guide，*International Association Bar*，2018.

［77］Silke Noa Kumpf，Egypt's Ban on Public Interest Litigation in Government Contracts：A Case Study of "Judicial Chill"，*Stanford Journal of International Law*，2015.

［78］Hoda Atia，Egypt's New Commercial Arbitration Framework ：Problems and Prospects for the Future of Foreign Investment，*Trade and Bus*，Vol.1，No.3，2000.

［79］Sarnir Saleh，*Commerc Arbitration in the Arab Middle East*，Oxford Hart Publish，2006.

［80］Mac Kinnon C，Egypt's New Arbitration Law ：Faster Settlements? *Middle East Executive Reports* 6（Sept），1994.

［81］TarekXF. Riad，Egypt：Disputes Relating to Public Administrative Contracts' Arbitrability，*International Arbitration Law Review*，1997.

［82］Mohamed S，Abdel Wahab，International Commercial Arbitration and Constitutional Court Review，*International Arbitration Law Review*，2008.

［83］Mac kinnon C.，Egypt Adopts Arbitration Law Based on Uncitral Model，*Middle East Executive Reports* 4（March），1994.

［84］Meriam Al-Rashid，Pinsent Masons：Understanding Egypt's Public Infrastructure Investment Strategy and Dispute Resolution Atmosphere，*International Bar Association*

(IBA),2015.

[85]Johanne Cox, John Matouk, The European, Middle Eastern and African Arbitration Review2016 -Egypt, *Global Arbitration Review*,2016.

[86]Lama Abu-Odeh, On Law and The Transition To Market: The Case of Egypt, *Emory International Law Review*,2009.

[87]Mohamed A H Madkour, Egypt Post-Revolution: To Invest or to Arbitrate,*IBA Arbitration News*, 2011.

[88] William W. Park, The Lex Loci Arbitri and International Commercial Arbitration,*International and Comparative Law Quarterly*,Vol.32,1983.

[89]El-Kosheri, Ahmad S., Main Characteristics of the International Arbitration Case Law Rendered by Egyptian Courts, *BCDR International Arbitration Review*, Issue 1,2016.

[90]Christoph Schreuer, The Return of Local Remedies in Investment Arbitration, *Law& Practice of International Courts & Tribunals*,2005(4).

[91]Mike McClure, Mohamed Negm. Arbitration in Egypt and the UAE: Reflections on Law and Practice,*Kluwer Arbitration Blog*,2014.

[92]Amr Omran, The Appearance of Foreign Counsel in International Arbitration: The Case of Egypt,*International Arbitration*,2017.

[93]Yaw Baah, Herbert Jauch, Chinese Investments in Africa:A Labour Perspective, *African Labour Research Network* (ALRN),2009,3.

[94]Paul Chepkuto,Stanley Kipsang, Maurine Chemirmir, Labour Law and Management Practices in Kenya: Trends and Dynamic Analysis, *International Journal of Research in Management &Business Studies*, 2015.

[95]Owidhi George Otieno, Towards Harmonious and Fair Industrial Relations in Kenya,*Central Organization of Trade Unions*-COTU (K), 2017.

[96] *Blue Book on Best Practice in Investment Promotion and Facilitation*, the United Nations Conference on Trade and Development (UNCTAD) and the Japan Bank for International Cooperation (JBIC),2005.

[97]Ruth Tubey, Kipkemboi Jacob Rotich, Margaret Bundotich, An Overview of Industrial Relations in Kenya,*Research on Humanities and Social Sciences*, 2015.

[98] James Rika, The Proper Role and Jurisdiction of the Industrial Court,*Kenya Law*, 2013.

[99]James Rika, *The Re-constituted Industrial Court of Kenya and the Role of the Social Partners*,The Tom Mboya Labour College, 2012(9).

[100]Fumane Malebona Khabo,*Collective Bargaining and Labour Disputes Resolution: is SADC Meeting the Challenge?* International Labour Organization,2008.

442

［101］*Kenya-Labour Market Profile*，Danish Trade Council for International Development and Cooperation，2014.

［102］Christine Anyango，Nelson Obange，Evans Abeka，Gerald Ochieng Ondiek，Odhiambo Odera，Mary Evelyn Ayugi.Factors Affecting Performance of Trade Unions in Kenya，*American Journal of Business and Management*，2013.

［103］Kariuki Muigua，*Realising Occupational Safety and Health as a Fundamental Human Right in Kenya*，Government Printer，Nairobi，2018.

［104］Kristin Carls，Jeff Bridgford，*Social Dialogue —A Manual for Trade Union Education*，International Training Centre of the International Labour Organization，2012.

［105］Mary，Gathoni Kibugu，*The Effect of Cost of Labour on Foreign Direct Investments in Kenya*，University of Nairobi，2017.

［106］Damiano Kulundu Manda，*Globalisation and the Labour Market in Kenya*，The Kenya Institute for Public Policy Research and Analysis（KIPPRA），2002.

［107］William Maema，*Current Trends in Employment Disputes in Kenya—A Disturbing Trajectory*，Strathmore Law School，2016.

［108］James Rika，*The Proper Role and Jurisdiction of the Industrial Court*，*Kenya Law*，Mid-Year Review and Training Workshop for Judges of The Industrial Court of Kenya Discussion Paper，2013.

［109］Aluchio，*Trade Unions in Kenya*，*Development and the System of Industrial Relations*，Nairobi Armstrong，2005.

［110］Ikiara，Foreign Direct Investment（FDI），Technology Transfer，and Poverty Alleviation：Africa's Hopes and Dilemma，*African technology policy studies（ATPS）*，*Special Paper Series* No.16，2002.

［111］Lydiah Njeri Wachira，*Factors affecting industrial relations in Kenya Power and Lighting Company Limited*，University of Nairobi，2010.

［112］Ruth Tubey，Kipkemboi Jacob Rotich，Margaret Bundotich，An overview of industrial relations in Kenya；*Research on Humanities and Social Sciences*，Vol. 5，No.6，2015.

［113］*Kenya Investment Policy-Investment Growth for Sustainable Development*，Kenvinvest；Revised Draft，2017.

［114］Kariuki Muigua，Kariuki Francis，Alternative Dispute resolution，access to Justice and Development in Kenya，*Strathmore Law Journal*，June 2015.

［115］David Drinkard，*Kenya Investment Climate Statement.U.S. Department of State*，2015.

［116］Edward，Goodwyn，*Restrictive Covenants in Employment Contracts*，Pinsent Masons，2016.

443

[117]*Investment Policy Review-Kenya*，United Nations Conference on Trade and Development，2005.

[118]*Kenya Investment Policy*，revised draft June 2017.

[119] Sam A. Kasimba，Päivi Lujala，Examining Host Communities' Perceptions on Trust Funds as Corporate Strategies for Community Development in Ghana，*Journal of Asian and African Studies*，2020.

[120] Anri Heyns，Mining Community Development in South Africa：A Critical Consideration of How the Law and Development Approach the Concept of Community，*Law and Development Review*，Vol.12，2019.

[121] John Nikolaou. Developing a Model for Effective Community Development Agreements in the Extractive Industries，CMC Senior Thesis，Spring 2019.

[122] Udo Udoma & Belo-Osagie. Employment & labour law in Nigeria，*Global Nigeria*，Vol.3，2019.

[123] Abubakar Bature Lawal. Enabling Soft Law Initiatives to Regulate the Environmental and Social Impacts of Mining Investments in Sub-Saharan Africa：A Case Study of Nigeria and South Africa. Doctor of Philosophy Newcastle Law School，November 2018.

[124] Edeh Joseph Nwokpoku，Nwokwu Paul Monday，M.O.E. Nwoba and Ezika Goodness Amaka. Nigerian Labor Laws：Issues and Challenges，*World Applied Sciences Journal*，Vol.36，No.1，2018.

[125] Chilenye Nwapi，Legal and Institutional Frameworks for Community Development Agreements in the Mining Sector in Africa，*The Extractive Industries and Society* Vol.4，2017.

[126] Ituma，Chibueze Calistus：Research on Legal Issues Concerning the Nigerian Oil and Gas Industry Content Development Act，2010，doctoral dissertation of Southwest University of political science and law，2017.

[127] Kristi Disney Bruckner，Community Development Agreements in Mining Projects，*Denver Journal of International Law and Policy*，Vol.44，No.3，2016.

[128] Jennifer Loutit，Jacqueline Mandelbaum，Sam Szoke-Burke. Emerging Practices in Community Development Agreements，*Journal of Sustainable Development Law and Policy*，Vol.7，2016.

[129] Kendra E. Dupuy，Community Development Requirements in Mining Laws，*Journal of Sustainable Development Law and Policy*，Vol.7，Spring 2016.

[130] Eghosa O Ekhator，Regulating the Activities of Oil Multinationals in Nigeria：A Case for Self-Regulation，*Journal of African Law*，Vol.60，2016.

[131] Adedoyin Akinsulore，The Effects of Legislation on Corporate Social Responsibility in the Minerals and Mines Sector of Nigeria，*Journal of Sustainable Development*

Law and Policy, Vol.7, 2016.

[132] James GATHII, Ibironke T Odumosu-Ayanu. The Turn to Contractual Responsibility in the Global Extractive Industry, *Business and Human Rights Journal*, Vol.1, 2016.

[133] Hany Besada. Philip Martin, Mining Codes in Africa: Emergence of a "Fourth" Generation, *Cambridge Review of International Affairs*, Vol.28, 2015.

[134] O 'Faircheallaigh, Ciaran, Social Equity and Large Mining Projects: Voluntary Industry Initiatives, Public Regulation and Community Development Agreements, *Journal of Business Ethics*, Vol.132, 2015.

[135] Ibironke T Odumosu-Ayanu, Governments, Investors and Local Communities: Analysis of a Multi-actor Investment Contract Framework, *Melbourne Journal of International Law*, Vol.15, No.2, 2014.

[136] Eghosa Osa Ekhator, The Roles of Civil Society Organizations in the Extractive Industries Transparency Initiative in Nigeria, *International Journal of Not-for-Profit Law*, Vol.16, 2014.

[137] Abubakar Aminu Ahmadand Nuhu Musa Idris, Emerging Trends in Labour Law and Industrial Relations in Nigeria, *International Journal of Humanities and Social Science*, Vol.4, 2014.

[138] Ciaran O'Faircheallaigh, Community Development Agreements in The Mining Industry: An Emerging Global Phenomenon, *Community Development*, Vol.44, 2013.

[139] K. T. Lawal, Taxation of Petroleum Profit under the Nigeria's Petroleum Profit Tax Act, *International Journal of Advanced Legal Studies and Governance*, Vol.4, 2013.

[140] Gavin Hilson, Corporate Social Responsibility in the Extractive Industries: Experiences from Developing Countries, *Resources Policy*, Vol.37, 2012.

[141] Ibironke T. Odumosu-Ayanu, Foreign Direct Investment Catalysts in West Africa: Interactions with Local Content Laws and Industry-Community Agreements, *North Carolina Central Law Review*, Vol.35, 2012.

[142] Evaristus Oshionebo, Stabilization Clauses in Natural Resource Extraction Contracts: Legal, Economic and Social Implications for Developing Countries, *Asper Review of International Business and Trade Law*, Vol.10, 2010.

[143] Chilenye Nwapi, A Legislative Proposal for Public Participation in Oil and Gas Decision-Making in Nigeria, *Journal of African Law*, Vol.54, No.02, October 2010.

[144] Emeka Duruigbo, The Global Energy Challenge and Nigeria's Emergence as a Major Gas Power: Promise, Peril or Paradox of Plenty? *Geography International Environmental Law Review*, Vol.21, 2009.

[145] Mark S. Reed, Stakeholder Participation for Environmental Management: A

Literature Review，*Biological Conservation*，Vol.141，2008.

［146］Olufemi 0 Amao，Corporate Social Responsibility，Multinational Corporations and the Law in Nigeria：Controlling Multinationals in Host States，*Journal of African Law*，Vol.52，No.1，2008.

［147］GJulian Gross，Community Benefits Agreements：Definitions，Values，and Legal Enforceability，*Journal of Affordable Housing*，Vol.17，2007.

［148］Gabriel Eweje，The Role of MNEs in Community Development Initiatives in Developing Countries Corporate Social Responsibility at Work in Nigeria and South Africa，*Business & Society*，Vol.45，2006.

后 记

　　本著作是福建省社科基金重大项目（FJ2018Z003）"'一带一路'倡议下中国境外直接投资法律保护研究"课题的部分成果。从 2017 年开始，笔者对该课题着手研究，因为有前期研究基础，2018 年获得福建省社科基金重大项目的立项，前后历经四年完成。

　　本书的出版得到福州大学法学院、福州大学社科处、福建省社科基金和厦门大学出版社的大力支持，在此表示感谢！

　　此外，笔者的研究生们对课题这部分成果的完成付出了很大的努力，并参与了相应章节的写作，他们是：叶子（第一章）、刘昕洁（第二章）、文海燕（第三章）和刘进喜（第四章）。

　　由于课题研究内容很大程度上依赖于英文文献，课题组竭尽全力搜集非洲四国的政府网站、最新立法和文献资料，但成果仍有可能存在一定的滞后性；又由于才疏学浅，本书不可避免也会存在诸多疏漏和缺陷，望读者能够理解并不吝赐教！

张荣芳

2023 年 11 月 10 日

于福州